U0601247

张传玺先生纪念文集

《张传玺先生纪念文集》编辑委员会 编

中 华 书 局

图书在版编目(CIP)数据

张传玺先生纪念文集/《张传玺先生纪念文集》编辑委员会编. —北京:中华书局,2023.12
ISBN 978-7-101-16408-4

Ⅰ.张… Ⅱ.张… Ⅲ.张传玺-纪念文集 Ⅳ.K825.81-53

中国国家版本馆 CIP 数据核字(2023)第 207443 号

书　　名	张传玺先生纪念文集
编　　者	《张传玺先生纪念文集》编辑委员会
责任编辑	刘　彤　王鑫鑫
责任印制	管　斌
出版发行	中华书局
	(北京市丰台区太平桥西里 38 号　100073)
	http://www.zhbc.com.cn
	E-mail:zhbc@zhbc.com.cn
印　　刷	北京盛通印刷股份有限公司
版　　次	2023 年 12 月第 1 版
	2023 年 12 月第 1 次印刷
规　　格	开本/710×1000 毫米　1/16
	印张 32¼　插页 18　字数 518 千字
国际书号	ISBN 978-7-101-16408-4
定　　价	168.00 元

张传玺先生（2007 年）

1957年4月,研究生期间在北京大学未名湖畔合影。后排左起:
俞伟超、马植杰、张传玺;前排:王德鉴(右)等。

1961年7月,张传玺随同翦伯赞先生访问内蒙古自治区,在内蒙
古历史博物馆门前合影。前排左起:秋浦、吕振羽、范文澜、翦伯
赞、文浩(馆长)、解说员;中排左起:韩儒林、金灿然、王冶秋、刘大
年、翁独健、张传玺、蔡美彪。

1962年春,在苏州南林饭店审阅《中国史纲要》初稿。左起:张传玺、翦伯赞、许大龄。

1963年3月,在广西兴安县视察时,郭沫若先生和夫人于立群观看并听张传玺讲解其绘制的"灵渠形势图"。左起:张传玺、于立群、郭沫若、王戎生。

1974 年 11 月 15 日上午,张传玺(右)在日本的京都大学礼堂发表题为《中国古代奴隶制到封建制期间的儒法斗争》的学术讲演,清水茂先生(左,日本著名汉学家、京都大学教授)任翻译。后面竖长条幅左 1 为张传玺先生的日文讲题。

1977 年 1 月 7 日,张传玺(左 1)和邓广铭先生(左 2)在北京大学与"日本第二次中国研究者友好参观团"进行学术交流。

1983 年 3 月 9 日,张传玺(前排右 3)在广西北海市参加中央广播电视大学的会议期间访问华侨医院。

1988 年 9 月,"中国秦汉史研究会第四届年会暨国际学术讨论会"合影。第二排左 10 为张传玺(着灰蓝色中山装者)。张传玺自 1981 年起任中国秦汉史研究会第 1 届理事,第 2、3、4、5、6 届副会长,第 7、8、9 届顾问。

1991年12月,张传玺(右2)在日本大阪,与大庭脩先生(左2,日本著名历史学家、北京大学历史系第一位日籍名誉教授)一起参观日本"国立民族学博物馆"。左1为其女儿张丹青,右1为留学生。

1992年3月7日,张传玺(左1)在北京侨园饭店参加审查中学历史教材。

1993年夏,北京大学历史系研究生毕业合影。第二排左起:何芳川、张柱洪、张寄谦、王永兴、邓广铭、张传玺、潘润涵、祝总斌、杨立文、林华国。

1997年2月27日,北京大学历史系主任王天有(后排中)、办公室副主任杨泽清(后排右1)、研究生弟子岳庆平(后排左1)到家中为张传玺(前排左)庆贺70寿辰。前排右为夫人丁丽君。

1998年4月14日,在"纪念翦伯赞先生诞辰百年学术讨论会"上合影。左起:张传玺、塔瓦库勒、赛福鼎·艾则孜、翦天聪(翦伯赞次子)、赛少华(赛福鼎之女)。

2007年6月16日,张传玺(左)在北京大学勺园接待著名武侠小说作家金庸先生(右)。

2008 年 4 月 14 日,在"纪念翦伯赞先生诞辰 110 周年暨《翦伯赞全集》首发大会"上,张传玺(左 3)与胡德平(左 2)等人合影。

2008 年 5 月,张传玺在家中校对翦伯赞著作。

2011 年 4 月,张传玺在为母校山东省日照市涛雒小学捐赠的"张传玺奖学金捐赠仪式"上。左起:祁永存、杜庆森、涛雒小学校长、张传玺、田文阁、刘曙光。

2012 年 6 月 24 日,"北京大学国学研究院成立 20 周年纪念会暨《中华文明史》英译本国内首发式"合影。《中华文明史》四位主编坐在前排:右 3 为张传玺先生,右 5 为袁行霈先生,右 4 为严文明先生,右 2 为楼宇烈先生。左 4 为英译本总主编康达维(David R. Knechtges)先生。

2018 年 8 月 28 日，在北京大学国学研究院"张传玺先生捐赠仪式暨北京大学国学研究院博士班 2018 级开学典礼"上，袁行霈先生（左）向北京大学国际汉学家研究基地"翦伯赞文库"的捐赠者张传玺（右）颁发《捐赠证书》。

2018 年 11 月 4 日，在"翦伯赞同志诞辰 120 周年暨《中国史纲要》出版 55 周年纪念座谈会"开始前，张传玺（左）坐在轮椅上与北京大学校长郝平（右）合影。

2018 年 11 月 4 日,张传玺(右 2)在北京大学大雅堂,观看自己捐献的郭沫若先生与翦伯赞先生的书信。

2022 年 2 月 27 日,北京大学历史系举办的"张传玺先生诞辰 95 周年暨逝世 1 周年纪念座谈会"上,北京大学校长郝平(前排右)发言。前排左为张传玺长子张守清。

1949 年在青岛,张传玺与夫人丁丽君的第一张合影,也是结婚照。他们是山东大学的同班同学,结婚后同甘共苦、风雨同舟 72 年。

1976 年冬,次子海青参军前,张传玺夫妇和 6 个子女在北京合影。前排左起:夫人丁丽君、幺女张迎、张传玺;中排左起:长女丹青、三女美青;后排左起:次女怡青、次子海青、长子守清。

2005 年春节,张传玺夫妇和部分子孙三代在北京家中合影。

2005 年夏,受江泽民同志之邀,张传玺偕夫人丁丽君在北戴河中央休息地休养并在附近游览。图为在住宿的宾馆前留影。

2008 年 4 月,张传玺夫妇和部分子孙四世同堂,在北京家中祝贺夫人丁丽君八十五岁寿辰。

2023 年 6 月 25 日,在北京万安公墓举行了"张传玺骨灰安葬仪式"。张传玺在北京的子孙和曾因新冠疫情滞留海外的第三代和第四代都回京参加了葬礼。图为后代们在北京万安公墓抒怀堂合影。

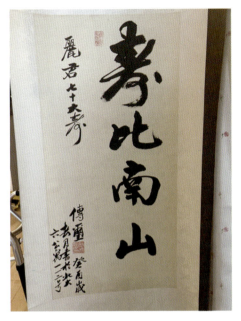

1993 年 4 月，张传玺为夫人七十大寿题字祝贺。

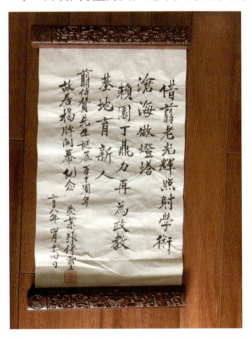

2008 年 4 月 14 日，张传玺为纪念翦伯赞先生诞辰 110 周年
暨翦伯赞故居揭牌仪式题词。

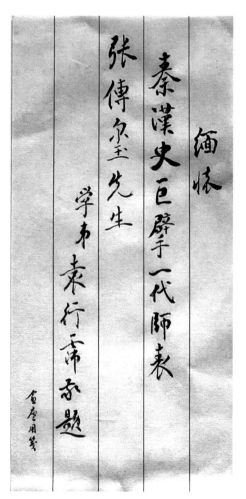

缅怀

秦汉史巨擘 一代师表

张传玺先生

学书 袁行霈敬题

金库用笺

2022 年,北京大学中文系教授、国学研究院院长、中央文史研究馆馆长袁行霈先生为缅怀张传玺先生题词。

目　录

前　言 ……………………………………………………………… 岳庆平 1

第一部分　张传玺先生纪念座谈会专题

历史学系召开张传玺先生纪念座谈会 ……………… 北京大学新闻网 3

张传玺先生纪念座谈会纪要 ……………………………………………… 6

第二部分　追思

敬悼传玺兄 …………………………………………………………… 严文明 63

对张传玺先生的怀念 ………………………………………………… 熊铁基 65

缅怀张传玺先生 ……………………………………………………… 陈之骅 67

回忆张传玺先生 ……………………………………………………… 刘凤翥 68

纪念张传玺先生 ……………………………………………………… 楼宇烈 73

缅怀张传玺先生 ……………………………………………………… 李伯谦 74

良师益友三十年

　　——纪念张传玺先生 ……………………………………… 张　诚 76

深切怀念张传玺先生 ………………………………………………… 蒯大畏 81

怀念父亲张传玺 ……………………………………………………… 张丹青 84

修身恕人,尊师爱生

　　——缅怀张传玺恩师 …………………………………………… 岳庆平 98

我导师与他导师 ………………………………………………… 宋一夫 109

忆先师张传玺先生 ……………………………………………… 王文涛 125

教泽长存恩似海　等身邃业藏名山

　　——记恩师张传玺先生二三事 ………………………………… 龚汝富 128

忆张传玺先生二三事 …………………………………………… 朱　清 141

行之以诚,持之以久

　　——深切缅怀恩师张传玺先生 ………………………………… 张冠梓 143

发愤忘忧,不知老之将至

　　——纪念恩师张传玺先生 ……………………………………… 于振波 155

忆导师张传玺先生 ……………………………………………… 刘　彤 165

走进历史的历史学家

　　——怀念张传玺先生 …………………………………………… 孙家红 169

第三部分　治学

秦汉社会知识结构中的"五方"理念 ………………………… 王子今 175

问题倒逼与改革家的历史主动性 …………………………… 李振宏 188

张传玺先生的学术贡献和主要论著 ………………………… 岳庆平 202

《增修互注礼部韵略》中的"大夫以上云云"

　　——一条涉及"席位爵"的史料简析 ………………………… 阎步克 214

孔子再认识:治识之道 ………………………………………… 宋一夫 224

《秦风》与"秦声"所见"秦俗"探析 …………………………… 孙家洲 250

汉代政治文化中的"天意"话语发微 ………………………… 王　健 262

作为国际文化政治的海上丝绸之路概念和叙事体系 ……… 刘曙光 280

匈奴冒顿单于的民族观 ………………………………………… 晋　文 291

《淮南子》兵学思想论析 ……………………………………… 黄朴民 301

秦汉宗族政策与社会控制的几个问题

　　——兼论商鞅变法离散宗族的历史内涵 ……………… 臧知非 312

唐朝西域胡人在长安的生活 ……………… 荣新江 327

翦伯赞先生 1955 年访日与《中國史の時代區分》一书 ……… 杨振红 344

天长西汉木牍所见《算簿》及相关问题探讨 ……………… 朱德贵 354

两汉与乌桓关系举隅

　　——以汉朝内部因素为中心 ……………… 于振波 372

对"普天之下 莫非王土"的再认识及其启示 …………… 雷　原 384

《云南彝族那氏土司本末》一书整理出版补记 …………… 张　迎 390

土山屯汉简《要具簿》性质与封界条疏证 …………… 邹水杰 395

唐后期地方官对外部信息的获得渠道 …………… 叶　炜 413

二年律令所见西汉初年的傅籍标准 …………… 张继海 425

《史》《汉》新读（四则）…………… 王　伟 438

迁陵叛乱与秦统治下的楚地越人 …………… 王　勇 444

学习张传玺先生治学方法心得

　　——史学研究中的实践原则浅识 …………… 李现红 467

东海郡阴平考略 …………… 吴国宝 474

"研究史学的眼界扩大了许多"

　　——记张传玺先生的历史地理研究 …………… 庄小霞 485

孙吴临湘侯国军吏身份的双重性 …………… 凌文超 492

前　言

2021 年 2 月 27 日,我的研究生导师、著名历史学家张传玺先生永远离开了我们。哲人其萎,风范永存。为了深切缅怀先生的道德文章,继承发扬先生的高风亮节和学术成就,我们研究生弟子们拟编辑出版《张传玺先生纪念文集》。因我是先生的研究生弟子中的"大师兄"和毕业后唯一留在历史学系任教者,所以由我牵头成立了《张传玺先生纪念文集》编辑委员会,并得到先生的家人和北京大学历史学系的默契协助与配合。编辑委员会邀请先生的生前友好、同事、同道、家人、亲沾先生教泽的学生等惠赐佳作,由中华书局编辑出版了这本纪念文集。

本书内容主要分三部分:一是"张传玺先生纪念座谈会专题"部分,收录北京大学新闻网关于座谈会的新闻报道和各位与会者经充实完善后的精彩发言,后者按发言时间先后排序。二是"追思"部分,收录回忆先生生平事迹、与先生交往故事的纪念性文章,按作者年龄排序。三是"治学"部分,收录评价先生学术成果、学术成就或与先生研究领域相关的学术论文,按作者年龄排序。

本书需要说明的以下六点,充分体现了各方面对先生道德文章的极高评价和对先生纪念活动的高度重视:一是本书收录的对先生的回忆和学术的评述提供了以往不为人知的珍贵资料,本书收录的学术论文涉及史学的诸多方面,具有很高的学术价值。二是 2022 年 2 月 27 日,"张传玺先生纪念座谈会"在北京大学召开时,正值新冠疫情严格防控时期,所以我们根据北京大学要求,将座谈会线下嘉宾控制在 40 人以内。当时我们邀请的线下嘉宾,除了 88 岁的郝斌老校长因临时身体不适，孙庆伟副校长因临时有重要会议而请假外，其他被邀请的嘉宾都参加了。三是我在"张传玺先生纪念座谈会"总结时，希望各位发言者把自己情真意切、感人至深的发言加以充实完善，最后统一汇总到我这里。后来每位发言者都认真地充实完善了自己的发言，有的还扩充为有规范注释的学术论文。四是我分别到《中华文明史》其他三位主编（先生是多次获大奖的《中华文明史》四位主编之一）家中，当面为《张传玺先生纪念文集》约稿后，严文明先生和楼宇烈先生很快就撰稿完毕，打电话让我到家里去取。袁行霈先生因身体极度虚弱而无法撰稿，但还是为先生题写了毛笔字"缅怀秦汉史巨擘一代师表张传玺先生"，也打电话让我到家里去取。五是北京大学校长郝平接受我的多次诚恳邀请，百忙中抽空亲自参加"张传玺先生纪念座谈会"并情真意切地发言，这在北京大学是非常罕见的。六是北京大学新闻网在主页显要位置大篇幅报道了"张传玺先生纪念座谈会"，这在北京大学也是非常罕见的。

本书顺利出版，承蒙中华书局、北京大学历史学系、先生的家人和所收文章作者鼎力支持，谨致谢忱！

岳庆平

2023 年 9 月 10 日

第一部分　张传玺先生纪念座谈会专题

历史学系召开张传玺先生纪念座谈会

北京大学新闻网

2022 年 2 月 27 日是张传玺先生逝世周年纪念日,也是张先生诞辰 95 周年纪念日。为深切缅怀张先生,继承发扬先生的学术品德和学术成就,张传玺先生纪念座谈会在北京大学人文学苑 5B117 会议室举行。北京大学校长郝平,中国社科院古代史研究所所长卜宪群,张传玺先生家人及研究生,历史学系主任王奇生、系党委书记徐健等历史学系师生代表参加会议。张传玺先生弟子、北京大学历史学系原教授岳庆平主持会议。

通过张传玺先生生平视频,参会嘉宾共同回顾了张先生的治学轨迹与生活点滴。张传玺(1927-2021)是我国著名历史学家,长期致力于中国古代史研究,尤其专精于秦汉史,为翦伯赞研究与马克思主义史学的建设与发展作出了突出贡献。

郝平在致辞中高度肯定了张传玺先生在中国古代史研究和翦伯赞研究方面的学术成就,赞扬了先生求实创新、尊师重教的高尚品格。他强调,当前北京大学正处于加快建设中国特色世界一流大学的新征程中,我们需要更多像张先生这样的"大先生",在人才培养、学术研究以及各项事业的发展方面,为北大历史学科建设、为我国历史文化研究作出新的更大贡献。

卜宪群在致辞中深入总结了张传玺先生对翦伯赞研究的重要贡献,提出张先生的翦伯赞研究无论在资料的收集、时间的跨度、研究视角的广泛度上都无人能及。他指出,张传玺先生传承并发扬了翦伯赞这位史学大家的学术成果和治学精神，更为后人研究翦伯赞奠定了扎实的基础。

历史学系教师代表张希清、徐勇、邓小南、阎步克、牛大勇、陈苏镇、荣新江分别以线上线下的方式先后发言，对张传玺先生表达了追思与怀念。各位老师回顾并追忆了张传玺先生条理清晰、生动活泼的授课风格，求真求实、开拓创新的研究精神，思路清晰、要言不烦的写作风格，提携后辈、惠启山林的师德师风。

张传玺先生家人代表、长子张守清对北京大学历史学系举办张传玺先生纪念座谈会表示感谢，并简述了他父亲将马克思主义历史唯物主义理论应用在史学研究与教学上，为中国古代史的教学和研究所作的贡献。张守清还回忆了他父亲晚年依然坚持精益求精做学问，笔耕不辍，坚持编著《翦伯赞画传》、主编《毛泽东批注二十四史》等的情形。

张传玺先生的四代学生代表刘曙光、张冠梓、宋一夫、雷原、张继海、赵斌相继发表悼念感言。他们回忆了先生在工作与生活中的珍贵往事，讲述了先生对史学经世致用的笃实践行，阐述了先生在治学上的博与专以及对翦老用情的真与纯，展现了先生淡泊名利、低调谦虚的境界以及晚年仍坚持史学研究的精神意志。

王奇生回忆了与张传玺先生的书信往来。张先生曾在信中嘱托，希望历史学系继续发扬翦老历史唯物主义的治学精神。王奇生表达了将张先生的相关材料纳入历史学系收藏的期望，以此更好地继续弘扬传承老一辈史学家的治学精神。

徐健回忆了每年新年拜访时先生总会谈起自己在翦老身边工作的经历和编著翦老相关书籍的情况。徐健指出，要认真学习并传承老先生治学教学、为人处事的精神，做到求真求实，尊师爱生，修身恕人。

岳庆平代表张传玺先生家人与弟子对线上线下各位老师的积极参与、真情发言、提供宝贵资料表达了感谢。他介绍了张传玺先生著作《学习翦老 传承翦老》和《翦伯赞画传》的出版事宜，并将两书作为会议资料赠送参会嘉宾。他提出将在此次会议基础上继续编写纪念文集并组织出版，希望后辈学人将张传玺先生严谨治学、尊师重教的优良传统代代传承。

附录：张传玺先生生平

张传玺(1927年2月27日—2021年2月27日)，山东日照人。张传玺教授师从著名马克思主义历史学家翦伯赞先生，是翦伯赞先生第一批招收的研究生，留系任教后又担任翦老助手。在翦老悉心教诲下，系统地学习了历史唯物主义理论，终身信守不渝，并且长期致力于中国古代史研究，尤其专精于秦汉史。

张传玺教授在历史教学方面成绩卓著，编写了《中国古代史纲》《简明中国古代史》《中国历史文献简明教程》《中国古代史教学参考手册》《中国通史讲稿》《中国古代史教学参考地图集》等多部教材。长期担任教育部中学历史教材审查委员会委员、全国普通高校招生统一考试学科命题委员会委员，全国各类成人高等学校统一招生考试大纲审定委员会副会长兼历史学科组组长，主持编写的中学教材《历史》(初中卷)深受广大师生好评。

张传玺教授潜心治学，在中国古代史一些重大历史课题研究上取得了重要成就，尤其在中国古代土地制度研究、生产力研究、生产关系和契约关系研究等方面见解独到、造诣深厚。张传玺教授一生著作颇丰，撰写学术著作30余种，学术论文200余篇。主要著作包括《秦汉问题研究》《张传玺说秦汉》《从"协和万邦"到"海内一统"》《中国历代契约会编考释》《中国历代契约粹编》《契约史买地券研究》等。

2022/03/01

张传玺先生纪念座谈会纪要

主持人:岳庆平(张传玺先生研究生弟子、北京大学历史学系原教授、中共中央统战部机关党委原常委)

各位嘉宾、各位老师、各位同学,大家上午好!今天是张传玺先生逝世周年纪念日,也是张传玺先生诞辰95周年纪念日。为了深切缅怀张传玺先生,继承和弘扬张传玺先生的高风亮节和学术成就,北京大学历史学系及张先生的家人,还有我们研究生弟子们,共同倡议、发起、举办了这次张传玺先生纪念座谈会。因为当前属于新冠疫情防控时期,所以我们根据学校规定,将座谈会线下人数控制在40人以内。我们也开通了腾讯会议线上平台,线上参加座谈会者,大约有60人。邓小南教授和牛大勇教授将在线上发言。我们邀请的线下嘉宾,除了88岁的郝斌老校长因临时身体不适,孙庆伟副校长因临时有重要会议而请假外,其他被邀请的嘉宾今天都来了。

首先,请允许我给大家简要介绍一下参加座谈会并坐在第一排的各位嘉宾。

北京大学校长郝平教授,是我们历史学系的系友,与我关系密切的学兄。

中国社会科学院古代史研究所所长、中国秦汉史研究会会长卜宪群教授,也是与我关系密切的学兄。

张传玺先生的长子张守清师兄。

北京大学历史学系主任王奇生教授,历史学系党委书记徐健教授。以下我介绍历史学系教授时按年龄排序:张希清教授,徐勇教授,邓小南教授(线上),牛大勇教授(线上),阎步克教授,陈苏镇教授,荣新江教授,郭润涛教授,罗新教授,董经胜教授,张帆教授,何晋教授,叶炜教授。

坐在第一排的还有我的三位师弟,按入校年份先后,分别是刘曙光师弟,张冠梓师弟,宋一夫师弟。坐在第一排的雷原是我在历史学系指导的第一位博士后,雷原身旁的张继海是我在历史学系指导的第一位博士。等会儿他们都要发言,发言前我再介绍他们的具体工作岗位。

今天很有意义的是,我们研究生弟子来了三代,我和师弟妹们属于第二代,我们的研究生属于第三代,我们的研究生的研究生属于第四代。赵斌是第四代研究生弟子的代表,今天他也要发言。

张传玺先生的家人也来了三代,第二代、第三代、第四代都有代表参加。我主要介绍一下第二代,除了已介绍的张守清师兄外,还有张丹青师姐,张海青师弟,张迎师妹及爱人陈斌先生。

限于时间,其他坐在后排的嘉宾我就不再一一介绍了,多数都是历史学系的年轻老师、张先生的家人和张先生的三代研究生弟子。现在按照座谈会议程,首先播放张先生生平视频,大约十分钟。

(视频播放完毕)

现在请北京大学校长郝平教授发言。

郝平:

尊敬的张先生的家人,尊敬的各位老师和同学们:

今天是著名历史学家、北京大学历史学系教授张传玺先生逝世一周年的日子,也是张先生诞辰95周年纪念日。我们在这里,深切缅怀张先生,追忆张先生的高尚品德和学术成就,使其进一步发扬光大。刚才和大家一起观看了先生的生平视频,深受感动。

张先生"学贯古今,著作等身"。张先生的研究以秦汉史为重点,在中国土地制度史研究、中国契约史研究、中国铁器牛耕史研究三个领域融会贯通、成果丰硕。同时,他在中国历史地理、北京史、民族史等方面也有很深的造诣。

他主编的《中国通史讲稿》,是新中国成立以来发行量最大的中国通史书籍之一。张先生与袁行霈、严文明、楼宇烈先生共同主编的《中华文明史》,涵盖了文学、史学、哲学、考古、宗教、艺术等多个学科,成为北大人文社会科学领域最具标志性的著作之一,并翻译成多个语种出版发行,对促进国际文化交流、提升中华文化国际影响力起到了重要的推动作用。

　　张先生也用自己的一生诠释了"尊师重道"的内涵。他师从著名的马克思主义史学家、北京大学前副校长、历史学系前主任翦伯赞先生,是翦老学术事业的重要传承人。他不顾年老体弱,投入大量的时间精力整理研究翦老宝贵的史学遗著和手稿资料,先后整理出版了 3 册《翦伯赞史学论文选集》,10 卷本、600 万字的《翦伯赞全集》和《翦伯赞诗集》;并历时近 20 年,撰写了 50 余万字的《翦伯赞传》。一直到病重入院前,张先生还在为《翦伯赞画传》《学习翦老 传承翦老》两部著作笔耕不辍,案头摆放的还是这两部书的出版清样,为翦老学术研究作出了不可替代的贡献。

　　几十年来,每次见到张先生,总能感受到他的和蔼可亲、平易近人。我和在座的许多老师都是 1978 年 9 月进入北京大学历史学系读本科的。入学后第一学期,就是孙淼先生和张传玺先生给我们讲授中国古代史课程,其中张传玺先生讲授秦汉魏晋南北朝历史。每次课后,先生身边都围着许多同学请教问题,他总是耐心解答。我毕业留校后,也一直和张先生保持联系并经常请教问题,总是得到先生悉心的指点和帮助。

　　2018 年 11 月,在"翦伯赞诞辰 120 周年暨《中国史纲要》出版 55 周年纪念座谈会"上,我最后一次见到张先生,他是坐着轮椅前来参加这次座谈会的。未料想到仅两年多后,张先生就永远离开了我们。

　　今天我们召开座谈会缅怀张传玺先生,就是要学习和继承张先生给我们留下的许多宝贵的学术成果和精神财富。当前,北大正处于加快建设中国特色世界一流大学的新征程中,我们需要更多像张先生这样的"大先生",推动人才培养、学术研究及各项事业的发展;为北大历史学科建设、为我国历史文化研究作出新的贡献。

　　谢谢大家!

主持人:岳庆平

　　衷心感谢郝校长发言,也衷心感谢郝校长应我邀请,今天百忙中抽空参加座谈会。张先生生前多次对我讲,郝校长是青岛人,张先生在青岛工作过多年,1978 年又给郝校长所在的班级讲过中国通史。张先生对学生时期的郝校长就十分高看和厚爱。郝校长在历史学系毕业之后,长期在学校和教育部当领导,一直非常尊敬和关心张先生。同时在学习和工作中遇到问题,也经常去请教张先生。特别是郝校长尊敬和关心张先生的两件事,使我非常感动:一是 2018 年张先生坐着轮椅参加学校一个活动,郝校长看到张先生后,马上过来亲自接手推着轮椅,并恭敬地靠在张先生耳边,由衷祝福张先生健康长寿;二是 2021 年张先生病重,因为新冠疫情不能及时住进医院,郝校长得知有关情况,亲自过问张先生病情并安排先生住院。

现在请中国社会科学院古代史研究所所长、中国秦汉史研究会会长卜宪群教授发言。

卜宪群:发言题目"张传玺与他的翦伯赞研究"(根据现场发言,会后有较大充实修改,靳腾飞参与整理和修改)

张传玺,山东日照人,北京大学历史系教授,1927 年 2 月出生,先后就读于山东大学中文系、历史系,1957 年进入北京大学历史系攻读博士,师从著名马克思主义历史学家翦伯赞先生,是翦老招收的第一批研究生,毕业后担任翦老助手。在翦老的指导教诲下,长期从事中国古代史研究,尤其在秦汉史、土地制度、契约制度等领域造诣深厚,成果丰硕。除了历史研究和教学方面的成果外,张传玺对翦伯赞还进行了系统全面的研究。关于翦老的研究,学术界也多有著述,但内容相对零散单一。张传玺对翦老的研究,素材收集之丰富、涉猎范围之广泛、时间跨度之长久,在学术界无人出其右。数十年来,关于翦老的研究,张传玺发表了百余万字的研究成果,不仅向后人传承了这位史学大家的治学精神,也为翦伯赞研究打下了坚实的基础。

一、研究资料丰富扎实

翦伯赞是我国当代著名史学家,马克思主义史学的主要奠基人之一,为推动新中国马克思主义史学的形成和发展做出了杰出贡献。在翦老身边求学和工作的经历让张传玺受益颇深,也为他全面深入研究翦伯赞提供了得天独厚的机会,在此过程中张传玺搜集了大量丰富的一手材料。比如八十年代中学语文课本里节选历史学家翦伯赞的《内蒙访古》,很少有人知道文章里的许多资料,包括地名的汉译,都是张传玺查找、整理的。在陪同走访的过程中,张传玺还充当了记录员和调查员:"一群大人物围着翦老给他介绍,他不能记,我就使劲往里靠,听见什么赶快记。吃饭的时候,我也拉着人问东问西。"①正是这种亲身经历和长期点滴积累,让张传玺的翦老研究拥有了别人无法比拟的翔实资料。

史料是史学研究的前提,对翦老的研究同样也是如此。《翦伯赞传》②是张传玺全面研究翦老的一部重要著作。在撰写《翦伯赞传》之前,张传玺用了十多年的时间进行相关材料的整理与搜集,主要做了以下四方面工作:一是基本通读了翦老自1930—1966年间所发表或出版的全部论著,约有四百万字;并参加整理出版了其中的大部分。二是比较全面地查阅了有关翦老在各个时期的政治、社会和学术活动的新闻报导。三是访问翦老自"五四运动"前后至解放战争时期的战友、亲朋三十余人。四是访问翦老的故乡及生活、工作过的地方,如湖南、重庆、北京等地。此外,还阅读了郭沫若、范文澜、吕振羽、侯外庐等许多当代人的传记、年谱、回忆录等,将其与翦老有关的史事相印证。自1978年9月开始准备,至1996年动笔写作,长达18年的准备,张传玺为《翦伯赞传》积累了最丰富、翔实的一手资料。2006年,应北京大学出版社之约,张传玺又出版了《新史学家翦伯赞》③。与《翦伯赞传》相比,该书删繁就简,更新内容,又加入了一些关于翦老的珍贵照片、手迹、文物等一手材料,具有相当高的学术价值,许多材料是第一次公之于世。

研究翦老50多年来,张传玺一直保存着翦老的一些书稿和信札等珍贵遗物,具有很高的史料价值和收藏价值。2018年,张传玺把这些重要的文物史料捐献给了北大国学研究院,这批资料在时间上从民国跨越到新中国,种类上不仅有翦老的著作稿本,也有翦老与张元济、柳亚子、郭沫若、周建人、胡绳等人的往来书信,直接反映了翦老的治学之路以及与学界和政界的交流情况,不仅对翦伯赞的研究至关重要,也是中国史学界重要的文物史料。

二、研究维度全面精细

史学研究并不以复原细节为目的,但细节又是史学研究的灵魂,特别是人物研究尤其如此。张传玺对翦老的研究内容涉及范围广,从传记传略、著述评价到书信往来和生活轶事,还有对翦老治学精神的学习以及对翦老冤案的记

---

① 张传玺:《做翦伯赞的学生至今得益》,上海《外滩画报》2013年5月16日—5月22日(总第540期)。
② 张传玺:《翦伯赞传》,北京大学出版社1998年版。
③ 张传玺:《新史学家翦伯赞》,北京大学出版社2006年版。

录,向我们展示了一个真实、细致、全面的翦伯赞。

(一)传记传略

关于翦老传记的主要代表作为《翦伯赞传》和《新史学家翦伯赞》,由北京大学出版社分别在 1998 年和 2006 年出版。其他在各个期刊、书籍中所出的传略、评传和大事年表等十余篇,共计一百余万字。

《翦伯赞传》较详细系统地记述了翦老的生平事迹,向读者介绍翦老这位维吾尔族伟大儿子传奇式的革命生涯、在开创中国马克思主义史学上做出的主要贡献,以及在教育战线上的巨大成就。全书共 16 章,50 余万字,从翦老的家族历史、求学经历到投身革命、创新史学,详细记载了翦老富有传奇色彩的一生,也向世人展示了这位马克思主义史学家救国救民的伟大抱负、追求真理的坚强意志、探索学术的执著精神和宁死不屈的高尚品德。

1978 年发表的《翦伯赞同志革命的一生》,不仅记述了翦老为革命奋斗奔走的一生,更为"文革"后党中央对翦老冤案的平反提供了重要的依据。"文革"期间,作为翦伯赞助理的张传玺也被劳动改造,当重回北大之后,张传玺发现"翦伯赞还是资产阶级右派、反动学术权威",就想办法为翦老鸣冤平反。"1978 年,我就和我老伴贴大字报,我老伴毛笔字写得比我快,我起草,她抄,6000 多字,16 张纸,一下子贴出去,《翦伯赞同志革命的一生》。"后来张传玺又找到时任中央组织部部长胡耀邦的儿子胡德平,把这张大字报和一封信转交给了胡耀邦,"到了第三天,胡德平说,张老师,我爸爸看了你的大字报,也看了你的信,他让你赶快向中央写报告,写五点。第一点,翦伯赞是个什么样的人,简要地讲讲他的历史;第二,他为什么被打倒;第三,你申诉的理由,等等,总共五点。他说你三天之内给我送来。后来这个报告经过政治局,直接送到邓小平那儿了,过了些日子,邓小平批了,中央组织部直接打电话到历史系,告诉我邓小平批了 7 个字:我认为应予昭雪。念了三遍,让我记下来。"①

(二)著作评介

通过系统阅读翦老的全部论著,张传玺对翦老在各个时期的学术成就、学术思想及其发展变化有比较清晰的了解,对翦老的一些重要著作进行评介和解

---

① 张传玺:《做翦伯赞的学生至今得益》,上海《外滩画报》2013 年 5 月 16 日—5 月 22 日(总第 540 期)。

读，如《翦伯赞〈先秦史〉校定本序》《翦伯赞〈秦汉史〉评介》《翦伯赞〈历史哲学教程〉评介》等文。由于参与了翦老大部分著作的整理工作，评介时张传玺不仅能够全面准确地总结书稿的内容和特点，还会对成书的时代背景和过程进行梳理，使我们能够更加深入地认识这些著作的历史价值和社会价值。

《先秦史》是翦老在抗日战争中期所著，原题为《中国史纲》第一卷《史前史、殷周史》，所论述范围是秦以前的中国古史，是翦老的名著之一。在《翦伯赞〈先秦史〉校定本序》中，张传玺对翦老写作此书的时代背景、成书过程以及主要特点进行了叙述和总结，指出"本书是以马克思主义为指导，比较严格地按照历史唯物主义的原理原则论述史事、评价人物的。但并不空发议论，做到史料与理论统一，即所谓'史论结合'"。① 翦老在此书中采用"西周封建论"的观点著书，把商朝后期看作是奴隶制度的没落时期，"武王伐纣"与"前徒倒戈"，不仅推翻了商王朝，也最后摧毁了存在600余年的奴隶制度。西周王朝的建立，也是中国封建制度开始的时间。直到今天，"西周封建论"还为许多史学家所坚持，是关于"中国古代史分期问题"讨论中的一种重要观点，至今对先秦史乃至史学界都影响甚大。1984年始，由张传玺主要负责，对这本《先秦史》重新进行了整理和校对，至1987年完成校订本。他说："1988年4月26日是翦老诞辰90周年，12月18日是翦老忌辰20周年。我们以菲薄之力，区区之诚，敬献此校订本，以表达仰慕缅怀之情。"②

《秦汉史》是翦老在抗战时期的又一力作，在此之前，中国史学界还没有一部完整的"秦汉史"专著。面对当时生活艰苦、身体病弱、特务纠缠等困境，翦老立场坚定，勇往直前，仅用时一年就完成这部近五十万字的著作，使中国史学界有了第一部"秦汉史"专著。这部专著具有三个重要特点：一是观点鲜明。严格以马克思主义的历史唯物主义为指导，对当时的经济、政治、文化、民族等各个方面，都进行了深入细致的剖析。翦老还在本书中用了三个专节讲述各有关民族的历史和社会，内容翔实，一反长期处于统治地位的大汉族主义历史观，为以民族平等的态度撰述多民族国家的历史树立了榜样。二是资料丰富。翦老在

① 张传玺：《翦伯赞〈先秦史〉校定本序》，《文史哲》1988年第1期。
② 张传玺：《翦伯赞〈先秦史〉校定本序》，《文史哲》1988年第1期。

这部书中不仅充分利用"四史"等传世文献,还用了很多考古资料,如汉简、石刻画像、碑刻、封泥、遗址和墓葬的发掘报告,等等。把考古资料从旧的金石学的狭小天地中解放出来,用以说明社会历史问题,翦老是开创者之一。三是文章生动。翦老在书中分析一些历史原理、讲述一些制度条令时,文笔生动而引人入胜。除此之外,还在书中插入了二十幅地图和五十幅绘画,文图并茂,这种做法在当时的史学著作中,亦不多见。① 1981 年张传玺等学者对此书重新进行整理出版。

《历史哲学教程》是翦老在二十世纪三四十年代所著,以中国社会性质问题大论战为背景,以马克思历史唯物主义和辩证法为指导思想,阐明了中国半殖民地半封建的社会性质,初步建立了中国马克思主义历史学体系。张传玺在为《历史哲学教程》再版所作的前言中,不仅对全书六章所谈及的主要问题进行总结提炼,还交代了此书中所收 15 篇论文各自的写作背景和目的,强调在民族危亡之时,文化界和学生都为突然出现了这样一本充满批判的、革命的、战斗的豪情之作而为之一振的现实意义。最后指出了《历史哲学教程》的重要价值:"研究历史需要正确的理论做指导,没有正确的理论指导,寸步难行。史学界至今仍需要这样观点鲜明的、有科学性的理论撰述。"

除了翦老的这些重要著作外,对历史教学颇有心得的张传玺还对翦老的一些普及性读物进行介绍,以帮助青年学生更好地学习和研究历史。比如《翦伯赞的〈史料与史学〉》②,详细介绍了《史料与史学》的成书过程,指出原著是基于翦老在 1945 年 5 月为重庆北碚复旦大学所作的《历史材料与历史科学》讲演稿。后应书店之约,准备整理出版,但当时已处在抗战后期,全国政治形势诡谲多变,翦老在重庆谈判期间为国共双方居中联络,并参与政治协商会议,为国家和平民族命运积极奔走。如此繁忙的情况下,翦老还是在 1946 年 4 月 10 日发表了《史料的收集与辨伪》一文,同年 10 月 1 日,在生病住院期间,翦老坚持伏床写作,发表了《略论收集史料的方法》一文。可见,翦老心中仍未放下《史料与史学》一书。建国之后,百废待兴,翦老也席不暇暖,历任北京大学历史系教授

---

① 张传玺:《翦伯赞著〈秦汉史〉核定本序》,《晋阳学刊》1982 年第 3 期。
② 张传玺:《翦伯赞的〈史料与史学〉》,《文史知识》2005 年第 10 期。

兼系主任,还兼任政务院文教委员会委员、中央民族事务委员会委员等。但在 1954 年春,他在参观了文化部举办的"全国基本建设工程中出土文物展览会" 后,很快写出了《考古发现与历史研究》一文,至此,《史料与史学》一书设计的 原始蓝图已基本实现。张传玺对此书写作过程的详细介绍,不仅向我们展示了 那个时代历史工作者的特殊使命,也让我们深刻体会到翦老对史学研究的热忱 与执著。

（三）信札轶事

作为翦老的助理,张传玺不仅很好地保留了翦老与郭沫若、柳亚子、张元 济、胡绳等人的书信往来,还记录了翦老与他们的革命和学术情谊,如《郭沫若 与翦伯赞的学术友谊》《翦伯赞与侯外庐的兄弟友谊与学术分歧》等。

在《郭沫若与翦伯赞的学术友谊》[①]中,张传玺介绍了他们长达四十余年的 学术交往和革命友谊,指出两位大家之所以交往时间长,且友谊日渐加深主要 有三方面的原因:一是有共同的文化观,都主张用历史唯物主义指导学术研究, 对旧文化要批判继承,推陈出新;二是有多方面相同的爱好,如史学、戏剧、诗歌 等;三是长期为邻,如同在重庆、上海、香港、北京,时长二十七年。文中张传玺 还分 1949 年前后两个时期详细介绍了他们两位在史学、戏剧和诗歌三方面的 交往内容。1949 年前二人在重庆的白色恐怖之中,响应中共中央"勤业、勤学、 勤交友"的号召,闭门读书,提高业务,郭沫若重点研究先秦诸子和殷周社会,翦 伯赞则潜心撰写《中国史纲》,郭沫若经常邀请翦伯赞做学术演讲,并对翦老撰 写《中国史纲》一书十分重视,认为这将是我国以历史唯物主义为指导撰写的最 早的大型中国通史。此书的撰成不仅为中国人民提供一部观点正确、内容系 统、资料翔实的中国通史,而且对批判旧史学、创建新史学将起巨大的作用。同 在重庆这段时间,虽处在国民党的黑暗统治之下,郭、翦二人却在史学、戏剧、诗 歌方面多有交流往来,相互勉励,学术友谊日渐深厚。1948 年 12 月 4 日,郭沫 若和翦伯赞等文化人士应中共中央之召北上,二人在大连口外惜别,郭沫若赋 诗《送别伯赞兄》:"又是别中别,转觉更依依。中原树桃李,木铎振旌旗。瞬见 干戈定,还看槌钲挥。天涯原咫尺,北砚共良时。"1949 年之后,郭沫若担任了国

---

① 张传玺:《郭沫若与翦伯赞的学术友谊》,《文史知识》2007 年第 4 期。

家重要领导职务,翦伯赞虽在大学教书,但也兼有许多领导职务,工作都很繁忙,但二人的学术交往不曾间断,反而更加密切。张传玺对二人为创建马克思主义史学,建立中国史学会,反对极"左"思潮、教条主义等做出的努力做了详细介绍,这篇文章不仅让我们对郭沫若和翦伯赞四十年的学术交往有了清晰、深刻的了解,也让我们体会到老一辈马克思主义史学家间友谊的真挚、纯粹。

《翦伯赞与侯外庐的兄弟友谊与学术分歧》一文,记录并阐释了两人长达三十年的革命友谊和学术分歧:"翦老和外老的友谊是深厚的;可是他们在学术见解上,却长期存在严重分歧。"在中国古代史分期问题上,翦伯赞主张"西周封建论",侯外庐则持"秦汉封建论";在封建土地所有制问题上,翦伯赞持"土地私有制说",而侯外庐则认为"土地国有制",两人的观点可谓是针锋相对,在辩论时各有根据,互不相让,外老甚至还有"要奉陪西周封建论者辩论到底"之语,可见其激烈程度。但二人的分歧只在于学术方面,辩论之后,两人情感如初,亲密无间。后外老提出"土地所有制形式"问题,推动了中国史学界的大讨论,翦老虽对外老的观点仍持不同意见,但却认为外老"善于提出重大学术问题",繁荣了中国史学,"与外老讨论问题,他的史料、理论和逻辑方法会迫使你不得不去重新学习理论,研究史料。这就帮助你去深入地解决问题,不管外老是怎样解决问题的,他的对手解决问题,确实也有他的一份功劳。"① 由此可见二人虽在学术观点上存在严重分歧,互为对手,但却在内心深处相互钦佩,惺惺相惜,他们在对待学术分歧的态度上至今值得我们学习。

除了记录翦伯赞与他人的信札往来以及学术友谊,张传玺还遍访了翦老工作、生活过的地方,追寻翦老的踪迹,撰写了《翦伯赞同志在北京二三事》《翦老访问内蒙记事》《寻访翦伯赞先生在香港的踪迹》《翦伯赞故居的沉浮——为纪念翦伯赞先生诞辰 110 周年而作》等文,以期给世人呈现出一个最全面、真实的翦伯赞,此处不一一介绍。

(四)治学精神

追随翦老学习、工作十余年,张传玺对翦老的治学精神与处世之道深有体会,也受益颇深,先后写作《学习翦伯赞同志的治学精神》《做翦伯赞的学生至今

① 张传玺:《翦伯赞与侯外庐的兄弟友谊与学术分歧》,《江汉论坛》1989 年第 7 期。

得益》《求真求实、尊师爱生——翦伯赞教授的治学处世之道》《翦伯赞对建立中国新史学的贡献》等文,把翦老的治学精神传承下来。

《学习翦伯赞同志的治学精神》①从理论学习、史料研究、文章撰写三个方面,结合治学过程中的往事和观点,介绍了翦老严谨的治学精神和宝贵的研究经验。作为一名马克思主义史学家,翦老在历史研究中最强调对理论的学习和运用,一直坚持用马克思主义理论指导自己的历史研究。《历史哲学教程》一书,就是他早期宣传历史唯物主义基本原理的一部专著,也是他学习马克思主义理论的一个总结。对于经典理论著作,翦老自己不仅重点读,反复读,还推动学生钻研马克思主义理论,为宣传和捍卫马克思主义鞠躬尽瘁。在对待史料方面,翦老不仅重视对史料的收集、整理和使用,还对史料学进行深入的研究。面对 1949 年后史学界某些概念多于史实、轻视史料的不良风气,翦老以马克思主义为例,提醒大家史料运用的重要性:"我们和资产阶级的区别,不是史料占有的问题,而是站在什么立场,用什么观点、方法来分析史料的问题。"②在文章撰写方面,翦老有三个重要的特点:逆风而行,坚持实事求是,敢于同有害于党的文化、教育事业的歪风邪气进行坚决的斗争;史论结合,既反对"不分析具体的历史情况,只根据经典著作中的一二文句便作出结论"的作法,也反对史料堆积,主张"要把史料溶解在理论之中,使观点与材料统一,让读者自己从史实的叙述和分析中看出理论";文笔生动,文章"既要生动,又要准确、严肃;既要说明问题,又要简明扼要"。张传玺对翦老治学精神和研究方法的总结与介绍,使得这些宝贵的经验得以传承,对于史学工作者教益良多,更是史学界一份可贵的遗产。

除了传承翦老的治学精神,张传玺还对翦老的史学贡献做了系统总结。在《翦伯赞对建立中国新史学的贡献》③中,张传玺认为翦老的史学成就主要体现在以下四个方面:一、宣传并坚决捍卫历史唯物主义基本原理。作为忠实的马克思主义者,坚持运用历史唯物主义贯穿史学研究的始终,对于史学界一些违反乃至歪曲历史唯物主义的倾向,翦老进行了严厉的抨击,划清了一些重要是

① 张传玺:《学习翦伯赞同志的治学精神》,《晋阳学刊》1981 年第 1 期。
② 翦伯赞:《目前史学研究中存在的几个问题》,《江海学刊》1962 年第 5 期。
③ 张传玺:《翦伯赞对建立中国新史学的贡献》,《历史教学》1999 年第 6 期。

非的界限。二、建立中国史学的新体系。不同于封建史学和资产阶级史学,翦老按照历史唯物主义基本原理,运用正确的观点和科学的方法,对中国各个历史阶段的经济、政治、文化、民族、中外关系,以及重要人物等等,进行全面深入的研究,以求得出符合实际的结论,进而探讨中国社会历史发展的基本规律及其特点,成为建立中国史学新体系的主力。三、大力提倡组织研究少数民族历史。作为一名坚定的马克思主义史学家,翦老主张各民族一律平等的原则,既要反对大汉族主义,也要反对地方民族主义。作为中央民委委员、全国人大常委会民委委员、中央民族历史研究工作指导委员会副主任委员,翦老倡导和组织对少数民族的历史研究,尤其重视对民族史资料的整理、编纂和研究,多次到民族地区考察、访问,《内蒙访古》就是这一时期所写,体现了他对少数民族历史的重视和对少数民族的热爱。四、坚决主张马克思主义史学家必须重视史料。翦老的著作以资料翔实著称,重视史料的搜集和编纂,为在我国长期、大规模、有组织地搜集、发掘、整理古代文献和考古资料,还倡议、筹建考古专业和古典文献专业,抵制和批判了"理论挂帅"及"以论带史"等极"左"思潮。

　　翦老于 1968 年 12 月 18 日去世,在史学战线上奋斗了整整四十年。他的史学成就巨大,建树很多,仅已出版的《翦伯赞全集》就有 600 余万字,而同样可贵的是翦老遗留下来的精神财富,张传玺在《翦伯赞与新中国历史学》①中从三个方面对此进行了总结论述:一、坚持唯物主义历史观,并为捍卫马克思主义的纯洁性而坚决斗争。翦老自踏上史学战线即以历史唯物主义为指导,不搞教条主义,坚持从历史和社会实际出发,走史论结合、马克思列宁主义中国化的正确道路。直到他去世的前夕,仍牢牢坚守最后一条防线:"在真理的问题上决不让步!"二、主张要重视史料,但史料必须在历史唯物主义的指导下正确使用。翦老向来反对"史料即史学"的说教,尤其认为把此说雅化为"史料唯物论"更为荒谬。同时他也反对片面强调理论重要而轻视史料的态度。他认为:"应该肯定史料是重要的,研究历史没有史料是不行的。史料是弹药,没有弹药专放空炮是打不中敌人的。""但是马列主义理论的学习更为重要。没有马列主义理论的指导,决不能在科学研究中作出任何创造性的成就。"三、坚持不懈地促进史

---

① 张传玺:《翦伯赞与新中国历史学》,《中国社会科学报》2009 年 10 月 8 日。

学界的团结,努力培养史学接班人。翦老一贯反对文人相轻的恶习,主张礼貌
待人、互相尊重,学术上有不同的意见,应当互相切磋、以理服人。为了改善青
年教师和老年教师的关系,还首倡在教师之间建立导师制度。按专业对口,年
轻教师拜老教师为导师,以加强对青年教师的培养,时称"对号入座"。翦老还
提倡"尊师爱生",建立"家人父子关系",老教师要"传衣钵"。这些做法都得到
了大家的积极响应。得益于此,北大历史系虽屡有政治运动的干扰,但总体来
说,上下同心,老少和睦,师生团结,积极向上,学风良好。翦老为新史学的创建
而艰苦奋斗的精神和为捍卫马克思主义原理原则而宁死不屈的品德,是中国史
学界一份珍贵的精神遗产,永远值得我们学习和发扬。

（五）冤案平反

作为"文革"时期翦老冤案的亲历者,"文革"结束后张传玺不仅为翦老冤
案的平反积极奔走,上书中南海,先是发表了《翦伯赞同志革命的一生》,后与邓
广铭合写《要翻千年案——翦伯赞同志在史学战线上的战斗》,对这段黑暗的历
史进行了详细的回忆。

《翦伯赞冤案的形成和平反》详述了"文革"时期翦老冤案的来龙去脉以及
"文革"后平反的过程,这篇文章发表于《纵横》1998 年第 8 期,是张传玺在精心
整理了 20 年的资料基础上撰写而成,也是对这段历史最清晰、全面的一次记
录。"文革"期间翦老被迫害的主要原因正是由于他为了捍卫马克思主义的原
则,1959 年至 1963 年对正在泛滥的极"左"思潮进行了坚决的斗争,因而以"资
产阶级反动学术权威"的"罪名"在"文革"中被打倒,后来因为坚决拒绝写诬陷
刘少奇同志的黑材料而遭逼供致死,还被"清除出党"。文中记载,仅在 1968 年
11 月 22 日至 12 月 18 日的一个月期间,翦老就被审问 8 次,应付催索"交代材
料"2 次,接受外调 15 次,终于在 18 日晚上,翦老夫妇服药自杀。现场所见:翦
老夫妇各躺在自己的床上,神态安详。衣裤鞋袜都是新的,在翦先生的上衣右
兜中,有半页遗言,文曰:我实在交不出来,走了这条绝路。我走这条绝路,杜师
傅完全不知道。在上衣左兜中,亦有半页遗言,文曰:毛主席万岁,毛主席万岁,
毛主席万万岁。这位为马克思主义理想奋斗终身的史学家在晚年竟罹难如此,
不禁让人唏嘘、痛心,这也正是由于翦老"实事求是""坚贞不屈",用生命捍卫
了马克思主义的原则。"文革"后,"四人帮"虽然倒台了,但翦老的冤案仍未得

到平反,于是就有了邓广铭等人的"八人上书"校党委,要求尽快为翦老昭雪冤案。在迟迟得不到回应之后,张传玺在北大张贴了大字报——《翦伯赞同志革命的一生》,北大校党委重新组织"翦伯赞专案组",张传玺名列其中。后来为了扩大大字报的影响,张传玺就拜访了胡德平,由其父胡耀邦设法为翦老"告御状",后又向中央组织部递交了为翦老昭雪沉冤的申诉状。终于,邓小平对这份申诉状批示:"我认为应予昭雪!"自此,翦老的冤案才得以平反。张传玺在整个平反的过程中起到了重要作用,这不仅是出于对翦老深厚的师徒之情,也是一个马克思主义工作者应当做出的斗争。

三、研究历经半生的时间跨度

从 1961 年在北大学报发表《我校翦伯赞教授等到内蒙古自治区参观访问》,到 2014 年再次回忆翦老的《求真求实、尊师爱生——翦伯赞教授的治学处世之道》,张传玺对翦伯赞的研究一直没有停歇,时间跨度长达半个多世纪,其间出版专著 2 部,公开发表的相关传略、学习、记录文章 50 余篇,共计百余万字。一部《翦伯赞传》张传玺就花了 18 年来整理、收集和熟悉材料,可见其对翦老研究的态度之严谨、功夫之深厚。

纵观张传玺对翦伯赞的研究历程,主要可以分为四个时期,不同时期的研究侧重点有所不同。"文革"前,更多的是作为助理的角色,记录翦老的日常工作轨迹,比如 1961 年的《我校翦伯赞教授等到内蒙古自治区参观访问》。从七十年代末到八十年代初期,主要集中在对翦老整个革命生涯的回顾和治学精神的学习,比如 1978 年《翦伯赞同志革命的一生》、1979 年《要翻千年案——翦伯赞同志在史学战线上的战斗》、1982 年《翦伯赞传略》、1981 年《学习翦伯赞同志的治学精神》等,这一时期主要是为翦老冤案平反和恢复名誉,故而主要总结翦老在革命和学术两方面的贡献。从八十年代中后期直至新千年是对翦老研究的高峰期,开展了对翦老学术成果、个人传略、生平轶事等方面全面系统的研究,代表作有 1998 年的《翦伯赞传》、1988 年《一代史学家与出版家的革命情谊——记翦伯赞与金灿然的交往》、1989 年《翦伯赞与侯外庐的兄弟友谊与学术分歧》、2006 年的《翦伯赞〈秦汉史〉评介》《翦伯赞〈历史哲学教程〉评介》等。2010 年以来的十年,耄耋之年的张传玺仍不忘写文追忆翦老,如 2013 年的《做翦伯赞的学生至今得益》、2014 年发表《求真求实、尊师爱生——翦伯赞教授的治学处世之道》,可见翦老就像一座灯塔,在人生路上始终指引着张传玺,他也时刻谨记翦老的教诲,人到暮年仍笔耕不辍,把这些宝贵的精神财富通过自己的研究一代代传承下去。

在六十多年的教学及研究生涯中,张传玺成果丰硕,可主要分为三个方面:一、历史学及秦汉史方面的研究;二、历史教学及方法方面的研究;三、翦伯赞生平事迹与学术影响研究。在这三个方面张传玺可谓倾尽了一生的时间和心血,尤其是翦伯赞研究,是张传玺倾入心血最多的领域之一,这不仅是由于翦老在中国史学界举足轻重的地位和学术影响力,更是因为翦老是张传玺进入史学研究的引路人,其史学理念和治学精神对张传玺整个学术生涯都具有深刻的影响。今天我们构建中国特色历史学学科体系、学术体系、话语体系,翦老的史学遗产是我们必须学习继承的宝贵财富,得益于张传玺的研究,我们不仅可以看到一个有血有肉、真实客观的翦伯赞,更能够从中学习一位马克思主义史学家博大精深的史学思想。

主持人:岳庆平

衷心感谢卜所长发言,也衷心感谢卜所长应我邀请,今天百忙中抽空参加座谈会。卜所长曾在中共中央政治局集体学习时先后三次讲课,中央和国家部委也经常邀请他讲课,他现在还主持好几个国家重大科研项目,今天确实是百忙中抽空。同时卜所长和我也是多年的好朋友,平常各种交流比较频繁。这在很大程度上是因为我师承的是张传玺先生和翦伯赞先生,卜所长师承的是林甘泉先生和郭沫若先生。张传玺先生和林甘泉先生是多年的好朋友,翦伯赞先生和郭沫若先生也是多年的好朋友,而且这四位先生都是马克思主义史学家。

现在请北京大学历史学系张希清教授发言。

张希清:发言题目"张传玺先生:中国古代史教学的典范"

从 1972 年 11 月我到《北京大学学报》编辑部任编辑,到 2021 年 2 月张传玺先生仙逝,我与张先生先后相识相处近 50 年。尤其是 2000 年 9 月我搬到蓝旗营小区居住之后,我住 5 号楼,张先生住 4 号楼,两楼相邻,经常往来。2020年 1 月新冠病毒疫情暴发之前,除平常来往之外,每年春节我都到张先生家拜年;之后,改为电话拜年。关于张先生的生平事迹和学术成就,刚才郝平校长做了很好的概括论述。张先生的研究生岳庆平教授撰写的《修身恕人,尊师爱生——缅怀张传玺恩师》和《张传玺先生的学术贡献和主要论著》两篇文章,对张先生做了比较全面的缅怀和评价。今天是张先生仙逝一周年,现仅就张先生是中国古代史教学的典范,讲一下我的感念。由于时间关系,下面准备简单讲三件事。

第一件事是,我亲自聆听张传玺先生在课堂上讲授中国古代史。

1976年10月,打倒"四人帮",结束了"文化大革命"。1977年10月,恢复了高考;1978年1月又恢复了研究生招生考试。我于1964年9月,考到北京大学法律系读本科;1970年3月毕业分配,留校在校教改组文科组工作。1972年11月,《北京大学学报》复刊,我又调到《学报》编辑部担任编辑工作。在教改组和《学报》编辑部工作期间,我经常联系历史学系的教改工作和向历史学系的老师约稿,所以和历史学系的很多老师熟悉,其中尤其是与李培浩老师、邓广铭先生、张传玺先生以及从法律系调到历史学系的祝总斌老师、范勖之老师、张国福老师都很熟悉,所以就准备报考邓先生的研究生。

我本科学的是法律,没有上过中国古代史的课程。历史学系中国古代史专业1978年不招研究生,正好我在报考研究生之前,有时间在1978年跟历史学系本科生一起上中国古代史的课程。当时张先生负责讲授秦汉魏晋南北朝史,我听了张先生一个多月的讲课,收获非常之大。张先生讲课深入浅出,生动活泼,简明扼要,重点突出,对我打下中国古代史的坚实基础和考取研究生都起了很大作用。当时研究生的考题类型主要是名词解释和问答题。听了张先生的讲课,再加上阅读翦伯赞主编的《中国史纲要》、范文澜主编的《中国通史简编》和郭沫若主编的《中国史稿》,就可以把秦汉魏晋南北朝史基本上全掌握了。听了张先生还有许大龄等先生的讲课,不但使我顺利地考上了邓广铭先生的硕士研究生,而且对我后来在邓先生指导下研究宋史,也有非常大的帮助。

第二件事是,张传玺先生在中央广播电视大学讲授中国通史课程以及编写中国通史系列教材。

1979年2月,教育部创办了中央广播电视大学。开始办的是理工科专业;1981年底,开始筹建文科专业,要开设中国通史课程。北京大学副教务长张群玉是电大的党委书记兼第一副校长,主持日常工作。于是她就聘请张传玺先生担任中国通史课程的主讲教师。张先生又请北大的李培浩老师和张寄谦老师,共同承担中国通史课程。张先生讲中国古代史的上半段(原始社会—魏晋南北朝),李培浩老师讲中国古代史的下半段(隋唐—明清),张寄谦老师讲中国近代史。当时张先生在北大担任着繁重的教学、科研工作,在电大讲课相当于业余任务。电大中国通史课程任务上马仓促、时间紧迫,经常是一边赶写讲稿,一边录制讲课录音。真是夜以继日,废寝忘食,超负荷运转。直到1982年7月才录制完毕,当年9月即在全国电大开播。1982年5月3日,李培浩老师录制完第36讲的当天,因病情恶化住进了北医三院,检查结果已是癌症晚期。6月6日,他就因癌症不幸逝世,年仅47岁,真是鞠躬尽瘁,死而后已。张先生录制完成之后,也因劳累过度,大病一场,嗓子失音,几乎说不出话来。1985年,中国通史课程由录音改为录像,张先生继续担任主讲教师。张先生在电大讲授的中国通史课程,对于被十年"文化大革命"耽误的一代青年,可以说是大旱之后的甘霖,使数以百万计的电大学员终身受益。1988年,张先生与王力、启功、任继愈、袁行霈等先生一起获得中央广播电视大学优秀主讲教师奖。

在为电大讲授中国通史课程期间,张传玺先生还为电大编写了中国通史的系列教材。

(一)最早的教材是《中国通史讲授提要》(古代部分,与李培浩合著)。本《提要》是"为了适应广播教学的特点和需要,为学员听课、自学提供方便"而编写的。"本《提要》按照历史发展顺序、社会性质及历代的政治、经济、文化状况,划分为若干编、章、节。这个体例和广播的讲稿的体例一致。《提要》以章为单元,除包括《提要》本身的内容外,还有复习题和参考书目。……每学时拟就复习题一至三个,以知识性问题为主,也有少量理论性问题,用以帮助学员系统地复习功课,并启发学员思考问题。"(《〈中国通史讲授提要〉说明》)

1982年6月,《中国通史讲授提要》(古代部分)由北京大学出版社出版。第一版1982年6月至12月三次印刷,共印45万册;第二版1983年至1985年3月三次印刷,共印29万册。据不完全统计,两版、六次共印74万册。

(二)为了配合电大的中国通史课程,张先生又将与杨济安先生共同为北大历史学系本科生编写的《中国古代史教学参考地图集》做了修改、补充,作为电大的辅助教材由北京大学出版社出版。该辅助教材分为两部分,第一部分为历史地图,正图 64 幅,附图 9 幅。自旧石器时代至战国,每个朝代或时代有图一幅;自秦汉至明清,每个朝代有图数幅。地图以疆域、经济、政治形势、农民战争、民族分布及中外交通等六个方面为主,另有几幅重要战役示意图和唐元明清都城图。第二部分为《中国古今地名对照表》,共收古地名 5000 多个,古地名下均注明今地名。

《中国古代史教学参考地图集》于 1982 年 8 月由北京大学出版社出版,第一版印刷了两次,共印 36 万册。1984 年 3 月,经过修订,出版了第二版;从 1984 年 3 月到 1986 年 4 月,第二版印刷了四次,共印 83.2 万册。据不完全统计,两版、六次共印刷 119.2 万册。

(三)1982 年 10 月,张先生所讲授中国通史课程的《中国通史讲稿》(上)由北京大学出版社出版。其体例与《中国通史讲授提要》(古代部分)略同,内容更为详实。该书于 1982 年 10 月、1983 年 10 月和 1984 年 8 月三次印刷,共印 48 万册。

(四)1985 年 7 月,张先生又将《中国通史讲稿》(上)修订为《中国古代史纲》(上),并担任主编将《中国通史讲稿》(中)修订为《中国古代史纲》(下),由北京大学出版社出版。《中国古代史纲》(下)1985 年 7 月第一版编者为李培浩,1989 年 6 月第二版编者为张仁忠、王朝中、王援朝。本教材以历代的社会经济和政治制度的发展变化为基本线索,比较全面系统、简明扼要地概括了社会历史过程和重要史事、人物情况。本教材的体例,按社会性质分"编",按朝代分"章",按重要事类分"节",按个体史事分"目";"目"下又分"子目";相连续的较小朝代或文化,合数朝为一章;文化不分节,章下即为目。眉目清晰,阅读方便。本教材力求内容繁简适当,语言准确,观点鲜明,文笔生动。为了保持本教材的科学性,也为了锻炼、提高学生阅读史学著作的能力,培养研究历史的兴趣,因之在各章节中,都适当选引了少量原始资料。为了便于阅读,对个别生僻字注出读音,古地名注出今地名,政区注出治所之今地,帝王纪年注出公元年份。

《中国古代史纲(上)》第一版于 1985 年 7 月由北京大学出版社出版;从 1985 年 7 月到 1988 年 10 月三次印刷,共印 71.6 万册。第二版于 1989 年 6 月由北京大学出版社出版；从 1989 年 6 月到 1990 年 8 月三次印刷，共印 9.1 万册。第三版于 1991 年 6 月由北京大学出版社出版；从 1991 年 6 月到 1998 年 5 月六次印刷，第一至四次共印 5.4 万册；第五、第六次印刷版权页无印数，每次至少应为 1 万册，所以应共为 7.4 万册。第四版于 2004 年 7 月由北京大学出版社出版，版权页无印数，北大出版社编辑张晗提供印数为 9,000 册。据不完全统计，《中国古代史纲（上）》四版、十三次共印刷为 89 万册。

（五）为了与电大教材《中国古代史纲》相配合，张先生还主编了《中国古代史教学参考手册》（张传玺、王朝中、王援朝、蒋非非、杨欣编著）。这是一部具有专业性、知识性、工具性的教学参考书。本书包括年表类、目录类、职官类、地理类、学术类等五类参考资料，书后附有《中国历代户口、田亩统计表》和《中国历代度量衡变迁表》，以供学习和进一步研究中国古代史之用。

《中国古代史教学参考手册》于 1985 年 7 月由北京大学出版社出版。1985 年 7 月，第一版第一次印刷，由河北固安县印刷厂排版，北京联华印刷厂和河北保定科技印刷厂各印刷 54 万册；1988 年 5 月，第一版第二次又印刷了 6.2 万册。1989 年 6 月出版修订本，第一次印刷 5 万册。1995 年 6 月，作为大学本科生教学参考资料，由北京大学出版社出版第二版，第一次印刷 5,000 册。据不完全统计，第一、第二版及修订本，五次共印刷 119.7 万册。

（六）1991 年，张先生在《中国古代史纲》（上、下）的基础上改写为《简明中国古代史》（主编：张传玺；编者：张传玺、张仁忠、王朝中、王援朝、张怡青），于 1991 年 11 月由北京大学出版社出版。《中国古代史纲》上、下两册，共为 74 万字。《简明中国古代史》仅用 40 万字，就简明扼要地概述了中国自原始社会至清朝中英鸦片战争前夕这段历史发展的基本规律，各主要朝代或历史阶段的基本社会状况：主要政治、经济制度，重大历史事件和主要历史人物，民族关系，重要科技、文化成就，以及中外文化交流等。该教材史料翔实，观点鲜明，文笔生动。为了阅读方便，全书体例按社会性质分编，编下分章，章下分节，节下又分目或子目。自编至子目，各有标题，一目了然。书中附有历代帝（王）系表 42 幅，地图 50 幅，插图 135 幅，图文并茂。本书适合普通高等院校、师范院校、广播电视大学、理工科大学和成人高校等中国通史课程之用，也适合史学爱好者自修和参考之用。

《简明中国古代史》由于分量适当,宜教宜学;内容系统,重点突出;观点新颖,不袭旧说;通俗易懂,可读性强,深受广大读者的欢迎,所以多次修订再版、多次重印。1991 年 11 月由北京大学出版社出版第一版,从 1991 年 11 月到 1993 年 7 月六次印刷,共印 6.4 万册。1994 年 9 月出版第二版,从 1994 年 9 月到 1998 年 11 月八次印刷,版权页无印数,北大出版社编辑张晗提供印数为 9.9 万册。1999 年 5 月出版第三版,从 1999 年 5 月到 2006 年 6 月十二次印刷,版权页无印数,北大出版社编辑张晗提供印数为 17.8 万册。2007 年 1 月出版第四版,从 2007 年 1 月到 2012 年 8 月十三次印刷,版权页无印数,北大出版社编辑张晗提供印数为 9.5 万册。2013 年 1 月出版第五版,从 2013 年 1 月到 2019 年 8 月十次印刷,版权页无印数,北大出版社编辑张晗提供印数为 7.5 万册。据不完全统计,从 1991 年 11 月到 2019 年 8 月的二十八年间,《简明中国古代史》已经出版五版、四十九次印刷,共印刷 51.1 万册。2018 年,张先生又对第五版做了一些修订,被列入第一批"北京大学规划教材"出版。这将是第六版,现正在编辑出版过程中。

张传玺先生通过录音、录像向数以百万计的全国广播电视大学学员授课,又编写了《中国通史讲授提要》(古代部分)、《中国通史讲稿》(上)、《中国古代史纲》(上)、《中国古代史教学参考地图集》《中国古代史教学参考手册》《简明中国古代史》等中国通史系列教材。这些教材又多次修订再版和重印。据不完全统计,《中国通史讲授提要》1982 年 6 月至 1985 年 3 月两版、六次共印刷 74 万册;《中国通史讲稿》(上)1982 年 10 月至 1984 年 8 月一版、三次共印刷 48 万册;《中国古代史教学参考地图集》1982 年 8 月至 1986 年 4 月两版、六次共印刷 119.2 万册;《中国古代史纲》(上)1985 年 7 月至 2004 年 7 月四版、十三次共印刷 89 万册;《中国古代史教学参考手册》1985 年 7 月至 1995 年 6 月三版、五次共印刷 119.7 万册;《简明中国古代史》1991 年 11 月至 2019 年 8 月五版、四十九次共印刷 51.1 万册。张先生的高足岳庆平教授说,张先生编写的中国通史系列教材出版印刷"累计 200 余万册"。其实远不止这些,据我上述的初步统计,从 1982 年到 2019 年近 40 年间,张先生的中国通史系列教材至少共出版了十七版、印刷了八十二次,印刷总数至少应在 501 万册以上。仅从授课学员的数量和教材的出版印刷数量来看,大概没有几个中国古代史的教授能够与张先生相比。其教材的质量和受欢迎的程度,也是罕有匹敌的。如《中国古代史纲》(上、下册),1992 年荣获国家教委第二届普通高等学校优秀教材二等奖;《简明中国古代史》,2016 年荣获北京大学优秀教材奖,并被列入第一批"北京大学规划教材"。曾在中央广播电视大学一直协助张先生工作的王朝中教授说,张先生满腔热情,倾心投入,呕心沥血,鞠躬尽瘁,为电大的教育事业做出了巨大贡献。他在电大数以百万计的教师和学员中享有非常崇高的声誉。

第三件事,简单讲一下邓广铭先生对张传玺先生的评价。

邓广铭先生与张传玺先生在北大历史学系共事 40 余年,相互关系一直很好。张先生对邓先生非常尊重,邓先生对张先生评价很高。邓先生认为张先生忠厚老实,为人低调,不计较个人名利得失,实事求是,与人为善。在教学上,兢兢业业,教书育人,精雕细刻,反复修改讲稿和教材,他讲课一直非常受欢迎。邓先生认为,秦汉魏晋南北朝史的课程讲得最好的是张先生。1978 年,邓先生出任北大历史学系主任,就安排张先生为"文革"后历史学系首届本科生主讲中国古代史课程的秦汉魏晋南北朝史部分。邓先生还说,张先生和李培浩老师为讲授中央广播电视大学的中国通史课程呕心沥血,作出了突出贡献。邓先生赞扬张先生在学术上刻苦钻研,有许多独到的见解和突出的成就。我作为"文化大革命"后邓先生的第一届研究生和助手,长期跟随邓先生学习、研究宋史,邓先生则让我多向张先生请教。现在,虽然无法再当面聆听张先生的教诲,但他的精神和业绩永远值得我们纪念和学习。

张传玺先生的教学、科研事迹和成就还有很多,但仅仅从上边所说的三件事,也足以证明,张先生是当之无愧的"中国古代史教学的典范"。

主持人:岳庆平

谢谢张希清教授。

现在请北京大学历史学系徐勇教授发言。

徐勇:发言题目"张传玺先生对于抗战研究及两岸学术交流的贡献"

张传玺先生辞世一年多了,自去年看到讣告,至今年的一周年追思会,痛悼之间,诸多往事再入心头。我是 1991 年入职北京大学历史学系,编在中国近现代教研室。那时候的办公室条件差，老师们都是在家备课，在平时见面交流机会少。没想到作为新入职、专业方向也不同的晚辈，自己却在后来几年间得到了张先生的诸多帮助和关照。

其契机大概是抗战胜利 50 周年纪念，前后有不少社会与学术性活动。记得是在教研室走廊或二院的小庭院里，和仰慕已久的张先生交谈起来，多是听张先生对于日本人以及中国抗战问题的看法。作为新任教员，自然是收获到教学方法、专题研究、文章撰写等多方向的启发。这样的交流保持下来，后来有港台的做近现代史方向的专家到访，张先生也把我叫上。翻出保存至今的多张合影，看看当时还算年轻的我置身于张先生和多位长辈之间，仍然可以回味那种受到关爱的温馨感受。

张先生出生在山东，十岁那年遭逢日本发动全面侵华战争，记忆中的侵华日军诸多暴行，使得张先生对于现实性的中日关系与抗日战争问题一直多有关注。其中，张先生对于民间抗日活动的支持，让我记忆深刻。那也是在我入职前后，由于日本政治的右倾化，以及钓鱼岛主权及教科书诸多问题，中日关系日渐紧张起来。于是，中国学界与社会各界发起民间对日索赔运动，涉及中国人战争受害各方面，包括劳工、慰安妇、生化武器受害等多方向战争遗留问题。当时的民间对日索赔联合会的活跃者和组织者，多数是改革开放之后上大学、受过高等教育的年轻人，他们利用既有渠道联络高校各方面专家。据我所认识的这些活跃者和组织者介绍，索赔联合会曾经多次访问张先生，都得到过张先生的接待与关照，张先生还对于山东地区的受害调查与索赔情况表达了特别的支持。

张先生关心的一个重点是钓鱼岛问题。21 世纪初有民间人士组织了四次登岛活动，其中 2004 年 3 月 24 日第四次共有 7 名青年成功登上钓鱼岛，打破了日本的所谓"实际占领"态势，为国家外交发挥了配合作用。这批爱国登岛青年对于相关知识、思想与宣传方面的准备比较充分，也曾印刷过数量不少的包括日历等形式的宣传品。在他们的准备过程中，张先生曾接受过他们的访问，提供过钓鱼岛历史资料，其后在 2011 年第四期《文物天地》上张先生发表了有关钓鱼岛资料的文章。张先生为保钓等历史与现实问题做出了直接贡献。

在张先生和港台学界关系方面,记忆深刻的是和台军退役少将曹英哲夫妇的交流。曹英哲先生是河北无极县人,1920年生,比张先生年长7岁,1939年考入中央军校桂林分校,其间参加过桂南战役对日作战,毕业后入第54军,1943年任198师上尉特务连长,1944年参加滇缅地区的高黎贡山、腾冲之战等恶战。1945年抗战胜利后,曾退役考入辅仁大学,旋再度加入国民党军,退台后历任少校营长、团长等职,后入美国陆军参谋大学、三军联合大学。是一位具有代表性的学者型国民党军人。著作有《抗日英雄叶佩高将军》(1995)、《川江旅游漫记》(1998)、《战乱余生十三年》(2002)等多部。

众所周知战后的两岸关系,在我国的改革开放之后解冻,曾有大批国军官兵访问大陆,曹先生是其中一位。按张先生所说,大概是在20世纪90年代初,和曹先生"谈史相识"并持续了后来多年的交流。曹先生对大陆访问的诸多情况,大都在著述中留有客观记录。如《川江旅游漫记》(1998)图文并茂,记录了大陆访问的过程情况和各种见闻,拍照有八路军驻渝办事处外景,红军长征中的松潘地区会议遗址等,都置放书中显著位置。

该书所记述的旅程原本没有北方地区,但是曹先生夫人胡文秋女士在序文中,没有拘束于旅途所见,她以饱满热情写到,曹先生曾就读于北平的辅仁大学,自己对于北京和北京地区大学的感情是:"对北平——那古老的城市,对大学——那学术的殿堂,都是我意志之所倾,一向所向往。"所记与所议,非常真实地反映了著者夫妇对于祖国的社会与自然风貌的感情认知。

曹先生夫妇对于北京与北大的情感,一直得到张先生的加持。在20世纪末曹先生夫妇再访北大,张先生陪同参观校园和图书馆,又设宴款待,我也受邀陪同。夫人胡文秋出生于殷实书香之家,富有文才。弟弟胡春惠教授是著名学者,先后担任台北政治大学历史所所长、香港珠海书院文学院院长等职,曾多次到访北大,也接受过我的学术会议邀请,在历史系作学术报告。这些活动,无不让我深刻体会到张先生和曹先生及其家人往来的社会与学术的多重意义。

张先生曾在1996年为曹先生《抗日英雄叶佩高将军》一书作序,该书增补版名《抗日名将叶佩高》,2002年6月在香港出版,仍收录张先生书序。序文高度评价该著"记录了许多团营连排或中下军官及士兵的英雄事迹",还有滇西各族人民抗战情况,进而强调应该以抗战作为国家爱国主义教育的重要专题,"这是抗日战争在中国历史上的地位决定的。近百年来,中华民族灾难深重,许多帝国主义国家对我国一再侵略,百般凌辱,其中日本帝国主义对我国的侵略和凌辱最疯狂、最残酷。"显然,出自少年时代的抗战记忆,张先生和曹先生心灵相通。北大图书馆有收藏这部书,但愿这篇序文也能收进张先生的文集。

在香港出书一个月之后,曹先生在台印行《战乱余生十三年》,这是台港地区常见的印行于亲友间的非卖品著作。如其书名所示,记述的是1937年全面抗战至1950年败退台湾之间的个人军事与政治经历。其中,在"草菅人命"的小标题之下,曹先生描写所在国军部队驻扎一个山村,其间和当地民众发生冲突依仗武力抓捕百姓,其后亲眼看到"有几位惨死在刺刀下的汉子,曝尸在池塘边,连掩埋都不曾掩埋"。曹先生评论说:"大陆的老百姓何辜,为啥却吃尽了人间的苦头。"

此时在台的曹先生已经是82岁高龄,所述与所论既是对于自己"十三年"之反思,自然也综合有20世纪的大陆访问、包括和张先生交流活动之后的感受与认识。从这一位高龄长者的肺腑之言,以及张先生的翰墨呼应,可以看出横亘两岸的坚冰,通过实在的人文交流而开始融化,这应该是走向民族国家统一与文化认同的新时代。两岸人民心灵与文化交流,必将生生不息长流永远。

张先生和曹先生夫妇、家族人员往来与翰墨交流,以其自有之方式汇入时代潮流,书写了富有特色的历史篇章。他们都是从近代中国战争年代走过来的一代人,在超越个人的时代与社会风云之中,成长为值得后人怀念的人物群体。这是一部活的、人物的历史。

学术研究绝非单纯的书斋文编,课堂教学需要广阔的社会内容,在近现代时段尤为突出。虽然,上述主要是21世纪前后那些年的事情,也只是张先生不凡人生中极少量的一部分,但是足以让当时的我开阔视野,社会与学术的天地即刻间丰富、生动起来。能够亲炙张先生暨其杰出友人的人格与学养,确实是年轻一辈的幸运。而今张先生和曹先生夫妇都已作古,回顾之间不免唏嘘。

张先生真诚扶助晚辈同事,真情推进抗战研究与两岸交流。博学宽厚,古道热肠。念兹思兹,怀敬长仰!

永远怀念张传玺先生!

主持人：岳庆平

谢谢徐勇教授。

现在请北京大学历史学系邓小南教授发言。

邓小南：

抱歉今天无法来到现场，只能在线上讲几句话。

相信在座各位，凡是与张传玺老师有所接触的，都对他的音容笑貌有深刻印象。我也跟大家一样。我们初入大学，就是张先生的学生，对于张先生能把古代历史——尤其是土地制度、经济生产、物质文化讲得既扼要又丰富、栩栩如生，始终无法忘怀。张先生的《中国古代史纲》《简明中国古代史》，一直是深受各高校古代史学生欢迎的必读教材。

张先生的道德文章，很多老师已经谈到。今天我想提到的是另外几个点状的场景。早年张先生常来看望我父亲，基础课如何讲，学生如何指导，都会来商议；但他们说得最多、也最动感情的，是翦伯赞先生的晚年。有时张先生会说到他个人的一些感受甚至"文革"以来的某些周折和委屈。我父亲也尽量对他有所劝慰。

后来由于年龄等方面的规定，像王永兴、张传玺、张寄谦等老先生没有担任博士生导师，就直接退休了。这也常让我自己感觉汗颜，不知道自己教书育人是否能像老先生那样称职。

20年前，我跟张先生搬进蓝旗营同一座楼。张先生有时会找我到他家中，真正是"促膝谈心"。谈到的事情，一是关于翦老，二是关于中学教材的编写工作。先生家里并不宽敞，堆满的书籍、纸本、材料，有的是正在审读的文稿，有的是他精心收集的翦老文稿和他撰著的翦老传记资料。先生曾经多次跟我说到中学教材编审之类事情的进展，说到遇到的问题和困扰，也会对有些事情叮嘱再三。他个人无法亲力亲为之后，也曾经推荐张帆等历史系中青年老师参与。

先生跟我说得最多的，是《中国史纲要》的编纂经过。他多次回忆起60年前的这件事，说到翦老的学术眼界和组织之功。《中国史纲要》是当年北大历史系的集体性"工程"，至今也是我们系的旗帜和永久的标杆。它牵系着翦老的心血和业绩，也牵系着我们的前辈师长对于教材的关注和重视。

先生晚年找我去家中,当时说话已经有碍,但我都能明白,他指着书架上成堆的大袋大袋材料,说是多年收集的翦老遗存,要捐给北大国学院。我当天就跟袁行霈先生联系,后来存在了条件更好的北大汉学研修基地图书馆,也曾举办了专题的小型展览。

张先生处事低调。对于周边事务,他都有个人的鲜明看法,但他始终态度中和,这是先生为人的风范。先生自己学贯古今,不少心得还来不及整理面世。而我所感受到的,先生生前始终放不下的心事,一是翦老的后事,如何继承翦老的理念和事业;一是今天和将来的历史学科建设和历史教学。

前辈未了的心愿,只有我们后辈去完成。

主持人:岳庆平

谢谢邓小南教授。

现在请北京大学历史学系牛大勇教授发言。

牛大勇:

我 1978 年 10 月进入北大历史学系本科学习。那时"文革"动乱刚刚结束,一切都在拨乱反正。系里的教学、研究、管理、人际关系都已走向正常化。我们是"文革"结束后本系中国史专业第一批高考录取的本科生。1977 年下半年恢复高考时,系主任邓广铭先生认为北大的史学教育拨乱反正是个大事,中国史教学还没有准备好,所以当年没有招中国史专业的本科生。我们 1978 年 10 月入学后,基础课"中国通史"是由邓先生安排孙淼、张传玺、张广达、许大龄四位老师分段给我们讲授的。老系主任翦伯赞先生曾大力提倡历史教学要讲究"三基四性",很重视基础课的重要性。由于"中国通史"这门基础课是精心准备后以新的面貌第一次上,所以七七、七八级的世界史和考古专业的同学们也和我们一起听,把二教的一个阶梯型大教室挤得满满的。任课教师也是邓先生精心挑选的。张传玺老师不仅很受邓先生器重,而且在我们这些学生的心目中,永远是一个亲切和善、谈吐风趣、知识丰富的老师。

张老师的授课特点,是注重以土地制度和经济发展为基础,讲述历代政治与社会的矛盾与变迁,条理清晰,线索连贯,要而不繁,生动形象。他有浓重的山东乡音,但吐字非常清楚。为了加强教学效果,还经常用肢体语言来辅助表达自己的讲授内容。例如讲到秋高草肥,匈奴骑着一匹马、牵着一匹马,长途奔袭征战,他就在讲台上侧过身,一手前举,一手后引,颠上两步,说就是这样,骑一匹,牵一匹。同学们会意地大笑。讲到刘邦滥杀功臣时,就把左小臂伸起来,似乎用手抓着一个人头,右手平摊成刀状,往左小臂下一抹,说就这样把某人捉了、杀了。接着又重复这个动作,说又把某人捉了、杀了。全场忍不住笑声一片,他还故意歪头看看左小臂下是不是有什么破绽,大家更笑了。前些日子和小甫、孝聪等老同学们聊起张老师,他们还记得更多的趣事。总之,他讲课深入浅出,生动活泼,同学们说像山东快书一样好听好记。期末考试,他和孙淼给很多人 100 分或 99 分,有人说给的分太高了。他说他们学得好,就应该得这个分。

毕业后我留在系里任教,同他有更多的接触,印象最深的是一次开全系教师会,他站起来对职称评级之外又增加评选硕士导师、博士导师等"级差"提出尖锐批评。我很少见他这么生气,所以印象很深,也理解其实普遍有这股气。

他退休后,仍孜孜不倦地致力于教学和研究,为电大等高校的中国史教育讲课、编教材,也不断有学术研究的新作发表。他编写的中国古代史教材在全国发行量很大,受其教益者众多。此外,他还热心为历史学系的建设出力,牵线搭桥。我系和香港珠海书院的交流讲学项目,就是他通过夫人的老乡胡春惠教授联系来的。对方和我系签订长期合作协议后,我和春梅书记都想安排他率先去这所大学讲学,不仅因为他有掘井开路之功,而且他的中国史课讲得确实非常好。但他坚决推辞,说"我绝不走这个项目去讲课"。香港珠海书院中的台湾教师和学生占很大比重,我系不少中国史、世界史的老师都去整学期地讲过课,对传播中国历史认知,增进海峡两岸暨香港、澳门的教育交流,非常有益。

他为纪念翦伯赞先生,写了一系列文章,编好几部文集,张罗了各种纪念活动。我系现在那座翦老的塑像,就是他联系捐赠的。他为纪念翦老所做的事情可以说是最多的了。他的心路历程和诚挚感情,先后得到了邓广铭、周一良、田余庆等老先生的理解和肯定。在我心中,他已经加倍弥补了那个时代的悲剧。

我在担任系主任的八年中,大刀阔斧地"改变了一些因循的事情"(田余庆先生语）。卸任后，出现了一些风波和反弹。有一天我意外地接到张先生的电话，他直截了当地说："大勇啊，你这些年做得很好，我们系有很大发展，这是都能看到的。有些风风雨雨的，难免，别往心里去！"我一时语塞，因我自卸任后很少跟张先生往来，更未念叨过系里的事。这通电话令我心里很温暖，毕竟公道自在人心，包括一位退休数十年仍关心着我系发展的老人的心。

这些都是我对张传玺老师印象最深并永远怀念的事。

主持人：岳庆平

谢谢牛大勇教授。

现在请北京大学历史学系阎步克教授发言。

阎步克：

去年 2 月 27 日，张传玺教授因病医治无效，在北医三院逝世，享年 94 岁。一转眼一年又过去了。历史系一位德高望重的老师离我们而去，作为本系的学生，惆怅叹惋总是不可避免的。当然也会往另一方面想——据报道，2020 年中国男性的预期寿命是 74.6 岁，张先生 94 岁逝世，已经超过 20 年了。张先生算是长寿的，对这一点，不妨看作是张先生的福分，是上天对他一生勤奋耕耘，一生传道、授业、解惑的回报。

那还是早在 1957 年，张先生来到北京大学历史学系读博士，师从翦伯赞先生，研究秦汉史。此后在北大任教，长达 64 年之久。想来在燕园各处，教室、图书馆、楼阁、路径，都曾留下张先生的身影。

昨天翻阅张先生的有关材料，忽然想起几年前，袁行霈先生主持的国学院，曾在大雅堂开过一次大会，张先生是乘轮椅而来的，还做了一个发言。记得当时我坐在房间西北角，张先生在会议结束离场时，还特意跟我打了个招呼。随后核对了一下，那是国学院博士生的开学典礼，日期是 2018 年 9 月 28 日。张先生对新生讲话，对他们加以勉励，引导他们从事学术研究。现在想起来那也许是张先生最后一次对学生讲话，学生最后一次有机会聆听张先生的教诲。国学院应该保存着录音录像。当时我还拍了几张照片，然而我总是拿不稳相机，结果拍出来的照片失于模糊，非常可惜。

应要求修改这篇发言记录时,电脑上新装了一个修饰照片的软件。尝试用这个软件处理当时的照片,把张先生的面部清晰化。

刚才郝平校长在发言时回顾了往事,回顾了我们78级学生当年在课堂上听张先生讲秦汉史的事情。我想我的秦汉史知识,张先生是最早的引路人。在读研究生的时期,又选修了张先生的一门课,内容是秦汉经济史(具体哪一年,已忘记了)。在这门课上,张先生一句一句地给我们讲解《汉书·食货志》。因自己少逢"文革",没怎么读书,专业基础差,这么细致的内容颇觉古奥艰深。而张先生的讲授既深入又浅显,语言特别风趣幽默。张先生还引用了《盐铁论·水旱》中的一段文字,做辅助解说:"县官鼓铸铁器,大抵多为大器,务应员程,不给民用。民用钝弊,割草不痛。"记得张先生还做了一个割草的动作,说"割草,连草都不疼"。

张传玺先生对封建土地所有制,进行了深入探索,这个是众所周知的。他在历史分期的讨论中,采用了翦伯赞先生的西周封建论,认为西周灭商后,其土地所有制的基础,是土地公有制的农村公社,以及井田制。西周的土地关系和人身依附关系都是封建性的,跟多瑙河流域的诸公国差不多,由此提供了一个世界史范围的所有制比较。到了战国初年,土地私有制萌生,至秦统一之时,私有制就在全国普及了。印象很深的是,课上张先生引用过《韩非子·外储说左上》"中牟之人弃其田耘,卖宅圃,而随文学者,邑之半"一语,由此可以看到对于"田耘"是"弃",也就是抛弃;而对于"宅圃"——即房子、宅基地、菜园——是"卖"。一"弃"一"卖",可见宅地的自由买卖,比土地的自由买卖发生得更早。然后张先生又引证说,恩格斯已经论及,在古代日耳曼人那里,变成私有财产的第一块土地,也是宅地。相关的主要论文,收入了张先生的论文集《秦汉问题研究》。这是学习秦汉史时不能忽略的一份成果。后来我也当老师了,我在课上讲秦汉历史时,就把张先生的这部《秦汉问题研究》(增订本,北京大学出版社1995年版)列在了参考书目里,还给学生提供了电子版下载。

大铁犁研究,也是张先生的一份重要成果。1950年代中叶,辽宁、山东等地出土了若干件巨大的铁犁,长宽40多厘米,最大斜长达到了48厘米。文物学者认为,这么大的铁犁两个人拉不动,只有牛才拉得动。有耕田作业经验的老农民又说,其实一头顶好的牛也拉不动,最少也得两头牛,采用"二牛抬杠"的方式。又有人认为几头牛才拉得动。还有人提出,这么个大铁犁,从近代直到新中国都没见过,这种铁犁并不是实用物品,而是摆样子的废物。

面对纷纭众说,张先生本着求真求实的精神,决心仿造大铁犁,再由实际作业检验之。他和中国历史博物馆取得联系,测定了数据,交给北大仪器厂木工车间的七级模型工姚立华师傅制模,复制两件大铁犁,即辽阳犁和滕县犁。1980年10月提交蓝图,两个月制成模型,随后由北京缝纫机厂铸成铁犁,又委托北京农业机械化学院农机教研室制成犁架。在此之后,找了一块土地,进行了3次试耕。对入土深度、牵引力度等指标的分析显示,使用这种大铁犁,所需的牵引力为60公斤到80公斤左右,一头牛是牵不动的,需要两头以上的牛,"二牛抬杠"才能作业。无论如何,大铁犁是实用农具一点,被证明了。以此为基础,张先生又对于各地区各时代的铁犁进行了系统比较研究。在听课时,这个研究给了我深刻印象。后来在我讲授秦汉经济时,就专门给张先生的大铁犁研究制作了一张幻灯片,向学生展示这个成果。

关于张先生的秦汉经济课程,还留有一个记忆,就是张先生曾说到某几位学者关于土地私有制或国有制的观点,"很奇怪"。原话就是"很奇怪"。张先生的古代土地所有制研究,理论色彩相当之强,在论证时罗列一、二、三、四,条理清晰,言简意赅,显示了长期学术训练所养成的表达能力。侯外庐主张中国古代的土地所有制是国有制,把土地私有说成是一种"法律的虚构"。其思想灵感,大约来自马克思、恩格斯这一类论述:"自由的土地私有权的法律观念之缺乏,土地私有权的缺乏,甚至可以作为了解'全东方'世界的真正的关键。"张先生非常不赞成侯外庐这个观点,他在课上特别强调,在中国古代,"土地私有"绝不是"法律的虚构",从周代一直到唐宋以后,一份份土地买卖契约,契约的形式与内容,订立契约的过程及其法律效力,都证明土地私有权是实实在在的——"这不就说明土地是私有的吗!"

此后,张传玺先生花费了巨大精力,搜集、排比、分析历代土地契约。这些契约对研究传统经济史、社会史具有重要价值,也为他在契约方面的多篇论文提供了丰富可靠的证据,构成了历史论点的坚实基础。张先生的各种新书,包括《中国历代契约会编考释》两册,《契约史买地券研究》以及《中国历代契约粹编》,在出版之后,我都获赠一套,现在还摆在我的书架上。本系学生不妨去翻阅这些东西。在治学之初，充分利用本单位的学术优势，就会起步较早，步子较大，事半功倍。

其实在本科之时，就曾得到张先生的鼓励。我在大三时曾写了一篇文章，大四时刊登在《历史研究》上。后来在历史系办公室偶遇张先生，他问我"你就是阎步克，在《历史研究》发表了一篇文章那位学生？"我说是我，文章写得不成熟。张先生说："架子已经搭起来了嘛！"当时很受鼓舞，觉得历史学虽然艰深，但还可以再尝试下去的。

我个人很感谢命运，得以进入燕园读书，师事众多德高望重、令人肃然起敬的老师，包括张传玺先生。他们的辛勤耕耘，他们的学术的奉献，赋予燕园以精神魅力。今天在这里追念张先生，期望把前辈的学风学业传承下去，让北大历史系的系史越来越丰满充实。

主持人：岳庆平

谢谢阎步克教授。

现在请北京大学历史学系陈苏镇教授发言。

陈苏镇：

我也是78级的，和步克、大勇、小南同班。所以，我和张先生的接触和他们相似。入学后第一学期，孙淼老师的先秦史讲完以后，就是张先生接着讲秦汉魏晋南北朝，讲了很长的时间。那时候，我们中国古代史这门课好像是一周四学时，讲两年，比现在长一倍。几位老师，我们印象都很深，包括孙淼、张传玺、张广达、许大龄先生。他们讲课，各有特点。

那时候，我们那个班的同学，许多都不是高中毕业来的，可能有三分之二，上大学之前已经工作过好几年了。像我和步克是当过兵的，小南是东北回来的，大勇应该也有一段插队的经历。所以我们在社会上，工作了一段，大家阅历都很深。我们这帮人不好教，有的老师课讲得不太好，同学们真的不买账。但是古代史这门课，几个老师，大家都很喜欢。张先生的口音很有趣，确实有点像说书，山东口音，肢体语言多。有些上课的情景，同学们印象很深。他讲巨鹿之战，项羽打胜之后，各路诸侯军的将领来拜见项羽，一进军门，都扑通跪在地上，

"膝行而前"。他讲这一段的时候,特地从讲台后面走出来表演,两手比作双膝,做出向前蹭的样子,非常生动。他当时的神态,四十多年了,我还是记得很清楚。古代史内容比较枯燥,如果讲得不生动,同学们会走神,看别的东西去了。张先生这方面确实是好,我学不了,没那个口音,也没那个口才。

张先生的研究领域主要是战国秦汉。我读研究生以后,学的是魏晋南北朝史,所以和张先生接触就不太多了。但是,留校以后,我从魏晋跑到秦汉这一段,张先生的研究成果,上本科的时候没有好好看,那时候读张先生的论文有些吃力,内容太深了。工作以后做秦汉史,张先生的文章我都仔细地拜读过。张先生的学术研究,从他上课到他的论文,都有一个特点,非常重视理论,同时也非常重视材料。我想这应该是从翦伯赞先生那儿继承下来的传统。翦先生作为马克思主义史学家,上大学之前,我就读过他的一本小册子——《历史哲学教程》,主要是讲理论论题。那个时代,整个学术气氛是偏左的。翦先生在那一辈学者里是比较实事求是的。他虽然重视马列理论,但也说要重视材料。刚才翻张先生编的《学习翦老 传承翦老》,也特地讲到了这个方面。张先生其实也是这样。听他的课、看他的书,都感觉到他对材料的挖掘、对材料的搜集,功夫很深。他在这方面确实是给我们这一代人树立了很好的榜样。我想这也是我们北大历史系的一个传统。我们研究历史,当然要重视理论,但对搜集和处理史料的基本功也应特别重视。在这个方面,我们的老师,包括张先生,给我们树立了很好的榜样,让我们知道学问应该这样做。

张先生的大铁犁研究,刚才有老师已经提到了。这些年,我给同学们上中国古代史,在秦汉部分,我一定要提到张先生这件事。汉代出土的大铁犁比较多,其中两件在国家博物馆的陈列室里摆着。关于大铁犁,不少学者做过研究,提出过各种说法。但只有张先生会跑到博物馆,请工作人员把那两件大铁犁从陈列柜里拿出来,称一称,量一量,再拿着数据去找人做一张犁,请农业技术专家用拖拉机试耕,从而得出科学的数据。很少有学者会花这么大的力气去解决一个问题。但经过他这样一做以后,得出的结论就更实在,更可信。以前有人说这个犁这么大,不能用。《盐铁论》里有记载啊,说国家设置的铁官,生产的铁器太大,不实用。但是经过张先生的科学实验,结论就比较可靠了。这么大的犁,可以用来开沟作垄,但是要用两头壮牛,小牛不行。

张先生曾经下大力气研究土地制度。我当学生的时候,听张先生讲过这样一门课。他为了这门课,把搜集整理的资料编印成册。那时没有电脑,我印象中是用蜡纸刻的,然后油印出来,所有上课的同学一人发一本。这是他讲课用的材料,课堂上就不用写太多板书了。很少有老师会这样,为一门课准备一本资料集。张先生在整理资料方面做了很多工作,包括他后来做的《中国历代契约粹编》,上、中、下三大册,花费了很多时间和精力。

总之,我对张先生的为人和学问都很钦佩。他做事总是热情很高,在职的时候、退休以后,都是这样。他要做的研究,都是他非常喜欢的,没人督促,他也会积极认真地去做。这是值得我们晚辈学习的。现在大家都用电脑作研究,学生们找资料更是常常依赖电脑检索。这事儿有利也有弊。在充分发挥电脑优势的同时,我们还是要像老先生一样,在资料上的搜集和处理上扎扎实实地下功夫。

谢谢大家!

(整理者:柯子蕴)

主持人:岳庆平

谢谢陈苏镇教授。

现在请北京大学历史学系荣新江教授发言。

荣新江:

我是 1978 年上大学,也就是 78 级的中国史专业的学生,前面几位发言的,邓小南、牛大勇、陈苏镇、阎步克,都是我们 78 级的同学。我们中国史的班,有41 个人,是一个超大的班,因为 77 年有一些中国史的老师受到了"梁效"的影响,所以没招生,到了 78 年的中国史班,就把 10 年"文革"积攒下来的人才全都敛上来了。我是 78 级里头最小的那拨,什么都不懂,所以听课对于我来说非常重要,这其中,就有张传玺先生的课。

张先生从秦汉一直讲到魏晋南北朝,这在当时是一种担当。系主任邓广铭先生让他把整个从秦汉到魏晋南北朝的通史都承担起来,张先生接受了这个重任。

那时候的"中国通史"课讲两年半,从原始社会一直讲到新中国成立。这两年半的通史实际上相当于现在的一门门断代史课程,时间是非常长,讲得非常仔细的,所以我们确实是受益匪浅。当时讲古代史的几位老师,像孙淼、张传玺、张广达、许大龄诸位先生,都对我们有巨大影响。

要说讲课的风格,前面几位已经提到,张传玺先生的讲课给我们留下了非常深刻的印象。

教材建设方面,张先生也做了非常多的工作,而且做得非常仔细。教材不光是对于社会上的人和一般的本科生有好处,实际上对于我们这些85年就留校的年轻教师也有很大的帮助。像我1985年留校后的第一件事,就是给当时理科的同学上中国通史。张先生是在二教的阶梯教室上大课,我是在一教的阶梯教室上大课,这个给理科学生讲的课是要讲通整个中国通史。后来我当了教授,接手本系一年级学生的中国通史课,当时接的上半段,一直要讲到隋唐以前,都不是我的专业范围,但我想锻炼锻炼自己。这门课其中一个很大的涵盖面是张先生过去给我们讲的中国通史范围,所以我讲中国通史的时候其实是有着张先生讲中国通史的印象。

我留校之后,历史系的各位先生仍然是我的老师。虽然我的专业已经离张传玺老师比较远了,我做隋唐史,后来做敦煌吐鲁番、中外关系史。但是我们系有一个很好的传统,就是这些老先生对于年轻人是非常关注的,虽然学生毕业了,似乎跟老师没有太大关系了,但是这些老师都特别地照顾年轻学者,其中一个方式就是送他们的著作。张传玺先生每出一本书,都会给我一本,比如《秦汉问题研究》《中国历代契约会编考释》。他在编《契约会编》的时候和我有一些交流,因为这涉及一些敦煌吐鲁番文书,张先生是从土地制度的角度切入,其实和我们做敦煌吐鲁番研究的人不太一样,所以对于这一方面的研究是有推进的,具体的我就不在这里说了。

作为一个年轻教师,其实现在也不年轻了,我想特别强调两点历史系的优良传统:一个是一代一代的传承,前辈们把他们的研究通过教学和著作传递给下一辈;另外一个呢,是他们对我们年轻人的提携。我们78级的同学,邓广铭先生从本科毕业就开始安排留校,本科毕业时留了李孝聪、李开元,硕士毕业时留了邓小南、我、牛大勇等,有些人读了博士,有些像陈苏镇、王小甫出去两年再回来读书,然后再留校。这些都在老先生们的心里是有安排的。我之后的每一步在历史系的发展,实际上都有老先生们的提携在里头,所以非常感念张传玺先生和其他对我们有恩的先生们。

主持人:岳庆平

谢谢荣新江教授。历史学系教师代表发言到此结束,后面还安排了自由发言,请其他老师届时再发言。

现在请张传玺先生长子张守清师兄发言。

张守清:

尊敬的郝平校长、卜宪群所长、王奇生主任、徐健书记、各位领导、各位老师:

首先谢谢大家在百忙中抽空参加父亲"张传玺先生纪念座谈会"。我在此代表母亲丁丽君和我们兄弟姐妹以及所有家庭成员对大家在父亲病重期间和他逝世以后给予我们的支持、帮助和所做的大量工作表示感谢。

父亲为人谦和、正直,严以律己、宽以待人。他一生光明磊落,淡泊名利。

从 1957 年 2 月考入北京大学历史系秦汉史专业,师从翦伯赞先生开始,父亲和北大历史系的师生们同舟共济,风风雨雨 64 载,培养了一批又一批的优秀学生。他致力于将马克思主义历史唯物主义理论应用在史学研究与教学上,为中国古代史的教学和研究贡献了自己的一生。在父亲晚年,他依然坚持精益求精地做学问,在他生命的最后一年还每天坚持工作 6 小时以上,修订了《云南彝族那氏土司本末》,编著了《翦伯赞画传》和《学习翦老 传承翦老》,在 2020 年将三书的书稿完成并付梓。因为疫情,出版工作受到一些影响,这三本书均在他老人家去世后才正式面世。

父亲对学术研究的精益求精不仅充分体现在他生平中所提到的主要研究成果上,而且也充分体现在他晚年主编《毛泽东批注二十四史》上。《毛泽东批注二十四史》是中央档案馆为纪念毛主席诞辰 120 周年确定的出版项目。他们邀请父亲作主编,主要负责武英殿本"二十四史"版本考证、校勘部分的句读。毛主席批注所用的这个版本在国内还是第一次标点出版。2013 年 4 月出版后,父亲发现其中的部分点断还是不够准确,希望再版时能够更正过来。在从 2013 年到 2020 年的 8 年中,父亲在做其他研究工作的同时,将四千多万字的《毛泽东批注二十四史》共 91 册中的每一册每一页全部做了仔细的校勘,将需要修改的地方在书中标注出来,写上自己的意见。最后,父亲又将这 91 册按卷梳理了几遍,做了一个目录,把所有他提出意见的卷名和页码都列在上面,希望把一份"齐、清、定"的校勘稿交给出版社。在他发病住院的前一天,他还在整理这份长达 800 多页的校勘目录手稿。

父亲,在外是学识渊博又平易近人的老师;在家是对我们严格要求又慈爱可亲的爸爸。父亲和母亲是山东大学的同学。他们 1949 年结婚,相濡以沫,风雨兼程,携手走过了 72 年,养育了我们 6 个子女。我们全家有时会一起去郊游、去划船或者去颐和园的长廊听父亲讲那些绘画所描述的故事。和父母在一起的日子总是那么快乐充实。

父亲说他小时候家里大门的对联是:"忠厚传家久,诗书继世长。"父亲修身齐家,很重视对我们的教育和培养。他常告诫我们要看淡身外之物,学到的本领才是自己的财富。"读书破万卷,下笔如有神",我们兄弟姊妹从小在父母的指导下养成了伴随一生的阅读习惯。在我们眼中,父亲多才多艺,不仅擅长书法、绘画,还会唱歌、打乒乓球、跳交谊舞。他一有时间就会检查我们的学业情况,辅导我们练习书画,带我们去锻炼身体。在那个并不富裕的年代,父亲母亲生活节俭,却按照我们的心愿清单,买了冰鞋、球拍、口琴、笛子等作为奖品,在家庭小竞赛的时候奖励给我们,鼓励我们勤奋学习,做到德智体全面发展。

在学习上,父亲对我们循循善诱,以鼓励为主。在专业选择上,父亲尊重我们自己的意见,从不强求。同时父亲也要求我们要学有所长,自食其力,做对社会有贡献的人。在我们取得成绩时,他会提醒我们戒骄戒躁;当我们遇到问题时,他会帮助我们分析原因,鼓励我们战胜困难。现在我们兄弟姐妹没有辜负父母的期望,分别在文理、工商、医学和高科技等领域工作。父亲的孙辈们也都能承传家风,读书上进,在国内外工作学习。

父亲生前,我们每次回家都看到他坐在书桌前,在书林中阅读写作。他那沉浸在读、写之中的身影,是我们心中永恒的记忆。

亲爱的父亲,我们永远怀念您!

主持人:岳庆平

谢谢张守清师兄。

现在请张传玺先生的研究生弟子代表发言。本来我作为参加座谈会的研究生大弟子应该发言,因为张先生1982年招收的第一批研究生是冷鹏飞师兄和我,而我又是张先生的研究生弟子中唯一留在历史学系任教的。前面发言的邓小南教授、牛大勇教授、阎步克教授、荣新江教授,都是我读研究生期间的同班同学,毕业后也都留在历史学系任教。但是因为今天发言者较多,我又主持座谈会,所以我就不发言了。我已发表两篇缅怀张先生的文章,恳请大家抽空浏览并批评指教:一篇是《修身恕人,尊师爱生——缅怀张传玺恩师》,共9000余字,2021年3月15日在凤凰网首先全文发表,接着大众网、爱思想网、学人Scholar、人民日报客户端、全国党媒信息公共平台、新华网客户端、世界古代史研究及某些地方网等媒体,先后转载了拙文的全文。《北京大学校报》2021年3月25日摘登了其中的3000字,北京大学历史学系公众号马上按原文转发了。另一篇是《张传玺先生学术生涯及其主要成果》,共8000余字,刊登在2021年10月出版的《北大史学》第21辑,北京大学历史学系公众号也按原文转发了。

现在请国家文物局原副局长刘曙光师弟发言。

刘曙光:

各位老师,各位同学,张先生家的哥哥姐姐妹妹们,你们好。

我非常感谢刚才各位在发言当中对张传玺老师的高度评价。讲的都是大家的真情实感,很多事情我也深有同感,今天再听起来,还是觉得很受教育,也很受感动。

刚才,大家对张先生一生的学术贡献、治学风格和高尚人格都有很全面的评价。我在这里想补充讲一件可能大家不太了解的,但是我又觉得能反映张先生风格的事情。

大约是2011年的四五月份的时候,张先生给我打电话,说他看到《中国文物报》上发的一个消息,是关于上海的一个拍卖会的报道,说拍卖了一本名为

《海国记》的书,书里讲到了钓鱼岛问题。报道说这一本书是中国人第一次关于钓鱼岛的记载,而且比日本人的记录早了70多年。张先生说,这个说法有一个非常严重的错误,其实这本书根本不是中国最早出现关于钓鱼岛的记载,拍卖行可能是为了拍个好价钱,而有意制造一些不实之词。他认为,如果这种不实的说法流传开去的话,将会造成很严重的问题。

于是,我在第一时间找了当时《中国文物报》报社的领导反映情况。我说这个事情看起来是个小事情,但因为关系到钓鱼岛,就又不是小事了。文物报社的领导就有点着急了,说那怎么办呢?张先生特别仁慈,给报社出主意,说他可以再写一篇文章,把报纸的这个说法给纠正过来;而且他老人家还特别想到,如果让文物报在自己的这个报纸上再去说自己上一篇报道有误,可能有点打脸。所以他就选了《中国文物报》办的《文物天地》杂志,而且还特别选了里面讲了很多拍卖信息的一期,当时他估计会有很多人关心拍卖的消息。他的文章不长,而且标题写得非常的通俗易懂,他一一列举了明代以来中国人怎么发现的钓鱼岛、钓鱼岛的情况等史料,特别指明了《海国记》不是最早的记载中国人发现钓鱼岛的图书,比《海国记》还早的文献有很多,而且中国人发现钓鱼岛比日本人早的也不是七八十年,而是早了好几百年。文章发表之后,引起了很多人的关注,那个错误的说法也没见人再去重复。

这篇文章,很可能在张先生文集里面都没有收录。我为什么今天要讲这个事情,我觉得这就是张先生不同于一般史学家、一般大学教授的不同凡响之处,也反映了张先生确实是翦老的终身弟子和好学生的独特之处。翦老他们这一代的马克思主义史学家,主张不能坐在书斋里面,纯粹围绕历史问题而搞历史研究,而是要经世致用。张先生在这种小文章里,在别人不注意的地方发现了大问题,反映了他作为一个史学家对敏感问题的关注,反映了他作为一个史学家的博学强记。他关注到文物报的一篇报道,居然能想起年轻时候读过的书,并且发现了拍卖行对《海国记》宣传中的不实之词,尤其是能及时去找有关部门交涉,纠正这个问题,这是何等的责任之心啊!

后来我知道,外交部都注意到了这样一篇小文章,就是在中日之间关于钓鱼岛这个历史文献之争上,张先生的这篇文章,是一篇看似很不引人注目的小文章,但是发挥了维护国家主权的积极作用。我觉得这是张先生这种历史学家的品格和担当的最好体现。所以,我也愿意在这个场合,讲讲这个小故事,来表达我对先生的崇敬和怀念之情。

谢谢各位。

主持人:岳庆平

谢谢刘曙光师弟。

现在请中国社会科学院信息情报研究院院长张冠梓师弟发言。

张冠梓:

各位老师、各位学长好。感谢会议提供这个追思张传玺先生的机会。去年的今天,导师张先生仙逝了。整个一年里,一直沉浸在对先生的缅怀当中。经常想起先生的教导,想起他的做人、做事、做学问。脑子里面经常转这些事情,浮现他的音容笑貌。刚才各位老师的发言,饱含着对张先生的缅怀之情和真情实感,增加了我对张先生的思念。

在张先生去世不久,我就琢磨着把自己的想法写出来,用文字把记忆留存下来。到了去年八月份,大约是张先生去世半年的时候,写就一篇,可能有一万多字,交给了中国社会科学网首发了,很快就有中国历史院网、中国法学网、古代史研究所网站和公众号,还有新华网、人民网、澎湃新闻、新浪网、凤凰网等纷纷转载。大概有一两天的时间,就有近百家转载,我的微信也接到了 100 多个反馈,都是对张先生的缅怀和赞誉,也有表达对张先生的过往情况的深刻同情和理解的。这让我很感动,没想到这个缅怀文章会引起那么多的关注,可见大家对张先生的敬重和不舍。

坦率讲,我对先生治学思想的理解还是很浅薄的,我感觉以我的粗浅的学习是完全没有资格对先生妄加评论的。我的这个小文,首先谈的是在追随先生学习时对先生的学问的感悟。我体会最深的,是先生对学术问题的站位、敏锐性和洞察力,以及他的知识面的广博和专业深度。还有就是他为翦老做的许多事情,可以说用一辈子来传承、学习、阐释翦老的一些思想和治学成就,反映了他对翦老的用情之真、用情之纯,这个让我们这些弟子觉得特别感动、自愧弗如。翦老和张先生都是非常严肃的历史学家,经历了特殊的历史时期,事实证明其师生感情经得起历史的检验。

我个人跟着先生学习，是 1987 年到 1990 年的三年时间。刚入校的时候，先生就让我读史料，读前四史，每个礼拜都要到燕东园六号楼他的家里，汇报交流读史体会。先生要求对《史记》《汉书》《后汉书》《三国志》一定要熟读精读，反复地读，认真揣摩，有问题随时向他请教。他还鼓励我要拓宽知识面，建议我到考古系选修先秦秦汉考古、隋唐考古。回想当年在硕士论文选题的时候，张先生对我的指导让我非常难忘。老人家建议我选题目时要注意小切口大纵深，选小题目见大意义，还建议研究制度文化。这样可以充分把握，也可以上引下连。诸如此类的治学思想，至今让我受益匪浅。

今天这个追思会，我心里不胜感慨，更加增加了对先生的怀念。作为弟子，我一定要谦逊做人，认真做事，努力为国家和社会尽自己的绵薄之力。

岳庆平：

谢谢张冠梓师弟。

现在请中华书局原总经理兼党委书记、中国出版集团现代教育出版社原社长兼党委书记宋一夫师弟发言。

宋一夫：

各位老师好，刚才听到郝平校长、卜宪群所长、张希清老师、徐勇老师、邓小南老师、牛大勇老师、阎步克老师、陈苏镇老师、荣新江老师等对张先生的道德文章给予非常高的评价。我作为张先生的弟子，对以上这些老师深表感谢。同时也非常荣幸自己能成为这样一位先生的弟子。

我们这些师兄弟姐妹最为遗憾的一件事情，就是先生这一辈子，没让我们给他办过一次祝寿会。先生 70 岁生日的时候，我们这些师兄弟姐妹，以庆平师兄为首，到先生家跟先生说，一定要给先生办一个祝寿会。先生说："我的孩子大多在国外，聚在一起不容易，你们这些学生也都很忙，这个祝寿会就不要办了，等到我 80 岁再说。"

先生 80 岁生日的时候，我们未经先生允许，便成立了一个给先生办祝寿会的组织，由庆平师兄挂帅。我们到先生家，把想法汇报给先生。先生说："你们这些想法很好,但是我现在身体很好,你们是否感觉到我的身体不行了,非要办一个 80 岁生日的祝寿会啊? 再说你们这些师兄弟姐妹,天南海北的,都处在事业上爬坡的时候,你们想把大家都召集来,最好不要这样。还有,我的一些朋友,一些同事,你说他们来不来参加? 来参加是要给人带来麻烦的,所以千万不要给我办祝寿会。我现在身体很好,等到 90 岁再说。"

这样先生就把自己 80 岁生日祝寿会给推到 90 岁了。先生 90 岁的前一年,我们这些师兄弟姐妹在一起商量怎么给先生办祝寿会。庆平师兄拿出了一个很好的方案,一开始先生还真同意了,我们一起到先生家汇报商量了三次。先生说:"人员一定要尽量减少,避免麻烦太多的人。"当时我们还计划给先生出一本论文集和一本纪念文集。可是没过几天,先生给庆平师兄打电话说:"你和一夫到我这儿来一趟。"我们俩去了先生家,先生说:"我和你们师母最后商定,我的祝寿会还是不能办。"我们俩问这是为什么呢? 先生说:"我还是感觉给大家添的麻烦太大。你们看这样好不好? 明年是翦老诞辰 120 周年,咱们以纪念翦老诞辰 120 周年为主题,顺便给我办一下祝寿会。届时我写文章,你们也写文章,咱们翦门五代加在一起有四五十人,再加上我的一些其他学生,共同纪念翦老诞辰 120 周年,我和你们师母都感到这样比较好。"

庆平师兄马上委婉地表示不赞同,说:"我们一直是诚心诚意要给您办祝寿会,而且经过了长期的深思熟虑和认真精心筹备,目前一切细节都筹备就绪。现在您又不让我们为您办祝寿会,我们当学生的非常被动。您 70 岁生日不让办祝寿会,80 岁生日不让办祝寿会,90 岁生日再不让办祝寿会,不仅我们这些学生问心有愧,而且会让学界各位同仁对我们有看法,会说张先生的这些学生,怎么先生 90 岁生日的时候都不给办祝寿会。"这时候师母从里屋走出来了,说:"庆平和一夫,我们非常理解和感谢你们,你们确实是为我们好,而且一切都安排得很周密。但是你们要给你们老师办祝寿会,我们俩就整天想这个事儿,这会给我们身体和精神带来很大负担。你们老师身体不好,我身体也不好,你们这样做会把我们俩的身体搞垮啊。"师母又说:"还是在办翦老诞辰 120 周年纪念会时,顺便给你们老师办祝寿会吧。这样你们老师高兴,我也高兴。"

我之所以回忆并公开我们给先生筹办祝寿会的过程,主要是现在我感觉非常遗憾。先生这样一位有名望的学者,北大历史学系的著名教授,学生们竟然没给先生办过一次祝寿会。如果办了祝寿会，一定会留下很多很好的珍贵回忆，但是先生坚决不让我们办。我想先生为什么不让办祝寿会，因为先生就怕给别人添麻烦。这是先生一生为人的主基调，一向严于律己，委曲求全，总想为别人好。这也是先生为人的一贯风格，是非常值得我们作为先生的学生终身学习的。

主持人：岳庆平

谢谢宋一夫师弟。我们研究生弟子给张先生筹办祝寿会的过程，确实就是宋一夫师弟说的这样。这里我再补充三点，一是张先生坚持不让我们研究生弟子给他办祝寿会，而且态度极其坚决，没有任何商量余地，是张先生一生低调为人和修身恕人的重要体现，这是非常值得我们研究生弟子景仰和学习的；二是我们研究生弟子对张先生只能是"恭敬不如遵命"，所以尽管我们内心并不赞同张先生不让我们给他办祝寿会的意愿，但也不得不违心地遵从张先生的意愿。我觉得不论是对年迈老师，还是对年迈父母，都要把孝敬、孝爱尤其是孝顺放在第一位，这样年迈老师和年迈父母才会更健康开心；三是2017年2月27日，在张先生90岁生日那天，事先经过张先生和师母同意，我们全家三口和师弟宋一夫全家三口，专门去张先生家小范围给张先生正式祝寿，这也算是在一定程度上满足了我们研究生弟子给张先生正式祝寿的愿望。

我的三位研究生师弟、张先生第二代研究生弟子代表发言完毕。接着请张先生第三代研究生弟子代表发言。首先请汤用彤书院院长雷原教授发言，雷原是我在北京大学历史学系指导的第一位博士后。

雷原：

今天看到很多熟悉的老师，我在历史系读博士后时都听过课，如张老师（张希清）、邓老师（邓小南）、阎老师（阎步克）、荣老师（荣新江）等。看到老师们都很健康，精气神足，由衷感到欣慰。深感历史学系的接力棒在张传玺先生等作古后，后继有人，能很好地传续下去。

对于先生，我们算是孙子辈了，虽然倾慕已久，但一直未有机会亲聆先生的教诲。细想起来，当时应该是有机会的，扪心自问那时还是用心不够。

先生的书我读了不少。除了先生编著的历史教科书，还有一些是先生关于秦汉问题、土地制度的文章。先生的立场观点，对我启发很大。我以前是学经济的，对于中国的土地制度，我一直认为它是我们农耕文明下最重要的一件事情。土地问题如果没有解决好，老百姓就安不下心，而心不安，国家之根本就不会牢固。

先生在秦汉史方面的研究，造诣极深。其实先生涉猎极广，是既博且通的一位历史学大家。先生的博通，体现在秦汉史研究方面，是极深刻而精微的。在历史研究方面先生提出了六个观点，我非常认同。

第一点，先生说你要研究某个问题，就要明白研究这个问题的历史意义是什么。要研究秦汉史，就要把秦汉史放在中国整个的历史长河当中，看他在历史长河当中的地位。秦汉时期，应该说是中国人理想的奠基期，秦汉之前我们祖先是在理论上设计人类的理想，秦汉以来这个理想就真正地成为现实。先生还说研究专门史的人必须要研究通史，不研究通史的话，秦汉史的地位不好定。先生是这样说的，也是这样做的，先生是以通博为基础，展开学术研究的。

第二点，先生提出不要为学术而学术、为研究而研究的观点。更不应该为了谋取个人名利而研究学术。这一点非常重要，我虽然没有亲聆先生的教诲，但这个原则是我始终坚持的。

第三点，先生提出治学的目的在于为社会主义建设服务。因为中国的社会主义建设，是中国几千年的历史长河当中的一个阶段，不能把社会主义的历史阶段和我们几千年的历史割裂开。今天中国的社会主义建设是中国几千年历史的继承与发展，甚至可以说中国几千年的历史，在一定意义上就是具有伦理属性的社会主义。比如家庭所有制，在家庭内部是共有的，将这种家庭共有制以修齐治平的理想推扩出去，就是天下为公。天下为公就是大同，家庭共有就是小康，所以大同与小康是同时共存的，不是两个阶段。在朝廷为大同，在民间则为小康。节制私人资本，抑制商人，均田分力，在秦汉之时，已成为历史事实。

第四点，先生讲研究历史必须掌握丰厚的知识和历史资料。先生提出了很多，刚才老师们也说前四史要好好地读，先生还提出了《东观汉记》《汉纪》《后汉纪》《七家后汉书》，还有《汉官七种》《说文解字》《汉魏丛书》《盐铁论》等都要读。先生研读了那么多书，可见先生的学问功底是极其扎实的。

第五点，先生说要研究秦汉史，首先要了解已有的研究状况，就是说我们的研究要在前人研究的成果上进行。这样有利于继承和发展,可以少走弯路,得事半功倍之效。

第六点,先生进行学术研究的立场,是坚持马克思主义史学家的立场,也就是站在人民的立场上。立场问题不解决,研究出来的结果就不一样。马克思主义是以弱势群体的利益为出发点,在西方商业文化背景下,弱势群体就是工人阶级。而在中国农耕文明背景下,天下最重要的生产、最辛苦的生产是农业,从事农业者就是农民。因此站在农民的立场思考问题,就是今天马克思主义的重要体现。试看抑商政策的推行,就是站在农本这个立场上。如果不抑商,便会伤害农业,挫伤农民种粮的积极性。

我还想强调的是土地制度。先生认为中国的土地制度经过了三个阶段,实际上秦汉以后,我们的土地制度就是私有制。在私有制问题上,先生又提出了一个问题,即究竟是历史事实推进了我们的私有制,还是商鞅变法的政策推进了我们的私有制?先生认为历史事实和顺应历史潮流的政策是相辅相成的,这一点对于我们今天的社会有非常重要的启发作用。

最后我想表达的是:先生之风,山高水长;先生之学,博通且专。虽不能至,心向往之。先生作为老一代历史学家,承上启下,严谨育人,堪称当代学人的典范。先生永远是我们学习的榜样,永远活在我们的心中。

主持人:岳庆平

谢谢雷原教授。

现在请中华书局副总编辑张继海编审发言。张继海是我在北京大学历史学系指导的第一位硕士和博士。

张继海:

过去有将近十年了,每年春节前我都和书局领导去蓝旗营看望张先生,最近的一次是2020年春节前,我已经是以书局领导的身份去的。最近几次去,每次都能感到张先生的一些变化,比如腿脚比以前更不灵便,行动更慢了。这也是自然规律,难以抗拒,所幸张先生始终头脑清楚,思维敏捷,谈起话来精神甚好,讲半个小时似乎都不疲倦。有一次我问他通过什么渠道了解时政新闻,他说不看电视，主要是通过订阅的一份《光明日报》。有一次他谈到对秦汉时期"亭"的看法，仍认为自己早前的判断是对的，我因为很长时间没有碰这方面的东西，一时间竟跟不上他的思路。问起他的生活情况，他说一直坚持自己做饭，不雇保姆，每天还要给老伴做几次按摩。后来他儿子不放心，每天过来看一趟。有一个春节，我看到客厅里多了一幅袁行霈先生写的字，字体清雅，寓意很好，平添了几分喜气。再后来有一个春节，碰上他的一个女儿从日本回来，专门照看他和老伴。人到老了，身边有儿女嘘寒问暖，是一件幸福的事。我想张先生的离去，应该是没有太多遗憾，是安然往生的。

我能认识张先生，完全是机缘巧合。我本科毕业后到广东省湛江市博物馆工作。在那里工作很清闲，毫无压力，但是也能一眼看到自己退休时是个什么样子，所以一年后我就动了考研的心思。应该是在1995年，有一次我随博物馆的同事到广州公干，中间抽暇去天河区的广州图书城逛，买到一本张先生编著的《简明中国古代史》，回来后就把它当做考研复习教材，从头到尾认真地看，还记下了一些问题和印刷错误。那时我考研还没有明确的目标，就试着给张先生写信，除了写上那些问题以求教外，还表达了想考研究生的想法。没想到信寄出后不久，竟收到了张先生的亲笔回信，鼓励我报考。真是喜出望外，仿佛一个在暗夜里彷徨摸索的人看到了亮光。人还是要有生活目标。一旦有了目标，吃苦受累都不算什么，付出的每一份努力都心甘情愿，而且脚步踏实，心情笃定。在湛江通过全国统一考研的笔试后，又去北京面试。为此我平生第一次坐飞机，从湛江先飞到长沙，经停一个多小时后，再从长沙飞北京。在北大二院参加古代史的面试，主问我的是岳庆平老师，原来张先生已经退休，不再带研究生了，改为他的学生岳老师带。我在面试时的表现并不算好，答出了哪些问题已经都忘了，但是没有答出的那个问题却一直记着。面试后从房间出来，在门外等候消息。最后岳老师出来通知我说，你面试通过了，回去后有时间要多读一些书，又说"张先生和我提过你，说你有一些基础"。我又是惊喜，又有些晕糊，就这样考进了北大历史系读硕士研究生！从根儿上说起来，张先生实为我生命中的贵人。用句老话说，就是拔我于污泥草泽之中，使我从一个偏远小地方的博物馆馆员，得以混迹燕园，得闻鸿儒巨匠的謦欬，亲聆先生们的教诲，真正是何幸如之！就凭这一点，我感念张先生一辈子。

在北大六年,其实我和张先生的交往并不算多,因为他已不再讲课,所以只零星地听过几次他的讲座,其中有一次讲到他在解放初期去云南参加少数民族社会调查,非常生动。另外,至今印象较深的还有数事:一是他带的最后一个硕士论文答辩时,是我做的学术秘书;二是1998年纪念翦老诞辰100周年会议,我曾做过一些会务工作,比如曾和师弟一起,带着司机去人民出版社拉书,是新出的《翦伯赞历史论文选集》三卷本;三是我写的一篇文章投给《北大史学》,那一期的主编邓小南老师向张先生询问对文章的意见时,张先生不吝溢美之词给予肯定(这是事后知道的);四是博士论文开题前,我曾问张先生对于选题的意见,张先生鼓励有加……

我虽没有正式拜在张先生的门下,做他的学生(事实上是他学生的学生),但是张先生总是对我厚爱有加。我到书局工作后,因为编初中历史教材的缘故,与张先生的关系反倒比我在北大求学时还密切。记得开某次主编会,张先生到书局来,会间即送了我三本书:一本是新版的《简明中国古代史》,一本是他主编的《战国秦汉史论著索引三编》(1991—2000),还有一本书名竟然已经忘记了,真是惭愧。后来因为各种原因,我把原来的专业都丢了,走上了另一条职业道路,实在对不起张先生对我的厚望。最后一次获赠张先生的书大约是2018年春节前,尹涛和我去看望他,他送的是修订再版的《中国历史学习手册》。我心里真的很惶愧。

我过去在学术上但凡取得一点成绩,如果张先生知道了,都会替我高兴。有一年春节前去看望他,谈话间他忽然笑眯眯地问我是否认识中央民族大学的黄义军。我说认识啊,我们一起去美国开过会。看来是黄教授向张先生谈起过我,于是我简要介绍了那次会议的缘起和经过:那是2011年4月,我受邀去加州伯克利大学参加一个关于汉代长安城的国际会议,提交了2万多字的论文《西汉长安的闾里》,而起因是戴梅可(Michael Nylan)教授在读了我的《汉代城市社会》之后,非常欣赏,托了很多人辗转打听和联系到我,邀我参会,就是那次开会认识的黄教授,等等。张先生一边听一边点头。其实当时谈话时离那次去美国开会已经七八年了,时过境迁,所以我也没有特别展开地讲。

从张先生身上,我感受到了老一辈学者的风范:对学术的孜孜追求,对学问的一丝不苟,对工作的尽心竭力,对后辈的爱护提携。他平易近人,待人诚恳,一口山东话虽然刚开始听不惯,但是听进去了更能感到亲切。他熟悉马克思主义理论,对历史教材和历史教学有深湛的研究。他的很多学术观点前后一贯,如关于多民族国家、中央集权、大一统等,没有动摇过。对于时事热点话题,他有一套自己的看法,并不受时下一些新潮理论的影响或左右。他赤胆爱国,坚定看好中国的未来。

人生匆匆,无非是历史的过客。人的一生走向,既与自身的选择有关,更与他所处的时代和环境有关。有时候造化弄人,实非个人力量所能转移,只要在自己的能力范围内不失本心和良知,不失向上向善的动力和坚守,就是做到了问心无愧。张子曰:"存,吾顺事;没,吾宁也。"阳明曰:"此心光明,亦复何言?"张先生传承了翦老的衣钵并努力光大之,坚守了马克思主义史学阵地,是令人尊敬的学者,他的著述和人格力量还将影响更多的后来者。

逝者长已矣!张先生安息。

主持人:岳庆平

谢谢张继海编审。张继海 1996 年跟着我读硕士,1999 年跟着我读博士。我的印象特别深刻,1999 年我在北京大学历史学系招了三位博士生:张继海、官德祥、具滋元。其中官德祥来自香港,具滋元来自韩国。当时历史学系规定:每位博士生导师一般每年只能招一名博士生。但又规定:香港生和留学生都不占名额,所以那年我就招了三位博士生。他们仨入学三年后到 2002 年,只有张继海按时毕业,官德祥和具滋元都延期毕业,所以张继海是我指导的第一位博士。张继海的博士学位论文《汉代城市社会研究》,2004 年被评为北京大学优秀博士学位论文,并获 2004 年全国优秀博士学位论文提名,说明张继海的学术研究是出类拔萃的。张继海现在能担任中华书局副总编辑,说明张继海在很多方面都是出类拔萃的。

现在请中国社会科学院古代史研究所在读博士生、张先生第四代研究生弟子赵斌发言。

赵斌:

各位先生早上好!我叫赵斌,现在是中国社科院秦汉史方向的在读博士

生。我的硕士导师是邹水杰,邹老师硕博期间先后师从冷鹏飞、岳庆平两位先
生。非常荣幸今日能以张先生第四代弟子的身份参加纪念座谈会。

学习张先生的论著,能深切感受到先生是史才、史学、史识兼具的著名史
家。唐人刘知己说:"史才须有三长,世无其人,故史才少也。三长:谓才也,学
也,识也。"才者,文笔精妙也。张先生等身的著作,若无精妙的文笔断然是无法
广受好评的。

学者,史料精熟也。张先生不但熟悉传世文献,而且对考古材料也很了解。
在平时也非常注重史料的积累,比如在以土地所有制作为主要课题做调查时,
除口头调查外,凡彝、汉碑刻文字,都拓下来,或拍下来,或抄录下来。只要有史
料价值的,全盘收录。

识者,选材精当也。在史料甄别使用方面,张先生很强调考镜源流,引用
"典型""可信"的史料以说明问题。此外,张先生治学还注重理论指导,关心学
术动态,及时掌握史学前沿情况。这样,凭借过人的"史识",张先生不少著作代
表着史学界相关研究领域的最高水平,深受好评,屡被征引。

张先生的治学态度严谨、谦逊。张先生曾经在访谈录中提到对铁器牛耕
的研究。1955 和 1958 年分别在辽宁与山东出土了两个大铁犁。这两件铁犁
曾引起学术界不小的争议,有人说能用,有人说不能用。历史博物馆说可以
用,因为从汉画像砖中见到的犁头似乎也不小。为了对铁犁的性能作真实具
体的了解,1980—1981 年,张先生三进中国历史博物馆量尺寸、画图样,在北
大校办工厂制作模型、复制,随后在北京农业机械学院配制犁架,分别用单手
扶、双手扶的方式,在各种土槽、土壤中试验了三次,并逐一拍照、记下试验数
据,形成试验报告,最后发表在《北京大学学报》上。大铁犁研究充分说明了
张先生治学的严谨。同时,张先生一贯谦逊,即便已经成为了非常有成就的
史学家,张先生在接受访谈时仍然说:"我的学术成就,比较其他同志,是微不
足道的。"

"高山仰止,景行行止。虽不能至,然心向往之。"张先生留下的不仅是等身
的著作,更为重要的是他治史的精神。作为初涉史学研究的后辈,学习践行张
先生严谨的治学态度以及高尚的道德情怀,或许是对先生最好的缅怀。

主持人：岳庆平

谢谢赵斌。之所以说赵斌是张先生第四代研究生弟子，是因为赵斌的硕士生导师是邹水杰教授，而邹水杰的硕士生导师是冷鹏飞教授，邹水杰的博士生导师是我，而冷鹏飞教授和我都是张先生的第一批研究生。冷鹏飞教授比我大5岁，是我非常尊敬的师兄，很遗憾前些年已经去世。1995年我在北京大学历史学系任教授，1998年任博士生导师。冷鹏飞师兄任博士生导师比我晚，所以他把他指导的两位优秀硕士邹水杰和王勇，都推荐到北京大学历史学系报考我的博士生。结果邹水杰和王勇都以优异成绩考入北京大学历史学系，从而成为我指导的博士生。

我们三代研究生弟子代表已发言完毕。现在进入自由发言阶段，请问哪位嘉宾想接着发言？（郭润涛教授举手要求发言）好，现在请北京大学历史学系郭润涛教授发言。

郭润涛：

这个会议，去年系里通知的时候，我即报名参加。我觉得能跟张先生共事，是我非常荣幸的事情。

认识张先生比较晚。知道张先生是他在中央电视台讲中国通史，农村有电视比较晚，恢复高考不久，电视上播他讲课，我开始知道张先生，还买了他编的教材，可以说是读他的书一步一步走过来的。后来有幸成为同事，那个时候教研室还常常开会，所以我也曾经跟田先生、祝先生、张先生等一起开会。后来也有幸跟他一起去参加《中华文明史》的撰写，虽不在一卷，一年会有几次活动，有聊天的机会。

很多事情，刚才步克、苏镇、新江三位兄长都说了，大家也非常熟悉。我想讲一件事，对我是一个特别遗憾的事情。几年前，张先生曾经给我打过一个电话，他说我这里有一部书想送给你，就是他编的契约资料。他说想送给你，你来拿吧。我当时就答应了，很高兴。但等到打算登门拜访时，听说张先生身体不太好，行动不方便。我心想他很愿意见我们，但真去了，会给他带去很多麻烦，犹豫着没有及时去、立时去。这件事，我一直记着，后来疫情来了，就再没有机会。去年这个时候，去八宝山送他，心里对他说的话，就是没有去取送我的书，没有就此看望他,是我非常遗憾的事情。

今天我有幸参加这个会议,来纪念张先生,也表达我对他的怀念,我喜欢张先生的书,喜欢他的学问。

主持人:岳庆平

谢谢郭润涛教授。

请问还有哪位嘉宾想接着发言?(罗新教授举手要求发言)好,现在请北京大学历史学系罗新教授发言。

罗新:

我听过张传玺先生的课,读硕士时,可能在 1990 年,张先生讲秦汉史专题或秦汉史研究。讲的具体内容都忘记了,但记得张先生讲课非常专注,口音虽重却容易听懂,嗓门不大却清晰明白,语速不快却绵密连贯,总是微笑着,脾气非常好的样子。研究生同班同学有宋一夫,是张先生的学生,所以常听他讲起张先生。非常遗憾的是,张先生的课我只听过这一门,之后,再没有听过他别的课。那时不知道机会难得,以为今后随时有机会听他的课或是跟他请教,但是没过几年张先生就退休了。

张先生退休以后,我还碰巧在学校见过他几次。有一次印象很深,在北大二院,好像是当时国学研究院搞的一个电视节目,拍张先生讲秦汉史。我去二院,恰好看到几个年轻人给张先生化妆,旁边几个专业摄制人员在那里摆椅子和灯光。张先生化妆化得脸上特红,跟从前过年的小孩子一样,两颊涂得红红的。我一看就乐了,跟他说,张先生,怎么给你弄成这样了?张先生赶紧说,弄成什么样了?快给我镜子,让我看看。

这十几年,再没有怎么见过张先生,虽然隔的真是不远。想起来,就算物理距离相当近,老教授们一退休,也不是很容易见到的。张先生是我们北大历史系有很大影响的一位老前辈,我们在外面常常听人问起他,比如问他身体怎么样。很惭愧,其实我一点也不了解。

去年张先生去世,我们去八宝山参加遗体告别,在车上我跟王春梅老师说,老师们应该经常见面,不然的话,认识了几十年的老师,一下子你就永远都见不着了。去年听张帆说,有今天这个活动计划,我觉得挺好,立即说我要参加。对我们自己的老师,我们听过课、为北大的学科发展有过重要贡献的老师,这样的追思活动是非常必要的,应该经常做。这些年我们有很多老师都不在了。我们还在的人,总得找机会,哪怕找理由,也得经常聚一聚,说说老师们,说说过去。像我对张先生了解这么少,刚才听各位一说,觉得挺有意思,很温暖,增加了对张先生的了解。

我完全赞成荣新江老师刚刚说的话,北大历史系是有很多美好的传统的,这些传统应该继承、弘扬。我们的好传统之一,就是对老先生的尊敬、纪念、怀念、记忆,张先生就是这样一位值得我们尊敬、纪念、怀念和记忆的老先生。

主持人:岳庆平

谢谢罗新教授。刚才罗新教授发言时,我在会场分别征求了一下还未发言的各位嘉宾的意见,他们都表示今天时间有限,就不发言了。其中有几位嘉宾已写了纪念文章,本次纪念座谈会后,我们出版《张传玺先生纪念文集》时,一定会将这几位嘉宾写的纪念文章收入其中。

我要特别郑重地感谢北京大学历史学系主任王奇生教授和北京大学历史学系党委书记徐健教授。本次张先生纪念座谈会是北京大学历史学系及张先生的家人,还有我们研究生弟子们,共同倡议、发起和举办的。历史学系党政办公会多次研究张先生纪念座谈会事宜,王奇生教授和徐健教授专门安排历史学系副主任叶炜教授具体负责座谈会有关事务。在张先生纪念座谈会筹备过程中,我一直与王奇生教授、徐健教授、叶炜教授保持密切联系,确实给他们增加了不少麻烦,但他们都大力支持协助,对此我非常感动和感谢。王奇生教授和徐健教授都非常低调,昨天我来会议室安排座位时,本来将他们俩安排在比较靠前的位置上。但他们俩一定坚持要坐在比较靠后的位置上,并要求把他们俩的发言放在最后,而且都不以历史学系领导的身份,只以历史学系普通教师的身份发言。

现在请北京大学历史学系主任王奇生教授发言。

王奇生:

我来历史系比较晚,是 2008 年才来历史系,不仅没有机会去听张老师的课,甚至也没有机会跟张先生谋面,但是曾经有两次机缘,跟张先生有些交往。大约是 2020 年 9 月,信箱里收到一本书,一看是张先生送我的,书是翦老的《历史哲学教程》,大概是 1990 年出的一个版本,张先生在书的扉页写了很长的一段话,大意是两点,一是希望历史学系能够继续发扬翦老的治学精神,将翦老的精神很好地传承下去;二是说这本书是翦老的历史唯物主义的一部代表作,希望历史系能够把翦老的历史唯物主义思想继续弘扬。收到书后,很想去登门拜访,但当时新冠流行,登门多有不便,我就给张先生手写了一封信,说实话很多年没有手写信了,先在电脑上写一草稿,再工工整整地写出。平寄怕寄不到,我还用了快递,其实是很近的距离,但还是用快递发出的。张先生收到信以后很客气,请他女儿代他回了电话,表达了他对历史学系的关心和建议。

另一件事,是关于口述访谈。我们有一个计划,想做一个“北大老教授口述历史项目”,跟邓小南老师开过两次会做规划。邓老师建议,历史学系健在的老前辈,最好先去采访张传玺先生,我们本来都计划好了,因为新冠疫情一直没落实。在此期间,有一位本科学生,她的毕业论文是我指导的,毕业后考上了美国哥伦比亚大学的口述史专业的硕士,也因为新冠一时去不了,我就跟她说,你既然暂时去不了,不妨结合你未来的专业,先在系里面访谈几位老前辈,尝试做一点口述史,就当是一个实践,并建议她先去采访一下张先生。她去采访了一次,但也是因为新冠,登门访谈多有不便,未能继续做下去。但张先生很热情,看到访谈无法继续,就用文字写了将近 9000 字给了这个学生,内容主要是他早年的家庭背景,以及上小学、中学,到大学的一段历程。学生将张先生写的内容和访谈整理稿都发给了我。我看了一下张先生写作的时间是 2021 年 1 月 5 号,就在他去世前不久,很可能是张先生生前写的最后一篇文稿。这篇文稿我有电子版,将来若出文集的话可收进去,是非常难得的一个回忆。

张先生去世以后,我们跟张先生的家人有联系,听说张先生除了藏书,还留下了大量的日记、读书笔记、学术笔记等资料,如果有可能,系里愿意将之收藏。对历史系的年轻一代,无论是教师还是学生,传承、弘扬张先生的精神、学业、学术,都是非常有意义的事情。

我就简单说这些,谢谢。

主持人：岳庆平

谢谢王奇生教授。

现在请北京大学历史学系党委书记徐健教授发言。

徐健：

我没有各位那么幸运，读书的时候，没有机会听张先生的课。后来留校工作，因为专业不同，我是做世界史的，与张先生没有学术上的交集。和他偶尔的接触也只是在历史系的走廊上、大门口，匆匆地碰一面，然后寒暄几句，但是这几句寒暄给我留下了很深的印象。

张先生喜欢拎一个布袋子，脸上挂着笑意，笑眯眯的，走路慢悠悠的，非常的和蔼。对我这么个年轻的学生，后来是年轻的老师来说，对先生的这个印象非常好。有这么一个师者，平易近人，让人心里暖和和的。后来，得益于在系里担任行政工作，跟张先生的接触开始多起来，特别是我负责离退休老师的工作，所以每年的元旦、春节的前后，系班子都会专门去拜访张先生。

拜访的时候，张先生和我们谈的最多的，就是关于翦老的事。在翦老身边工作、编写教科书等，这样的一些故事。非常不好意思的是，我不太能听懂张先生讲话。张先生有浓厚的山东口音，加上他年岁大了，说的话我越发听不清楚，甚至可以说听不懂他说的每一句话。好在每次都是和系主任张帆老师一块儿去的，我非常惊讶，张帆能够逐字逐句地把他的话准确地翻译出来，成了我们沟通的最好的桥梁。

当然，跟我个人有关的一个体会是，每次去的时候，张先生喜欢跟我谈些往事，和我的硕士导师潘润涵先生相关的往事，因为他们都是那个年代一起奋斗过来的。张先生会顺便问我，常公怎么样了？常公是潘先生的夫人，潘先生已经在 2013 年的时候去世了，享年 81 岁。张先生会问，常公现在在美国还是在国内？是跟儿子在一起，还是自己独立生活？他非常关心这样的事情，然后会兴高采烈地跟我们回忆起过往，让我感觉到，张先生还有另外的一面，充满着青春的激情，90 多岁的老人了，身上还带着年轻时候的烙印，有着年轻人的浪漫情怀。对这个，我的印象极深、极好。

今天我们在这儿纪念张先生，从刚才各位老师的讲话当中，张先生的这个形象在我心中愈发丰满了。张先生跟我们谈教材编写,他编了《学习蔚老 传承蔚老》,我自己体会,其实是勉励我们要向老先生们学习,传承老先生们的品行。还要学习老先生们的治学方法,做事做人的风格,这个他在文章里头也都已经说到了。张先生所说的治学就是求真求实,刚才各位老师也谈了;那么处事和做人,除了尊师爱生,还有就是岳老师在他发表的怀念文章里讲的,修身和恕人。求真求实、尊师爱生、修身恕人,我想,这应该也是历史系的一个传统,我们有责任把它传承下来,发扬光大。

主持人:岳庆平

谢谢徐健教授。徐健教授的研究生导师是潘润涵先生,潘先生和张先生都是马克思主义历史学家,一生都致力于将马克思主义历史唯物主义理论应用在历史学研究和教学上。我缅怀张先生的《修身恕人 尊师爱生》一文里特别提到:1985年我硕士毕业后,未再攻读博士学位,直接留在历史学系任教,并兼任历史学系研究生秘书。当时分管研究生工作的是历史学系副主任潘先生,我主要辅助潘先生做些服务研究生的具体工作。潘先生治学极其严谨,待人非常厚道。有一次在工作之余,潘先生善意满满地建议我攻读博士学位,说这对我今后在历史学系的教学科研和个人发展有利,还说已和周一良先生沟通过,周先生同意我报考他的博士生。我首先衷心感谢潘先生和周先生的厚爱和善意,然后真心表明自己的选择和态度:我的恩师张先生何时被评为博士生导师,我何时报考博士生;如果张先生一直都评不上博士生导师,我就不报考博士生了。当时潘先生和周先生都尊重我的选择。但张先生后来未被评为博士生导师就退休了,我也一直没有攻读博士学位。事隔多年之后,潘先生因胆结石手术,在北医三院住院。我和爱人去病房探视时,潘先生又提起此事,委婉表示稍有遗憾。

最后需要说明的是,本来我请北京大学历史学系主任王奇生教授或北京大学历史学系党委书记徐健教授作座谈会总结,但他们俩一致让我作座谈会总结,我也只好遵命简要总结一下。

今天张先生纪念座谈会开得非常圆满成功,既很好地表达了大家对张先生的深切缅怀,多角度展示了张先生的高风亮节和学术成就,也为大家提供了一次面对面进行深度交流的机会。刚才历史学系各位教授在发言中，回顾并追忆了张先生条理清晰、生动活泼的授课风格，求真求实、开拓创新的研究精神，思路清晰、要言不烦的写作风格，提携后辈、惠启山林的师德师风。特别是我也从大家的精彩发言中深受教育，获益良多。我在这里谨对大家表达四个衷心感谢、一项说明和一点希望。

四个衷心感谢是一要衷心感谢今天线下线上各位嘉宾、各位老师、各位同学的积极参与，二要衷心感谢今天各位发言者情真意切的精彩发言，三要衷心感谢各位发言者提供的极有价值的宝贵资料，四要衷心感谢为座谈会提供圆满周到服务的历史学系行政老师。

一项说明是对今天我们送给大家的两本书《翦伯赞画传》《学习翦老 传承翦老》稍作说明。2018年春节期间，我与宋一夫师弟给张先生拜年，张先生谈到准备编著《翦伯赞画传》《学习翦老 传承翦老》两部书稿。当时张先生与我们俩商定：张先生主编并修改完善，我的毕业博士庄小霞具体负责编写整理，我与宋一夫师弟负责学术指导和出版印刷。张先生因年事已高，书面授权我办理出版事宜。因为翦老政治社会地位很高，国内外学术影响很大，所以与翦老相关的书稿，需要国家有关部门严格审查把关，这样两部书稿的出版周期就相对延长了。我与宋一夫师弟多次到张先生家请教两部书稿的重要事宜，15万元的出版印刷费由我们俩个人出钱支付。在张先生病重抢救阶段，医院特许我到张先生病床前，与张先生轻声私聊了几分钟。张先生当时已不能说话，主要是我汇报他听。我简要汇报了张先生病重前一天还在认真修改完善的这两部书稿，将马上由华文出版社出版，所有细节都落实好了，请张先生放心。在我汇报的过程中，张先生先后三次竖起大拇指表示满意。通过张先生的肢体动作和眼神流露，我感到张先生完全可以听懂我的汇报，至少是心领神会。

一点希望是希望各位发言者抽空把今天的发言再充实完善一下，最后统一汇总到我这里。今天各位发言者的精彩发言确实情真意切，感人至深，我们将认真整理成"张传玺先生纪念座谈会纪要"，作为将由中华书局出版的《张传玺先生纪念文集》的第一部分。这无疑将有助于后辈学人将张先生严谨治学、尊师重教的优良传统代代传承。

第二部分　追思

敬悼传玺兄

严文明

(2021年)2月28日早上打开电脑,豁然看到张传玺先生去世的讣告,随即给历史系发去唁电,并请代送挽联和花圈。传玺是我的学长,从我初进北大时就认识。因为他是历史系主任翦伯赞先生的助手和研究生,我跟翦老是湖南常德地区的小同乡,上学伊始就去拜访他老人家,自然也就认识了传玺兄。

翦老是著名的历史学家,也特别重视考古学研究历史的特殊作用。传玺兄也特别重视考古学发现和研究成果的应用。每当有重要发现的消息,总是向我询问更详细的情况和学术价值。我也经常向他请教中国古代史方面的有关问题。我们通常称呼他传公。大家都知道传公是著名的秦汉史专家,其实他对整个中国古代史都很熟悉,尤其对古代土地制度和农民战争有很深入的研究。还特别注意收集契约资料,出版了三卷本的《中国历代契约粹编》。此外他还特别重视中学的历史教育,受教育部委托主编并多次修改中学的历史教材。

本世纪初,北京大学启动了编写《中华文明史》四卷本的工作,有三十多位学者参加。传公是第二卷从秦汉到魏晋南北朝的主编,我则主编从史前到先秦的第一卷。这一卷除了大量考古研究成果外,对以文献为基础的先秦史应该有一个概略的叙述。我想写这段历史最合适的人选非传公莫属。他虽然在全力主编第二卷,还是抽出时间帮助撰写了先秦史的有关章节,即第三章的一、二、四节。让我非常感动。

传公是山东日照生人,老家在日照涛雒,与著名核物理学家丁肇中是同乡。日照两城镇、尧王城、东海峪都是龙山文化的核心遗址。我曾多次考察这些遗址,顺便到传公的老家看看。那里有一个大盐场,海盐堆积如山。许多人靠卖海盐为生。传公早年家庭人口多,全靠他一人不多的工资,日子过得非常艰苦。但他以顽强的精神克服困难,坚持正常的教学和学术研究,并取得了骄人的成果。他为人特别谦和低调,从不以某某专家自居,不啻为当代学者的楷模。

（作者系北京大学考古学系教授,曾任北京大学考古学系主任、中国考古学会副理事长）

对张传玺先生的怀念

熊铁基

和张传玺先生的认识和较多交往都是上世纪八十年代的事,但对于我是很有重要意义的。

张先生年长于我(大我6岁),我们交往时,他的名气很大(北京大学历史系教授,在中央广播电视大学讲中国通史等)。主要因为八十年代初,成立秦汉史研究会,我才得以与张先生相识。相识之初,他就慷慨地给予了我帮助,赐赠《战国秦汉史论文集索引》就是1983年9月26日的事,后来的续编和三编也都赐给了我。在没有电脑、没有知网之类的时代,这些工具书对于我学习、研究的意义是非常重要的,时间越早越是重要。这是今天年轻学人难以理解的。《索引》的续编是1992年9月"张传玺一九九二年九月二十二日赠滕王高阁之下";2002年的三编寄给我时,没有签名,大概是年轻朋友代办的。赐给我《秦汉问题研究》一书,也是亲笔书写的"铁基同志指正,传玺,一九八六年四月十二日",此种格式应该是当时流行的。

书信往来也应该有,但我一时还未找到。主要是八十年代,我多次拜访,现在记得,当时张先生和田余庆先生都住在中关村,好像他们俩,一个是二公寓,一个是六公寓,那些年(八十年代)两家我都不只去过一次。北大历史学系的老师,除了邓广铭、何芳川(因为何兹全先生的关系)几位外,交往最多的是张、田两位先生,这两位和我都是师友之间的关系,也都主要是因为秦汉史学会而结识的。

1993年我已年满六十,因为1993年被田余庆等先生评定为博士生导师(最后一批国评博导），没有按时退休。因为顶替张舜徽先生的学科工作，更忙一些，没有比以前自由，而且个人的研究也转向了道家、道教文化和老庄学等方面，所以学术上的联系就少了一些。他们搬到蓝旗营之后，我也去过，但时间都不长。田先生的较多，联系更久一些，如像阎步克同志毕业时都有联系。

张先生无疑是二十世纪的史学大家，其社会贡献是有目共睹的，在我看来，有两点特别突出：

第一，他主编的《战国秦汉史论著索引》三编，是一个重大的贡献，一方面"对本段历史的研究做一个鸟瞰式的小结"，另一方面，"亦为从事本段历史的教学和研究的同行提供一个检阅前人成果的方便"。这无论是在有无电脑、网络的时代，都是一部重要的工具书，是一个重要的基础。我个人在上世纪末的学习和研究中，是充分利用了这部工具书的。（我想其他同志也会是如此。当今网络时代，将此书输入电脑，可以发挥同样的作用。）

第二，他在中央广播电视大学的演讲，以及出版的《简明中国古代史》，其社会影响是很大的，影响着社会一般人群，使他们得到正确的中国历史知识。

当然，张先生的其他工作，如较长时间作翦老伯赞的秘书，并撰写《翦伯赞传》，也是很重要的贡献。翦老是二十世纪较早用马克思主义研究中国历史的学者之一，不割断历史，张先生的《翦伯赞传》自有其历史地位。

张先生高寿才仙逝，是一位为学术贡献一生的学者，值得我们学习，值得我们怀念和纪念他。

（作者系华中师范大学历史文化学院教授，道家道教研究中心主任）

缅怀张传玺先生

陈之骅

从人教到中华，

从审定到编著，

卅年风风雨雨，

我们一起走过。

一纲多本虽不再，

桃李满园犹芬芳。

聊聊数句现纸短，

绵绵友情永流长。

（作者系中国社会科学院首批荣誉学部委员，世界历史研究所研究员）

回忆张传玺先生

刘凤翥

2021年2月27日,张传玺先生不幸作古。我作为张先生的学生,把与先生60多年接触中的几件事写在下面,以示怀念。

1957年,我考入北京大学五年制的历史系。二年级时分历史和考古两个专业,我被分在历史专业。应该在四年级第一学期时再分专业门化,然而为了贯彻"教育与生产劳动相结合"的教育方针,四年级第一学期,全班集体去北京市昌平县(现改为区)十三陵公社黑山寨大队劳动,我先后在分水岭村和望宝川村劳动,以繁重的体力劳动代替正规的课堂学习整整一个学期。放寒假时,全班才返回学校。

一、张传玺先生指导我作学年论文

1961年春,四年级第二学期一开学就分专门化,2月23日上午,刘克华副系主任给我们作报告,讲分专门化和选课问题。我选报了中国古代史专门化。2月26日,我和陈智超、王曾瑜、李斌城、秦文炯、王慎荣、张忠政、杨明新、方久中、丁一鸣、沙宗复、朱学习和陈崇福共13人被批准分在中国古代史专门化。从夏商周到鸦片战争,上下数千年都属于中国古代史,一个人吞不下,必须截取一段进行专攻,我选了秦汉段。除了向达(字觉明)先生给我们讲授的《史料目录学》,邓广铭(字恭三)先生、张传玺先生和田余庆先生给我们讲授的《中国封建土地制度史》和《日语》等少量课程之外,主要是每人配备一位导师,在导师的指导下作学年论文。学年论文是毕业论文的演习。我的导师就是张传玺先生。

1961 年 3 月 17 日与导师张传玺先生商议,我学年论文的内容为商鞅变法。张先生让我认真查阅史料,弄清楚商鞅变法的历史背景、变法的内容及其历史意义等。我去图书馆借阅《资治通鉴》和《史记》等书,反复阅读《秦本纪》和《商君列传》,为了熟悉材料,我还在大图书馆把《商君列传》译成现代汉语。这篇 60 多年前的译稿竟然保存了下来。2021 年北京燕山出版社给我出版《魏晋六朝古文译注》时,也把这篇《商君列传今译》附录了进去。1961 年 5 月 21 日,我开始写学年论文,全天写完了《变法前的秦国社会》一节。

由于和张传玺先生接触多了,我知道他业余爱好是听京剧,21 日大食堂东头售票窗口预售 5 月 24 日晚上在五道口工人俱乐部梅兰芳演出的《穆桂英挂帅》的票,每人限购两张,我排队买了两张票(每张票一元三角),我转给张先生一张。当晚,我和张先生一起观看了这出梅氏名戏。这是我唯一看过的梅兰芳演出的京剧,当晚参加演出的还有姜妙香、梅葆玖、梅葆玥、李宗义等。

6 月 1 日,我写完学年论文初稿,共分五部分,每页 400 字的稿纸共写了 30 页,约一万余字。第二天,我就把初稿呈张先生审阅。张先生对我的论文初稿看得非常仔细,6 月 9 日晚,他对我的稿子提了许多宝贵意见,我按着他的意见进行修改。7 月 10 日,我把修改定稿的学年论文誊清,正文 16 页,附注 6 页,共 8000 余字。我把它交到系里,完成了艰巨的任务。通过这个过程,学会了做论文的方法。

二、张先生命我参与整理翦老遗著

张传玺先生原本是翦伯赞先生的研究生。毕业后一直给翦先生当助手。十年动乱中,翦老受到"四人帮"的残酷迫害,含冤而逝。"文革"后,在张传玺先生多方奔走下,翦老的冤案终于得到昭雪。后来,张先生开始整理翦老的遗著。张先生知道我对翦先生一向很崇拜,很有感情。他就让我参与整理翦老遗著的一小部分工作。他把翦老的《中国史论集》第一辑和第二辑中的有关民族史的六篇文章交我整理,原则是核对引文,凡有错别字一律改正,引文凡是没有注明出处者一律注明出处。个别词句与当今民族政策不妥者,适当改动。例如

《中国史论集》第一辑有一篇文章的题目为《论元代中国人民反对鞑靼的斗争》，我把"中国"一词改为"中原"。在其它文章中也有类似的改动。我把六篇文章的校订完成后，张先生负责五六篇《中国史论集》中的文章让我校订，主要是原始社会的，如《夏族的起源与史前之鄂尔多斯》《诸夏的分布与鼎鬲文化》《论中国的母系氏族社会》等。我经常去北京图书馆（现称中国国家图书馆）和北京大学图书馆查阅资料，前后用了约三个月的时间才完成任务。《中国史论集》第一辑和第二辑收入河北教育出版社2008年1月出版的十卷本的《翦伯赞全集》第二卷，在这卷前面张先生所写的《说明》中有"这些文章都于近年进行了校订，主要是核对资料，增补引文出处或做必要的注释，改正错讹衍漏文字和标点符号。……先后参加校订工作的有张传玺、田珏、韩恒煜、马植杰、刘凤翥、李培浩、张怡清、张海青等"。

　　2008年4月14日是翦老110周年诞辰。北京大学要开纪念会。内容有三：一为《翦伯赞全集》首发式，二为翦伯赞铜像揭幕仪式（铜像有两座，一座立于历史系，一座立于燕东园二十八号楼翦伯赞故居的院内），三为翦伯赞故居挂牌仪式（汉字牌子为李铁映题写，维吾尔文牌子为司马义·艾买提题写）。张先生对我说："给贵宾赠送的《翦伯赞全集》上最好盖个纪念章，你可认识篆刻名家？"我说："我认识琉璃厂西街'庆云堂'的张国维（字效丞），他祖父叫张樾丞，手镌'中华人民共和国中央人民政府之印'的'开国大印'，他父亲叫张幼丞，也是京城治印名家，张国维秉承家学，也有名气。被史树青先生誉为'六十年来铜鼓堂，印人三代一军张'。"我把一册张国维送给我的《国维印草》印谱寄给张先生，张先生看后让我找张国维联系，请他给篆刻"翦伯赞先生诞辰一百一十周年纪念"的图章，还顺便给张先生刻一枚名章。

　　2008年4月14日，我参加了北京大学举办的"纪念翦伯赞先生诞辰110周年暨《翦伯赞全集》首发大会"，并获赠一套盖有纪念章的《翦伯赞全集》。2018年是翦伯赞120周年诞辰。我写了一篇纪念文章《尊敬的翦老，我按您的嘱咐做了》发表在4月16日的《光明日报》上。过了三天之后，张先生给我打来电话说："我今天看到了《光明日报》上你写的文章，写得很好，很有感情，读了令人感动。你是翦老的好学生。"

三、为学生介绍工作

1991年9月初,我的顶头上司民族历史研究室主任卢勋同志对我说:"凤翥,我们研究室今年有两个进人名额,一般来说还是北大的学生水平比较高,你辛苦一趟去北大给咱们研究室物色两个人来。"我去了北大找张传玺先生,问他可有正好毕业的研究生,他说今年没有毕业研究生。去年毕业的张冠梓去了昌平县委党史办公室了。我说您问问他,他如果想去我们研究所工作,找我联系。我回家后第二天就接到张先生的一封如下的信:

凤翥同志:

　　我已电话告张冠梓,他很高兴。他的主要任务是写《昌平历史沿革》,此稿已完成。此后的任务已非重要的了。当然县里有这么一个人,不会立即放走。现在张正在设法疏通。估计问题不大,他当有信将情况告您。

　　您就不要再找人了。只办他的事即可。他的电话9746431转498或542,均直通。对方如室内无他人可畅谈。祝撰安。

张传玺　1991年9月27日

此后,张冠梓到民族所找我,我领他去见卢勋主任,经过交谈,他愿意来民族所工作。双方着手办理有关手续。10月15日,我去研究所上班,一进门就遇见祝启源副主任。他让我通知张冠梓要准备考试。当天我给张冠梓写了如下一封信:

冠梓同志:

　　您好。今日去所内,祝副主任告知人事处决定,凡进人之事均需经过考试,考试科目为外语、政治、写作、中国民族史等。请您随时打听(打电话)考试日期,按时去应试。同时也准备一下为宜。专此奉陈,恭致大安。

刘凤翥　1991.10.15

就这样,张冠梓同志调入我们民族研究所,后来升上研究室副主任。再后来又调入中国社会科学院院部,逐步升至外事局长和人事局长等……

2021年,春节过后,张冠梓同志打电话对我说:"我今天去给张传玺先生拜年,张先生还在忙业务,他又夸了您一顿。"我说:"我一直忙于琐务,虽然很想念张先生,但一直抽不出时间去看望他。等天暖了,抽个时间我们一起去看望张先生。"他说:"你确定时间后通知我。"还没有等到天暖,张先生就于2021年2月27日作古了。实在令我悲痛不已。

至此,我在北京大学读书时的中国古代史专门化的授业老师翦伯赞、向达、周一良、邓广铭、商鸿逵、田余庆、许大龄、袁良义和张传玺等一个史家群体全部作古了。再也见不到他们了。他们的音容笑貌永远活在我的心里。

我与张传玺先生最后见面是2018年11月4日北京大学历史系举办的"翦伯赞先生120周年诞辰纪念会"上。会议由系主任张帆主持,上午发言的有张传玺、田珏、马克垚、郝斌、刘祖熙和我以及北大校长郝平等。只有在这次会上留下了我与张先生的几张合影。

(作者系中国社会科学院民族学与人类学研究所研究员兼研究生院教授)

纪念张传玺先生

楼宇烈

张传玺先生是我校历史系资深教授,著名中国史尤其是秦汉史方面的专家。上世纪60年代我留校哲学系任教时,就听闻张传玺先生的大名,当时他是翦伯赞先生的研究生和助手,但交往不多,只是在学校一些会议中见过几次面。直至上世纪90年代,由袁行霈先生牵头主编《中华文明史》时,他邀请张传玺先生、严文明先生和我分别担任各分卷主编,我和张传玺先生才有较多的接触和交流的机会。在这些接触和交流中,张传玺先生深厚的学养和严谨的治学态度,给我留下了深刻的印象。后来,我们又一起在北大国学院担任博士生班的导师,就经常在一起开会,接触的机会也就多了。期间,张传玺先生对学生们的耐心指导、暖心关怀,更是让我感动,并下决心自己也要以此为榜样来指导学生。不幸,张传玺先生于今年2月驾鹤西去,实为我国史学界的一大损失、也是我校历史系的一大损失。今闻张先生弟子们正在编一本纪念张先生的文集,以怀念张先生在学术研究和教书育人等方面的成就。张传玺先生一生著述甚丰,弟子甚多。在此,本人真切期望张先生的弟子们能努力继承张先生的事业和精神,在中国史学研究和教学等方面,做出更多的成绩。纪念集编者希望本人写几句话,现即以以上短文,表达本人对张传玺先生的深切怀念!

(作者系北京大学哲学系暨国学研究院教授,北京大学宗教文化研究院名誉院长)

缅怀张传玺先生

李伯谦

　　传玺先生长我十岁,我虽然比传玺先生早一年入北大,但我读的是本科,他读的却是历史系的研究生,而且是系主任翦伯赞的研究生。在我的印象中,他是一位十分用功的学生,不是每天关在宿舍钻书本,就是一天扎在图书馆琢磨问题。我毕业后留校当助教,他好像没多久就成了讲师。他研究的问题很多,但汉代土地所有制好像是他用心最多的课题。

　　大学给人的印象是个读书做学问的地方,其实不然,无论上学还是工作之后,运动不断,当然给人冲击最大的是"文化大革命"。老师之间,学生之间,老师同学生之间,互相揭发批判,互不相让。几年前有人拿传玺先生给翦老贴过大字报一事在网上炒作,闹得沸沸扬扬,似乎学生给老师贴大字报多么大逆不道,其实放在当时的环境当中,不是不可理解,而且大学里贴的这些大字报对"文革"受害者也起不到什么实质性的伤害。我自己算不上头上长角身上长刺的一类人,但在当时的环境中也给我的老师苏秉琦、阎文儒、宿白等先生贴过大字报,而且调门还高得很。那时候如果不站出来贴几张大字报,似乎就是不革命!"文革"结束之后,传玺先生又站出来贴大字报为翦老鸣不平、翻案,完全是合乎常情的事情,是可以理解的。我结合"文革"中自己的表现来看传玺先生,这种情况太平常了,不但能理解,而且还有些许同情。这段时间过去以后,我看传玺先生又恢复了以往的常态,每天勤勤恳恳搞自己的学问,写自己的文章。对自己的导师一如既往尊重、尊敬,对曾经因这事有过隔阂的同事有说有笑,和好如初。

　　我和传玺先生交往不多,但有时也有学业上的往还,记得我曾将我有关中国国家起源的文章送他审阅,他也将自己的得意之作送我欣赏,我对传玺先生文章的深度和分析之深刻也常常赞赏有加,可以说传玺先生是北大并不多见的优秀学者。由于身体欠佳,我近些年多不在北京居住,去看望先生的机会也少多了,想不到今年(编者注:2021 年)二月先生突然驾鹤西去,永远失去了见面的机会。但先生平易近人、侃侃而谈的印象却永留在了我的脑海中。

　　传玺先生千古!

（作者系北京大学考古文博学院教授,曾任北京大学考古系主任、考古文博学院院长兼北京大学赛克勒考古与艺术博物馆馆长）

良师益友三十年

——纪念张传玺先生

张　诚

北京大学教授、著名历史学家张传玺先生离开我们已经快一年了。先生的音容笑貌时常浮现在我的脑海里。他和我相识相交垂三十年,相知很深,友谊真挚。他长我十四岁,论年龄,论学识,论人品,都是我的老师一辈人。和他交往中,我学到了许多史学知识和做人的道理,受益良多。

1991 年,国家教委为了加强基础教育课程教材建设,成立全国中小学教材审查委员会,全国一大批专家学者被聘为委员,我也忝列其中。

1991 年国庆节前夕,教委在杭州召开各学科审查专家会议并审查有关出版社送审的教材。我当时被安排在北大冯钟芸教授主持的语文学科组参加审查工作。会议期间,我到历史学科组参加了一次会议(我是综合学科委员,文科各学科都要去听听会)。就在这次会上认识了历史学科十几位审查委员。其中有张传玺先生,龚书铎先生,苏寿桐先生,李纯武先生,陈之骅先生,陈崇武先生等知名学者。后来还有刘家和先生。这些先生都是学识造诣深、为人诚朴厚道的专家。我参加了一两次会议后,和大家相处非常融洽,他们要我留在历史学科不要走。我当时要审读的教材有语文、政治、历史等数种,实在兼顾不了,就辞去了语文、政治学科的工作,专心在历史学科参加教材审查工作。我不是学历史的,虽然也读过《史记》《汉书》等史籍,但深知功力不够。由于工作需要,我研究的领域侧重于中国现当代史;在历史教材的评审中,我更多关注的是党史问题和教材内容体现国家意志问题。

上世纪九十年代,教委比较穷,专家与会都是两个人合住一个标准间。我和多位先生同住过。因为我累了打呼噜,影响同屋的人睡觉,我就和传玺先生住一屋,他耳朵略背,不忌讳我打呼噜。由于经常同住,交流就多了,除讨论教材外,还介绍各自的经历和家庭情况。他也乐意和我讨论各种问题,互相有一种志同道合的感觉。

在教材审查工作中,传玺先生是非常尽心的,可以用"认真负责"四字来概括。认真是他一贯的工作态度。做事怕就怕认真二字,审教材最须要认真。送审教材都是提前两个月送到专家手里。张先生总是在家里放下手头事务,仔细通看,把意见写在书页上,折叠好。然后,把写在书页上的意见逐条誊抄到审读意见表上。他提的每条意见,不仅指明教材中写法为什么不对,而且提出修改方案。从不泛泛地提模棱两可的意见。这在当年不是每个专家都能做到的。

张先生是马克思主义史学家翦伯赞的学生,在坚持唯物史观方面深得翦老真传。当时,学界对马克思主义五种社会形态学说非议不少。张先生则坚定坚持唯物史观立场,明确表态:"五种社会形态说"不能否定。表现了他在坚持唯物史观问题上的责任心和担当。他的这个态度,当时被认为是"保守"、是"僵化"。我觉得先生不随波逐流,是难能可贵的。

进入 21 世纪,国家十分关注《语文》《政治》和《历史》三科教材的建设,并且分别制订了以马克思主义为指导的新的课程标准。《历史》新课标明确指出:"马克思主义根据人类社会生产力与生产关系的基本矛盾的不同性质,把历史发展分为原始社会、奴隶社会、封建社会、资本主义社会和共产主义社会几种社会形态。它们构成了一个从低级到高级发展的序列。不是所有民族、国家的历史都完整地经历了这五个阶段,但是这个发展总趋势具有普遍性、规律性的意义。"这个思想,在现行教材中都得到了切实体现。这也可以看出张先生早先表态的意义。

近二十多年来,历史教材修订频繁,有的编写单位谋求创新,用文明史体例编写历史教材,用意是以新视角写历史。但这样写,历史发展的一些基本问题就写不进去了。在中国史部分,近代以来,中国共产党领导中国人民为民族复兴的奋斗历程就不能系统体现了。审查教材时,传玺先生、刘家和先生和我都明确说这样写不行。编写单位虚心接受意见,重新按课程标准编写了通史体例的教材,受到了审查委员的肯定。

有一段时间,历史学科审查教材,是让主编和所有撰稿人到现场听取意见的。他们可以对许多问题作出解释和说明。气氛很和谐,修改意见一步敲定。张传玺先生从来都是言之谆谆,平等探讨,对所有教材采取帮扶态度,公平公正评价每套教材,受到教材编写人员一致好评。有一回,有一套教材把海南省说成是海南经济特区。我们退回让他们重改。编者回复说是根据权威材料写的,拒不修改。张传玺先生和我们又善意地把全国人大决议关于海南建省,划海南岛为经济特区的文件复印给他们。按理,专家可以批评他们马虎和对专家意见的轻视。可是张先生和我们仍然心平气和地帮助他们改正硬伤。张先生对中国古代农耕文化有研究,在审查到讲曲辕犁的地方,他都详细说明应该如何写才到位。在写到王莽的地方,许多教材都不全面,张先生强调要写上王莽废除奴隶制残余和改革土地制度等举措,给历史人物以客观评价。另一方面,张先生从不执着己见,乐于听取其他商榷意见。有一次,他提出,王莽以前,"洛阳"应改为"雒阳"。我对他说,全国地名系统中和洛阳市如今都用"洛阳",改成"雒阳"对青少年学生不宜。他觉得有道理,立马收回自己的意见。他对别人的意见很尊重,对一些好意见都坚定支持。上世纪历史教材,基本都用人教版。他们对"开国大典"一课,大体照新闻报道叙述过程。我因主编过《中华人民共和国开国文献选》一书,对此熟悉,发现课文内容有重大遗漏。我提出,一定要补上中华人民共和国中央人民政府公告中关于"中华人民共和国中央人民政府是中国唯一合法政府"的重要声明。张先生和其他专家都赞同。此后的教材都是这么写的。张传玺先生学识广博,对考古、历史地理和民族学也有较深研究,那时,是审查历史教科书不可或缺的专家。

审查教材的会议,每年都有多次。时间一长,我和张先生总是同屋住。我们无话不讲。时政学术问题以及家庭情况都交流。他年轻时身体较弱,他夫人(我习惯叫她丁老师)懂中医,悉心帮助张先生调理。张先生后来身体好起来了。有一次到京郊开会,因专家中老年较多,让带家属。我们白天开会,我爱人就去和丁老师叙话。丁老师非常和气善良,在事业上全力支持张先生,生活上成了张先生助理。张先生每每说起丁老师,都是怀着感念之心,赞不绝口。二老的感情,体现了高尚情操,许多熟人都很敬佩。岳麓书社张铁燕等过年都要去看望二老。她多次和我说,张先生、丁老师以及你们几位老师和师母的关系,堪称楷模,数十年相濡以沫,互敬互爱,我们羡慕不已。每次开会结束,我都先于张先生到家。我住平安里,他住蓝旗营,路远一点。我一到家,我爱人就说,丁老师来电话问张先生何时能到家?我立马打电话过去。我说,张先生很快会到家。她一听就知道是我,心里就踏实了。

我去过张先生家两次,他住高层公寓楼,大概是三室一厅,家里摆满了书架,挺挤的。他从不计较生活待遇。新中国成立前,他在山东大学参加党的外围组织,参与护校,和他一起的同志,都享受离休待遇,可是他却被办了退休。我们都觉得不公,可张先生却不在意。这就显示出一个老共产党员的风格。

张先生著作很多,他的主要著作都签上名字赠送给我,如《中国古代史纲》《简明中国古代史》《翦伯赞传》《中国历代契约会编考释》等。他们八位史学家到中南海讲课的书以及他和袁行霈等先生主编的《中华文明史》也率先送给我。我也把自己参与编辑或主编的中央领导人的著作精装本送给他。因为熟悉,我常请教张先生问题。他总是有问必答,诲人不倦。有一次,我看到丁福保《佛学大辞典》序言中这样一句话"著书难,注书更难",请教多人不得其解。我就打电话问张先生,他也记不清了,于是为我咨询别人,然后告诉我,南宋时有人请陆游为苏东坡诗集作序,陆游以难却之,语出此处。他是个笔耕不辍的忙人,我提问,他都及时作复,使我深深感动。

有一次,我一位研究楹联的朋友提到秦皇岛孟姜女庙的对联,不会读。我记起张先生给我讲过。于是,请他孩子转达我的提问(张先生不会用手机)。先生认真地把对联写出来,并在文下加了注音字母。他孩子拍照发给我。在他身上,平凡小事皆见道,做人做事之道。他和我说过,上世纪七十年代下放农村劳动,为了为农民服务,他学了针灸按摩等中医知识。他把在农村用过的治落枕方法手把手教我。事虽普通平凡,但在他心中时刻记着为人民服务这句话。

张先生给我们大家的印象是老当益壮。2006年在南京开会,会议组织我们去拜谒中山陵,中山陵有392级台阶,年近八旬的张先生在我和陈之骅的略微搀扶下,就登上了最高处。2015年,张先生米寿,我在外地写了祝贺的话和一首诗,请宋一夫转达。他收到后很高兴。此后,我改称他为传玺老。

岁月不饶人,他进入耄耋之年,老年病多了起来。我和陈之骅先生一直想去探望张先生,他知道后,特地让他学生宋一夫用微信截屏把信传给我。信中说:"向张诚老师问候(当时,我爱人去世不久,他劝慰我),欢迎他和陈之骅老师共同在任何时候,到寒舍少坐,并向陈嫂致意。我们长期并肩作战,审查教材,是人生的大事,值得纪念!"

由于新冠病毒传播,我们怕一路过去不安全,如果我们带去感冒之类病毒,反而得不偿失,决定疫情过去后,到张先生府上拜望老师师母。不料先生突然离世,我和陈先生留下终身遗憾!

二○二一年二月中旬,我给张先生打电话,他女儿接听后告诉我,张先生急性心梗住院了。我非常担心先生年事已高扛不住。宋一夫发微信叫我不要急,他说,老师一定会好起来的。二十七号,宋一夫悲痛地告诉我,张先生走了!我说,先生走了,痛惜!痛惜!随即我和陈之骅先生通电话,我们都十分悲伤。陈先生建议和我联名送花圈,嘱我拟挽联。我们花圈上写的是:

传玺先生千古。

挽带上写的是:

学贯古今,德昭后世,风范永驻;
撰书资教,培育英才,言教长存。

一夫告诉我,先生走得很安祥。年逾九十,是老年五福之一。这是先生的福报。

我们感到慰藉。

愿张传玺先生在天之灵永安!

（作者系中共中央文献研究室编审）

深切怀念张传玺先生

翦大畏

2021 年 2 月，张传玺先生去世，享年 94 岁，算是高寿。1957 年 2 月，他考入北京大学历史系，成为我祖父翦伯赞先生的副博士研究生。从此，他与伯赞先生结下不解之缘。

记得第一次见到张传玺先生，高个、方脸、大眼睛，十足一个山东大汉形象。一口山东话，却没有书中说的"声如洪钟"，而是轻声细语，慢条斯理。年纪轻轻，却在我的印象中犹如"老夫子"，这可能是受到那个时代北京大学老先生们的影响。

1966 年初，正是山雨欲来风满楼的岁月，张传玺去燕东园 28 号看望伯赞先生，临别时，伯赞先生交代张传玺，以后不要再来看我，以免受到株连。"文化大革命"非比寻常，你作为我的学生和秘书，难免遭受非议，你可以写我的大字报，保全自身。万一我有不测，你要将我的学术思想和学术观点告知世人。

风起于青萍之末，浪成于微澜之间。"文化大革命"来势汹汹，阴风巨浪狂扫中国大地。1968 年末，伯赞先生在这场不堪回首的运动中屡遭磨难，最终因拒绝给刘少奇同志作伪证，含冤离世。

1978 年 4 月 6 日，这天注定是北大历史系不平凡的日子。北大党委召集历史系八位老教师开会，宣读北大党委对伯赞先生的审查结论。结论依旧按照"文化大革命"中"四人帮"定下的基调定案。审查结论宣读完，邓广铭老先生首先亮明观点，反对校党委对伯赞先生作出的审查结论，张传玺先生和其他参会的同志也一致反对北大党委对伯赞先生所作的审查结论。天命不可违而众文人为之。

文人发怒，势如惊雷，张传玺先生当晚写了一封致北京大学党委的公开信，公开反对北京大学党委对于伯赞先生的审查结论。为慎重起见，他拿着致北京大学党委的公开信前往邓广铭先生家征求意见。邓老先生阅完后，首先在信上签字，表示全力支持，同时建议张传玺先生去征求其他参会同志意见。最终其他六位同志一致表示支持，并且在公开信上签字，由此形成北大历史系"八人上书"，共同为伯赞先生鸣冤。

自从张传玺先生将致北京大学党委的公开信递交校党委后，却石沉大海。为了敦促北京大学党委改变态度，张传玺先生与夫人连夜写出了 6000 字的大字报——《翦伯赞同志革命的一生》贴在北京大学三角地。大字报犹如一颗定时炸弹在北京大学校园炸响，震撼了整个北京大学校园，也震惊了北京大学党委。外国记者纷纷拍照，国外众多媒体纷纷刊载大字报全文。

为了伯赞先生冤案早日昭雪，张传玺先生决定告"御状"。他将《翦伯赞同志革命的一生》作为"状纸"，请求中央组织部给伯赞先生一生以公正评价，他通过北大学生、胡耀邦同志之子胡德平转呈中央组织部部长胡耀邦同志。胡耀邦同志批复后，急转中央政治局，邓小平同志阅后，当时批复"我认为应予昭雪"。次日，张传玺先生接到中央组织部电话，告知邓小平同志的批复，泪水夺眶而出。张传玺先生仰望苍天：翦老，党中央为您老平反昭雪了，您和师母安息吧。

伯赞先生追悼会前，家属问及张先生，你告"御状"难道不怕身陷囹圄吗？张先生说，我和老伴商量好了，我本来就是农民子弟，大不了回山东老家去种地。

伯赞先生得以昭雪。为了完成伯赞先生生前嘱托，张传玺先生拟定了一个庞大的计划，收集、整理、出版伯赞先生生前所有的论文以及书籍。

1979 年 9 月，张先生与北京大学历史系中国古代史研究室以及史学界的同仁们编辑出版了《翦伯赞历史论文选集》。1980 年 2 月《翦伯赞史学论文选集》第三辑，1980 年 12 月《翦伯赞史学论文选集》第一辑。1981 年 12 月《秦汉史》整理出版。1987 年 7 月，《先秦史》整理出版。1989 年 12 月，《历史哲学教程》再度整理出版。1990 年，《翦伯赞史学论文选集》第二辑先后整理出版。张先生还收集整理《翦伯赞诗集》公布于世。

张传玺先生为撰写《翦伯赞传》，用近 20 年时间，不辞辛劳，收集资料，走访伯赞先生曾经战斗、生活的地方。他要告诉人们，伯赞先生不仅是一位史学家，更重要的他还是一位忠诚的共产党员，一位坚强的战士，为了新中国的统一，曾经参加北伐战争、抗日战争、解放战争，默默地为国家做了许多不为人知的革命工作。

1998 年，翦伯赞先生诞辰 100 周年之际，《翦伯赞传》出版。这一年张先生已过古稀之年，"死去元知万事空，但悲不见九州同。王师北定中原日，家祭勿忘告乃翁。"他借此传记告慰恩师伯赞先生的在天之灵。

又是一个十年，2008 年，张先生已经 80 多岁了，这年伯赞先生诞辰 110 周年、去世 40 周年，这位垂垂老者在耄耋之年再度为恩师伯赞先生的祭坛奉上 600 多万字的《翦伯赞全集》，这是何等的师生之情。

我父亲翦天聪是翦伯赞的次子，他 85 岁时曾嘱托我，去北大看看张叔叔，谢谢他三十年来为我祖父伯赞先生所作的工作，这是任何人都不可替代的。

我最后一次见到张传玺叔叔，他老了，说话更慢条斯理了，我代表父亲谢谢他时，他莞尔一笑说，你告诉你父亲，不用谢我，这是我的责任。我的一生要感谢你爷爷伯赞先生，他不仅教会了我历史知识，也教会了我做人的道理。你爷爷作为一位老党员、史学家，他用生命诠释了实事求是的真谛。每当我想起伯赞先生和师母去世的那个风雪之夜，我的心会痛。假如苍天假以时日，我依旧为翦老工作；倘若人有来世，我还愿做翦老的学生。

而今，张叔叔默默地走了，愿他在天国与伯赞先生相会，继续探讨史学。

〔作者系翦伯赞的长孙（父亲为翦伯赞的次子翦天聪），中南民族大学教授〕

怀念父亲张传玺

张丹青

2021 年 2 月 2 日凌晨,父亲张传玺因患急性心梗合并肺炎住进北京大学第三医院。在各级领导的关怀下,医院采取各种措施,并组织专家会诊进行抢救。住院期间,各级领导、亲朋好友及父亲的弟子们以各种方式表示关心和问候,院长乔杰教授也亲自率医生们前来查房看望,使病重的父亲颇感欣慰。因新冠疫情期间不允许探视,我每天通过微信向父亲的弟子岳庆平先生汇报病情并附上生命指征的照片请他转发给大家,感谢各位的关心和支持,直至父亲去世前的第 2 天。在下病危通知时,医院只许可直系子女及弟子岳庆平先生和刘曙光先生去见了父亲最后一面。2 月 27 日,父亲在 94 岁生日那天与世长辞,永远地离开了我们,永远地终止了他毕生沉浸的历史研究事业。一年以来,我时时追忆和父亲相处的情景以及父亲讲过的一些往事,思绪万千。

一、家道中落　艰难求学路

1927 年 2 月 27 日,父亲出生在山东省日照县涛雒镇。涛雒地滨黄海,资源丰富,历史悠久,文化氛围浓厚。据父亲的忆述,涛雒人所遵循的发展之路是:"因盐兴商,以商致财,富而兴学,以学回报",因之他们的"商"与"学"有着天然的互动共兴的联系。当地的商家,具有"儒商"文化特点,其大者,皆是书香门第;小者,也多熟习经史,喜好诗词字画。即使小商小贩,也粗通书算。

父亲小时候家境尚好。曾祖父在涛雒镇前大街靠近十字街口处开了一家

"隆祥"号的日用杂货铺。发行过"隆祥"号的票子(代币券),并自备有一条五樯大帆船,到上海等地搞运输跑买卖,一度生意兴隆,全县知名。祖父张继祯上过几年私塾,在盐坨当司秤。父亲刚会说话时,曾祖母秦氏就教他背诵戏曲歌词《劝人方》,三岁开始读洋装铅印的儿童课本,能背很多课文和古诗。父亲说他小时候最喜欢过年,喜欢读春联和年画上的字。家里大门的春联是:"忠厚传家久,诗书继世长",因大门向东,门楣书"紫气东来",中间嵌以大"福"字。堂屋大门的春联是:"晋砖五鹿宜孙子,汉洗双鱼大吉羊",门楣书"堂开燕喜",中间也嵌以"福"字。其他门上、神位、影壁等处,各有内容相应的对联或条幅,有时贴一小"福"字或小"酉"字。

　　父亲6岁时家道中落,但曾祖母仍坚持让他读书。父亲8岁时上私塾,次年转入涛雒小学,他聪敏好学,每年都考年级第一名,得以免除全部学杂费。他很喜欢涛雒小学的校歌,尤其是"德群体智并发展,审美陶冶众英年。努力读书,富强根源"这几句歌词。由于战乱和日军飞机的轰炸,上学时断时续,1943年父亲小学毕业,考入日照简易师范学校。1945年夏,他到青岛求学,白天在青岛市立中学初中三年级上课,晚间则到民办夜校去补习高中的三角、大代数和英语。

　　1946年秋,父亲考入山东大学(青岛)中文系,先后在先修班、中文系及历史系学习。曾师从杨向奎、童书业二位教授读《左传》,从丁山教授读《汉书》,听瞿宗沛先生讲历史唯物主义,得到赵纪彬和赵俪生两位教授的亲自指导。学习了翦伯赞先生的《中国史纲》、清末维新派学者夏曾佑的《中国古代史》、马克思主义史学家范文澜的《中国通史简编》等。当时中国史学界的思想正处于由实用主义、进化论向马克思主义、唯物史观转变的过渡时期,父亲也因此对马克思主义史学观产生了浓厚兴趣。大学期间,父亲接受了共产党进步思想,参加了学生运动,阅读了毛泽东的《新民主主义论》和《中国革命和中国共产党》、陶大镛的《新民主国家论》、俞铭璜的《革命人生观》等著作。1948年9月父亲被推选为山大进步社团"长风社"社长,在中共青岛市委山东大学地下工作组的领导下,开展以"反南迁"为目的的"护校运动",直到1949年6月2日青岛解放。

　　1951年2月,父亲由青岛市文教局派至文德女子中学任政治教员兼教历史课,后来又在其他中学任过教导主任等职。在工作之余,他一直坚持到夜校进修历史、英语等课程,并发表了最初的几篇历史文章。第一篇《岳飞为什么是民族英雄》发表在 1951 年 9 月 26 日的《光明日报》"历史教学"版。他在秦汉史研究方面的处女作《项羽论评》,发表在 1954 年 10 月山东大学《文史哲》杂志第10 期。父亲曾回忆说,时任《光明日报》"历史教学"版总编的北京师范大学白寿彝教授、时任《文史哲》编委的山东大学卢振华(南乔)教授和时任山东大学校长的华岗先生等史学界前辈都对他有过一些指导和帮助。

　　1955 年至 1956 年,全国掀起"向科学进军"的热潮,高教部参考苏联制度,制定了学制四年、导师负责制的"副博士研究生"制度。以招收大学本科毕业生和具有同等学力的在职青年教师为主,助学金基本上和大学助教的工资相等,入学前系在职人员的,不低于原工资的 80%。

　　1956 年夏,父亲看到《光明日报》上刊登的北京大学招收副博士研究生的启事,其中历史系秦汉史专业的导师是翦伯赞先生,只录取一名。父亲对翦伯赞先生仰慕已久,决定报名应试,并在 10 月参加了考试,内容包括历史、哲学和英语三部分。英语试卷是英译中,要求把一篇关于《苏伊士运河》的文章翻译成中文,由于父亲对苏伊士运河的历史很了解,他的译文流畅优美,考得很满意。11 月父亲接到了"录取通知书",青岛市教育局张子石局长签字批准他辞职,进京深造。

　　在青岛工作时,父亲认真贯彻党的各项政策,为人处事,正派和善,不管干什么事都尽心尽责,曾多次被评为青岛市和山东省的劳动模范。他的学生有很多考上了北京的名牌大学,几十年来他们经常在节假日相约到父亲家里聚会,师生之情甚殷。

二、最高学府　师从翦伯赞

　　1957 年 2 月,父亲来到向往已久的最高学府北京大学,走上历史学研究之路。导师翦伯赞先生是著名的马克思主义史学家,时任北京大学副校长、历史系教授、系主任,他知识渊博,学养深厚,治学严谨又和蔼可亲,被史学界尊称为"翦老"。

　　翦老亲自写了一个书单,对父亲的学习提出了三点指示:

（一）读书：首先是理论方面，要读马克思主义经典著作。有《家庭、私有制和国家的起源》《法兰西内战》《资本论》第三卷第四十七章、列宁著《俄国资本主义的发展》等；还有《马克思恩格斯论中国》《列宁斯大林论中国》等，主要偏重于历史唯物主义。其次是六个方面的文献和资料，包括：1. 前四史（《史记》《汉书》《后汉书》《三国志》）和《资治通鉴》的有关部分；2.《汉魏丛书》及与秦汉史有关的其他文献；3. 汉简、碑刻及其他金石资料；4. 有关秦汉时期的遗址、墓葬资料；5. 中国学者有关秦汉史的专著和论文；6. 欧美和日本等国汉学家的论著等。

（二）实际考察：包括考古工地和少数民族社会历史调查。

（三）信息方面：要关心学术动态，每周至少要去图书馆一次，看看这一周里发表的和秦汉有关的文章，掌握史学前沿情况。

根据翦老的指示，父亲制订了一个学习计划，除了听理论课、外语课，还有教学辅导工作之外，其他时间就是读书。周一至周六每天要读史料三卷，如果没看完，就在星期日补上。翦老要求父亲每两个星期向他汇报一次读书情况，汇报以后，他常常谈一些对有关问题的看法，或当前的学术界情况，对父亲的指导是非常具体、切要的。

翦老对父亲在生活上也很关心爱护，每次在燕东园 28 号翦老家学习和工作后，都要留他吃饭。1959 年至 1961 年的三年困难时期，粮油缺乏，食品都实行票证供应制，翦老和夫人省出自己有限的特供，尽可能地给父亲增加营养。翦老说："你年轻要多吃一些，身体好了才能更好地学习和工作。"翦夫人每次都让厨师给父亲加个好菜，有时专门炒一大盘鸡蛋放在他面前，让他一个人吃。翦老和夫人的关爱，父亲终身不忘。

1957 年 5~6 月，父亲参加了由张政烺教授率领、中国科学院历史所中青年学者和北大历史系副博士研究生十余人组成的"黄河流域考古参观团"。历时三十多天，东至天津，西至陕西，行程三千余公里，参观考古发掘工地及文化古迹四十余处，包括了上起新石器时代、下至明清的很长的历史时段。1958 年 8 月~1959 年 7 月，父亲又参加了全国 16 个省区市同时开展的"少数民族社会历史调查"，被派到云南德宏傣族地区和楚雄彝族地区调查，并任调查组的组长。

1959 年秋，父亲回京后向翦老汇报了民族调查的结果，并说从民族调查中得到一些启发,想由此进一步研究"中国古代土地制度"。翦老表示赞同,并商定毕业论文的题目为《秦汉土地制度研究》。1960 年 9 月,父亲写出了毕业论文的"序言",题目是《汉以前封建地主土地所有制的发生和确立》,一个月后父亲又完成正文第一部分,题作《两汉地主土地所有制的发展》。翦老当时兼任《北京大学学报》文科主编,审阅后表示满意,并指示《北京大学学报》将这两篇文章分别在 1961 年第 2、3 期发表。毕业论文正文还有后续几部分,已拟定的题目有《战国秦汉三国时期的国有土地问题》《从"授民授疆土"到"衣食租税"》《从"租税合一"到"租税分离"》等。这些部分的资料大致已齐备,有些部分还写出了初稿,但由于种种原因未能连续发表。

父亲毕业论文的两部分发表后,引起了史学界的关注。1961 年 5 月上旬,时任北京市副市长兼北京史学会会长的吴晗先生到翦老家拜访,他手持发表有上述文章的两份《北京大学学报》对翦老说:"北京史学会决定在 6 月初组织一次大型的学术讨论会,中心议题是:'中国古代的土地制度'。地点在中国历史博物馆,邀请在京的有关高校和社科、文博单位的专家、学者参加。我想请张传玺首先发言。"学术讨论会如期举行,由吴晗先生亲自主持,父亲作了主题发言。与会者约 100 人,著名史学家有侯外庐、尹达、贺昌群、何兹全、邓广铭、邵循正等,还有各大媒体的记者。会后,《人民日报》《光明日报》《北京日报》等都做了详细报导。《人民日报》还报道说,"翦伯赞教授找到了理想的助手"。

父亲研究生毕业后留校在北大工作,主要有两项任务:(一)在历史系内,作为教师有讲基础课和专题研究课的任务;(二)担任翦老的科研助手兼秘书。父亲除了帮助翦老查资料、编书、协助做文字工作外,还要在翦老外出时,跟随他工作并兼顾他的生活等。1961 年夏,翦老率领"中央民族历史研究工作指导委员会代表团"访问内蒙古自治区;1962 年春,翦老率领编写组到苏州讨论修改高校通用教材《中国史纲要》初稿,父亲都全程参与各项工作,还随翦老访问了上海、南京、扬州等地。1963 年,父亲跟随翦老访问广西的南宁、桂林等地,与郭沫若、于立群夫妇同行。

在跟随翦老学习和工作期间,翦老的大师风范、言传身教,犹如春风化雨,影响了父亲的世界观、历史观和方法论。从副博士研究生成长为翦老的助手和北京大学历史系的讲师,父亲开始在史学界崭露头角,形成和拓宽了自己的研究领域,并且与郭沫若、范文澜、吴晗等史学界泰斗结成了可以在一起讨论学术问题的忘年之交,为他以后的史学研究打下了坚实的基础。然而,1966年"文化大革命"期间,翦老被扣上了"资产阶级反动学术权威"等罪名,直至1968年12月夫妻双双含冤去世。

1978年6月,父亲通过北大历史系毕业生胡德平先生的父亲、时任中央组织部部长的胡耀邦同志向中央递交了为翦伯赞先生平反昭雪的信件,邓小平同志在信件上亲笔批示"我认为应予昭雪",致使沉冤10年的翦伯赞先生夫妇得以平反昭雪。翦老恢复名誉后,父亲花了18年的时间走访翦老的亲朋好友,追踪收集翦老一生行迹和学术生活资料,又用1年的时间,写成约50万字的《翦伯赞传》,在翦老"百年诞辰"纪念大会的前夕,由北京大学出版社出版。之后父亲再花10年时间,收集整理了翦老的全部遗著,编成《翦伯赞全集》共10卷600万字,在翦老"诞辰110周年"纪念会的前夕,由河北教育出版社出版。父亲还整理出版了《翦伯赞诗集》,撰写了《新史学家翦伯赞》、编著了《翦伯赞画传》和《学习翦老 传承翦老》等有关翦老的著作。父亲为翦老的史学遗产的汇集整理做了大量的工作,他倾注了晚年大部分的精力和心血,为中国马克思主义史学的传承和发展做出了巨大贡献。

三、笔耕不辍　老骥志千里

父亲一生以教书育人为己任。除了在北大教书、指导研究生之外,自1981年6月开始,兼任中央广播电视大学历史课的主讲教师数十年。他为电大编写的教科书《中国通史讲稿(上)》(后修订为《中国古代史纲》上)多次再版印刷,持续地为史学的大众化和普惠化而努力。父亲同时兼任中国地震史资料编纂委员会北京卷编委会副主任兼副主编,国家教委(教育部)中学历史教材审查委员会委员,全国普通高校招生统一考试命题委员会委员,全国各类成人高校统一招生考试大纲审定委员会副主任委员兼历史学科组组长,中国秦汉史研究会副会长、顾问,中国北京史研究会理事、顾问等。此外,父亲还曾任香港珠海书院和韩国高丽大学客座教授,多次应邀到日本、韩国、新加坡和我国香港、台湾地区的高等学校和学术文化单位讲学访问。享受国务院政府特殊津贴。

父亲的学术研究以"秦汉史""中国土地制度史""中国契约史""中国铁器牛耕史"等为重点,又因各种需要或研究的关联,适当扩大了研究领域,对"中国民族史""历史地理"及"中国多民族、大一统、中央集权制国家的形成"等问题的研究亦有建树。父亲出版的主要著作有 30 多种,专著或编著的有《秦汉问题研究》《张传玺说秦汉》《从"协和万邦"到"海内一统"》《契约史买地券研究》《翦伯赞传》《新史学家翦伯赞》《中国古代政治文明讲略》《涛雏旧事六百例》《翦伯赞画传》《学习翦老 传承翦老》《云南彝族那氏土司本末》等;作为主编的有《中国古代史纲》(上、下册)《中国通史讲稿(上)》《简明中国古代史》《中华文明史》(共四卷,为第二卷主编)《中国历史文献简明教程》《中国历代契约会编考释》(上、下册)《中国历代契约粹编》(上、中、下三册)《中国古代史教学参考地图集》《中国古代史教学参考手册》《毛泽东批注二十四史》(武英殿本)等;参与集体编著《北京史》《北京历史地图集》《中外历史问题八人谈》《新编历史小丛书》等;整理出版了《翦伯赞诗集》《翦伯赞全集》等翦伯赞先生的遗著;发表论文二百余篇。其中部分著作,分别获得北京市、教育部、中宣部和国家级奖。正如北京大学历史系讣告里所说,"张传玺先生潜心治学,在中国古代史一些重大历史课题研究上取得了重要成就,尤其在中国古代土地制度研究、生产力研究、生产关系和契约关系研究等方面见解独到、造诣深厚"。

父亲对学术研究的精益求精不仅充分体现在他的主要研究成果上,还体现在一些其他领域。例如:2011 年初父亲发现一篇拍卖报道的"附录"中介绍清朝沈复的佚文《海国记》及其中有关钓鱼岛的记叙时称"中国人发现钓鱼岛比日本人早了 76 年"的说法不对。因为史载,明朝陈侃发现钓鱼岛是在公元 1534 年,比日本人古贺晨四郎在 1884 年的发现早了 350 年,而不是仅仅早 76 年。父亲认为,事关钓鱼岛尤为重要,不能让这一错误说法流传出去。他反复核对史料,写出了《关于钓鱼岛比〈海国记〉还早的文献有很多》一文,刊登在该出版社的另一杂志上,以期纠正"附录"的错误说法。文章一发表,影响很大,也引起了外交部的重视。

2012 年,已经 85 岁高龄的父亲受中央档案馆的邀请,担任纪念毛主席诞辰 120 周年的出版项目《毛泽东批注二十四史》的古籍整理主编,主要负责古籍考证和校勘部分的句读。这个版本是清乾隆武英殿本,通篇无标点和断句,在国内还是第一次标点整理出版。时间紧迫,而且参编人员对史料的理解程度参差不齐,难度较大。父亲每天坐在他的位置上审阅修改各位编者送来的文稿,废寝忘食,一丝不苟。2013 年 4 月出版后,父亲发现其中的部分点断还是不够准确,就在以后的 8 年时间里,将这套四千多万字、共 91 册的《毛泽东批注二十四史》中的每 1 册每 1 页全部做了仔细的校勘,把需要修改的地方在书中标注出来,写上自己的意见。然后,又将这 91 册按卷梳理了几遍,把他提出修改意见的卷名和页码都列写在纸上,手写了一份长达 800 多页的《校勘目录》,希望将来再版时,编辑能对照此目录进行修改,出版一部"齐、清、定"的《毛泽东批注二十四史》校勘版。

父亲在 90 多岁高龄时编著了《翦伯赞画传》和《学习翦老 传承翦老》两本书,他的弟子岳庆平先生和宋一夫先生筹集了出版资金,并在 2020 年 1 月 24 日来家中和父亲讨论确定了各个细节及出版事宜,使之得以付梓。父亲还在 2020 年修订了《云南彝族那氏土司本末》一书。这三本书都在 2021 年,父亲去世后才正式出版。"焚膏油以继晷,恒兀兀以穷年",从父亲身上我看到一个虽衰迈残年,却读书不已,写作不息,展吐余丝,死而后已的令人尊敬的马克思主义历史学家的形象。

四、交游广泛　风义兼师友

父亲平生交游广泛,除与翦老等史学大师和北大历史系诸师的时相过从、随时请益之外,在对外、对上及对学生、对大众的联系、交游方面,亦颇有可记述之行迹。

1972 年中日邦交正常化。北京大学组成八人的"社会科学友好代表团",于 1974 年 11 月 12 日至 12 月 6 日访问日本。代表团成员是由周恩来总理亲自批准的。因为是邦交正常化之后中国派出的第一个学术代表团,日本方面非常重视,由京都大学人文科学研究所和若干所大学做好计划共同接待。代表团历时 25 天,访问了京都大学、东京大学、早稻田大学、一桥大学、东北大学(仙台)、九州大学、琉球大学(冲绳)等十余所大学和研究机构,与日本学界友朋进行了广泛而融洽的学术交流。11 月 30 日晚,在仙台市长主持的欢迎会上,有人提议请中国代表团唱歌。这个计划外的情况使大家面面相觑,唱不唱? 唱什么? 不知如何是好。父亲临事沉着应对,他在征得代表团团长同意后,主动站出来,用日语唱了一首日本人都会唱的《富士山》。他的歌声引起了热烈掌声和全场共鸣,把中日友好的气氛推向高潮。次日,日本的各大报纸竞相报道了此事,回国后父亲也得到了上级领导的表扬。

父亲利用业余时间自学了推拿按摩,经常为大家服务。在学校师生长途行军"拉练"时,父亲为受伤和生病的师生推拿按摩,减轻和消除了病痛,甚有疗效,人称"张推拿"。

1977 年 7 月,父亲被派到北京大兴天堂河农场去走"五七道路"。他在农场养鸡场积极劳动,改进饲育方法,养鸡 300 余只。他每天收 250 余枚鸡蛋,全部供给农场食堂,改善大家的伙食,被大家称为"鸡司令"。

1996 年春,父亲承担了给江泽民同志讲一堂历史课的任务,题目是《中国古代的国家观》。父亲写了讲稿,由时任中央政策研究室政治组王组长把讲稿拿去送给江泽民同志看,江泽民同志稍做些修改,其间往返了数次,把讲稿改定。在中南海开讲时,江泽民同志与父亲对面靠近落座,讲课中江泽民同志间或插问,相互融洽如师友,时间大约两小时。室内还有王组长、滕主任等七八人旁听。这个讲稿后来收入 1998 年由中共中央党校出版社出版的《中外历史问题八人谈》一书里。2005 年夏父亲受邀,乘坐江泽民同志的专列到北戴河休养兼讲课和研讨历史问题。母亲丁丽君亦受邀同行。

2013 年 9 月 16 日,父亲又接到江泽民同志的电话,两人在电话里讨论了"魏晋南北朝兴替问题"。主要内容是,三国后期,蜀、吴怎样被灭,曹魏是如何变成了司马家的西晋。还讲及西晋时期的"八王之乱"和"五胡乱华"等问题,就像是老朋友聊天。听说江泽民同志曾多次在他人面前说过,他很喜欢和张传玺讨论历史问题。这类与上层交往的逸事,父亲平时很少提及,至亲好友,也多不知甚详。

父亲和一些日本友人一直保持着友好、互相帮助的学术联系,也赢得了日本朋友的尊重。我因为长期在日本留学和工作,在协助父亲做些翻译和联系等工作的过程中,见证了他和日本友人学术交往的一些往事。现在回忆起来,虽涓涓滴滴,亦可映现父亲在国际交往方面的大度和严正、活泼而严谨的态度,映现他人品、学风之一端。

父亲在日本的友人主要有关西大学大庭脩教授(日本学术院奖获得者),东京大学尾形勇教授、池田温教授,埼玉大学籾山明教授,早稻田大学安藤彦太郎教授、依田熹家教授、福井重雅教授等。他们和父亲之间经常互赠自己的著作,尽管学术观点不尽相同,却能互相尊重,畅所欲言地交流学术观点。父亲的著作在东京的中国书店销售颇好,有一次他来东京交流讲学,还到书店买了几本他主编的《简明中国古代史》,签上名字,给需要的日本朋友一一寄去。

日本学者有时也请他观看图书馆里的珍贵藏书。有一次我有幸和父亲一起,在东京大学尾形勇教授的陪同下到东洋文库的地下书库(恒温恒湿,不对外开放)观赏过中国古代明朝的彩图线装图书。其中有一本是在英国大不列颠博物馆拍卖时购到的,保存完好,色彩鲜艳,人物栩栩如生,我印象很深。

1991年12月,父亲应东京大学文学部尾形勇教授邀请,在结束韩国高丽大学客座教授的工作后,从首尔直接来东京访问讲学,由我全程陪同。父亲的几次学术讲演都得到好评,即席讨论也都很活跃。记得有一次在东京大学,他深入浅出地讲解了"中国古代多民族、大一统国家的形成,大致经历了创建、发展、巩固三个阶段,每一阶段之前部各有一'整合'时期"。一位日本年轻学者提问道:"文天祥算不算'民族英雄'?"父亲回答道:"文天祥所处的南宋时代是在第三阶段(巩固阶段)的'整合'时期。当时南宋和蒙古是不同的国家,文天祥是抗元(蒙古)英雄,当然也是民族英雄。"还有人问:"您女儿的名字'丹青',是取自文天祥的诗'留取丹心照汗青'吗?"父亲用日语回答:"是的。"

1997年4月,我陪导师白井俊一教授及广濑幸子教授到北京大学医学部免疫学系进行学术交流。父亲写了一首"藏头诗",亲笔题写送给了白井俊一教授,诗曰:"白衣高尚业　井出惠世人　俊德宏大道　一箭满园春。"诗中没有标点符号,暗藏了"白井俊一"的名字。父亲简单地讲解了藏头诗的写法和这首诗的寓意,白井教授非常惊喜,连声说这是最珍贵的礼物。

2006年,父亲撰写《新史学家翦伯赞》时,我通过东京大学的池田温教授和尾形勇教授帮助他查明了几张翦老照片的出处与合影者姓名。其中有一张1955年12月21日翦老作为"中国科学代表团"成员访问日本,在东京做学术研讨时的照片,站在翦老身边的翻译者为东京大学文学部藤堂明保教授,在座的有和歌森太郎、山崎宏、西岛定生等历史学家。父亲在书里选用了这张照片和上述两位日本教授提供的人名。

2014 年出版的《中国历代契约粹编》是父亲对中国古代契约研究的集大成之作。2010 年初，父亲在写作此书时想了解"和中国明清时代的'契尾'类似的日本的制度是什么？"及"'名主加判'继续到什么时候？其后作为土地买卖契约合法性的制度是什么？"等问题。因为在国内查资料找不到答案，就让我向他的日本朋友、埼玉大学籾山明教授请教。2010 年 4 月，籾山明教授两次给我回电子信详细解答了这些问题。主要内容是："日本江户时代的'名主加判'，在表示土地买卖的合法性这一点上，可以说是与明清时代的'契尾'相对应的制度。但是'名主加判'不是自由买卖，而是通过'村'对农民进行控制的一个环节。1872 年（明治 5 年）2 月，在《田地世代买卖禁令》被废止的同时，'名主加判'被政府发行的'更新地券（壬申地券）'取代。1879 年（明治 12 年），改用由地方政府在地券的背面书写确认并盖章的'地券里书'。1889 年（明治 22 年），正式改用《土地登记法》"。原文为日语，我翻译成中文，寄给了父亲。父亲看了很满意，并在 2014 年出版的《中国历代契约粹编》序言里向籾山明教授表示感谢。

五、不忘根源　　浓浓思乡情

父亲家族是金朝大定十九年（1179）状元张行简（六世祖）的后人，属太平桥张氏之长支。祖父张继祯在父亲 1945 年离开家乡到青岛求学时，送给父亲一本先祖张行简著《人伦大统赋》，嘱咐父亲要努力学习，将来自立于社会。张行简与父张晖及弟行信都是在《二十四史·金史》里有记载的进士。《人伦大统赋》收录在清朝乾隆年间纂修的《四库全书》里的四部相术典籍里。70 多年来，父亲把《人伦大统赋》一直珍藏在身边，他曾把这本书拿出来给我看过，讲了一些相关的事，并说这本书文字不多，言简意赅，他从书里领悟到很多做人的道理。

为了使子孙后代能够了解先祖的德业和家风，承前启后。父亲查对了清道光十年（1830）第五次修家谱和民国十一年（1922）第七次修家谱的经过，于2009 年初撰写了《涛雒张氏碑记》4 篇，包括：《本支百世——涛雒张氏祭祖碑序》、《太平桥张氏行辈用字简表》、《隆祥张氏家谱》、《山高水长——想念奶奶》。蒙涛雒镇政府批准和涛雒亲友们的支持,父亲自费请人把以上碑文分别刻在两块大理石碑的两面。这两块碑现立于"亚月东岭"的张家墓地里,使宗人有所归依,俾使俎豆千秋,祖德得以光显。

父亲的太平桥张氏家谱里,第24世至31世行辈用字为"承继传守,永念先德"。父亲行辈是26世孙"传"字,他的子女为"守"字,孙辈为"永"字。父亲给家里"守"辈中的长子取名为"守清","永"辈中的长孙取名为"永宁",他希望后代每一辈至少有一个人按家谱取名,能记住自己的行辈所属。

多年来父亲一直关心家乡的教育和发展,每年都买很多书寄给家乡的各个学校。他编著了《涛雒旧事六百例》,在《日照日报》上连载《难忘童年少年时》等回忆文章;对家乡来人热情接待,倾力相助;在家乡人编写《县志》和《村志》时解答了很多问题,被誉为是日照的"活字典"。

2011年4月,父亲在他的弟子刘曙光先生(时任中国文化遗产研究院院长)及我们几个子女孙辈的陪同下,会同他在青岛的弟弟传琮、妹妹传琴和费县的弟妹宋家秀及侄子女后辈们,回到了阔别66年的家乡日照。"少小离家耄耋还,六十六载弹指间",看到古老的家乡旧貌换新颜,84岁的父亲有说不出的兴奋和感慨。在日照市委宣传部的安排和陪同下,父亲扫墓祭祖,为新矗立的石碑揭碑;他走访了小时候生活和学习的地方,见到了他的一些亲戚、老同学和老朋友,给各学校赠送了很多图书;出席了"张传玺奖学金捐赠仪式";挥毫为各单位题词作赋,有求必应。离开日照那天,市委宣传部已经摆好了送别宴席,但因求字者太多,父亲放弃了吃饭,坚持全部写完。火车发车时间快到了,大家带着盒饭,由宣传部的车直接送上了回北京的火车。

六、琴瑟和谐　教子有义方

父亲和母亲是山东大学时的同班同学。他们1949年结婚,大事商量,小事互谅,琴瑟和谐,感情深挚,风雨兼程携手走过了72年的漫长岁月,养育了6个子女。母亲丁丽君一直在中学里做教导主任的工作,直至退休,她用自己柔弱的肩膀支撑起家庭的重担,使父亲得以完成副博士研究生的学业,她在父亲人生的每个关键时刻,都是父亲的坚强支柱和后盾。父亲把母亲视为自己著作的第一读者,总是主动听取她的反应和意见。

父亲和母亲在日常起居饮食生活里也是相互关爱,相互扶持的。母亲退休后,经常找出些旧衣物来拆拆缝缝、打"补丁",认为这样可以手脑并用,防止老年性痴呆。父亲为了让母亲高兴,有时就在家里穿上她缝的"补丁"作品。见此情景,我不禁调侃道:"这不是'穿补丁,为博红颜一笑'吗?"父亲笑道:"正是。"在父亲身体好的时候,他每天都给母亲按摩;而当父亲生病之后,90多岁的母亲反过来坚持每天为父亲按摩,希望这样能帮助他减轻痛苦,有利康复。为了父亲的健康,当父亲与来客或来电谈话时间太长时,母亲只好出来提醒他适可而止。

父亲和母亲非常重视对子女的培养教育,鼓励我们勤奋学习,德智体全面发展,并养成勤俭节约的好习惯。在我们小的时候,父亲经常和我们一起背诗词、猜谜语、做趣味数学、画画、练字、讲故事、组织家庭文娱演出,带我们去游泳、滑冰、参观博物馆、游览公园、参加义务劳动等。在父母亲的言传身教下,6个子女都很积极上进,选择了自己喜欢的专业,各自在国内外文理、工商、医学和高科技等领域里有所成就。现在,孙辈也都长大成人,在国内外学习和工作。

1994年3月,我在日本东京都的顺天堂大学医学部取得"医学博士(MD,PhD)"学位(国内称为"MD/PHD双博士"),并于6月回到阔别5年的北京探亲。当我给父母亲看"学位证书"和戴着博士帽的照片时,他们都特别高兴。父亲说起当年他副博士研究生毕业时,因中苏关系破裂,校方没有谈授予学位的事,只发了"毕业证书"而没有"学位证书"。父亲还和母亲一起陪我在北大校园里沿未名湖畔故地重游,给我讲了一些北大过去的名人轶事和他读研究生时候的往事,感叹光阴似箭。后来我在日本继续完成了博士后研究,留在顺天堂大学医学部任教直至退休。

2020年1月,我退休后回北京住在父母亲家里,与他们朝夕相处。父亲仍然每天坐在他的固定位子上看书写作,他给我讲了很多过去的事情,还和我用日语会话、唱歌,显得很愉快。为了弥补脑出血后说话不清楚的后遗症,父亲经常采用笔谈,在重要问题上认真地书写清楚,或交给来访者本人,或让我们拍照后用微信发给对方。

　　父亲晚年每天坐在家里那个老位子上,凝思振笔写作的形象,成了定格在我心中的永恒的记忆。

　　亲爱的父亲,安息吧! 您永远活在我们心里!

　　(作者系张传玺的长女。北京大学医学部毕业,日本顺天堂大学医学部助理教授,医学博士)

修身恕人,尊师爱生

——缅怀张传玺恩师

岳庆平

　　2021 年 2 月 27 日,我的研究生导师张传玺先生仙逝,这天恰好是恩师 94 周岁生日。回忆思考恩师近 40 年来对我的精心培养和谆谆教诲,一切历历在目,恍如昨日,多次怀旧生情,潸然泪下。恩师仙逝后,因为疫情防控的原因,医院不让我们弟子和恩师家人到病床前送别。我与恩师大女儿张丹青师姐在恩师仙逝后首次通话时,真是悲痛欲绝,不禁失声痛哭。

　　使我内心稍感平衡的一点是:在恩师病重抢救阶段,医院特许我到恩师病床前,与恩师轻声私聊了几分钟。恩师当时已不能说话,主要是我汇报他听,那几天张丹青师姐陪护恩师。我简要汇报了恩师病重前一天,还在认真修改完善的《翦伯赞画传》和《学习翦老 传承翦老》两部文稿(恩师主编并修改完善,我的毕业博士庄小霞具体负责编写整理,我与宋一夫师弟负责学术指导并个人出资 15 万元出版印刷),已完璧交给华文出版社,我与宋一夫师弟确认落实了所有出版印刷细节,请恩师放心。在我汇报的过程中,恩师先后三次竖起大拇指表示满意。通过恩师的肢体动作和眼神流露,我感到恩师完全可以听懂我的汇报,至少是心领神会。后来在恩师住院期间,张丹青师姐通过微信,每天上午都会定时发给我恩师的病情动态,并附一张监测仪实时监测的照片。我再马上转发到恩师研究生微信群,我共有 11 位已取得联系的师弟师妹。

　　关于恩师的一生,北京大学历史学系在"张传玺先生生平"中评价:"是一位马克思主义历史学家,一生致力于将马克思主义历史唯物主义理论应用在史学研究与教学上。在上世纪及本世纪一些重大历史课题研究方面,取得了不凡的建树。注重理论与实证相结合，是张传玺先生史学研究的突出特点……在学术界产生了重要影响……是我国学者在这一研究领域的标志性成果……开辟了文献、考古、实际应用三位一体的历史学研究新途径、新方法……深受广大师生的好评……兢兢于教育，孜孜于学问，笔耕于寸心，谦逊于为人，无欲于名利，仁爱于他人。"中国社会科学院古代史研究所在"唁电"中评价："我国当代著名马克思主义历史学家，长期致力于中国古代史研究，特别是在秦汉史研究领域成绩斐然……推动了学科理论建设和方法创新……为推动中国古代史学科高等教育做出卓著贡献……在共同推进中国古代史研究、学科建设、人才培养方面做出了重要贡献。"

恩师是翦伯赞先生的研究生大弟子和助手。翦伯赞先生是著名的马克思主义史学家，生前长期担任北大副校长和历史学系主任。2016 年 5 月 17 日，习近平总书记在哲学社会科学工作座谈会上的讲话中，专门提到了翦伯赞先生："在长期实践探索中，产生了郭沫若、李达、艾思奇、翦伯赞、范文澜、吕振羽、马寅初、费孝通、钱钟书等一大批名家大师，为我国当代哲学社会科学发展进行了开拓性努力。"习总书记提到的九位"名家大师"中，北大教授就有三位：翦伯赞、马寅初、费孝通。

翦伯赞先生培养的研究生中，恩师是第一个和唯一留历史学系任教的。在北大学术师承这方面，我与恩师完全相同：恩师培养的 14 位研究生中，我是第一批和唯一留历史学系任教的。从北大学术师承的角度，翦伯赞先生是我的师爷。

我不仅长期在恩师身边当助手助教，而且经常到恩师家漫谈长聊并请教。恩师待我如子，每次我去恩师家，恩师都会敞开心扉和我漫谈长聊，几乎无话不聊，畅所欲言，几小时很快就过去了。我很享受去恩师家漫谈长聊的时光，逐渐形成越去越想去、越聊越想聊的心理和习惯。我经常在去恩师家漫谈长聊后不久，又身不由己地再去恩师家漫谈长聊。关于恩师的学术贡献，请见拙文《张传玺先生的学术贡献和主要论著》。以下我仅从个人经历和点滴感悟的角度，简要谈谈恩师的修身、恕人、尊师、爱生。

首先谈修身。恩师特别重视修身，他认为儒家内圣外王的"八目"中，最重要的是修身，所以《礼记·大学》强调"自天子以至于庶人，壹是皆以修身为本"。体现恩师修身者有四个方面：

一是为人低调。恩师淡泊名利,宁静致远,主张美美与共,甘为人梯。恩师信奉孔子"少年戒色""壮年戒斗""老年戒得"的克己理念。恩师近年来更加主动做减法,尽量将某些好东西减给年轻人。恩师认为世上很多好东西,并不是自己生命和生活中必需的。恩师与我经常深谈畅论和同心共悟"六尺巷"(清朝宰相张英让三尺地)、"爱心桥"(老羚羊用生命换来后代延续)、《红楼梦》"好了歌"、"张公艺百忍齐家"、"金碧峰和尚感悟虚空"("若人欲拿金碧峰,除非铁链锁虚空。虚空若能锁得住,再来拿我金碧峰")的意义和意境。

恩师为人低调也体现在从不正式祝寿。恩师80岁时,坚决谢绝我们研究生弟子为他正式祝寿;恩师90岁时,又坚决谢绝我们研究生弟子为他正式祝寿。我曾当面多次劝说恩师,尽量给我们研究生弟子机会为他正式祝寿,并出版祝寿文集。但恩师态度极其坚决,无论如何都不同意我们为他正式祝寿,而且没有任何商量余地。我们研究生弟子"恭敬不如从命",只好顺从恩师意愿。恩师90岁时,我和师弟宋一夫经恩师同意,各带爱人与儿子去恩师家,非正式地为恩师祝了一次寿。

二是真善美。恩师身上的真善美是一以贯之的,本文提到恩师的很多事例,都可体现出恩师身上的真善美。恩师教导我说,真善美更多是先天人的本性,忠恕更多是靠后天个人以极大毅力修炼。一般人往往"两头真",儿童相对"真",所谓童言无忌;老人也相对"真",所谓无欲则真。中青年人有时不太"真",因为过多讲求趋利避害。恩师认为,随着进入成年期,特别是功名权钱等身外之物不断增加,每人自身的真善美都会减少。但中青年人都应力争:自身真善美减少的速度慢一点,减少的幅度小一点。退休后成为老人,每人自身的真善美或会逐渐增加,往往"其言也直""其言也善"。

三是忠恕。恩师非常认同孔子"己欲立而立人,己欲达而达人""己所不欲,勿施于人""君子求诸己,小人求诸人"等理念。翦伯赞先生长期担任北大副校长和历史学系主任,恩师是翦老第一个和唯一留历史学系任教的研究生和助手,在北大和历史学系都属于主流。但翦老仙逝后,恩师受到不少不公平不合理的对待。尤其是恩师学术水平很高,却终身未被评为博士生导师。但恩师从来不发牢骚,也不抱怨别人。恩师常说:"忠恕感恩属于美德,牢骚抱怨没有意义。""宁可别人负我,我绝不负别人。"恩师向往追求和身体力行的是"以德报怨""此心光明"。恩师还说：天道是公平的，自然平衡法则是宇宙第一法则。人道有时是不公平的，人生大多不公平不合理不如意。为人处世，主观上一定要只求耕耘，莫问收获；只求奉献，莫问回报。而客观上往往是一分耕耘，一分收获；一分奉献，一分回报。客观上有时是一分耕耘，二分收获；一分奉献，二分回报。在这背后起作用的，就是自然平衡法则。恩师相信：公平的天道最终会战胜有时不公平的人道。

四是慎独。慎独是修身的最高境界，即一人独处时也自觉遵守道德规范。恩师始终都能做到慎独，曾国藩认为"慎独则心安"，所以恩师修身慎独，一生心安。我读研究生时，恩师给我讲过汉代荆州刺史杨震慎独的故事：杨震"道经昌邑，故所举荆州茂才王密为昌邑令，谒见，至夜怀金十斤以遗震。震曰：'故人知君，君不知故人，何也？'密曰：'暮夜无知者。'震曰：'天知，神知，我知，子知。何谓无知！'密愧而出"（《后汉书》卷五十四）。恩师讲完故事后，语重心长地对我说：一人独处做事时要有敬畏之心，要敬畏天地良心。因为尽管别人不知，但天知地知自知。这里的天地既指宇宙自然，也指人民群众。恩师强调：尤其是共产党员，更应始终恪守慎独。恩师和我都是共产党员。

其次谈恕人。恩师身体力行恕人，他主张待人要将心比心，以心换心，还主张"狭路相逢宜回身""往来都是有缘人"。许多人对恩师的评价是：慈眉善目，和蔼可亲，与人为善，成人之美。体现恩师恕人者有两个例子：

一是与张所昆电话交谈。张所昆在《我与张传玺教授的忘年交》一文（《日照日报》2019 年 1 月 7 日）中说，自己是"既非历史系出身又无文史工作经历的""平民百姓"，"在 2017 年春节前后，我提笔冒昧地给张教授写了信。"张教授收到信后，"给我打电话之时，身体抱恙，是躺在病床上在与我通话呀。可见他对我发去的信，是多么重视啊。""与张教授通话，领受他的教导，简直如沐春风，恰似醍醐灌顶。我与他交往至今，所有通话回数加起来不下二三十次，有时候一天两次。""每次通话时间大都在半个小时以上"。在谈到张所昆写的文章时，张教授一方面给以耐心指导和鼓励，另一方面实事求是地指出不足："两篇文章都很有道理，但还不行"，"还缺乏过硬的材料"，"还需要依据（证据）"，"还不能作为结论"。张所昆在文末写道："谢谢您，张教授！一直承蒙您深厚的关爱和无私的指教，却又与您素未谋面，可叹可叹！晚生遥祝您健康长寿！"

　　二是考试给学生满分。据北大历史学系原主任牛大勇回忆：1978 年他们入学后第一学期，张传玺和孙淼两位老师给他们分段讲授中国通史基础课。期末考试，张传玺老师和孙淼老师各自负责判 50 分，结果好几位同学得了 100 分，有人说这分可能给得太高了吧？张传玺老师说：既然他们学得好，就应该得这个分。只要学生学得好就给满分，既体现了恩师的实事求是和激励先进，也体现了恩师的恕人之道和成人之美。

　　再次谈尊师。恩师始终尊敬师长，体现恩师尊敬师长者有两个方面：

　　一是尊敬翦伯赞先生。恩师非常尊敬翦老，正如北京大学历史学系"张传玺先生生平"所写："张传玺先生投入大量的时间精力整理研究翦老宝贵的史学遗著和手稿资料。先在 1980 年出版了《翦伯赞史学论文选集》；又在 2008 年为纪念翦伯赞先生诞辰 110 周年，整理出版了 10 卷本、600 万字的《翦伯赞全集》和《翦伯赞诗集》，并亲自进行辑注。为让后人了解翦老光辉的一生，张传玺先生从 1978 年 9 月就开始筹备撰写《翦伯赞传》，历时 18 年收集资料，到四川、重庆、湖南长沙和桃源，探访翦老的故乡及生活工作过的地方，采访翦老的亲友和文博单位，并阅读大量当代人的传记、年谱、回忆录等。之后又用一年的时间完成 50 万字的《翦伯赞传》的写作，并在北京大学为翦老举行'百年诞辰'纪念大会的前夕，由北大出版社出版。一直到张传玺先生病重前一天，他还在撰写回忆翦老的《翦伯赞画传》和《学习翦老 传承翦老》两部文稿。"恩师曾说："我给翦老当助手，有人不理解，说我那几年没写东西，牺牲那么大。我说：'情况并不如此！我跟翦老十年，受益非常大。'后来我个人写《中国古代史纲》，搞各种研究，都受益于翦老。"

　　我仅举两例说明恩师非常尊敬翦老。第一个例子是为翦老平反尽力。1968 年 12 月 18 日，翦老含冤去世。1978 年 4 月 25 日，恩师撰文《翦伯赞同志革命的一生》。文中提到："我们相信北大新党委在中央和市委的亲切关怀和领导下……翦伯赞同志的 10 年沉冤一定会得到昭雪，他的革命的一生将得到重新被承认，他的马克思主义史学家的声誉将得到恢复。"5 月 30 日，北大党委常委会议审议通过《关于为翦伯赞同志恢复名誉的决定》。6 月 15 日，恩师给时任中共中央组织部部长的胡耀邦同志写信："受北大历史学系部分教师的委托，为含冤地下近 10 年了的翦伯赞同志夫妇的冤案向您申诉，并要求中央为他们彻底昭雪。"8月16日，中共中央组织部康秘书在电话中对恩师说："你写的那份材料，我们报到中央了。你记一下，邓副主席的批示：'我认为应予昭雪！'"9月1日，北大召开全校"落实党的政策大会"，宣布为翦老彻底平反昭雪。

第二个例子是为翦老骨灰下葬费心。大约是2013年，恩师让我联系八宝山革命公墓，想把翦老的骨灰盒，从八宝山一室移至八宝山革命公墓下葬。恩师说所需费用，他可以一人承担，不要告诉翦老家人。我联系八宝山革命公墓的结果：一是八宝山革命公墓已无下葬处；二是翦老骨灰盒从八宝山一室移出，必须由翦老家人签字；三是翦老骨灰盒一旦从八宝山一室移出，就无法再回去了。我当面向恩师汇报后，恩师说那就等等再看。今年1月我听恩师说，翦老长孙翦大畏已与恩师商定，翦老的骨灰盒将从八宝山一室移至湖南桃源老家下葬。

二是尊敬邓广铭先生等。恩师也非常尊敬邓广铭、周一良、王永兴三位先生。恩师对我经常讲这三位先生为人处事治学的优点亮点，让我点点滴滴、扎扎实实地好好体悟和学习。恩师还让我多找机会聆听这三位先生的课程和讲座，力争多向这三位先生当面请教。有一次恩师与我聊天时说，邓广铭先生、王永兴先生都存在两代人在北大工作，却只能分到一套住房的问题。周一良先生长期住在阴面房子里，在家中享受不到阳光，这对周先生的健康十分不利。当时我正担任北大分房审议委员会主任和北大政策研究室主任。我向恩师汇报说，前不久我遵照北大领导要求，落实住房向教师向人才重点倾斜的原则，正在主持大幅修改北大住房分配政策。所以邓广铭先生、王永兴先生家只有一套住房的问题一定会解决，周一良先生的住房也一定会调整。北大原先一直规定：中青年教职员工，只要父母在北京有住房，就不能在北大分房。这种规定很不合理，但有成文的政策依据。当然在成文的政策依据中，还有不少其它不合理的规定。当时我骑车几乎跑遍了北京相关单位，学习他们如何落实住房向教师向人才重点倾斜的原则。我主持大幅修改的北大住房分配政策，彻底废除了某些不合理的规定，并经北大党政联席会审议通过，下发实施。邓广铭、周一良、王永兴三位先生，虽然都不知道恩师与我这次的聊天内容和后来的努力争取，但邓广铭先生、王永兴先生家又分到一套住房，周一良先生的住房调整到阳面，都减轻了后顾之忧。多年前，我在北大校园遇到历史学系刘桂生先生，他说在住房方面,王永兴先生等在私下多次感谢我。吴荣曾先生多次当面对我说,他能优先住上蓝旗营6号楼的大房子,特别要感谢我主持修改了北大住房分配政策,并多次强烈建议他拿出集资款购买。前不久,我在北大校园遇到中文系李零先生,他说20多年前,如果不是我主持修改北大住房分配政策,他在北大不可能分到住房。因为李零先生的父母在北京有住房。

最后谈爱生。恩师非常关心关爱学生,尤其是非常关心关爱我。恩师可以自己上网查阅信息,2003年我去九三学社中央和中共中央统战部"从政"后,恩师经常通过网络关注我的动态。2006年《我心中永远的精神丰碑——缅怀王选老师》、2009年《精诚所加,金石为开——缅怀金开诚老师》、2010年《北大何以为北大》、2013年《从周培源看爱国民主科学》和《漫谈大学之道与北大精神》、2018年《君子尊德性而道问学——缅怀罗豪才老师》等拙文在网上发表后,恩师都是在第一时间打电话鼓励我,有时和我深聊文中的某些内容,说明恩师确实认真阅读了拙文。具体说来,恩师关爱我主要体现在四个方面:

一是严格指导我攻读硕士学位。1982年,我从山东师范大学历史系考入北大历史系攻读硕士学位。由于学术基础薄弱,研究能力较差,所以读书悟道、听课撰文比较吃力。恩师每周在家当面指导研究生一次,耐心细致地指导我读书悟道、听课撰文,尤其是重点指导我精读深悟前四史、《资治通鉴》和秦简汉简。在学业上,恩师对我严格要求,一丝不苟,精益求精。我五易其稿的硕士论文,每稿都被恩师逐字逐句地修改,有的页面密密麻麻写满了恩师的修改文字。我从中初步学会了如何撰写真正的学术文章,也逐渐搞懂了什么是真正的学术规范。1985年,我不仅顺利获得硕士学位,还在《中国史研究》发表了与硕士论文内容完全不同的近两万字的学术文章,这无疑都是恩师一丝不苟、精益求精地严格指导的结果。

二是精心培养提升我教学科研的能力。恩师教学科研都很出色。就教学而言,据北大历史学系原主任牛大勇回忆:1978年10月他们入学后,系主任邓广铭先生安排张传玺等四位老师给他们分段讲授中国通史基础课。"难忘张传玺老师用浓重的乡音讲这门大课的情形。他注重以土地制度变迁为基本线索,来讲解历代政治与社会的发展。为了加强教学效果,经常用肢体语言来辅助表达自己的讲授内容……同学们会意地大笑……他讲课深入浅出,气氛活跃,同学们说像山东快书一样好听好记。"就科研而言，在北大历史学系"张传玺先生生平"中，已对恩师的科研有高度评价。所以恩师培养提升我教学科研能力时轻车熟路，得心应手。

恩师在北大讲课时，我长期担任课堂助教并认真听讲，可谓潜移默化，耳濡目染。多年之后，我在北大讲课也受学生欢迎，不少学生私下说我讲课好，称我为"北大三从"：讲课时从不点名、从不拖堂、从不坐着。其实这"三从"和讲课好毫无关系，只是说明我非常信任和尊重学生。同时说明北大学生夸奖老师，既不失纯真本色，也不比赞美高度。恩师经常对我说，从事历史教学和科研，一定要坚持马克思主义历史唯物主义。恩师也经常对我说，他在翦老那里学到了一些科研方法。比如要解决历史上的某个问题，一定要左右开弓，上追下连。所谓左右开弓，是要弄清同一时代相关的重要问题；所谓上追下连，是要弄清问题的来龙去脉。后来我在科研上，除了深入研究秦汉史外，又开辟了社会史研究领域，也是受恩师传授上述翦老科研方法的启示。

在恩师的精心培养教育下，我不断超越自己，逐渐有所进步。1995 年我被评为教授，1997 年我被评为北京市青年社会科学骨干（又称"百人工程"），后来被选为中国秦汉史研究会副会长。中共北京市委刊物《前线》和北京大学出版的《金凤折桂人》一书，曾刊登专文介绍我的点滴进步。《前线》记者采访恩师时，恩师对我的评价是："庆平勤奋，读书踏实，思维很活，能重视大问题，也能抓住小问题。"（请见《所操益熟才能摆弄——记北京大学历史系教授岳庆平》，《前线》1999 年第 4 期）。

三是鼓励支持我兼职服务岗位。恩师经常用翦伯赞、汤用彤、傅斯年三位先生兼职服务岗位的例子，鼓励我通过兼职北大服务岗位，更好地感恩和回报北大对我的培养教育，同时教导我如何教学科研和兼职服务两不误。所以 1995年我任教授后，先后兼任北大工会副主席，北大分房审议委员会主任，北大教代会执委会委员，北大政策研究室主任，北大发展规划部部长，北大人才研究中心主任，北大城市治理研究院学术委员会主任，北大历史文化研究所副所长，北大健康系统工程研究所学术委员会副主任，北大资源大健康战略研究院专家委员会副主任等。我兼职学校服务岗位后很忙，很难每天抽空照顾年老体弱并都股骨头骨折的父母和岳父母。四位老人与我们长期一起生活，我父亲和岳父都是百岁高龄去世,我母亲 94 岁去世,我岳母 95 岁健在。恩师极其关心我家四位老人,几乎每次见面都会发自内心地问候他们。恩师对中医、老年病和家庭学颇有研究,常教导我如何照顾四位老人的生活起居,还教导我如何处理好孝敬孝顺年老父母和兼职服务岗位的关系。恩师的谆谆教导非常到位,也非常实用,我确实是受益良多,终身不忘。

四是引导帮助我克服工作困难。我举两个例子:第一个例子是我参与北大内部管理体制改革。1999 年,北大按照教育部高等学校内部管理体制改革座谈会精神,成立了北大内部管理体制改革领导小组、工作小组和研讨小组。当时我任北大政策研究室主任,是这三个小组的四名核心骨干之一。我们不畏艰难险阻,不计个人毁誉,甚至不惜遍体鳞伤,大刀阔斧地推进北大内部管理体制改革。北大内部管理体制改革方案先经我们认真研讨起草,再经全校教职员工广泛充分讨论,最后经学校党政联席会审议通过。1999 年 6 月,历经 11 次易稿的北大内部管理体制改革方案正式公布,北大取消了 10 多位正副三长(秘书长、教务长、总务长)职务,机关处级管理机构从 57 个精简为 19 个,机关工作人员由 609 名精简为 390 名。这是近几十年来,北大内部管理体制改革力度最大的一次。因为这次改革是大幅度做减法,校内很多人的既得利益受到损害,所以利益受损者对北大领导意见很大,尤其对我们四名核心骨干意见更大。我们马上成为这些利益受损者的激烈攻击对象,有人甚至扬言要动手打我。那段时间我情绪很低落,精气神不足,经常不由自主地到恩师家汇报聊天谈心请教,因为恩师家一直是我精气神提升和心灵净化的重要场所。恩师不无心疼地说,改革者一定会自身受伤,但为社会和后代作了贡献,而且有时贡献越大受伤越重,古今中外莫不如此。

第二个例子是我离开北大去校外工作。2003 年 5 月初,经北大党委正式推荐,又经中共中央统战部和九三学社中央严格考察,组织上安排我去中共中央统战部和九三学社中央工作,担任中共中央统战部机关党委委员(后来被选为常委)、九三学社中央政策研究室副主任并主持工作(后来转正为主任)、九三学社中央机关中共书记(三届十年)。因为是北大党委正式推荐我去校外工作,而很多双肩挑的北大教授都不愿离开北大,所以按照当时北大的内部规定,永久保留我在北大的住房,不转走我的工资人事关系,长期聘我为北大教授。但

2004年8月，中共中央统战部和九三学社中央，根据司局级领导干部管理规定，要求我必须从北大转走工资人事关系。此后，我不再担任北大发展规划部部长，当时我的各种关系错综复杂：住房和户口关系在北大蓝旗营，学术关系在北大历史学系（兼职教授2016年退休），人事关系和中共组织关系在中共中央统战部（2013年我以国家公务员类别中正司局级中共党员领导干部的身份退休），工资关系在九三学社中央。所以我在北大、中共中央统战部和九三学社中央这三个不同性质单位的工作中，经常会面临某些被动和尴尬，甚至会受到某些误解和指责。仅就北大而言，随着北大和有关部门主要领导相继退休，新任主要领导都不了解我过去在北大所做的工作，更不知道当年北大党委正式推荐我到校外工作的背景和内情。我到恩师家汇报到我这些被动尴尬和所受误解指责时，有时难免无所适从，心灰意冷，毕竟我在北大学习工作了几十年，是北大党委正式推荐我到校外工作的。而且我在中共中央统战部和九三学社中央的工作岗位上，按照北大主要领导的要求，为北大协调成功了不少重要的事情。北大党政主要领导以前每逢北大春节团拜会邀请校外嘉宾时，多次嘱咐有关人员将我列为第一嘉宾坐在主桌显要位置。恩师听完我汇报后，耐心地给我讲述几位北大前辈领导或教授到校外工作后，如何正确处理好与北大各种关系的事例。恩师又通过各种柔和温馨、入脑入心的思想方法，不厌其烦并有针对性地与我长时间深入谈心，引导我放下包袱，轻装上阵，超越自己，克服困难。

我为了更快"洗尽书生气味酸"和由"应然性"思维转变为"实然性"思维，为了避免"百无一用是书生"和"坐而论道易，起而行道难，书呆子从政，误事又误身"之议，我经常当面请教在民主党派担任领导的丁石孙、罗豪才、韩启德、王选、金开诚等五位北大老师。当然我请教更多也受益更多的是恩师，恩师总是耐心细致地介绍翦伯赞等先生从政时的有关事迹和成功经验。正是恩师和这五位北大老师对我推心置腹、情真意切的谆谆教诲，使我顺利度过了"书生从政"后充满各种新挑战的艰难起步期。后来我在九三学社中央，多次被评为优秀公务员。我在中共中央统战部，多次被评为优秀党员和先进党务工作者。我在担任中共中央统战部机关党委委员五年后，2009年我被选为中共中央统战部机关党委常委（七年）。2007年和2012年，我两次当选中共中央直属机关党代表（十年）。

　　以上恩师的修身、恕人、尊师、爱生事迹,从四个角度补充、印证和诠释了恩师送别仪式现场的三副挽联内容:"学贯古今,著作等身,相逢总是笑口,克己恕人中道走;教授一生,桃李成荫,离别音容仍在,德馨重爱驾鹤归";"书天下春秋,精研秦汉,通今贯古;用家国情怀,诠释经典,立德树人";"治史齐家,正直淡泊传家训;养恩教泽,甘露和风润后昆"。

　　恩师待我如子,恩重如山,永志不忘。我敬恩师如父,从一而守,始终不渝。恩师1993年退休,终身未被评为博士生导师。所以1985年我硕士毕业后,未再攻读博士学位,直接留在历史系任教,并兼任研究生秘书。当时分管研究生工作的系副主任是潘润涵先生,我主要辅助潘先生做研究生工作。潘先生和恩师都是马克思主义历史学家,一生都致力于将马克思主义历史唯物主义理论应用在史学研究和教学上。潘先生治学极其严谨,待人非常厚道。有一次在工作之余,潘先生善意满满地建议我攻读博士学位,说这对我今后在历史系的教学科研和个人发展有利,还说已和周一良先生沟通过,周先生同意我报考。我首先衷心感谢潘先生和周先生的厚爱和善意,然后真心表明自己的选择和态度:我恩师何时被评为博士生导师,我何时报考博士生;如果我恩师一直都评不上博士生导师,我就不报考博士生了。当时潘先生和周先生都尊重我的选择。但事隔多年之后,潘先生因胆结石手术,在北医三院住院。我和爱人去病房探视时,潘先生又提起此事,委婉表示稍有遗憾。我又发自内心地解释:"我是恩师研究生中唯一留历史系任教的,一直在恩师身边当助手助教,当面接受恩师精心的培养指导。一是我深信恩师的学术水平很高,一定会被评为博士生导师;二是我也不忍心离开恩师身边,报考周一良先生的博士生。所以尽管我至今都没有博士学位,但我对恩师从一而守,并无遗憾。"

　　恩师永远是我们景仰的楷模! 恩师永远活在我们的心中!

　　　　　　　　　　(作者系北京大学历史学系教授,曾任中国秦汉史研究会副会长)

我导师与他导师

宋一夫

我是 1989 年考入老师的研究生,那一届老师只招收一名。

老师在家中给我上的第一堂课——他与他的导师。

翦老,我在东北师大读书时,就知道他的名字。那时历史系用的教材是自己系里老师编写的,但布置的参考书,主要有《中国史纲要》《中国通史简编》《中国史稿》等,这也是当时历史学界通说的“三部半通史”,那一“半”指的是吕振羽先生的《简明中国通史》。所以,在大多数从事历史学的老师和学生心中,翦老是与郭沫若、范文澜齐名的历史学家。

大学毕业分到四平师院历史系工作,教的课程是秦汉史。1981 年西安秦汉史学年会上认识了正在读老师研究生的岳庆平师兄,又通过庆平师兄的引见拜见了老师。那时的老师 54 岁,满面红光,身体健硕,和蔼可亲。老师是秦汉史学会的副会长,与会的同仁对老师很是尊敬。

这些年过去了,而老师讲的第一堂课,给我留下深刻的印象,时至今日在我脑海里还能浮现出那堂课的情景。老师从师从翦老讲起,给翦老当助手,随从翦老去苏州、内蒙古等地考察……让我最难忘的就是老师对翦老的那份情谊。每当讲到翦老如何关爱他时,老师的话语总是很慢很慢,我知道老师内心很动情,又不想让我看出来,便赶紧插话,缓解一下老师的情绪。

从入室成为老师的弟子,到离校至今整整 30 年,每年都因各种因缘多次与老师见面,每次见面老师都会提到翦老,讲到翦老的学术思想,翦老一生中的各种遭遇,以及关于如何纪念翦老的想法,等等。

　　我读研究生时，老师除了带研究生外还在系里承担一些教学任务，给本科生和进修教师讲授一些史学专题，也经常到国外和外校讲学。除此之外，老师把所有的时间，几乎都用来整理翦老的著作。我每去老师家上课，书桌上放满的不是翦老的著作，就是从一些旧书、报刊上复印来的翦老的文章。

　　研究生毕业后，我回到吉林省工作。只要到北京，再忙我也会去访问老师家一次。每次去都见到老师的桌上地上，堆放着很多关于翦老的书籍和资料，知道老师在写《翦伯赞传》。我读书时，老师说他准备写一本中国地契史，他手中有大量的史料可供研究。一次访问时，我问老师何时准备写中国地契史，可老师说，还不能写，我在写《翦伯赞传》。当时我心里一怔，我想问老师，翦老的传记非您写不可吗？那您想写的学术专著什么时候写呢？但话到嘴边又吞回去了。因我知道，这件事在老师的心里没有商量的余地。

　　翦老非一般人物。早年就加入了中国革命，成名后以进步知识分子的身份进行革命活动，多在敌占区做地下工作。1949 年前翦老的活动十分繁杂，是我们党在知识界的领导人物，被社会公认为民主斗士，曾经多次上过国民党的暗杀黑名单。翦老又是历史学家、社会活动家，多从学术上与国民党的文化界文人做斗争。所以写翦老传，不仅要写他的革命斗争，还要写他每个时期的著作中的学术思想，如何与国民党的文阀们相斗争，这要比写一般的传记难上加难。

　　但平心而论，翦老的传记最好由老师来写，因老师不仅师从翦老，而且毕业后一直担任翦老的助手。

　　老师为撰写该书花费了大量的时间和精力。1997 年我来北京工作，经常去老师家，那时老师 70 岁，每次去时都见他书桌上依如旧往，仍然放着"翦传"的章节文稿，地上放满了为写"翦传"找来的资料。一部《翦伯赞传》花费了老师二十年的时间和心血。

　　这从《翦伯赞传·自序》中也可以得到印证。

　　　我为写传而进行准备的时间开始于 1978 年 9 月，那时翦先生的十年沉冤刚刚平反昭雪。准备工作是以收集资料为主。由于若干年来一直有较重的教学、编写教材及指导研究生等任务，而写传的准备工作只能利用业余时间进行。十多年来共做了四方面工作：

1. 基本上通读了翦先生自 1930—1966 年间所发表或出版的全部论著,约有四百万字;并参加整理出版了其中的大部分。所出论文集有《翦伯赞史学论文选集》第一、二、三辑,《史料与史学》增订本;专著有《先秦史》、《秦汉史》(即《中国史纲要》第一、二两卷)、《历史哲学教程》、《中国历史概要》,还有《翦伯赞遗诗》等。系统地阅读翦先生的全部论著,使我对翦先生在各个时期的学术思想、学术成就及其学术思想的发展变化有进一步的了解。

2. 比较全面地查阅了有关翦先生在各个时期的政治、社会和学术活动的新闻报导。所见报刊,包括了抗日战争以前的,抗日战争时期的,解放战争时期的,也有新中国建立以后的;有进步的,中间性的,也有反动的;有全国性的,也有地方性的。还曾到台湾、香港,日本、韩国、新加坡寻查资料。

3. 访问翦先生自五四运动前后至解放战争时期的战友、亲朋三十余人,其中主要的有杨献珍、谌小岑、赵凡(田朝凡)、欧阳敏讷、雷敢、廖沫沙、冯乃超、朱洁夫、罗绍渔、白薇、胡绳、周宗琼、于立群、吴泽、柳无非、黎澍、萨空了、李明灏等。其中绝大多数人是登门拜访的,少数在外地者有委托代访的,个别人则是信函访问。

4. 访问翦先生的故乡及生活、工作过的地方。曾两下湖南,访问了湖南师范学院(今湖南师大)、长沙湖南第一师范学校、中苏文协湖南分会旧址、常德中学、桃源县漳江小学、县党史办、枫树岗清真学校,瞻仰了翦先生的故居和"始祖翦八士夫妇墓碑",游览了桃花源。到重庆,访问了巴县歇马场刘家院子、赖家桥全家院子、半山新村、曾家岩、红岩、天官府、重庆博物馆等处。到上海,访问了愚园路中实新村、大夏大学(今华东师大)、马斯南路 107 号(今思南路 73 号)等处。在北京,参观了前门外高庙胡同湖南常桃会馆、宣武门内头发胡同甲 1 号翦先生的旧居等处。

通过上述工作,大大丰富并加深了我对翦先生的了解。

此外,还阅读了许多当代人的传记、年谱、回忆录等,其中包括郭沫若、范文澜、吕振羽、侯外庐、吴晗、华岗、胡绳、廖沫沙、胡乔木、穆欣、尹达、柳亚子、邓初民、冯玉祥、张治中、陶行知、周谷城以及陈伯达、康生、江青等人。此外还有毛泽东、周恩来、邓小平的著作及传记,中国共产党的有关文献和胡绳主编《中国共产党的七十年》等。这些著作有助于我了解中国近百年来各个时期的政治形势、党的政策,还对与翦先生有关的史事有所印证。(见《翦伯赞传·自序》)

1998年花费老师大量时间和精力著成的《翦伯赞传》出版,老师对我说这是对翦老的纪念,要我回去读。回家后我很仔细地读了一遍,本想写一篇读后感,遗憾一直没有写成。

翦传出版后,老师又全力以赴准备出版《翦伯赞全集》。

翦老的著作和文章大多数都发表在1949年以前,时间久远加之正处战争年代,很多著作和文章能幸存的就已很少,又不知存藏在何处。所以,出版翦老的全集,实属不易。

老师为了写传和出版全集,收集翦老的文章和著作不知付出多大的艰辛,有过多少难以言表的苦楚,虽他老不说,但是可以想象得到的。

能将翦老的著作收集全已很难,而将不知散落在何处的文章收集全谈何容易,何况全集卷帙浩繁,多达600万字。

翦老全集中的每一部著作、每一篇文章,自然老师都要看,生怕出现问题。由于翦老在中国史学界的地位和在中国文人心中的地位,出他的全集,不能有错,这一点在老师心中压力会很大。老师反复校对,力求把翦老的全集尽善尽美地呈现给读者。

这会用去老师多少个岁月,又会耗尽他多少心血!翦老全集2008年由河北教育出版社出版,这时先生也已经81岁。人生已经到了耄耋之年。老师几乎用了他学术生涯最好的30年时光,全部用来写翦老的传和整理翦老的著作,而将自己要写的学术著作放在了一边。

全集的出版令人庆幸。像翦老这样在当代中国史学界屈指可数的史学家的全集终于出版,这对于时代愧对的老革命家、老史学家是一种告慰。如翦老在天有灵的话,也会欣慰。这并不是他的全部,但记录了他把一颗赤诚的心奉献给中华民族解放事业、中国革命事业的学术人生。

老师整理翦老的著作期间,头发已稀疏花白了,显得清瘦和苍老了很多,但精神状态还好。

为了纪念翦老诞辰 120 周年,老师提议,最好翦门四代人,每人都能写一篇纪念翦老的文章。

我又重新读了一遍《翦伯赞传》,有许多感受。

1. 翦老是一个有血有肉的性情中人。

有个别人说,翦老到北大后有独尊独大的苗头。可我从当时与翦老共过事的一些著名学者的回忆录中得知的翦老却是另一形象。邓广铭先生是深受学界尊敬的学者。邓先生说:"翦老在历史系,不但能把所有的教员团结起来,使其发挥各自所长,而且努力倡导一种好的学风。他有这种责任感,有这个责任心,要使北京大学在史学界当中,树立一种好的学风,树立一个好的榜样。这是他作为历史系主任所值得纪念的。三校合并,是个散摊子,各不相下,我不佩服你,你也不佩服我。用他的领导艺术,使原三校的人都能很好地发挥作用。翦老做系主任,不是做维持会长,而是创办事业。他是在难度很高的情况下,在'三雄'不能并立的情况下来到历史系的。在翦老的领导下,'三雄'并立了。"(见张传玺著《翦伯赞传》代序二"邓广铭《在翦伯赞同志学术纪念会上的讲话》")这是邓老亲自写的,他是亲历者。从这段文字中,谁能找出翦老像是一位独尊独大者的证据呢?

这是邓广铭先生对翦老的评价,他评价的是 1949 年后在北大历史系的翦伯赞。我们再看看 1949 年前的翦伯赞。

翦老在 1949 年前已成为我国史学界富有影响的史学家。

1947 年 2 月,翦先生应上海大学历史系的邀请,讲授《中国历史学的道路》,听众超过千人。当时上海大学学生舒冀以《史学家翦伯赞》为题,在上海《人物杂志》1947 年第 10 期发表文章说:

> 翦先生的性情虽和蔼可亲,但他的治学态度却非常严肃。他很重视科学的思想方法,同时又有史学家的治学精神。在九月末,下着小雨的一天,我到愚园路访问中国历史学界的泰斗翦伯赞氏。他放下了正写着《中国史纲》的笔来接待我。
>
> 翦氏的年龄已经超过了五十岁,半白的头发和额上刻着很深的皱纹,表示出他的研究之辛劳。但他的性情完全和青年人一样,他和儿童一样的

天真来接待他的客人。翦先生的生活态度和他的治学的态度一样的严肃认真,但他并没有某些学者所有的骄傲。他对待青年是那样真诚、亲切,使人感到和他接触是一种愉快。比如当这次学潮发生时,翦先生曾一再著文,为学生辩护。

在说到翦老简朴的生活时,文章说"也就一间,吃饭、睡觉都在这里。然而,翦先生并不觉得窄狭。他说'房子狭小,并不妨碍我的思想驰骋'。"这是 1949年前的翦伯赞,同样是位谦谦君子般的学者。

2. 翦老是一位旗帜鲜明的民主、革命的斗士,一位马克思主义的传播者和捍卫者,杰出的历史学家、理论家。

翦老是 1923 年 7 月去美国加利福尼亚大学读书,开始接触马克思主义。当读完《反杜林论》《家庭、私有制和国家的起源》《共产党宣言》后,他在自己的日记上写道:"这是黑暗世界中的一个窗户,从这里,我看见了光明,看见了真理,看见了人类的希望"(见张传玺著《翦伯赞传》第 19 页)。翦老于 1926 年 1月下旬回国,很快便投身北伐,由国民革命军总政治部派往太原和归绥(今呼和浩特),策反山西督军阎锡山和绥远都统商震。

蒋介石、汪精卫相继发动了"四一二""七一五"政变,阎锡山命令商震立即逮捕翦老,翦老在商震的劝说下离开归绥,亡命上海。蒋、汪的倒行逆施引起翦老的极大愤慨,他大骂国民党背叛革命,是"叛逆",是"新军阀",拒绝国民党党员登记。蒋、汪的背叛使翦老深深地感觉到,中国的问题,说到底还是一个举什么旗、走什么路的问题。蒋介石、汪精卫是当时中国地主及国外资本家势力的代表,让他们革命到底是不可能的,他坚信只有马克思主义才能救中国。

1928 年,翦老与吕振羽先生相识,两人志同道合,在学习研究马克思的理论、探讨中国社会发展道路的问题上,两个人一拍即合。正巧,经济学家王文学发表《中国资本主义在中国经济中的地位、其发展及其将来》,揭开了"中国社会性质和社会历史问题的论战"(简称"中国社会史论战")的序幕。翦老积极参与到这场论战之中。

1930 年 11 月,翦老在北平《三民主义半月刊》上发表了《中国农村社会之本质及其历史的发展阶段之划分》一文,提出近现代中国农村的性质并非亚细亚生产形态的性质,而是封建的生产方式,其社会属性是半殖民地半封建社会。他认为,"现在中国的农村社会的确已经达到了转变的时期"。而这种转变的原因,是由于资本、帝国主义的入侵,使中国沦为列强的半殖民地,而这样的社会性质和社会状况,决定了中国革命的性质是反帝反封建,进行民族民主的革命。并接二连三地发表《前封建时期之中国农村社会》上、中、下三篇,《东方民族革命运动的过去与现在》等文章,系统地阐述了他的主张与学说。

1931 年又发表《古代奴隶社会研究之批判》《关于亚细亚的生产方式的问题》《关于历史发展中之"奴隶所有者社会"问题》《关于"封建主义破灭论"之批判》,《"商业资本主义社会"问题之清算》《关于前阶级社会的构成之基本诸问题》等。这些论文看似学术问题,但却关系当时社会走向问题的根本,是当时中国何去何从的大是大非的问题。翦老的这些论著,是马克思主义的经典学说与中国社会实际情况相结合的产物。这在当时来说,不仅具有开创性,而且对于社会各界认识中国社会的发展问题,修正批判错误理论和观点,传播和捍卫马克思主义学说,起到了不可或缺的作用。现在看来,这些观点无论在社会意识形态的发展方面,还是在社会的政治发展方面都起到了推动的作用。

"中国社会史论战"尚未结束,1931 年日本侵华"九一八"事件爆发,翦老便在北京、上海等地积极从事抗日救国运动。1932 年应谌小岑之约,到天津意大利租界主编《丰台》旬刊,宣传抗日。在每期上,他都要发表一至两篇抗日的文章,揭露日本军国主义在中国所犯下的滔天罪行,号召全国人民起来全民抗战。他分析了日本帝国主义本质及其所谓的"大陆政策"、侵略历史和 20 世纪二三十年代的世界资本主义的经济危机,指出日本侵略中国的必然性,并警告国民党南京政府,"你们不要期待日本帝国主义者的回心转意,再不要期待国际联盟的主持公道,再不要期待任何帝国主义者的仁慈"。

他还同吕振羽合著《最近之世界资本主义经济》一书,于 1932 年 8 月出版,用丰富的资料和大量的事实,全面系统地分析了第一次世界大战后资本主义国家的经济状况,揭露了帝国主义的侵略本性和日本帝国主义侵略中国所犯下的滔天罪行,同时指出资本主义灭亡的必然性和社会主义一定会胜利的必然结果。

随着抗日战争深入,翦老开始从事促成国共两党合作的统一战线工作。翦老联系国民党方代表谌小岑,中共方代表吕振羽、周小舟。1936 年 3 月,周小舟代表共产党到南京谈判,吕振羽为共产党的联络员,直接听从毛泽东、刘少奇的领导,国民党方谌小岑为联络员,曾养甫为代表,后面的领导者为陈立夫、陈果夫和宋子文。

翦老的《历史哲学教程》写于 1936 年至 1937 年之间,最初为北平民国大学南迁长江上课时的讲稿,于 1938 年 8 月正式出版。这部书的出版具有以下意义:

首先,这是中国最早的一部马克思主义的历史哲学著作。

其次,这是从当时社会政治需要而撰写的一部学术著作。翦老在本书序中是这样写的,"在这样一个伟大的历史变革时代,我们决没有闲情逸致埋头于经院式的历史理论之玩弄;恰恰相反,在我的主观上,这本书,正是为了配合这一伟大斗争的现实行动而写的。在目前,隐藏在民族统一阵线理论与行动阵营中的'悲观主义''失败主义'等等有害倾向,虽都有其社会的历史的根源,因而从历史哲学上去批判过去及现在许多历史理论家对中国历史之一贯的错误见解,及其'魔术式'的结论,是我们一个不可逃避的任务"。

翦老从青少年时期开始追随革命,以改变民族命运为己任,所以他在三十年代所写的论著,皆出自一颗拳拳报国之心。今天看来,翦老三十年代的学术生涯的贡献,不仅仅是学术上所取得的成就,更在于他对于国家民族命运伟大事业的追求。他坚信只有马克思主义才能救中国。所以,他用马克思主义的辩证唯物论、历史唯物论研究中国,研究中国的历史,写了这部《历史哲学教程》的著作。他坚信只有共产党才能救中国,从而一再请求加入中国共产党。

3. 书生终归书生,翦老是一位具有社会良知的知识分子。

1840 年鸦片战争之后,一方面国家、民族面临着危亡,进入半殖民地半封建的社会,另一方面封建集权的政治统治被打破。这两方面为中国知识分子走到社会舞台的前面提供了机会,正是在这样的社会背景下产生了一批被称之为中华民族"脊梁"的知识分子。

这批知识分子在对旧社会的破坏和对新社会的建设上不遗余力地呐喊,不畏强权,不惧死亡。

如重庆《新华日报》和上海《文汇报》先后揭露了国民党特务准备暗杀进步

人士的黑名单,在李公朴、闻一多之后,就是陶行知,有人说陶行知已是"黑榜探花"。翦先生为此十分担心。他打电话给陶,要他"小心","提防无声手枪"。陶愤慨地回答,"我等着第三枪!"

翦先生在上海大夏大学(今华东师大)教学时,经常有特务在身后跟随,后来又接连收到恐吓信,甚至直接把信插到翦家门缝上。事态愈发严重,中共上海工委派人通知翦先生停止讲课,最后不得不将翦先生转移到香港才摆脱危险。

新中国成立后,翦老以极大的热忱参与了新政治协商会议,参与拟定国旗、国徽、国歌等方案,并被任命为中央人民政府政务院文化教育委员会委员、中央人民政府民族事务委员会委员。1952年北大、清华、燕大三校历史系合并为北大历史系,翦伯赞被任命为北大历史系教授兼系主任。

1956年5月2日,毛泽东在最高国务会议上,宣布了中央在文化、科学工作中实行"百花齐放、百家争鸣"的方针。1957年2月,毛泽东发表了《关于正确处理人民内部矛盾的问题》的讲话,又讲到了"百花齐放、百家争鸣"的方针。3月13日,翦伯赞在中南海颐年堂参加会议时受到毛主席的亲切接见。毛主席握着他的手,询问了北京大学的情况。

3月24日,《人民日报》发表了费孝通先生的《知识分子的早春天气》文章。次日上午,该报记者到翦家拜访,让翦老谈一下对文章的观感。翦老说:这是一篇学习毛主席两篇重要讲话后谈体会的文章。费先生的文采很高,用"早春天气"作比喻,很形象。古代文人常常如此。如韩愈《早春呈水部张十八员外》二首之一:"天街小雨润如酥,草色遥看近却无。"春色是少了一些,又"乍暖还寒"。可是既然春天已到,就会越来越暖,会鸟语花香的。"寒"是缺点,通过"鸣""放",揭露出缺点来,再通过批评、自我批评,改正了缺点,社会主义事业就会发展得快一些。

1963年6月《红旗》杂志编辑关锋在北京展览馆以《在历史研究中运用阶级观点和历史主义的问题》为题发表演说,指责翦伯赞等人"脱离了马克思主义的阶级观点",此文发表在该年《历史研究》第6期上。

关锋批判翦伯赞的演讲很快传到了翦老那里。翦老说:"党的'百花齐放、百家争鸣'的方针是正确的,只要发现了问题,大家进行讨论,总会有所收获。"

8 月 15 日,《历史研究》1963 年第 4 期发表了戚本禹《评李秀成自述——并同罗尔纲、梁岵庐、吕集义等先生商榷》文章,指责李秀成是太平天国的"叛徒"。

9 月 14 日,中宣部召开会议,与会人员多数认为《历史研究》对戚本禹的文章处理不慎重。翦老在会议上讲了四点:1. 批评戚本禹文章对李秀成的评论有很大的片面性;2. 从生活上推论忠王不忠,过于勉强;3. 对李秀成的评论要慎重;4. 要正确对待"古为今用"。

1964 年春,学术界以"阶级观点与历史主义"和"史与论"为题不点名"批翦"。7 月上旬至 8 月间,北大党委在十三陵召开会议,讨论了翦先生的问题,并决定为"批翦"做准备。

9 月,中宣部通知翦老,要在《人民日报》和《红旗》杂志以外的报刊上点名批判翦老的问题。

1965 年 11 月 10 日,上海《文汇报》发表姚文元《评新编历史剧〈海瑞罢官〉》,批判著名明史专家、北京市副市长吴晗,这成了"文化大革命"发动的导火索。

过了两天,《文汇报》记者来访,问翦先生对《评新编历史剧〈海瑞罢官〉》一文的意见。翦先生说:"办报纸,办杂志,写文章,搞批判,这些我都干过。要办好这些事,应当有一个原则,就是出于公心。批判吴晗是为了什么?是因为他反党反社会主义吗?是因为他要为地富反坏右翻案吗?姚文元的父亲姚蓬子是叛徒,是拿 CC 派特务钱的,他有什么资格批判吴晗。""吴晗在民主革命时期是坚决反对蒋介石的,是跟着共产党走的,现在是北京市副市长,是坐小汽车的,他为什么要为地富反坏右翻案?帝国主义、蒋介石回来,他是要被杀头的,这一点难道他不懂吗?他为什么要反党反社会主义?""思想批判要了解个人历史,要看他是什么样的人。""凡事也要有个'一分为二'。一个同志写文章,难道没有一点正确的东西?""我认为,吴晗同志在政治上没有问题。姚文元的文章非常粗暴,这是抓辫子,打棍子,给吴晗同志扣政治帽子。如果这样整吴晗,所有的进步知识分子都会寒心。"

1966 年 1 月中旬,《红旗》杂志副主编关锋向哲学社会科学部建议,近期由《新建设》编辑部组织学部负责人主持召开"清官问题"的座谈会,请北京文史哲名家参加。翦先生是不能缺少的对象。

　　会上翦先生是第十位发言,他说:"最近看到一些讨论'清官'的文章,受到了很大的启发。在这些文章中可以看出,对'清官'的本质问题,大家的认识是一致的,即'清官'也是一个官,也是封建地主阶级进行阶级统治的一个工具,而且是一个比贪官更好的工具,是农民的敌人,不是农民的'救星'……对于'清官'的本质,已经没有分歧的意见。"

　　1968年夏,翦老与夫人被赶出了燕东园,住在蒋家胡同3号的一间小黑平房中。房中无自用的自来水和厕所,无下水道,煤、炉放在露天,家徒四壁。

　　党的八届扩大的十二中全会,错误地把刘少奇确定为"叛徒""内奸""工贼"。因翦老曾参与国共在1936年"南京和平谈判"工作,对翦老进行逼供,让翦老提供刘少奇"勾结"国民党CC派特务"阴谋消灭苏区、消灭红军的反革命勾当的黑材料"。

　　至12月18日深夜12时,这对老夫妇为了维护"真理",维护"实事求是"的原则,维护"做人的尊严",双双服药离开了这个为之奋斗40余年的人世。

　　当我从这三个方面去看翦老的时候,我的心中自然有一个疑惑,翦老这样一位从事哲学思辨、历史研究的大学者,难道他不知道如何趋利避害吗?历史上有之,今也有之。我脑里甚至显现,虽然翦老参加过那么长时间的政治斗争,但终归一介书生尔!可当这种念头刚刚一闪时,我的心中又豁然开朗了,不,这就是中国脊梁的知识分子!他们的骨子里决定了他们要始终坚守"坚持真理,修正错误"的信条!这才是真正的翦伯赞!

　　"文革"结束后,老师开始为翦老平反奔走呼吁。

　　1978年4月6日北大党委宣读对翦老的审查结论,依旧按照"文化大革命"中"四人帮"定下的基调定案,老师和其他参会的老师一致反对北大党委的审查结论。老师当晚写了一封致北京大学党委的公开信,公开反对北京大学党委对于翦老的审查结论。为慎重起见,他拿着致北京大学党委的公开信前往邓广铭先生家征求意见。邓老先生阅完后,首先在信上签字,表示全力支持,同时建议老师去征求其他参会老师意见。最终其他六位老师一致表示支持,并且在公开信上签字,由此形成北大历史系"八人上书",但未得到任何回应。老师又与夫人连夜写出了6000余字的大字报——《翦伯赞同志革命的一生》,贴在北京大学三角地。大字报震撼了整个北京大学校园,也震惊了北京大学党委。

老师又联系到胡德平,通过胡德平,把信和大字报的打印稿送到时任中央组织部部长胡耀邦手中。

胡耀邦看过后,让胡德平转告老师,"这一工作很重要,我有责任抓好这一工作,一定要抓好这一工作。"并要求老师赶快写"伸冤报告"。当老师把报告送上去后,中央组织部便以"重要情况"报党中央。邓小平同志看过后,明确批示:"我认为应予昭雪!"

1978年9月1日,北京大学党委召开全校落实党的政策大会,宣布了"北京大学党委关于推翻林彪、'四人帮'代理人在北京大学制造的'走资派''资产阶级反动学术权威'错案的决定,关于推翻清队假经验和为受打击迫害的教职工、学生平反昭雪的决定",为翦伯赞先生昭雪。

从学老师30多年,每年都要多次问学或看望老师和师母。每到老师家,老师都有说不完的话题,但很多话题都以翦老的事为中心。不是全集,就是传记、画集、纪念文章,再不就是纪念文集等。

记得有一次在谈到翦伯赞故居时,老师讲到他向故居捐赠了图书,还捐赠了相关纪念物品等。老师住在蓝旗营,房子也就一百多平方米。客厅里面全是书,书架上装满了,很多又都堆在地上。地面也是一般的水泥地面,客厅和卧室除了书架和陈旧得不能再陈旧,或者说早已被很多人家扔掉的老式家具外,电器也都是多少代前的款式型号了。

像老师这样退休比较早的北大教授,每月的退休金并不高。好在老师和师母对生活要求很简单,花销也不大。退休后的老师,每天大部分时间都呆在书房里,都会给自己定下读书和写作计划。本来老师自己有一个很大的学术研究计划,要写几部有分量的书,可大多他都放弃了,这实是令人遗憾。

大前年春节和前年几次去见老师,有一次老师讲了他最大的心愿就是能否在八宝山给翦老修一个墓地。他说翦老故去多年,还在公墓里,按翦老的资历及对革命的贡献,应该有块墓地。但八宝山又不是别的地方,可以花钱买,即使要花钱买也要批准。老师问师兄庆平和我:"你们有没有什么门路找人问一下,我可以出买墓地的钱。"我们二人当即表示,如果可以买,钱我们两人出,如果说老师您非要出,就出一部分。那次之后,庆平师兄找人去了解怎样能有一块翦老的墓地,可惜的是,托了很多人也没办成,得到的回答总是,根本就没有可建的地了。我们把情况向老师汇报后,老师很长时间没说话,最后长叹一声。

从 2017 年下半年开始,老师就反复与庆平和我说,2018 年是翦老诞辰 120 周年。翦门从我这代开始,已经有四代学术传人了。我是第一代,庆平你们是第二代,你们的学生是第三代,你们学生有的也带硕士了,这就有四代了,是不是这四代人能够一起纪念一下翦老。庆平和我当即表示,老师的想法好,就按老师的想法办。

老师说:"如有可能,让大家每人写一篇纪念翦老的文章,不限长短,但如果有的人没有时间也不必勉强。这样可在明年 9—10 月份出一本纪念文集。另外,我想再给翦老出一本画传。我有写完的资料,因现在身体缘故,不能动手了,你们忙,可否找一位庆平的学生来编辑一下。恐怕不仅是编辑,还要写。"庆平说:"好,就让我的博士生庄晓霞来做这事。庄晓霞人好,学问也好,做出的稿子老师您会满意的。"

我与庆平问:"老师,您的文集能否抓紧出来?"老师说:"不急,办完了翦老的 120 周年再说,我的文集早一天晚一天出来都行。"

于是,老师的弟子们开始准备写纪念翦老的文章。我这篇文章里有关翦老的内容就是 2017 年写的。但到了 2018 年,老师讲翦老 120 周年纪念会恐怕要往后拖个一两年了,因为他写的《学习翦老 传承翦老》的书尚未完稿,《翦伯赞画传》文稿也未完成。

2018 年我从外地学校放暑假回京。我问庆平师兄,大家的纪念文章写得如何了。庆平师兄讲,画传老师又找出很多资料。老师又有很多很好的想法都要加进去,这样恐怕一时还没办法出版。但老师讲,画传是大事,一定要出全出好,就不赶纪念会了。

我听到画传老师又找出一些资料,又添东西,可见老师这半年又没少为画传劳累呀!

老师那时已经 92 岁的高龄了,人很羸弱,可能前年脑梗的缘故,讲话已不很清楚,虽然双眼还是那么炯炯有神,但明显很苍老,腰也弓了,走路要往前一步一步地挪。我们要给他出全集,他却说放一放,他把翦老的事忙完再说。可一直到 2018 年,他想的、说的、做的事都是翦老,他桌上大部分的书稿或图书都还是与翦老相关的。

《翦伯赞画传》与老师写的《学习翦老 传承翦老》两本书，今年 6 月份正式出版了，可惜老师已经走了。老师走之前，在他的案头放着的还是这两本书的修改稿。

人只能亲身经历有限的事，或通过传闻及阅读书籍来知道历史上的事情。就我经历的人而言，像老师这样一辈子多年如一日地对待自己的老师的人，我还没有见过，也没有听说过。至于从历史上的书籍阅读过如此待师之人，也实属不多。

有时我想，老师为何这样全心全意对待翦老？ 现在看，是因为翦老不仅是马克思主义理论家、史学家，也是一名革命家，而且还是一名历经坎坷的革命知识分子。他尊重翦老阐发的真理，尊重翦老君子般的风骨。

有时我也扪心自问，假如自己也是翦老的入门学生，我会像老师这样对待翦老吗？ 我感到我做不到。

翦老和张先生都是老一代知识分子，中国传统文化、传统教育在他们身上打下的烙印太深了，加之翦老和张先生又有着中国士大夫独有的秉性，所以使翦老很特异，也使老师很特异，这才有了老师用尽几乎一生的时间报答翦老之恩。

老师走了。

2021 年 2 月 27 日 8 时。他老人家也生于这一日——一天不多一天不少整整 94 岁。庆平师兄在遗体告别时对我说，刚才好多老先生在说："老师完成了一个圆满的轮回，生与死同一天的人太少。"人真的有生死轮回吗？ 如有，我真的还想做老师的学生。

站在老师的遗体前，我反复告诫自己，不要流眼泪。老师的家人有意在告别时没有放哀乐，而是一曲曲让人忧伤、但不让人难以自制的曲子，可我无论如何克制，眼泪还是成串成串地淌了下来。

1997 年我到中华书局工作。1999 年教育部提出：中小学教材全国实行一纲多本。中华书局认为这是一个难得的好机会，便与老师商量，编写中学历史、高中历史教材。老师当即表示全力以赴推动教材的编写工作，放下手中的事，并当场给陈之骅先生、龚书铎先生、张诚先生打电话，相邀见面时间，商议教材编写的启动工作。得到几位先生的同意后，中华书局便着手历史教材在书局立项、出版署立项、教育部立项的工作。同时,成立了教材编写的专家组,联同中华书局十几名编辑,开始了教材的编写。教材编写的十几名专家、先生与中华书局十几名编辑经过一年多时间,几乎不分昼夜,几易其稿,终于印出两部所有参与者都很满意的历史教材送审的样本。

经教育部审定后,两部教材顺利通过。

我2004年到现代教育出版社工作,开始编写《国学》教材。此时老师已经高龄,但老师仍然为现代教育的国学教材付出了大量的心血,对教材的编写及出版形式提出十分宝贵的意见。为了支持现代教育出版社的出版事业,还主持编写了《白话本二十四史》《绘图本二十四史》等。

老师走了,让师兄弟们感慨的是,本来说好的先生八十岁诞辰时,举行庆祝八十寿辰会,被老师和师母坚决否定了,理由是:你们师兄弟,无论在事业上,还是学术上都处在最关键的时期,搞生日祝贺,要牵扯你们很多精力;另外天南海北的老朋友,不告诉人家不好,告诉人家若来不了也不好。因老师和师母说得斩钉截铁,不给分辩的机会,八十大寿便没有搞成。八十五大寿时,庆平师兄与我又去老师家说祝寿之事。老师和师母说八十五岁不搞,待九十岁时再说。师兄庆平与我制定了祝贺先生九十大寿的方案交给了老师,老师一开始没否定,还与我们商量怎么做。老师主张简单些好。我们按照老师的想法又拿出一个方案,老师看后又提意见,把参加的人员缩小了很多,并确定老师和师母都不参加会议。开会之前,我们师兄弟全都到老师家里拜见老师和师母,然后再去开会,会议时间为一天,以研讨秦汉史学为主。我们正在准备召集老师的弟子们一起研究如何庆寿之事,庆平师兄接到老师电话,让他和我去老师家里。我们刚坐下来,老师便说,我和你们师母商量一下,九十寿辰还是不搞了,原因是让外地来参加的人太麻烦了,最少要三到四天的时间。后年便是翦老120周年,可以翦门四代人搞一次纪念翦老的会,大家都写文章,我也写,另外,那时纪念翦老的两本书也出版了。庆平师兄和我坚决不同意,讲您九十寿辰庆祝会不能取消。翦老后年我们再搞一次嘛。这时师母从里屋走出来说:"庆平和一夫你们想给老师庆祝生日可以理解,但是我们年岁太大了,身体都不太好,如果搞九十寿辰,会势必影响我们的精神生活,总会想着这事。你们为我们俩好,还是不搞为好,可以搞翦老的纪念会嘛。"老师和师母如此意决,庆平与我也只好服从。

就这样,老师在九十岁生日那天,庆平家和我家一同到老师家与老师和师母一同过的。这天,老师的女儿张迎照了很多照片。这些照片现在成为最美好的回忆和纪念。老师这么著名的学者,又教授了这么多的弟子和学生,一生没让弟子和学生给他办过祝寿会,实属让人遗憾。老师为什么总是拒绝此事。现在想来,一是老师不愿意因自己的事给学生、弟子添麻烦;二是老师做任何事情都严格律己,生怕什么事情不妥,低调是他老人家的一贯作风。

老师走了,带着满脸笑容走的,看上去十分安详。我从见到老师的那一天起,就一直见到老师似乎一直在微笑,那是一种发自心底的微笑,顺境时如此,逆境时也如此。每每与老师交谈,总有一种如沐春风的感觉,尤其一些困扰我很久的学术问题,当求教于老师时,他那种高山仰止的学术境界让人难以望其项背,那种点石成金般的谆谆教诲更令人终生不可忘怀,而我有幸成为他教的弟子,今生足矣!

本来老师让写一篇纪念蒯老的文章,今天将两篇文章合在一起,故题目为"我导师与他导师"。

记得年轻时曾背过一段贝多芬的格言,借此送给我导师的导师,"爱自由甚于一切,即使为了王座,也永勿欺妄真理"。也把北宋钱若水的话送给我的恩师:"高尚之士,不以名位为光宠;忠正之士,不以穷达易志操。"

老师安息!

(作者系中华书局原总经理兼党委书记、中国出版集团现代教育出版社原社长兼党委书记)

忆先师张传玺先生

王文涛

2021年2月27日,石家庄天气,阴,心情有些压抑。收到微信群中师兄发来的信息,说导师张传玺在北京病逝了。听到消息,觉得有些突然,感伤和愧疚涌上心头。自母亲2007年去世后,父亲就和我住在一起,除了必须参加的学术开会,很少出差,所以去看望先生的次数不多。回想起在先生门下学习的往事,感慨和感激交织于心。

我在先生的弟子中是经历较为曲折的一个。和先生结缘,始于1982年秋。我是1977年恢复高考后的中师生,1979年毕业,在河南潢川县城中学当老师。那时,脱产进修的指标极少,河南省广播电视大学1982年招收在职中文专科生。我作为河南省广播电视大学的学生,有幸聆听了先生主讲的中国通史课(上)。先生讲课,语言简练生动,内容充实,重点突出,获得电大学员广泛好评。1986年和1999年,先生两次获得全国广播电视大学优秀主讲教师奖。先生主编的《中国通史讲稿(上)》是电大历史课教材,北京大学出版社1982年10月出版,后来多次再版,其中的大部分使用者是电大学员,于此可见先生为史学教育做出的贡献和影响力。

1990年的研究生招生计划,因为"89"政治风波而改变,应届毕业生除少数保研外,大部分招生指标给了往届毕业生。我的生活和工作轨迹也因此而改变。一位在北京大学历史系读研的中学同学写信给我,说今年是个机会,建议我考北大的研究生。其时,我河南大学历史本科函授刚毕业,在河南潢川高中教高三,不仅工作忙,而且连考研题都没见过,没有接受过任何关于考研的培训。虽然有好友鼓励，但心里很虚，自觉不自量力，诚惶诚恐。经过一番考虑，最终接受好友的建议，赴京拜访张先生，根据先生的态度再决定是否报考。我清楚地记得，第一次和先生见面是 1990 年 1 月 6 日（星期六），在燕东园张先生家。这是小寒的第二天，北京刚下过雪，天气很冷，达到零下 10 度。初次拜见先生，有几分紧张，几分忐忑。先生平易近人，了解了我的基本情况后，支持我报考，丝毫没有因为我是函授生而冷淡我。从先生家出来，我长出了一口气，心里热乎乎的，感觉天气不再寒冷，坚定了报考北大研究生的决心。正是先生的肯定给了我勇气和智慧，当年我以总分第一名考入先生门下。我深知，没有先生的鼓励和支持，以我 34 岁的年龄最终是不敢报考北京大学的。从我的进步和成长，可见先生在北大课堂教学之外为国家培养人才、嘉惠学林之一斑。

读研期间，跟先生上两门课。一是历史文献阅读与研究，研一两个学期读"前四史"，同时广泛阅读相关文献、考古、简牍和金石资料、中外学人著述。我和振波师弟每周到先生家里汇报读书进度，交流学习心得；先生耐心答疑解惑、循循善诱。另一门课是秦汉土地制度研究，选修的学生多。这是先生用力费心最多的课题，讲述内容充实丰富、细致而深刻，高屋建瓴，深入浅出。关于史学研究方法和治学态度，我印象最深刻的是，先生一再叮嘱，搞历史研究要有不怕吃苦的精神，要耐得住寂寞。他多次用翦老"八读《汉书》"的事例教导我们，要我们牢记：史学研究一定要踏实，不能浮躁，"板凳要坐十年冷，文章不写一句空"。

有位先生认为，历史感的有无和信息量的多寡是衡量一篇纪念文章高下的两大尺度。诚哉斯言！先生与翦老的关系，是缅怀先生难以回避的话题。读研期间，有同学问我，听说"文革"期间张先生给翦老贴过大字报，影响很大。我不知也不便揣度其询问此事的原因。因为当时我不了解此事，后来才知道这事曾一度闹得沸沸扬扬。我是这样回答同学的，我说，我不知道这件事，先生也没和我们说过。在先生家里上课，两次碰到翦老的家人来访，看关系，很融洽，可见翦老的家人对先生给翦老贴大字报已经谅解了，外人的议论应当是猜测吧。师兄冠梓的文章证实了我朴素的感性判断。他说："翦老的长孙翦大畏说，'文革'初期，北大乌烟瘴气，翦老为了保护他的得意门生、助手，硬要张先生站出来表态和自己彻底划清界限。"在极"左"思想左右下，造反成为"文革"时期的时尚。

如果不贴几张大字报,就会被视为不革命! 教育界更是重灾区,老师之间,学生之间,老师与学生之间,互相揭发批判十分普遍。尽管如此,先生仍以此自责,用数十年切实的行动弥补自己的一时之"过"。在先生的丰硕学术成果里,宣传研究翦老及其学术思想是非常重要的内容,他编辑整理了《翦伯赞全集》,撰写了《翦伯赞传》等,这些工作从 1978 年开始,直到先生最后一次住院前一天,浸润着他后半生的心血和汗水。

硕士二年级选择硕士论文题目,先生给了我两个题目:一个是秦汉时期灾害与社会研究,一个是汉代的耒耜类农具研究。因为我有五年的知青生活,熟悉农业生产,先生主张优先选择第二个题目,这个题目是先生研究汉代大铁犁的继续,他结合自己的研究,给我选了一个大小适宜、有价值的学位论文课题。在先生的指导下,我的硕士学位论文题目定为"两汉耒耜类农具研究",写作过程和答辩都较为顺利,论文的一部分以《汉代的铁锸及其使用状况》发表在《北大史学》1994 年第 2 期,全文发表在《农业考古》1995 年第 3 期。毕业那年,因为个人原因,我被迫放弃了推荐读博的机会。直到 2002 年,才弥补了这个缺憾,到南开读博,博士论文题目为"秦汉社会保障研究——以灾害救助为中心的考察",灾害研究占有三分之一的内容。我读博和博士论文选题,都与先生当年的教诲密切相关。

毕业后,除开会见面外,去家中看望过先生几次。每次他都问,河北石家庄可好,家人怎样,最近在搞什么研究? 先生还送给我他主编和撰写的《翦伯赞传》《翦伯赞史学论文选集》(三卷本)、《中国历代契约会编考释》《战国秦汉史论文索引》《战国秦汉史论著索引续编》和《战国秦汉史论著索引三编》等书,其中有的还有先生的亲笔签名,见字如面。先生千古! 先生的教诲永铭于心!

(作者系河北师范大学历史文化学院教授)

教泽长存恩似海　等身邃业藏名山

——记恩师张传玺先生二三事

2021年2月27日,敬爱的恩师张传玺先生永远离开了我们。从1991年仲春参加研究生复试第一次见到先生,到2021年3月3日八宝山送别,整整三十年师生情缘,从此只能梦里相见。我生也愚钝,没有传承师门学问的潜质,所以先生对我要求也不高,更像一位父亲教化庸才弱子,能自力更生就好。三十年师门聆训,满满都是温暖而深刻的记忆。

马列史家:旗帜鲜明阐真义

张传玺先生是马克思主义史学家翦伯赞先生的嫡传弟子和亲密助手,深得翦老马克思主义史学真传,并不断发扬光大。在中国当代史学家中,先生一直旗帜鲜明地坚持马克思主义、辩证历史唯物主义的立场,始终坚持用马克思主义辩证分析方法研究中国历史问题,并在多个史学领域奠定了学科发展的基础和方向。

我大学本科所学专业是政治教育,主要课程囊括马克思主义基本理论各个方面,其实学的就是马列专业。在上个世纪八十年代末,受西方思潮影响,学马列专业改行者特别多,一度出现信仰危机,我改学历史专业也算是个逃兵。忝列门墙,先生对我史学功底差很是担忧,但他觉得我也有自己的专业优势,即学习运用马克思主义认识论和方法论方面有基础,应该发挥自己的长处。当时,张先生并不排斥学习借鉴西方史学理论,但他始终信奉马克思主义史学真理,从生产力到生产关系,从经济基础到上层建筑,从阶级到国家,其"决定作用"与"反作用"的内在必然联系是解析历史问题的金钥匙。先生用马克思主义著书立说,也在课堂上传播马克思主义。在每两周的汇报学习中,先生对弟子学业的钩探发问和讲解剖析,无不贯穿着历史唯物主义的辩证分析方法。先生真正服膺马克思主义理论指导,他对马克思主义史学的信仰从未动摇过。

先生反对把马克思主义史学理论当作史学研究的门面点缀,而是扎扎实实系统学习领会马克思主义史学名著的内在深意。特别是《德意志意识形态》《关于费尔巴哈的提纲》《法兰西内战》《德国古代的历史与语言》《家庭、私有制和国家的起源》等名篇,先生不仅对其中的基本原理、基本观点、基本方法勾勒清晰、了然于胸,而且对其写作批判的历史背景作了全面细致的解析,甚至找出原著讨论借鉴的对象原文,加以对读分析,从而深刻领会马克思主义史学原著的丰富内涵及其历史渊源,如摩尔根《古代社会》和梅因《古代法》的基本内容和主要观点,先生在讲解古代土地制度和契约制度时都能信手拈来,娓娓而谈。先生不仅自己坚持学习马列原著,也要求学生熟读马克思主义史学名篇,否则无以探讨专业问题,这从先生论著中大量引用马列原著及其观点也可概见,马克思主义史学精髓已经深深融入先生的学术研究中。

先生熟读马克思主义史学名著,自觉形成了马克思主义历史观,较早参与了中国新史学"五朵金花"的史学论争,并由此丰富延伸了自己的研究领域。先生以秦汉史研究为支点,从生产关系的核心内涵即土地制度出发,溯源到土地制度形成的生产力水平考察,进而对铁犁牛耕技术的研究,并通过大量考古实物成果验证生产力发展对土地所有制带来的冲击和变革。又从土地所有权的法律观念,延伸到以买地券为视点的契约制度考察,进而由经济基础上升到上层建筑的关注,马克思主义历史观在先生的学术研究中已然成为得心应手的科学方法。如先生在研究民族关系和民族融合这一重大历史课题时,充分肯定了秦汉大一统帝国建立及其促进多民族融合的历史贡献,与此同时,也注意到多民族融合过程的社会形态的差异性,为此特意到云南边疆开展民族调查,用铁的事实来解释历史分期问题的特殊面向。先生对马克思主义史学的运用,不是史论两层皮,只为点缀好看,而是将马克思主义史学分析方法深深扎根于史学研究的全过程,是一种运用自如的最佳状态。

先生是我国秦汉史学界的泰斗巨擘,也是打破学术藩篱的跨界高手。如先生《从"协和万邦"到"海内一统"》(北京大学出版社,2009)和《中国古代政治文明讲略》(北京出版社,2019)对我国古代多民族融合的大一统国家形成及其政治文明演进,提出了诸多独到见解,结合边疆民族调查的实践心得和秦汉史研究成果,为我国民族史、政治史研究提供了一个全新视角和理论阐述。先生从秦汉土地制度研究中接触到冥器买地券的产权交易方式及其法律意识,发展到对中国古代契约制度研究,先生的《中国历代契约会编考释》(北京大学出版社,1995)、《契约史买地券研究》(中华书局,2008)、《中国历代契约粹编》(北京大学出版社,2014)等研究著作,成为契约制度史研究领域最具权威的代表性成果。先生因为研究买地券要涉及法律问题,特向法学家芮沐请教,芮沐先生不仅对买地券研究表现出莫大兴趣,而且告知我国民法买卖合同法律规则渊源于罗马法,而我国古代契约制度却缺乏系统整理研究,敦请先生不妨将其脉络梳理出来。于是,先生以北大图书馆收藏的徽州契约文书为基础,广泛搜集历代金石简牍文献及最新考古发现成果,会编粹编,这种以产权契约文书来研究土地制度演变及其产权法律观念,无疑是对马克思主义史学中国化的实践升华,是真正有意义的理论发展。

张先生从来不隐讳自己的立场和观点,始终把马克思主义史学理论奉为治学圭臬,旗帜鲜明地坚持用马克思主义立场与方法,分析阐述历史问题,探索历史发展规律,并以毕生奋斗成果诠释了马克思主义史学家的辉煌成就。

传道苦僧:等身邃业藏名山

作为马克思主义史学家,先生一直辛勤耕耘在教学第一线,传道、授业、解惑是其本业。此外,先生还是一位热心传播中国历史知识的社会教育家,数十年奔走于中国历史教学教育,论文二百多篇,各类著作出品将近百种,受其教益者当在数百万人以上。

说先生是传道苦行僧,因为在北大站好三尺讲台并不轻松。先生面向北大全校开设《中国通史》课,在历史系主讲《秦汉问题研究》《中国古代土地制度研究》等专业课程,都是倾注心血热情的经典课程。先生讲课博古通今、声情并茂、栩栩如生，尤其先生略带山东方言的普通话，让先生授课的一些经典桥段成为学生铭记终生的美好回忆。我不是北大本科生，没有机会听到先生为本科生开设的《中国通史》课，但一个偶然的机会，我从北大校友那里见识了先生作为北大名教授的荣耀：1994年初，我去江西财经学院联系工作，接待我的校党委副书记漆权同志，正是北大78级中文系毕业生。当他听说我的导师是张传玺先生时，显得特别亲切热情，并饶有兴趣模仿先生上课的神态，讲解"天命玄鸟，降而生商"的典故，称先生是特别受欢迎的名教授。确实，先生久负盛名，教学更加一丝不苟，我在听先生两门专业课程中发现，即便已经有了专著教材，先生讲课仍然另有讲义，而且讲义稿纸上有反复标注的各色笔记符号，是先生不断反复修改完善讲义内容，力求精益求精的劳苦见证。

为全国数百万函授自考生主讲《中国通史》，是先生对中国教育事业的重大贡献。改革开放之初，为给千千万万知识青年圆梦上大学，国家创办中央广播电视大学。先生是最早一批参与电大教学的名师，以当时教育传媒条件来看，先生拥趸数百万学生，誉之桃李满天下是毫不夸张的。我们大学历史老师叶茂强先生讲授《中国通史》没有指定教材，刚开始我觉得他讲课很有逻辑性，条理很清楚，做笔记也很轻松。后来周洪才同学买了一本电大教材《中国通史讲稿》（上），我借来一看，顿时就明白了许多，原来叶老师讲课的大纲与先生主编的教材完全一样。不久我们一伙同学到叶老师寝室去造访，发现他书桌上摊开的一本划满红线的书，正是这本教材。当时先生的大名就深深镌刻在我脑子里，但根本不敢想象自己将来还能成为先生的入室弟子。先生编的《中国通史讲稿》（上）确实是言简意赅、通俗易懂，我拜读之后课业长进很快。我那时热衷于中国哲学史，准备报考南京大学哲学系孙叔平先生的中国哲学史研究生，所以并没有像周洪才那样不仅看了书，还听了先生的电大授课，后来我考上张先生的研究生，大学同学无不表示惊讶和羡慕。八十年代初，大学文科专业《中国通史》是必修课，而先生的通史教材又是最受欢迎的，先生之名可谓家喻户晓，可以想见当时先生在中国历史教育领域的影响是何其巨大。

凝聚先生毕生心血的名山伟业，是数以百万计的著作出版传播。在弟子们的印象中，先生勤奋笔耕七十年，著作等身是定评，而著作多次再版印刷达数百万册却是学术界的奇迹。粗略统计归纳，先生的论著可分为以下几类：一是收集、整理及研究恩师翦伯赞的著作,从专著诗集检校出版,到收集、整理、汇编翦伯赞全集、撰写翦伯赞传记,一肩独任其重,与翦老的师生情谊全部凝结在这些传世文献中。二是普及历史知识和服务史学研究的工具性图书,是先生最富奉献精神的成果。如中央广播电视大学和北大校内各专业使用的中国通史教材及其辅导材料,篇章内容安排的逻辑条理性很强,广大读者持续高涨的阅读销量就是最好的评判。服务史学教学研究的工具书如《中国古代史教学参考地图集》《战国秦汉史论文索引》《战国秦汉史论著索引续编》《战国秦汉史论著索引三编》《中国历史文献简明教程》,都是泽被学林的工具书。三是先生在秦汉史、契约史、政治史等方面的研究成果,如《秦汉问题研究》《中国历代契约会编考释》《契约史买地券研究》,《从"协和万邦"到"海内一统"》《中国历代契约粹编》《中国古代政治文明讲略》,都是各研究领域最具创获的权威著作,嘉惠学林,深得赞誉。

做中华文明史的传播者,为中国历史知识正本清源。先生由秦汉史而古代史,由古代史而中国通史,研究视野宽且又注重历史焦点问题,使得先生在退休后近三十年反而显得更加忙碌。如在北大国学研究院同袁行霈等先生,致力于中华文明史研究;与哲学系施德福教授共同推出"中小学中国传统文化知识读本""国学基础读本"等专题书库,为弘扬中华文明鼓与呼;作为教育部中小学历史教材专家审查委员会副组长,先生长期关注中小学历史教材改革与完善,并就社会关注的历史教材问题,代表专家组及时给予积极回应,以达到正本清源、力定乾坤的权威性效果;在中宣部重大历史题材影视剧审查委员会专家成员中,先生还是为数不多的几个老专家之一,为历史影视剧把关。记得有一年我到北京出差,在先生家听他聊起历史剧审查的困惑,很是无奈:送审的影视节目不是先审剧本后拍影视,而是拍得差不多了来审片子。枪毙吧,害得人家投钱打水漂了;通过吧,那些影视剧捏造历史太过分。更令我感到可叹的是,先生亲口告诉我,他从头到尾审查一部片子,大概有三百元辛苦费。我告诉他学生现在都不接千元以下的活了,先生尴尬地摆手说:"这不是钱的事,这是一份责任!"很显然,先生辛辛苦苦对待每一份社会信托的文化责任,都充满了弘道苦行僧的使命感。

学问严师:因材施教善训诱

1991年仲春,我第一次离开江西,来到北大参加研究生复试,并有幸成为先生的入室弟子,从此沐风化雨三十年。先生慈眉善目,言语温和,是一个充满亲和力的长者。由于我本科学的政教专业,历史基础不扎实,虽然先生内心一直忧虑我的学业,但从未表现出半点嫌弃或放弃的苛责,反而针对我这样的榆木庸人因材施教,循循善诱,一路护送我毕业,劝勉我迈过工作之后的每道求索坎坷,是不折不扣的学问严师。就我个人亲身体会,先生对弟子的训育善诱,可以概括为"宽严勤实"四字秘诀。

宽就是宽视野,厚基础。宽视野包括拓宽理论、专业、史料等视野,不能仅为中国古代史尤其秦汉史专业孤立补课,过窄的视野反而抑制专业研究的深入。就拓宽理论视野而论,一入校,先生就告诉我说,研究生阶段课程不多,可以到中文、哲学、考古、经济等系去旁听名师授课,感受不同学科观察研究问题的理论和方法,博采众长,不一定要拿学分,文史哲是不分家的,考古学的成果和经济学的理论方法都很重要。就历史专业而论,既要补本科阶段的专业课,也要了解研究生阶段的世界史研究现状,不能顾此失彼,这样便不至于孤立研究古代史或秦汉史问题。就史料收集而言,先生在强调反复阅读理解"前四史"的基础上,既要重视历代金石碑刻简牍文献资料,又要关注最近的考古挖掘新成果。历史研究讲理论,讲方法,但研究结论必须从各种史料综合分析得来,不能仅靠某种理论方法简单推导而来。所以,先生要求我多到考古系资料室去翻阅历年报刊,史料积累要丰富扎实。我回到江西工作后,先生叮嘱我注意搜集地方文献资料,正史文献与民间史料互证,许多问题迎刃而解,磨刀不误砍柴工。

严就是学习要求严格。先生对弟子们的指导教育非常严格,有几件事情我感受特别深刻。一是错别字问题。记得我研究生考试面试时,先生问我秦汉史专业笔试考了多少分,我回答说只考了61分。先生表情尴尬地瞪着我说:"啊,那你考试一定是写了错别字!你现在大学毕业都当中学老师了,怎么还能写错别字呢?那是白字先生呀!"我顿时明白了秦汉史专业笔试,我感觉除了一个3

分的小题目没有把握，其他都答对了的，得 61 分实在太冤的。听罢先生的话，感觉没有被先生评卷时"枪毙"真是万幸。后来有一次交作业，先生发现我作业中"劳动工具"的"具"字，上面都是草成"2"丝纽，正色问我"具"字上面到底是 3 横还是 2 横？我不假思索就回答是 2 横。先生百般无奈摇头说，"看来你入学考试中反复写错这个'具'字，不是书写潦草的问题，而是根本就不知道上面是 3 横呢！"先生拿起铅笔，一笔一划写"具"字和"真"字，上面都是 3 横，"且"字和"县"字则是"2 横"，不能以草字连笔混同一色。感觉先生是在手把手教小学生，令我羞愧万分。先生还强调古人特别重视目录学和小学两大基本功，显然我应该从文字之学开始，踏踏实实好好学习。

二是"黑色星期三"的惶恐。在北大读书三年，感觉最煎熬的事情，就是单周三下午去先生家里汇报读书，被我的室友戏谑为"黑色星期三"。头天晚上茶饭不思，也很难入睡，因为自己基础差，读书不求甚解，最担心先生第二天提什么问题，怎么回答，答错了感觉真是无地自容。但有的问题好像是没有标准答案的，我也一直没有答对过，如完成读书任务"每周读几卷"，说少了，先生问我猴年马月能读完；说多了，先生责我走马观花不认真。我请教王文涛、于振波两位师兄，每周到底读多少卷才合适呢？两位师兄的答案竟然出奇的一致："每周读多少卷是因人而异的，你读下来舒服就好了呀！"第一年的读书汇报，我把阅读速度上下极限之间的卷数都尝试报过一遍，却没有一次令先生满意的，他总是以略带宽容的语气结束每次询问谈话："今天就这样吧！"从导师家里出来，虽然羞愧难当，但感觉到特别放松，这天晚上也睡得特别安稳，毕竟下次考验还有半个月呢！

三是认真读书，不能瞎写文章。入学后，先生对我学业非常担心，每次课后送先生回家走一段校园路，他都要反复叮咛我好好读书，不能瞎写文章，游谈无根。可我为了表现自己读书有收获，竟然在第二个学期写了一篇有关海昏侯刘贺的短文，想参加系里五四青年学术节。当我拿着文章兴冲冲跑到先生家请教时，先生当头给我泼了一盆冷水，非常严肃地叫停我参赛的念想："你书都没读好，就想写文章，那不跟小孩子学走路一样，走都不会走，就想跑了，你说可能吗？"先生把我的文章翻阅了一下，搁在书桌上，继续对我说："文章就搁我这里吧，你试试看，再查半个月或一个月资料，你会觉得这篇文章写得还满意吗？！"

在此后一个多月里,我继续查阅资料,重新审视这篇短文,越发觉得自己立论漏洞百出,不堪一击。再到先生家时,那篇短文仍然搁在桌子上,先生见我不提起它了,也不揭我的伤疤。转而告诫我:"研究生阶段要多读书,别老想写文章的事,读好了书,基础牢靠了,一辈子有的是时间来写文章,你能好好完成毕业论文就算不错的,不能好高骛远呢!"

四是任何时候不能在外招摇。入学之初,先生曾开玩笑对我说:"你能从县城里考到北大来读研究生,搁在古代也算中举人了呢!但不能因此骄傲自满,更不能在外招摇。"先生为人谦和低调,是人所共知的美德,他督促教育学生,也反复强调不能自满招摇。记得1993年秦汉史研究会年会在江西师范大学召开,先生知道我是那里毕业的,让我带李志强和David Spindler两位师弟提前一天到会。因为David Spindler是2米多高的美国人,在当时国内学术会议上确不多见。先生特别叮嘱我说:"你和David Spindler住一个房间就行,不要给会务添麻烦,即使他们给David Spindler特殊照顾,你也要代他婉言谢绝。"会议结束后到庐山旅游,我们几个学生担心先生安全,便在旁边照应着。先生劝我们自由活动,不必在他身边前呼后拥的,这样显得很招摇,影响不好。记得毕业离校前一天,我去先生家道别,先生和师母像是叮咛出阁的嫁女一样,反复提醒我应该注意的事项,其中第一条就是要谦虚诚实。不能拿着北大研究生的空牌子在外面瞎吹,大学里优秀的人才多的是,绝不能沾沾自喜、固步自封,是骡子是马跑一段就见分晓的。1995年4月17日,先生在给我的一封回信中也再次强调"要虚心向他人学习,不要骄傲。学人之长,补己之短,受益无穷。要注意团结同仁"。先生多次告诫我说,自满招摇的人是做不好学问的,任何时候都不能在外招摇。

勤就是勤奋,先生的勤奋刻苦有文海书山作证,是根植骨髓的一种学问品格,自不待学生笔墨传扬。先生把毕生精力全部奉献给了学术,是学术研究填满了他的每个日日夜夜,他是快乐和充实的。先生送给师母七十岁生日礼物,竟然是亲书"书山有路勤为径,学海无涯苦作舟"的互勉对联,这是何其特别的珍贵礼物,先生俨然已把古稀之年当成了勤奋刻苦、奋发进取的新征程。先生年事渐高,可学术目标和预定任务却规划得满满的,而且事必躬亲,资料一条一条收集,文章一字一句写作,著作等身的成就背后满是辛勤血汗的付出。与先生三十年来往的一个深切感受，莫过于他家的客厅和书桌，似乎从来就不曾清理整齐过，书桌上全是稿纸和字条，客厅里摊开的书都是夹了书签和纸条的，先生不会用电脑，整理写作何其艰难，靠的就是勤奋刻苦、孜孜不倦的精神动力。如为了汇编考释历代契约文书，先生就在学校图书馆善本室坐冷板凳，将馆藏徽州契约文书全部阅读整理一遍。先生九十岁的时候，我和女儿去北京看望先生和师母，先生将挂在客厅里的那副对联题款转赠给我们，饱含深情的鞭策和鼓励，希望我们勤能补拙，知耻而后勇。

实就是实在，即对待学术问题要踏踏实实、亲力亲为，从不假手他人。如读书就应该老老实实读原典文本，不能仅借助文献简编当成学习捷径。每次先生询问读书情况后，便会摘取书中几个细节问题，追问作者为什么要这样写，而不是我们想当然的写法。对于同一历史事件中的不同个体人物，在不同章节中的描写存在什么微妙差异，要善于从这些微妙差别中发现作者的真实意图，以之判断个体在历史事件中的实际作用。另外，对于同一事件或同一人物，不同史料的记载也有差异，如何从这些不同史料中去鉴别历史真伪，得出合乎历史逻辑的结论。先生比对史料如数家珍，解析事件和人物栩栩如生，还不时以考古发现的最新成果相佐证。很显然，不踏踏实实阅读原典，就没法回答先生追问的话题，这样可检验我们读书是否偷奸要滑了。

史料是史学的命门，亲力亲为查资料是先生给我印象最为深刻的言传身教。在校三年，先生要求我多上校图书馆读书，而且还要求常到历史系、考古系图书室查资料。我在校图书馆和两系资料室也常碰到先生，有一次我恳询先生，有什么资料可以帮忙代查的话，请随时吩咐一声。先生婉谢我说："读书查资料是自己的事，资料眼见为实，传抄为虚。不是自己亲自查到的史料不能乱用；需要转引别人论著中的史料，一定要核对原始出处，不能随随便便抄袭过来，那跟做贼没有两样！"我谨遵先生教诲，在撰写毕业论文时，所用的每一条史料都是自己亲自查阅核对过的，当答辩老师对我论文中的一条史料提出质疑时，先生表情顿时显得特别凝重，我当即向先生保证它的真实性。后来答辩老师翻检文献原典，证明我的史料摘录和标点完全正确，先生才露出宽慰的微笑。三十年过去，回想当年先生在考古系资料室里对我说的这段话，虽然我的研究方向换了好几回，学问做得也很差，但我完成的每个课题和发表的每篇文章，史料一定是自己看到的才能用。我也是这样要求自己的学生,一分史料说一分话,而且这一分史料一定要是自己亲自查阅得来。

人生慈父:教泽长存恩似海

在师门兄弟姐妹中,我可能是先生指导教育最煞费苦心的弟子,因为我本科学的是政治教育,史学知识有点皮毛,秦汉史专业基础则几乎为零。按照琢玉成器的锻炼工序,我还只是顽石一块,根本没法打造和培养。所以,我能感受到先生对我个人的家庭观念教育,似乎更加关切。我常想,也许先生觉得我在学业上无法造就,至少要确保我成为一个有家庭责任感的好人。感觉先生对我人生成长之路,是经过一番量身定制的规则要求来单独实施的,因而我觉得先生更像是慈父,他在无法严厉督察我学业时,总会退而求其次,帮我寻找新的出路。在我的学业、工作和生活中的每次关键选择,先生都给予了最有力的支持和帮助。

先生为我规划的江西区域历史研究,是我学问追求的根基。研究生二年级,我看到王文涛、于振波两位师兄都注重秦汉社会经济史,尤其文涛师兄专注汉代末稙考,我也想搞秦汉社会经济史研究。我向先生表达意愿后,先生特别支持,但也给出了一条具体建议,让我研究江西地区秦汉时期社会经济开发。我当即满口答应下来,先生亲自帮我指定这个选题,其中有多重考虑因素:一来这个题目比文涛、振波师兄的研究课题宽泛许多,难度也小些,对于我这个半吊子水平来说,应付毕业估计问题不大;二来我是江西人,且已经结婚成家了,回江西工作是大概率的选项,做江西地方经济开发研究,兴许能为以后的学术研究打下一点基础和铺垫。有了先生的精心指导和鼓励督促,我的毕业论文完成还比较顺利。毕业答辩通过后,感觉先生比我还高兴,到现在我也成为研究生导师之后,我越发理解先生当年如释重负的那种心情。

毕业离校前夕,先生对我未来的专业走向又提出了新的建议,"你回江西了,不一定要搞秦汉史研究,可以根据教学工作实际来选择新的研究方向。最近我从陈柏泉、许智范等人介绍的江西地方文献资料看来,你们老家民间碑刻资料和私藏契约文书应该有不少,你回去注意收集整理,这里面大有学问可做的。"我回到江西工作后,特别留意收藏民间契约及其他社会经济法律文书,正是受先生的点拨和影响。从经济史到法律史,从江西民间文献到江西地方档案,从明清江西讼师到江西民国法律人,冥冥之中先生早已为我圈定了学术研究的一亩三分地,正是先生给我指明了学问出路。

先生为我寻找工作机会,联系把关并最后定盘。1993年底,先生给江西省副省长、北大江西校友会名誉会长陈癸尊先生写信,请他关照我毕业回省工作事宜。陈副省长给先生回信,并约我到他下榻的京西宾馆面谈过一次。后来宜春行署陈副书记邀请我去他办公室当秘书,我觉得能回老家做领导秘书特别兴奋,先生则对我说:"这个工作好是好,问题是你能不能适应呢?搞行政与做学问可不一样,许多事情身不由己。搞行政需要好脾气,能忍辱负重,八面玲珑。我看你再考虑考虑,你自己定了就好。"看得出来,先生并不赞成我去搞行政工作。1994年春节过后,经在江西财经学院工作的高中同学推介,到该校联系工作,接待我的校党委漆权副书记便是先生在中文系教过的78级校友。为此,先生特别给漆书记写了一封推荐信。先生将推荐信和一张名片交给我,要我寄出去之前复印一封存底,我看了一遍信的内容后,觉得先生满纸尽是过誉之辞,让我羞愧难当。先生让我复印存底,其实就是提醒我要时刻对照推荐内容,做一个诚实勤恳的可造之材。先生的推荐信发出去第五天,漆书记接到信便给先生打电话问好,并告知先生:建议把我安排到财税系教财税史,做一个专业老师;我爱人的工作调动也请先生放心,不会有任何问题的。当天先生到系里取信,特意转到我们寝室楼,及时告诉我这个好消息,并劝诚我别想当官的事了,老老实实去大学里教书育人,是一份体面本分的好工作。

无论得意与失意,先生总以平常心相劝勉。参加工作后,生活安定下来了,先生总是告诫我要谦虚诚实多读书,做好本职工作。后来两次破格晋升副教授和教授,均是全票通过,我告诉先生和师母,先生在分享喜悦的同时,也是反复叮咛要谦虚谨慎、戒骄戒躁。1998年底,提拔为学报副主编之后,到北京出差的机会多了,每次去北京的第一件事就是去看望先生和师母,虽然先生也会问到我工作上的事情,但主要谈的还是江西地方文献收集信息和为人处世的一些建议,说得最多的就是要为人低调谦虚,不可与同事闹僵,不管遇到什么事,谦让总是不会吃亏的。后来人际环境有了一些变化,工作上也有不如意的烦心事,先生也总是劝我看开些,以平常心处置每件事,纵然不兼行政工作,做好自己的学问也是幸福快乐的事情。2012年初,我决定离开江西,请示先生的意见,先生也很支持我的选择,并且认为我爱江西历史文化,在哪里都一样可以研究的,地域间隔已不是一个问题了。一路走来,感觉先生不仅是我的学业导师,更是慈父般的人生规划师。

重视家庭亲情,先生对我影响最大。1991年底,我女儿出生。因为我是家中独子,而且我父亲原本就是过继的嗣孙,按照农村的旧思想,到我这代又断了香火,心里当然很难受。先生安慰我说,生男生女都一样,关键是要把孩子培养好。此后,先生和师母也常问起我妻子女儿的情况,要我平时多给家里写信,要关心妻子女儿。有一段时间,先生楼道里住着一位落魄中年妇女,是楼上一位教授抛弃的妻子,先生和师母两次在我面前大骂那个"当代陈世美",并宣称要替那个可怜女子向学校领导反映情况。从先生师母爱憎分明的言谈中,我深深体会到了他们对家庭责任感的高度重视,其严肃性几乎达到一票否决制。

1994年仲春,我将妻子女儿接到北京住了小个把月。我们一家子去先生家,先生师母特别高兴,师母拉着我爱人谈话,鼓励她支持我的学业,克服暂时的困难,以后日子会越来越好的。师母还从房间里拿出一大袋子折叠好了的衣服递给我爱人,并交代说:"这些衣服都是我孙女穿过的,旧是旧些,但质量都是好的,我特意洗晒干净了,小孩子好动,易磨坏衣服,穿旧点省心,暖和就好。以后孩子大了,经济条件好了,再多穿新衣服!"先生师母知道我们当时非常困难,鼓励我们夫妻同心协力渡过难关。临走时,先生师母还和我们一家子亲切合影留念。

我回到江西工作后,给导师写信有时也会夹带一两张家庭合影,告诉先生和师母我们的日子越来越好了,请他们放心。后来家里装了电话,我每个月都会给先生打一次电话报平安。记得2006年暑假,我们一家子去内蒙古旅游,特意在北京中转停留一天,专门去看望先生。先生师母看到我女儿特别高兴,先生关切询问她的学习情况,师母则摸着我女儿的头,比划着她小时候来北京的情形。先生师母看到我们一家子生活和和美美的,也非常欣慰。

2017年,同门商议给先生办一个九十寿庆的学术活动,先生以健康原因婉辞了。我知道先生身体欠安,但并无重疾,不办九十寿庆实是先生为人低调谦和的一贯风格。5月19日,我陪女儿到北京拜访一位从加拿大回来的乡贤,趁机提前一天赶到北大去看望先生。一见面，觉得先生当时身体确实虚弱了不少，说话也不像以前那样利索了，但先生看到我们父女到来还是特别高兴。当听说我女儿来北京是为了准备博士论文而采访时，先生师母连连夸赞鼓励。先生问我到上海工作后的生活情况，为什么我爱人没有一起来，我回答说自己很习惯在上海的工作与生活，家里各方面也都改善了，请先生放心。先生谈起我多次恳求墨宝的事，摆摆手说："现在写字手不灵便了，但你们今天来了我还是要送一幅字给你们。"先生请孙家红博士帮忙取下客厅里挂的对联"书山有路勤为径，学海无涯苦作舟"，用签名笔在上面题款转赠与我们，并告知这幅字是送给师母七十岁过生日的礼物，可见是多么的意义独特。师母还赠给我女儿一件非常珍贵的礼物，我们怀抱沉甸甸的礼物走出先生家，内心五味杂陈，师恩似海，何以回报？！

　　从那次北京归来后，我每次给先生家打电话，通话时间反而尽量缩短。因为先生说话越来越吃力了，让他多说几句话便觉得自己在犯罪。后来先生家请了一个保姆，可能谈到过我这个不成材的弟子，保姆上网搜索我的名字，结果发现有"龚汝富离婚"的消息，先生趁孙家红上门做口述访谈时问起此事，家红立即解释说那个"龚汝富"是福建的人，不是龚汝富老师。家红从先生家出来便给我打电话，希望我再解释一下更好，因为先生觉得上次我和女儿去北京，没有离婚为什么不带妻子一起同行呢！我赶忙给先生家打电话，我爱人也在电话中回忆两次到先生家的情景，先生才放心说："这就好！这就好！"从这一乌龙事件中先生师母的态度，可见他们对家庭亲情是何等的重视，是我们小家庭不折不扣的保护神！

　　每年大年初一，我第一个长途电话都是打给先生家，给先生师母拜年，讨一年的好彩。有一年除夕喝醉了酒，初一没能打电话拜年，初二家红便打电话来转达先生的关切，担心我有什么事。我赶紧打电话跟先生解释，先生特别叮嘱我喝酒要适量，保重身体要紧。可见先生是习惯了我们正月初一电话拜年的，一次例外都特别惦记，如此深情厚爱，弟子何德修来？如今人天永隔，跪望北阙，庭训犹在，恩似水长。

（作者系华东政法大学法律学院教授）

忆张传玺先生二三事

朱　清

作为张传玺先生的学生有幸与张先生同在一个小区,平时张先生有事就打电话叫我过去,而我也只是每年春节给先生拜年,想来真是惭愧! 2021 年春节过后不久,先生驾鹤西去,回想起与先生晚年的几次交谈,方才对先生有深入了解。

这几年张先生常提起翦老的藏书及信函等遗物之事。我想收藏在民间,市场也渐理性成熟,为保障藏书的完整性,可以整体拍卖,并建议不要捐赠。先生听后笑了,说我怎么能把翦老的书卖了呢! 又问在友人处的翦老的信函要不要给索要回来? 我说别,能保存就保存,保存不下来也不是咱的事。师母说不要回来翦老的东西日后可就弄没了。对此我心里很疑惑。不久先生打电话来让我给他刻个名章,我问做什么用? 先生说要盖在图书上,我答那就刻个藏书章——“传玺藏书”就行了,先生听后很合他的心意,高兴地连说好好好。没多久,北大纪念翦老 120 周年诞辰,张先生把翦老珍贵藏书完整赠予北大图书馆,惊诧之余,方明白先生尽力收集翦老遗存的最终心愿,也由此想到当年张先生收集翦老藏书所承担的风险,甚至还要背负骂名,张先生是太珍视翦老的一切文字遗存了! 将翦老的遗存永传于世是张先生自认的使命! 风言风语何足惧哉!

张先生书法了得,运笔遒劲,结体开张,点划洒脱。近几年每次去看望先生,都会鼓动先生平日多写写书法,并调侃说您也给我写一幅,权当念想。但先生多不以为然,而是每以当年所出其著作相赠。一次情急之下,脱口而出:您的著作都加起来可能还没您一幅书法值钱呢。先生听后，很不高兴，却没有责怪，而是转聊了话题。去年一日先生打电话叫过去，先生又拿出一本刚出版的小书相赠，并说不急，你坐会儿，我给你写些字，先生拿起笔在书的扉页洋洋洒洒写了一大段文字，写毕问你看看行不行？我问您今年高寿，先生说93，我答那您就再落个时年93的款吧，先生很高兴补题上了。先生特意给我写的这幅题字真就成了留给我的念想！

　　那日先生在赠送给我的小书上题完字，起身与我握手，眼露红丝，并说你以后不用再来看我了。这是作为学生的我唯一一次与张先生握手，也明白了先生之意是在与我道别！日后也不必相送。当时先生健康状况还好，还能自理，独立行走都可以，如此不知先生怎么想的，心里也是疑惑。不久先生驾鹤西去，众师兄千里送别，也就没能随先生的愿，与众师兄一道敬别先生。与先生同在一个世界，却不懂先生；而今阴阳两界，方对先生有深入了解：先生晚年在与时间赛跑，要将须做之事在今生做完，无论是勤奋著作，还是整理鬲老遗作，乃至登门寻求帮助者，先生都会挤出宝贵时间尽其所能而惠助之；先生始终以学术为本分，对生活没有奢求，清贫一生，却无一日虚度！看到敬别视频中张先生的笑容及其乱糟糟的书房，还是那么的亲切与熟悉，不禁泪流满面。张先生以他的学术实践、道德实践给我上了最后一课：什么才是人生的价值！

（作者系中央美术学院教师）

行之以诚，持之以久

——深切缅怀恩师张传玺先生

2021年2月27日，早上出门时看到阴沉灰蒙的天，心里掠过一丝不祥的预感。果然，很快收到曙光师兄的短信，说导师张传玺先生走了。虽然不应觉得突然，毕竟先生年老体弱，又多次入住医院治疗，自然有些思想准备，但听到消息后，内心的感伤还是一下子涌了上来。回想起先生领我入学术研究之门、助我走学术研究之路的一件件事情，心中感慨和感激万千。

殚精竭虑，潜心治学，追求学问的本真

张传玺先生长期在北京大学历史系从事教学和科研，在中国古代史研究领域声誉卓著。在北大历史系发布的官方讣告中，说张先生在一些重大历史课题研究上取得了重要成就，尤其在中国古代土地制度研究、生产力研究、生产关系和契约关系研究等方面，被许多学者赞为见解独到、造诣深厚。讣告还说，张先生一生著作颇丰，撰写学术著作30余种，学术论文200余篇，其中不少著作代表着史学界相关研究领域的最高水平，深受好评，屡被征引。

自1987年9月入先生门下，跟随先生学习秦汉史，依我的了解，官方对张先生的这些评价并非虚誉。我经常研习揣摩先生治学之道，自感先生从事学术研究有许多独特之处，主要表现在以下四个方面。

一是善于抓住关键问题和主要矛盾。研究中国古代历史，土地制度无疑是最为核心、最有挑战性的研究课题之一。1954年开始，有关中国古代史分期问

题的讨论进入高潮,封建土地所有制的性质作为一个重大学术问题被提了出来,这标志着中国史学研究新的深入与发展。张先生积极参加了这场讨论,并开始崭露头角。所谓封建土地所有制性质,具体说就是中国封建时代的土地属于"国有"(或"公有")还是"私有"这一理论性极强的问题。张先生坚持用马克思主义的立场、观点和方法来分析研究,他认为,对于那些在广泛研究基础上所得出的一般规律应该如此,对于一些史事所做的具体论断,更要注意其特定的时间、地点、条件。张先生是"封建土地私有制"论者,认为"土地国有制"论者的缺点之一是在理论上有偏向,他们所引马克思主义经典作家对"亚细亚"和"古代东方"的论述,都有明确的地域界限和自然的、社会的特点,并不是指中国,不可和中国混为一谈。张先生鲜明指出,土地国有制论者经常引用的那段恩格斯所说的"不存在土地私有制,的确是了解整个东方的一把钥匙"还有下文,即"但是东方各民族为什么没有达到土地私有制,甚至没有达到封建的土地所有制呢? 这主要是由于气候和土壤的性质,特别是由于大沙漠地带,这个地带从撒哈拉,经过阿拉伯、波斯、印度和鞑靼,直到亚洲高原的最高地区"。张先生指出,这里的"古代东方"与中国不仅不在同一个地域,就是气候、土壤、农业生产,乃至政府机构的组成等,也大不相同。所以,马克思、恩格斯的论述只能作研究的指南或研究的出发点,不可生搬硬套,更不可直接作为结论。

张先生认为,土地制度是大问题,事涉上下几千年,倘若囿于一朝一代一个片断,是不可能窥其全豹、不会解决根本问题的。他主张进行全面、系统的研究,从土地国有制形成及其瓦解过程中,从土地私有制产生、发展、演变中,找出其基本的发展变化规律。为此,他撰写《论中国古代土地私有制形成的三个阶段》一文(《北京大学学报》1978 年第 2 期),将中国古代土地私有制分为三个阶段。第一阶段开始于农村公社时期,就是"房屋及农作园地"开始私有的时期。"房屋及农作园地"在中国的传统叫法为"宅圃",其基本结构为"五亩之宅,树之以桑"(《孟子·梁惠王上》)。其开始买卖的时间应在西周时期或稍晚,春秋时期已经盛行。第二阶段开始于农村公社解体的时期,就是"破坏耕地的公有制"、农田开始私有的时期。此一时间,在欧洲的许多国家或地区表现很不平衡,有的甚至延续到 19 世纪。在我国的部分少数民族地区则延续到近现代。张先生认为,在中国的西周中后期,虽仍维持着"普天之下,莫非王土"的原则,但在贵族之间已出现了赠送、赔偿、抵押、典当等土地转让关系，已显现土地公（国）有制解体的迹象。到春秋时期，这种情况不仅在民间日益普遍，而且土地的私有现象在贵族内部乃至民间已经存在。如大小贵族之间"取田""假田""赐田""争田""受田""归田""为之田""与之田"等情况的发生。在民间，如孔子曾问弟子颜回曰："家贫居卑，胡不仕乎？"颜回答曰："回有郭外之田五十亩，足以给饘粥；郭内之田十亩，足以为丝麻……回不愿仕。"至战国时期，土地买卖已是合法的、正常的社会现象了。卷入这一新社会关系的，有贵族、官僚、地主、商人和平民。其具体事例，除商鞅变法，"除井田，民得买卖"之说外，还有赵国大将赵括的母亲曾对赵王说："今括一旦为将……王所赐金帛，归藏于家，而日视便利田宅可买者买之。"是否可以说这时中国华夏族地区已处于农村公社解体时期呢？答案应该是肯定的。第三阶段开始于"破坏森林、牧场、荒地等等的公有制"时期，也就是作为农村公社经济基础的土地全面转向私有的时期。但这一时间在中国古代开始于何时？张先生认为，"山林川泽不以封"制度的破坏，是土地私有制第三阶段确立的主要标志。而山林川泽的买卖关系，发生在西汉中期。张先生的这篇文章一经发表，因其观点新颖，资料翔实，所述合情合理，很快为学术界所重视，不少民族学专家也认为对少数民族的社会形态变化研究大有助益，而且多所引用。

二是精益求精，苦心钻研。秦汉至明清时期存在着大量有关土地私有制的记载，但也存在着为数不少的公田，例如，国家为救灾而"赐民公田""假民公田"，皇帝赐给贵戚大臣的"田宅"，汉文帝为北防匈奴而在阴山北假（今内蒙古大青山一带）实行的军屯、民屯，汉武帝在居延海和河西走廊（今属甘肃）一带以60万大军屯田等，还有历代王朝在西北、西南为军事需要而广设的马苑，或为生活上的享乐而遍置于各地的苑囿，乃至所谓"山林川泽不以封"等等，应当如何解释这种现象？张先生指出，封建王朝所以拥有或多或少的国有土地，主要原因是国家拥有政治特权。国有土地的主要来源有三：一是战争后接管前代或邻近国家、民族的疆土而来；二是没收罪犯的家产而来；三是代管无主土地而来。关于第一类，张先生举例说，汉宣帝时期赵充国在金城（今甘肃永靖西北）一带打败羌人后进行屯田，"计度临羌东至浩亹，羌虏故田及公田，民所未垦，可二千顷以上"（《汉书》本传）。关于第二类，他举例说，汉武帝时"杨可告缗遍天下，中家以上大抵皆遇告,杜周治之,狱少反者。乃分遣御史、廷尉正监分曹往,即治郡国缗钱,得民财物以亿计,奴婢以千万数,田大县数百顷,小县百余顷,宅亦如之"(《史记·平准书》)。关于第三类,土地国有制论者一般举黄巾大起义后曹操的幕僚司马朗之言论为例证:"今承大乱之后,民人分散,土业无主,皆为公田,宜及此时复之。"(《三国志》卷一五《魏书·司马朗传》)针对上述观点,张先生说,"大乱之后,民人分散,土业无主"的田地本各有主,政府暂时接管并非所有权属于国家,而只是代管而已,田主一旦归来即应当发还。南宋初年,由于宋金战争,两淮、荆湖北路和川陕交界等地区,居民大量逃亡,荒地众多,政府对原业主早归或晚归者,都有归还田产的具体办法。只有越期不归者,才循法而将土地所有权收归国家。

在史料甄别使用方面,张先生很强调考镜源流,引用"典型""可信"的史料以说明问题。他认为,此类史料虽不能说俯拾皆是,但只要用心搜集,总会找到。例如关于"井田""授田"千年不变之说,汉代学者早已否定。如郑玄《驳五经异义》曰:"玄之闻也,周礼制税法……其授民田,家所养者多,与之美田;所养者少,则与之薄田,其调均之而足,故可以为常法。汉无授田之法,富者贵美且多,贫者贱薄且少,美薄之收不通,相倍蓰而上中下也,与周礼同义。"又荀悦《申鉴·时事》曰:今"诸侯不专封,富人民(名)田逾限,富过公侯,是自封也;大夫不专地,人卖买由己,是专地也。或曰:复井田与? 曰:否,专地非古也,井田非今也"。这自然不是说郑玄、荀悦在"割断"历史,而是反映了历史在变化,土地所有制也在变化。

三是既专且博,触类旁通。用张先生的话说,就是力求"左右开弓,上追下连"。譬如,他从研究土地制度问题开始,进而研究铁器、牛耕、盐铁,又扩展到研究契约问题。为了深入研究汉代土地制度,张先生深入研究了汉代生产力状况,包括铁器、牛耕等。1955 年辽宁辽阳三道壕出土了一件大铁犁,长宽约 40厘米,经鉴定为西汉后期制造。1958 年在山东滕县又发现了个头更大的铁犁。这两件铁犁曾引起学术界不小的争议,有人说能用,曲辕犁能拉动;有人说不能用,曲辕犁也拉不动。问历史博物馆,答说可以用,因为从汉画像砖中见到的犁头似乎也不小。为了对铁犁的性能作真实具体的了解,1980—1981 年,张先生三进中国历史博物馆量尺寸、画图样,在北大校办工厂制作模型、复制,随后在北京农业机械学院配制犁架，分别用单手扶、双手扶的方式，在各种土槽、土壤中试验了三次，并逐一拍照、记下试验数据，形成试验报告。在研究铁器时，先生一方面广泛搜集各种文献资料，一方面撰写形成学术论文《两汉大铁犁研究》，发表在《北京大学学报》上。这篇文章甫一发表，就成为这一学术领域的名篇，获得了很高的引用率。和研究土地制度相关联的，是张先生在契约方面的研究。这本是一个无心插柳的动作，后来竟成为张先生在学术上的又一个丰收园地。张先生对中国古代契约的源流、发展过程、史料价值等都有论述，相继出版了《中国历代契约会编考释》《中国历代契约粹编》《契约史买地券研究》等颇有影响的学术著作。也是由于研究土地制度问题的需要，他进而沿着"经济基础决定上层建筑"的理论逻辑，进一步研究中国古代政治制度。张先生认为，中央集权制度的创立，是中国古代社会发展到一定阶段的需要，其产生、存在是必要的、合理的，其前、中期是积极的、进步的，对于有效管理大一统国家的作用，应当给与充分肯定。这些学术主张较为集中地体现在他的《秦汉问题研究》《张传玺说秦汉》《从"协和万邦"到"海内一统"》《中国古代政治文明讲略》等著作里。

四是凡事认真，从不敷衍。对于领导和老师交办的研究任务，有的并不属于自己的学术领域，一旦应了，也从不马虎，从不应付，而是认真查找资料，进行整理研究。譬如，他应侯仁之先生邀请参与《北京历史地图集》的编制工作，对秦代北京地区的郡、县、关进行了翔实考证，填补了相关空白。张先生曾跟随导师翦伯赞先生到内蒙古考察。在参观访问过程中，张先生特别用心，随手记下了上百个重要的蒙古语、鄂温克语、鄂伦春语的地名及汉语含义。如包头意为"有鹿的地方"，呼和浩特意为"青色的城"，乌兰察布意为"红色的裂口"，锡林郭勒意为"玻璃一样的河流"，加格达奇则是为"有樟松的地方"。翦老对这些地名很有兴趣，在他的名篇《内蒙访古》一文中大量引用了这些地名。还有一个事情也可以说明。因为参加民族大调查，张先生开辟了民族史研究崭新领域，并取得诸多研究成果。1958 年 7 月，全国人大常委会组织了少数民族社会历史大调查。张先生参加了云南地区的调查，同年 8 月，率领潞西县遮放区傣族调查组的 14 个组员对潞西县遮放区和瑞丽、陇川两县进行了近 5 个月的调查。12 月，又率武定、禄劝彝族调查组一行 10 人进入武定万德原慕连土署开展了 7

个月的社会历史调查,随后相继写出了调查报告《潞西县遮放区户闷寨傣族社会历史调查》《武定县万德区万宗铺村彝族社会历史调查》,收入"国家民委民族问题五种丛书"之一的《中国少数民族社会历史调查资料丛刊》,公开发表。后来,张先生又陆续发表了若干篇有关傣族、彝族历史与社会的重要论文,成为研究少数民族社会历史的重要资料和成果。武定万德彝区丰厚的历史文化积存一直牵动着张先生。1983年3月,张先生二赴万德,重回现场,对他长期思考、研究的某些问题或资料进行"复查"。1995年,先生将他集半生心血的研究成果,洋洋五万多字的《云南彝族慕连土司史迹补正》在《燕京学报》(1995年新一期)专刊发表,其内容涵盖慕连土司那氏世谱、慕连土司疆域与治所、万德《慕连土署平面图》复绘、兰启裔群墓神道碑、上下十三村反土司斗争及其遗迹等五个方面,是了解武定慕连那氏土司370余年历史的重要学术著作。张先生还向有关部门建议将万德那氏土司衙门恢复原貌,建设成为文化旅游重点项目。先生对武定彝族的深入研究,为彝区文化的发掘和研究留下了丰硕的成果,充分展示了其深厚的学术修养和对学术的满腔热忱,以及对少数民族地区持续的关切热爱,不仅受到学术界的高度评价,更为武定彝族同胞所铭记,直至今日还时常提起来,对先生心存感念。

终生追念,撰述不止,一切源于用情至深

　　张传玺先生不止一次对我说,他生命中极其重要的贵人是自己的导师翦伯赞先生。每每谈到翦老,先生都是抑制不住敬佩、热爱的感情。他常感叹,"天涯海角有尽处,只有师恩无穷期"。

　　张先生师从著名马克思主义历史学家翦伯赞先生,是翦老1956年招收的副博士研究生,学制4年,留系任教后担任翦老助手,又跟了他6年时间,直到"文革"。在翦老的悉心教诲下,张先生系统学习了历史唯物主义理论,终身信守不渝,并且长期致力于中国古代历史研究。跟随翦老10年,张先生对秦汉土地制度、中央集权制度和多民族国家的兴趣,都深受翦老的影响。"跟着翦老虽然累,但是有收获,直到现在,还有一些未了的问题在思考"。张先生常常说自己如何得益于和翦老学习的那些日子,这让他在人生黄金时代打下了扎实的

基础。

"文革"开始后，翦伯赞先生被当成资产阶级右派、反动学术权威被打倒，张先生受到波及，也去接受劳动改造。翦老的长孙翦大畏说，"文革"初期，北大乌烟瘴气，翦老为了保护他的得意门生、助手，硬要张先生站出来表态和自己彻底划清界限。恩师对自己的无私大爱令张先生异常感动与惶恐，但师命也难违，这让张先生痛苦万分。"昔时人已没，今日水犹寒"。后来的岁月里，这种痛苦时时折磨着他，让他很不安，促使他暗下决心，一旦有一线希望就尽快为恩师做点什么。1978 年，在政治上乍暖还寒的时候，先生率先为翦老上书鸣冤。他和妻子丁丽君女士一起张贴名为《翦伯赞同志革命的一生》的大字报，并寄给相关人士，为翦老平反昭雪四处奔走。多年来，张先生一直默默地研究翦老的学术思想，宣传推介翦老的学术成就和学术精神，整理编纂《翦伯赞全集》，撰写《翦伯赞传》，为翦老平反昭雪、组织翦老纪念活动等付出了大量心血。翦大畏说，我们翦家永远感激张传玺教授。但对张先生来说，不知道他回忆起恩师，回忆起过往的那些是是非非的人与事，会不会经常想起唐代王勃《别薛华》的诗句："送送多穷路，遑遑独问津。悲凉千里道，凄断百年身。心事同漂泊，生涯共苦辛。无论去与住，俱是梦中人。"

熟悉张先生的朋友们知道，在张先生的诸多学术成果里，研究阐释翦老及其学术思想是非常重要的内容，占了很大的分量。在推动翦老平反后不久，张先生即着手搜集整理翦老的著作、诗作、图片、手稿等，出版了《历史哲学教程》《先秦史》《秦汉史》《中国史论集》《历史问题论丛》等，积极为撰写《翦伯赞传》、整理编纂《翦伯赞全集》做准备。张先生说，自己在翦老身边学习和工作10 年，深受先生之惠泽，为他立传自是责无旁贷。为此先生通读了翦老四百余万字的论著，访问了翦老自五四运动以后到解放战争等各个时期的同事、同行、朋友、亲人，共 30 余人，多次前往湖南、四川、重庆，访问翦老的故乡以及工作、生活过的地方，大大丰富了对翦老的了解。先生用了 18 年去精心准备，然后厚积薄发，仅用一年就写出了洋洋洒洒五十万字的《翦伯赞传》。这本书图文并茂，以第一手材料、客观的叙述，非常详细地介绍了翦老的学习工作和生活，展示了一代史学大师革命的、传奇的、令人震撼的一生，许多史事过去鲜为人知。如，翦伯赞先生远祖世居今新疆地区，元朝内迁，明太祖赐姓翦氏，定居湖南。

翦老青年时代曾留学美国,参加北伐,后加入中国共产党。抗战前、抗日战争及解放战争时期,主要在上海、南京、重庆、香港等地从事统战和理论宣传工作,同时从事中国古代历史研究,为新史学的建立作出了巨大贡献。翦先生是马克思主义史学"五老"之一,学术生涯与革命活动相互交织,一生颇富传奇色彩。张先生师从翦老,对翦老的学术与生平知之甚稔,其所撰写《翦伯赞传》史料翔实,观点鲜明,文字流畅,赢得了史学界、文化界、大中学校师生及社会人士的广泛赞誉。2006年10月,该书经过压缩篇幅,以《新史学家翦伯赞》之名再次在北大出版社出版。

张先生编辑整理的皇皇巨著《翦伯赞全集》收录了翦老一生专著和文集17种,包括载誉史坛的《中国史纲》(一、二卷)、《中国史论集》《历史哲学教程》等,原书编次、行文、观点皆不作改动,只将繁体竖排改为简体横排,以史学为主,同时收罗大量有关社会经济、时事政治评论、散文、书信和诗歌等各类作品,书前还附有翦老照片、书影、信函、绝命书等文献资料。本套书是全面了解翦老的学术成就和思想的珍贵史料,颇具收藏价值。不仅如此,翦老主持编写的《中国史纲要》《中外历史年表》目前依旧是国内大学和史学爱好者的经典读本。

作为社会活动家,翦老的应和诗作也很多。张先生广泛搜罗了翦老的诗作,共48首,还有他人赠诗,编辑了《翦伯赞诗集辑注》(民族出版社2008年4月出版)。

为了系统编辑整理翦老著作,张先生花费巨大心力,甚至动员学生、家人参与工作。这其中,师母丁丽君女士贡献突出。在先生准备撰写《翦伯赞传》时,师母协助整理翦老年谱,在选用史实、排比年代、检索资料、查对人名地名方面贡献尤多。2006年,北大出版社欲为翦老出版新传,题名《新史学家翦伯赞》,师母再次承担了图片的收集和选编工作,最终共采用各类人物、手迹、信函、诗歌等珍稀照片80余幅。

另外值得特别提及的是,1998年时值翦老诞辰100周年,张先生辛苦结撰的《翦伯赞传》正式出版;十年之后,《翦伯赞全集》(十卷本)付梓问世,这两部学术巨著堪为张先生苦心孤诣向恩师翦老特别致敬之作。不仅如此,2008年翦老诞辰110周年之际,张先生花钱请中央美术学院雕塑名家制作了两尊翦老青铜雕像,一尊赠送燕东园(北大附小)翦老故居(纪念馆),一尊赠送北京大学历史系，既寄托了张先生对于翦老历久弥衡的深切思念，也使更多人可以近距离瞻仰一代史学大师的人文风采。

我常常感慨，世上有几人能像张先生这样，抱着感恩之心，持之以恒，花费后半生数十年的心血来研究宣传自己导师的学术思想，直至入院的前一天呢？这里面自然有翦老的人格魅力和精神感召，也绝少不了张先生对导师恩情的未敢稍忘。

以春风风人，以夏雨雨人，桃李人间茂万丛

张传玺先生长期在北大学习、工作和生活，活跃在中国古代史教学研究的一线，教学时间长达60年，培养了大批优秀史学人才。这里面有给北大的本科生、研究生、留学生的专业授课，有面向社会大众的电视教学，还有向全国中小学生的教材编写和教学指导。面对不同类型、不同国家和地区，甚至不同文化程度的学生，张先生总是一视同仁，既能做到有教无类，又能做到因材施教。在教学态度上，张先生都是一丝不苟，对学生循循善诱，故而其所开设各种课程深受学生欢迎。

我于1987年9月从山东曲阜师范大学历史系毕业后考上北大历史系的硕士研究生，有幸认识张先生并拜在门下学习。当时，我不知道是否有人笑我不自量力，而我却一直"倔强"地认为到北大读书是失而复得。因为四年前我填写的高考第一志愿就是北大历史系，倘若不出意外我的愿望本是可以实现的（后来才知道，抱有我这种"本来应该怎样"的阿Q式的、浮夸虚骄心理的人不止我一个呢）。我清楚记得，第一次和张先生见面是1987年4月我来北大面试的时候。到燕东园张先生家时，不巧先生得了重感冒，卧床休息，知我不揣冒昧前来拜访，还是努力坐起来，和我耐心交流，嘱我认真准备，应对好面试。

回忆起来，受益于张先生是从《秦汉问题研究》一书开始的，这本书是我备考研究生时阅读的最重要的一本书。当时，学术界关于秦汉史的专著比较少，我把能找到的有关专著、论文都看了，觉得仍然有所不足。得到《秦汉问题研究》一书后，我如获至宝。这本书共收论文三十篇，分为六个专题组，依次为"研究方法""土地制度""契约问题""社会经济""地理交通"和"人物事件"，可以

说涉及了秦汉历史的方方面面。特别是中间四个专题,以历史唯物主义为指导,根据丰富的文献和考古资料,从土地所有制、铁器牛耕、商品货币及契约关系等几个不同方面,对中国古代社会经济结构的特点及其发展变化的基本规律进行了深入的探讨;对与之有关的一些重大或疑难问题,也进行了新的研究,并得出了精辟结论,是我重点研读的内容。这些文章既有史料爬疏论证,又有剖析阐述,还有学习和研究方法。读了这本书,我对张先生的研究领域、主要观点、研究方法和风格有了初步的、粗浅的了解,对我备考硕士研究生提供了很大帮助。

入先生门下后,尽管有些思想准备,但我仍然有一段时间的"适应期"。当时北大历史系都是名家大家授课,内容涉及古今中外,异彩纷呈,信息量巨大。如吴荣曾、孙淼先生讲授先秦史,祝总斌先生讲授两汉魏晋南北朝宰相制度,马克垚先生讲授世界中世纪史,潘润涵先生讲授马克思主义史学理论。各个先生都各有神采,在课堂上旁征博引,娓娓道来。一开始,我学起来"很累",但慢慢地就进入了状态,感到受益匪浅。这其中,张先生讲授秦汉土地制度是颇为有名的,选修的学生也特别多。张先生讲课,对内容讲得充实丰富、细致入微,而又深入浅出、信手拈来。他语言平实而又生动,间或伴有丰富的肢体语言,再加上一口地道的山东话,让学生们在收获知识的同时,感到轻松有趣,不觉得枯燥乏味,课堂上经常传来愉快的笑声。

谈到治学方法,张先生强调的首要一条就是不能怕吃苦。他经常以翦老"八读《汉书》"的故事激励学生,要求他指导的研究生对前四史要熟读、精读,同时广泛涉猎文献资料、考古资料、简牍、金石资料、今人著作(包括国外学者的著作)。在读前四史时,每周都到他家里汇报学习体会,交流学习心得,先生总是耐心地答疑释惑、循循善诱。一开始,我对那些竖排、繁体的古籍很是敬畏,一时进入不了状态。先生不厌其烦地给我讲解,谈对有关问题的看法,谈理论和方法,也谈当前学术界的情况,甚至从文字学、音韵学、训诂学方面详细解释,让我渐渐入了门。到了硕士二年级,在我选择硕士论文题目的时候,先生给了我很多指导性意见。他时常回忆翦老对自己的教诲,结合自己的治学经历,给学生以意见和建议。对学位论文,他主张选题要慎重,题目要有意义、有价值,大小要适宜。最好从制度史入手,容易把握,也有内容可写,对以后的研究也可以留下更大的空间。在先生的指导下，我的硕士学位论文题目定为"汉代财政管理体制研究"，写作过程和答辩都较为顺利。后来，我到社科院民族所从事民族历史研究，也是先生向著名契丹史专家刘凤翥研究员推荐，并对我从事南方民族历史研究、少数民族法制史研究给予了很多指导。

近些年我去看张先生时，先生经常感慨现在念书之风不如过去，一些年轻人缺乏史学功底。他认为这和学位教育的局限性有关，也和评职称的指挥棒有关，这些政策弄不好就会"误导他们走捷径"。他说，虽然现在发表文章的机会不少，但是一定要用功，要付出艰苦的劳动，"不要急于成名，更不要为成名而成名"。每当听到先生的这些"抱怨"，我都会心头一紧，提醒自己要坐得住"冷板凳"。

张先生一向主张，史学不应老说那些帝王将相、才子佳人，主要的应是研究社会、研究人民的学问，自然也应该让人民的史学走向大众。他之所以在学术界享有颇高声誉，在社会上也广为人知，在某种程度上得益于他不断践行自己的理念，得益于他在中央广播电视大学编写教材、授课和进行学习辅导，得益于他对中小学统编教材的指导。张先生长期担任全国各类成人高等学校统一招生考试大纲审定委员会副会长兼历史学科组组长，在历史教学方面成绩卓著，主编或编著了《中国通史讲稿》《中国古代史纲》《简明中国古代史》《中国历史文献简明教程》《中国古代史教学参考手册》《中国古代史教学参考地图集》等多部教材。不少教材和教辅作品在社会上影响很大。以《中国古代史纲》为例，有人说，张先生主编的这本书在历史初学者眼里是不可或缺的好书，也有不少大学生用来作为考研用书。有的读者反映，这本书的特点在于比较简单明了，看起来会很舒服，上面有很多名词解释都是可以作为答案的，比如卫所制度、八旗制度等。有的说，书里的内容条理清晰，主次得宜，要言不烦，语言也通俗易懂，因此很好读。

除了大量的教学工作，如撰写教材、录制讲稿、编写教辅外，像给学生回信、修改文章、代买书刊、接待来访者，为电大刊物撰写稿件等众多事务，也倾注了他无数的心血。作为北大教授和秦汉史名家，张先生有着大量的教学科研任务。常常有好心人对张先生投身电大教学表示惋惜，认为太不值得。对此张先生总是宽厚地笑笑，仍旧全心全意地为电大忙碌。张先生的辛苦付出赢得了学员们的高度赞扬,也受到了组织上的肯定,1986 年 10 月获得全国广播电视大学第一届优秀主讲教师奖,1989 年 7 月获得国家教委(教育部)第二届普通高校优秀教材奖二等奖,1999 年 10 月再次获得全国广播电视大学第二届优秀主讲教师奖。

张先生对基础教育和基础人才的培养也非常重视。他长期担任教育部中学历史教材审查委员会委员、全国普通高校招生统一考试学科命题委员会委员,主持编写过中学教材《历史》(初中卷),深受广大师生好评。此外,普通读者可能会了解张先生为公众做历史普及的一些读物。他参与了"新编历史小丛书"的编辑,写作了该丛书中《秦始皇》《春秋战国史话》等既能展现当代史学高度又面向大众的通俗读物,在学术界和社会上也有很好的反响。

时间若白驹过隙,不觉张传玺先生已经离开了半年,但恩师笔耕于寸心、谦逊于为人的音容笑貌宛在面前,谆谆如父亲般的话语犹在耳畔。有时想想人们常说的"活在心里"竟是那么的贴切。总想写点什么,但千言万语又不知道从何说起。对张先生的学术成就、治学思想及学者风范,已有许多人撰文回忆。作为学生,我不敢忘记、也不敢不学习践行的是恩师的待人以宽、为人以真、处事以谨和做事以专。寥寥数语,难以表达却也只能说聊表对先生的一片追思和无限怀念。

(作者系中国社会科学院信息情报研究院院长)

发愤忘忧，不知老之将至

——纪念恩师张传玺先生

于振波

1990 年，我开始师从张传玺先生学习秦汉史。张先生是我走上学术之路的启蒙导师，三十年的言传身教，是我受益终生的宝贵财富。这里仅从我的求学经历出发，回忆师生交往的一些片断。

一、初识

由于先天性的视力缺陷，我的求学之路充满艰辛。1984 年，我取得了 522 分的高考成绩（那年内蒙古的文科本科录取线是 445 分，满分为 640 分），高考志愿如果填报较好的学校，录取的可能性应该很大。然而，父母认为好学校对身体素质的要求可能更高，入学后如果因体检复查不合格被取消入学资格，得不偿失；而高分低报，学校也许会受到"感动"，酌情处理。作为一个农家子弟，能顺利获得上大学的机会比什么都重要，因此，我最终填报了内蒙古民族师范学院并被录取。

内蒙古民族师范学院的师资与名校无法相比，但老师们授课大都比较认真，除了讲授基本的专业知识而外，也会介绍学术动态，包括名家名作及重要学术观点，并推荐相关参考书目。因为大学期间中国古代史教材采用的是翦伯赞先生主编的《中国史纲要》，而张先生作为翦老的助手，参与了全书的编写工作，因此授课老师对张先生做过重点介绍。后来我又在书店购得张先生参与编撰的《中国通史讲稿》（共三册，上册为张先生撰写，中册编撰者为李培浩先生，下册编撰者为张寄谦先生）。这两套教材是我后来考研的重要参考书。

我从大一开始阅读《史记》，也没人指导，囫囵吞枣地用了将近三年才勉强读完。懵懵懂懂之中，逐渐对秦汉史产生了兴趣。张先生主编的《战国秦汉史论文索引》为我查阅相关论文提供了很大帮助。现在回想起来，当时不论是阅读史学原典，还是阅读论文、著作，只是略通大意，对于理论、方法等治学门径完全是茫然的。

1988 年毕业那年参加硕士生入学考试，在种种纠结和顾虑中，没敢报考心仪已久的北京大学，而是选报了一所自己认为比较有把握的普通学校，但不成功。按照当时规定，本科生毕业时如果没能考取研究生，必须工作满两年以后才能报考。

大学毕业后，我被分配到位于包头的冶金部第二冶金建设公司子弟中学任教，一边教学，一边备考，同时粗枝大叶地把《汉书》读了一遍。在此期间，我陆续购得张先生主编的《中国古代史教学参考手册》和《中国古代史教学参考地图集》，但是张先生所著《秦汉问题研究》只能从图书馆借阅，直到入学时才在北大校园买到。

1990 年，再次报考。当时各高校的硕士生招生简章，都详细列出各研究方向导师的姓名及当年招生名额。查阅北京大学的招生简章，张先生只有一个名额，但我还是斗胆填报了。或许是多年的努力终于感动了上苍，我以历史学系总分第二名的成绩通过了初试。

1990 年 6 月 20 日上午复试，我第一次见到张先生。张先生问我读过哪些书，我简单列举了一些。其他问题，我已记不清了。

由于我的政治科成绩偏低，最终被以定向生的身份录取。有趣的是，尽管在招生简章中，张先生只有一个录取名额，但当年初试总分第一的王文涛和我都成为张先生的学生。大概是其他研究方向录取出现空缺，名额转给张先生，我才侥幸忝列先生门下。

二、亲炙

入学后，张先生要求我们通读"前四史"，尽可能在第一学年完成。我与王文涛每两周一次去先生家汇报读书情况，请教疑难问题。先生在答疑解惑时，会介绍相关参考书目，引导我们多阅读，自己寻找答案。

张先生也会介绍自己及其他学者的治学经验。他曾简略谈到自己师从翦伯赞先生的求学经历，并陆续赠送《翦伯赞学术纪念文集》《翦伯赞史学论文选集》（三卷），希望我们通过阅读翦老的著作而有所收获。在大学本科期间，我曾拜读过翦老的《秦汉史》。来到北大之后，在张先生的指引下，我又先后拜读了翦老的《历史哲学教程》和《史料与史学》等著作。张先生的《秦汉问题研究》，我也在入学之后认真研读，并在此后时时翻阅。

邓广铭先生认为研究历史需要"四把钥匙"（年表、目录、职官、地理）。张先生对此非常认同。他曾提到，他主编的《中国古代史教学参考手册》就是以"四把钥匙"为基本框架编撰的，嘱咐我们要重视基本技能的掌握，要学会使用相关工具书。

著名历史学家洪业先生说，只要你掌握了五个 W，你就掌握了历史。五个 W，即 Who（何人）、When（何时）、Where（何地）、What（何事）、How（如何）。周一良先生认为，还应该加上一个更大的 W，即 Why（为何）。这一典故，我也是最早从张先生那里听说的。

在我的印象中，"板凳要坐十年冷，文章不写一字空"，是先生常常挂在嘴边的一句话。他希望我们读书要耐得住寂寞，心无旁骛；写文章要以充分的史料为基础，有一分材料说一分话，要有自己的创见，不可人云亦云或漫无边沿地高谈阔论。先生强调勤奋阅读以巩固专业基础的重要性，认为平时可选择适合自己的方式做笔记、卡片，或写札记；练习论文写作也可以，但不要急于发表，因为随着阅读量的增加，或许会发现有些资料需要补充，有些论点需要修正，仓促发表，可能会留下遗憾。

张先生主讲研究生课程《中国土地制度史》，所用讲义即先生所编之《周秦汉土地制度史资料选编》和《中国土地制度史资料选编》（都是油印本），所选史料均来自传世典籍及简牍金石等考古资料。先生通过讲解这些材料来阐述中国古代土地制度中的相关问题。在讲解先秦土地制度时，还介绍了他于二十世纪五十年代在云南进行民族调查时所了解到的彝族、傣族的有关情况。先生通过讲授这门课程，不仅使我们了解了中国古代土地制度发展演变的过程，还使我们认识到史料的重要性,以及如何搜集和分析史料,如何利用一手史料和二手史料、直接证据和间接证据(旁证),如何鉴别史料的可信度,如何对待互相矛盾的史料,如何做到史论结合,很有启发意义。

张先生非常重视学术动态的掌握,指出:"学问的研究是千秋万代的事业。前人之辛劳,常常是后来者的出发点或基础。"①在互联网尚不普及、学术资源数据库尚未建设的年代,专业性的论文著作索引对学术研究是非常重要的。然而,编辑论著索引费时费力,而且是"为他人作嫁衣裳",因此很多学者不愿涉足。张先生不计个人得失,甘于奉献,利用各种可能,多方搜集信息,组织团队,从《战国秦汉史论文索引》《战国秦汉史论著索引续编》到《战国秦汉史论著索引三编》,花了20多年时间,将整个二十世纪百年间中国大陆和港澳台的相关论著信息做了一次大搜罗、大总结。为便于检索,张先生对论文、著作进行了详细分类。具体编辑过程,张先生已在三部索引的前言中有所介绍,而其中辛苦,则很少提及。

第二学年,我与王文涛及新入学的龚汝富有幸参加了《索引续编》的部分工作。当时张先生和本书编辑组的老师们已经把所有论著的信息制作了卡片,每篇论文或著作一张卡片,张先生在每张卡片上标注了具体分类。我们的工作是,按照标注对卡片进行分类排序,并按要求的格式将卡片上的内容逐条抄写在稿纸上,以便出版社进行排版。张先生让我们参加这一工作的目的,就是让我们对秦汉史的研究动态有更深入的了解,为毕业论文的撰写创造条件,也为以后的科研工作打好基础。对我而言,不论当年做毕业论文,还是毕业以后从事科研,参与《索引续编》的工作确实获益匪浅。

第二学年开始考虑毕业论文选题。因为我是以定向生的身份被录取的,按相关政策,毕业后应该回内蒙古工作,张先生建议我研究民族史。我也表示认同,便着手翻阅秦汉时期的民族史资料及研究论著。大约花了两个月的时间,但没找到合适的题目。考虑到居延汉简和敦煌汉简反映了汉代西北边塞的防御制度,其中也有一些资料涉及汉朝对匈奴、羌族等民族的政策措施,于是打算围绕"汉代边防"这一主题,确定一个毕业论文题目。我向张先生说出我的想

---

① 张传玺主编:《战国秦汉史论文索引(1900—1980)》,北京大学出版社1983年版。引文见本书前言。

法,先生大体表示同意,但鉴于我本科期间的专业基础并不好,对我能否利用好简牍资料也表示了担忧。

张先生一再强调考古材料的重要性。从第一学年开始,我就阅读秦汉简牍方面的资料和论著。在选题意向大体确定之后,更是在自己的薄弱环节投入更多精力。不知不觉间,我对居延汉简中出现的"得若干筭""负若干筭"的含义产生了浓厚兴趣。陈直和陈梦家两先生认为,这里的"筭"是奖金或罚款的计算单位,一筭相当于 120 钱,与汉代算赋数额相当。[①] 而日本学者永田英正先生有前后两种说法:一则曰"筭"是一种评价单位,"负一筭"意即"减一分",与算赋、口算、赀算无关;[②]一则曰"负筭"是器物件数减少的意思,"负一筭"意即"减少一件器物"。[③] 永田先生的两种说法都是在讨论其他问题时捎带提到,而且前后并不一致,又都没有展开讨论,尽管如此,他的观点却引起我的关注。

对于有争议的问题,需要我们做出自己的判断,而判断的依据,当然是相关史料以及对史料的合理解读。上述学者所依据的居延汉简,是二十世纪三十年代发现的,对于这批简牍,我可以利用最新的释文校订本[④];更重要的是,二十世纪七十年代发现的居延新简,此时也公布了近万枚简牍释文,这是前辈学者没能利用的新资料。[⑤] 出于好奇心,我把居延汉简中与"筭"有关的简文逐条找出,共找到 18 条。我又进一步翻阅敦煌汉简,但没有找到类似简文。对所找到的材料初步归纳分析,我开始倾向于永田英正先生的第一种说法,即"筭"是一种评价单位。

事实上,这个问题与我准备撰写的毕业论文没什么关系,做到这一步就可以告一段落了,而且此时已进入第二学年的第二个学期。然而,好奇心却使我欲罢不能,我想再进一步确认自己的判断。由于简牍文句古奥,对其含义的理

---

① 参见陈直:《居延汉简研究》,天津古籍出版社 1986 年版,第 29—30 页;陈梦家:《汉代烽燧制度》,《汉简缀述》,中华书局 1980 年版,第 153—177 页。

② 〔日〕永田英正著,姜镇庆译:《论礼忠简与徐宗简——平中苓次氏算赋申报书说的再探讨》,中国社会科学院历史研究所战国秦汉史研究室编:《简牍研究译丛》第二辑,中国社会科学出版社 1987 年版,第 35—57 页。

③ 〔日〕永田英正著,谢桂华译:《居延汉简集成之二——破城子出土的定期文书(二)》,《简牍研究译丛》第二辑,第 58—163 页。

④ 谢桂华、李均明、朱国炤:《居延汉简释文合校》,文物出版社 1987 年版。

⑤ 甘肃省文物考古研究所等编:《居延新简——甲渠候官与第四燧》,文物出版社 1990 年版。

解,也存在歧义,只凭简牍本身得出的看法,证据不免显得单薄,如果能够与简牍以外的证据尤其是同一历史时期的传世文献相互印证,就比较完美了。几乎在搜集简牍资料的同时,我便着手从"前三史"中查找有关"算(筭)"的资料。当时电脑尚不普及,更无法利用如今已司空见惯的互联网、数据库,只能从纸本书中手工翻检,虽有哈佛燕京学社的几部综合引得工具书可供利用,效率还是很低的。令人无语的是,几个月下来,虽然不能说一无所获,但所找到的资料仍不能形成较强的证据链条。接下来,我又把目光转向诸子及其他我认为有可能找到相关资料的典籍。

在第二学年快要结束的时候,张先生对我能否如期完成毕业论文表达了担忧。我心里并非不着急,却像一个贪玩的孩子,被一个有趣的事物所吸引,竟然沉湎其中,流连忘返,总是觉得或许"明天"就能找到所需的证据。接下来的暑假,我没有回家,每天往返于寝室、图书馆与食堂之间,绝大部分时间是在图书馆中度过的。

在暑假即将结束的时候,我开始翻阅《春秋繁露》。这是一部儒学典籍,主要内容是用天人感应和阴阳五行思想阐释儒家学说,能否从中找到所需资料,我并没抱什么希望,但只有查阅过了,才会放心吧。有一天,当我翻到其中的《考功名》这一篇时,眼前突然一亮——这篇竟然主要阐述官吏考核的原则与方法,虽然通篇没出现一个"算(筭)"字,却很好地阐释了居延汉简中"得筭""负筭"的含义! 接下来的几天,我写出了一篇五六千字的小论文,讨论汉代官吏的评分考核方法。

随着第三学年第一学期开学,北大历史学系一年一度的"杨乃英奖学金"开始申报,申报条件是提交一篇论文,在读的本科生、硕士生和博士生都可申报,最终从申报者中选出中国史、世界史各一名同学,给予奖励,而且宁缺毋滥(上一年度,中国史无人获奖)。我也没抱什么期望,只是觉得还拿得出手,就提交了刚刚写完的这篇论文。出乎意料的是,我的论文居然入选。据说评审我的论文的是祝总斌先生和吴荣曾先生。[①]

---

① 该文后来应谢桂华先生要求,以《汉简"得算""负算"考》为题,发表于《简帛研究》第二辑,法律出版社 1996 年版,第 324—331 页。

高兴归高兴，毕业论文还是一筹莫展。按照当初设定的主题，虽然也搜集了很多资料，但找不到好的切入点，勉强撰写，估计也不会有什么新意，弄不好，也许毕不了业。在解决汉简"得筭""负筭"问题时，我搜集了很多与考绩制度相关的资料，而且从已经迈出的一小步中找到了一点点自信，感觉如果以此为切入点，围绕"汉代考绩制度"继续展开讨论，或许能写出一篇拿得出手的毕业论文。然而，已经到了最后一学年，更改选题是否可行？通常情况下，研三年级第一学期结束时，应该写完初稿。改选题的要求如果被先生拒绝，又该如何？犹豫再三，我最终还是鼓起勇气去找张先生，谈了自己的想法。在仔细聆听了我的汇报后，张先生并没斥责我"开小差"的行为，也没有要求我必须坚持原来的选题，爽快地同意了我的请求。

在讨论具体题目时，我提出两个方案：一个是《〈春秋繁露·考功名〉疏证》，既然居延汉简与《考功名》在很多方面可相互印证，不妨用简牍例证为《考功名》做个注释；另一个是《汉代考绩制度探讨》，对汉代官吏考绩制度做一个全面考察。张先生认为前一个题目想法虽好，但做不好会弄巧成拙；后一个题目太大，怕我把握不住，而且时间也比较紧张，不如只讨论简牍中所体现的考绩制度。最终，题目确定为《简牍所见汉代考绩制度探讨》。

题目确定之后，大概是怕我得意忘形，再次"放飞"自己，张先生几次郑重地对我说，他会从校外找一位简牍研究的权威专家为我把关。我不敢怠慢，在第一学期即将结束时，完成了论文的初稿。第二学期开学之初，又根据张先生的意见加以修改。张先生让我把修改稿送到社科院历史所，请谢桂华先生做校外评审。谢先生对我的论文的肯定，使我如释重负，张先生也很高兴。[1] 接下来的毕业论文答辩，张先生请祝总斌先生和吴荣曾先生组成评委会（导师也是评委会成员之一）。三位先生对我的论文提出修改建议的同时，都给予了高度评价。

在毕业论文选题上，我中间开了小差。也可以说，由于我的专业基础及学术敏感度较差，确定选题比其他同学慢了一步。总之，这给张先生平添了不少麻烦。但我在读书中发现问题和解决问题所遵循的方法、规则，都拜先生平时

---

① 其实，论文中也有不少问题，谢先生只是口头向我指出，没有写在评议书中。参见拙作《怀念谢桂华先生》，《简帛研究（2006）》，广西师范大学出版社 2008 年版，第 334—338 页。

耳提面命所赐;新的选题,也终于在先生悉心指导下得以完成。现在想来,对于愚钝而又有些任性的我,张先生采取了因势利导的方式,既让我充分发挥自己的主动性,又在关键的时候严格把关,宽容而不放任。在这一过程中,我初步窥见治学门径,受到了严格训练,也获得了继续走学术之路的信心与勇气。

如今,我已在高校任教二十多年。我在指导研究生时,偶尔也会遇到不善于与导师沟通又有些固执的学生。每当此时,我会想起当初的我,会想起张先生。

三、记忆点滴

除了在学业上给我指导而外,张先生的言传身教,在很多方面给我留下深刻印象。

入学体检时,校医院认为我的视力太差,对我能否正常完成学业表示怀疑,并把意见反馈到研究生院。这种情况下,我有可能被退学。我把所面临的困境告诉了张先生,先生马上去系里了解情况,进行沟通。之后张先生嘱咐我,先不要想太多,安心学习,至于能否保住学籍,也只有静等结果了。十月下旬,学生证才发到我手里,比其他同学晚了一个月。大概经过这段时间的考察,感觉我的视力对我的学习和生活没有什么妨碍,研究生院最终决定给我继续求学的机会吧?在这件事上,除了张先生,历史学系副主任林被甸、王天有两位先生也给了我很多关照。

记得我当初在包头工作期间,曾致信张先生,表达考研意愿,希望得到指导。张先生没有回信。入学后,有一次曾问及此事。张先生告诉我,他收到了我的信,但因参加试卷命题,应该避嫌,不便与考生联系。在我的毕业论文已步入正轨后,我准备报考中国社会科学院研究生院博士研究生,研究方向是秦汉社会史,导师是林甘泉先生。对于是否先去拜见或联系林先生,我征求张先生的意见。张先生为我写了推荐信,但主张认真备考,考前不要去打扰林先生。我第一次见到林先生,是在复试时。另一封推荐信是我请祝总斌先生为我写的。

1993年北大毕业后,我进入中国社会科学院研究生院,师从林甘泉先生攻读博士学位。研究生院在望京，去北大不是很方便，加之不想打扰张先生，每个学期虽去他家拜访，但次数有限。离开北京后，我起初在吉林文史出版社当编辑，1998 年调入湖南大学岳麓书院任教，与张先生见面的机会更少了。出差路过北京时，若时间允许，会去先生家里拜访一下。电话联系也不多，往往是在重要节日向他道声祝贺，顺便聊一聊。时光就这样轻轻地流淌着。

记得我在吉林文史出版社当编辑时，曾策划编辑一套图文并茂、既有专业水准又通俗易懂的中国通史，请国内知名学者撰写，并配上有价值的历史、文物图片。这一选题得到社长也是师兄的宋一夫的大力支持。在组稿时，张先生不仅答应参加撰写，为保证书稿的质量，还向我推荐了几位作者。无奈，随着一夫社长调走，此选题受到社里某些领导的阻挠，半途而废了。做好编辑工作，不仅要有发现好的选题的能力，还要擅长处理各种人际关系，与社领导、与作者沟通，也是一门艺术。我这方面能力太差，所以不久便决定到高校当教师。

张先生对门下弟子都很关心。每次见面，张先生都会向我讲起他所了解到的师兄弟们的近况，也会向我询问我了解到的有关情况。如果听到弟子们在工作中有所成就，他会很高兴。师兄冷鹏飞在湖南师大任教，本来与先生联系较多，后来因为生病，多年住院。我每次见到张先生，他都会问起冷师兄的情况。冷师兄去世时，先生也年高体弱，所以我也没敢告诉他。

李志强师弟毕业后弃教从商，有一段时间又想转回科研，要考博。张先生亲自为他写推荐信，还打电话郑重嘱咐我也为他写推荐信，我自然谨遵师命。遗憾的是，由于种种原因，志强师弟没能如愿读博。我与张先生见面时，先生多次提到志强师弟，关怀之情溢于言表。

张先生尽管非常关心门下弟子们的成长，但不曾召集门下弟子聚会。在北大读书期间，我和文涛师兄看到有的导师与弟子们聚会，很是羡慕，曾有一次趁着过元旦，向张先生提出请求，先生婉拒了。他说，有他在场，我们会受拘束。先生退休后，师兄弟们曾商议为他庆祝生日，从 80 岁到 85 岁，再到 90 岁，每次提议都被先生婉言拒绝了。他只想安安静静地做事，而且总有做不完的事。

我的书架上有十几本张先生赠送的书，绝大多数都是我毕业后得到的，有的是张先生邮寄的，有的是去先生家拜访时，张先生亲手赠予的。张先生送给我的最后一本书是《中国古代政治文明讲略》。此书 2019 年 5 月出版，我那年暑假去探望先生时获赠。此时张先生已92岁高龄。

　　张先生著述颇丰,但不论查找资料,还是抄写稿件,很少找学生代劳。大概是2002年,张先生搜集翦老的文章,准备出版《翦伯赞全集》。有一些民国时期发表的文章,在北京查不到,张先生列了近20篇的清单,让我在湖南查一查,我在湖南省图书馆查到了13篇。印象中我为张先生只做了这件事。

　　作为翦伯赞先生的弟子,张先生对翦老怀有深厚的感情,与翦老的后人关系非常密切,这可以从张先生回忆翦老的文字中看出。张先生整理翦老遗著和组织翦老纪念活动,也得到了翦老后人的密切配合。我和文涛师兄在北大读书期间,在张先生家中曾见到过翦伯赞之子翦天聪先生以及翦家其他成员。在翦老诞辰100周年时,张先生出版了《翦伯赞传》。在翦老诞辰110周年时,张先生出版了《翦伯赞全集》。2020年10月下旬,我利用到北京出差的机会,去拜见张先生。当时张先生身体不是很好,但精神状态还不错。借助笔和简单的交谈,张先生提到自己正在编《翦伯赞画传》。张先生与翦老及翦家的深厚情谊,翦伯赞之孙翦大畏曾给予高度评价。①

　　张先生一生勤奋治学,他把对恩师翦老的深情与对学问的追求融为一体,真可谓“发愤忘忧,不知老之将至”。

（作者系湖南大学岳麓书院教授）

①　郑维元:《翦伯赞:血墨浇铸良史风骨》,《常德晚报》2012年8月28日。

忆导师张传玺先生

刘　彤

　　2021 年 2 月 27 日,在同门群里得知导师张传玺先生去世的消息。这之前一周,导师一直在北医三院住院,因为疫情防控原因,我们无法去医院探望。岳庆平师兄每天上午都会在微信群转发导师女儿发来的导师的病情动态,病情有时稳定,但总体情况不容乐观。当噩耗传来,虽说已有心理准备,但还是悲从心来,感叹生命无常。3 月 3 日,去八宝山兰厅参加导师的送别会,见到师兄师姐以及诸位师长,心情凝重,泪眼婆娑。回来后,不由翻出以前与导师的合影,往事浮上心头,眼前仿佛又出现导师和蔼的面容,耳畔也仿佛响起导师谆谆的教诲。

　　我是 1994 年 9 月至 1997 年 7 月在北京大学历史系跟随张传玺先生学习,攻读硕士学位,毕业后去了出版社工作,多年来一直从事的是青少读物和党政读物的编辑出版,工作内容跟所学专业的学术关联不是特别密切,不过因为同在北京,所以几乎每年都会去探望导师,与导师一直保持着联系。导师对待教学、治学的认真态度和敬业精神,淡泊名利、仁爱他人的处事风范,还有伉俪情深、共度风雨的婚姻生活之道,无不令我敬重佩服,这里记录几件往事,以示对导师的怀念。

　　读研时,导师悉心指导。在北大学习三年,我印象比较深的主要是三件事,一是导师让我们抄写《史记》,二是参与编写《中华少年奇才》,三是写毕业论文。

　　作为秦汉史研究方向的研究生,《史记》是要精读的。导师不光要求读《史记》,而且要求抄写其中的一些段落,用铅笔或钢笔一笔一划地抄写在稿纸上。开始觉得很新奇,感觉像小学生的作业;慢慢地,体悟出了导师的良苦用心。抄写经典是历事练心的好方法,每天诚意正心抄写经典,恭敬心会在不知不觉中养成,将这份恭敬推广到日常处事待人接物,会有意外收获。抄写经典也是锻炼耐心的过程,一个能克服惰性、有耐心恒心的人,必有所成。

　　到今年我从事出版工作二十多年,参与编辑出版了几百种青少书刊,而自己对青少读物出版的最早接触,是在北大研究生期间,参与导师组织编写的《中华少年奇才》。这套浙江人民美术出版社 1996 年出版的精装彩色卡通连环画,今天在网上书店还可以买到,豆瓣评分 9.5,有读者评论说它是"小时候的启蒙书籍之一,看了 N 遍",还有的读者说"从我小时候读到我孩子小时候,里面的文字配合着图画,让故事深深印在脑海中"。这套书精选我国历史上从小勤学苦练、奋发求知,长大后成为杰出人物的鲁班、华佗、张衡、李白、范仲淹等古代 50位少年奇才的故事,是当年中宣部和新闻出版署中国动画图书工程的标志性图书,从选题策划、组稿、编创到出版发行,都是在中宣部出版局的直接指导下完成的。当时国外的卡通读物大量涌入我国图书市场,为提倡和支持发展中国民族的卡通读物,为青少年提供有精神内涵的作品,中宣部出版局领导亲自联系北京大学历史系的教授们参加论证,决定出版一套把动漫和传统连环画结合起来的历史人物故事书。张传玺先生担任这套书的史料审定人。记得当时导师组织班上的同学,每位同学分到几个人物,承担故事编写工作。我们先写好初稿,然后交给导师,导师再仔仔细细一篇篇的修改。经过导师的修改,文章不仅历史知识准确,而且非常生动有趣。这套书出版后产生很大的社会反响,我们这些研究生们也从这次编写过程中,学到了不少写作和编辑经验。

　　我的硕士论文题目是《两汉公主婚嫁探讨》。我对这方面的选题比较感兴趣,导师表示支持并帮助我确定论文的方向和题目。整个过程中,导师悉心指导。记得当时刚兴起用电脑写作,我就在家里用一台二手电脑,敲出了我的硕士论文的初稿。为了写论文,读了大量史料,买的中华书局版的绿皮《史记》《汉书》,每一册连封底上都写满了密密麻麻的字。写出初稿后,导师提了宝贵意见,我进行修改,然后再请导师审阅,这样不断完善,最终形成了自己的硕士毕业论文。后来"汉宫戏"在荧屏大热时,由这篇论文修改而成的文章《汉代公主的婚姻》在中华书局的名刊《文史知识》上刊登。

　　工作上，导师热情相助。1997 年 7 月硕士研究生毕业，适逢中华书局《中华活页文选》杂志复刊，在《北京青年报》上刊登招聘编辑的启事，我征求导师的意见，导师鼓励我去应聘。那一年顺利入职中华书局，一干就是 20 年，历任《中华活页文选》杂志编辑、社长助理、副社长、社长，2010 年开始兼任《月读》杂志编辑部主任。期间导师对我的工作情况一直很关心，每年去探望导师时，他总要问一问我的工作。1998 年，中华书局恢复出版《中华活页文选》，分成人版和学生版，其中成人版邀请专家精心编选文史哲精品，导师撰写的《奠定文景之治政策的宏文三篇——贾谊〈治安策〉、晁错〈论贵粟疏〉〈募民徙塞下疏〉》，收入1998 年第 13 期《中华活页文选》成人版。2010 年中华书局创办干部经典读本《月读》，这是一本面向党员干部的以中华优秀传统文化为核心内容的文化月刊，我作为主创人员，负责刊物的调研、策划、组稿等，我向导师请教，导师热情帮助出谋划策并热心推荐好的作者。

　　因为导师是教育部中学历史教材审查委员会委员，所以对教材乃至中小学生读物的编辑出版都有独到见解，每次跟导师聊工作，我都受益匪浅。如将教材审查的一些标准引申到编辑的审稿工作中也是适用的。当我们拿到一部书稿或一篇稿件，首先应该看是否存在导向问题；如果存在这个问题，坚决不能出版或刊发。其次是看知识的准确性，比如文史类稿件，如果史料都理解错了或者用错了，那么其他的一切自然都是错误的，这样的稿子也必须退还作者。再次是看文章的逻辑性，如史料和结论的联系，根据工作经验，不少作者的文章逻辑性不强，史料虽然丰富，但却很难得出他自己提出的结论，于是整篇文章显得牵强附会，说服力自然就下降了。最后是看文字，在前面三项基本没有问题的基础上，再审阅作者的语言是否合乎出版要求。有些作者的文字啰嗦，这自然是不行的。作为编辑应该对繁冗的文字进行修改，以方便读者阅读。不仅是审稿，写审读报告时，也可以按照上面的顺序来谋篇布局。

　　导师对待工作的认真态度和敬业精神对我辈是一种激励和鞭策，而导师淡泊名利、与人为善的处事风范也深深影响着我。入行 20 多年，我工作上不落人后，从普通编辑一路做到杂志社社长；边工作边学习，学习业务，也学习任何我感兴趣的事物，考下了对外汉语教师资格证，还在 50 岁这一年考下了瑜伽教练证。对待名利处之泰然，不因工作而漠视亲情，也不因生活琐事而忽略自我成长。

生活中，导师关注关心。在家庭生活方面，导师也是我学习的榜样。导师和师母（我称呼师母丁阿姨）伉俪情深，两人是当年山大时的同班同学，风雨兼程，携手走过了漫长的岁月。导师在饮食上比较讲究，所以丁阿姨会特别注意。记得有一次导师说起，他去台湾出差时，给师母写过一封信，介绍他在那儿的一日三餐都吃什么，每一餐的每一样都详详细细地讲清楚，好让师母放心。这个细节我一直记得，因为感觉特别温馨。

导师对我的家庭生活很关心，我是在研究生期间结婚，当时还特别请导师给把把关。导师很喜欢跟我先生聊天，他们都喜欢时政话题，每次见面，寒暄几句后，就开始聊些时政热点，不知不觉两个小时就过去了。丁阿姨会陪着我聊聊家常。后来有了女儿，等女儿长大一些，有时就带着她一起去，让她感受导师家里满屋子的书香气。每次丁阿姨都热情招待。如果女儿没去，丁阿姨一定会有小礼品让我带回去给女儿，带的最多的是巧克力。

2017年我离职出国，再后来，回国又出国，这几年没能去探望导师。当我2021年初重新又回到中华书局工作时，没想到却得来导师去世的消息。

翻出以前的老照片，我跟导师有过两次合影，一次是1997年6月我进行毕业论文答辩那天，在北大历史系院中的合影；还有一次是1998年1月毕业后半年，在我自己家里的合影。1998年初我已经工作了，当时有了自己的房子，正好我父母从老家来北京小住，于是特意邀请导师和丁阿姨来家里做客，父母想当面向导师表示感谢，感谢他们对我学业、工作和生活方面的关心和教育，所以有了弥足珍贵的合影。

（作者系中华书局副编审）

走进历史的历史学家

——怀念张传玺先生

孙家红

2021 年 2 月 27 日临近正午时分,汝富师从上海发来短信,告知张先生走了。随后又接冠梓老师电话,获知先生临终前思维一直清晰,并未受到多少苦痛。同时得知,当天恰是老人 94 岁生日。虽然人固有一死,张先生作为历史学家,早已把生死看得通透,且以年近期颐离开人世,并不能算作十分悲伤之事,但由于疫情影响,一年多来始终未能登门拜谒,竟于久久悬系中忽接噩耗,难免椎心遗憾。

回想二十年前第一次拜见张先生,同样是在阳春三月。当年来京参加研究生复试,受汝富师委托代呈一册《中国会计史稿》给先生,于是电话预约到蓝旗营张府拜访。短暂交谈中,先生询问了一些学习和考试情况,殷殷勉励,并赐赠一册《简明中国古代史》最新印本。记得当日斗胆向先生汇报,考研复习的主要材料便是其主编的两册《中国古代史纲》,而且是在跳蚤市场上偶然买得。作为一名仅有高中历史功底的跨专业考生,藉以通过研究生考试,进入北大深造,可谓三生有幸。后来慢慢知道,《中国古代史纲》作为上世纪八十年代中央广播电视大学的统编教材,因其系统完整、简明扼要,很快风行全国。粗略估算,数十年间从张先生主编教材中获益的各界读者当以百万计。

自 2001 年进入北大攻读硕士和博士学位,到从事博士后研究,乃至出版专著、工作就业,几乎每一步人生转折、点滴进步,都离不开先生的循循善诱和无私教诲。二十年问道从学,弹指一挥间,值得记忆和怀念的故事太多,尽管历历在目,却注定无法一一记录。内心的感激似波涛翻涌,亦难尽以言宣。暂撷几朵思想的浪花,以表景念之情。

严格来讲,张先生于我并非一般意义上的导师关系,学术上至少相隔一个代际,且在我来北大读书以前,已经退休多年。但来京后,一直和先生保持较多联系,并因住居不远,常得近水之便。先生每有新作出版,往往有幸成为最早一批获赠者。记得前年某日到张府拜访,出版社尚未将《中国古代政治文明讲略》样书送到,先生则直接将手中一册校本慨然相赠,并详悉讲述了书本背后的故事。

屡次奉召登门,除了向先生汇报个人近况,介绍学界新闻,更是问学求道的绝佳时机。印象中,每次到张府拜访,先生工作使用的阔大八仙桌上都积满手写稿件。有一次,他拿起新近撰写的一篇,先是讲解一段山东海曲盐官历史,接着介绍起日照丁家。自晚清丁守存参与镇压太平天国,亲自押解洪大全到京,获得朝廷嘉奖,开始兴旺发达。1976年诺贝尔物理学奖获得者丁肇中,便出自日照丁家。先生年幼时,曾在丁家举办的学堂上学,并与丁家几位小姐、公子同学,虽经济条件存在差距,但彼此交往和谐融洽。1949年前后,丁家人花果飘零,遭际各异,但最终峰回路转,柳暗花明,令人不胜唏嘘。

拜访张先生,经常为其渊深如海的学问所折服,而其思想之理性兼容、待人之和蔼可亲,更如海洋般宽广无垠,包纳百川。故于我而言,每每如沐春风,满载而归,就像享受一场场学术盛宴,而且不时会有意外收获。有一次,与先生谈及《中国历代契约会编考释》作为契约史研究领域的经典文献,市面上早已绝版,一书难求。先生说,契约史还有很大研究空间,与之相关的社会、经济、法律等专业问题也很值得深入。比如古代契约中特有而常用的计数方法——苏州码,它的生成演变和传播消亡的历史就很值得研究,但似乎少有学者注意及之。随后,先生现场演示了苏州码的书写规则和识别技巧,相当简便快捷,足以使一名白丁在三五分钟内掌握要领。

彼时先生正在从事两项相关研究:一、结合家传契约文献,对中国契约史和买地券问题进行系统梳理;二、对《中国历代契约会编考释》一书进行修订补充,以求全面贯通中华数千年契约历史。作为相应研究成果,2008年《契约史买地券研究》在中华书局出版,2014年《中国历代契约粹编》(三册)在北京大学出版社正式付梓。后一计划,本人有幸略尽绵薄,贡献百余份旧契原件,供先生采择。在这部 280 万字的皇皇巨著出版时,先生已是 88 岁高龄,且书稿校订工作全赖一人完成,丝毫不假他手。然在书籍扉页上,先生还是坚持将相关人员列入名存实无的"编委会"。本人屡辞不获,亦忝列其中,除了再次蒙受先生恩典,对先生之博大无私感佩不已。

多年追随问学过程中,听张先生讲过不少学林掌故。记得 2007 年秋冬之际,北大将著名的三角地信息栏拆除,颇招物议。我亦感慨系之,写了一篇小文《论北大三角地的拆掉》。由于文中列举 1978 年先生为翦老平反,亲自到三角地张贴大字报的例子,故将之呈给先生批评。就在那次交谈中,先生拿出珍藏多年的大字报底稿和中央批复文件,详细讲述了翦老平反过程,以及当年翦老遭受的错误批判。先生还提到,众所周知,当年翦老被批判后,他作为翦老的研究生,压力很大。但很多人不知道的是,翦老曾经面授机宜,指示批判策略,助其过关。多年以来,先生特别感动于翦老的自我牺牲精神:作为身经百战的民主人士,自知劫运难逃,却还要尽力保护自己的学生。

1976 年"文革"结束,乍暖还寒之际,先生便开始为翦老平反奔走呼吁,最终在胡耀邦、邓小平等中央领导支持下,翦老获得完全平反。大约与此同时,先生着手搜集资料,希望以一部传记完整展现翦老的革命一生。1998 年翦老诞辰100 周年之际,《翦伯赞传》由北京大学出版社正式出版。2008 年作为翦老诞辰110 周年献礼,600 万字 10 卷本《翦伯赞全集》(河北教育出版社)又得问世。大家可能难以想象:如此卷帙浩繁的文献整理工作,竟然由一位不会使用电脑、年逾耄耋的老人,在数年之间倾一己之力独立完成。

1957 年张先生考取北京大学副博士研究生,但因中苏关系恶化,毕业时学校统一未授学位。尽管如此,先生的史学才华早已脱颖而出,1951 年便以文德中学教师身份在《光明日报》上发表论文,讨论岳飞是否为民族英雄的问题。1961 年,先生毕业论文的前两章更在《北京大学学报》上连续刊出,发 1949 年后中国古代土地所有制研究之先声。留校任教后,先生长期担任翦老助手,跟随翦老出席各种学术活动,包括全程参与《中国史纲要》编写工作。然据先生亲口讲述,他的学术创作力基本是在 1978 年后随着改革开放迸发出来的,短期内撰写了大量论著。此后四十余年,先生的学术贡献始终没有停止。直到 2020 年疫情较为严重的 5 月,还在《社会科学论坛》上发表了一篇关于《论语》的论学书简。

张先生是举世公认的史学大家,是著名马克思主义史学家翦伯赞先生弟子,学术上深受翦老影响,又能自出机杼,别开生面。综其一生,先生除在秦汉史学领域多年深耕,取得卓尔不凡的学术成就,所主编的中国通史教材广受欢迎,影响一代又一代学子外,其他大量学术成果更是辐射政治史、经济史、法律史、民族史、契约史、科技史、历史地理等众多专业领域。对此,北大历史系所发"讣告"中的评价恰如其分:先生很多著作代表了"史学界相关研究领域的最高水平"。

先生之学绝非狭义上的"考据之学",亦非仅仅局限于史学领域。其所关注和研究的问题,往往有宏阔的时代社会背景,兼具理论和现实关怀。记得有一次,略为唐突地向先生发问:您作为翦老弟子,怎么看待钱穆先生的史学? 先生回答说:钱先生的史学成就很大,也很有影响,尤其《先秦诸子系年》等书,直到今天也很有参考价值。钱先生《国史大纲》中强调中国知识分子应该具有的民族精神、家国情怀,其实与翦老等马克思主义史家是心意相通的,只不过一个在明,一个也许在暗,有时难免被人误解或忽略。另一方面,史学家的学术成就与他是否能够提出或掌握某种史学理论,以及史学理论的水平高低很有关系。从这一点看,翦老的史学研究在历史事实基础上具有鲜明的理论特征,和钱先生的史学路数存在不同。

然而,尘归尘,土归土,人类在观察和研究历史过程中,既是历史的看客,也是历史的参与者,并最终都将成为历史。正如先前许多杰出的历史学家那样,先生作为 1949 年后成长起来的一代史学大家,业已走进他所钟情和热爱的历史,成为历史的一部分,而且注定成为 20 至 21 世纪中国史学的重要组成部分。

(作者系中国社会科学院法学研究所副研究员)

第三部分　治学

秦汉社会知识结构中的"五方"理念

王子今

汉代童蒙教育中有关"五方"的内容,应是"中""中央""中国"与"四方"构成一个地理格局的表现。"五方"观念的生成,体现方位意识和交通意识的进步。大致在汉代,"五方"即关于空间的基础知识成为社会文化观察和理解的基点。区域文化、区域经济、区域礼俗的分析,往往涉及"五方"之分。考察地理学史、交通史和空间认识史,不能不关注有关"五方"的理念。

一、"中国"与"四方""四极"

《史记》卷一《五帝本纪》说到早期文明区域的四"至":"帝颛顼高阳者,黄帝之孙而昌意之子也。静渊以有谋,疏通而知事;养材以任地,载时以象天,依鬼神以制义,治气以教化,絜诚以祭祀。北至于幽陵,南至于交阯,西至于流沙,东至于蟠木。动静之物,大小之神,日月所照,莫不砥属。"[①]《史记》卷二《夏本纪》记述了夏代的"天下":"东渐于海,西被于流沙,朔、南暨:声教讫于四海。于是帝锡禹玄圭,以告成功于天下。天下于是太平治。"[②]《史记》卷六《秦始皇本纪》载秦始皇二十八年(前219)琅邪刻石:"皇帝之明,临察四方。尊卑贵贱,不逾次行。""皇帝之德,存定四极。诛乱除害,兴利致福。"又说:"六合之内,皇

---

① 《史记》,中华书局1959年版,第11—12页。
② 《史记》,第77页。这里使用了"四海"概念,"四海"与"天下"的对应,值得注意。司马迁自述游历所至,也曾经说:"东渐于海,南浮江淮矣。"(第46页)

帝之土。西涉流沙，南尽北户。东有东海，北过大夏。人迹所至，无不臣者。"①
说到秦帝国版图的规模，言"四方"之四"至"，也就是所谓"四极"。

《史记》卷二四《乐书》："（汉武帝）歌诗曰：'天马来兮从西极，经万里兮归
有德。承灵威兮降外国，涉流沙兮四夷服。'"②明确使用"西极"之说，诗句出现
"万里""外国"概念。所谓"四夷"或者与"四方"对应。

以上与"四方"相关的"四极"和四"至"，以及"四海""四夷"说，体现出当
时社会的方位意识和"天下"观。而"从西极""经万里""涉流沙"等，是说中国
与外域文化交往空前繁荣时期的交通行为。

帝颛顼的政治影响"北至于幽陵，南至于交阯，西至于流沙，东至于蟠木"，
夏禹"东渐于海，西被于流沙，朔、南暨：声教讫于四海"，也是说四"至"，秦时
"皇帝之土""西涉流沙，南尽北户；东有东海，北过大夏；人迹所至，无不臣者"
亦同样。以四"至"言空间地域的习惯，亦体现于较普遍的社会生活。

对于丝绸之路史的早期记述，《史记》《汉书》中可见称"西国"者。《史记》
卷二七《天官书》："出西至东，正西国吉。""（太白）正在西，西国胜。"③如《史
记》卷一二三《大宛列传》："自博望侯开外国道以尊贵，其后从吏卒皆争上书言
外国奇怪利害，求使。天子为其绝远，非人所乐往，听其言，予节，……而楼兰、
姑师小国耳，当空道，攻劫汉使王恢等尤甚。而匈奴奇兵时时遮击使西国者。"④
又《史记》卷一三〇《太史公自序》："直曲塞，广河南，破祁连，通西国，靡北
胡。"⑤《汉书》卷九四上《匈奴传上》："乃更谋归汉使不降者苏武、马宏等。马
宏者，前副光禄大夫王忠使西国，为匈奴所遮，忠战死，马宏生得，亦不肯降。故
匈奴归此二人，欲以通善意。"⑥《汉书》卷九六下《西域传下》桑弘羊等奏言："益
垦溉田，稍筑列亭，连城而西，以威西国，辅乌孙，为便。""愿陛下遣使使西国，以
安其意。""有诏还田渠犁及车师，益积谷以安西国，侵匈奴。""赞曰：孝武之世，

---

① 《史记》，第 245 页。
② 《史记》，第 1178 页。
③ 《史记》，第 1324、1326 页。
④ 《史记》，第 3171 页。
⑤ 《史记》，第 3317 页。
⑥ 《汉书》，中华书局 1962 年版，第 3782 页。

图制匈奴,患其兼从西国,结党南羌,"①所谓"西国"的空间位置,是大致可以理解为"西极"之国的。"西极"除前引汉武帝歌诗外,又见于《史记》卷一一七《司马相如列传》、《史记》卷一二三《大宛列传》、《史记》卷一三〇《太史公自序》:"汉既通使大夏,而西极远蛮,引领内乡,欲观中国。"②所谓"西极"与"中国"的对应关系是明确的。

二、"五方杂厝","五方之俗杂会"

"中国"与"四方""四极"构成"五方"。"五方"各有文化风格,其礼俗传统也各自不同。

"五方"是有关地理学基本知识的概念,战国秦汉时期已经成为社会习用语。《汉书》卷二八下《地理志下》写道:"汉兴,立都长安,徙齐诸田,楚昭、屈、景及诸功臣家于长陵。后世世徙吏二千石、高訾富人及豪桀并兼之家于诸陵。盖亦以强干弱支,非独为奉山园也。是故五方杂厝,风俗不纯。"③与"五方杂厝,风俗不纯"义近,又有"五方之俗杂会"的说法。《后汉书》卷六四《赵岐传》李贤注引《三辅决录序》曰:"三辅者,本雍州之地,世世徙公卿吏二千石及高赀,皆以陪诸陵。五方之俗杂会,非一国之风,不但系于《诗·秦》《豳》也。其为士好高尚义,贵于名行。其俗失则趣埶进权,唯利是视。余以不才,生于西土,耳能听而闻故老之言,目能视见衣冠之畴,心能识而观其贤愚。常以玄冬,梦黄发之士,姓玄名明,字子真,与余寤言,言必有中,善否之间,无所依违,命操笔者书之。近从建武以来,暨于斯今,其人既亡,行乃可书,玉石朱紫,由此定矣,故谓之《决录》矣。"④"三辅""诸陵""五方之俗杂会,非一国之风"的说法,和《汉书》卷二八下《地理志下》所谓"五方杂厝,风俗不纯"是接近的。

汉代文献言地方社会构成之"五民"称谓,或理解为"五方之民"。《史记》卷一二九《货殖列传》说"临菑亦海岱间一都会也","其中具五民。"裴骃《集解》

---

① 《汉书》,第 3912、3923、3928 页。
② 《史记》,第 3017、3170、3318 页。
③ 《汉书》,第 1642 页。
④ 《后汉书》,中华书局 1965 年版,第 2124 页。

引服虔曰以为"五民""士农商工贾也"。而如淳曰:"游子乐其俗不复归,故有五方之民。"①以为"五民"即"五方之民"。《汉书》卷二八下《地理志下》同样言"临甾""都会""五民",颜师古注亦引服虔与如淳两说,而明确赞同如淳的意见:"师古曰:'如说是。'"②以"五方之民"解说"五民",是符合汉代社会交通文化地理的实际的。

班固《西都赋》也说到"五方":"内则街衢洞达,闾阎且千,九市开场,货别隧分,人不得顾,车不得旋,阛城溢郭,傍流百廛,红尘四合,烟云相连。于是既庶且富,娱乐无疆,都人士女,殊异乎五方,游士拟于公侯,列肆侈于姬、姜。"李贤注对于"五方"的解释,也联系到《地理志》"五方杂厝":"五方谓四方及中央也。《前书》曰:'秦地五方杂错。'"③

班固描述长安之繁盛富足,所谓"既庶且富,娱乐无疆,都人士女,殊异乎五方",可以看到对《史记》卷一二九《货殖列传》"临甾亦海岱间一都会也","其中具五民",以及裴骃《集解》引如淳曰所谓"游子乐其俗不复归,故有五方之民"的文字继承关系。

三、"五民":"五方之民"

《礼记·王制》说到"五方之民":"中国戎夷,五方之民,皆有性也,不可推移。""五方之民,言语不通,嗜欲不同。"郑玄注:"地气使之然。"孔颖达疏:"五方之民者,谓中国与四夷也。"《礼记·王制》又分说"中国戎夷,五方之民","中国、夷、蛮、戎、狄""五方之民":"东方曰夷,被发文身,有不火食者矣。南方曰蛮,雕题交趾,有不火食者矣。西方曰戎,被发衣皮,有不粒食者矣。北方曰狄,衣羽毛,穴居,有不粒食者矣。中国、夷、蛮、戎、狄,皆有安居、和味、宜服、利用、备器,五方之民,言语不通,嗜欲不同。达其志,通其欲,东方曰寄,南方曰象,西

① 《史记》,第3265—3266页。
② 《汉书》,第1662页。
③ 《后汉书》卷四〇上《班固传》,第1336页。《艺文类聚》卷四引南朝宋颜延之《三日曲水诗序》曰:"五方杂沓,四隩来暨。赪茎素毳并柯共穗之瑞,史不绝书。栈山航海逾沙轶漠之贡,府无虚月。"([唐]欧阳询撰,汪绍楹校:《艺文类聚》,上海古籍出版社1965年版,第72页。)"五方杂沓"与"五方杂厝""五方杂错",也可以看到承袭关系。

方曰狄鞮,北方曰译。"①所谓"北方曰译"的"译",或许应当从远国远族的"言语"差异理解。②

　　与前引"五方之民,言语不通"不同,《艺文类聚》卷一九引《礼记》曰:"五方之人,言语不通。"③"民"作"人",应是唐代避讳所致。④

　　《艺文类聚》卷七引后汉张昶《西岳华山堂阙碑序》可见"太华授璧,秦胡绝绪"句,后者说到与"中国戎夷,五方之民"相关的民族关系史记忆。所谓"太华授璧",即《史记》卷六《秦始皇本纪》:"(三十六年)秋,使者从关东夜过华阴平舒道,有人持璧遮使者曰:'为吾遗滈池君。'因言曰:'今年祖龙死。'"而"秦胡绝绪",即:"始皇巡北边,从上郡入。燕人卢生使入海还,以鬼神事,因奏录图书,曰'亡秦者胡也'。始皇乃使将军蒙恬发兵三十万人北击胡,略取河南地。"裴骃《集解》:"郑玄曰:'胡,胡亥,秦二世名也。秦见图书,不知此为人名,反备北胡。'"⑤

　　但是张昶这篇序文又说到"西岳华山"方位:"布五方则处其西,列三条则居其中。"⑥此所谓"五方"中的"西",则并没有远至"西方曰戎,被发衣皮,有不粒食者矣"地方。

四、"五方"与"五方之色"

　　"五方"各有以"色"为标识的文化象征。《论语·阳货》:"恶紫之夺朱也。"南朝梁皇侃疏:"谓青、赤、白、黄、黑,五方正色。不正谓五方间色,绿、红、碧、紫、骝黄色是也。"⑦所谓"五方正色""五方间色"观念的发生和影响,值得深入

---

①　[清]朱彬撰,饶钦农点校:《礼记训纂》,中华书局 1996 年版,第 191、192 页。

②　王子今:《"重译":汉代民族史与外交史中的一种文化现象》,《河北学刊》2010 年 4 期;王子今、乔松林:《"译人"与汉代西域民族关系》,《西域研究》2013 年 1 期。

③　[唐]欧阳询撰,汪绍楹校:《艺文类聚》,第 344 页。

④　《旧唐书》卷二《太宗纪上》:"令百官各上封事,备陈安人理国之要,……"又记载令曰:"依礼,二名不偏讳。近代已来,两字兼避,废阙已多,率意而行,有违经典。其官号、人名、公私文籍,有'世民'两字不连续者,并不须讳。"中华书局 1975 年版,第 29 页。

⑤　《史记》,第 259、252—253 页。

⑥　[唐]欧阳询撰,汪绍楹校:《艺文类聚》,第 132—133 页。

⑦　[魏]何晏注,[宋]邢昺疏:《论语注疏》卷一七,清嘉庆二十年南昌府学重刊宋本《十三经注疏》本,第 187 页。

探讨。这种意识的传播,甚至在草原民族文化史的记忆中也保留有相关迹象。《史记》卷一一〇《匈奴列传》:"冒顿纵精兵四十万骑围高帝于白登,七日,汉兵中外不得相救饷。匈奴骑,其西方尽白马,东方尽青駹马,北方尽乌骊马,南方尽骍马。"司马贞《索隐》:"青駹马,色青。""《说文》云:'骊,黑色。'""案:《诗传》云'赤黄曰骍'。"司马迁写道:"匈奴,其先祖夏后氏之苗裔也,曰淳维。唐虞以上有山戎、猃狁、荤粥,居于北蛮,随畜牧而转移。"①就此或许可以考察相关文化基因对于北方游牧族文化风格的历史作用。

《管氏指蒙》卷上有"五方旗"条。② 从军事史视角看,"五方色"的观念通过"五方旗"显现出特别的文化作用。《通典》卷一四八《兵一》"今制附"说到"左右五方旗"。《通典》卷一四九《兵二》:"《大唐卫公李靖兵法》曰:'诸军将伍旗,各准方色,赤南方火,白西方金,皂北方水,碧东方木,黄中央土。'""旗身旗脚,但取五方色,迴互为之。"③又唐李筌《太白阴经》卷四《器械篇》:"居帐前左右建立五方旗五面,各具方色。"④宋高承《事物纪原》卷九有"五方旗"条,说到"五旗""五彩旗""五彩牙旗":"《通典》曰:黄帝振兵设五旗。《黄帝内传》曰:帝制五彩旗,指顾向背。《黄帝出军决》曰:攻伐作五彩牙旗,青引东,赤南,白西,黑北,中黄是也。亦自黄帝制之。"⑤

"五色"与"五方"的对应,即颜色具有的"五方"象征,还有其他史例可以体现。《后汉书》卷一下《光武帝纪下》说到"五威将军李轶",李贤注:"王莽置五威将军,其衣服依五方之色,以威天下。李轶初起,犹假以为号。"⑥《艺文类聚》卷二一引晋袁准《才性论》曰:"黼黻玄黄,应五方之色。"⑦也说明与"五方之色"相关的社会意识长期存在思想史的影响。

---

① 《史记》,第2894、2879页。
② 〔魏〕管辂撰,〔宋〕王伋注:《管氏指蒙》,明刻本,第22页。
③ 又《通典》卷一五七《兵十》"乡导":"诸军相去既远,语声难彻,走马报又劳烦,故建旗帜,用为节度。其方面旗举,当方面兵急须装束。旗向前亚,方面兵急须进。旗正竖,即住。旗卧,即迴。审细看大将所举之旗。"注:"大将方面旗,东方碧,南方赤,西方白,北方黑。专看方色,旗亚处,即是其方贼来,便须捍御攻击。"(〔唐〕杜预撰:《通典》,中华书局据原商务印书馆万有文库十通本1984年影印版,第776—777页,第780页,第828页。)
④ 〔唐〕李筌撰:《太白阴经》,清初虞山毛氏汲古阁钞本,第28页。
⑤ 〔宋〕高承撰:《事物纪原》,明弘治十八年魏氏仁实堂重刻正统本,第219页。
⑥ 《后汉书》,第6页。
⑦ 〔唐〕欧阳询撰,汪绍楹校:《艺文类聚》,第386页。

五、"五方之神""五方之帝"

在上古神秘主义文化系统中,"五"这个数字是有神秘意义的。《汉书》卷二一上《律历志上》:"五声清浊,而十日行矣。传曰'天六地五',数之常也。天有六气,降生五味。夫五六者,天地之中合,而民所受以生也。故日有六甲,辰有五子,⋯⋯"关于"五声",颜师古注:"李奇曰:'声一清一浊,合为二,五声凡十,合于十日,从甲至癸也。'孟康曰:'谓东方甲乙、南方丙丁之属,分在五方,故五声属焉。'"关于"五味",颜师古注:"孟康曰:'《月令》五方之味,酸咸是也。'"关于"辰有五子",颜师古注:"孟康曰:'六甲之中唯甲寅无子,故有五子。'"[1]所谓"五声""五味"[2],都是人的感官的多种体验,被归入"五"的数字格局之中,而且都与"五方"有关。涉及"五"这一神秘数字的相关理念中,所谓"五声"与"分在五方"的文化因素的关系值得注意。而"五方之味",则与我们讨论的"五方"主题直接相关。

在战国秦汉神学系统中,和"五"及"五方"相关的崇拜对象,又有"五位"即"五方之神"。扬雄对于汉帝的神祀活动,"上《河东赋》以劝"。其中写道:"灵祇既乡,五位时叙,絪缊玄黄,将绍厥后。"对于"五位时叙",颜师古注:"服虔曰:'五位,五方之神。'"[3]"五方之神"或说"五方天神"。王莽称帝的舆论准备,有人造作"德祥""符命""福应"宣传。其中有这样的内容:"侍郎王盱见人衣白布单衣,赤缋方领,冠小冠,立于王路殿前,谓盱曰:'今日天同色,以天下人民属皇帝。'盱怪之,行十余步,人忽不见。"关于所谓"天同色",颜师古注:"同色者,言五方天神共齐其谋,同其颜色也。字或作包,包者,言天总包括天下人众,而与莽也。其义两通。"[4]颜注说到的"五方天神"应当接近所引服虔所谓

---

① 《汉书》,第981、982页。
② 《礼记·王制》也说"五味":"凡居民材,必因天地寒暖燥湿,广谷大川异制。民生其间者异俗,刚柔轻重迟速异齐,五味异和,器械异制,衣服异宜。修其教,不易其俗;齐其政,不易其宜。"所谓"五味异和",郑玄注:"谓香臭与咸苦。"([清]朱彬撰,饶钦农点校:《礼记训纂》,中华书局1996年版,第191页。)
③ 《汉书》卷八七上《扬雄传上》,第3538页。
④ 《汉书》卷九九中《王莽传中》,第4113、4114页。

"五方之神"。

我们还看到王莽的政治宣传中有"五命"之说。《汉书》卷九九中《王莽传中》记载:"遣五威将王奇等十二人班《符命》四十二篇于天下。德祥五事,符命二十五……""其文尔雅依托,皆为作说,大归言莽当代汉有天下云。总而说之曰:'帝王受命,必有德祥之符瑞,协成五命,申以福应,然后能立巍巍之功,传于子孙,永享无穷之祚。……'"关于"五命",颜师古注:"五命,谓五行之次,相承以受命也。"①所谓"五命"是否只与"五行之次"相关联,而不涉及"五方"以及"五方之神""五方天神",可能还有待于对更多资料的考察。

关于战国秦汉社会的"五方之帝"崇拜,《史记》卷二八《封禅书》有这样的记载:"二年,东击项籍而还入关,问:'故秦时上帝祠何帝也?'对曰:'四帝,有白、青、黄、赤帝之祠。'高祖曰:'吾闻天有五帝,而有四,何也?'莫知其说。于是高祖曰:'吾知之矣,乃待我而具五也。'乃立黑帝祠,命曰北畤。"②《史记》卷五《秦本纪》张守节《正义》引《括地志》:"汉有五畤,在岐州雍县南,则鄜畤、吴阳上畤、下畤、密畤、北畤。秦文公梦黄蛇自天而下,属地,其口止于鄜衍,作畤,郊祭白帝,曰鄜畤。秦宣公作密畤于渭南,祭青帝。秦灵公作吴阳上畤,祭黄帝。作下畤,祠炎帝。汉高帝曰'天有五帝,今四,何也? 待我而具五'。遂立黑帝,曰北畤是也。"③《史记》卷一四《十二诸侯年表》:"初立西畤,祠白帝。"④据《史记》卷二七《天官书》言"五星,五帝坐",张守节《正义》说"五帝"各有方位分据。⑤《汉书》卷二五下《郊祀志下》直接称作"五方之帝":"青赤白黄黑五方之帝皆毕陈,各有位馔,祭祀备具。"⑥这里将"五方之帝"配以五色。

曾磊研究秦汉时期色彩观念的文化象征意义,曾经讨论了"五色帝"问题。有关学术信息,这里不妨引录。关于"天有五帝,而有四"的疑问,清人何焯以为

---

① 《汉书》,第 4112、4114 页。
② 《史记》,第 1378 页。
③ 《史记》,第 185 页。
④ 《史记》,第 532 页。
⑤ 《史记》卷二七《天官书》张守节《正义》:"黄帝坐一星,在太微宫中,含枢纽之神。四星夹黄帝坐:苍帝东方灵威仰之神;赤帝南方赤熛怒之神;白帝西方白昭矩之神;黑帝北方叶光纪之神。五帝并设,神灵集谋者也。"(第 1300 页)
⑥ 《汉书》,第 1257 页。

"无黑帝者,秦自以水德,当其一也"①,将其与五德终始说联系起来。徐旭生认为,秦人祀白帝是因为自居西方,祀青帝是因为秦人祖先来自东方,祀黄帝、炎帝是因为秦人势力扩张,出于政治考虑,而接受了新兼并领土人民的信仰。总之,"秦国对于各畤的建立不过是由于宗教或政治的缘故,并不是由于五行说的影响"。② 周勋初则认为,"秦国君主依据原始信仰而崇祀方位神,但因秦地北接匈奴,疆界最不固定,其间又杂有匈奴杂祠,故而难于产生出相应的方位神——黑帝。"③钱穆曾指出,"秦襄公祠白帝,汉高祖称赤帝子,乃据五方色帝的传说,与始终五德说无涉。"④杨向奎写道:"五方或五示的崇拜,起源甚古,郭沫若先生曾经说五行说应当起于殷代五方或五示的崇拜(《中国古代社会研究》一〇五页),陈梦家先生于其'商代的神话与巫术'一文中(《燕京学报》廿期),也揭示出商人有四方之祭。此所谓四方或五方,当为五方帝或五色帝的起源。那末到了春秋或战国初,秦人祠西帝,当然不足为怪。至于白帝之称,是否春秋时所应有,虽成问题,但先有西方帝之祭,及五行配合之说兴,而改称白帝,也颇可能。"⑤杨权认为在西汉建立之前,五方帝或五色帝说已深入人心。按照"五色帝"的说法,赤帝子斩白帝子的故事可以解释为:"汉代起兵之地在居于火位的南方,故尚赤;秦的政治中心在位于金位的西方,故尚白。在这方面,钱穆先生曾提供了一个很有说服力的旁证:'东阳少年的异军苍头特起,便是要另组织东方苍色军,不和南方赤色军合作。'"⑥曾磊认为,"关于五色帝的问题,还可以进一步探讨。大体说来,五色帝由五帝、五方、五色观念融合而成,其最初起源可能与五行说无关。五行说兴起后,五色帝又与五行说结合起来。但五色帝最初只取五行的方位,并不取五行相胜或相生的观念。"⑦所谓"五行的方位"可以

---

① 〔清〕何焯著,崔高维点校:《义门读书记》卷一六《前汉书·表志》,中华书局1987年版,第263页。
② 徐旭生:《中国古史的传说时代》(增订本),文物出版社1985年版,第204—208页。王柏中也持类似的观点,参见王柏中:《神灵世界:秩序的构建与仪式的象征——两汉国家祭祀制度研究》,民族出版社2005年版,第47页。
③ 周勋初:《九歌新考》,上海古籍出版社1986年版,第60页。
④ 钱穆:《评顾颉刚〈五德终始说下的政治和历史〉》,顾颉刚编著:《古史辨》第五册,上海古籍出版社1982年版,第629页。
⑤ 杨向奎:《西汉经学与政治》,独立出版社1945年版,第28页。
⑥ 杨权:《新五德理论与两汉政治——"尧后火德"说考论》,中华书局2006年版,第109页。
⑦ 曾磊:《秦汉人色彩观念中的神秘象征》,北京师范大学博士学位论文,2011年4月,第27—28页。

理解为就是我们讨论的"五方"。

《艺文类聚》卷一〇引魏陈王曹植《魏德论》曰:"历名川以祈福,周五方之灵宇。越八九于往素,踵帝皇之灵矩。流余祚于黎蒸,钟元吉乎圣主。"①这里所谓"周五方之灵宇",也说信仰体系中的方位神主,但是与"五方之帝"有所不同。

认识"五方"意识所包含的神奇内涵,还有其他例证。《艺文类聚》卷六〇引魏陈王曹植《宝刀赋》曰:"……然后砺以五方之石,鉴以中黄之壤。规圆景以定环,摅神功而造像。"②此"五方之石"之所谓"五方",也有神秘意义。

六、"五方"之学:汉代基础地理知识

有关"五方"的文化地理知识,在汉代已经相当普及。有学者已经指出,蒙养教育在秦汉以后便进入有教材有组织形式的阶段。③ 学制和教材的确定,可以通过《四民月令》中的相关资料得以确认。④《汉书》卷二四上《食货志上》说到传统农耕社会的生产和生活秩序的基本原则,其中包括文化教育的内容。例如:"八岁入小学,学六甲五方书计之事,始知室家长幼之节。十五入大学,学先圣礼乐,而知朝廷君臣之礼。"关于"五方",颜师古注引用了苏林和臣瓒两种解说:"苏林曰:'五方之异书,如今秘书学外国书也。'臣瓒曰:'辨五方之名及书艺也。'"颜师古以为"瓒说是也"。⑤ 然而苏林所说"五方""外国"者,也是有关远方地理学的知识。

《礼记·内则》说,"六年,教之数与方名。""九年,教之数日。"郑玄注:"方名,东西。"关于"日",郑玄解释:"朔、望与六甲也。"⑥孙希旦说:"数,一十百千万也。方名,四方之名。""高氏愈曰:二者切于日用,且五行阴阳之理,切于干支

① [唐]欧阳询撰,汪绍楹校:《艺文类聚》,第195页。
② [唐]欧阳询撰,汪绍楹校:《艺文类聚》,第1084页。
③ 乔卫平、程培杰:《中国古代幼儿教育史》,安徽教育出版社1989年版。
④ 王子今:《秦汉儿童的世界》,中华书局2018年版,第216—217页。
⑤ 《汉书》,第1122页。
⑥ [清]朱彬撰,饶钦农点校:《礼记训纂》,中华书局1996年版,第440页。

中矣。"①有关"方名"和"日"的知识，就是《食货志》所谓"五方""六甲"，即涉及空间与时间的学习内容。宋王应麟《困学纪闻》卷五《礼记》："'六年，教数与方名。'数者，一至十也。方名，《汉志》所谓五方也。'九年，教数日。'《汉志》所谓六甲也。'十年，学书计。'六书、九数也；计者，数之详，百千万亿也。《汉志》六甲、五方、书计，皆以八岁学之，与此不同。"②将《礼记》"方名"与"日"同《汉志》"五方""六甲"联系起来理解，是符合文化史和教育史的真实的。

《汉书》卷二四上《食货志上》所谓"小学"，是最基础的文化教育。所谓"学六甲五方书计之事"，应是指基本知识和书写计算的技能。顾炎武指出："六甲者，四时六十甲子之类。五方者，九州岳渎列国之名。书者，六书。计者，九数。"③当时"小学"教育重视地理知识和数学知识，是值得注意的。按照顾炎武的说法，"五方"包括与"九州"相关的地理知识，然而当时称作"五方"。"刘向父子作《七略》，'六艺'一百三家，于《易》《书》《诗》《礼》《乐》《春秋》之后，附以《论语》《孝经》'小学'三目，'六艺'与此三者，皆汉时学校诵习之书。以后世之制明之：'小学'诸书者，汉小学之科目；《论语》《孝经》者，汉中学之科目，而'六艺'则大学之科目也。"④"小学"起初是与"大学"对应的概念，指初级教育。大致正是在西汉时期，"小学"又专门指称文字学。有学者指出，"以'小学'指称文字学，始于西汉，具体说，始于刘向、刘歆父子。他们在那部可称为世界上第一个图书分类目录的《七略》里，第一次把周秦以来的字书及'六书'之学，称为'小学'。小学的创始人，便是扬雄、杜林、许慎、郑玄。"⑤当时童蒙教育中有关"五方"知识的整理和传授，很可能有"刘向、刘歆父子"及"扬雄、杜林、许慎、郑玄"等最优秀的学者参与。

汉代"小学"教育即童蒙教育中，"五方"之学居于重要地位，是地理学史及教育史上值得重视的文化现象。

① [清]孙希旦撰，沈啸寰、王星贤点校：《礼记集解》，中华书局1989年版，第768、769页。
② [宋]王应麟著，[清]翁元圻等注，栾保群、田松青、吕宗力校点：《困学纪闻》（全校本），上海古籍出版社2008年版，第629页。
③ 《日知录》卷二七《汉书注》，[清]顾炎武著，[清]黄汝成集释，栾保群、吕宗力校点：《日知录集释》（全校本），上海古籍出版社2006年版，第1535页。
④ 王国维：《汉魏博士考》，《观堂集林》卷四，《王国维遗书》第一册，上海古籍书店1983年版，第7页。
⑤ 胡奇光：《中国小学史》，上海人民出版社1987年版，第1—2页。

七、《万物录》"著五方所出"

至于战国秦汉区域经济史或者说经济地理学的学术成果,也有冠以"五方"的论著。《汉书》卷九一《货殖传》介绍越国范蠡、计然的贡献,写道:"昔粤王句践困于会稽之上,乃用范蠡、计然。"颜师古注:"孟康曰:'姓计名然,越臣也。'蔡谟曰:'《计然》者,范蠡所著书篇名耳,非人也。谓之计然者,所计而然也。群书所称句践之贤佐,种、蠡为首,岂闻复有姓计名然者乎?若有此人,越但用半策便以致霸,是功重于范蠡,蠡之师也,焉有如此而越国不记其事,书籍不见其名,史迁不述其传乎?'"

颜师古否定蔡谟的判断。他说:"蔡说谬矣。据《古今人表》,计然列在第四等,岂是范蠡书篇乎?计然一号计研,故《宾戏》曰'研、桑心计于无垠',即谓此耳。计然者,濮上人也,博学无所不通,尤善计算,尝南游越,范蠡卑身事之。其书则有《万物录》,著五方所出,皆直述之。事见《皇览》及《晋中经簿》。又《吴越春秋》及《越绝书》并作计倪,此则倪、研及然声皆相近,实一人耳。何云书籍不见哉?"①沈钦韩《汉书疏证》卷二五在"《野老》十七篇"题下,于"其书则有《万物录》,著五方所出"句后写道:"按《文选·西京赋》注《范子计然》曰:'玉英出蓝田。'《御览》:《范子计然》曰:'六尺蔺席出河东,上价七十。蒲席出三辅,上价百。'又有'武都''陇西'等名。明是汉人附益。然其《万物录》,独非范子书。"又写道:"《计然》之书,彰灼于汉,必非伪造。然《史记》著之,而《汉志》遗之,不知《野老》之即《计然》也。"②

据说计然"博学无所不通,尤善计算,尝南游越,范蠡卑身事之"。范蠡后来经济经营的成功③,或许在一定程度上受到"计然""博学""善计算"的积极影

---

① 《汉书》,第3683页。

② [清]沈钦韩等撰:《汉书疏证》(外二种),上海古籍出版社据清光绪二十六年浙江官书局刻本2006年影印版,第702页。

③ 王子今:《"千古一陶朱":范蠡兵战与商战的成功》,《河南科技大学学报》2008年1期;《范蠡"浮海出齐"事迹考》,《齐鲁文化研究》2009年第8辑,泰山出版社2009年版。

响。① 据顾炎武说,"(计然)其书则有《万物录》,著五方所出,皆直述之。事见《皇览》及《晋中经簿》。"能够"著五方所出",而且"皆直述之",应当是记录区域资源的经济地理学专著。可惜我们现今已经无法看到这一著作。但是《史记》卷一二九《货殖列传》同样"著五方所出,皆直述之",以司马迁学识之卓越以及行历之辽远,依据以亲身进行实地考察的体验,可能在关于"五方所出"信息的完备性方面,对于计然著书,应当更有新的突破和超越。

(作者系西北大学历史学院教授,曾任中国秦汉史研究会会长)

---

① 王子今:《关于"范蠡之学"》,《光明日报》2007 年 12 月 15 日;《范蠡的经营理念》,《中国投资》2009 年 10 月号。

问题倒逼与改革家的历史主动性

古往今来,大多数历史上的改革变法运动,都引发于特定的社会危机,或者说都是问题倒逼的结果。但尽管如此,在人们不得不进行改革以图存的情况下被逼出来的变革运动,也大多起到了推进历史进步的巨大作用;而在这些推动社会变革发展的进步运动中,改革家们都发挥了不同程度的历史主动性。评价改革家的历史主动性问题,可以为今人的社会改革提供宝贵的思想借鉴。揆之于当代史学,对历史上历次改革变法运动的研究可谓细密而深入,论文、著作不计其数,但从历史主动性的角度提出问题,并提出其评价标准,还是一个新的研究角度。本文就此发表一些粗浅的看法,希望引起关注和批评。

一、问题倒逼并不影响对改革家历史主动性的肯定

人类历史活动的最大惰性力量就是其保守性,因此,在历史的常态发展中,是不可能提出变法或改革问题的。相反,任何改革或变法,也都是被某种客观历史情景逼迫的结果。最近一个时期,在现实改革实践中,人们常用的"问题倒逼"一词,倒是很适合用来解释历史上变法或改革运动发生的原因。

战国时期各国的变法运动,实际上就是问题倒逼的结果。从春秋开始的历史剧变,在历史的表面上呈现的是诸侯国之间的兼并战争日趋激烈,以此倒逼列国国君仅仅为着国家的生存,就不能不想方设法谋求图强,以面对强者吞并的危机。于是,变法图强就成为一种普遍的政治选择。魏国的李悝变法,楚国

的吴起变法,秦国的商鞅变法,齐国的邹忌变法,韩国的申不害变法,燕国的乐毅变法,赵国的胡服骑射改革等等,无不如是。秦孝公在求贤令中,就把他变法图强的目的说得非常清楚:

> 昔我缪公自岐雍之间,修德行武,东平晋乱,以河为界,西霸戎翟,广地千里,天子致伯,诸侯毕贺,为后世开业,甚光美。会往者厉、躁、简公、出子之不宁,国家内忧,未遑外事,三晋攻夺我先君河西地,诸侯卑秦,丑莫大焉。献公即位,镇抚边境,徙治栎阳,且欲东伐,复缪公之故地,修缪公之政令。寡人思念先君之意,常痛于心。宾客群臣有能出奇计强秦者,吾且尊官,与之分土。①

秦穆公之后国事日衰,"三晋攻夺我先君河西地,诸侯卑秦,丑莫大焉",就是孝公面临的严峻问题。以当时之形势,"河山以东强国六,与齐威、楚宣、魏惠、燕悼、韩哀、赵成侯并。淮泗之间小国十余。楚、魏与秦接界。魏筑长城,自郑滨洛以北,有上郡。楚自汉中,南有巴、黔中。周室微,诸侯力政,争相并。秦僻在雍州,不与中国诸侯之会盟,夷翟遇之。"②如果不变法图强,秦就不能在"诸侯力政,争相并"的历史局势中立足。严峻的局势,倒逼秦孝公不得不招募宾客群臣中能出奇计强秦者,共图大业,修先君穆公之霸业。

汉武帝是历史上成功的改革家,靠着他所进行的政治、经济、军事、文化全方位的重大改革,奠定了中国两千年帝制时代稳定的制度性基础。而武帝的改革,也是倒逼的结果。

汉武帝即位时,经过了汉初六十多年的休养生息、稳定发展,社会经济呈现出一派发展的繁荣景象,且有了相当的财富积累;而在这一派繁荣的背后,实际上是隐藏着深刻的社会危机。时人清醒者就已经发现了问题,就如司马迁所说:"物盛而衰,固其变也。"③甚至有些危机,已经很严峻地摆在人们面前。安作璋、刘德增先生合著的《汉武帝大传》中,把武帝即位时面临的"亟待解决的问

① 《史记》卷五《秦本纪》,中华书局1959年版,第202页。
② 《史记》卷五《秦本纪》,第202页。
③ 《史记》卷三〇《平准书》,第1420页。

题",归纳为五个方面:"儒老相绌","骄恣不法的诸侯王","武断乡曲的豪强","君权与相权的矛盾","雄踞北边的匈奴"。这些总结是十分准确的,但他们却没有把问题的严峻性写得十分充分。因为他们在概述了这些问题之后的结论是:"武帝就处在这样一个可以大有作为的时代:一方面父祖留下的丰厚遗产使他有条件可以大有作为;另一方面,国内外亟待解决的问题又迫使武帝必须有所作为。"①实际上,对于年轻的武帝来说,他不是可不可以大有作为的问题,而是变革的紧迫性已对他能否守住皇权提出质疑! 他所面临的问题已经严重地威胁到汉政府的生存。国家没有可以规划未来的明确的指导思想;骄恣不法的诸侯王割据势力并没有因为景帝平息吴楚七国之乱而得到根本性解决;国家没有成体系的法律法规建设,以至于"网疏而民富,役财骄溢,或至兼并豪党之徒,以武断于乡曲"②;特别是匈奴的边陲威胁已经达到极其严重的地步,时常有危及京师的兵燹降临。据笔者统计,从高祖建国到武帝即位的六十年间,见于《汉书》的匈奴寇边记载,就不下六十余次,一次次屈辱地嫁女和亲、厚赐财物,丝毫不能羁縻或延缓匈奴的进逼。汉武帝即位时这个貌似强大的王朝,实际上面临着严峻的生存威胁。可以说,汉武帝时期所进行的从政治到经济,从国家制度到法律体系,从统治思想到外事方针,一系列全方位的社会改革,就是被逼出来的,是不能不如此的问题,用今天的话说,就是问题倒逼的结果。

无需更多举例,所有的变法或改革,都是对严峻的历史形势的回答,都是问题倒逼的结果。问题倒逼是解释所有变法、改革缘起的通则。

但是问题倒逼,并不影响我们对改革家历史主动性的判定。面对同样的历史情境,可以有完全不同的反映。可以面对严峻的历史现实而熟视无睹而走向彻底的衰败以至于亡国;也可以以大无畏的勇气变法、改革,迎接历史的挑战,最终扭转社会危机,把历史推向快速发展的轨道。历史选择不同,就反映着主体的历史主动性问题。所以,即使所有的改革都是问题倒逼的结果,也不影响我们对改革家历史主动性的评价,绝不因为改革是被问题倒逼出来的历史行为,就抹杀他们在推动社会变革的历史进程中所展示的历史主动性。

---

① 安作璋、刘德增:《汉武帝大传》,中华书局 2005 年版,第 84 页。
② 《史记》卷三〇《平准书》,第 1420 页。

由于中国历史的皇权专制特性,决定了任何改革都是自上而下的运动,并且都是最高权力顶层设计的产物。所以,所有改革都有赖于最高决策者皇权的支持,甚至是要有皇权的直接发动。这就决定了中国古代社会的变法、改革,都只是最高统治者的事情。这一点在"左"的时代,影响了对改革家的肯定性评价,人们往往因为它是剥削阶级的历史运动而给予否定,起码是不敢承认改革家的历史主动性问题。所以,发生在上世纪80年代的关于封建地主阶级能否主动调整政策问题的讨论,实际上讲的就是这个问题。笔者在当时的讨论文章中,是肯定封建统治阶级可以主动调整统治政策的,也就是说,他们是可以发挥变法和改革的历史主动性的。笔者在30多年前的文章中写道:

(1)主动权的基本因素是人们主观上的努力,是人们认识、改造现实的能动作用;(2)主动权的基础是对客观现实的正确分析与认识;(3)主动权的体现是正确地处置现实问题,有切合实际的"做或行动";(4)由于前三个条件,主动权不是任何天才家所固有的。以此为据,我认为,在中国封建时代里,凡当客观形势的发展提出了调整的要求,不调整就要阻碍、窒息社会生产的发展,激化阶级矛盾(当然也威胁了地主阶级的统治)的时候,统治者假如能够正视客观现实,从历史上和现实中总结经验教训,并在不同程度上作出符合社会发展需要的切实改革的,都是主动的调整。

主动和被动是既对立又统一的矛盾。任何调整,没有绝对的主动,也没有纯粹的被动。任何被动的调整,其中都有主动的因素;任何主动的调整,也都基于一定的客观要求。因此,主动与被动也是相比较而言的。我们研究历代封建统治者的各种改革,就是分析其中是否体现了、或在多大程度上体现了统治者认识现实问题和改革社会现状的主观能动作用。不能一见了调整,就是"主动",也不能因为调整是在出现了社会危机的时候进行的(也有不是这样的情形),就都认为是"被动"。①

虽然时间过去了30年,学术界的话语体系也发生了很大变化,但这一基本

---

① 李振宏:《试论封建统治阶级主动调整政策问题》,《青海社会科学》1984年第6期。

看法,笔者至今坚持,仍然认为不能因为改革、变法是问题倒逼的产物就否定改革家的历史主动性,反倒是要因为他们所发起和主导的变法、改革运动给了历史以有力的推动,而对其所发挥的历史主动性,给予高度的历史评价。

二、不依赖问题倒逼而走在历史的前头,是历史主动性发挥的最高境界

改革本身体现了历史主动性,但改革的提出、设计、推进以及所取得的实际效果,则体现着历史主动性的不同程度,并因而可以有不同的历史评价。历史主动性发挥的程度,可以成为评价历史上改革家的重要指标。

历史上改革家历史主动性发挥的最高境界,是改革家并不都依赖问题倒逼,而是善于站在历史运动的前头,及早发现问题,引领历史,减少倒逼的代价。及早发现问题,就是不要都等到问题已经酿成了恶果的时候才来思考改革的问题,要善于洞察历史发展的必然趋势而驾驭之。譬如历史上的魏孝文帝改革,就可以从中看到这样的历史主动性。

魏孝文帝改革涉及的面很广,可以说是一次全面的社会改革,从政治体制、经济制度到民族政策,无不伤筋动骨,大刀阔斧。其政治体制、经济制度方面的改革,有明显的问题倒逼性质,是其一般改革都具有的历史属性。譬如经济制度方面推行均田制,就有明显的问题倒逼的因素。李安世上书中提出实行均田制的理由是:

> 窃见州郡之民,或因年俭流移,弃卖田宅,漂居异乡,事涉数世。三长既立,始返旧墟,庐井荒毁,桑榆改植。事已历远,易生假冒。强宗豪族,肆其侵凌,远认魏晋之家,近引亲旧之验。又年载稍久,乡老所惑,群证虽多,莫可取据。各附亲知,互有长短,两证徒具,听者犹疑,争讼迁延,连纪不判。良畴委而不开,柔桑枯而不采,侥幸之徒兴,繁多之狱作。欲令家丰岁储,人给资用,其可得乎!①

---

① 《魏书》卷五三《李孝伯传(附子安世传)》,中华书局 1974 年版,第 1176 页。

　　这段话所反映的问题,足见其行均田之制的紧迫性,推行均田制是不得已之结果。如不行均田,立国的社会基础、经济基础都将受到严重的破坏。

　　但是,魏孝文帝改革中的推行汉化政策,则并没有面临如此严峻的紧迫性,不进行全面彻底的汉化运动,并没有显示出严重的现实危机。也就是说,占有统治地位的拓跋族,还没有面临不同化于汉族就不能生存的地步,而是最高统治者感受到了同化的有利趋势而做出的主动选择。《魏书》中详细记载了魏孝文帝和王侯贵族及其臣僚讨论汉化问题的具体过程,从中即可窥见魏孝文帝在这个问题上卓越的先见之明:

　　　　高祖引见朝臣,诏之曰:"卿等欲令魏朝齐美于殷周,为令汉晋独擅于上代?"禧曰:"陛下圣明御运,实愿迈迹前王。"高祖曰:"若然,将以何事致之? 为欲修身改俗,为欲仍染前事?"禧对曰:"宜应改旧,以成日新之美。"高祖曰:"为欲止在一身,为欲传之子孙?"禧对曰:"既卜世灵长,愿欲传之来叶。"高祖曰:"若然,必须改作,卿等当各从之,不得违也。"禧对曰:"上命下从,如风靡草。"高祖曰:"自上古以来及诸经籍,焉有不先正名,而得行礼乎? 今欲断诸北语,一从正音。年三十以上,习性已久,容或不可卒革;三十以下,见在朝廷之人,语音不听仍旧。若有故为,当降爵黜官。各宜深戒。如此渐习,风化可新。若仍旧俗,恐数世之后,伊洛之下复成被发之人。王公卿士,咸以然不?"禧对曰:"实如圣旨,宜应改易。"①

　　这段孝文帝君臣关于为什么要实行汉化改革的对话,把问题讲得十分明了,不是面临了什么严重的社会危机,而是他们要主动地"迈迹前王",要创造齐美于殷周的伟业,要使他的国家和人民"成日新之美",要将他们的江山社稷、文明之德"传之子孙"。这是多么强烈的历史主动性。就是为着这么远大的目标和强烈的历史使命感,魏孝文帝才发动了全面而深刻的汉化运动,克服重重阻力,成就了一段民族融合的佳话和伟业。

　　所有的改革家都有历史主动性精神,都有值得后人称道的勇气和伟业,但

————————————

① 《魏书》卷二一上《献文六王传》,第535—536页。

唯有站在历史前头，及早发现问题，洞察历史趋势，不待形势逼迫而主动发起改革的人，才是最伟大的改革家，才是将历史主动性发挥到极致，从而使改革成为完全主动性的历史选择。而只要体现了这样的历史主动性的改革，才可能最大限度地降低历史的损耗。这样的历史改革家，不是被历史所逼迫，而是引领历史发展的人。当然，这样的改革家只是凤毛麟角。

三、对改革可能引发的问题有所预判，而减少改革的历史损耗，是历史主动性发挥的较高水平

其次，改革家在改革之初应该有清醒的头脑，增强历史预见性，对改革可能引发的问题有所预见，有所预判，并作出有针对性的对策和预案。能做到这一点的改革家，才可能将改革所可能带来的负面影响、历史损耗降低到最低程度。这样的改革家也堪称伟大。

可以说，汉武帝就是这样一个值得称道的改革家。汉武帝所进行的改革，历时几十年，可以说是终其一生，都处在自己所发起的改革运动中。他前期的改革是大刀阔斧，前文已经提到，他进行的是一次从政治到经济，从国家制度到法律体系，从统治思想到外事方针，涉及社会各个层面、各个领域的全方位社会改革。简言之，汉武帝的改革从巩固皇权专制的大一统集权政治出发，对汉初的各项政策作了大幅度的调整：改变统治思想，罢黜百家、独尊儒术；改变屈辱求和的对外方针，征伐四夷，反击匈奴；颁推恩令，削弱封国势力，迁徙豪强，加强中央对地方的控制；收铸币权于中央，实行盐铁官营和均输平准，行算缗告缗，限制、打击富商大贾和豪强贵族的经济势力；行假田假税制，安置贫民，增加政府财政收入；更定法律，建设严酷繁苛的法律体系，束紧对社会的控制。可以说，这样的改革，是一场大规模的全方位的社会改造运动。

这样宏大的社会改革，目标是宏伟的，也是由一定程度的社会危机所要求的，对于一个新型的以皇权专制为基本特征的大一统集权社会的正式确立无疑是必要、正当、可行的，是符合历史进程的必然要求的。但是，这样规模巨大的社会运动，将对当下社会带来什么样的负面影响，是否超出人们的心理承受能力，汉初几十年的物质财富积累是否足以支撑大规模社会建设和军事征伐的财

务损耗,可能会引发什么样的新的社会问题,改革家们,首先是汉武帝本人是否有所预判和对策? 这考验着改革家驾驭历史运动的能力,检验着改革家的历史主动性问题。

事实是,这样大规模的历史运动展开不久,新的社会危机就开始酝酿并逐渐暴露出来。特别是到武帝晚年,社会矛盾就更显突出。长期对外战争的消耗和奢侈无度的浪费,加重了人民的负担,社会经济遭到严重破坏。《汉书·食货志》记述当时的状况说,"是后,外事四夷,内兴功利,役费并兴,而民去本……功费愈甚,天下虚耗,人复相食。"宣帝时人谈起武帝改革造成的社会问题,也有言曰:"武帝虽有攘四夷广土斥境之功,然多杀士众,竭民财力,奢泰亡度,天下虚耗,百姓流离,物故者半。蝗虫大起,赤地数千里,或人民相食,畜积至今未复。"①造成这样的状况,对于一场全国性的大规模的社会改革运动,特别是必须进行的大规模征伐匈奴军事行动,几乎是难以避免的。

但是,有文献证明,汉武帝是一个清醒的改革家,他对自己的社会改革所可能造成的社会问题,所可能发生的新的社会危机是有预判的。《资治通鉴》载:

> (武帝)谓大将军青曰:"汉家庶事草创,加四夷侵陵中国,朕不变更制度,后世无法;不出师征伐,天下不安;为此者不得不劳民。若后世又如朕所为,是袭亡秦之迹也。太子敦重好静,必能安天下,不使朕忧。欲求守文之主,安有贤于太子者乎!"……太子每谏征伐四夷,上笑曰:"吾当其劳,以逸遗汝,不亦可乎!"②

这段文字不长的言语,说明了几个问题:(1)武帝对社会改革及其征伐匈奴的负面影响或曰社会代价保持着清醒的头脑,知道这些作为会劳民、扰民而造成新的社会危机,一味地不顾后果而采取当下的方针,将会重蹈亡秦的覆辙;(2)他没有把制度建设和征伐四夷作为永恒不变的治国方针,而是计划在完成了制度建设和平定四夷之后,回归以文治国的正常轨道,但在他的判断中,这个

---

① 《汉书》卷七五《眭两夏侯京翼李传》,中华书局1982年版,第3156页。
② 《资治通鉴》卷二二《汉纪》一四,中华书局1956年版,第726—727页。

治国政策的回归可能要到他身后的时代,而对于他来说,则有可能需要以毕生精力致力于改革大业;(3)既然他已经意识到这种政策的一味推行有重蹈亡秦的覆辙的危险,那么,如果这种危险的发生提前到来,他当然不会视而不见,而自会改变方针,及时实现政策调整,因为无论如何也不能再有亡秦之失。这样清醒的认识,决定了武帝一旦面临亡秦之失,立即调整治国方针,则是必然的选择。

于是我们看到,在武帝面临了改革带来的新的社会危机,有了亡秦之失的时候,他就毅然做出了重大的政策调整。这就是历史上有名的"罢轮台屯田诏",或曰"轮台诏"。《汉书·西域传》载:

> 上乃下诏,深陈既往之悔,曰:前有司奏,欲益民赋三十助边用,是重困老弱孤独也……当今务在禁苛暴,止擅赋,力本农,修马复令,以补缺,毋乏武备而已。
> 由是不复出军。而封丞相车千秋为富民侯,以明休息,思富养民也。

联系到上引《资治通鉴》所载武帝的话,武帝晚年的"轮台诏"实际上是他在改革之初已有的预案。

但是,关于上边我们分析的这段出自《资治通鉴》的材料的真伪,现在却成了一个必须要说明的问题。这段材料的真实性,近代以来的史学界几乎很少怀疑,特别是在上世纪 80 年代初田余庆先生的宏文《论轮台诏》[①]作出汉武帝晚年改弦易辙、实行了重大政策转变的判断之后,武帝晚年实现重大战略转折的说法几成定论。即使到本世纪初,著名秦汉史专家安作璋先生,仍然发文章肯定武帝晚年"轮台诏"的真实性和《资治通鉴》中这段材料的可信性,也据此作出判断"把军国大政的重点从'外事四夷,内兴功利'转移到恢复发展国民经济上来。实际上,这一转变是武帝的既定方针。不过,他原本把政策的转变设计在下一代,由他的后任来完成。然而,时局的发展迫使他不得不提前……武帝慧眼独具,从种种迹象中发现已到了非改弦更张不可的时候了。正是这一转变,

---

① 《历史研究》1984 年第 2 期。

挽狂澜于既倒,并使大汉皇朝再次焕发生机。"①但是,辛德勇先生最近对这一传统的几成定论的看法提出了质疑,他用一篇八九万字的长文详细考证"轮台诏"的相关事实,从史源学的角度论证了汉武帝晚年根本没有治国路线从穷兵黩武到"守文"的战略转变,认为国内外许多著名学者在此问题上的研究都得出了错误的结论,其错误产生的根源是盲信《资治通鉴》中所采录的关于"汉武故事"的荒诞记载。② 应该说,辛德勇的考证很有功力,但他却只是证明了司马光的相关材料取之不足据信的《汉武故事》,《资治通鉴》的史料取舍并非像传统史家认为的那样严谨,而他却无法将《汉武故事》中关于武帝对大将军卫青的话及这段话所表达的思想的真实性直接证伪,而《汉书·西域传》所载"轮台诏"是公认的事实,并且还有"封丞相车千秋为富民侯,以明休息,思富养民"相关证据可以佐证,所以,说武帝晚年有重大的政策调整,从基本事实上说还是靠得住的。安作璋曾完全依据"轮台诏"对武帝晚年的政策调整作出系统分析:

> 禁苛暴,是针对严刑峻法而言的,要从高压转向宽容。这实际上也是对从前推行严刑峻法的一个否定。止擅赋,是针对各种赋敛而言的,其中也包括了对黎民百姓的赋敛过重。力本农,这本是汉朝的基本国策,汉初诸帝曾反复强调这一点。武帝承认,他背离了父祖遗训,现在要悬崖勒马,把经济工作的中心重新转移到发展农业生产上来。修马复令,是针对在边活动中军马损失惨重而言的,马匹不仅是重要的武备力量,而且是重要的农业生产和运输交通工具。
>
> 归纳起来,《轮台诏》中提出的政策转变有以下几项:
> 在统治手段方面,从严刑峻法转向宽松温和;
> 在百姓负担方面,从重赋繁役转向轻徭薄赋;
> 在经济建设方面,从垄断财利转向发展农业;
> 在对外关系方面,从战略进攻转向战略防御。③

---

① 安作璋、刘德增:《论汉武帝》,《山东师范大学学报》2005 年第 3 期。
② 辛德勇:《汉武帝晚年政治取向与司马光的重构》,《清华大学学报》2014 年第 6 期。
③ 安作璋、刘德增:《汉武帝大传》,第 407 页。

　　像这样并不依赖《资治通鉴》而作出的有力判断,是完全可以说明武帝晚年政策转变的事实的。而这与《资治通鉴》中武帝那段话的实际内涵可以相互印证。鉴于此,本文仍然对《资治通鉴》中的相关记载予以采信。

　　像汉武帝这样头脑清醒的政治家、改革家历史上并不多见,其所表现的历史主动性,应该给予高度的历史评价。

四、能否追踪改革实践而进行政策调整,是评价改革家历史主动性的标准之一

　　历史上重大改革实践正反两方面的经验教训昭示我们,改革家在改革过程中应以清醒的头脑对改革的成效进行不断地评估或判断,面对出现的新问题及时调整对策,以确保改革的积极成效。能否做到这一点,也是我们评价改革家历史主动性的重要方面。

　　在实际的社会实践中,人们在解决某一问题时,采取一种看来是非常有效的措施,但对这种措施事后会带来什么样的灾难性后果,却往往又显得惊人的无知。像社会改革这样重大的社会实践,当然也是如此。当人们制定改革的方针、政策或具体措施时,这些方针、政策或措施对于人们面临的具体问题,一般都会是有效的,但在具体的实施过程中,会带来哪些新的问题,甚至会造成什么样的灾难性影响,则往往难以预料,很少顾及。为了眼前而忽略了未来,这样的事情是非常常见的。这种情况就要求改革家要对自己的政策或行动后果做多种可能性分析,并追踪改革实践进行评估或判断,酌情调整政策,以保障改革成效。否则,无论多么美好的愿望或动机,都不能保证收到成正比例的预期。王安石变法中的"青苗法"的实施情况,就可为反面教训。

　　青苗法是王安石变法中的一项重要举措,它以以往的常平仓、广惠仓的钱谷作本钱,在夏秋青黄不接之时贷款给农户,农户在收获庄稼之后加二分利息偿还贷款。青苗法既可以纾解农户生产生活之困、免除其有可能遭受的高利贷盘剥,又能增加政府的财政收入,以收济民富国的两利之效。这样的改革政策设计,无疑是有其正当性、合理性或曰科学性和可行性的。但是,后来的实践效果却并没有达到设计者的初衷,并最终被废除,以失败而告终。究其原因,就是

改革家没有深入改革实践，追踪改革措施实践过程中暴露出来的具体问题及时纠正或解决，最终使其偏离了政策设计的原始轨道。

譬如，青苗法在政策层面上设计的是自愿原则，"不愿请者，不得抑配"是其基本法规，但是，在其实施过程中，却被严重地破坏了。本来，在制度设计之初，这一原则如何被保障落到实处就应该有所考虑。自愿原则的不能落实是完全可以预料的，应该在政策设计时就制定相应的辅助法规，但其主导者却没有给予应有的关注。既没有抑制违规的措施，也没有应对这一问题的预案。改革的主导者在政策设计及其预案对策方面的历史主动性没有得到很好的发挥。这就给青苗法实施中造成社会混乱埋下了伏笔。待到青苗法在全国范围内铺展开后，问题就接踵而至。

> 初敕旨放青苗钱，并听从便，毋得抑勒，而提举官务以多散为功；又民富者不愿取，而贫者乃欲得之，即令随户等高下分配。①

> 提举官欲以多散为功，故不问民之贫富，各随户等抑配与之。富者与债仍多，贫者与债差少。多至十五缗，少者不减千钱。②

> 先朝初散青苗，本为利民，故当时指挥，并取人户情愿，不得抑配。自后因提举官速要见功，务求多散，讽胁州县，废格诏书，名为情愿，其实抑配。③

> 青苗钱虽不令抑勒，而使者皆讽令抑配。如开封府界十七县，惟陈留姜潜张敕榜县门及四门，听民自来请则给之，卒无一人来请。以此观之，十六县恐皆不免于抑勒也。④

因为贷款给老百姓要收取十二之息，也因为贷、收之间的粮食折价，都给官吏从中牟利提供了契机，所以，强制性的普遍散贷，就成为一种普遍性的行为。如何应对这种官吏的违规散贷，改革主导者应该追踪青苗法的实施情况，而作

---

① 《续资治通鉴长编拾补》卷七，"熙宁三年正月癸丑"，中华书局 2004 年版。
② 司马光：《温国文正公文集》卷第四十一，四部丛刊影印宋绍兴刊本。
③ 孔凡礼点校：《苏轼文集》卷二七《乞不给散青苗钱斛状》，中华书局 1986 年版。
④ 马端临：《文献通考》卷二一，《市籴考》二，中华书局 1986 年版。

出相应的调整以扭转其混乱局面。事实上,在这期间,也确实有不少人都对此提出了建议。如欧阳修的两道"言青苗钱札子"就是很好的建议。其第一道札子中,关于抑配青苗钱的问题,他建议说:

> 臣窃闻议者多以抑配人户为患,所以朝廷屡降指挥,丁宁约束州县官吏不得抑配百姓。然诸路各有提举、管勾等官,往来催促,必须尽钱俵散而后止。由是言之,朝廷虽指挥州县不得抑逼百姓请钱,而提举等官又却催促尽数散俵。故提举等官以不能催促尽数散俵为失职,州县之吏亦以俵钱不尽为弛慢不才。上下不得不递相督责者,势使之然,各不获已也。由是言之,理难独责州县抑配矣。以臣愚见,欲乞先罢提举、管勾等官,不令催督,然后可以责州县不得抑配。其所俵钱,取民情愿,专委州县随多少散之,不必须要尽数,亦不必须要阖县之民户户尽请。如此,则自然无抑配之患矣。①

应该说,欧阳修的建议是抓住了问题的根本。解决抑配问题,根本的就是官吏的问题,特别是专司督责地方官的这些提举、管勾之属。他们为了邀功,为了政绩,一味地督责地方官强行散贷,上边所引关于抑配问题的几条材料,无一不涉及这些提举、管勾们的"务求多散,讽胁州县"问题。如果改革主导者能够及时处理这些问题,落实青苗法的初衷不是不可能的。可惜的是,由于多方面的原因,主事者王安石却没有对改革实践中出现的这些问题给予更多关注,没有追踪改革过程中暴露的问题并及时调整。青苗法的失败,是不是证明了王安石作为改革家,其历史主动性的发挥着实有亏呢? 当代研究王安石变法问题,有学者把青苗法的失败在很大程度上归罪于王安石的个人因素,譬如指出是由于王安石的好大喜功、纸上谈兵、固执偏见、用非其人等等。② 这样做是否恰当姑且不论,其个人历史主动性方面的欠缺,则是不容偏袒的。

历史上的大部分改革变法运动,其初衷都是善良的,积极的,但很多变法改

---

① 黄淮:《历代名臣奏议》卷二六六,文渊阁四库全书本。
② 参见刘德:《青苗法之得失及其原因探略》,《广西民族学院学报》1993 年第 2 期。

革运动都没有收到预期的效果,甚至以失败而告终,其中多有历史主动性发挥不够的原因,有不能善始善终,不能紧紧追踪改革实践及时处理由改革所引发的新问题,而最后被这些改革的负面效应所淹没的例证。任何重大的历史变革都会带来意料不到的新问题,而保障改革的顺利进行,追踪改革进程,及时处理改革的负面效应,是任何一场改革运动所不可忽视的问题。这个问题,也考验着改革家历史主动性发挥的程度,检验着改革家的智慧、意志、毅力及其思想品质的坚定性。

（作者系河南大学历史文化学院教授,中国秦汉史研究会副会长）

张传玺先生的学术贡献和主要论著

岳庆平

张传玺先生是著名历史学家，一生致力于将马克思主义历史唯物主义理论应用在史学研究与教学上，史学研究与教学的突出特点是注重理论与实证相结合。中国社会科学院古代史研究所在"唁电"中评价："我国当代著名马克思主义历史学家，长期致力于中国古代史研究，特别是在秦汉史研究领域成绩斐然……推动了学科理论建设和方法创新……为推动中国古代史学科高等教育做出卓著贡献……在共同推进中国古代史研究、学科建设、人才培养方面做出了重要贡献。"

先生是翦伯赞先生第一个和唯一留校工作的研究生，长期给翦老当助手。翦老是著名的马克思主义史学家，生前长期担任北大副校长和历史学系主任。据先生回忆，攻读研究生期间，翦老曾问今后怎样研究秦汉史，先生说了三个专题：一是研究秦汉时期的社会性质，从土地制度入手；二是研究社会生产力，从铁器(犁)牛耕入手；三是研究政治制度，从中央集权制入手。

汉代王充说：文章"为世用者，百篇无害；不为用者，一章无补"。先生论著等身，从无应时之作和应景之作，每篇每本都透彻地体现着马克思主义历史唯物主义的思想，是他一生坚持历史真实、探索历史规律的真实写照。先生的学术贡献以秦汉史研究为重点，纵横结合，融会贯通，主要体现在三个方面：中国土地制度史研究、中国契约史研究、中国铁器牛耕史研究。此外，先生对中国历史地理、北京史、民族史等也有很深造诣。

先生秦汉史研究的代表著作有《秦汉问题研究》《张传玺说秦汉》《从"协和

万邦"到"海内一统"》等。代表论文有《论秦汉时期三种盐铁政策的递变》《汉高祖刘邦新评》《论春秋至西汉中期的盐铁包商政策》《两汉国营手工业中的弊端与救弊措施》《秦汉中央集权制度的形成与大一统疆域的奠定》《古代政治文明的历史典范——秦汉时期中央集权制度的创造与推行》等。

就中国土地制度史研究而言，先生的代表论文有《汉以前封建地主土地所有制的发生和确立》《两汉地主土地所有制的发展》《论中国古代土地私有制形成的三个阶段》《论中国封建社会土地所有权的法律观念》《战国秦汉三国时期的国有土地问题》《中国封建土地制度的历史变迁》《西周春秋战国时期土地制度的演变》等。

关于中国古代土地制度，先生赞成"私有制"说。对于"国有制"说，先生认为对所用资料有"牵强附会"之嫌，在理论上，也有"教条主义"之嫌。马列关于"自由买卖"是土地所有权的最高标志说是一个普遍性的原则。中国在春秋后期，已出现了这样一些记载。如《礼记·檀弓下》曰："丧不虑居。"郑玄注："谓卖舍宅以奉丧。"《韩非子·外储说左上》曰："王登一日而见二中大夫，（赵襄子）予之田宅。中牟之人弃其田耘、卖宅圃而随文学者邑之半。"所记反映了当时的"舍宅""宅圃"已先于田地而进入买卖的流程。到战国中期，秦"用商鞅之法，改帝王之制，除井田，民得买卖。"此事应作为土地私有权（制）在秦国率先法典化的标志。其他六国，或先或后，相继效尤。到公元前221年秦始皇统一六国后，下令"使黔首自实田"。古代中国的土地私有制从此开始，已在全国范围内确立。

据《张传玺教授的学术思想和研究方法》一文，先生认为土地制度是一个大问题，事涉上下几千年，如只囿于一朝一代，或囿于一个片断，不可能窥其全豹，也不会解决根本问题。要进行全面的重新研究，从土地国有制形成及其瓦解，土地私有制产生、发展、演变中，找出其基本的发展、变化规律。先生撰写《论中国古代土地私有制形成的三个阶段》一文，就是为了这一目的。此文的资料根据有诸多方面：中国古代文献，云南、海南岛、内蒙古的大兴安岭、黑龙江等地区的少数民族资料，以及欧洲、日本的有关资料。理论方面，先生遵循马克思的提法，即一切文明民族都是从农村公社土地公有制开始的，后来转变为私有制。关于中国古代土地私有制形成的三个阶段，先生主张第一阶段开始于农村公社的时期,就是"房屋及农作园地"开始私有的时期;第二阶段开始于农村公社解体的时期,就是"破坏耕地的公有制"、农田开始私有时期;第三阶段开始于"破坏森林、牧场、荒地等等的公有制"时期,即作为农村公社经济基础的土地全面转向私有的时期。先生认为,"山林川泽不以封"制度的破坏,是土地私有制第三阶段确立的主要标志。而山林川泽的买卖关系,发生在西汉中期。

就中国契约史研究而言,先生的代表著作有《契约史买地券研究》《中国历代契约粹编》《中国历代契约会编考释》等。代表论文有《从土地契约形式的演变看我国封建土地所有制》《中国古代契约形式的源和流》《中国古代契约资料概述》《论中国历代契约资料的蕴藏及其史料价值》《〈百济国斯麻王买地券〉释例》《关于香港新见吐鲁番契券的一些问题》《新见鸽子洞元代契约识读》《买地券文广例》《买地券用名的历史考察》等。

先生全面系统地研究中国古代社会各种形式的契约,取得了这一研究领域的标志性成果。先生研究契约始于1958年至1959年,目的是为了研究傣族和彝族的土地制度问题。认为中国古代契约发展可大致分为四个阶段:第一阶段是西周至春秋,邦国约与万民约并用时期;第二阶段是战国至西晋,使用私约时期;第三阶段是东晋至五代,使用文券(红契)时期;第四阶段是北宋至民国,使用官版契纸和契尾时期。

先生的《中国古代契约形式的源和流》一文发表后,不仅为中国学界人士所瞩目,也震动了日本的有关学者。日本敦煌学名家池田温教授在台湾举行的"简牍学会议"上,向与会者郑重推荐了此文,引起了与会者的兴趣。此文的资料兼及文献、考古、民族学、人类学,时间所及上下数千年,对历史研究及当前的票据之学都有重要参考价值。

中国古代契约的最早形式是"判书"。先生对中国历史上许多少数民族的有关资料进行了查阅研究,发现这些民族在没有文字的时期,都"刻木为契",这就是判书。而汉族在周秦汉代已用文字,但仍用判书,并把判书分为三种,各有名称和用途。如《周礼·天官·小宰》曰:"听称责以傅别","听卖买以质剂","听取予以书契"。

契约的合同形式在隋唐以后,主要用于抵押、典当、租赁、借贷、雇佣等活契关系。之所以这样,是和缔约之后在相当长的时间中,缔约各方互相存在着权利与义务关系分不开。绝卖关系多采用单契形式。单契大约发生在南北朝中期,是由质剂演变而来。唐代单契的使用广泛,绝卖关系几乎全用单契。在活契关系中也有使用单契的,出具契约的一方一定是债务人。单契之所以在绝卖关系中受到欢迎,是因绝卖关系之成立,其协议事项同时履行,一般不保留义务。这种契约的成立,主要有三个条件:一是当事人对标的有完全的所有权或完全的处分权;二是标的须确定;三是当事人的意愿不得低于一般法律行为及契约之原则。这三个条件表现在契约文字上,大致可分为八项:即立契时间、业主姓名、标的确定、钱主姓名、契价和交割、业主担保事项、业主署名画押、中保人署名画押等。自税契制建立以后,官府对立契的情况加强了监督,唐代因有"申牒"之制,宋代又行官版契纸,单契的契文日渐规范化。

先生所编《中国历代契约会编考释》,是从全国范围精选契约文件 1400 余篇,连注释共 124 万余字,上自西周,下迄民国,几乎涉及全国各地区,包括的古今民族有汉、鲜卑、吐蕃、契丹、西夏、维吾尔、蒙古、满、彝、壮等,契约原件选自汉晋木简、吐鲁番和敦煌文书、徽州和各省发现的契约原件等,契约录文选自历代碑刻和有关文献,含有契约内容的资料则选自青铜器铭文、碑刻和文献。而且对多数文件详加考定、注释,精心分类编排。

就中国铁器牛耕史研究而言,先生的代表论文有《两汉大铁犁研究》《两汉铁犁影响我国古代农业两千年》等。先生之所以重视中国铁器牛耕史的研究,一方面是因为马克思、恩格斯在许多著作中充分肯定铁器牛耕出现后给社会生产力带来的巨大影响;另一方面,也是研究土地制度问题的需要。按照马克思主义理论,生产力决定生产关系,中国古代开始土地国有,后来土地私有,都和生产力发展有关系。

关于中国铁器牛耕史,先生重点研究的是两汉大铁犁。目的有二:一是对两汉的农业生产力有一个比较恰当的评估,二是摸一摸中国古代铁犁牛耕的由来和发展状况。自 1980 年 1 月至 1981 年 11 月,历时 22 个月,先生三进中国历史博物馆,三进北京大学仪器厂,三进北京缝纫机制造厂,五进北京农业机械化学院,为出土的西汉辽阳大铁犁和东汉滕县大铁犁制图、制模、翻铸、配制犁架并用拖拉机牵引试耕。

铁器牛耕在中国已使用了两千余年,但以往的学术界对这一问题缺乏研究,论述时随意性很大,常与事实不符。如说"春秋时期已开始使用铁犁牛耕";"秦汉时期已在全国范围广泛使用铁器牛耕";"唐朝已出现了新式的曲辕犁,用一牛牵引,大大提高了生产能力",这些说法都是夸大其词,没有资料根据。先生将亲自实验取得的第一手用两汉大铁犁耕田的各方面数据,与历史文献中关于牛耕的各方面记载相比对,认为春秋时代并无铁犁。到战国中后期,始见 V 形铁犁冠,俗称铁口犁,非常原始,数量较少。直到西汉前期仍如此。西汉中期以后,全铁犁渐多。但秦汉两朝时之江南广大地区,以"火耕水耨"为主,翻土用铁铲类而不用铁犁。汉唐宋元,主要用二牛抬杠和长直辕犁。至明清,曲辕犁始与短直辕犁并行。这项研究在一定程度上开辟了文献、考古、实验互相结合的历史学研究新途径、新方法。

先生与袁行霈先生、严文明先生、楼宇烈先生共同主编的《中华文明史》,是一部北京大学 36 位著名教授集体合作、众多专业知识交叉融合的标志性成果,涵盖了文学、史学、哲学、考古、宗教、艺术等多个学科。《中华文明史》2006 年出版后,多种外语翻译本的出版发行进展顺利,这对促进国际文化交流、提升中华文化国际影响力起到了重要的推动作用。袁行霈先生在写给张先生的挽联中,评价张先生是"秦汉史巨擘一代师表"。

据先生长子张守清师兄回忆:"父亲对学术研究的精益求精不仅充分体现在他生平中所提到的主要研究成果上,而且也充分体现在他晚年主编《毛泽东批注二十四史》上。《毛泽东批注二十四史》是中央档案馆为纪念毛主席诞辰 120 周年确定的出版项目。他们邀请父亲作主编,主要负责武英殿本二十四史版本考证、校勘部分的句读。毛主席批注所用的这个版本在国内还是第一次标点出版。2013 年 4 月出版后,父亲发现其中的部分点断还是不够准确,希望再版时能够更正过来。在从 2013 年到 2020 年的 8 年中,父亲在做其它研究工作的同时,将四千多万字的《毛泽东批注二十四史》共 91 册中的每一册每一页全部做了仔细的校勘,将需要修改的地方在书中标注出来,写上自己的意见。最后,父亲又将这 91 册按卷梳理了几遍,做了一个目录,把所有他提出意见的卷名和页码都列在上面。希望把一份'齐、清、定'的校勘稿交给出版社。在他发病住院的前一天,他还在整理这份长达 800 多页的校勘目录手稿。"

先生一生致力于历史教学工作。除担任北京大学历史学系的教学工作外,还兼任中央广播电视大学主讲教师,多所大学的客座教授,受邀到国内外大学讲学和访问。1988 年,先生与王力、启功、任继愈、袁行霈等先生一起获得中央广播电视大学优秀主讲教师奖。先生编写的历史教材有《中国通史讲授提要》(古代部分)《中国通史讲稿》《中国古代史纲》《简明中国古代史》《中国历史文献简明教程》《中国古代史教学参考手册》《中国古代史教学参考地图集》等。据不完全统计,先生编写的历史教材,印刷总数至少也有 500 万册。其中《中国古代史纲》于 1992 年获得国家教委颁发的高等学校优秀教材二等奖;《简明中国古代史》已印刷 49 次,目前正在编辑第六版,是新中国成立以来中国古代史书籍发行量最大者之一,于 2016 年获得北京大学优秀教材奖,并被列入第一批"北京大学规划教材"出版。先生参与编著的《北京历史地图集》,于 1991 年获得北京市科学技术进步一等奖。

先生长期担任国家(教育部)中学历史教材审查委员会委员、全国普通高校招生统一考试学科命题委员会委员,全国各类成人高等学校统一招生考试大纲审定委员会副会长兼历史学科组组长。他主持编写的中学教材《历史》(初中卷),深受广大师生的好评。

先生作为翦老第一个和唯一留历史学系任教的研究生和曾经的助手,投入大量的时间精力整理研究翦老的史学遗著和手稿资料。整理出版了《翦伯赞史学论文选集》《翦伯赞全集》《翦伯赞诗集辑注》、翦伯赞《秦汉史十五讲》等。为让后人了解翦老光辉的一生,先生从 1978 年 9 月就开始筹备撰写《翦伯赞传》,历时 18 年收集资料,到四川、重庆,湖南长沙和桃源,探访翦老的故乡及生活工作过的地方,采访翦老的亲友和有关单位,并阅读大量当代人的传记、年谱、回忆录等。之后又用一年时间完成了 50 万字的《翦伯赞传》的写作,并在北京大学为翦老举行"百年诞辰"纪念大会的前夕,由北京大学出版社出版。尤其令人感动的是,直到先生病重前一天,还在认真修改完善《翦伯赞画传》《学习翦老 传承翦老》两部书稿。2021 年 1 月,《翦伯赞画传》《学习翦老 传承翦老》由华文出版社出版。

先生一生出版学术著作 30 余种,发表学术论文 200 余篇,可以分为教材、著作、论文、主编、整理五个部分。

张传玺先生主要论著目录

一、教材

《中国通史讲授提要》(古代部分,合著),北京大学出版社,1982 年 6 月,多次再版

《中国通史讲稿》(上),北京大学出版社,1982 年 10 月,多次再版

《中国古代史教学参考地图集》(合著),北京大学出版社,1982 年 8 月,1984 年 3 月增订本

二、著作

《北京史》(合著),北京大学出版社,1985 年 8 月

《秦汉问题研究》,北京大学出版社,1985 年 11 月,1995 年 10 月增订本

《北京历史地图集》(合著),北京出版社,1988 年

《翦伯赞传》,北京大学出版社,1998 年 3 月

《新史学家翦伯赞》,北京大学出版社,2006 年 10 月

《翦伯赞诗集辑注》,民族出版社,2008 年 4 月

《契约史买地券研究》,中华书局,2008 年 8 月

《从"协和万邦"到"海内一统"》,北京大学出版社,2009 年 1 月

《张传玺说秦汉》,上海科学技术文献出版社,2009 年 1 月

《中国历代契约粹编》(共三册),北京大学出版社,2014 年 5 月

《中国梦》,现代教育出版社,2016 年 1 月

《大家说历史:封建王朝的兴起》,生活·读书·新知三联书店,2018 年 9 月

《中国古代政治文明讲略》,北京出版社,2019 年 5 月

《翦伯赞画传》,华文出版社,2021 年 1 月

《学习翦老 传承翦老》,华文出版社,2021 年 1 月

《云南彝族那氏土司本末》,学苑出版社,2021 年 11 月

三、论文

《汉以前封建地主土地所有制的发生和确立》,《北京大学学报》1961 年第
2 期

《两汉地主土地所有制的发展》,《北京大学学报》1961 年第 3 期

《〈资治通鉴〉是怎样编写的——读司马光〈答范梦得〉书后》,《光明日报·
史学》1961 年 12 月 20 日

《武定彝族地区的封建领主所有制及其破坏》,《文史哲》1962 年第 2 期

《从土地契约形式的演变看我国封建土地所有制》,《光明日报》1963 年 6
月 13 日

《论中国古代土地私有制形成的三个阶段》,《北京大学学报》1978 年第
2 期

《翦伯赞同志革命的一生》,《北京大学学报》1978 年第 3 期

《理论·史料·文章——学习翦伯赞同志的治学精神》,《人民日报》1979
年 2 月 22 日

《应当正确地评价王绾》,《北京大学学报》1979 年第 3 期

《"更名民曰黔首"的历史考察》,《北京大学学报》1980 年第 2 期

《论中国封建社会土地所有权的法律观念》,《北京大学学报》1980 年第
6 期

《战国秦汉三国时期的国有土地问题》,(山东大学)《历史论丛》1981 年第
2 期

《释"邮亭驿置徒司空,褒中县官寺"》,《考古与文物》1981 年第 4 期

《翦伯赞传略》,《中国现代社会科学家传略》第 1 辑,1982 年

《中国古代契约形式的源和流》,《文史》第 16 辑,1982 年 11 月

《关于王昭君的几个问题》,《北京大学学报》1982 年第 6 期

《论秦汉时期三种盐铁政策的递变》,《秦汉史论丛》第 2 辑,1983 年 8 月

《从东汉雁门太守鲜于璜籍贯说到两汉雍奴故城》,《环境变迁》1984 年创
刊号

《东汉雁门太守鲜于璜碑铭考释》,《北京大学学报》1984 年第 2 期

《两汉大铁犁研究》,《北京大学学报》1985年第1期

《关于司马光〈答范梦得〉的内容、写作时间及版本问题》,上海《古籍整理与研究》1987年第2期

《从新加坡妈祖庙谈到妈祖信仰源流》,《东南亚学刊》试刊,1989年6月

《武定县万德区万宗铺村彝族社会历史调查》,收入《云南彝族社会历史调查》;又收入《民族问题五种丛书》,云南人民出版社,1986年10月

《翦伯赞与侯外庐的兄弟友谊与学术分歧》,《江汉论坛》1989年第7期

《诸葛亮隐居襄阳,未去南阳(宛)》,收入《诸葛亮躬耕地望论文集》,东方出版社,1991年3月

《中国古代契约资料概述》,(中国台湾)《中国文化月刊》127期,1990年5月;收入《中国法律史国际学术讨论会论文集》,陕西人民出版社,1990年9月

《论中国历代契约资料的蕴藏及其史料价值》,《北京大学学报》1991年第3期

《汉高祖刘邦新评》,《刘邦研究》创刊号,1992年6月15日

《中国封建土地制度的历史变迁》,〔韩〕李锡炫译,收入朴元熇编《中国历史与文化》,高丽大学出版社,1992年12月

《论春秋至西汉中期的盐铁包商政策》,(中国台湾)《中国文化月刊》164期,1993年6月

《谈〈汉书〉》,《文史知识》1994年第5期

《秦汉史研究九十年评述》,《秦汉史论丛》第6辑,江西人民出版社,1994年

《云南彝族慕连土司史迹补正》,《燕京学报》新1期,1995年8月

《〈百济国斯麻王买地券〉释例》,收入《韩国传统文化国际学术研讨会论文专辑》,《韩国学论文集》第4辑,北京大学韩国学研究中心,1995年

《悬泉置、效谷县、鱼泽障的设与废》,《国学研究》第3卷,1995年12月

《我总是走自己的路——翦伯赞与北大》,收入《巍巍上庠,百年星辰——名人与北大》,北京大学出版社,1998年4月

《中国古代国家的历史特征》,收入中共中央党校出版社《中外历史问题八人谈》,1998年3月

《奠定文景之治政策的宏文三篇》（贾谊《治安策》、晁错《论贵粟疏》《募民徙塞下疏》），收入《中华活页文选》成人版，1998 年第 13 期

《翦伯赞》，收入《中共党史人物传》第 65 卷，中央文献出版社，1998 年 2 月

《翦伯赞冤案的形成和平反》，《纵横》1998 年第 8 期，收入《纵横》精品丛书《谜案冤案解读》，中国文史出版社，2002 年；中国台湾《传记文学》1999 年第 74 卷第 3 期全文转载；德国柏林自由大学《中国社会与历史》2000 年 5 月 18 日以德文发表

《商鞅的历史功绩与个人悲剧》，收入〔韩〕庆北史学会《庆北史学》第 21 辑，《金烨博士停年纪念史学论丛》，1998 年 8 月

《西周春秋战国时期土地制度的演变》，收入《庆祝杨向奎先生教研六十年论文集》，河北教育出版社，1998 年 12 月

《谆谆教导，永记不忘——纪念吕振羽同志诞辰 100 周年》，吉林大学《史学集刊》2000 年第 1 期

《两汉国营手工业中的弊端与救弊措施》，《文史》第 50 辑，2000 年 7 月

《应劭"汉改邮为置"说辨证》，收入《文化的馈赠——汉学研究国际会议文集》史学卷，北京大学中国传统文化研究中心，2000 年 8 月

《两汉铁犁影响我国古代农业两千年》，《光明日报》理论周刊 2002 年 5 月 21 日

《秦汉中央集权制度的形成与大一统疆域的奠定》，（中国香港）珠海书院《珠海学报》第 18 期，2002 年 10 月

《谈新编中学历史教材的指导思想问题》，天津《历史教学》2002 年 12 月

《古代政治文明的历史典范——秦汉时期中央集权制度的创造与推行》，《国学研究》第 12 卷，2003 年 12 月

《寻访翦伯赞先生在香港的踪迹》，《北大史学》第 10 辑，2004 年 1 月

《中国古代民族、大一统国家形成的三个阶段》，中国国家清史编纂委员会《中华文明网·史苑》创刊号，2004 年 4 月；收入《史学新论：祝贺朱绍侯先生八十华诞》，河南大学出版社，2005 年 9 月

《关于香港新见吐鲁番契券的一些问题》，《国学研究》第 13 卷，2004 年 6 月

《新见鸽子洞元代契约识读》,《国学研究》第 14 卷,2004 年 12 月

《买地券文广例》,《国学研究》第 17 卷,2006 年 6 月

《翦伯赞〈历史哲学教程〉评介》,收入仓修良主编《中国史学名著评介》第 4 卷,山东教育出版社,2006 年 2 月

《翦伯赞〈秦汉史〉评介》,收入仓修良主编《中国史学名著评介》第 4 卷,山东教育出版社,2006 年 2 月

《中国古代国家的历史特征》,"北京论坛"发言,《文史知识》2007 年 1 月至 3 月连载

《从华夏和蛮夷戎狄等族名说到汉民族形成》,中央文史研究馆·国学论坛,2007 年 11 月;《江苏文史研究》2008 年第 3 期

《买地券用名的历史考察》,《北大史学》第 12 辑,2007 年

《翦伯赞与新中国史学》,《中国社会科学报·学林》2009 年 10 月 8 日

《唯物史观与中国史学》,《文史知识》2009 年第 12 期

《为创建新史学而奋斗的一生——翦伯赞新史学探索述论》(上、下),《高校理论战线》2010 年第 1、2 期

《胡华与〈中国历史概要〉》,《百年潮》2011 年第 9 期

《求真求实,尊师爱生——翦伯赞教授的治学处世之道》,中国老教授协会《大师风范》(文科)上册,高等教育出版社,2014 年 9 月

《海曲盐官两千年史事八议》,《国学研究》第 34 卷,2014 年 12 月

《睡虎地秦简〈法律答问〉"狱未断"诸条再释——兼论秦及汉初刑罚体系构造》,《中国古代法律文献研究》2018 年第 1 期

《答黄继忠教授问〈论语〉书》,《社会科学论坛》2020 年第 3 期

四、主编

《战国秦汉史论文索引》(1900—1980),北京大学出版社,1983 年 6 月

《战国秦汉史论著索引续编》(论文 1981—1990;专著 1900—1990),北京大学出版社,1992 年 11 月

《战国秦汉史论著索引三编》(1991—2000),北京大学出版社,2002 年 10 月

《中国古代史教学参考手册》，北京大学出版社，1985年7月，1989年9月修订本，1995年6月第二版

《中国古代史纲》（上、下册），北京大学出版社，1985年7月

《中国历史文献简明教程》，北京大学出版社，1990年7月

《简明中国古代史》，北京大学出版社，1991年11月

《汉书精华注译》，北京广播学院出版社，1993年11月

《中国历代契约会编考释》，北京大学出版社，1995年8月

《汉书全译》（文白对照），全三册，汉语大词典出版社，2004年1月

《白话精华二十四史》，现代教育出版社，2011年1月

《中华文明史》第二卷，北京大学出版社，2012年4月

《毛泽东批注二十四史》，中国文史出版社，2013年2月

五、整理

《翦伯赞史学论文选集》（总3辑），人民出版社，1980年2月、1980年12月、1990年11月

《翦伯赞全集》，河北教育出版社，2008年1月

《翦伯赞诗集辑注》，民族出版社，2008年4月

《秦汉史十五讲》，中华书局，2012年6月

（作者系北京大学历史学系教授，曾任中国秦汉史研究会副会长）

《增修互注礼部韵略》中的
"大夫以上云云"

——一条涉及"席位爵"的史料简析

阎步克

一、《增修互注礼部韵略》中的"大夫以上云云"

西嶋定生有一个观点:爵制源于乡饮酒礼上的爵次与席次。我很赞同西嶋,相信原生意义的"爵位",其实就是饮酒礼上执爵而饮的席位。这种原生意义的"爵",我名之为"席位爵";作为王朝命秩的"品位爵",其实是由"席位爵"发展而来的①。

西嶋之所以滋生了这样一个想法,是受了清儒的启发触动:

> 1. 朱骏声:旧说,古人行爵有尊卑贵贱,故引申为爵禄②。
> 2. 俞樾:或曰,古人行爵有尊卑贵贱,或引申为爵禄字③。

这个"旧说"表明,命秩之爵得名于饮酒之爵。朱骏声与俞樾所引,文字全同,是俞樾袭用了朱骏声的引文吧。其实,朱、俞本人都不赞成这个"旧说",对命秩之爵如何得名,他们另有解释。朱氏主张"尊号之合音为爵",俞氏说指称爵禄的

---

① 可参拙作:《层级化与席位爵:试论东周卿大夫士爵之演生》,《北京大学学报》2021 年第 4 期,第 45—56 页。
② 朱骏声:《说文通训定声·小部》,中华书局 1984 年版,第 337 页下栏。
③ 俞樾:《兒笘录》二,《春在堂丛书》,凤凰出版社 2010 年版,第 2 册第 571 页下栏。

那个"爵"字,与酒爵之"爵"的象形不同,系册命诸侯的命书之象形。尽管他们另有主张,但其引述仍然嘉惠后人了:这个"旧说"成了西嶋定生的灵感来源。

可惜那个"旧说"从何而来,朱、俞不予提供,西嶋未加检索,我也没能查到。不过我看到了古人的另一段论述,也把饮酒之爵与命秩之爵联系起来了。起初我误以为那段论述出自《开元文字音义》,后加检索核对,发现其实不然。下面就把检索结果整理如次。

我是在宋代韵书之中,首先查到这段论述的。请看:

1.《增修互注礼部韵略》:爵,即约切,鸟名,象其形为酌器,取其能飞而不溺于酒,因以寓儆戒焉。大夫以上与燕享,然后赐爵以章有德,故因谓命秩为爵①。

2. 胡三省《资治通鉴音注》:毛晃曰:"大夫以上预燕飨,然后赐爵秩以章有德。"秩,职也,官也,积也,次也,常也,序也②。

3.《洪武正韵》卷一五:爵,即约切,鸟名,象其形为酌器,取其能飞而不溺于酒,因以寓儆戒焉。大夫以上与燕享,然后赐爵以章有德,故因谓命秩为爵③。

第 1 条《增修互注礼部韵略》(后文简称《增韵》)一书,系毛晃就《礼部韵略》增注而成。毛晃系南宋绍兴年间进士。《增韵》一书,后来由其子毛居正校勘重增,随后刊行。据其文义,则厕身国君的宴享、消受赐爵饮酒的资格,使得"爵"这个酒器之称,变成"大夫"的品位之名了。换言之,"爵"是通过饮酒礼,而被用来指代官贵品位的。

第 2 条胡三省《资治通鉴音注》在引用毛晃时,对原文做了简化,然而把"然后赐爵以章有德,故因谓命秩为爵"简化为"然后赐爵秩以章有德",显然是一种曲解,远离了毛晃原意。第 3 条《洪武正韵》,全袭《增韵》。明代几种法学著作

---

① 毛晃增注,毛居正重增:《增修互注礼部韵略》卷五《入声·十八药》,《景印文渊阁四库全书》,台北:商务印书馆 1986 年版,第 237 册第 566 页下栏。

② 司马光编著,胡三省音注:《资治通鉴》卷二,中华书局 2013 年版,第 47 页。

③ 乐韶凤等撰:《洪武正韵》卷一五《六药》,李学勤主编:《中华汉语工具书库》,安徽教育出版社 2002 年版,第 61 册第 595 页上栏。

释"爵"①,又明清时《古隽考略》《潜确居类书》《类书纂要》等类书释"爵"②,都参考了"大夫以上云云",都属于从《增韵》到《洪武正韵》这个系统。

二、"大夫以上云云"与《开元文字音义》

毛晃父子《增韵》对"爵"的阐述,又从何而来呢? 一些蛛丝马迹,把人引向了唐玄宗《开元文字音义》:

> 1. 元《古今韵会举要》:《文字音义》:爵,量也,量其职、尽其材也。大夫以上与宴享,然后赐爵以章有德,故因谓命秩为爵③。
>
> 2. 明末《正字通》:《文字音义》曰:爵,量也,量职、尽其材也。大夫以上与燕飨,赐爵以章有德,故谓秩为爵④。

这两条中的"《文字音义》",即唐玄宗《开元文字音义》。我最初未加详考,便据此认定"大夫以上云云"出自《开元文字音义》。后发现情况没那么简单。查黄奭、汪黎庆分别辑有《开元文字音义》:

> 1. 黄奭辑:爵,量也。量其职、尽其才也。(原注:《广韵·十八药》)。《韵会·十药》引下又"大夫以上与宴享,然后赐爵以章有德,故因谓命秩为爵",疑亦是本文,《广韵》脱引。)⑤

① 参看张楷:《律条疏议》卷一,明嘉靖二十三年黄岩符验重刻本,第31页;应槚:《大明律释义》卷一,《续修四库全书》第863册,上海古籍出版社2002年版,第17页;郑继芳:《明律集解附例》卷一《名例·除名当差·纂注》,光绪戊申重刊本,早稻田大学图书电子版,第2册第40页。三书所引均不完整,各得其一端。

② 顾充辑:《古隽考略》卷三,《四库全书存目丛书》,齐鲁书社1996年版,子部第195册第445页下栏。陈仁锡辑:《潜确居类书》卷九一《服用部四》,《四库禁毁书丛刊》,北京出版社1998年版,子部第16册第193页下栏。陈仁锡引用时弄出了错乱,后一部分被抄成了"大夫以上以彰有德,与燕享,然后赐爵,故因谓命秩为爵"了。周鲁辑:《类书纂要》卷三○,《四库全书存目丛书》,子部第238册第643页。

③ 黄公绍、熊忠:《古今韵会举要》卷二八《入声·十药》引,中华书局2000年版,第457—458页。

④ 张自烈:《正字通》卷十二《爫部》,《中华汉语工具书库》,第5册第144页上栏。

⑤ 黄奭辑:《汉学堂经解》,《黄氏逸书考》第29册,清道光黄氏刻、民国二十三年朱长圻补刻本。

2. 汪黎庆辑：爵，量也，量其职、尽其才也。（原注：《广韵·十八药》）；量也，量其职、尽其才也。大夫以上与宴享，然后赐爵以章有德，故因谓命秩为爵。（原注：《五音集韵·一药》《古今韵会·十药》）①

两相比较，对"大夫以上云云"，黄奭持谨慎态度，只说到"疑亦是本文"为止，不必其事。汪黎庆则迳直辑入，等于认定"大夫以上云云"跟前一句"爵，量也，量其职、尽其才也"一样，都来自《开元文字音义》了。（汪黎庆还有一个疏忽：在金代修成的《五音集韵·一药》中，只有"《文字音义》曰：爵，量也，量其职、尽其才也"，并无"大夫以上云云"以下②，所以"《五音集韵·一药》"六字应该前移到"《广韵·十八药》"五字之后。）

南宋《增韵》出现了"大夫以上云云"，但并没有说引自《开元文字音义》；在"大夫以上云云"之前，也没有"爵，量也云云"那一段来自《广韵》的文字。检阅北宋修成的《集韵》及《礼部韵略》，则既无"爵，量也云云"，也没有"大夫以上云云"③。《原本广韵》《重修广韵》开始引用"《文字音义》：爵，量也，量其职、尽其材也"之文了，但没有"大夫以上云云"之语，这跟金修《五音集韵》是一样的④。这样看来，"大夫以上云云"之文，首先是在南宋《增韵》中出现的，随后被元修《古今韵会举要》所承袭，并把它置于"《文字音义》，爵，量也云云"一语之后了。《洪武正韵》并无"《文字音义》，爵，量也云云"一语，就是说《洪武正韵》跳过了元修《古今韵会举要》，直承《增韵》，遂如学者所云："可见《古今韵会举要》与《增韵》（按即《增修互注礼部韵略》）关系非比寻常"，而"《洪武正韵》是在《增韵》的基础上改并删补编纂而成的。"⑤

---

① 汪黎庆辑：《小学丛残》二，收入王国维主编：《学术丛编》第9卷，上海书店2015年版，第3册第88页。
② 参看韩道昭：《五音集韵》卷一五《一药》，《景印文渊阁四库全书》，台北：商务印书馆1986年版，第238册第324页上栏。
③ 分别参看丁度：《集韵》卷一〇《十八药》，上海辞书出版社2012年版，第1480页；丁度：《附释文互注礼部韵略》卷五《十八药》，《景印文渊阁四库全书》，第237册第287页下栏。
④ 参看《原本广韵》卷五《十八药》，《景印文渊阁四库全书》，第236册第201页下栏；陈彭年等：《宋本广韵》，江苏教育出版社2005年版，第148页下栏。
⑤ 李子君：《〈增修互注礼部韵略〉研究》，社会科学文献出版社2012年版，第6页。

三、"大夫以上云云"与《埤雅》

"大夫以上云云"与《开元文字音义》的关系,看来相当渺茫。另一些史料,又把人引向了北宋末年陆佃所编的《埤雅》:

　　1.《康熙字典》:又《埤雅》:大夫以上与燕赏,然后赐爵以章有德,故谓命秩为爵禄、爵位①。

　　2.周寿昌:《埤雅》:大夫以上与燕赏,然后赐爵以章有德,故谓命秩为爵禄、爵位②。

　　3.郭嵩焘:所谓爵者,命数也,盖周制之文也。《埤雅》:命秩为爵③。

第1、2条一模一样,都把"大夫以上云云"引为《埤雅》,所引与前述诸书的"大夫以上云云"略有小异,"宴享"作"燕赏","为爵"作"为爵禄、爵位"。第3条所见,郭嵩焘只采用了"命秩为爵"四字,但也把它归于《埤雅》了。

《康熙字典》所引"大夫以上云云"的句末,作"为爵禄、爵位",相似的增益在明后期韵书、字书中就出现了。例如《重刊详校篇海》作"故因谓命秩为爵,又曰爵禄,一曰爵位"④;《并音连声字学集要》作"故因谓命秩为爵禄、爵位"⑤;《同文铎》作"因谓命秩为爵,故曰爵位"⑥;等等。康熙时的学者张永铨《百爵图说》所引"大夫以上云云",句末也作"因谓命秩为爵禄、为爵位"⑦。以上诸书皆有"爵禄、爵位"之语,显属同一系统。它们就影响到了《康熙字典》。

---

①　张玉书等:《康熙字典(标点整理本)》,汉语大词典出版社 2002 年版,第 642 页左栏。
②　周寿昌:《汉书注校补》卷三一,商务印书馆 1936 年版,第 532 页。
③　郭嵩焘:《礼记质疑》卷五,《郭嵩焘全集》,岳麓书社 2012 年版,149 页。
④　李登:《重刊详校篇海》卷四《爪部》,《续修四库全书》,上海古籍出版社 2002 年版,第 232 册第 246 页下栏。按,据研究,赵新盘是此书的主要编者。
⑤　陶承学、毛曾:《并音连声字学集要》卷三《药人》,《续修四库全书》,第 259 册第 298 页下栏。
⑥　吕维祺:《同文铎》卷二八,《续修四库全书》,第 252 册第 373 页下栏。
⑦　张永铨:《闲存堂文集》卷一三《百爵图说》,《清代诗文汇编》,上海古籍出版社 2010 年版,第 152 册第 590 页下栏。

　　然而检阅今传《埤雅》,其中并没有"大夫以上云云"之文①。那么,或者"大夫以上云云"系今本《埤雅》佚文,或者这段话被错误地归为《埤雅》了。前一可能性并无旁证,后一可能性更大一些。下面这类史料中,也许潜藏着致误的因素:

　　1.《古今韵会举要》:爵……陆佃云:一升曰爵。亦取其鸣节以戒荒淫。雀,鸟之淫者,一曰爵位也。《白虎通》:"爵者,尽也,所以尽人材。"《文字音义》:爵,量也,量其职、尽其材也。大夫以上与宴享,然后赐爵以章有德,故因谓命秩为爵。

　　2.《六书正义》卷九:爵,音雀,礼器也。陆佃云:酒器,容一升。《宾筵》诗:"三爵不识。"《左传》昭五:"爵盈而不饮。"《洞箫赋》:"腾觚爵之斟酌。"从鬯,又谐雀,省声。……【借】禄位也。古者大夫以上与宴享,然后赐爵以彰有德,因谓命秩为爵②。

　　在这两段文字中,"陆佃云"之后,又出现了"大夫以上云云"。是此类陈述干扰了《康熙字典》编者的思维,误把"大夫以上云云"归于陆佃《埤雅》了吗?

四、"大夫以上云云"与《资治通鉴音注》

　　现在看来,把"大夫以上云云"归于《开元文字音义》,并无确证;把"大夫以上云云"归于北宋末年的《埤雅》,也不可信。目前所见,"大夫以上云云"初次现身于南宋初的毛晃《增韵》,随后被胡三省《资治通鉴音注》引用了。

　　胡三省是在宋理宗宝祐四年(1256)时投入《音注》的写作的,《增韵》则于宋宁宗嘉定十六年(1223)刊行于世③,其间间隔只有三十多年。胡三省作《音注》时,利用了史炤的《通鉴释文》。我核对了《通鉴释文》④,在同一段落、即周

① 陆佃:《埤雅》卷九《雀》,浙江大学出版社 2008 年版,第 88 页。
② 吴元满:《六书正义》卷九《爵部》,《续修四库全书》,上海古籍出版社 2002 年版,第 269—270 页。此书约万历时写成。
③ 李子君:《〈增修互注礼部韵略〉研究》,社会科学文献出版社 2012 年版,第 43 页。
④ 史炤:《资治通鉴释文》,商务印书馆 1939 年版,第 5 页。

纪二周显王十年那一段中,未见引用"大夫以上云云"。率先以《增韵》"大夫以上云云"释《资治通鉴》的,是胡三省。胡氏《音注》解释字词时,引用《说文》超过 240 处,引用《广韵》近 40 处,引用《集韵》近 30 处,引用《增韵》约 90 处,虽不及《说文》,但多于《集韵》《广韵》。可见胡三省对《增韵》相当看重。

后人盛赞《资治通鉴音注》"宏搜博引,备录诸说"①。而在胡三省的视野中,"大夫以上云云"首次出现于《增韵》,他肯定没在其他地方读到"大夫以上云云",不然的话,他就会从其他地方、而非《增韵》征引其文了。考虑到胡三省的阅读量,"大夫以上云云"大概率是毛晃或其子毛居正首创。甚至"象其形为酌器,取其能飞而不溺于酒,因以寓儆戒焉"一句,据检索也是首先见于《增韵》的,也应是毛氏父子的本人陈述,而非转引。

毛晃著有《禹贡指南》,毛居正著有《六经正误》,父子二人既是小学家,也是经学家。可以想象,或是父亲或是儿子,在解说经书时被先秦燕礼点燃了灵感,便把酒爵与命秩之爵联系起来了。

五、"大夫以上云云"与《易·中孚》

除开礼书中的饮酒礼部分,《易经》中也含有"爵"字。明末与清代引用"大夫以上云云"的,很大一部分是易学著作。《易·中孚·九二》:"我有好爵,吾与尔靡之。"这个"好爵",既可以解作饮酒之爵,也可以解作命秩之爵。在这时候,"大夫以上云云"便吸引易学家的注意,随即拿它来解释"好爵"。这方面的著作,可以举明末学者何楷、钱士升、方孔炤、方以智、张次仲、姜震阳等人为例,以及清代学者孙宗彝、黄宗炎、查慎行、潘思榘、叶佩荪等人为例②。

---

① 胡应麟:《少室山房集》卷一〇一《读通鉴胡氏注》,《景印文渊阁四库全书》,第 1290 册第 740 页下栏。
② 分见何楷:《古周易订诂》卷六,《文渊阁四库全书》,第 36 册第 269 页下栏;钱士升:《周易揆》卷九,《续修四库全书》,第 13 册第 480 页下栏;方孔炤、方以智:《周易时论合编》,中华书局 2019 年版,第 1103 页;张次仲:《周易玩辞困学记》卷一二,《文渊阁四库全书》,第 36 册第 753 页上栏;姜震阳:《新镌十名家批评易传阐庸》卷六七,《四库全书存目丛书》,经部第 11 册第 539 页上栏;孙宗彝:《易宗》卷九,《四库全书存目丛书》,经部第 32 册第 825 页上栏;黄宗炎:《周易象辞》卷一七,《文渊阁四库全书》,第 40 册第 591 页上栏—下栏;查慎行:《周易玩辞集解》卷八,中华书局 2020 年版,第 479 页;潘思榘:《周易浅释》卷四,《文渊阁四库全书》,第 51 册第 168 页上栏;叶佩荪:《易守》卷三一,《续修四库全书》,第 24 册第 357 页下栏。

在征引"大夫以上云云"时,有的易学家并未照录原文,而是用一己措辞表达个人的理解,比如:

1. 黄宗炎《周易象辞》:祭享,大夫以上得赐爵,因借为爵禄之用。

2. 查慎行《周易玩辞集解》:礼,大夫以上与燕享则赐爵,爵本酒器名,与"我有旨酒"义同,后人借作秩位解。

3. 倪涛《六艺之一录》:古者大夫以上与燕,然后赐爵尊之也,借为爵禄之爵①。

4. 叶佩荪《易守》:大夫以上与燕享,然后赐爵,因谓命秩为爵,以明尊卑之有等。

5. 李道平《周易集解纂疏》:盖古者爵位取义于酒爵②。

第1、2、3条的"借为""借作"之辞,就是对"因谓命秩为爵"的又一表达,也就是把它看成酒爵的借代。按,前引《六书正义》也出现了这个"借"字,在引述"大夫以上云云"时,编者在句前加了一个【借】字,以示命秩之爵是饮酒之爵的引申义。在第4条中,叶佩荪把与燕享、受赐爵看成一种等级资格,所以用"爵"字指称"尊卑之等",顺理成章。第5条李道平虽没有直接征引"大夫以上云云",但在阐述《中孚·九二》时,他径指"爵位取义于酒爵",我猜想"大夫以上云云"就是其依据,此前多位易学家引用了那段话,李道平不会视而不见。

六、"大夫以上云云"与朱骏声所引"旧说"

由此反观朱骏声、俞樾所引述的"古人行爵有尊卑贵贱,故引申为爵禄"之"旧说",我就有了一个感觉:朱、俞并非捕风捉影,在他们之前,确实已存在着类似论点了。并且,朱骏声本人居然也是"大夫以上云云"的引用者!其《六十四

---

① 倪涛:《六艺之一录》卷二一四,浙江人民美术出版社 2017 年版,第 10 册第 4584 页下栏。
② 李道平:《周易集解纂疏》卷七,中华书局 1994 年版,第 518 页。

卦经解》是这样阐释《中孚·九二》中的"好爵"的：

> 又爵者雀也，其鸣节节足足，故象形为酌器。大夫以上与燕飨者，然后
> 赐爵。爵所以行献酬①。

朱骏声并不赞成爵禄来自酒爵，也许就是为此，他在引用"大夫以上云云"时，刻意删除了"故因谓命秩为爵"一句，用以割断酒爵与爵禄的联系；他只把那个"好爵"释为"旨酒"，以示"爵所以行献酬"，此处"赐爵"只是赐饮而已，跟"命秩"无干。

朱骏声的《六十四卦经解》一书成于道光八年（1828）②。此前众多小学与易学著作——包括朱骏声本人——所引用的"大夫以上云云"，与那个"古人行爵有尊卑贵贱，故引申为爵禄"的"旧说"，是什么关系呢？请比较下表中的左栏与右栏：

"旧说"	"大夫以上云云"
古人行爵有尊卑贵贱，	大夫以上与燕享，然后赐爵以章有德，
故引申为爵禄。	故因谓命秩为爵。
	黄宗炎：因借为爵禄之用。
	查慎行：后人借作秩位解。
	李道平：盖古者爵位取义于酒爵。

前半句两相比较，字面上没多大相似性；而后半句的左右两栏，文义居然相去不远。俞樾大概是从朱骏声那里引述"旧说"的，而朱骏声的"旧说"出处暧昧不明。不过，朱骏声毕竟是熟知而且引用了"大夫以上云云"的，那么，推测朱骏声所谓"旧说"中含有"大夫以上云云"的影响，其实是对这个"旧说"的传述、转述，就不能说是空穴来风。"大夫以上云云"之说，目前我推定出自《增略》作者毛氏父子，在其之后，小学家和易学家们陆续接受了这个论点，甚至明谓"古者爵位取义于酒爵"，那个"旧说"便有了一丁点可能，是朱骏声根据这些情况概括

---

① 朱骏声：《六十四卦经解》卷八，北京图书馆出版社 2008 年版，第 265 页。
② 参看朱骏声：《石隐山人自订年谱》，江苏省立图书馆编：《吴中文献小丛书》之十，第 7 页。

出来的。

以上主要依据网络文本检索,局限性是很大的,做不到"上穷碧落下黄泉"、遍搜群书,只是把初步结果记述于上,略加分析,以供进一步探讨而已。

谨以此文缅怀张传玺先生。

（作者系北京大学历史学系教授）

孔子再认识:治识之道

宋一夫

一、从孔子得道说起

子曰:"朝闻道,夕死可矣。"(《论语·里仁》)

1. 20 至 50 岁之间学习天文历法知识

我国是世界上天文学起步最早、发展最快的国家之一。在公元前 24 世纪尧舜时,就设立了专职的天文官。所以司马迁说:"自初生民以来,世主曷尝不历日月星辰?及至五家、三代,绍而明之,内冠带,外夷狄,分中国为十有二州,仰则观象于天,俯则法类于地。天则有日月,地则有阴阳。天有五星,地有五行。天则有列宿,地则有州域。三光者,阴阳之精,气本在地,而圣人统理之。"(《史记·天官书》)

《尚书·尧典》记载了尧命令羲和观察天象,日月星辰,依据其运行规律,去指定历法;命令羲仲、羲叔、和仲、和叔分别在东、南、西、北四个方位,观察太阳在每个季节的运行情况,指定四季人们生产生活方式的行为准则。"乃命羲和,钦若昊天,历象日月星辰,敬授人时。分命羲仲,宅嵎夷,曰旸谷。寅宾出日,平秩东作。日中,星鸟,以殷仲春。厥民析,鸟兽孳尾。申命羲叔,宅南交。平秩南讹,敬致。日永,星火,以正仲夏。厥民因,鸟兽希革。分命和仲,宅西,曰昧谷。寅饯纳日,平秩西成。宵中,星虚,以殷仲秋。厥民夷,鸟兽毛毨。申命和叔,宅朔方,曰幽都。平在朔易。日短,星昴,以正仲冬。厥民隩,鸟兽氄毛。帝

曰：'咨！汝羲暨和。期三百有六旬有六日，以闰月定四时成岁。允厘百工，庶绩咸熙。'"(《尚书·尧典》)

相传夏朝仲康王时代(约公元前 21 世纪)负责观测天象的羲和因酗酒，擅离职守，故而未能及时报告当时发生的一次日食。结果被下令砍头处死。说明远在古代原始社会后期军事民主制时，我国已建立严格的观测天文历法制度，开始对天体变化进行不间断的观测和较为详细的记载。

孔子年轻时，曾学习钻研过夏朝的天文历法。"孔子曰：我欲观夏道，是故之杞，而不足征也，吾得夏时焉。"(《礼记·礼运》)

郑云笺："得夏四时之书也，其书存者有《小正》。"《史记·夏本纪》也说："太史公曰：孔子正夏时，学者多传《夏小正》。"夏代的历法是现今所知我国最早的历法。保存于《大戴礼记》中的《夏小正》是现存记载有关夏朝天文历法的重要文献。

《左传·昭公十七年》记载，郯国国君郯子来访鲁国，宴会上，鲁国大夫向郯子请教："少昊氏(古部落)以鸟名作官名是何原故?"郯子在回答时讲到火历、龙历、鸟历等历法。孔子听说后，便去找郯子学习历法。

2. 从《周易》中领悟到天道

《易》学起源于中国遥远的古代，是古时人们长期观望研究天象的结果。"昔之传天数者：高辛之前，重、黎；于唐、虞，羲、和；有夏，昆吾；殷商，巫咸；周室，史佚、苌弘；于宋，子韦；郑则裨灶；在齐，甘公；楚，唐眛；赵，尹皋；魏，石申。"(《史记·天官书》)

从这里可以看到，《易》学直接产生于古代的天文学，是人们观测天象后，用数、图象、文字记录天象变化的结果。

"夫天运，三十岁一小变，百年中变，五百载大变；三大变一纪，三纪而大备，此其大数也。为国者必贵三五。上下各千岁，然后天人之际续备。"(《史记·天官书》)

这说明古代的人们不仅观察研究天象及天的变化规律，而且把天象和世上的人事变化及人事规律联系起来。

(1)三次与《易》接触

五十岁以前孔子接触到的《周易》，应该是当时社会流传的简《易》本，有可能仅有卦象和卦辞。虽在民间流传,但因过简,让人难以读懂,所以并没有引起人们(包括孔子)的注意。

52 到 55 岁任大司寇,摄相事时应该能接触到鲁太史氏秘藏本《周易》。

"二年春,晋侯使韩宣子来聘,且告为政而来见,礼也。观书于大史氏,见《易》《象》与《鲁春秋》曰:'周礼尽在鲁矣,吾乃今知周公之德与周之所以王也。'"(《左传·昭公二年》)这说明,韩宣子所见的《易》《象》,非民间流传的简《易》。孔子可能接触到秘本《周易》,是因为孔子不可能放过任何可以见到典籍的机会,尤其以他当时的身份。这时的孔子,为官不足五年,官职四迁,政绩斐然,国运一新,说明他投入极大的精力。如此,他是很难有时间去阅读太史氏秘藏本《周易》。辞摄相事,周游列国,鲁也不可能让孔子带走秘本。所以,孔子与秘本《周易》失之交臂。

68 岁回国后进行《周易》整理。回国后孔子的身份为国老,鲁国的顾问,以其身份及影响来看,是可以阅读到秘本《周易》的,而孔子整理古典文献,理应选择秘本《周易》。

司马迁说:"孔子晚而喜《易》,序《彖》《系》《象》《说卦》《文言》。读《易》,韦编三绝,曰:'假我数年,若是,我于《易》则彬彬矣。'"(《史记·孔子世家》)要是能够再多给我几年时间,我对《周易》会有更深入的了解。"子曰:'加我数年,五十以学《易》,可以无大过矣。'"(《论语·述而》)让我再多活几年,50 岁时去学习《周易》,便可以没有大的过错了。

一直到北宋前,孔子作《十翼》是公认的说法。欧阳修著《易童子问》对此提出质疑,认为《彖》《象》为孔子所作,其他不是孔子所著。南宋叶适继承了欧阳修的说法。清朝史学家崔述对此进行考辨,也认为《十翼》均不是孔子所作。但《十翼》是何人所作,已无从考起。

《易传》是孔子之后人的作品似乎已成定论,但不能否定孔子对《易》的影响和作用。也可以说,《易传》中的很多论述是孔子论述过的,或者是孔子的思想。

原因如下:一、孔子在整理《周易》的过程中,肯定对《周易》进行过一定程度上的编纂工作。二、孔子晚年在鲁国设教的课程中包含《周易》,在讲授时不可能只讲《周易》的卦辞、爻辞,一定对其隐含的深意进行讲解,而且商瞿就是授业于孔子而传《易》于后世的。（见《史记·仲尼弟子传》）三、马王堆出土的汉代帛书的《易传》有《系辞》（两篇）、《二三子问》（两篇）、《要》《缪和》《昭力》各一篇。其中《要》："夫子老而好《易》。"孔子自己说："后世之士疑丘者，或以《易》乎。"这与《孟子》所载："知我者其惟《春秋》乎"的说法很近似。如果说：孔子仅仅是学习和阅读《易》，为什么又说后人会有质疑他呢？

那么，孔子又是怎样通过学习、研究、整理、传授《周易》，从中得到"天道"的呢？

(2)《周易》每一卦中三种主要关系

内外关系。从内外关系来推断，下卦代表事物发展变化的内部状况。在内部起决定作用的是二爻即中爻，代表事物的核心即本质；初爻是事物发展到目前阶段的历史，事物发展的过去；三爻代表着事物发展的近期走向。上卦则代表事物发展变化的外部状况。五爻代表事物外部状况发展的现状，在事物外部状况中起核心作用；四爻是事物发展外部的历史状况，六爻是事物发展变化外部的未来状况。

三才关系。三才也指天地人三道。"立天之道曰阴与阳，立地之道曰柔与刚，立人之道曰仁与义。"（《周易·说卦》）从三才关系来判断：五六爻代表天，主要用来判断事物发展的情况即是否与天时、天象相违背，还是相应相合，天时、天象即阴与阳在一年四季之中消长变化；初爻二爻主要判断事物发展的地理和物象的阴阳消长变化，即看事物与地理、物象违背还是相应合；三爻四爻主要判断事物发展中的人，看是否违背仁义原则，还是与仁义原则相应合。

比应关系。在一卦六爻之中，相邻位为"比"。"比"又有承和乘的区别，如二爻往下，即与初爻的关系为"乘"，而往上，即与三爻的关系为"承"。分析"比"的承与乘好与不好，主要以阳上阴下为宜，否则为不好；应：一与三、三与五；二与四、四与六爻位为"应"，阴阳异性相应为好，同性相应为不好。

比应关系是六爻之间的对应统一、质量互变、否定之否定的关系。异性相应，即对立又统一，而同性相应，是敌应而无法统一的关系。异性相应相合而达到统一，同性敌应相分而无法达到统一，当相应相合、相敌相分，达到一定程度便会发生质量互变；当相应相合、相敌相分达到相互否定的程度便会发生否定之否定。

从以上三个关系中,第一个关系是事物与时空的关系;第二个是事物与天地人三者的关系;第三个关系是事物与对立统一、质量互变、否定之否定的关系。

《周易》正是在以上三个主要关系的基础上,研究所预测的事物现在和未来发展变化的。

正是因为《周易》具有以上这三种关系,"是故阖户谓之坤,辟户谓之乾。一阖一辟谓之变,往来不穷谓之通。见乃谓之象,形乃谓之器,制而用之谓之法,利用出入,民咸用之谓之神。"(《周易·系辞上》)

(3)《周易》推理判断吉凶祸福的四个主要原则

《周易·系辞上》有这样一段话:"夫《易》,圣人之所以极深而研几也。唯深也,故能通天下之志;唯几也,故能成天下之务;唯神也,故不疾而速,不行而至。子曰'《易》有圣人之道四焉'者,此之谓也。"

这圣人之道"四焉"是什么?

《周易·系辞上》"子曰:'知变化之道者,其知神之所为乎?'《易》有圣人之道四焉:以言者尚其辞,以动者尚其变,以制器者尚其象,以卜筮者尚其占。"

孔子提出《易》中有圣人"四道",但并没有解释什么是"四道"。《系辞》的解释为"尚其辞""尚其变""尚其象""尚其占"。我认为这不是孔子的原意。"辞""变""象""占"四个方面,是《易》的全部内容,不是《易》的原则和方法。《易》作为一个整体,不仅仅只是"四道","四道"存在于"辞""变""象""占"之中,应该是圣人推演《易》时使用的四个原则或四个方法。

我们认为"中""正""应""时"才是孔子提出的"四道"。

中(居中):一卦之中上卦下卦的中位,即二爻和五爻,是决定事物发展变化的主要爻位,也是决定吉凶性质的爻位。如大有卦☲☰,六五爻为阴爻,虽不当位,但居上卦之中,《象》说:"柔得尊位大中,而上下应之。"上卦五爻又称尊位,虽阴爻居之,但因居尊位,故吉。六五爻辞,"厥孚交如。威如,吉"。如果是阳爻居之,便称之为"九五"之尊,吉上加吉了。同样在下卦中位,因中而吉,但如果是阴爻居之,则更为吉。如谦卦☷☶,六二爻辞说:"鸣谦,贞吉。"《象》曰:"'鸣谦,贞吉',中心得也。"

正(得位、得正):称之为"当位"或"正位",即阳爻居阳位,阴爻居阴位。如果阳爻居阴位,或阴爻居阳位,则为"不正"或"失位"。"正位"或"当位"为吉,"不正"或"失位"为凶。如噬嗑卦䷔,六三爻辞:"噬腊肉,遇毒。小吝。无咎。"《象》曰:"'遇毒',位不当也。"如贲卦䷕,六四爻辞:"贲如皤如,白马翰如,匪寇,婚媾。"《象》曰:"六四当位,疑也。'匪寇,婚媾'终无尤也。"

应(比应):即每卦相邻的两个爻为"比","比"又有承和乘的区别,一爻位对上称为乘,分析好坏以阳上阴下为吉,阴上阳下为不吉。上下卦之间初爻与四爻,二与五,三与六爻位上下为应。相应的两个爻,以阴阳相合为吉,以同为阳、同为阴为不吉。如泰卦䷊,卦辞:"小往大来,吉亨。"《象》曰:"'泰,小往大来,吉亨',则是天地交而万物通也,上下交而其志同也。"如坎卦䷜,九二爻辞:"坎有险,求小得。"《象》曰:"'求小得',未出中也。"九二爻有险,一是位不正,二是与上无应。六三爻:"来之坎坎,险且枕。入于坎窞。勿用。"《象》曰:"来之坎坎,终无功也。"原因是六三爻下爻为九二,为阴乘阳也。未济卦䷿,《象》曰:"虽不当位,刚柔应也。"

时(识时、知时、观时、用时):即识"时"之义,知"时"之行,观"时"之变,用"时"之机,找出事物发展的细微征兆,在事物发展的萌芽阶段便掌握事物发展变化的时机。如节卦䷻,爻辞,"初九:不出户庭,无咎。""九二:不出门庭,凶。"九二,失位,失应,还不及时地出来,故而凶。

同时,这四个原则又代表事物在时空中的变化。"中""正"代表空间;"时"代表时间,"应"代表在时空中发展变化的事物。

孔子是怎么从《周易》的四个原则中得出中庸之道的?

中,中心、核心。孔子是将四原则的"中"直接拿过来,成为"中庸"的"中"。

在时空中,"中""正""应""时"普遍适应于万事万物。普遍适应便是"庸"。"庸"有普通、平常之义。我更倾向于《说文》对"庸"的解释:"庸,用也",当"使用"解。

如此,我们便可以把中庸理解为以中为核心,普遍使用的四个原则。将"庸"解释为用,唐代的孔颖达也这么认为的,《礼记·中庸》孔《疏》"郑《目录》云,'名曰中庸者,以其记中和之为用也。庸,用也。'"

由以上论述,也可以把"中庸之道"看成为"用中"或"中用"。这便抓住了事物发展变化的核心,既坚持了《周易》四原则以"中"为核心,又兼顾了"正"

"应""时"三者在决定事物发展变化过程中,与"中"一同发生作用,四者统一,是不可分离的整体。

其实,在《易》产生之时,或在《易》产生之前,用"中"的思想在一定程度上已经成为人们的思维方式和行为方式。1921 年,瑞典地质学家安特生发现了距今 7000—5000 年的仰韶遗址(今河南省渑池县仰韶村)后,在这里考古发现了很多造型的陶器,其中最引人注目的是一种尖底瓶的陶器,这种陶器形状几乎贯穿整个仰韶文化,存在时间达 2000 年之久。

最初人们认为这种尖底瓶是古人使用的汲水器。上个世纪 80 年代,北大力学系学者做过实验,用尖底瓶打水时,空瓶时重心偏上,放置水上,瓶口自动灌水,灌到一半时,瓶处于中立状态,然而当灌满之后,尖底瓶就会倾倒,无法汲水。这说明尖底瓶不是汲水工具。这种尖底瓶充分体现了"中庸"的思想。当水灌到一半,即瓶的中间部位时,瓶子便处于中立状态,在水中中立,便体现瓶子的"正",这反映了尖底瓶与瓶中水及与瓶外面水三者的关系,这种关系便是"应",而只有瓶中的水处于一半即中部时,瓶子才能中立,没到一半和超过一半即不能中立,这便是"时"。

苏秉琦先生认为,尖底瓶是一种盛酒器。甲骨文、金文、小篆"酉"字写法,就是尖底瓶的象形字,酉字加三点水便是"酒"字。考古专家通过电子显微镜发现尖底瓶内壁上有白色的残留物,经鉴定是酒的痕迹。苏先生认为,这种尖底瓶酒器,是祭祀重大场合用的器皿。从汉字分类"尊"与"奠"都在"酉"部,甲骨文中"尊"字,下部都是两只手,高举着尖底瓶的形象。

另一种说法,这种尖底瓶是古人用来警示自己的"座右铭"。《荀子·宥坐》记载:"孔子观于鲁桓公之庙,有欹器焉。孔子问于守庙者曰:'此为何器?'守庙者曰:'此盖为宥坐之器。'孔子曰:'吾闻宥坐之器者,虚者欹,中则正,满则覆。'孔子顾谓弟子曰:'注水焉!'弟子挹水而注之。中而正,满而覆,虚而欹。孔子喟然而叹曰:'吁!恶有满而不覆者哉!'子路曰:'敢问持满有道乎?'孔子曰:聪明圣知,守之以愚;功被天下,守之以让;勇力抚世,守之以怯;富有四海,守之以谦。此所谓挹而损之之道也。"

宥:同"右",坐:同"座"。宥坐之器,即置放在座位右边的器皿。空虚时倾斜,注入一半水时便中立端正,注满水时便翻倒倾覆,目的是提醒人们为人处世不过或不不及,即应保持中庸状态。

从考古发现的尖底瓶到孔子在鲁桓公庙见的宥坐之器,说明在商周以前,人们已经有了"用中"的思想,并且已经起到"座右铭"的作用,并将这种尖底瓶的器皿一直从距今六七千年前传至夏、商、周,并在鲁庙中还可见到。

孔子中庸思想是在《论语》记载孔子与子贡两人对话中体现的。子贡向孔子问子张和子夏两个人谁更贤德一些,孔子说:"'师也过,商也不及。'曰:'然则师愈与?'子曰:'过犹不及。'"(《论语·先进》)即过分和赶不上同样不好。"过犹不及",都不是"中",不过也不不及才是"中"。这个"中"便是从《周易》的四个原则中转化而来的"中"。

除了上述比较明确在阐述中庸思想的"中"的意思外,还有几处接近于"中"的思想。"子曰:'吾有知乎哉,无知也。有鄙夫问于我,空空如也,我叩其两端而竭焉。'"(《论语·子罕》)"子曰:'不得中行而与之,必也狂狷乎!狂者进取,狷者有所不为也。'"(《论语·子路》)得不到言行符合中庸的人与之交往,那就去交往激进的人和狷介的人,激进的人一往向前,狷介的人不肯做坏事。

"庸"则是"中""正""应""时"天德的体现。天德要求万物要"居中""守正""相应""适时"。

"子曰:'中庸之为德也,其至矣乎!民鲜久矣。'"(《论语·雍也》)

这句话翻译过来就是:"中庸这种道理,该是最高大的了,已经很久很少人知道它了。"也可以理解为中庸代表天道,中庸之德就是"天道之德",天道施给万物之恩德。可惜的是,这种至高之德,很少被人们知道啦!

孔子从没给中庸下过明确的定义。

从《论语》的言论中可见,孔子教授学生时从来不把道理一次讲完。

孔子提出中庸思想已是晚年。这也是他没给中庸下过明确定义的原因之一。

可能还有另外一个原因,即天道不可言说。"幽厉以往,尚矣。所见天变,皆国殊窟穴,家占物怪,以合时应,其文图籍礼祥不法。是以孔子论六经,纪异而说不书。至天道命,不传;传其人,不待告,告非其人,虽言不著。"(《史记·天官书》)

这段有一处十分重要:即"至于天道、天命,不予传授"。那些得到天道或天命的圣哲,都是自己体悟出来的。

《周易·系辞上》也有这样的说法:"圣人以此洗心,退藏于密,吉凶与民同患。"《周易集解纂疏》引陆绩曰:"退藏于密,受蓍龟之报应,决而退藏之于心也"。

"决而退藏之于心",即并不将蓍、龟结果,告知于百姓,而是隐藏于心里。这也是孔子为什么不向别人讲起天道的另一个佐证。

那么,什么是孔子所讲的"中庸"? 又何以说是天道呢?

在孔子看来,中庸就是他对天道的描述,也是对天道的掌握和理解。

按照孔子的思想逻辑,我们可以给中庸下一个定义。

中庸之道:①天道居中的自然规律。②认识天道、人道、自然之道的思维方法。③建立天下共主、万物制衡的社会秩序。

天道在中,运行在庸;天道在制,运行在衡;天道在德,运行在损益。

为什么说从《周易》得出的中庸思想就是"天道"呢?

第一个求证,从《周易》被创造出来说起。

据今人考证,《周易》的前身八卦产生于6000年前的伏羲时代。当时为了农业生产的需要,需要通过观测太阳、月亮及行星的运动来测定天气、物象的变化,并尝试从大量的观测记录中寻找天体及自然发展变化的规律。因当时文字尚未产生,只能以图符的形式将这些认知记载下来,久而久之便形成了八种图形,逐渐产生了八卦。

《周易·系辞下》说:"古者包牺氏之王天下也。仰则观象于天,俯则观法于地。观鸟兽之文,与地之宜,近取诸身,远取诸物,于是始作八卦。以通神明之德,以类万物之情。"包牺氏即为伏羲。伏羲通过观察天地山川,观察万物的发展、变化、运动,从而找出天道运行的规律,然后"观物取象",画出了八卦。

1985年,安徽省含山县铜闸镇凌家滩5800—5300年前人类文化遗址中发掘一件玉龟和一件玉版。

玉版的八方图形与中心象征太阳的图形相配,四周钻孔有四、五、九、五之数。饶宗颐先生在《未有文字以前表示"方位"与"数理关系"的玉版》中引用天文学家陈久金、考古学家张敬国发表在1989年第4期《文物》上的《含山出土玉片图形试考》一文言"玉片图形表现的内容应为原始八卦"①。

陈久金先生在《北斗星斗柄指向考》一文中说:"凌家滩文明(古皇有巢氏)距今5300至5600年。当时的历法是太阳历与火历。这个时期以北斗九星和大火星判定季节,实行一年十个月、每月36天的太阳历。玉版玉龟出土时是玉龟夹着玉版,说明他们是一起的。两块玉龟上也有钻孔,龟背钻孔数八,龟腹钻孔数五。如果上下叠加,中间数五,两侧各是四,这与真实乌龟背甲分布数完全一致。乌龟背甲中间五块,两侧各四块,一共13块。"②古皇有巢氏,亦称有巢氏,尊称巢皇。燧人氏之父,缁衣氏之夫,伏羲氏、女娲氏的祖父。

从上可见,《周易》产生是古人研究天象、考究天道的结果,而考古文物可证,在远古时期人们对太阳的认知,由此得出的天数以及历法,已经到了十分深入的程度。

《周易·系辞上》说:"易有太极,是生两仪,两仪生四象,四象生八卦。"我们从太极图的出现,来求证中庸之道。《易传》提出太极说,但太极是什么,并没有说明。汉代人认为,太极是个"元气",宋代朱熹把太极看作是"理"。但与道家的道很相同,认为无形无象,看不见,听不到。

在文献中出现,第一种的太极图是一种空心圆;第二种就是北宋周敦颐的太极图,由朱震献图于世。

朱熹认为,黑中有白,而白中无黑,认为此图不合理,所以"改而正之"。

第三种即出现在明代赵㧑谦的《六书本义》中的阴阳鱼太极图。

赵㧑谦认为,龙马从荥阳附近的黄河中驮上来的就是此图,伏羲就是依据此图画出八卦的。

从三类太极图来看,后两类已分为黑白两部分,明显显示出太极生两仪,即生出黑白阴阳。第二类周敦颐太极图和朱熹改过的太极图中间有一个圆形,表示中心,圆圈的外部左右黑白阴阳对立,有一条线将黑白阴阳分开,即表现出有一条明显的分界线。第三类赵㧑谦的阴阳鱼太极图,阴起于上,阳起于下,阳进阴退,阴进阳退,阴阳自始至终交合,阴阳各自发生量的变化,表示阴阳的消长,

---

① 安徽省文物考古研究所编:《凌家滩文化研究》,文物出版社2006年版,第18页。
② 载《自然科学史研究》1994年第3期。

但在太极的中间即太极的至中位置达到阴阳可以完全重叠，达到完全的平衡状态。

第二种周氏太极图和经过朱熹改过的太极图，是将太极图除中心圆外部，通过上下一条线，将太极图一分为二。它两处体现"中庸"的"中"，一是中心圆，居太极图中的中心位置，是圆形太极的中心；二是中心圆外部的太极，被上下一条中线，将阴阳分开。周氏的太极图中线左侧为阳，右侧为阴。周氏太极图的特点是阴静在上，阳动在下；右侧黑中有白，左侧白中无黑。朱熹改过的太极图中线两侧，既有阴，又有阳，阴阳三分，包围着中心圆。中线则体现中心圆之外部分左右"中"间位置。

邱汉生、朱伯崑二位先生认为，朱熹改过的太极图与周氏太极图有两处不同：一是"自无极而为太极"或"无极而生太极"改为"无极而太极"，二是"阴静在上，阳动在下"改为"阴静居右，阳动居左"。李申先生认为还应加一点，即由原来的"黑中有白，白中无黑"改为"黑中有白，白中也有黑"①。

我认为周氏太极图和经过朱熹改过的太极图有以下三个特点：

一是均体现对立统一。太极图既是一个黑白阴阳统一体，又是一个黑白阴阳对立体。

二是均有图中之中心或黑白二者之中心。

三是均表现出黑白阴阳平衡。在太极图中中心圆以外部分，阴与阳所占比例均等。如将中心圆的面积算上，阳所占的比例面积大于阴所占的比例面积，这种阴阳比例面积的不同，多出来的中心圆部分，应代表"太极"，无形无象，由太极而生出两仪，即阴阳。那么，这个太极则处于太极图的中心、核心，即"道"。

第三种即赵撝谦太极图。这张太极图，一说是伏羲所作，一直在秘密流传。也有说是陈抟所作，连周敦颐也没有见过此图。所以，周才另作太极图。这张阴阳鱼太极图，阴阳由小到大，又由大至小，循环往复，以至无穷，充分体现出阴阳生生不息的机制。阴阳共生、共汇，又此消彼长，阳在阴中生，阴在阳中始，阴盛阳衰，阳盛阴衰，既对立又统一，既增减又平衡。这便使这张阴阳鱼太极具备以下特点：

---

① 朱伯崑主编：《周易通释》，昆仑出版社 2005 年版，第 319 页。

一、太极的中心不是固定不变的，随着阴阳消长而变动。变动的区域在黑中的白点和白中的黑点之间挪移，靠近黑点还是靠近白点，主要看阴阳的消长。

二、阴阳的变化。阴阳总面积一直处于恒定的状态，代表阴的黑增长多少，同时代表阳的白就减退多少，反之也如此。

所以，阴阳鱼太极图更能体现中庸之道的"中"与"平衡"的核心思想。

《周易》全书之中体现阴阳均衡的思想。从构成爻位阴阳数量上的平衡上看，八卦阴阳爻各十二个，六十四卦阴阳爻各一百九十二个。从卦上看，八卦两两相对；乾与坤，震与巽，坎与离，艮与兑；六十四卦从前向后，每两卦构成对偶，表现为"非覆即变"的关系。

这说明"中"与"平衡"是一种相互依赖的关系。离开"中"则不能"平衡"，失"中"则"失衡"；反之，离开"平衡"则不能"中"，"失衡"则失"中"。

第二个求证，用现代天文学来证明它。

在西方，直到公元510年前后，才提出太阳居中，诸行星和地球都围绕太阳转动的日心地动学说。哥白尼《关于天体运动假说的要释》手稿，提出地球不是宇宙的中心，只是月球轨道的中心；太阳位于宇宙的中心附近，地球和其他行星都在绕着太阳转动；恒星都在遥远的、始终静止不动的恒星天上，恒星天离我们的距离远比太阳到地球距离大得多；地球自转不息，从而使所有的天体东升西落；地球只是一颗普通的行星，它和其他行星都在围绕着太阳公转，我们能见到的行星在天空中顺行和逆行是地球和各颗行星都在绕着太阳公转引起的合成效应。哥白尼《要释》的这些见解，成为《天体运行论》的核心思想。

哥白尼去世之后，布鲁诺在英国出版《星期三的灰烬圣餐》和《论无限、宇宙和众世界》两本书，提出宇宙无限，其中有无数个世界，我们的太阳并不在宇宙的中心，发展了哥白尼的天文学理论。

太阳居太阳系的中间位置。这个位置完全符合中庸之道的"中"。中、中心、核心，太阳的居中，印证了中庸之道所主张的"中"的原则。

太阳系所有的星体都在自己该在的轨道上运转，几乎分毫不差，也充分体现中庸之道所主张的"得位""得正"的"正"的原则。

所有物体与太阳之间相互制衡，物体与物体之间又相互制衡，从而形成结构稳定、相互关联、相互呼应、相互作用的太阳系整体，这便符合了中庸之道的相应、相合的"应"的原则。

太阳系所有物体围绕太阳公转,物体本身又自转,时时刻刻,永不停歇,这又充分体现中庸之道所主张的适时的"时"的原则。

德国天文学家约翰尼斯·开普勒在 17 世纪初,研究地球绕太阳公转时得出地球的运行轨道。

在地球被太阳作偏心圆规运动的假说下,开普勒推出面积定律。通过面积定律,开普勒得出:地球绕太阳公转的椭圆轨道与圆的差别很小。

战国以前,古代人将天划分为 365 又 1/4 度,即太阳在天空视运动日行一度,然后将太阳在天空恒星背景的移动描述下来。"天元十一月甲子夜半朔,日月俱起牵牛初度。推历考宿,正月在营室;二月在奎;三月在胃;四月在毕;五月在东井;六月在柳;七月在翼;八月在角;九月在房;十月在尾;十一月在斗;十二月在牵牛。"(《河图》)。

地球围绕着太阳公转,从天空的视运动看,并不是完全居中,地球中部与太阳中部之间有一个夹角,然后正是这个夹角体现了天有好生之德。

地球围绕着太阳运转,太阳和地球处在同一个水平面上。黄道面是地球绕日运动的轨道面,赤道在地球的中间位置。

黄道面和赤道面的交角 $23°26'$。赤黄面没有完全重合。黄道和赤道相交是每年的春分和秋分这两天。中国古代人能在历法中,准确地测量出黄赤相交会在春分和秋分这两天,说明天文观测已经十分精准。丹麦天文学家第谷,在公元 16 世纪末才完全对黄赤交角精准测定。地球绕着太阳转,基本上是以中道运行。出现的夹角,是地球自转的结果。地球自转轴与其公转的轨道面成 $66°34'$ 的倾斜,从而出现黄道面与赤道面的交角。而正是这个夹角的出现,使地球有了充足的阳光、雨露,四季分明,才有利于地球动植物的生存。假设黄赤交角为 $0°$,地球上一年四季如春,北半球纬度比较高的地域因气候热度不足使农作物等无法成熟,农作物的耕种线便会南移;地中海气候、热带草原气候将会消失;地球上没有了极昼、极夜现象,因太阳直射点不会移动,全球太阳正午的高度不会发生变化;再没有昼长夜短、昼短夜长的变化。如果黄赤没有交角,始终重合,那么,能在地球上生存的生命,便被限定在很少的有限区域了。

通过对当代天文学关于太阳运行及太阳系天体结构的考察,中庸之道的居中守正、呼应、时动的思想,符合天体运行的规律,中庸之道是人类对天体运行的自然规律的揭示。

第三个求证,用《论语》的话自证。

我们再来看一下,孔子在《论语》中讲的"道",是不是"天道"。

《论语》中有两大难题一直没有很好的破解。

(1)子曰:"人能弘道,非道弘人。"(《论语·卫灵公》)

当代注释《论语》专家杨伯峻先生在注释这段话时讲:"这一章只能就字面来翻译,孔子的真意何在,又如何叫作'非道弘人',很难体会。朱熹曾经强为解释,而郑皓的《论语集注述要》却说:'此章最不烦解而最可疑',则我们也只好不加臆测。《汉书·董仲舒传》所记载董仲舒的对策和《礼乐志》所载的平当对策都引此二句,都以为是治乱兴废在于人的意思,但细加思考,仍未必相合。"①

我们来看朱熹是如何解释的:"人外无道,道外无人。然人心有觉,而道体无为;故人能大其道,道不能大其人也。"(《论语集注》)朱熹这段解释是不对的。首先他否定了"天道"的客观性,即"人外无道";然后他又否定了"天道"与人的自然独立性,即"道外无人";第三,他否定了"天道"自然而为的作用,"而道体无为"。

据说,朱熹在向弟子讲解时,正好手中拿着一把扇子,如是便借此发挥:"道如扇,人如手,手能摇扇,扇如何能摇手?"(《朱子语录》)

这个比喻也是错误的,"道"和人不是手和扇的关系。

首先,人改变不了"天道",故手不能摇扇,说"手能摇扇",即说人可以使"天道"运转起来,这是错了。其次,否认"扇"不能摇手也是错的。"扇"即天道,"手"即人,天道是可以决定人及社会变化和自然界变化的。

这个比喻错在指代关系上,扇不能指代天道。扇是天道,道则变成器了,即人用来趋炎送凉的器具,道则成了道具,形而下的东西了。

像朱熹这样解释这段话,会愈解释愈让人糊涂。

为什么从古至今人们没有把这章、这段话搞清楚,关键之处是对"道"的理解上。

———————————

① 杨伯峻:《论语译注》,中华书局1980年版。

这个道非"人道"或"社会之道",乃是"天道"。

如果我们把"非道弘人"解释为天道不能弘人,即天道自然而言,既不会去弘张三,也不会去弘李四,也不会只弘人类而不去弘天下其他物种。天道一定是自然而然地行使自己的使命,不会去弘人,那么是不是"非道弘人"便可解了呢。

(2)《论语》中还有一章,也是历代争论不休,现在仍使孔子被误解的一句话:"子曰:'民可使由之,不可使知之。'"(《论语·泰伯》)

杨伯峻先生的注译是这样的,我们来看译文:"孔子说:'老百姓,可以使他们照着我们的道路走去,不可以使他们知道那是为什么。'"

注释:"子曰……知之"——这两句与"民可以乐成,不可与虑始"(《史记·滑稽列传》)所载西门豹之言,《商君列传》作"民不可与虑始,而可与乐成",意思大致相同,不必深求。后来有些人觉得这种说法不很妥当,于是别生解释,意在为孔子这位圣人回护,虽然费苦心,反失孔子本意。如刘宝楠《论语正义》以为"上章是夫子教弟子之法,此'民'亦指'弟子'"。杨伯峻不同意刘宝楠的解释,认为"自古以来亦曾未有以'民'代'弟子'者①。

朱熹的解释采用了逻辑推理的办法,"民可使之由于是理之当然,而不能使之知其所以然也。"(《论语集注》)朱熹这句话翻译过来就是:"民可以被役使是理所当然的,所以,不用告诉他们为什么也是理所当然的。"其实在朱熹看来,不用去向民众解释什么,说明为什么,役使他们就行了,这才是真正的愚民。

程颢、程颐二人认为孔子不是"愚民","圣人设教,非不欲人家喻而户晓也,然不能使之知,但能使之由之尔。若曰圣人不使民知,则是后世朝四暮三之术也,岂圣人之心乎?"(《论语集注》)

二程认为"圣人不使民知",即孔子不让民知道,这种说法不符合孔子的原意,是后世的人们,即统治者的一种统治权术而已。但孔子这段话的原意是什么,"二程"也没能说出来。

杨伯峻先生的译文是正确的。但"由之"是什么?"知之"又是什么?直到今天,还以为这是孔子的污点,看不起老百姓,老百姓不必告诉他为什么这么

---

① 杨伯峻:《论语译注》,第81页。

做,就让他照着说的去做好了。

孔子从来不愚民,他身上也从没有发生过看不起老百姓的事情。

"子贡问政,子曰:'足食,足兵,民信之矣。'子贡曰:'必不得已而去,于斯三者何先?'曰:'去兵。'子贡曰:'必不得已而去,于斯二者何先?'曰:'去食。自古皆有死,民无信不立。'"(《论语·颜渊》)

孔子将取信于民看得如此重要,不让民知,如何取信? 孔子为什么说出这句话来呢? 一定是有其他另外的因由。

"子贡曰:'夫子之文章,可得而闻也。夫子之言性与天道,不可得而闻也。'"(《论语·公冶长》)

连子贡都没听到孔子讲天道,天道不是所有人都可知道的。

所以,孔子讲,不必让老百姓知道的不是社会平常之道理,而是有关天道,即那些符合天道的事,设计好了,让老百姓做便行了,不必去同老百姓讲为什么这么做。这应该是孔子当时讲此句的原意。

第四个求证,"大道至简"。

《易》有三义,东汉郑玄《易赞》:"易为之名也,一言而含三义。易简一也,变易二也,不易三也。"郑玄的三义说,来自《周易》自说:

《周易·系辞上》:"乾以易知,坤以简能。易则易知,简则易从。"这便是"简易"。

《周易·系辞上》:"是故阖户谓之坤,辟户谓之乾;一阖一辟谓之变,往来不穷谓之通。""广大配天地,变通配四时,阴阳之义配日月,易简之善配至德。"这便是"变易"。

《周易·恒卦》:"《彖》曰:……天地之道,恒久而不已也。"这便是"不易"。

我们说中庸之道来自《周易》,看中庸之道是不是也有这"三义"的含义?

首先看"简易":中庸之道十分简单,即无论观察事物的天道,还是践行事物的天道,只要坚持"用中"原则,便可直达"天道"。"用中"最为重要的是观察事物的"中",事物的"中"是事物的核心、中心,对立双方的平衡点。其次是"执中","执中"即抓住事物的本质,不偏不倚,不过也不不及,然后达到促进事物平衡有序地发展。这便是"简中"。

其次看"变易":中庸之道的"中""正""应""时"四原则,是随着事物在时空中变化而变化的,那么按着中庸之道变化的事物,便符合"天道"。任何事物都存在于时空之中,都会随着时空的变化而发生改变,形成在共时态中的内外关系,历时态中的历史、现在、未来关系。在上述关系中,事物在对立统一、质量互变、否定之否定中发展变化,也使事物不断处于"中"与"失中","平衡"与"失衡"之间。所以中庸之道是随着事物的变化而变化的,这便是"变中"。

再次看"不易":中庸之道的"中",是恒久不变的"至中",不偏不倚,不过也不不及,事物只要"至中",便符合"天道",否则背离"天道",这就是永恒不可改变。这便是"恒中"。

通过以上四个求证,可以得出,孔子讲的中庸之道就是"天道",也就是他所说的"朝闻道,夕死可矣"的道。

中庸之道如何认识和效法"天道"。

首先,"天道"是什么,最主要是"中",即核心。所以,中庸之道便是"用中"或"中用"。如果离开中心或核心,便没有"天道"了。天便要混乱。在万事万物中,"中"是事物的本质,是事物发生、发展、变化的最为根本的性质。"中"不一定是事物绝对的居中位置,但它是事物的根本性质,它是决定事物发生、发展、变化的不可替代的力量。为什么太阳是太阳系的中心、核心?因为太阳的质量占整个太阳系总质量的99%以上。

其次,天道有德。表现为给万物生长阳光、空气、雨露,万物靠天生长,天并不求回报。一个好的社会就应给生活在这个社会所有的人幸福,而不求回报。天德主要表现为"正","正"即位置正确。孔子讲"不在其位,不谋其政",讲的就是这个道理。一切人都正了,都得位了,社会一定会好了。"正"不仅是位置的正,还要做到品行端正。"子曰:'其身正,不令而行;其身不正,虽令不从。'"(《论语·子路》)"季康子问政于孔子。孔子对曰:'政者,正也,子帅以正,孰敢不正?'"(《论语·颜渊》)所以,在"正"的问题上,一个社会首先是执政者、社会的管理者要正,"上梁不正,下梁歪"。统治者不正,老百姓怎么正?老百姓也要自我端正。"子曰:君子食无求饱,居无求安,敏于事而慎于言,就有道而正焉,可谓好学也已。"(《论语·学而》)"子曰:'富与贵,是人之所欲也;不以其道得之,不处也。贫与贱,是人之所恶也;不以其道得之,不去也。'"(《论语·里仁》)

再次,天有秩序。人类社会有序则表明其拥有好的社会制度。这种制度能使人们建立良好的社会关系,也就是《周易》八卦中的比应关系,相通关系。社会上人与人之间关系都融通和谐了,社会自然就好了。这种井然有序的社会秩序,首先是社会上层的秩序。孔子说:"天下有道,则礼乐征伐自天子出;天下无道,则礼乐征伐自诸侯出。"(《论语·季氏》)一个国家,如果没有中心,便没有了秩序,多中心一定会导致天下的混乱。孔子断言,多中心,中心愈多,这个中心的寿命就愈短。"自诸侯出,盖十世希不失矣;自大夫出,五世希不失矣;陪臣执国命,三世希不失矣。天下有道,则政不在大夫。天下有道,则庶人不议。"(《论语·季氏》)

第四,"天道"时时在运行。具有中庸之道的社会,应时时保持社会处于中庸的状态。社会由人组成,人有欲望,致使人很容易离开中庸。社会应该设立防止人们离开中庸的制度,来保障人们离不开中庸之道。人有时会处中,有时不会,都是欲望作怪。人若能清心寡欲,"正"的时候便会多,而纵情恣意,"不正"的时候也会多。孔子主张作为一位君子,要时时刻刻不能违背中庸之道,就是吃一顿饭的时间里,也不能离开中庸之道。仓促匆忙如此,颠沛流离同样如此。

二、《中庸》误导了孔子的中庸之道

1. 子思的《中庸》存在的问题

(1)"喜怒哀乐之未发,谓之中;发而皆中节,谓之和。"(《中庸章句·第一章》)这句话将中庸之道看成"中和"。

"和"这个字,在孔子那里是有明确指意的。如"子曰:'君子和而不同,小人同而不和。'"(《论语·子路》)这句话翻译过来,孔子说:"君子用自己的正确主张纠正别人的错误主张,使一切做到恰到好处,而不肯盲目附和。小人只是盲从附和,却不肯表示自己的不同意见。""子曰:'道不同不相为谋。'"(《论语·卫灵公》)孔子如果为了"和"而合,他就不会离开鲁国,不会辞去摄相事。离开原则的"和"不为孔子所取。孔子的中庸之道并不主张一团和气。"子贡问曰:'乡人皆好之,何如?'子曰:'未可也。''乡人皆恶之,何如?'子曰:'未可也;

不如乡人之善者好之,其不善者恶之。'"(《论语·子路》)可见,人人都说他好,这样是人人一团和气了,但失去了原则,即失去善恶的标准。只能善人说他好,恶人说他坏的人,才是君子,才是好人。故孔子十分厌恶乡愿之人,他说:"乡原,德之贼也。"(《论语·阳货》)"乡原"即没有是非的好好先生。孔子认为这种人是足以败坏道德的小人。孔子对"和"有十分深刻的理解,他不用"和"而用"庸",就是怕人们因讲"和"而忘记了"中"。从而"失中""失正",中庸之道变成了老好人的哲学。这种担心因《中庸》一文的出现,将"中庸"解释成"中和",便使"中庸"被误解,成了老好人、好好先生的处事方法,在社会上大行其道,蒙蔽人们的视线和良知,个人从中得到好处,得到利益,从而加官进爵。所以,"中庸"与"中和"不是同一概念,中庸之道不是中和之道,二者有本质的差别。

"中和",若从认识论上讲,是可以成立的,可以有两种存在方式:

第一种,将一事物的整体看成"中和"。一事物既然有"中",一定存在着"不中",将代表事物的"中"与"不中"合起来便是事物的整体。但合起来的整体,便是事物的全部,那么也就不是中庸了。从方法论上讲中庸的"中心",是讲事物的"性质",合起来怎么讲"中心"? 怎么讲"性质"? 这样中庸便失去"用中""中用"的功效。中庸是讲"和","和"的体现是以"中"为核心的原则下的"和",即"中""正""应""时"四者相应相合,而不是简单把"不中"合到"中"来,这种"和"是一种调和论,不是在"用中"或"中用"下的"和"。也可以说"中和"是整体论的方法,那么整体论的方法便不是中庸方法。二者都存在,但决不可混淆,即"中和"不是中庸。

第二种,将各种事物中的"中"合在一起。这是一种美好的愿望,这种"中和"是可以实现的。但各种"中"或各种"性质"合在一起仍然是一个大杂烩,这种"和"建立不起有效的秩序。中庸讲在一个特定时空中,一个中心。而"中和"这种"和"只能是"多中心","多中心"的"和"是暂时的。宇宙是多中心的"和",但人类要走上宇宙"多中心"的"和",恐怕还要有很久远的路要走。人类现阶段"多中心"肯定会处于一种混乱的秩序阶段。混乱的"中和"状态可以存在,但它不是有秩序的中庸状态。"中和"不能等同中庸。

(2)将中庸之道纳入伦理道德系统。

"修身以道,修道以仁。"(《中庸章句·第二十章》)伦理道德是"人道",中庸是"天道",二者有本质的差别,又是紧密联系的。"人道"必须符合"天道","天道"是"人道"要遵循的原则和目标。不能简单地把中庸视同为"人道"。

(3)把"诚"推到至高无上的境界。

"诚者自成也;而道自道也。诚者,物之始终,不诚无物。"(《中庸章句·第二十五章》)这句话翻译过来:诚,是自己完善自己;中庸之道,是用来规范自己的。诚贯穿于一切事物的始终,没有了诚,也就没有了万事万物。人没有了"诚",世界上的万事万物真的没有了吗?"诚"能决定万事万物的存在吗?

"故至诚无息,不息则久,久则征,征则悠远,悠远则博厚,博厚则高明。博厚,所以载物也;高明,所以覆物也;悠久,所以成物也。博厚配地,高明配天。悠久无疆。"(《中庸章句·第二十六章》)《中庸》一书认为"诚"是不间断的,不停止的;不停止则久,久了作用会显现出来,也会更加长远,长远了就可以成就万物,成就万物使"诚"更加高明;成就万物了就可以如地一样,高明了就如天一样,悠久了万物就与天地共存了。这是在说,"诚"像太阳那样高明,像地那样博厚,像时间那样没有止境。

在子思看来,将"诚"抬至如此,还不够,他将"诚"上升到"天地之道","天地之道,可一言而尽也。"(《中庸章句·第二十六章》)

"诚"提到这么高的地位是不对的。我们不责怪他把"诚"上升到世界本体,不理会他把"诚"说成是"天地之道",就假定说"至诚"是人的最高品德,那么人能做到吗?

朱熹大讲"诚",大讲"存天理,灭人欲",可晚年又被诟病为"伪道学""伪君子"的代表。朱熹本人也不得不承认自己的虚伪。就连朱熹这样一位饱学"圣人"之学的人都做不到"至诚",那么,又有多少人能做到"至诚"呢? 说到底,"诚"仅仅是"人道"中伦理道德的一部分,把"人道"一部分抬高至"天道",必然是错误的。

2.《中庸》一书混乱了孔子学说的三个系统

(1)天道观系统

孔子的中庸之道是通过对天文历法知识的掌握以及晚年学习、研究、传授《周易》而得出来的,即向天取道的结果。

子思把"诚"认为不仅是"天道",而且还是"地道"。那么,"诚"是"天道"

"地道"的科学依据在哪里呢?

（2）伦理道德系统

孔子是讲中庸之德,但孔子讲的不是仁、义、礼、智、信、忠、诚、恕、廉、耻、勇等人道之德。中庸之德是"天德",即天的运行秩序。天体运行的秩序几乎是恒定的,略有变化马上又恢复到秩序当中。这种平衡与制衡之德,是人类社会任何之德都无法相比的。

"诚"的概念在孔子那里是有界定的。在孔子的伦理道德的概念里,"仁"一直处在总德的位置。义、礼、智、信、忠、诚等是下一级范畴。孔子讲,如果人没有了"仁",那么,人掌握了礼、乐又有什么用呢?"子曰:'人而不仁,如礼何?人而不仁,如乐何?'"（《论语·八佾》）。在孔子人道思想的体系中,诚、信、忠概念的内涵和外延有很多重叠的地方。更多时孔子提"主忠信",将"诚"都可以省略。

（3）方法论系统

中庸之道的方法论有三个属性:

来源属性。即它来自人们可以认知的天体及整个自然界运动规律的属性。

道德属性。即整个天体运行的平衡秩序和制衡秩序中体现出来的天德属性。

认识论属性。即用"中""正""应""时"等原则方法去认识自然界,认识人类社会,从中得出人应该怎么办的方法的属性。

《中庸》书中,子思除了用几段孔子讲过的"过犹不及""执其两端""用其中于民"外,对方法论没有任何新的阐述,似乎中庸方法论,仅仅是孔子在《论语》中所讲的而已。

中庸之道最有价值就在他的方法论上。这个最有价值的方法论却没有引起子思的任何注意,反而把孔子的"用中""中用"的核心抹去,将中庸变成了中和,致使整个概念错位、混淆,使人们不知怎样去使用中庸这一方法,又为老好人主义、好好先生开了方便之门,成为欺世盗名的有利手段。不仅如此,还大书特书"诚"的学说,从而导致人们认为"诚"才是《中庸》一书要阐述的重点,"至诚"便是中庸。

三、《中庸》对后世的影响

《中庸》收入《小戴礼记》中。李学勤先生认为："《中庸》也收入《子思子》书中。《子思子》这部分最早著录于《汉书·艺文志》'《子思》二十三篇'，班氏自注云：'名伋，孔子孙，为鲁缪公师。'书列于《诸子略》儒家，以《晏子》《曾子》之间。另外《汉志》之《六艺略》礼家有《中庸说》二篇，例以志文有《明堂阴阳》《明堂阴阳说》、《伊尹》《伊尹说》、《鬻子》《鬻子说》等，当系专对《中庸》解释引申。这说明《中庸》很早就受到特殊重视，而且可能有单行之本。"①

至北宋，《中庸》一书，及《中庸》书中的"至诚"思想被提到非常高的地位。

北宋周敦颐："诚精故明。"（《通书》）

张载："自明诚，由穷理而尽性也；自诚明，由尽性而穷理也。"（《正蒙·诚明》）

南宋朱熹："诚则无不明矣，明则可以至于诚矣。"（《中庸章句·第二十一章》）

《宋史·道学传·序论》：程颢、程颐"表章《大学》《中庸》二篇，与《语》《孟》并行"，开始了"四书"经典之先河。

朱熹作《中庸章句》，将《中庸》《大学》《论语》《孟子》并列，刊刻《四书章句集注》，从而，"四书"与"五经"并列。

正是由于《中庸》一书，愈被重视，愈被虚夸，则将孔子真正的中庸之道思想淹没在历史的尘埃之中，甚至被误认为是"折中主义"，老好人的哲学。

四、孔子中庸思想的当代价值

1. 用中庸的思想树立人人都应居中守正，使人的思维方式和行为方式均处在一个合理的限度之内，不过也不不及，就是做好自己该做的事情。

这种目标的实现：

一是让人们认为自己的言行符合天理人道的，包括人的利益、名誉、地位的

---

① 李学勤：《周易溯源》，巴蜀书社 2006 年版，第 96 页。

取舍,该是你的就是你的,不越位,不贪得,正如孔子所说:"不在其位,不谋其政。"(《论语·宪问》)曾子是孔子晚年收的弟子,颇受孔子喜爱。他也多少领悟一些孔子中庸的思想。他说:"君子思不出位。"(《论语·宪问》)意思说,正人君子所思虑的不超出他自己的工作岗位。

二是建立一整套规定人们应该居中守正的社会制度,让制度保证每个人的言行符合中庸之道。如果人人都能守住这一节度,居中守正的社会制度必然会被遵守,会被全社会人们去贯彻执行。人人若能有孔子所主张的生活态度,这个社会很快便会好起来。"子曰:'饭疏食饮水,曲肱而枕之,乐亦在其中矣。不义而富且贵,于我如浮云。'"(《论语·述而》)。这意思是说:吃粗粮,喝冷水,弯着胳膊当枕头,也有着无穷的乐趣呀。干不正当的事而得来的富贵,对我来说就如一片浮云。

2. 建立秩序的、平衡的、治衡的社会制度。

社会的秩序存在,大体可分为三种;

(1)平衡态,即社会按中庸的天道观思想运行,社会处在一种平衡的社会状态。这种平衡态的社会面貌,大约与《礼记·礼运》描绘的大同世界相同。平衡态是人类全面贯彻实行中庸之道、按照"中""正""应""时"四道去治理社会,从而使社会达到"天道在中,运行在庸"的平衡状态。即使不能完全达到四道,但能真正做到"用中",也会出现平衡态的社会局面,只不过平衡得没有那么彻底而已。

(2)失衡态,即社会未按中庸的天道观思想去运行,天下失"中"、失"正"、失"应"、失"时",这样的社会必然失去秩序,没有天下之共主。原来的社会秩序被打破了,制度被破坏掉了,新的社会秩序和制度还没有建立起来。这恰恰是孔子所处的社会,周天子名存实亡,礼乐征伐自诸侯出,自大夫出,自陪臣出。统治者穷奢极恶,人性几乎失去节制,为了掠夺更多的财富,不断开始大国侵占小国,强国欺凌弱国。而下层的老百姓苦不堪言,民不聊生,出现严重的两极分化。怨声载道,盗民四起,社会处在极度混乱之中。失衡态主要原因是社会失制、失衡,"天道在制,运行在衡"。

这种失衡态的社会,走到极度,物极必反,一定是代表旧秩序的国家或王朝被改朝换代。秦始皇统一六国后,大权独揽,刚愎自用,社会对他无制,个人欲望达到极大的膨胀。修建阿房宫和骊山墓,用工匠和刑徒 70 万人,修长城 30 万人;"收泰半之赋,发闾左之戍,男子力耕,不足粮饷,女子纺绩,不足衣服。竭天下之资财,以奉其政,犹未足以澹其欲也。海内愁怨,遂用溃畔。"(《汉书·食货志》)加上严刑峻罚,民动辄得咎,道路以目相视,最终百姓揭竿而起,至二世而亡。

(3)治衡态,即代表旧的、乱的社会秩序结束,代表新的、平衡的社会秩序端倪开始出现,社会秩序从乱走向治的过程。社会要重新建立中庸之道的社会秩序。所谓中心,即是一个小国或大国,要确保一个权威中心。这个中心的国王或天子一定是夏禹、商汤、周文王、周武王之类的明君,带领人民才能把国家从混乱中拯救出来,才能使国家开始走向治衡态。治衡态是人类社会从失衡态向平衡态的转变,即"天道在德,运行在损益"。

损即修偏,通过减损来修偏,将"不中""不正""不应""不时"纠正过来。由"不中"转化为"中",由"不正"转化为"正",由"不应"转化为"应",由"不时"转化为"时"。

损卦☶,"《彖》曰:损,损下益上,其道上行。"此卦上下二卦可理解为上下体的关系,那么"损下益上"就变成了"损民"而"益统治者"。但一卦之中上体下体,也可看成内卦和外卦。而我更倾向于是内卦和外卦的关系,下卦为内,上卦为外。如看成内外关系,则指所有人,不分统治者和被统治者。损下是内部事物,是我;益上是外部事物,是他人。如果这样,便将"损下益上"理解为损自我而益他人,这便符合损卦的核心思想。"其道上行",指这样做,减损自己益于他人,这便符合了天道。损卦的卦辞说:"损,有孚,元吉,无咎,可贞。利有攸往。曷之用? 二簋可用亨。"意思是:损卦,象征着减损,心存诚信,会有大的吉祥,没有灾祸。坚守中正,利于向前发展。减损之道用什么来体现呢? 两簋淡食就足以奉献给尊贵的人和神灵。所以,减损还有一个反对奢侈的含义。反对奢侈就是减损人的欲望。个人欲望减损了,人与人之间的关系也就逐渐和谐了。"《象》曰:山下有泽,损;君子以惩忿窒欲。"山下有泽,象征"减损";君子因此抑止愤怒,堵塞邪恶以自损欲望。

益卦☳,则可以看成统治者与被统治者关系,即官和民的关系。从治世来看,每个人都要从混乱的社会秩序中走出来,即修偏。但在整个修偏过程中,统治者又是最为重要的,所以益就是讲如何去损统治者,去益被统治者。

益卦辞:"益,利有攸往,利涉大川。"这说明益已经是治世的第二阶段,社会已经过损的治理,发展到益的阶段。这个阶段,发展大道通畅,可涉万险,但前景光明。《彖》曰:"益,损上益下,民说无疆;自上下下,其道大光。"统治者应该减损自己,将更多的利益福祉留给老百姓,这样老百姓便会其乐无穷,天道和人道就会大放光芒。这段《彖》辞还讲了"中""正""应""时"的四个方面:"利有攸往,中正有庆;利涉大川,木道乃行。益动而巽,日进无疆;天施地生,其益无方。凡益之道,与时偕行。"

秦朝刚刚统一天下,社会出现失衡态,仅14年而亡。经8年的楚汉战争,西汉初年开启了治衡态的社会。由于连年战乱,社会出现大饥荒、人相食的惨状,饿殍遍野,满目疮痍。"自天子不能具钧驷,而将相或乘牛车,齐民无藏盖"(《史记·平准书》)。

汉高祖刘邦登基后不久,便下令解散军队,让兵士返乡。关东人愿意留在关中,免除12年徭役,如回关东的免除6年徭役,有爵位的加官进爵,并一律免除本人及全家人的徭役,军吏卒按军功大小给予田宅;因饥荒自卖为奴婢的,一律免为庶人。打击商人投机倒把,不允许商人穿绫罗绸缎,携带兵器,乘车骑马,担任官吏,减轻赋税,行十五税一;对生孩子的妇女,免除2年赋税;战乱中,逃往山泽中的百姓各归本土,恢复原有的田宅。

西汉初年,经过近70年的休养生息,一损一益,天下大治,开创了中国历史上第一次社会发展的盛世——"文景之治"。

3. 处理好人与自然界的关系。

在处理好人与自然的关系上,孔子的中庸思想与老子的思想是相通的,老子讲的"四法"也是中庸之道遵循的"四法":"人法地,地法天,天法道,道法自然。"(《老子·第二十五章》)

人为什么要法地?譬如地球的四季使人们不得不法。人以四季为衣,以四季为食,以四季为住,以四季为行。人的衣食住行,哪一项都离不开地球的四季。

地为什么要法天?地球以天为存在,是太阳的行星,绕着太阳运转。地势坤,厚德载物,但离开天,地球无法载物。地球上有生命的物种,如果离开阳光还能生存吗? 在古代人看来,地上的旱、涝、灾、异、福报、祥瑞都是由天决定的。

"天法道"。在古人看来,天上的太阳早升晚落,"独立而不改,周行而不殆"。整个天是以太阳的运行为法,升为昼,落为夜。所以,天要效法道。

"道法自然"。"天道"即天的运动规律,在一定程度上讲,亦是太阳的运行规律。天也好,太阳也好,存在于整个宇宙之中。我们的太阳系只是整个宇宙的一部分。宇宙,我们也可以称之为自然,包括所有天体。所以,道一定要效法宇宙,效法自然。

(作者系中华书局原总经理兼党委书记、中国出版集团现代教育出版社原社长兼党委书记)

《秦风》与"秦声"所见"秦俗"探析

孙家洲

《诗经》的《国风》,收录了《秦风》10 首①,保留了先秦时期流传在秦国的民间歌谣,成为研究秦地文学和风俗的宝贵资料。战国秦汉时期成书的历史典籍,散见与"秦声"相关的若干记载。将两类资料加以梳理和对读,可以加深我们对于"秦俗"的认识。为此,拟写小文,略述所悟,就教于方家。

一、《秦风》研究中与"文本"相关的问题

《秦风》,无疑是先秦时期的西北民歌,对于了解和研究秦地风俗有特殊的价值。其写定年代,学术界有基本一致的看法。"《秦风》最早的诗产生在秦襄公时代,当周幽王之时,最晚的诗在秦穆公时代,已经是春秋前期,它们都是西周(引者按:原文为"东周",周幽王是西周末年之君,此处的"东"字,当为笔误,径改)末至春秋时期的作品。"②

1. 在《秦风》之外,是否还有与秦文化相关的更早的上古文献的存在?

成书于战国末年的《吕氏春秋》,在其《古乐篇》,保留了一段珍贵的记录:"昔葛天氏之乐,三人操牛尾,投足以歌八阕:一曰载民,二曰玄鸟,三曰遂草木,

---

① 本文引用的《诗经》文字,以朱熹《诗经集传》为据。《诗经集传》,中国书店 1994 年版。《秦风》10 首的诗意歧解纷纭之处,参考多位学者的研究所得。在研读过程中,黄焯《诗疏平议》(上海古籍出版社 1985 年版)给与我诸多教益。受教之处虽然未能在文中注明,却受益自知。

② 王洲明:《周代地域文化与〈国风〉的风格》,收入氏著《先秦两汉文化与文学》,山东大学出版社 1996 年版,第 124 页。

四曰奋五谷,五曰敬天常,六曰达帝功,七曰依地德,八曰总万物之极。"这就是"葛天氏八阕乐歌"的罕见记录。"葛天氏"是早期神话传说中的人物,从《古乐篇》的行文时序推测,似乎"葛天氏"的年代应该与黄帝相当甚至于更早。对此,赵沛霖先生曾有专文考订这篇"原始诗歌"。兹将其基本结论转录如下:"从我们对于'八阕'所作的悬解,可以看出它与我国神话传说的密切联系和它的内容的丰富性。在性质上和内容上与'八阕'相似的诗篇,在我国古代还有《诗·大雅·生民》和《诗·商颂·玄鸟》。如果说《生民》是记叙周民族创业的史诗,《玄鸟》是记叙商民族创业的史诗,那么,葛天氏的'八阕'乐歌则是记叙秦民族创业的史诗。""从成书的时间看,《吕氏春秋》写于秦始皇八年,即公元前239年,正是秦统一中国的前夕,面临着中国大一统的形势,吕不韦记叙秦民族祖先的神异和创业的历史,不正是适应了秦统一中国的需要吗?"①如果我们把赵沛霖先生的论断视为定论,则研究秦人早期诗歌的史料,在《秦风》之前必须关注"葛天氏八阕乐歌"的存在。特别是"三人操牛尾,投足以歌八阕"的场景描写,对于我们理解《秦风》的吟唱实景,或有独特的价值。

　　2.《秦风》所涉地域范围的思考。

　　先秦秦汉时期的历史典籍,多见"秦地""齐地"等术语,作为一种"地域"区划,是来源于古老的"分野"体系。这个体系,在《史记·天官书》和《汉书·地理志》集中表述为"十三分野"②。其中有"秦分野"。"秦地,于天官东井、舆鬼之分壄也。其界自弘农故关以西,京兆、扶风、冯翊、北地、上郡、西河、安定、天水、陇西,南有巴、蜀、广汉、犍为、武都,西有金城、武威、张掖、酒泉、敦煌,又西南有牂柯、越巂、益州,皆宜属焉。""故秦地于《禹贡》时跨雍、梁二州,《诗·风》兼秦、豳两国。"③按照这个"分野"区划,"秦地"的范围,实在过于辽阔。按照《禹贡》所叙述的"九州"体系,秦地竟然跨有雍、梁二州;按照《诗·风》的地域

---

① 赵沛霖:《葛天氏八阕乐歌为秦民族史诗考》,收入《文学遗产》增刊(第十七辑),中华书局1991年版,第16、19页。

② 关于"分野",可以参见邱靖嘉的新著之说:"'分野'本身表示天地之间的对应,但在具体使用该词时,根据语境的不同,其所指可能会有所侧重……当'分野'具体指地域时,亦可做'分土'……由此可见,在记述具体的对应关系时,天星与地域可以互称为'分野'。"(邱靖嘉:《天地之间:天文分野的历史学研究》,中华书局2020年版,第27页)

③ 《汉书》卷二八下《地理志下》,中华书局1962年版,第1641、1642页。

划分,跨有兼秦、豳两国。在如此广阔的范围内讨论广义的"秦风",很难保证地域文化的同质性,因此,对空间范围做出适当压缩和规范,也就成为必要的了。上引文献中,"南有巴、蜀、广汉、犍为、武都"以下诸郡,不列为"秦风"的地理范围之内,也许是可以考虑采纳的方案。这个地理范围,基本与春秋中期秦国的控制区相一致。大致上相当于现在的甘肃东部与陕西全省。在《诗经》的《风》中,秦、豳两国之风是地位对等的,但是,如果从"分野"的逻辑出发,"豳风"实际上应该属于"秦风"的组成部分。或许以"附庸"视之最得其实。老一代经学研究大家蒋伯潜先生的"《诗》之地域"之说,也与上述观点可以互应:"《诗》之地域,以《国风》考之,则《秦》《王》《豳》,约当今之陕西省及河南、甘肃二省之一部"①。如果这个思路大致无误,我们研究"秦风"应该把"豳风"纳入视野之内。

二、纷纭多解:《秦风》诸篇的诗旨

《诗经》之学,自成体系,蔚为大观。其中对诸篇诗意的诠释,自古以来就有诸多歧解。西汉时期的学者毛亨所作的解释,不论是《大序》,还是多以"美""刺"为说的《小序》,都自成一体。因被编入《十三经注疏》之内而广为流传,影响深远。至今也依然是我们研读《诗经》不可或离的经典②。王洲明先生的一个论断,很值得我们重视:"对于《毛序》,相信其说的人越来越多。我觉得,《毛序》是汉人全面研究《诗》的结晶,虽未必全部符合实际,但具有很大的参考价值。"③宋代朱熹的《诗经集传》问世,打破了汉人解《诗》偏重于政治的格局,实际上将《诗》定位为"文学"之作。这当然是一次"重建经典"的杰出工作。试看《诗经集传·序》的开篇之语:"或有问于予曰'诗何为而作也?'予应之曰'人生而静,天之性也。感于物而动,性之欲也。夫既有欲矣,则不能无思。既有思矣,则不能无言。既有言矣,则言之所不能尽而发于咨嗟咏叹之余者,必有自然之音响节族而不能已焉。此诗之所以作也'。"④以此解诗,突破了"经学"的政

---

① 蒋伯潜:《十三经概论》,上海古籍出版社 1983 年版,第 186 页。
② 参看汪春泓:《关于〈毛诗大序〉的重新解读》,收入氏著《史汉研究》,上海古籍出版社 2014 年版。
③ 王洲明:《周代士人忧患意识与〈诗经〉的讽刺诗》,收入氏著《先秦两汉文化与文学》,第 109—110 页。
④ 朱熹:《诗经集传》,中国书店 1994 年版,第 2 页。

治化模式,顿觉与人性更为接近。进入二十世纪之后,对《诗经》各篇立意的解读,更是新见迭出。

关于《秦风》各篇的诗人立意,研究者各有所见,成为我们解读时必须面对的一个问题。

1.试以《终南》为例,具体加以说明。陈彤先生有《〈秦风·终南〉或为慕爱尊贵者之迎送曲》一文,开篇即罗列五种异说:"《秦风·终南》的诗旨曾有五说:一、《诗序》云:'《终南》,戒襄公也。能取周地,始为诸侯,受显服,大夫美之;故作是诗,以戒劝之。'二、《鲁诗》云:'《终南》,襄公初为诸侯,秦人祝之而作。'朱熹等和之曰'此秦人美其君之辞'。三、《诗经世本古义》云:'《终南》,秦人美文公也。始得岐周之地,国人矜而祝之。'四、蓝菊荪云:'本篇应为讽刺诗,讽刺那暴虐无道、荒淫奢侈的秦襄公'。五、金启华云:'女对男的爱慕';袁愈荌、唐莫尧曰:'终南山的姑娘,对进山青年表示热烈爱慕'。"其后,提出了他的结论:"《秦风·终南》之作,本无戒、刺之义。""《秦风·终南》之作似亦非如金启华所述为青年男女间的情歌。因为,诗句中的比兴并无喻指柔心私情之内涵,诗句中亦无卿卿我我之句,此其不同于《邶风·旄丘》《卫风·芄兰》《王风·采葛》《丘中有麻》等诗之处也。故余谓《秦风·终南》为慕爱尊贵者之迎送曲,要亦可以肯定无疑。"①陈彤先生的考释意见,应该被视为定论。特别是本诗的结句"佩玉将将,寿考不忘",反复斟酌之下,可以得出结论:它与对君王的"美""刺"无直接关联,更与男女之间的情诗相去甚远。唯有"为慕爱尊贵者"而作,最得其解。

《终南》一篇,在"诗旨"的多解方面,可以作为"诗无达诂"的一个典型来看待。《秦风》的其它九篇诗作,在"诗旨"探求方面,也有不同意见的并存。我们只能是借鉴前人之说,参以己意而隐约得其大概。

2.《车邻》,《毛诗小序》解释为"美秦仲也。秦仲始大。有车马礼乐侍御之好焉"。直指为歌颂某位秦君,实有勉强之感。其中有"未见君子,寺人之令"之句,推测为某位秦君宴客之诗,大致允当。更有"既见君子,并坐鼓瑟。今者不

---

① 陈彤:《〈秦风·终南〉或为慕爱尊贵者之迎送曲》,收入氏著《先秦文学探新》,北京师范大学出版社1990年版,第72、77—78页。

乐,逝者其耋",和"既见君子,并坐鼓簧。今者不乐,逝者其亡"①之说,明显含有贵族宴乐之场景,更有劝人及时行乐之意。很符合国君宴客的氛围。

3.《驷驖》,是为描写贵族田猎的场景,同时,集中反映秦人的尚武精神。"驷驖孔阜,六辔在手","公曰左之,舍拔则获"②两句,最为传神。

4.《小戎》,抒发的是女子怀念征夫的情感,其中言及军阵之严、军容之盛,也是歌颂秦人尚武精神的名篇佳作。"在其板屋,乱我心曲","方何为期,胡然我念之。""言念君子,载寝载兴"③,每一句诗,都道尽男女之间的思念之情。其它数句,则道出了军阵战马和武器装备的气势之盛。

5.《蒹葭》,是《秦风》中描述男子思念美女的极致之作。"蒹葭苍苍,白露为霜。所谓伊人,在水一方"④。这样的诗句,充满了浪漫和飘逸之情,似乎不应该是粗犷豪放的秦地汉子之诗(近现代的"秦腔"似乎也不是它的延续),很容易被误判为"侬侬吴语"。如果我的这个判断可以成立,就昭示我们对先秦时期的秦地文学、音乐、情感表达方式,要增加"委婉细腻"的解读。秦人文化的多样性,应该由此而得到足够的重视。

6.《黄鸟》,是《秦风》中批判性最强的一篇。子车氏"三良"为秦穆公殉葬一事,引发了诗人的哀怨和愤怒。"《黄鸟》,哀三良也。国人刺穆公以人从死,而作是诗也。"《毛诗序》的这个判断,后世研读《诗经》者,信奉者多多。其中朱熹之说,在批判的力度上,达到了更高的境界:

> 《春秋传》曰"君子曰:'秦穆公之不为盟主也宜哉!死而弃民。先王违世,犹贻之法,而况夺之善人乎? 今纵无法以遗后嗣,而又收其良以死,难以在上矣。'君子是以知秦之不复东征也。"愚按穆公于此,其罪不可逃矣。但或以为穆公遗命如此,而三子自杀以从之,则三子亦不得为无罪。今观临穴惴栗之言,则是康公从父之乱命,迫而纳之于圹,其罪有所归矣。又按《史记》,秦武公卒,初以人从死,死者六十六人。至穆公遂用百七十七

① 朱熹:《诗经集传·秦风》,第76—77页。
② 朱熹:《诗经集传·秦风》,第77页。
③ 朱熹:《诗经集传·秦风》,第77—78页。
④ 朱熹:《诗经集传·秦风》,第79页。

人,而三良与焉。盖其初特出于戎翟之俗,而无明王贤伯以讨其罪,于是习以为常,则虽以穆公之贤而不免。论其事者,亦徒闵三良之不幸,而叹秦之衰。至于王政不纲,诸侯擅命,杀人不忌,至于如此。则莫知其为非也。呜呼,俗之弊也久矣! 其后始皇之葬,后官皆令从死,工匠生闭墓中,尚何怪哉? ①

朱熹此解的高明之处在于:他超越于对某位秦君的个人恶行的批判之上,而把从秦穆公到秦始皇的君主都纳入了批判的范围之内;而且把自愿殉葬的可能性也包罗在被批判的范围之内。真正是从生命至重的角度,对为君主殉葬的制度做了毫不容情的否定与批判。有如此解诗之语,推崇朱熹为古代伟大的思想家,也是当之无愧的。

"临其穴,惴惴其栗。彼苍者天,歼我良人。如可赎兮,人百其身。"②这句充满激越感情的诗句,三次叠用,表达了极强的同情心和批判性。

7.《晨风》,抛开毛诗的"美""刺"之说,解读为弃妇怨恨旧夫之作,应该是符合诗人原意的。"未见君子,忧心如醉。如何如何,忘我实多!"③感情真挚,如泣如诉! 如此诗句,如果不从男女私情、不从弃妇之怨解读,只怕求之越深,离诗人原旨越远。

8.《无衣》,《毛诗序》解读为"刺用兵也。秦人刺其君。好攻战亟用兵。而不与民同欲焉。"细观诗人之意,似乎是尚武精神的体现,多有慷慨悲歌之意。反观《毛诗》之说,似乎与诗旨相悖。"岂曰无衣? 与子同袍。王于兴师,修我戈矛,与子同仇……王于兴师,修我甲兵,与子偕行。"对此诗的解读,我也认可朱熹之说:"秦人之俗,大抵尚气概,先勇力,忘生轻死,故其见于诗如此。然本其初而论之,岐丰之地,文王用之以兴二南之化,如彼其忠且厚也。秦人用之未几,而一变其俗至于如此,则已悍然有招八州而朝同列之气也。何哉? 雍州土厚水深,其民厚重质直,无郑卫骄惰淫靡之习。以善异之,则易以兴起而笃于仁义;以猛驱之,则其强毅果敢之资,已足以强兵力农而成富强之业,非山东诸国

---

① 朱熹:《诗经集传·秦风》,第79页。
② 朱熹:《诗经集传·秦风》,第80页。
③ 朱熹:《诗经集传·秦风》,第81页。

所及也。"①除了朱熹如此解释之外,东汉历史学家班固对《无衣》的诗意,也从"高上勇力""歌谣慷慨"方面加以解读,这种判断,自当引起我们的高度关注。"天水、陇西、安定、北地处势迫近羌胡,民俗修习战备,高上勇力,鞍马骑射。故《秦诗》曰:'王于兴师,修我甲兵,与子皆行。'其风声气俗自古而然,今之歌谣慷慨,风流犹存耳。"②由朱熹、班固两位的如此解说,《无衣》诗旨的解读,应该视为定论。

9.《渭阳》,多解读为秦康公追念亡母之诗。记载的是春秋时代"秦晋之好"背景下的一段重要事实。秦穆公安顿逃亡在外的晋国公子重耳返国为君(即晋文公),秦康公时为太子,礼送其舅父晋文公于渭水之阳,且赠送礼物表达心意。《毛诗序》有"念母之不见也,我见舅氏,如母存焉。及其即位。思而作是诗也"之说,应该是允当之论。"我送舅氏,悠悠我思。何以赠之? 琼瑰玉佩。"表达得是很真切的甥舅之情。可以作为秦人感情质朴的典型来看待。

10.《权舆》,也是批评君王的一首诗作。诗人批评某位秦君忽视先君之旧臣与贤者,在礼遇贤能方面,有始而无终。《毛诗序》认定为是对秦康公的批评,或可备一说。"於我乎! 每食四簋,今也每食不饱。于嗟乎! 不承权舆。"③略作解释:"权舆"的本意是指某种状态刚刚开始出现。诗人之意,在批评君王不能善始善终是为失德寡恩的同时,其实也在主张臣子们要有"见微知著"的判断力,在君王的礼遇呈现出忽略之初,就该及时察觉并做出应对。也就是所谓的"知几"明哲,不与久处。这种隐含的处世智慧,实在很是宝贵。

稍作总结如下:《秦风》10 首诗作,明确批评秦国君王的是《黄鸟》和《权舆》2 篇;可以视为歌颂贵族美德的是《终南》《车邻》和《渭阳》3 篇;抒发男女浪漫之情的是《小戎》(兼有歌颂尚武精神的内容)《蒹葭》和《晨风》3 篇;表达爱国和尚武精神最强烈的是《驷驖》和《无衣》2 篇,其次还有《小戎》兼有此意。从篇目分类而言,《秦风》的内涵是很丰富的。只有从俯瞰全局的视角出发,才有可

---

① 朱熹:《诗经集传·秦风》,第 81—82 页。又,文中"以善异之",或许是"以善道之"之误。此处存疑而不深究。

② 《汉书》卷六九《赵充国辛庆忌传赞》,第 2998—2999 页。对于《赞》中所引的《秦诗》,唐代学者颜师古注释:"《小戎》之诗也,解在《地理志》。"

③ 朱熹:《诗经集传·秦风》,第 83 页。

能全面地理解早期西北民歌提供给后世读者的秦人精神风貌,并由此探讨秦人的风俗习尚。

三、"秦声"与"秦俗"内涵探析

古人所论西周的"采风"制度,亦即《国风》的来源,并不是作为一种"文学"活动,而是基于了解各地风俗、以利于上下沟通的国家政治行为。汉代的《毛诗序·大序》表述为:"上以风化下,下以风刺上,主文而谲谏,言之者无罪,闻之者足以戒。故曰风。"而且,在古人的论说中,往往把歌谣、乐律、声音、风俗,联系到一起讨论。

历史学家司马迁的一个论断,很有代表性:"夫上古明王举乐者,非以娱心自乐,快意恣欲,将欲为治也。正教者皆始于音,音正而行正。故音乐者,所以动荡血脉,通流精神而和正心也。故宫动脾而和正圣,商动肺而和正义,角动肝而和正仁,徵动心而和正礼,羽动肾而和正智。故乐所以内辅正心而外异贵贱也。上以事宗庙,下以变化黎庶也。"[①]音乐与人性乃至于国家治理之间的关系,以神秘体认和不言而喻的关系而呈现出来,完全不必再做任何论证。和司马迁大致同时代的淮南王刘安,也有一段内涵相近的论断:"乐生于音,音生于律,律生于风,此声之宗也。法生于义,义生于众适,众适合于人心,此治之要。"[②]两位汉代名家的观点,足以说明在古人的学术体系中,歌谣、音乐和人心、社会之间的关系。

正因为有如此的判断,是否操持某国的方言,可以被借用来鉴定某人的"国家立场"。请看如下一个历史故事:

陈轸,是著名的游说之士。与张仪同时事奉秦惠王,"皆贵重,争宠"。秦惠王选择以张仪为相,在政治斗争中失利的陈轸只好离秦而奔楚。后来发生了韩魏两国相攻之事,秦惠王有意从中斡旋停战,问于左右。左右的意见不一致,惠王也就无法做出决断。恰在此时,陈轸作为楚国的使臣来到秦国,昔日的君臣

---

① 《史记》卷二四《乐书》,第 1236 页。
② 刘文典撰:《淮南鸿烈集解》,中华书局 1989 年版,第 296 页。

之间有了一段特殊的对话:

> 惠王曰:"子去寡人之楚,亦思寡人不?"陈轸对曰:"王闻夫越人庄舄
> 乎?"王曰:"不闻。"曰:"越人庄舄仕楚执圭,有顷而病。楚王曰:'舄故越
> 之鄙细人也,今仕楚执圭,贵富矣,亦思越不?'中谢对曰:'凡人之思故,在
> 其病也。彼思越则越声,不思越则楚声。'使人往听之,犹尚越声也。今臣
> 虽弃逐之楚,岂能无秦声哉。"惠王曰:"善……"①

　　陈轸巧妙地以自己依旧操持"秦声"而证明了自己身在楚国而心在秦国,由
此而得到了秦惠王的再度信任。"秦声"所蕴含的意义,远远超出于"乡音"之
上,代表的是一种政治上的"选边站"。

　　我们再来讨论另外一个有趣的问题:战国时代的人对"秦声"(秦国音乐和
语音)的特色,有何认知与评价? 我们来看两个著名的历史典故:

　　秦昭王在位时,秦赵两国长期处于对立和战争状态,在这个背景之下,秦王
派出使者邀约赵惠文王在渑池相会。赵国大臣廉颇、蔺相如鼓励赵王赴约以示
不怯,蔺相如随行。在"渑池之会"上,发生了极富传奇性的一幕:"秦王饮酒酣,
曰:'寡人窃闻赵王好音,请奏瑟。'赵王鼓瑟。秦御史前书曰'某年月日,秦王与
赵王会饮,令赵王鼓瑟'。蔺相如前曰:'赵王窃闻秦王善为秦声,请奏盆缻秦
王,以相娱乐。'秦王怒,不许。于是相如前进缻,因跪请秦王。秦王不肯击缻。
相如曰:'五步之内,相如请得以颈血溅大王矣。'左右欲刃相如,相如张目叱之,
左右皆靡。于是秦王不怿,为一击缻。相如顾召赵御史书曰'某年月日,秦王为
赵王击缻'。秦之群臣曰:'请以赵十五城为秦王寿。'蔺相如亦曰:'请以秦之
咸阳为赵王寿。'秦王竟酒,终不能加胜于赵。赵亦盛设兵以待秦,秦不敢
动。"②透过这个著名的"渑池相会"的现场描述,除了看到赵国大臣蔺相如的政
治智慧和外交风度之外,读者还可以看到"秦声"成为秦国尊严的外在表现,以
秦昭王的威严而被迫为赵王"一击缻"算是演奏了"秦声",就为赵王找回了被

①　《史记》卷七○《张仪列传》,第 2301 页。
②　《史记》卷八一《廉颇蔺相如列传》,第 2442 页。

迫"鼓瑟"演示"赵音"的面子。带有一国特色的乐器,在国君相会的场合由国君演奏,就带有"外交角力"的特定含义。算是"外交无小事"的古代例证。还有一个细节应该注意:秦人带有地域特色的演奏乐器是"瓿",根据汉人的解释,是一种"瓦器"。《史记集解》注引《风俗通义》曰:"缶者,瓦器,所以盛酒浆,秦人鼓之以节歌也。"与之形成对比的是,赵国的演奏乐器是"瑟"。在乐器形制的外观、音色的丰富等方面相比较,秦人是否会感受到"秦声"的粗犷有余而雅致不足?

让我们再联系第二个历史典故,做出推论。战国末年,秦王政(后来的秦始皇)一时失察,颁布了"逐客令",身为客卿的李斯给他上交了《谏逐客书》,从不同层面分析"逐客"的失误。其中有如下数语:"娱心意说耳目者,必出于秦然后可,则是宛珠之簪,傅玑之珥,阿缟之衣,锦绣之饰不进于前,而随俗雅化佳冶窈窕赵女不立于侧也。夫击瓮叩缶弹筝搏髀,而歌呼呜呜快耳者,真秦之声也。《郑》《卫》《桑间》《昭》《虞》《武》《象》者,异国之乐也。今弃击瓮叩缶而就《郑》《卫》,退弹筝而取《昭》《虞》,若是者何也?快意当前,适观而已矣。今取人则不然。不问可否,不论曲直,非秦者去,为客者逐。然则是所重者在乎色乐珠玉,而所轻者在乎人民也。此非所以跨海内制诸侯之术也。"①此时的李斯,是在即将被驱逐出境而又不甘的状态下,他的进谏之言有强烈的实用性,力求打动人主之心,也就少有顾忌,甚至可以说带有"不惜一搏"的勇气。李斯的这一段话,是从音乐歌舞的角度,通过对比秦与六国的不同,来强调异国文化具有优越性而不该被排斥,进谏的结论在于:秦君既然能够容得下来自六国的锦绣衣饰、窈窕舞女、浪漫声乐,就应该容得下来自异国的人才。读史者更不应该忽略一点:李斯是楚国人,而楚国的音乐与舞蹈,在战国时代的各国之间比较,是以浪漫、妙曼而高标一时的,与"秦声"的质直粗犷区别度很大。以李斯的音乐素养,面对"击瓮叩缶弹筝搏髀,而歌呼呜呜快耳"的"真秦之声",他的真切感受是什么?稍有生活常识的人,都不难感知。假如不是要在秦国图谋建功立业,李斯是不会在如此"真秦之声"的环境中生存的。李斯对"秦声"的简单化评价,在某种程度上可以代表六国士人的一般看法。

① 《史记》卷八七《李斯列传》,第 2543—2544 页。

蔺相如对"秦音"的贬抑，与李斯笔下对"秦声"的嘲讽，遥相呼应，足以证明六国士人对包含"秦声"在内的秦人的本土文化是持有保留态度的。

李斯在《谏逐客书》中论说"秦声"的一段文字，对后世学者的影响很大。试举西汉后期的名士、司马迁的外孙杨恽的自嘲之语为例来说明问题。

杨恽之父杨敞，官至丞相。杨恽仰慕其外祖司马迁的处世之道和文采学识，对世情常态时有贬抑之语。终究以言语得罪于朝堂，免官失爵。杨恽"家居治产业，起室宅，以财自娱"。其友人安定太守孙会宗是智略之士，致信杨恽，劝解他"大臣废退，当阖门惶惧，为可怜之意，不当治产业，通宾客，有称誉"。杨恽恃才傲物，内怀不服，给孙会宗复信，讲到他的近况与心思："夫人情所不能止者，圣人弗禁，故君父至尊亲，送其终也，有时而既。臣之得罪，已三年矣。田家作苦，岁时伏腊，亨羊炰羔，斗酒自劳。家本秦也，能为秦声。妇，赵女也，雅善鼓瑟。奴婢歌者数人，酒后耳热，仰天拊缶而呼乌乌。……是日也，拂衣而喜，奋袖低卬，顿足起舞。诚淫荒无度，不知其不可也。恽幸有余禄，方籴贱贩贵，逐什一之利，此贾竖之事，污辱之处，恽亲行之。下流之人，众毁所归，不寒而栗。虽雅知恽者，犹随风而靡。尚何称誉之有！"①这是一段很有个性色彩的负气之语。其中的"家本秦也，能为秦声。妇，赵女也，雅善鼓瑟。奴婢歌者数人，酒后耳热，仰天拊缶而呼乌乌"之说，显然是从李斯的文字中化出的。其立论的根基，却发生了明显的变化，分明带有"能为秦声"的自豪感。

上举几个历史典故，除了杨恽的自嘲之语之外，战国时期的人士，说到"秦声"多含贬抑之意。除了在政治军事上的对峙大格局之外，还有一个因素，许多六国士人，包括出仕于秦国手握军政大权的原六国人士在内，谈到秦国"风俗"，大多持负面之说。商鞅回答赵良之问："始秦戎翟之教，父子无别，同室而居。今我更制其教，而为其男女之别，大筑冀阙，营如鲁卫矣。"②这是重臣商鞅对秦国风俗的定位。他所强调的是：他执政之后，利用变法推出的政令，改造秦国固有的落后的风俗，而向中原华夏之国的文化靠拢。再看六国君臣对秦国风俗的批判，更是严峻："秦与戎翟同俗，有虎狼之心，贪戾好利而无信，不识礼义德行。

① 《汉书》卷六六《杨敞子恽列传》，第2895页。
② 《史记》卷六八《商君列传》，第2234页。

苟有利焉,不顾亲戚兄弟,若禽兽耳。此天下之所同知也,非所施厚积德也。"①
似乎只有荀子在讨论"秦之风俗"时,笔下留情了。但是,对荀子论"秦俗"的原
文,是可以有不同理解的。我曾经有专文讨论,或可参考。②

　　据此,我认为可以得出一个很有意思的结论:战国时代的各国人士对于"秦
俗"的认知和表述,大多带有批判的主观意向,很难说他们的论述发自于"公正"
与"客观"的立场;而保存在《诗经》中的《秦风》10 首,却是秦人的早期民间歌
谣,保留了西周到东周相当长时期的秦人地方文献。其中可以考见的秦人风
俗,不仅是丰富多彩的,而且是更为真实而客观的。这是我们现在研读《秦风》
应该从"文史兼备"的角度,给予更多重视、更高评价的意义之所在。

　　　　　　(作者系中国人民大学历史学院教授,中国秦汉史研究会副会长)

---

① 《战国策》卷二四《魏策三》"魏将与秦攻韩"条,上海古籍出版社 1985 年版,第 689 页。
② "荀子眼中的秦政之美,不见得符合全部真相,可能只是秦国愿意示人的'表象';荀子所论秦内政之
美,就某些判断标准而言,与孔孟之道确实有所不同;而且还有'主宾答对'的特定背景,荀子赞美秦
政,也可以从'应对之语'的人之常情得到理解;荀子直言秦国内政的根本缺陷是'无儒',体现出他
秉执儒家学说的坚定立场,不失其学术宗师的风范。"参见孙家洲、李重蓉:《荀子"论秦国内政"再审
视》,载《河北学刊》2020 年第 6 期。

汉代政治文化中的"天意"话语发微

王　健

　　"天意"是古代天人思想的重要范畴,也是汉代政治生活中士大夫制衡皇权的话语凭借。"天意"在两汉朝堂广泛流行,是值得人们关注的思想史现象。既往学界投入很大精力,聚焦于天的性质、作用和地位,来检讨两汉天的信仰和天人思想流变,但对汉代文献中活跃的"天意"范畴未能给予应有的重视,这种状况似可称之为"重天"而"轻意"。[①]

　　历史现象是横看成岭侧成峰的,视角的转换会带来新的体悟。当人们进入汉代政治语境,就不难察觉"天意"别具洞天,其丰富的思想文化内涵有待深究。一方面,"天意"是剖析汉代天人思想的前沿话语,是将天观念落实到具体语境的重要支撑点;另一方面,"天意"又折射天与人君之间乃至君臣之间的矛盾与冲突,展现了弘阔的庙堂政治生态,呈现的意义显然超出了在灾异谴告论框架中的解读,为人们提供了认知传统天人观的新视角。

　　本文借鉴思想社会史的考察范式,立足于政治哲学和天人之辨,结合生动具体的两汉政治语境,就"天意"话语的意涵和运用现象作初步的探索,尝试提出一个原创性话题,即汉代是否存在代言"天意"的话语权之争,进而揭橥围绕

[①] 对于两汉时期天之信仰的研究,主要论著有侯外庐《中国思想通史》第二卷(人民出版社1957年版),冯友兰《中国哲学史新编》第三册(人民出版社1985年版),金春峰《汉代思想史》(中国社会科学出版社1987年版),徐复观《两汉思想史》(华东师范大学出版社2001年版),冷德熙《超越神话——纬书神话研究》(东方出版社1996年版),钟肇鹏《谶纬论略》(辽宁教育出版社1991年版)等。代表性论文将在下文中引用时述及。从知网检索关键词"天意",迄今尚未见到针对该范畴作专题研讨的论文。

"天意"话语的博弈和冲突,重评两汉朝堂舆论史。

一、"天意"话语溯源及其性质定位

"天意"最早见于战国时期的《墨子》,广泛流行于汉代至后世。《辞源》:"天意,上天的旨意。"天意亦即天的意志。因此,探究天意话语,首先面临主体的定性问题,也就是古人对天的理解。

学术界通常认为,周秦两汉时期人们观念中的天,分裂为三种主要形象,即神灵之天、道德之天和自然之天。这个长时段内天的表述,可以孔孟荀、墨子和董仲舒为代表。

原始儒家论天,首先指神灵之天。孔子说"获罪于天,无所祷也"①,此处的天被指认为人格神,神灵之天也就是意志之天。第二种含义就是自然之天,孔子云:"大哉尧之为君也,巍巍乎惟天为大,惟尧则之。"②三是道德之天,子云"天生德于予,桓魋其如予何。"③④战国思孟学派将天与心性一体化,进一步将天加以道德化。孟子对天之意志的论述影响很大:"天与之者,谆谆然命之乎?曰否,天不言,以行与事示之而已矣。"⑤因天不言,天意见诸于行与事的启示,孟子为后世诠释天意指示了理论路向。战国大儒荀子发展儒家的天论,所论自然之天最为著名,但西汉董子论天却在很大程度上扬弃了荀学的精华。

墨子论天的宗教性最突出,他将天视为有意志、施赏罚的最高主宰:"天为贵,天为知"⑥,"今人皆处天下而事天,得罪于天,将无所以避逃之者矣"⑦。故民初章太炎将其判定为宗教家⑧。墨子独树一帜,倡导"天志"思想,同时又大讲天意,《墨子》中"天意"出现 10 次,"天之意"31 次,频度远超"天志"的 5 次,

① 《论语注疏》卷三《八佾》,《十三经注疏》,中华书局影印本 1980 年版,第 2467 页。
② 《论语注疏》卷八《泰伯》,第 2487 页。
③ 《论语注疏》卷七《述而》,第 2483 页。
④ 蒙培元:《重新解读孔子》,任继愈主编:《文津演讲录》,北京图书馆出版社 2007 年版,第 59 页。
⑤ 《孟子注疏》卷九《万章上》,《十三经注疏》,中华书局影印本 1980 年版,第 2737 页。
⑥ 王焕镳:《墨子校释·天志中》,浙江古籍出版社 1987 年版,第 218 页。
⑦ 王焕镳:《墨子校释·天志下》,第 228 页
⑧ 此说始自章太炎:"墨家……论道必归之于天志,此乃所谓宗教矣。"参见章太炎撰:《诸子学略说》,中国社会科学出版社 1997 年版。

天意与天志基本同义,强调天的意志、判断和裁决。墨子以天志为仁义之标准,天意被道德化,成为人伦之理。① 墨子言天志、天意,对董仲舒思想有直接影响。

西汉的董仲舒继承、发展了孔、墨的天论。他讲的天首先指神灵之天:"天者,百神之君也,王者之所最尊也。"②天是一种超自然的存在,具有神灵的超验性质和人格化意志。董子讲到天欲、天心、天仁、天意、天德等概念,甚至"天亦有喜怒之气",天被定义为一种宗教意义的人格神。董子发展的天人感应学说,主要是天对人君所作所为的反应。灾异是天的意志的表现,而天意是随人君行为而变化的,既能对人君的善政给予祥瑞的奖赏,也能对劣政降临灾异来警醒和惩罚。

董仲舒继承了孔子的道德之天理念。在董子看来,在天的神秘性背后又蕴含着人文内涵:"天,仁也。天覆育万物,既化而生之,有养而成之。事功无已,终而复始,凡举归之以奉人。察于天之意,无穷极之仁也。"③"仁,天心,故次以天心。"④这里他将人间的道德价值观投射到天上面去,赋予天意以道德属性,或者说天被定义为"至善的道德化身"。⑤ 从本质上论,董学体系中神灵之天的至善属性并非是无条件的,它对人间乱政同样会降下灾害、怪异乃至伤败示以惩罚,动用恶的手段来维护善的价值,在这个意义上道德之天成为神灵之天的工具,它们的属性正是人间君主德刑并用政治性格的投射。由此看来,道德之天与神灵之天的相互为用和统一不仅是形式的,也是内在的。所谓天意在这个长时段中的活跃表达,正是道德之天和神灵之天的交错融合。

董仲舒对先秦诸子天论所作的神学化改造,凸显了天意在天人关系中的重要地位,他所发起的话语更新,将天意由东周时期的边缘性话语提升为儒家意识形态的核心话语之一,这与其神学化努力是同步的思想现象,同时也付出了思想倒退的代价。⑥

自从上世纪初新史学起步以来,使用神学范畴的概括体现了多数研究者的取向。侯外庐先生将董子学说定位为"中世纪神学正宗思想",认为其神学"给

---

① 参见杨俊光:《墨子新论》,江苏教育出版社1992年版,第222页。
② [清]苏舆撰:《春秋繁露义证》卷一五《郊义》,中华书局1992年版,第402页。
③ [清]苏舆撰:《春秋繁露义证》卷一一《王道通三》,第329页。
④ [清]苏舆撰:《春秋繁露义证》卷六《俞序》,第161页。
⑤ 任继愈主编:《中国哲学发展史》(秦汉),人民出版社1985年版,第329页。
⑥ 参见边家珍:《董仲舒与汉代天道信仰的重建》,《河南教育学院学报》2004年第6期。

汉武帝的隐法阳儒政治涂上了上帝的油漆"①。任继愈先生主编《中国哲学发展史》,以"天人感应神学体系"为题展开评述。②冯友兰先生打破既往的理解格局,将董子宗教化的天细化为两种观念,一是"像玉皇大帝之类活灵活现的人格神,既有人的意志和情感,又有和人一样的形体";另一种是"被人格化但没有人一样的形体的超越的实体"③,而后者居于主要地位,可归之于将自然变化拟人化的目的论。徐复观先生揭示出董子天论的内在矛盾性,指出"董子以气为基底的天的构造,与他建立天的哲学的宗教情绪,是含有很大的矛盾"④。金春峰先生提出董子天论体系存在着"内部的混乱和矛盾说",神灵之天是因袭先秦传统,道德之天是由神学信仰到哲学理性思维的过渡,在看似统一的神学主张之下掩盖了非目的论的天道思想。⑤

新世纪以来,国内学术界引入秩序观念,来重释东周和汉代的儒家天的思想,形成淡化其神学性格或无神化处理的研讨趋势。这种新思路应进一步阐明以董子思想为代表的儒家天观念如何与两汉社会神秘主义信仰、谶纬神学和本土早期宗教保持距离、自我表达的内在机制,深入探明阴阳五行学说的机械论与天道目的论之间的复杂关系,从而开拓解读天意的新格局。本文赞同这种主流观点,认同采用双重性格说诠释汉代的天信仰和天意学说,力求客观地反映其意识形态特征,对古人思想给予同情之理解。

二、"天意"话语在汉代普遍性之表达

如果说,周秦诸子罕见谈论天意,唯独墨子为另类,那么到了两汉时期,诸子和历史文献中的天意出现了很大的增量,变化引人瞩目。从两汉诸子、两汉正史和据两汉皇帝诏令编纂的文献中,可以窥见天意话语的普遍使用。本文依照文献年代顺序依次做以下统计。

---

① 侯外庐等:《中国思想通史》第二卷,人民出版社1957年版,第105页。
② 任继愈主编:《中国哲学发展史》(秦汉),人民出版社1985年版,第321页。
③ 冯友兰:《中国哲学史新编》第三册,人民出版社1985年版,第53页。
④ 徐复观:《两汉思想史》第二卷,华东师范大学出版社2001年版,第245页。
⑤ 金春峰:《汉代思想史》,中国社会科学出版社1987年版,第156页。

汉代文献中天意及相关话语频次统计表

文献名称	天意（含天之意）	天心	天道（含天之道）
《新语》	0	0	4
《新书》	0	0	3
《淮南鸿烈》	0	6	24
《韩诗外传》	0	0	9
《春秋繁露》	17	2	36
《尚书正义》孔安国注	5	5	18
《史记》	0	1	20
《盐铁论》	0	0	4
《说苑》	1	3	15
《新序》	0	0	2
《老子河上公注》	2	1	15
《汉书》	34	38	69
《全西汉文》	25	33	25
《春秋公羊传》何休注	6	1	7
《白虎通》	4	0	10
《论衡》	13	1	37
《昌言》	0	0	11
《老子指归》	2	14	10
《纬书集成》	5	5	3
《礼记正义》郑玄注	1	0	3
《周礼注疏》郑玄注	1	0	7
《毛诗正义》郑玄笺	7	3	6
《孟子注疏》赵岐注	5	0	10
《太平经》	69	158	285
《后汉书》	34	36	64
《全后汉文》	28	35	44
《两汉诏令》	0	7	5

上表反映出汉代人谈天意有以下几个特点：

一是从两汉诸子视域看。西汉前期的陆贾、贾谊、刘安和韩婴只讲天道，均未提及天意。董仲舒打破这个局面，在谈天道同时，创造性地承袭墨子天志思想脉络，重启天意话题。他使用的天意频度达19次[1]，他大讲"屈君而伸天"，天成为制衡皇权的虚幻主体，进而塑形了两汉政治舆论形态。董子发起的话语更新，将天意由东周时期的边缘性话语引入汉代思想场域，提升到儒家意识形态的核心圈位置，与天道并列为天的二级范畴，这与其神学化努力是同步的思想现象。

两汉经学家的注经解经过程中，天意也成为时髦的话语。值董学破局同时代的孔安国，谈天意也颇有建树，《尚书正义》注文中孔安国谈天意达到5次。入东汉后，天意话语一直活跃在诸子著述中。何休注《春秋公羊传》，讲到天意6次。《白虎通》讲天意4次。王充强调自然主义的天意观，批评董仲舒的神学天意说，讲天意达13次。大儒郑玄遍注群经，赵岐注《孟子》，均广泛使用了天意范畴。

二是该语汇渗透到朝堂舆论场中，儒臣群体热衷讲天意。如果说董子主要解决了灾异理论形态问题，实践上则有待儒臣跟进、发挥，付诸于应用。从此之后，两汉儒臣上疏奏议的君臣对话中，开始大张旗鼓地谈天意。西汉有谷永、京房、鲍宣、路温舒、贡禹、李寻等，东汉有李固、张衡、襄楷、左雄、黄琼、张文等。儒臣进言于皇帝，褒贬时政，阐明政见，几乎言必称天意，作为君主必须遵循的最高原则来指责皇帝为政的缺失。《汉书》《后汉书》中出现68次天意，大都是儒臣对君主进言所及。[2] 当然，两汉儒臣谈天意，还有很多情况并不能纳入灾异论情境，而另有特殊语境和话语凭借。

三是帝王也谈天意。两汉君主崇尚天道，视天意为美化王政、控御臣下的工具。《两汉诏令》(宋林虙、楼昉辑)中天心频度达7次，其中王莽谈得最多，天意成为他为篡权操控舆论的思想武器。[3]

四是宗教家更热衷谈天意，东汉道教经典《太平经》谈天意达到69次的峰

---

[1]　加上谈"天之意"2次，"天人三策"谈天意2次。

[2]　《全汉文》中"天意"频次达到53次。

[3]　据《汉书》卷九九上《王莽传》，王莽大做天意的文章，除了言论造势，还有很多具体动作，如金匮故事等。

值。这个思想事实恰好证明了神学论证的需要。天被神格化之后,强调其主观意志的能动性,自然大讲特讲天意。由此也佐证了两汉天意话语兴起的历程,与神学思潮的强化具有相生相伴、同频共振的特征。

作为天意的参照概念,上表右侧还并列了天道、天心的话语统计,三者构成了中古释天的二级范畴系列。其中,天道是古代天信仰中出现最早的范畴,首见于春秋时期问世的《道德经》。陈来先生释春秋时期的天道之义,认为有三种意蕴。一是宗教命运式的理解。二是继承周书中的道德之天,天道体现为道德意义的法则和秩序。三是对天道的自然主义的理解,天道就是宇宙的常道。①沟口雄三先生称之为客观自然之天的运行"条理"②。上表中可见,直至两汉时期,人们在论天语境下谈到天道的频度是最高的。毫无疑问,天道支撑了天的内涵的主干架构,这是历来汉儒谈天道最为活跃的根本原因。

既然天道承担天信仰的诸多功能,为何又发展出天意概念呢?

显然,天道代替不了天意的功能。由此引发的问题是,两者之间的功能和差异在哪里?依照笔者的初步认识,有两点值得注意。一是主客观维度的差异。天意并非跟上述天道三层义项全然对应,而仅仅接近于天道的第二义。但更多强调的是主观意志,带有人格化的神学色调。天意不同于天道的微妙差异。天道客观的机械论属性居多,自然之天的条理,本体论的外在天理,过去称之为客观唯心主义。天意主观意志属性突出,具有拟人化、神格化特点,可定性为主观唯心主义。到了《太平经》问世,将天道与天意两个词融合起来,又推出了颇有创意的新说法,叫做"天道意"③,赋予客观之规则以意志、愿望的意涵,两个词之间的区别被消融,天道向天意靠拢,客观向主观让渡,"天道意"的主观意志色调更为浓郁。二是宏微观维度的差异。天道立意宏大,思想站位高,所谓"天道玄远",往往是大范围、高层次的形而上的理论原则。相应之下,天意则具有具体而微的强烈针对性,更多带有一事一议的特点,因而更能够下落到具体施政情境之中。总之,汉人既讲客观又讲主观,既讲宏观又讲微观,多重维度

---

① 陈来:《古代思想文化的世界》,生活·读书·新知三联书店2002年版,第64—66页。
② 〔日〕沟口雄三《〈中国的思维世界〉题解》,〔日〕沟口雄三等主编,孙歌等译:《中国的思维世界》,江苏人民出版社2006年版,第5页。
③ 《太平经钞》己部,卷六,明正统道藏本。笔者统计,该书共出现"天道意"11次。

和谐共存于天意话语的内核。

天意和天心两个范畴构成了另外一对意涵紧密相关的范畴。心是古代早期思想常见的范畴，孟子云"心之官则思"①。汉儒均重视"心"，此为先秦儒道两家自孟、庄之后的通义。②研究者指出，董子所言天心呈现出来的是一种"由内向外主导其行"的意志，并且是道德性的意志，"在一种人格神的余绪下，天心作用于人事的方式经常被诠释为意志性的。天心通常被理解为天意或天志"。③由此可见，两者强调的都是天的主观性意念和意志，《太平经》中云："古者圣人深承知此，故不失天意，得天心也。"④《尚书正义》正义曰："人君为配天在下，当承天意治民，治之当使称天心也。"⑤天意与天心在这里为互文，两者在很大程度上可以视为同义词看待。

三、谁有资格代言、诠释"天意"

关于天意表达的主体，通常认为，圣王代言天意。董仲舒称："王者承天意以从事。"⑥"受命之君，天意之所予也。"⑦王充说："尧之心知天之意也。尧授之，天亦授之，百官臣子皆乡与舜。舜之授禹，禹之传启，皆以人心效天意。"⑧天授的出处在此，王者具有与天意沟通的天赋能力，天意在早期中国语境中便是神意，既往研究者因而归结为"君权神授论"。

这种沟通带有双向意味。天作为神格主体，是第一位的，因此，天赋君权是天带有主动性的施与；另一方面，圣王也有对天的反作用能力，这便是圣王代言天意的超越能力。董仲舒强调了天子承天意治国的职责，似乎却罕言代言能力。后儒对董子上述解读多有发展。如明儒吕维祺云："上天经常不易之法传

---

① 《孟子注疏》卷一一下《告子上》，第5990页。

② 参见徐复观《两汉思想史》第二卷，华东师范大学出版社2001年版，第246页。

③ 参见贺敢硕：《早期"天心"观念初探——基于政治语境和哲学语境》，《暨南学报》2020年第4期。

④ 《太平经》卷四二《九天消先王灾法第五十六》，明正统道藏本。

⑤ 《尚书正义》卷一九《吕刑》，"正义曰"，《十三经注疏》，中华书局影印本1980年版，第534页。

⑥ 《汉书》卷二二《礼乐志》，中华书局1962年版，第1031页。

⑦ ［清］苏舆撰：《春秋繁露义证》卷十《深察名号》，第286页。

⑧ 《论衡》卷一四《谴告篇》，上海人民出版社1974年版，第228页。

与天子,天子口代天言,身代天事。"①清儒魏校云:"盖道理本出乎天,人君之心纯是道理,与天同德,口里说出话来,便是代天说话。"②因此,显性文化层面上,天意的代言人无疑是君主。传统政治哲学重视圣王论,研究者已做过深入诠释。③

值得注意的是,天意还有第二种代言人,即有德无位的圣人。儒家热衷谈的圣贤,身份具有两重性,圣王固然是圣贤,但不具有王身份的至德之人如贤臣和学者也是圣贤,孟子将伊尹、伯夷、柳下惠、孔子列入圣人行列,孟子称:"圣人,人伦之至也。"④荀子曰:"圣也者,尽伦者也。"⑤至汉代,出现了"圣人"与"圣王"分流的现象,人们将孔子称为"有德无位"的"素王"⑥。这种道德领域的顶级人物,也同样有代言天意的特殊功能。《易纬乾凿度》:"圣人所以通天意,理人伦,而明至道也。"⑦《太平经》:"非圣人不能独谈通天意也。"⑧元朝儒家郝经撰孔子碑称:"生则代天为言,没则配天庙享。"⑨明儒罗汝芳称:"及到孔子,又加倍辛勤……自此以后,口则悉代天言,而其言自时,身则悉代天工,而其动自时。"⑩明儒黄道周说过类似的话:"是无言的夫子,分明是代天言的夫子。"⑪上述前后相沿袭的说法,呈现出事实上的二元主体,可称为天意的双轨代言模式。

其三,在汉代语境下,除了顶级的素王孔子之外,具有优秀禀赋的儒臣同样也能够感知天意,如东汉蔡邕称:"股肱大臣,推皇天之命。"⑫又赞颂碑铭之主

---

① 《孝经大全》卷三,清康熙刻本。

② 《魏校庄渠遗书》卷二。

③ 参见刘泽华《中国传统政治思维》,"天君同道观",吉林教育出版社 1991 年版;刘泽华主编《中国传统政治哲学与社会整合》,"崇圣与社会控制",中国社会科学出版社 2000 年版。

④ 《孟子注疏》卷七上《离娄上》,第 2718 页。

⑤ 章诗同注:《荀子简注·解蔽篇》,上海人民出版社 1974 年版,第 240 页。

⑥ 《孝经钩命诀》:"(孔子)以素王无爵禄之赏,斧钺之诛,与先王以托权,目至德要道,以题行。"(〔日〕安居香山等辑:《纬书集成》下册,河北人民出版社 1994 年版,第 1003 页)圣王与圣人的分流,参见冷德熙:《超越神话——纬书神话研究》,东方出版社 1996 年版,第 4 页。

⑦ 《易纬乾凿度》,〔日〕安居香山等辑:《纬书集成》上册,河北人民出版社 1994 年版,第 10 页。

⑧ 《太平经》卷五〇《去浮华诀第七十二》,明正统道藏本。

⑨ 〔元〕郝经:《陵川集》卷三四《顺天府孔子新庙碑》。

⑩ 〔明〕罗汝芳:《明道录》卷四。

⑪ 〔明〕黄道周:《榕坛问业》卷九。

⑫ 〔汉〕蔡邕:《蔡中郎集》文集卷八《宗庙祝嘏辞》。

人翁"受天正气""天授懿度"①"天启哲心"②。特别是当谶纬思潮兴起后,由谶
纬而沟通天意成为时尚,如《小黄门谯敏碑》称谯敏能"精微天意"③,《鲁相韩敕
造孔庙礼器碑》赞颂韩君"独见天意","卓越绝思"④。

值得注意的是,到了后世思想激进的敢言者笔下,代天言者由高不可及的
圣贤降维至匹夫身份的在野儒者:"匹夫可与天地参也,奚必在位,一言合天理
是为代天言,一事循天理是为代天工。夫士之任,岂不重哉!"⑤三才理论中的
"人",由圣贤下落到民间。当然,在君权独尊的时代,在浩瀚的中古文献中的这
类出格的话语无疑属于稀有资源。

还要指出,汉人言论中出现将天意与民心并提,民心即天意主体。这属于
两汉民本思想的闪光点,是古代思想史上渊源久远的进步思想。

总之,上述多元代言之说的意义,在于打破了圣王垄断天意的一言堂格局。
朝堂儒臣引经据典,直陈天意,大胆论政,抨击时弊,天的权威赋予了庙堂议政
的合法性,激活了朝廷舆论的政治生命力。

四、何以见"天意"——诠释之依据

除了上面谈的显性模式之下的代言天意之外,两汉时期还存在着隐性天意
感知模式,在朝堂舆论层面,天意诠释已经放下身段,降为儒臣批评朝政的话语
热点。

既然天子最有资格上知天意,上感天心,那么,儒臣何以知天意?

董仲舒远承孟子讲的天不言而见诸于行事之说,近承阴阳五行家的四时、
五行和阴阳之论,对于知天心观天意自有一番高见:"夫王者不可以不知天。知
天,诗人之所难也。天意难见也,其道难理。是故明阳阴、入出、实虚之处,所以
观天之志。辨五行之本末顺逆、小大广狭,所以观天道也。天志仁,其道也义。

① 〔汉〕蔡邕:《蔡中郎集》文集卷二《贞节先生陈留范史云铭》。
② 〔汉〕蔡邕:《蔡中郎集》文集卷二《玄文先生李子材铭》。
③ 〔宋〕洪适:《隶释》卷一一《小黄门谯敏碑》。
④ 〔宋〕洪适:《隶释》卷一《鲁相韩敕造孔庙礼器碑》。
⑤ 〔明〕方弘静:《千一录》卷二六。

为人主者,予夺生杀,各当其义,若四时;列官置吏,必以其能,若五行;好仁恶戾,任德远刑,若阴阳;此之谓能配天。"①天意不易明晓,要通过阴阳五行之变的"天道"来辨明。这段话中,天意与天志同义,是通过阴阳实虚的运化之气觉察天之意志。而天道则强调以五行为媒介,带有自然主义色彩。这种沟通天意的复杂玄妙理论,是设身处地为王者所设计,思辨色彩尤为浓厚。正是在上述逻辑的支持下,董子发展完善了灾异谴告论。

从《汉书·五行志》的记载中,可以窥见董仲舒如何将这种理论转换到应用层面。他论衡古今,化繁为简,从灾异表象中揭橥天意。在《春秋》及《公羊传》中并没有与天谴相联系的灾异以及日食、星变等,但董仲舒几乎全部与政事挂上了钩,证明那是天诫、天谴。据统计,日食、星变等被董仲舒一口气判定为天诫、天谴的,就有 77 件之多。② 由此他建立起天意的推求模式,即援引历史经验,从已然发生的天灾异动出发,寻求在位君主某类失德劣政,建立事态与天意之间的感应关联模式,从而为追随者的解读灾异、揣测天意指示了门径。

在董子之后,标榜天意来解读灾异的话语迅速流行开来,儒臣仿效前儒楷模,用以批判时政。西汉成帝时谷永借灾异进谏,先后有"建始三年举方正对策""黑龙见东莱对""日食对"等近十次之多。他自称"疏贱之臣至敢直陈天意",希望成帝"深察愚臣之言,致惧天地之异,长思宗庙之计,改往反过"③。京房治《易》,其说长于灾变而获元帝信任,进奏考功课吏法之改革得罪宦官势力被外任,他借蒙气谈天意,希冀皇帝将其调回京师:"蒙气所以不解,太阳亡色者也。臣去朝稍远,太阳侵色益甚,唯陛下毋难还臣而易逆天意。"④谏大夫鲍宣以"民有七死七亡对"批评哀帝乱政,指责佞臣董贤蒙宠致使"苍头庐儿皆用致富,非天意也"⑤。

再如东汉安帝时左雄"上封事谏封山阳君及襄邑侯",进言君主应"以济民为务,宜循古法,宁静无为,以求天意,以消灾异。"⑥李郃因日蚀地震上书安帝

---

① ［清］苏舆撰:《春秋繁露义证》卷一七《天地阴阳》,第 467 页。
② 统计数据参见牛秋实:《董仲舒灾异说对后世的影响》,《衡水学院学报》2014 年第 6 期。
③ 《汉书》卷八五《谷永杜邺传》,第 3454 页。
④ 《汉书》卷七五《眭两夏侯京翼李传》,第 3166 页。
⑤ 《汉书》卷七二《王贡两龚鲍传》,第 3089 页。
⑥ 《后汉书》卷六一《左周黄列传》,中华书局 1965 年版,第 2021 页。

称:"宜察宫阙之内,如有所疑,急摧破其谋,无令得成。修政恐惧,以答天意。"①顺帝时布衣郎顗诣阙拜章"对状尚书条便宜七事",进言称"今陛下多积宫人,以违天意","立春以来,金气再见,金能胜木,必有兵气,宜黜司徒,以应天意。"②顺帝时尚书仆射黄琼"因灾异上疏荐黄错任棠"称"卦位错谬,寒燠相干,蒙气数兴,日暗月散。原之天意,殆不虚然。"③并举荐处士入朝。顺帝时李固对策,痛陈灾异称:"臣所以敢陈愚瞽,冒昧自闻者,傥或皇天欲令微臣觉悟陛下。"④桓帝时襄楷诣阙上疏称:"荧惑今当出而潜,必有阴谋。皆由狱多冤结,忠臣被戮。德星所以久守执法,亦为此也。陛下宜承天意,理察冤狱"⑤,又抨击宦官危害朝廷,"今乃处古常伯之位,决谋于中,倾动内外,恐非天意也。"⑥灵帝光和年间,郎中番忠上书劾朱瑀,直言"天意愤盈,积十余年。故频岁日食于上,地震于下,所以谴戒人主,欲令觉悟。"⑦

上述以天意标榜的议政言论,皆有深厚的文化背景。从西汉兴起的经学思潮到东汉崛起的谶纬思潮,其中形形色色的理论话语纷纷登场,分别有董仲舒的《春秋》学、翼奉的《齐诗》五际说、京房的《易》阴阳学、刘向的《洪范五行传论》灾异说等,呈现出驳杂的思想背景。⑧ 东汉崛起的谶纬思潮,由灾异祥瑞体现出天的赏罚意志和警醒态度。⑨ 研究者指出,早在周秦时代就萌发的灾异解读,言说者往往是基于大众,面向人间,针对客体是社会性的。⑩ 但进入汉代的灾异论调整或改变了暗喻对象,变成针对君主施政,赏罚对象定格在君主,由此

① 《续汉书·五行志六》注引《李氏家书》,中华书局1965年版,第3365页。
② 《后汉书》卷三〇下《郎顗襄楷列传》,第1064页。
③ 《后汉书》卷六一《左周黄列传》,第2033页。
④ 《后汉书》卷六三《李杜列传》,第2077页。
⑤ 《后汉书》卷三〇下《郎顗襄楷列传》,第1081页。
⑥ 《后汉纪》卷二二《孝桓皇帝纪下》,中华书局1965年版,第428页。
⑦ 《后汉书》卷七八《宦者列传》,第2528页。
⑧ 参见汤志钧等:《西汉经学与政治》,上海古籍出版社1994年版,第216页。
⑨ 东汉谶纬思潮下的天意话语,与灾异论有一定区别。尤其是纬书中的占星类作品中罕见言天意者,因为灾异论事件主要是地震、天灾等自然灾害类型,这是由天主导的现象,天的意志可以决定其发生或不发生。但奸臣图谋君权之类的侵主事态,则属于人为的能动活动,这种场合下占星术提供了预测功能,以便告诫君主防患于未然,天意的操纵作用似乎不再是决定因素,因此纬书中的占星类著作便不再奢谈天意。
⑩ 陈来:《古代思想文化的世界》,生活·读书·新知三联书店2002年版,第76页。

体现出东周到两汉的思想变化。① 两汉庙堂发声者竞相使用的一个说法叫作"天意若曰","若"为假定之词,《辞源》:"若,好像。"②"若曰"即好像是、仿佛是,分明一种猜度和探究的语气,议政者尝试做解的口吻跃然纸上,也印证了天意诠释的不确定性和没有唯一解的窘况。

汉代士大夫从灾异渠道诠释天意,表达政治态度,也存在明显的偏失。正如研究者所指出,依照天人感应的灾异说,灾异和天意之间形成的是简单的对应关系,言者拥有自由发挥的空间,做自由的批评,甚至引发无休止的争论。笔者赞同这种意见,以《汉书·五行志》"飞雉升鼎"为例,西汉孔安国、刘歆和东汉的郑康成三位名儒却作出大相径庭的天意诠释,难有正解。③ 不仅如此,在一些情况下,天意的诠释沦为朝臣群体派别斗争的工具。④ 当然,也不应该因而贬低天意话语的积极意义,不应因局部现象妨碍到对事态整体的实事求是评价,"抑制论"仍旧是概括天意话语运用的有效解释。⑤

在非灾异论的议政语境下,天意又何以见出呢,这使得判断变得复杂起来,需要做进一步探讨。

其一,在汉代经学地位高涨的情势下,儒臣援引《春秋》之旨见天意。董仲舒思想固然是其个人学术的结晶,但仅仅靠儒生之见,难得获得权威性,也无人相信,便意味着无法耸动皇帝视听,朝堂上便没有市场。因此,要将其个人观点与经典《春秋》乃至《公羊传》联系起来,进而说成是天意,由此赢得权威性:

"臣谨案《春秋》之文,求王道之端,得之于正。正次王,王次春。春者,天之所为也;正者,王之所为也。其意曰,上承天之所为,而下以正其所为,正王道之端云尔。然则王者欲有所为,宜求其端于天。……终阳以成岁为名,此天意也。王者承天意以从事,故任德教而不任刑。"⑥

---

① 参见〔日〕沟口雄三等主编,孙歌等译:《中国的思维世界》,第 71 页。
② 《辞源》,商务印书馆 2002 年版,第 2630 页。
③ 〔宋〕黄伦《尚书精义》:"孔安国以为,耳不聪之异雉鸣也。刘歆以为鼎三足三公象也,而以耳行野鸟居鼎耳,是小人将居公位,败宗庙之祀也。郑康成以为鼎三公象,又用耳行雉升鼎耳而鸣,象视不明天意,若曰当任三公之谋,以为政也。孔以雉升鼎耳为耳不聪,使雉在鼎足,亦为足不良乎。"
④ 参见蔡亮:《政治权力绑架下的天人感应灾异说》,《中国史研究》2017 年第 2 期。
⑤ 参见〔日〕池田知久:《中国古代的天人相关论》,"天子权力的抑制论",载〔日〕沟口雄三等主编,孙歌等译《中国的思维世界》,第 70 页。
⑥ 《汉书》卷五六《董仲舒传》,第 2502 页。

再如路温舒引《春秋》上书宣帝进言天意:"臣闻《春秋》正即位,大一统而慎始也。陛下初登至尊,与天合符,宜改前世之失,正始受之统,涤烦文,除民疾,存亡继绝,以应天意。"①

东汉章帝时有杨终之谏:"鲁文公毁泉台,《春秋》讥之曰'先祖为之而己毁之,不如勿居而已',以其无妨害于民也。襄公作三军。昭公舍之,君子大其复古,以为不舍则有害于民也。今伊吾之役,楼兰之屯,久而未还,非天意也。"②自古明君之道不可穷兵黩武,这也是由《春秋》治道见天意。

其二,援引先王礼制"以奉天意"。西汉宣帝时,海昏侯刘贺病死后,豫章太守廖某奏言主张"以礼绝贺,以奉天意",其理论根据便是历史上先王舜帝礼制经验。该主张既符合朝廷皇权利益,又寻找到古代圣王举措的先例,从而完美体现天意,为宣帝处置刘贺侯国找到得体做法。③

其三,援引古道、君道讲天意。西汉时谏大夫贡禹奏言元帝称:"唯陛下深察古道,从其俭者,大减损乘舆服御器物,三分去二……独舍长安城南苑地以为田猎之囿,自城西南至山西至鄠皆复其田,以与贫民。方今天下饥馑,可亡大自损减以救之,称天意乎?"④成帝时凉州刺史谷永进谏称:"至于陛下,独违道纵欲,轻身妄行,当盛壮之隆,无继嗣之福,有危亡之忧,积失君道,不合天意,亦已多矣。为人后嗣,守人功业,如此,岂不负哉!"⑤两位儒臣分别使用了古道和君道话语,天意的烘托跃然纸上。

再如东汉时陈宠关于刑期之议:"若以此时行刑,则殷、周岁首皆当流血,不合人心,不稽天意。"⑥这是援引古道传统以见天意。

如果说天意话语在西汉以董子之学问世而出现第一次高光时刻,那么,到了西汉后期至东汉时期,由于谶纬思潮和宗教思潮的兴起,进一步推波助澜而形成了新的高潮。

谶纬思潮崛起于西汉后期,活跃于东汉一代。纬书中宗教化的天意话语,

---

① 《汉书》卷五一《贾邹枚路传》,第 2369 页。
② 《后汉书》卷四八《杨李翟应霍爰徐列传》,第 1598 页。
③ 《汉书》卷六三《武五子传》,第 2770 页。
④ 《汉书》卷七二《王贡两龚鲍传》,第 3072 页。
⑤ 《汉书》卷八五《谷永杜邺传》,第 3463 页。
⑥ 《后汉书》卷四六《郭陈列传》,第 1551 页。

如《礼稽命征》言祥瑞称:"王者制礼作乐,得天意则景星见。"《乐稽耀嘉》讲朝代递嬗之象云:"禹将受位,天意大变,迅风靡木,以明将去虞而适夏也。"再如《春秋考异邮》言天降灾异云:"天子僭天……考之天意,则大旱不雨。"①这些说法带有鲜明特点,谶纬家解读天意,完成了对天意作新的主体定位,将人格神身份确指为"天皇"(耀魄宝)和"天帝"(五色帝),构建了历史上第一个独立的诸神体系,这比儒家天论神学体系向宗教形态推进了一大步。② 有的研究者将其概括为纬书记异(星象之异)不记灾(自然之灾或天灾人祸),认为这是纬书与两汉儒臣言灾异天意的不同之处。③ 但上引《春秋考异邮》的说法,证明纬书也是记灾异的。

早期道教思潮下宗教家所谈天意,更具特色。《太平经》这部早期道教经典中的天意频度达60余次,天心高达150余次。与汉代儒者言天意背后那种若隐若现状态的人格神有很大的不同,《太平经》确认最高神祇为"太一"之神,④天意主体为"天君",天意即"天君意"⑤。书中又增益了天师的传道角色,面向人间帝王布达天意:"今天师既加恩爱,乃怜帝王在位,用心愁苦,不得天意,为其每具开说,可以致上皇太平之路。"⑥

与汉儒相比,透过灾异、人心或天象来曲折见天意,不再是《太平经》基本表达方式。该书由作者登场代言天意,推导天意,来鲜明表达教义的宗旨。经文面向人间君主,宣扬依照天意而治的宗教式奖惩:"王者深得天意,至道往佑之。"⑦"是故古者大贤圣深计远虑,知如此故学而不止也,其为人君者,乐思太平,得天之心,其功倍也,魂神得常游乐与天善气合。其不能平其治者,治不合天心,不得天意,为无功于天上,已到终其魂神,独见责于地下,与恶气合处。"⑧由此可见,天意成为宗教家的理想社会传声筒,赋予这种朝政批判以充分的权

---

① 〔日〕安居香山等辑:《纬书集成》中册,第511、546、789页。
② 参见冷德熙:《超越神话——纬书神话研究》,第82页。
③ 冷德熙:《超越神话——纬书神话研究》,第219页。
④ 参见刘仲宇:《中国道教文化透视》,学林出版社1990年版,第116页。
⑤ 《太平经钞》庚部,卷七:"预知天君意所施为者,为上第一之人。"明正统道藏本。
⑥ 《太平经》卷三五《分别贫富法第四十一》,明正统道藏本。
⑦ 《太平经》卷五〇《去邪文飞明古诀第六十七》,明正统道藏本。
⑧ 《太平经》卷四〇《努力为善法第五十二》,明正统道藏本。

威性和合法性。撰经者笔下的天意就是神意;同时,天道也成为"天道意"①,这便将客观规则予以主观化了,神意无所不在。

五、"天意"话语的政治效应

围绕天意话语权的博弈,反映出汉代君臣政治制衡与冲突的复杂格局,以下拟作初步的考察和总结。

在两周秦汉政治文化的显性层次上,如董子所言,只有天子能够沟通天意,实践天意,宣扬天意,话语权归属自是明白无误的。然而,当进入文献记载的舆论事实层面,就会发现一种不虞性现象,天意话语权的博弈之势凸显出来。在朝廷舆论场上,儒臣借助于天意言说的批评焦点是君主,发言者俨然占据了道义制高点,代表了天意发问、反诘和质疑。在天意面前,君主处于被诘问、被质疑的状态,沦为伦理和舆论的守势地位,一种特殊的话语对局出现了。

天意显然给汉代君主带来莫大的政治压力,从历朝皇帝诏书中足以彰显对天意的敬畏之情。史家赵翼曾提出"汉诏多惧词"之见②,他排比诏书史料:"文帝诏曰:'朕以不敏不明,而久临天下,朕甚自愧。'又诏曰:'间者岁比不登,朕甚忧之。愚而不明,未达其咎。'元帝诏曰:'元元(人民)大困,盗贼并兴,是皆朕之不明。政有所亏,咎至于此,朕甚自耻。'"君主之惧,便是灾异谴告论所刻意追求的"屈君伸天"、以天抑君之效。

然而,汉代君主还要乐此不疲,礼贤下士,面向天下广延"直言极谏之士",借助于儒者道德造诣和独到知识来沟通天意,容忍朝臣的面折廷诤,由此巩固皇权,改善政治。

赵翼又曾以"汉儒言灾异"为题,归纳灾异言论影响帝王决策的案例:"而其时人君,亦多遇灾而惧。如成帝以灾异用翟方进言,遂出宠臣张放于外,赐萧望之爵,登用周堪为谏大夫。又因何武言,擢用辛庆忌。哀帝亦因灾异用鲍宣言,召用彭宣、孔光、何武,而罢孙宠、息夫躬等。"③

① 笔者统计,"天道意"在《太平经》中出现11次之多。
② 王树民校证:《廿二史札记校证》卷二,中华书局1984年版,第40页。
③ 王树民校证:《廿二史札记校证》卷二,第42页。

在庙堂上,天意成为儒臣制衡皇权的舆论工具,借助于灾异祥瑞说的干政作用,实质上是天权制约皇权,让步于民意。天意在很多情境下借助于君道和治道原则,从伦理政治角度干预了君主政治,在重大的政治决策中抑制了皇权的一意孤行,如同汉学家狄百瑞所说的"调和与软化"汉代专制体制,①这成为两汉儒家政治的亮点。论者高度评价灾异话语的舆论形态:"以灾异言政事,可以说是西汉政治批判的最高形式"②。

天意话语的操控,也同样是最高统治者反制朝臣舆论的重要手段。两汉诏书中谈天意约有7例,但具有说服力的显例是王莽居摄阶段所导演的闹剧。他利用武功丹石的符命事件,说成祥瑞之天意来大做文章,从舆论上打击异己势力,群臣奏言:"太后圣德昭然,深见天意,诏令安汉公居摄"③,为篡权做合法性的舆论造势。

君权手中握有国家暴力的利器,当儒臣建言天意有违君主切身利益时,随时可能遭到君权的反制,董子自己就吃过讲辽东高庙灾背后天意的苦头,险为此丧命。西汉京房、睢弘等人死于言灾异、讲天意的进谏,东汉襄楷的遭遇尤为典型,他诣阙上书借灾异言天意,激烈批评桓帝宠信宦官导致乱政,遭到宦官反诬:"违背经艺,假借星宿,伪托神灵,造合私意,诬上罔事",直言的天意被贬斥为"私意","请下司隶,正楷罪法",襄楷险遭处死,落了个"司寇论刑"的下场。④

因此,儒臣借助于天意议论皇朝政治,代天立言的政治风险极大,触动的不仅是高高在上的皇权,还有围绕皇权寄生的外戚宦官等各色利益集团,儒臣单凭舆论力量与之对抗,也就是所谓"道统"对抗"政统",双方实力天壤之别,进言者随时面临着杀身之祸。班固《汉书·睢两夏侯京翼李传》论曰:"汉兴,推阴阳言灾异者,孝武时有董仲舒、夏侯始昌;昭、宣则睢孟、夏侯胜;元、成则京房、翼奉、刘向、谷永;哀、平则李寻、田终术。此其纳说时君著明者也。"其结局令人

---

① 〔美〕狄百瑞:《中国的专制政治与儒家理想》,〔美〕费正清编,张永堂等译:《中国思想与制度论集》,新北:联经出版事业公司1976年版,第215页。

② 于迎春:《秦汉士史》,北京大学出版社2000年版,第152页。

③ 《汉书》卷九九上《王莽传》:"是月,前辉光谢嚣奏武功长孟通浚井得白石,上圆下方,有丹书著石,文曰:'告安汉公莽为皇帝。'符命之起,自此始矣。……于是群臣奏言:太后圣德昭然,深见天意,诏令安汉公居摄。"第4078—4080页。

④ 《后汉书》卷三〇下《郎顗襄楷列传》,第1083页。

扼腕,"仲舒下吏,夏侯囚执,眭孟诛戮,李寻流放……悲夫!"①

　　从两汉政治史上看,天意的舆论权威至多对君主形成某种观念上或道德上的威慑,并不具备任何强制力,以朝堂舆论制约君权的社会效果是有限的。如同研究者所说,"理论上虚幻的权威是无法与政治上的实体权威相抗衡的,反而常常屈从于君主,为君权服务"②,这是两汉天意话语无法逃避的历史命运。

　　　　(作者系江苏师范大学历史文化学院教授,中国秦汉史研究会副会长)

---

① 《汉书》卷七五《眭两夏侯京翼李传》,第3195页。
② 刘泽华主编:《中国政治思想史(秦汉魏晋南北朝卷)》,浙江人民出版社1996年版,第238页。

作为国际文化政治的海上丝绸之路概念和叙事体系

刘曙光

一、问题的提出

"一带一路"倡议发布以来,"海上丝绸之路"这一概念从过去不温不火的历史文化议题而被引申出许多现代的国际文化政治解读,引起广泛关注。相对于此前更为人所熟知的"丝绸之路",海上丝绸之路无论从认知度还是从概念的界定而言,都相对模糊。中国官方在论述海上丝绸之路时,在其名称之前辅以"21世纪"这一时间界定,在语义上强调其当代意味。2015年,经国务院授权,中国发改委、外交部、商务部联合发布的《推动共建丝绸之路经济带和21世纪海上丝绸之路的愿景与行动》,也未对海上丝绸之路进行概念定义,而是从空间和类型上进行了描述。在空间上的"重点方向是从中国沿海港口过南海到印度洋,延伸至欧洲;从中国沿海港口过南海到南太平洋";在特征上,则"以重点港口为节点,共同建设通畅安全高效的运输大通道。"①

尽管在中国官方"一带一路"文件中,对于海上丝绸之路更多强调其当代意义,但这一概念所具有的深刻历史内涵不言而喻。也许恰恰似乎因为这种不言而喻,反而造成了对于其明确定义的相对忽视,而这种忽视又进一步带来了"海

---

① 《推动共建丝绸之路经济带和21世纪海上丝绸之路的愿景与行动》文件单行本,人民出版社2015年版。

上丝绸之路"话语体系的模糊性。

　　我们目前所看到的对于海上丝绸之路的官方表述更多采用描述性语言。比如 2013 年 10 月 3 日,国家主席习近平在印度尼西亚国会发表演讲倡议共同建设 21 世纪海上丝绸之路时,提出海上丝绸之路应"串起联通东盟、南亚、西亚、北非、欧洲等各大经济板块"而且要"面向南海、太平洋和印度洋",从空间上赋予海上丝绸之路宏大的内涵;《人民日报》2014 年 10 月刊载的《"海上丝路"的影响与启示》一文对这一概念的历史内涵进行了表述:"古代海上丝绸之路从中国东南沿海,经过中南半岛和南海诸国,穿过印度洋,进入红海,抵达东非和欧洲,成为中国与外国贸易往来和文化交流的海上大通道,并推动了沿线各国的共同发展。"[1]

　　从国际政治和外交的实践角度而言,赋予"海上丝绸之路"一个开放的叙事体系更具操作性,有助于最大程度吸纳各方力量和资源参与到"一带一路"建设之中,避免因为太过具体的空间和内容限定而产生排斥性。但是,笔者认为,要使"一带一路"影响力更为持久,则必须关注其概念和话语体系建构的重要性。对丝绸之路和海上丝绸之路这两个核心概念的定义、解读,既是知识生产过程,又是一个文化政治过程。这不仅关乎概念本身的合法性,更关系到文化政治领域的话语权。

　　实际上,海上丝绸之路这一概念已经在国际层面引发了争议,甚至出现了因其名称和定义所导致的文化话语权的争夺。争夺的焦点之一是海上丝绸之路申报联合国教科文组织世界遗产项目。本文将首先回顾海上丝绸之路作为学术概念的演化过程,分析联合国教科文组织层面关于"丝绸之路"体系申报世界遗产的事件背景,并深入剖析中国申报海上丝绸之路文化遗产过程中的所经历的国际文化政治层面的争议。笔者认为,海上丝绸之路申遗过程中所牵涉的历史维度文化话语权的争夺,是国际政治在文化遗产领域的反映。中国应在充分理解和尊重现有国际文化遗产知识生产模式的基础上以国际视野去开展学术对话,淡化历史语境下的中国主导性,强化当下语境下的中国对于海上丝绸之路知识体系的贡献,并完善中国自身的海上丝绸之路历史话语体系建构。海

---

[1]　林华东:《"海上丝路"的影响与启示》,《人民日报》2014 年 10 月 19 日。

上丝绸之路不应是一个"给定"的概念，其价值恰恰在于不断对其进行知识探求、对其进行定义甚至"再定义"，从而构建文化话语权的过程。

二、海上丝绸之路的概念演化

海上丝绸之路并不是一个独立产生的概念，而是"丝绸之路"的衍生物。丝绸之路概念本身也是很晚近的发明①，原本指涉由古希腊地理学家马利奴斯记录的从幼发拉底河向东通往赛里斯国（Seres）的商路。1877 年，德国地理学家李希霍芬（Ferdinand von Richthofen）在其《中国——亲身旅行和据此所作研究的成果》第一卷②中首次采用了"丝绸之路"这一名词。随着瑞典学者斯文·赫定（Sven Hedin）1936 年出版的一本关于中亚探险的著作采用《丝绸之路》之名③，这一概念才逐渐广为人知。在此之前，数千年来生活在这条路沿线的古人们，甚至是用它开展商贸交易的商人们，从未称其为丝绸之路，而是撒马尔罕道或是其他名字。因此，丝绸之路作为一个后世建构的概念，已经是学界的共识。

在 20 世纪中后期，伴随文化全球化进程，丝绸之路从一个单纯的商贸之路，逐渐被赋予了更多的文化交流的色彩。在这个过程中，日本最为积极主动且具有广泛影响力。联合国教科文组织在 1950 年代便开始关注丝绸之路这个议题。1955 年印尼的万隆会议召开后，新兴国家的兴起，对促进发展中国家和发达国家之间、促进东方与西方之间的文化交流也有了更多诉求。在这个背景下，1957 年开始，联合国教科文组织启动了一个名为"关于东方与西方文化价值交融的东西方合作项目"，这个项目一直延续到 1965 年。在项目启动后不久，日本常驻联合国教科文组织代表团便积极响应，促成了"历史上的东西方文化交流国际研讨会"，并在研讨会上发布了一份报告，题为《日本关于历史上的东西方交流的研究报告：发展与现状》④，报告中提及了丝绸之路的概念，并明确指

---

① 〔美〕芮乐伟·韩森（Valerie Hansen）著，张湛译：《丝绸之路新史》，北京联合出版公司 2015 年版，第 8 页。

② Ferdinand Freiherrn von Richthofen, *China: Ergebnisse eigener Reisen und darauf gegründeter Studien*, Verlag von Dietrich Reimer, 1877.

③ 〔瑞典〕斯文·赫定（Sven Hedin）著，江文、李红娟译：《丝绸之路》，新疆人民出版社 2013 年版。

④ Japanese National Commission for UNESCO, *Research in Japan in History of Eastern and Western Cultural Contacts: Its Development and Present Situation*, 1957.

出日本在其中的重要角色。该报告不仅指出日本在历史上的丝绸之路体系中的作用,更是突出了当代日本学者对这一议题的学术贡献,使得日本一跃具有了解读东西方文明交流的学术话语权。在 1980 年代初中日合拍的 12 集纪录片《丝绸之路》过程中,日本人对于丝绸之路这一概念的理解和把握,让中国观众深感震撼。

海上丝绸之路的说法脱胎于丝绸之路。20 世纪初,法国学者沙畹(Emmanuel-èdouard Chavannes)将丝路概念进行了扩展,指出"丝路有陆、海两道。北道出康居,南道为印度诸港之海道"①。海上丝绸之路真正成为一个独立的学术研究对象和概念,是在 20 世纪 50 年代之后,同样受日本学术界的深刻影响。在日本提交的《日本关于历史上的东西方交流的研究报告:发展与现状》报告中,提出丝绸之路不仅存在于陆上,而是包括三条主要线路:绿洲之路、草原之路、海洋之路,并且详细梳理了在西方文明通过海路与东方建立联系之前,中国和日本之间已经形成的海洋文化交流。这是国际组织层面第一次明确提及海上丝绸之路的概念②,再次表现出日本在这一话语体系的构建过程中出色的介入能力。同时,日本学界开始以"海上丝绸之路"这一概念开展主题研究,其中标志性的学者是三杉隆敏。从 1968 年开始,他出版了一系列与此有关的著作,均以《探寻海上丝绸之路》作为主题,并辅以"东西陶瓷交流史""中国瓷器的海上运输与青花编年研究""绢·香料·陶瓷器""大航海时代的陶瓷冒险"等副标题。纵观三杉隆敏的一系列著作,其主要探讨的实际上是以陶瓷为代表的中国贸易品,但冠以海上丝绸之路这一概念,表现出"丝绸"在此已经不单是一个货物范畴,而是具有了重要的象征意义③。

中国学者采用"海上丝绸之路"作为一项学术议题是在 1970 年代之后。饶宗颐在发表于 1974 年的《蜀布与 Cinapatta——论早期中、印、缅之交通》④的附论中以"海道之丝路"的名义论述了中国丝绸的外运的路线。1982 年,陈炎在

---

① 沙畹(Emmanuel-èdouard Chavannes)著,冯承钧译:《西突厥史料》,中华书局 2004 年版。

② Japanese National Commission for UNESCO, *Research in Japan in History of Eastern and Western Cultural Contacts: Its Development and Present Situation*, 1957.

③ 关于三杉隆敏对于海上丝绸之路的系列著作,详见周长山:《日本学界的南方海上丝绸之路研究》,《海交史研究》2012 年第 2 期。

④ 饶宗颐:《蜀布与 Cinapatta——论早期中、印、缅之交通》,《梵学集》,上海古籍出版社 1993 年版。

《略论海上"丝绸之路"》①中论述了不同时期中国丝制品通过海路外传的路线，这是海上丝绸之路作为一个独立完整的词首次出现在中国学者的论述中。不过，相较日本学界对于这一概念的象征性的使用，陈炎在当时的用法仍旧紧紧围绕作为物质的丝绸展开。直到80年代末90年代初，海洋出版社出版了海上丝绸之路主题丛书，标志着这一概念从单纯的对于丝绸海外传播的学术讨论，延伸出内涵更为丰富的文化交流象征意义。

20世纪80年代末到90年代，联合国教科文组织开展了为期十年的"丝绸之路整体研究：对话之路"，继50年代之后，又一次从国际组织层面推动东西方文明交流话语体系的建设。这一次明确使用了丝绸之路的主标题，并且明确将"海洋之路"(sea route)作为五条线路之一。1990年10月至1991年3月，主办方组织了"从威尼斯到大阪的海上线路"考察。来自30多个国家的近百位学者乘坐"和平号"考察船自马可·波罗的故乡意大利威尼斯起航，沿着古代海上贸易之路向东南经地中海、红海、阿拉伯海、东印度洋、中国南海到达中国泉州和广州，再向东最后至日本。这次考察意味着海上丝绸之路开始被赋予了另一层意义——它不仅停留在学术或文化论述之中，并且与世界遗产申报这一颇具国际文化政治色彩的实践行动关联起来。

三、世界遗产申报：从丝绸之路到海上丝绸之路

1991年的联合国教科文组织考察，给了泉州以海上丝绸之路名义申报世界遗产的信心。从1992年开始，泉州便着手筹备申遗一事。在国家层面，统筹文化遗产申报事务的国家文物局于2006年、2012年分别公布了两次"中国世界文化遗产预备名录"，先后将泉州、广州、宁波等9个城市列作"海上丝绸之路"申遗预备项目城市。

但是，以泉州为代表的海上丝绸之路申遗从一开始便面临两个方面的挑战。第一个挑战是世界遗产操作层面。单独一座城市，甚至一个国家的几座城市以海上丝绸之路的名义申报遗产，与联合国教科文组织推动跨越国界和文明

———————

① 陈炎：《略论海上"丝绸之路"》，《历史研究》1982年第3期。

之间的"对话之路"战略并不吻合。在21世纪初由联合国教科文组织主动推动的"丝绸之路"跨国申报世界遗产项目,最重要的特征便是由多个国家共同申报一条文化线路,将古代跨文化交流的历史在今天以跨国申遗的形式再现。因此,在推动丝绸之路跨国申遗过程中,以及在中国、哈萨克斯坦、吉尔吉斯斯坦成功在2014年将三国共同申报的"丝绸之路:长安—天山廊道的路网"列入《世界遗产名录》之后,一个国家单独以"丝绸之路"的概念进行申遗,是联合国教科文组织语境中从未有过的选项。跨国申遗还是单独申遗,不仅是一个技术问题,更从一开始就成了关于丝绸之路这一概念在国际文化体系中如何实现的政治问题。

第二个挑战是概念层面。与丝绸之路不同,海上丝绸之路作为一个完整概念体系并不成熟,无论在学理研究还是文化遗产认定方面都缺乏自成体系的话语系统。同样是申报世界遗产,由联合国教科文组织以及负责世界遗产审核评估的国际古迹遗址理事会共同推进的丝绸之路"概念性文件"和"主题研究"①,为中哈吉三国联合申遗成功提供了概念和方法论体系的重要支撑。"主题研究"提出了申遗潜在的几十条"廊道",中哈吉联合项目便是遵循了这一廊道策略的产物。因此,丝绸之路项目申遗成功不仅是具体国家的成功,更是由联合国教科文组织主导的丝绸之路遗产话语体系的成功。可惜的是,这份"主题研究"并没有对海上线路进行认定,直接导致了海上丝绸之路申遗欠缺一个国际认可的话语体系。因此,泉州启动申遗20多年之后,我们仍然没有形成一个具有说服力的符合国际话语体系的申遗路径,甚至没有提出从世界遗产角度的海上丝绸之路的界定。

世界遗产的申报首先是一个文化遗产领域的专业技术事务,申报项目必须陈述其突出普遍价值,并用真实、完整的历史遗存来体现和支撑这些价值。这类技术问题的关键,是为申报项目找到一个核心概念。如果这个核心概念不被认可,那么申遗成功几率将大打折扣。比如我国的嵩山历史建筑群以圣山的核心价值申报,曾经被国际古迹遗址理事会驳回,最终修改为侧重宇宙观层面的"天地之中"历史建筑群才得以通过。但是,世界遗产申报同时又是一个现实性

---

① Tim Williams, on behalf of ICOMOS, The Silk Roads: An ICOMOS Thematic Study, 2014.

很突出的文化政治议题,申报国往往会通过申报项目谋求文化话语权。遗产项目的命名便成为各方竞逐的焦点。在"丝绸之路:长安—天山廊道的路网"申报之初,我们曾经采用了"丝绸之路起始段"的名称。但"起始段"这一称呼引发了一些沿线国家的质疑,最终不得不改为现有的名字。

虽然经历了名称事件的争议,但丝绸之路作为一个成熟的话语体系,并且作为国际组织普遍认可的概念,其称呼本身并未引发争论。然而,海上丝绸之路却从申遗之初就面临着与丝绸之路截然不同的国际舆论环境。从某种程度而言,海上丝绸之路从一个相对边缘的学术概念,一跃成为国际文化政治,尤其是亚洲地缘政治交锋的话语战场。在世界遗产语境中,甚至连海上丝绸之路这一名词本身都面临着挑战。其中最为明显的挑战来自印度及其所推动的"季风计划"。

四、印度"季风计划"

印度于 2014 年正式提出"季风计划"(Project Mausam),作为与中国"一带一路"倡议的对应。2014 年 6 月,世界遗产委员会第 38 届会议期间,印度文化秘书拉文达·辛格通过召开边会的方式向全世界宣告推出"季风计划:海上航路与文化景观"项目。该项目由印度国立英迪拉·甘地艺术中心牵头,由印度考古研究所和国家博物馆参与。显而易见,和海上丝绸之路所具有的宏观战略色彩相比,季风计划更为微观和具体,以文化领域切入,且有相当明确的申遗目标。印度也毫不讳言在这方面的野心,在这一计划的官方网站上,表述了计划的宏观和微观两个方面的宗旨:宏观上,该计划旨在将环印度洋的国家通过历史文化的方式联系在一起;在微观上,计划聚焦文化遗产和文化景观的识别、保护和申遗①。

从空间范围来看,季风计划与海上丝绸之路重合度极高,涵盖了西到东非、东到中南半岛的大片区域。可以看出,季风计划针对中国"一带一路"倡议的意

---

① 　Ministry of Culture of Government of India, Project Mausam, http://ignca. gov. in/project-mausam-3/, 2015.

图明显。印度选择"季风"作为这一项目的核心概念也是深思熟虑的结果。在蒸汽动力的航海技术产生之前,依托季风的航海是不同文明之间海上交流的主要自然动力,也是为人共知的历史叙事。安东尼·瑞德所著两卷本《东南亚的贸易时代》其中一卷的副标题即为"风下之地"(The Lands below the Winds),中文翻译版更是将其翻译为浪漫的"季风吹拂下的土地"①。依托季风所形成的海洋文明的景观,及其在印度洋周边所产生的深远历史和文化影响,是不容置疑的历史事实。通过"季风计划"推动各国联合申报世界遗产,塑造以印度为主导的环印度洋文化话语体系,甚至是跨文化的区域认同,同样具有深厚的历史基础和现实意义。

2014 年之后,季风计划的申遗并没有实质性进展,该计划也没有发布更为详尽的战略规划。但可以看出,印度政府并不将季风计划局限于文化领域,而是试图构建一个能和中国的"一带一路"相抗衡或是对照的一揽子规划。尽管如此,这一计划目前所扮演的主要角色则是通过强化和推广"季风"这一概念从而对"海上丝绸之路"这一主题下的世界遗产申报进行制衡。2017 年 1 月 8 日,《新印度快报》(The New Indian Express)刊登了一篇捕风捉影的文章《季风计划撞上中国长城》②,文章引用一名印度文化官员称,印度致力的季风计划跨国申遗项目遭到中国反对,原因是中国正在推出的海上丝绸之路申遗。两天后,中国《环球时报》也对此做了报道。

同年,由联合国教科文组织召集在伦敦大学举办了海上丝绸之路申遗国际专家研讨会,来自沿线十几个国家的代表参会,计划对海上丝绸之路的定义、时空框架、线路、贸易与文化交流模式等进行探讨。令人始料未及的是,研讨在第一个议题——申遗项目的命名上便陷入了冗长的争论。印度学者指出,贸易只是这个海洋交流体系的一个环节,因此不应该以丝绸这样的贸易物品指代整条线路,相对而言,季风是一个更为"客观"的概念。也有东南亚的学者认为,即使侧重贸易物品,"香料之路"更具有国际认知度和影响力。尽管是学术层面的讨论,但会间关于主旨概念的争议仍显现出浓厚的政治意涵。用丝绸指代古代文

① 〔澳〕安东尼·瑞德(Anthony Reid)著,吴小安、孙来臣译:《东南亚的贸易时代:1450—1680 年(第一卷:季风吹拂下的土地)》,商务印书馆 2010 年版。

② Ritu Sharma:Project Mausam hits a Chinese wall, *The New Indian Express*, January 8th 2017.

明之间的贸易线路本应是一个历史共识,但海上丝绸之路的概念使用成为争议的焦点,也表现出了这一概念背后所牵涉的国际文化政治因素。

印度对于海上丝绸之路概念的质疑,间接达到了其拖延中国主导的申遗项目的目的。在错综复杂的国际舆论下,中国将2017当年的申报世界文化遗产项目,从多城市联合的《海上丝绸之路·中国史迹》变更为由泉州单独申报的《古泉州刺桐史迹》,而后者则在其文本中将原先所有与"海上丝绸之路"相关的表述删改。这一匆匆调整,也最终导致第二年泉州项目没有获得世界遗产委员会的通过。国际古迹遗址理事会的评审报告指出,如果作为古城申报,泉州所提出的遗产构成并不能从实物层面支撑起一个"古城"的完整体系;而如果作为海上丝绸之路的一个节点,单独一座城市又无法体现这一宏大文化线路概念的跨文化特征。可见,尽管试图避开容易引起争议的海上丝绸之路概念,但泉州申遗依旧因为海上丝绸之路概念论述的薄弱环节而受到质疑。这也和我们长期以来一直没有形成体系化的海上丝绸之路话语有直接关系。

五、海上丝绸之路话语建构与国际文化政治

实际上,国家文物局在推动多城市的海上丝绸之路申遗项目时,已经认识到了这一话语体系的薄弱性问题,尝试效仿当年丝绸之路申遗的"主题研究"模式,开展"海上丝绸之路主题研究",从国际视野中去解读海上丝绸之路的概念和内涵。但是,丝绸之路的主题研究之所以能够为国际遗产界所迅速认可,一个重要背景是其所具有的"非国家性"特征,这一项目由联合国教科文组织、国际古迹遗址理事会推动,并没有任何一个国家在其中扮演主导角色。而"海上丝绸之路主题研究"的中国主导色彩过于明显,其准备进程也相对仓促,更由于海上丝绸之路这一概念本身遇到的阻力,导致海上丝绸之路申遗进程不得不重新调整节奏。2017年开始,由于泉州脱离"海丝"框架"单飞",海上丝绸之路申遗重新建立了申遗城市联盟,广州成为新的牵头城市,带领联盟各城市扎实开展相关研究、保护和宣传工作。到2021年11月,联盟已经扩大到28座,并成立了国内首个"海丝"申遗联盟智库。与此同时,关于"海丝"申遗的跨国联合策略以及中国率先申报策略,也在较大的国际、国内范围产生积极

影响。

　　在这样一种新的申遗背景和节奏下,笔者认为,应重新建构海上丝绸之路在文化层面的话语体系。首先,认识到海上丝绸之路历史价值的国际色彩,淡化历史语境下的中国主导性,强化当今语境下的中国对于海上丝绸之路知识体系的贡献。通过上文可以看出,无论是日本还是印度,在介入古代海洋文明体系这一议题时,都较少强调本国在历史上对于这一体系的"主导性"。日本在1957年提交给联合国组织的报告中,明确指出日本学者对这一议题进行了充分的学术研究,突出其知识领域的引领;印度则借助季风这样显得相对中立的自然概念,力图建立一个淡化国家色彩的历史体系。而中国学者在论述海上丝绸之路时,往往过于强调中国立场,过于突出中国—世界的二分逻辑。无论从历史事实而言,还是从当下国际文化政治背景而言,这种叙事逻辑并不利于海上丝绸之路作为一个普世或者全球概念的推广。无论丝绸之路还是海上丝绸之路,其本质都并不是中国与世界,而是中国在世界之中。因此,应在概念上跳出中国这一视野局限,建构一个更具国际色彩的海上丝绸之路知识体系。

　　第二,应完善中国自身的海上丝绸之路历史与遗产知识框架。作为海上丝绸之路的重要构成,中国学者对于其概念和历史文化内涵的研究相较日本要薄弱许多,往往将一些核心问题视为想当然,缺乏真正的理论建树。这是导致海上丝绸之路概念近年来在国际层面颇为被动的主要原因。无论是作为一个学术议题,还是作为文化政治领域的一个关键概念,均应从历史维度充分掌握海上丝绸之路知识体系的主导权,形成完善的概念、时空体系,以及物质和精神领域的支撑载体系统——即海上丝绸之路遗产知识框架以及名录清单。

　　综上所述,笔者认为海上丝绸之路从来不是一个想当然的概念,而是始终置于文化政治背景下不断"再生产"的话语体系。至少在国际文化领域,对于这一概念的广泛认知目前并没有转化为充分认可。对古代人类文明海洋交流体系的"定义权",已经不仅是文化遗产层面的议题,而上升成为一个国际文化政治的热点。正如 Tim Winter 在《地理文化权力:21 世纪中国复兴丝绸之路》一书中所说,"一带一路"这一命题是新时代国际权力模式下,空间、文化、历史的

"去地域化"和"再地域化"的重组过程的表现①。从这个角度而言,海上丝绸之路不应是一个"给定"的概念,其价值恰恰在于不断对其进行知识探求、对其进行定义甚至"再定义",构建文化话语权的过程。海上丝绸之路申报世界遗产作为这一过程的焦点,不仅是文化遗产领域的要务,更是关乎海上丝绸之路乃至"一带一路"成功建设的关键。

（作者系国家文物局原副局长,中国博物馆协会理事长）

---

① Tim Winter, *Geocultural Power: China's Quest to Revive the Silk Roads for the Twenty-First Century*, University of Chicago Press, 2019, p25.

匈奴冒顿单于的民族观[*]

晋　文

　　冒顿单于是中国古代第一个统一北方草原地区的匈奴族首领。匈奴为游牧民族,"逐水草迁徙,毋城郭常处耕田之业",在历史上曾有"山戎""猃狁""薰粥"等多种称呼。"其俗,宽则随畜,因射猎禽兽为生业,急则人习战攻以侵伐,其天性也。"①单于是匈奴最高首领的简称,匈奴语全称为"撑犁孤涂单于"。匈奴人谓天为"撑犁",谓子为"孤涂","单于者,广大之貌也,言其象天单于然也"。②"撑犁孤涂"就是汉语"天子"的意思。西汉初期,冒顿单于在统一北方高原的过程中建立了强大、统一的奴隶制国家。③ 他的民族观具有游牧民族的鲜明特点,主要有三个方面的内容。

一、"地者,国之本也"

　　如同农耕文明,游牧业的发展也需要广袤的草原地带。因此,草原国土的大小,在很大程度上决定着游牧民族的生存与发展。冒顿单于对此便有着清醒认识,明确提出"地者,国之本也"的思想。在冒顿看来,草原上的宝马和美女固

＊　本文为国家社会科学基金重大委托项目"中华思想通史"(20@ ZH026)阶段性研究成果,并得到江苏省一级学科重点学科南京师范大学中国史项目的资助。

①　《史记》卷一一○《匈奴列传》,中华书局 1959 年版,第 2879 页。
②　《汉书》卷九四上《匈奴传上》,中华书局 1962 年版,第 3751 页。
③　马长寿:《论匈奴部落国家的奴隶制》,《历史研究》1954 年第 5 期;后修订收入林幹编:《匈奴史论文选集》,中华书局 1983 年版,第 227—250 页。

然重要,是草原民族生存发展的物质基础,但二者都必须附着于草原之上。失去了草原,也就失去了宝马和美女。所以他断然向匈奴民众宣布,土地才是草原国家的根本。

据《史记》等相关文献记载,冒顿之父头曼单于时,周围邻国西方有世仇月氏,东方有强敌东胡,南方有强大的秦王朝,沿长城一线驻有蒙恬率领的30万大军。至秦末"诸侯畔秦",匈奴才得以逐渐发展。"当是之时,东胡强而月氏盛。匈奴单于曰头曼,头曼不胜秦,北徙。十余年而蒙恬死,诸侯畔秦,中国扰乱,诸秦所徙適戍边者皆复去,于是匈奴得宽,复稍度河南与中国界于故塞。"①但匈奴仍受到东胡的欺压。尤其东胡乘冒顿杀父夺权、内部尚不稳固之机,曾不断挑衅,以制造对匈奴的战争理由。东胡先派使者向匈奴索取头曼单于时的千里马,冒顿征求群臣意见。群臣皆曰:"千里马,匈奴宝马也,勿与。"但颇具远见的冒顿认为,当时的匈奴力量还比较弱小,为了赢得时间,对东胡必须退让。"奈何与人邻国而爱一马乎?"他说服群臣不要因此而破坏两国的"和睦"关系,给东胡送去了千里马。继而东胡以为冒顿害怕东胡,又派使者索要冒顿的一位"阏氏"(单于的妻妾)。冒顿又问群臣意见,左右皆怒曰:"东胡无道,乃求阏氏!请击之。"但冒顿认为时机仍不成熟,又说服群臣不要因此而影响"睦邻"关系。冒顿曰:"奈何与人邻国爱一女子乎?"遂取所爱阏氏予东胡。这样一来,东胡王更加骄横狂妄,派兵西侵匈奴的边境。同时派使者要匈奴割让一块两国交界的一千多里的"弃地"给东胡。这时的匈奴力量已逐渐壮大,于是冒顿便愤然决定反击。《史记·匈奴列传》:

> 东胡王愈益骄,西侵。与匈奴间,中有弃地,莫居,千余里,各居其边为瓯脱。东胡使使谓冒顿曰:"匈奴所与我界瓯脱外弃地,匈奴非能至也,吾欲有之。"冒顿问群臣,群臣或曰:"此弃地,予之亦可,勿予亦可。"于是冒顿大怒曰:"地者,国之本也,奈何予之!"诸言予之者,皆斩之。冒顿上马,令国中有后者斩,遂东袭击东胡。东胡初轻匈奴,不为备。及冒顿以兵至,

---

① 《史记》卷一一〇《匈奴列传》,第2887—2888页。

击,大破灭东胡王,而虏其民人及畜产。①

显而易见,冒顿是从草原国家和民族利益的高度把土地看作匈奴生存发展的前提。其中故事虽跌宕起伏,带有浓厚的传奇色彩,②且冒顿早期匈奴国力尚弱,有故意示弱和缓兵之计的意图,③但他强调土地才是草原国家的根本却是毋庸置疑的。

正因为冒顿对草原国土的极大重视,所以他在破灭东胡后即乘胜西击月氏,把月氏人逐出了河西走廊。以后又继续追击,迫使月氏人最终越过葱岭(帕米尔高原)西迁。

> 大月氏在大宛西可二三千里,居妫水北。其南则大夏,西则安息,北则康居。行国也,随畜移徙,与匈奴同俗。控弦者可一二十万。故时强,轻匈奴,及冒顿立,攻破月氏,至匈奴老上单于,杀月氏王,以其头为饮器。始月氏居敦煌、祁连间,及为匈奴所败,乃远去,过宛,西击大夏而臣之,遂都妫水北,为王庭。其余小众不能去者,保南山羌,号小月氏。④

同时还征服了楼兰、乌孙等诸多小国,控制了西域广大地区。"西域诸国大率土著,有城郭田畜,与匈奴、乌孙异俗,故皆役属匈奴。"⑤冒顿单于还派兵南下,吞并了楼烦、白羊河南王,并借中原楚汉战争之机,夺回了曾被蒙恬攻占的地区。

---

① 《史记》卷一一〇《匈奴列传》,第 2889 页。按:对文中"瓯脱"一词,学界仍众说纷纭。参见〔日〕白鸟库吉著,何建民译:《匈奴民族考》,上海:中华书局民国二十八年(1939 年)版,第 24—25 页。近来李焕青、王彦辉认为,"瓯脱"即指其"部落(或氏族)、分地、宫帐(龙庭)、军营或营地"(李焕青、王彦辉:《匈奴"瓯脱"考辩》,《史学理论研究》2009 年第 2 期),亦可备为一说。
② 与之可对比的,是以农耕著称的周人先祖古公亶父的故事。《史记》卷四《周本纪》载:"古公亶父复修后稷、公刘之业,积德行义,国人皆戴之。薰育戎狄攻之,欲得财物,予之。已复攻,欲得地与民。民皆怒,欲战。古公曰:'有民立君,将以利之。今戎狄所为攻战,以吾地与民。民之在我,与其在彼,何异。民欲以我故战,杀人父子而君之,予不忍为。'乃与私属遂去豳,度漆、沮,逾梁山,止于岐下。豳人举国扶老携弱,尽复归古公于岐下。"(第 113—114 页)
③ 吕喜林:《评冒顿单于》,《阴山学刊》2011 年第 5 期;王绍东:《冒顿单于的战争策略透视》,《西北民族大学学报》2014 年第 5 期。
④ 《史记》卷一二三《大宛列传》,第 3162 页。
⑤ 《汉书》卷九六上《西域传上》,第 3872 页。

所谓"南并楼烦、白羊河南王。悉复收秦所使蒙恬所夺匈奴地者,与汉关故河南塞,至朝那、肤施,遂侵燕、代。是时汉兵与项羽相距,中国罢于兵革,以故冒顿得自强,控弦之士三十余万"。其后又"北服浑庾、屈射、丁零、鬲昆、薪犁之国"。① 在不长的时间里,冒顿单于就把一个有史以来众多民族、部族杂居而又互不统属的北方高原第一次统一起来,使匈奴成为一个有"控弦之士三十余万",东尽辽河,西至帕米尔高原,南到长城,北达贝加尔湖的军事强国。"至于汉兴,匈奴冒顿兵强,破东胡,走月氏,威震百蛮,臣服诸羌。"②也成为中国历史乃至世界历史上的一个重大事件。"于是匈奴贵人大臣皆服,以冒顿单于为贤。"③

二、"诸引弓之民,并为一家"

如同汉族的"华夷之辨",冒顿单于也将游牧文化中的骑射作为匈奴族不同于定居农耕"汉人"的主要特征之一,因而主张并践行把所有以游牧骑射为生的北方非汉民族和部族都统一到匈奴国中。他在给汉文帝的书信中便自豪地宣称,依靠上天福佑,凭借匈奴君臣的努力,已完全实现"诸引弓之民,并为一家"的宏伟目标。如《史记·匈奴列传》载冒顿语:

> 以天之福,吏卒良,马强力,以夷灭月氏,尽斩杀降下之。定楼兰、乌孙、呼揭及其旁二十六国,皆以为匈奴。诸引弓之民,并为一家。④

汉朝君臣也不得不承认这一点,并把匈奴视为与汉朝分庭抗礼的"敌国"。"自淳维以至头曼千有余岁,时大时小,别散分离,尚矣,其世传不可得而次云。然至冒顿而匈奴最强大,尽服从北夷,而南与中国为敌国。"⑤这充分表明了冒顿单于的游牧民族观,以及对匈奴族的自我认识与定位,也集中体现了匈奴族的民

① 《史记》卷一一〇《匈奴列传》,第2890、2893页。
② 《后汉书》卷八七《西羌传》,中华书局1965年版,第2876页。
③ 《史记》卷一一〇《匈奴列传》,第2893页。
④ 《史记》卷一一〇《匈奴列传》,第2896页。
⑤ 《史记》卷一一〇《匈奴列传》,第2890页。

族意识。

尽管匈奴还没有自己的文字，"毋文书，以言语为约束"，①这些通过汉文记载表现出的民族观很可能挂一漏万，或存在某些偏见，但匈奴为游牧骑射民族，凡北方草原民族均当"并为一家"，却无疑是冒顿和匈奴族的共同意志。即便到了西汉中期，匈奴的这一民族特征和同心同德的高昂斗志，也曾给汉朝的知识精英留下了极其深刻的印象。在昭帝时期的盐铁会议上，文学便对此描述说：

> 昔周室之盛也，越裳氏来献，百蛮致贡。其后周衰，诸侯力征，蛮、貊分散，各有聚党，莫能相一，是以燕、赵能得意焉。其后，匈奴稍强，蚕食诸侯，故破走月氏，因兵威，徙小国，引弓之民，并为一家，一意同力，故难制也。②

其中"一意同力"的概括非常传神，由游牧民族的骑射共性已造就以匈奴为主体民族的共同情感和坚定意志。至宣帝时期，就算连年灾荒和内乱，匈奴的势力大为衰落，许多匈奴贵族也仍然强调："匈奴之俗，本上气力而下服役，以马上战斗为国，故有威名于百蛮。战死，壮士所有也。"③

冒顿单于"诸引弓之民，并为一家"的主张在中国古代民族思想史上占有着很高地位，并对后世产生了极其深远的影响。从实践层面来看，在此民族观的指导下，经过冒顿单于和匈奴民众的不断征伐，终于在北方高原上第一次实行了游牧民族的统一，建立起地域辽阔包括不同种族、不同民族和部族的匈奴帝国。④ 这种前所未有的盛况，也逼迫着汉初政治家和思想家不得不重新思考，⑤从秦始皇的"六合之内，皇帝之土"的天下观后退到长城以南的农耕地区，⑥甚

---

① 《史记》卷一一〇《匈奴列传》，第2879页。
② 王利器校注：《盐铁论校注》卷八《伐功》，中华书局1992年版，第495页。
③ 《汉书》卷九四下《匈奴传下》，第3797页。
④ 按：关于匈奴的族源问题，国内外学界曾聚讼纷纭，莫衷一是。根据冒顿"诸引弓之民，并为一家"的立国理念和原则，可以判明在庞大的匈奴帝国里当时生活着许多种族、许多民族和部族。故仅凭某些文献记载或考古发现，实际都不足以证明匈奴的族源就一定是汉族人，或一定是蒙古族人、一定是突厥人等。匈奴应是以匈奴部落（民族）为主体融合其他游牧部落而形成的游牧国家。参见林幹：《近六十年来（1919—1979）国内研究匈奴的回顾》，林幹编：《匈奴史论文选集》，第1—4页；任崇岳：《匈奴族源诸说评析》，《中州学刊》2010年第6期。
⑤ 宋超：《汉匈战争对两汉社会心态的影响》，《史学理论研究》1997年第4期。
⑥ 《史记》卷六《秦始皇本纪》，第245页。

至向匈奴企求和亲,以减少匈奴的侵扰。史载冒顿便把自己统治的草原地区称为"平野牛马之域",而把汉王朝统治的中原农耕地区称为"中国"。他还点名要同吕后"和亲",对汉王朝更可谓奇耻大辱。但最终汉王朝也只能委曲求全,以"弊邑无罪"和吕后"年老气衰"来回应。如《汉书·匈奴传上》:

> 孝惠、高后时,冒顿浸骄,乃为书,使使遗高后曰:"孤偾之君,生于沮泽之中,长于平野牛马之域,数至边境,愿游中国。陛下独立,孤偾独居。两主不乐,无以自虞,愿以所有,易其所无。"高后大怒,召丞相平及樊哙、季布等,议斩其使者,发兵而击之。樊哙曰:"臣愿得十万众,横行匈奴中。"问季布,布曰:"哙可斩也!前陈豨反于代,汉兵三十二万,哙为上将军,时匈奴围高帝于平城,哙不能解围。天下歌之曰:'平城之下亦诚苦!七日不食,不能彀弩。'今歌哙之声未绝,伤痍者甫起,而哙欲摇动天下,妄言以十万众横行,是面谩也。且夷狄譬如禽兽,得其善言不足喜,恶言不足怒也。"高后曰:"善。"令大谒者张泽报书曰:"单于不忘弊邑,赐之以书,弊邑恐惧。退日自图,年老气衰,发齿堕落,行步失度,单于过听,不足以自污。弊邑无罪,宜在见赦。窃有御车二乘,马二驷,以奉常驾。"冒顿得书,复使使来谢曰:"未尝闻中国礼义,陛下幸而赦之。"因献马,遂和亲。[1]

即便被盛誉的文景时期,汉王朝也被迫与匈奴约定其南北分治,尽管贾谊、晁错等人都对此非常愤懑。如文帝致信老上单于说:"先帝制:长城以北,引弓之国,受命单于;长城以内,冠带之室,朕亦制之。"[2]

　　更重要的是,冒顿对北方游牧民族的统一也为后世首创了一个成功范例,并成为匈奴公认的民族英雄和国力强大的象征。东汉初年,随着匈奴的势力重新崛起,醯落尸逐鞮单于比便经常"自比冒顿"。如《后汉书·南匈奴列传》:

> 光武初,方平诸夏,未遑外事。至(建武)六年,始令归德侯刘飒使匈

---

① 《汉书》卷九四上《匈奴传上》,第3755页。
② 《史记》卷一一〇《匈奴列传》,第2902页。

奴，匈奴亦遣使来献，汉复令中郎将韩统报命，赂遗金币，以通旧好。而单于骄踞，自比冒顿，对使者辞语悖慢，帝待之如初。①

从冒顿开始，历朝历代的游牧或半游牧民族，特别是力量强大的北方民族，如乌桓、鲜卑、契丹、党项、女真、蒙古等，也都把统一北方进而统治中原和更广阔的地区作为自己的远大目标。以北魏太武帝拓跋焘为例，《魏书》便高度肯定他对北方的统一："世祖聪明雄断，威灵杰立，藉二世之资，奋征伐之气，遂戎轩四出，周旋险夷。扫统万，平秦陇，翦辽海，荡河源，南夷荷担，北蠕削迹，廓定四表，混一戎华，其为功也大矣。"②立场不同的《宋书》也评价说："至于狸伐篡伪，弥煽凶威，英图武略，事驾前古，虽冒顿之鸷勇，檀石之骁强不能及也。遂西吞河右，东举龙碣，总括戎荒，地兼万里。"③可见冒顿单于的影响之大。

三、汉匈"约为昆弟"

从实力来看，冒顿单于对匈奴与汉朝的抗衡是非常自信的。在白登之围中，冒顿单于便充分展现了他的军事才能和匈奴骑兵集团的强大。《史记·匈奴列传》：

> 是时汉初定中国，徙韩王信于代，都马邑。匈奴大攻围马邑，韩王信降匈奴。匈奴得信，因引兵南逾句注，攻太原，至晋阳下。高帝自将兵往击之。会冬大寒雨雪，卒之堕指者十二三，于是冒顿详败走，诱汉兵。汉兵逐击冒顿，冒顿匿其精兵，见其羸弱，于是汉悉兵，多步兵，三十二万，北逐之。高帝先至平城，步兵未尽到，冒顿纵精兵四十万骑围高帝于白登，七日，汉兵中外不得相救饷。匈奴骑，其西方尽白马，东方尽青駹马，北方尽乌骊马，南方尽骍马。④

① 《后汉书》卷八九《南匈奴列传》，第 2940 页。
② 《魏书》卷四下《世祖纪下》"史臣曰"，中华书局 1974 年版，第 109 页。
③ 《宋书》卷九五《索虏传》"史臣曰"，中华书局 1974 年版，第 2358 页。
④ 《史记》卷一一〇《匈奴列传》，第 2894 页。

事实也雄辩证明:在靠近草原的北方地区,通过灵活的战略战术,匈奴骑兵完全可以击败汉朝的车兵和步兵集团。汉军大败的平城之役,就是一个典型战例。但在纵深广阔的中原地区,匈奴还能不能打败汉军,冒顿并没有把握。毕竟汉朝的地域极为辽阔,人力资源更远胜匈奴。在平城之役中,汉军的战败也有高祖率轻兵冒进、脱离主力等原因;三十几万汉军的战斗力不可低估。特别是秦军的强悍,曾完全击败匈奴,将匈奴驱逐到长城以北,给冒顿更留下了深刻印象。如《史记·蒙恬列传》:

> 秦已并天下,乃使蒙恬将三十万众北逐戎狄,收河南。筑长城,因地形,用制险塞,起临洮,至辽东,延袤万余里。于是渡河,据阳山,逶蛇而北。暴师于外十余年,居上郡。是时蒙恬威振匈奴。[1]

因此,在如何处理汉匈关系的问题上,冒顿单于也并不真想和汉朝大动干戈,尽管在汉朝边地叛将的招引下匈奴仍不断侵扰。

另一方面,和魏晋南北朝相比,匈奴还没有在中原地区同时管理农耕和游牧两种生产方式的经验。正如秦汉王朝尚未在草原地区管理游牧民族前一样,所谓"得匈奴地,泽卤,非可居也"[2],"今匈奴负戎马足,怀鸟兽心,迁徙鸟集,难得而制。得其地不足为广,有其众不足为强"[3],冒顿和许多匈奴人也同样认为,游牧民族在中原地区是无法生存的。当高祖被围在白登时,冒顿单于的阏氏便建议冒顿解围,不要把高祖逼到绝境。她说:"两主不相困。今得汉地,而单于终非能居之也。"[4]其中"两主不相困",即谓汉朝和匈奴的体量庞大,真要兵戎相见,且长期为敌,很可能会两败俱伤。[5] 至于"今得汉地,而单于终非能居之也",则表明了游牧民族早先对离开草原地区的恐惧。正如许多汉人认为攻占草原乃"苦师劳众,以略无用之地",[6]这可以说是匈奴不愿意和汉朝大动干戈

---

① 《史记》卷八八《蒙恬列传》,第2565—2566页。
② 《史记》卷一一〇《匈奴列传》,第2896页。
③ 《汉书》卷五二《韩安国传》,第2398页。
④ 《史记》卷一一〇《匈奴列传》,第2894页。
⑤ 晋文:《西汉盐铁会议对匈奴和战之争》,《中国社会科学报》2020年1月13日第5版《历史学》。
⑥ 王利器校注:《盐铁论校注》卷八《结和》,第480页。

的一个最根本的原因。有学者认为:"冒顿围困刘邦而又使之脱围,整个军事行动都是为了实现他的一个重要政策——迫使汉廷和亲纳贡。"①恐怕不妥,至少在和亲问题上已倒果为因。毋庸讳言,围困和炫耀军力也确有教训汉朝君臣的缘故,但冒顿放走汉高祖的原因还应从长远和生产方式考虑。毕竟农耕文明和草原文明不同,消灭了汉高祖也并不意味征服了汉王朝。匈奴当时还没有统治中原地区的野心,更没有与汉族大量混居的经验。② 因此,当汉高祖被迫提出和亲,把汉匈视为"昆弟"或"兄弟"之国,每年向匈奴贡奉,并默认匈奴仍可以少量或小规模侵扰汉朝边境后,冒顿单于便欣然接受。如《史记·匈奴列传》:"是时匈奴以汉将众往叛,故冒顿常往来侵盗代地。于是汉患之,高帝乃使刘敬奉宗室女公主为单于阏氏,岁奉匈奴絮缯酒米食物各有数,约为昆弟以和亲,冒顿乃少止。后燕王卢绾反,率其党数千人降匈奴,往来苦上谷以东。"③

值得注意的是,据《史记》《汉书》记载,汉匈"约为昆弟"或"约为兄弟"实由汉王朝向匈奴提出。此乃儒学经典"四海之内皆兄弟也"的广义或笼统说法,④也许匈奴人并不理解它的特定和深层含义,把汉匈朴素地比拟于兄弟。但仅就其只言片语而言,冒顿单于对"昆弟"或"兄弟"的称谓亦真诚表示认同。如《史记·孝文本纪》载三年六月文帝曰:

> 汉与匈奴约为昆弟,毋使害边境,所以输遗匈奴甚厚。今右贤王离其国,将众居河南降地,非常故,往来近塞,捕杀吏卒,驱保塞蛮夷,令不得居其故,陵轹边吏,入盗,甚敖无道,非约也。其发边吏骑八万五千诣高奴,遣丞相颍阴侯灌婴击匈奴。⑤

至第二年,冒顿单于便很快书信向汉文帝解释说:

> 前时皇帝言和亲事,称书意,合欢。汉边吏侵侮右贤王,右贤王不请,

① 莫任南:《匈奴对汉王朝的政策》,《中国边疆史地研究》1992年第4期。
② 晋文:《两汉和亲理论的创立、发展与完善》,《重庆师范大学学报》2021年第3期。
③ 《史记》卷一一〇《匈奴列传》,第2895页。
④ 《论语注疏》卷一二《颜渊》,《十三经注疏》(附校勘记)下册,中华书局1980年版,第2503页。
⑤ 《史记》卷十《孝文本纪》,第425页。

听后义卢侯难氏等计,与汉吏相距,绝二主之约,离兄弟之亲。皇帝让书再至,发使以书报,不来,汉使不至,汉以其故不和,邻国不附。今以小吏之败约故,罚右贤王,使之西求月氏击之。①

其中"离兄弟之亲",《汉书·匈奴传上》改记为"离昆弟之亲"。② 尽管冒顿把右贤王侵扰河南地说成汉吏违约在先,明显是强词夺理和推卸责任,但他认为汉匈乃"兄弟之亲"或"昆弟之亲",应共同遵守和亲之约,却是一个基本可以接受的事实。尤其提出今"北州已定,愿寝兵休士卒养马,除前事,复故约,以安边民,以应始古,使少者得成其长,老者安其处,世世平乐",③更明确表达了冒顿对汉匈两国民众能世世代代友好安乐的愿望。这不仅为历史上的非汉民族与汉族的密切往来确立了兄弟关系,而且为匈奴等游牧民族最终融入汉族和中华民族大家庭中奠定了深厚的情感基础。元帝时,呼韩邪单于和汉朝订立盟约——"自今以来,汉与匈奴合为一家,世世毋得相诈相攻。有盗窃者,相报,行其诛,偿其物;有寇,发兵相助。汉与匈奴敢先背约者,受天不祥。令其世世子孙尽如盟。"④固然有多种原因,比如汉匈国力强弱的转变,但冒顿单于和汉高祖、汉文帝等所共同倡导的汉匈"约为昆弟",却显然曾起到一定的示范作用。可以毫不夸张说,正是由于有了汉匈"约为昆弟"的先例,以后才有了汉族同诸多少数民族亲如兄弟的佳话。

谨以本文缅怀和纪念著名历史学家张传玺先生!

（作者系南京师范大学历史系特聘教授,国家社科基金重大项目"秦汉三国简牍经济史料汇编与研究"首席专家）

---

① 《史记》卷一一〇《匈奴列传》,第 2895—2896 页。
② 《汉书》卷九四上《匈奴传上》,第 3756 页。
③ 《史记》卷一一〇《匈奴列传》,第 2896 页。
④ 《汉书》卷九四下《匈奴传下》,第 3801 页。

《淮南子》兵学思想论析

黄朴民

秦汉时期的兵学思想与先秦时期兵学繁荣局面相比,相对略显沉寂。当时的兵学思想主要集中于《吕氏春秋》《淮南子》等典籍的有关"论兵"章节和兵书《黄石公三略》之中,同时也在韩信《汉中对》、张良《下邑对》《荥阳对》、晁错《言兵事疏》、赵充国《屯田制羌疏》、侯应《备塞论》、王符《潜夫论》以及桓宽《盐铁论》等相关篇章中得到反映。虽然这一时期成型与流传的兵学著作数量有限,但是仍在兵学理论的建树上取得了重大的成就,而《淮南子》一书中的有关兵学论述,就是这方面突出的代表。

一、两汉思想融合背景下的《淮南子》

自战国中晚期起,中国古代学术思想文化出现了重新整合与融汇的崭新气象。这在儒家,是出现了汲取法家之说而集儒学之大成的荀子;在法家,是出现了引入君主南面之术等道家要义、并充分汲取儒家"纲常名理"原则、墨家"尚同"思想、综合前期法家"法、术、势"三派之长的《韩非子》;在道家,是出现了立足于老子思想的主体性、同时兼容并取诸子百家之长的黄老学派;在兵家,是出现了体系完备、兵学政治伦理化倾向突出、以综合贯通为显著特色的《六韬》。至于以《吕氏春秋》为代表的杂家学派的形成,更标志着诸子学说兼容合流历史趋势的强化。两汉以降,这种思想学说的兼容综合趋势仍然没有被中断,而是在新的历史条件下得到了进一步发展与深化。其中,《淮南子》一书的诞生,就体现了这种学术兼容、思想整合历史文化大趋势的一个鲜明象征。

《淮南子》，又名《淮南鸿烈》，西汉中期淮南王刘安召集门下宾客方术之士，积多年之功编纂而成的一部重要文献，班固《汉书·艺文志》将其归入"杂家"，但是，它在性质上其实更近黄老新道家。梁启超有云："《淮南鸿烈》为西汉道家言之渊府，其书博大而有条贯，汉人著述中第一流也。"①胡适亦称："道家集古代思想的大成，而淮南书又集道家的大成。"②公允地说，其书乃以道家思想为主干与指导，汲取与融会儒、法、墨、阴阳、名等诸子百家的思想观点，体大思精，广博深邃，成为自战国后期至西汉中叶黄老之学的代表之作。

《淮南子》的编纂大约始于汉景帝晚期，而基本成书于汉武帝建元二年（前139年），主持者淮南王刘安（前179~前122年），是汉高祖刘邦的孙子，被册封为淮南王。他有较深厚的学术文化素养与造诣，曾发动门下宾客从事著书立说，"作为《内书》二十一篇，《外书》甚众，又有《中篇》八卷，言神仙黄白之术，亦二十余万言。"③《汉书·艺文志》著录《淮南子》内21篇，外31篇。现仅存21篇。此当为《汉书》本传所称的"二十一篇"。刘安后来因图谋兵变，事泄失败，被定罪为"大逆不道，谋反"，自杀身亡，淮南国被废除，其地改设为九江郡，但他组织编撰的《淮南子》一书的主体部分，倒是流传到了今天。

《淮南子》最重要的注本，为东汉高诱的《淮南鸿烈解》；重要的研究著作，有刘文典的《淮南鸿烈集解》、吴承仕《淮南子旧注校理》、杨树达《淮南子证闻》、张双棣《淮南子校释》，等等。

《淮南子》在形式上，属于"杂家"，"杂家"的思想特色，《汉书·艺文志》概括为"杂家者流，盖出于议官。兼儒、墨，合名、法，知国体之有此，见王治之无不贯，此其所长也。及荡者为之，则漫羡而无所归心。"可见，杂家的本质属性，便是"杂"，即综合、融会诸子百家之长而形成自己的学说体系，其优点在于博采众长，兼容并取，其缺点也在于多归纳而缺乏自己独到的创见。

---

① 梁启超著：《中国近三百年学术史》，上海古籍出版社2014年版，第235页。

② 胡适著：《淮南王书》，欧阳哲生编：《胡适文集》卷六，北京大学出版社1998年版，第463页。

③ 《汉书》卷四四《淮南衡山济北王传》。高诱《淮南子注》叙文尝云："初，（刘）安为辨达，善属文。……天下方术之士多往归焉。于是遂与苏飞、李尚、左吴、田由、雷被、毛被、伍被、晋昌等八人，及诸儒大山、小山之徒，共讲论道德，总统仁义，而著此书。"（高诱：《淮南子·叙目》，刘文典撰：《淮南鸿烈集解》，中华书局1989年版）

在实质上,《淮南子》又属于"黄老新道家",所谓"其旨近《老子》,淡泊无为,蹈虚守静,出入经道。其言大也,则焘天载地;说其细也,则沦于无垠,及古今治乱存亡祸福,世间诡异瑰奇之事。其义也著,其文也富,物事之类,无所不载,然其大较归之于道,号曰《鸿烈》"。① 其基本特色,是立足于老子思想的主体性,尊奉相传的黄帝学说,同时兼容并取诸子百家之长。

西汉时期司马谈《论六家要旨》中对道家理论的总结,其对象实际上就是这部分新型道家。他说:"道家使人精神专一,动合无形,赡足万物。其为术也,因阴阳之大顺,采儒墨之善,撮名法之要,与时迁移,应物变化,立俗施事,无所不宜。指约而易操,事少而功多。"②可见黄老新道家的思想体系中包含了阴阳家、儒家、墨家、法家乃至名家的一些思想内容,其特征是"与时迁移,应物变化",其宗旨则有明确的功利性,即"立俗施事,无所不宜。指约而易操,事少而功多"。这不但与庄子学派有很大的不同,而且也与老子的不少观点不尽一致,最主要的一点就是由消极避世转变成为积极入世。从表面上看,黄老派与老庄派都强调以无为顺应自然的"因循"原则,但是其目的有异:老庄学派是以恢复事物的自然本性为终极目的,而黄老学派则是利用事物的自然本性为我所用。正是这种根本性的变化,道家学说乃从哲学家的书本中走了出来,变成了政治家手中可供操作的治国统军的利器。

但无论是"杂家",还是"黄老之学",其根本特征之一,就是学术上呈现鲜明的综合性、系统的融贯性、高度的整体性与显著的互补性。正是由于这个缘故,兵学思想成为了《淮南子》整个理论体系中的有机组成部分,即其作者所明确表示的:"通书文而不知兵指,则无以应卒。"③也正是因为这样,《淮南子》的兵学观念也体现出系统整合、包罗万象的时代文化精神。

二、《淮南子》的战争观念及其特色

《淮南子》的兵学论述主要集中于《兵略训》《主术训》《氾论训》等篇。其

---

① 高诱:《淮南子·叙目》。
② 《史记》卷一三〇《太史公自序》。
③ 刘文典撰:《淮南鸿烈集解》卷二一《要略》。

中,《兵略训》更是专门而深入讨论兵学问题的篇章:"《兵略》者,所以明战胜攻取之数、形机之势、诈谲之变,体因循之道,操持后之论也。所以知战阵分争之非道不行也,知攻取坚守之非德不强也。诚明其意,进退左右无所失击危,乘势以为资,清净以为常,避实就虚,若驱群羊。"①通观《淮南子》全书,其主要的兵学观点,大致可以分为战争观念、作战指导理论、治军思想等几个方面。本文重点讨论《淮南子》一书中的战争观念与作战指导思想,就其战争观而言,它集中体现为以下两点:

第一,强调战争起源缘于"分不均,求不澹"。

关于战争起源问题,先秦兵家就有深入的探讨,提出了不少弥足珍贵的见解。如《吴子》将战争的起因归结为五种,一是争夺名位,二是掠取财富,三是仇恨的积累,四是内乱,五是饥荒。《吴子》认为,战争的爆发是不以人们的意志为转移的,在列国争雄兼并的条件下,战争乃是普遍的社会现象,是不可避免的。这样,《吴子》就与儒家的德化至上论划清了界限。根据这一基本判断,《吴子》进而对战争的性质进行了具体的分类,即义兵、强兵、刚兵、暴兵、逆兵。主张从事义兵,反对进行强兵、刚兵、暴兵、逆兵。指出"若行不合道,举不合义,而处大居贵,患必及之。是以圣人绥之以道,理之以义,动之以礼,抚之以仁"。《淮南子》的作者在前人的基础上,又作出自己进一步的分析,认为战争源远流长,所从来已久:"兵之所由来者远矣。黄帝尝与炎帝战矣,颛顼尝与共工争矣。故黄帝战于涿鹿之野,尧战于丹水之浦,舜伐有苗,启攻有扈。自五帝而弗能偃也,又况衰世乎!"②然而,尽管战争非常残酷,酿成人道灾难,"驱人之牛马,偾人之子女,毁人之宗庙,迁人之重宝,血流千里,暴骸满野"③,但是,得承认战争很难避免,这乃是受人性内在本质驱动的必然结果,即无论作为生物人,还是作为社会人,都有"衣食"方面的强烈欲求,但是,社会财富毕竟有限,无法普遍满足人类的物质需求,而人类内部又往往因各种原因而导致社会物质财富分配上的不公,更是大大地激化了各种社会矛盾,最终引发战争的爆发:"人有衣食之情,而

---

① 刘文典撰:《淮南鸿烈集解》卷二一《要略》。
② 刘文典撰:《淮南鸿烈集解》卷一五《兵略训》。
③ 刘文典撰:《淮南鸿烈集解》卷八《本经训》。

物弗能足也。故群居杂处,分不均,求不澹,则争。争则强胁弱而勇侵怯。"①由此可见,《淮南子》的作者,是着眼于人的物质欲望与物资不足的内在矛盾关系,来揭晓并说明战争的起源问题的,这无疑是一种富有科学理性精神的卓越识见。

第二,倡导"兵之胜败本在于政"的战争制胜理念。

关于战争胜负的决定因素,先秦著名兵书《六韬》的作者认为:"利天下者,天下启之;害天下者,天下闭之。天下者,非一人之天下,乃天下之天下也。取天下者,若逐野兽,而天下皆有分肉之心。若同舟而济,济则皆同其利,败则皆同其害,然则皆有启之,无有闭之也。……大明发而万物皆照,大义发而万物皆利,大兵发而万物皆服。"②这就是说,能否在战争中克敌制胜,进而取得天下,其决定因素绝不在于个人的意志和愿望,而在于是否顺应天下的民心民意,是否合乎天地间的道义公理。若战争的动机与目的能够顺应民心、合乎道义,就能得到天下万民的支持,就能无往而不胜,反之,则天下之人成为你的对抗者和劲敌,就必然导致失败。

关于战争与国家政治的关系,《六韬》的作者提出了"爱民"的思想,具体内容是:"利而勿害,成而勿败,生而勿杀,与而勿夺,乐而勿苦,喜而勿怒。……故善为国者,驭民如父母之爱子,如兄之爱弟。见其饥寒则为之忧,见其劳苦则为之悲。赏罚如加于身,赋敛如取己物。"③也就是说,实施统治,制定和采取各项治国措施,都要考虑到人民的利益,要保障人民的生产和生活的基本条件,使他们安居乐业,心情舒畅。统治者要将人民当作自己的亲人一样去悉心爱护,与其同忧同乐,"与人同病相救,同情相成,同恶相助,同好相趋,故无甲兵而胜,无冲机而攻,无沟堑而守。"④只有在政治上取得人民的支持,才能政通人和,上下一心,这才是取得战争胜利最根本的保证。

《淮南子》的作者也传承了先秦兵家有关战争胜负取决于政治得失的基本立场与观点,强调指出,政治清明,上下和谐,内部团结,有共同的奋斗目标,有

---

① 刘文典撰:《淮南鸿烈集解》卷一五《兵略训》。
② 《六韬·武韬·发启》,《续古逸丛书》本。
③ 《六韬·文韬·国务》。
④ 《六韬·武韬·发启》。

共同的价值取向,心往一处想,劲儿往一处使,那么克敌制胜就有了政治上的保证,"兵之胜败,本在于政。政胜其民,下附其上,则兵强矣。民胜其政,下畔其上,则兵弱矣。故德义足以怀天下之民,事业足以当天下之急,选举足以得贤士之心,谋虑足以知强弱之势,此必胜之本也";"修政于境内而远方慕其德,制胜于未战而诸侯服其威,内政治也。"反之,如果政治黑暗混乱,那么就不免由强转弱,由多转少,由胜转败:"地广人众,不足以为强;坚甲利兵,不足以为胜;高城深池,不足以为固;严令繁刑,不足以为威。为存政者,虽小必存;为亡政者,虽大必亡。"这种政治为军事胜负的前提,《淮南子》的作者将它理解为"道":"得道之兵……因民之欲,乘民之力而为之,去残除贼也。故同利相死,同情相成,同欲相助。顺道而动,天下为向;因民而虑,天下为斗。"因此,要"积德",要"畜怒":"善为政者积其德,善用兵者畜其怒。德积而民可用,怒畜而威可立也。故文之所以加者浅,则势之所胜者小;德之所施者博,而威之所制者广。威之所制者广,则我强而敌弱矣。故善用兵者,先弱敌而后战者也,故费不半而功自倍也。"在此基础上,《淮南子》的作者进而区分了战争的基本性质,即"义战"与"不义战"。认为战争的宗旨,当是为了追求"正义":"古之用兵者,非利土壤之广而贪金玉之略,将以存亡继绝,平天下之乱而除万民之害也。"为此,其亟切地倡导"义战",认为"义兵之至也,至于不战而止"。①

普鲁士卓越的军事学家克劳塞维茨说:"如果说流血的屠杀是残酷可怕的,那么这只能使我们更加严肃地对待战争,而不应该使我们出于人道让佩剑逐渐变钝,以致最后有人用利剑把我们的手臂砍掉。"②"萧条异代不同时",克劳塞维茨可谓是刘安诸人的异代知己!

三、《淮南子》的将帅观与作战指导原则

关于将帅在战争中的地位与作用,关于作战指挥应遵循什么样的原则与方法,《淮南子》的作者也有非常深刻而辩证的阐述,值得我们予以重视与借鉴。

---

① 刘文典撰:《淮南鸿烈集解》卷一五《兵略训》。
② 〔德〕克劳塞维茨著,中国人民解放军军事科学院译:《战争论》,解放军出版社2012年版,第289页。

第一，提倡"乘众人之智"的将帅素质论。

西哲克劳塞维茨说："如果我们进一步研究战争对军人的种种要求，那么，就会发现智力是主要的。战争是充满不确实性的领域。战争中行动所依据的情况有 3/4 好像隐藏在云雾里一样，是或多或少不确实的。因此，在这里首先要有敏锐的智力，以便通过准确而迅速的判断来辨明真相。……战争是充满偶然性的领域，人类的任何活动都不像战争那样给偶然性这个不速之客留有这样广阔的活动天地，……要想不断地战胜意外事件，必须具有两种特性：一是在这种茫茫的黑暗中仍能发出内在的微光以照亮真理的智力；二是敢于跟随这种微光前进的勇气。前者在法语中被形象地称为眼力，后者就是果断。"①他还说："军事行动要求人们必须具备的智力和感情力量的各种表现。智力到处都是一种起主要作用的力量，因此很明显，不管军事行动从现象上看多么简单，并不怎么复杂，但是不具备卓越智力的人，在军事行动中是不可能取得卓越成就的。"②瑞士军事学家若米尼也同样强调指出："一个统帅的高超指挥艺术，无疑是胜利的最可靠的保证之一，尤其是在交战双方的其他条件都完全相等时，更是如此。""有关支配军队的制度是政府军事政策中最重要的组成部分之一。一支精锐的军队，在才能平庸的司令官指挥之下，能够创造出奇迹。而一支并非精良的军队，在一位伟大的统帅指挥之下，也能创造出同样的奇迹。但是，如果总司令官的超人才能还能再加上精兵，就一定能创造出更大的奇迹。"③

这在中国，则是被生动地表述为："兵熊熊一个，将熊熊一窝"，"千军易得，一将难求"，"置将不慎，一败涂地"。将帅是军队的灵魂，是军队的大脑，关系着全军上下的生死，国家社稷的安危，这乃是古代兵家的共识，孙子等中国古代兵家对将帅的作用和地位予以充分的肯定，把它看作是在战场上克敌制胜，保证既定的战略目标得以实现的重要条件，"将者，国之辅也。辅周则国必强，辅隙则国必弱"④，"故知兵之将，生民之司命，国家安危之主也"⑤。一再强调"夫总

① 〔德〕克劳塞维茨著，中国人民解放军军事科学院译：《战争论》，第51—53页。
② 〔德〕克劳塞维茨著，中国人民解放军军事科学院译：《战争论》，第69—70页。
③ 〔瑞士〕A. H. 若米尼著，刘聪、袁坚译：《战争艺术概论》，解放军出版社1988年版，第62—63页。
④ 《孙子兵法·谋攻篇》。
⑤ 《孙子兵法·作战篇》。

文武者,军之将也。……得之国强,去之国亡"①;"国之大事,存亡之道,命在于将"②。《淮南子》的作者,在这方面也没有例外。他们对将帅的素质提出了具体的要求,强调身为将帅者要具备"独见独知",即拥有"见人所不见""知人所不知"的高于普通人的认识能力与睿哲智慧③。但是,这种"独见独知"的能力,绝对不是自以为是,独断专行,而是能够做到开诚布公,集思广益,虚怀若谷,海纳百川,即所谓"乘众人之智"、"用众人之力"。

如同孙子提倡要辩证看待将帅"美德"问题,避免片面性,超越了"度",以至走向反面,成为"覆军杀将"的"五危"祸因一样,《淮南子》作者也富有另类思维,反对平面的、线性的和单向的思维,而立足于立体的、多向的与辩证的思维,善于在正常中发现不正常,合理中找到不合理,主张不要过于在乎所谓的将帅个人"美德",避免走极端。为此,强调"兵以道理制胜,而不以人才之贤":"夫仁、勇、信、廉,人之美才也。然勇者可诱也,仁者可夺也,信者易欺也,廉者易谋也。"④这与孙子所说的"廉洁,可辱也;爱民,可烦也"⑤,显然是一样的辩证认识,异曲同工,百虑一致。

第二,推崇重"权"任"势"的作战指导原则。

《淮南子》的作者,在作战指导思想的阐释上,也不乏高明的识见。他们认为,作战的宗旨与作战样式必须随历史的进步而不断变革,及时创新,而切忌墨守成规,僵化保守,画地为牢,不思进取:"古之伐国,不杀黄口,不获二毛。于古为义,于今为笑。古之所以为荣者,今之所以为辱也。古之所以为治者,今之所以为乱也。"⑥即高明的作战指导者在对敌作战的过程中,必须根据敌情的变化,随时调整兵力部署,灵活主动地改变作战方式,始终保持主动,牢牢地立于不败之地。由用兵的"必然王国"进入用兵的"自由王国"。否则,即便熟读兵书,满腹韬略,也不免是食古不化,胶柱鼓瑟,纸上谈兵,到头来终究逃脱不了丧师辱

① 《吴子·论将》,《续古逸丛书》本。
② 《六韬·龙韬·论将》。
③ 《淮南子·兵略训》言:"夫将者,必独见独知。独见者,见人所不见也;独知者,知人所不知也。见人所不见,谓之明;知人所不知,谓之神。神明者,先胜者也。"
④ 刘文典撰:《淮南鸿烈集解》卷一五《兵略训》。
⑤ 《孙子兵法·九变篇》。
⑥ 刘文典撰:《淮南鸿烈集解》卷一三《氾论训》。

国、身败名裂的悲剧下场,所谓"法有定论,而兵无常形。一日之内,一阵之间,离合取舍,其变无穷。一移踵瞬目,而兵形易矣。守一定之书而应无穷之敌,则胜负之数戾矣"。所以,正确而高明的做法应该是,"不以法为守,而以法为用。常能缘法而生法,若夫离法而会法!"①

《淮南子》注重创新的兵学观,也可以得到近现代西方军事学理论的佐证。毫无疑问,西方军事学家同样高度重视作战指导上的灵活应变,创新发展,也反对抱残守缺、墨守成规,强调要随着军事技术的变化和发展,针对不同的作战对象,根据不同的作战条件与环境,不断地改变战法、灵活地运用战术。这方面,富勒在其《装甲战》一书中的许多观点是具有代表性的:这首先是武器装备的进步,一定会带来作战方式的变革,"十五、十六世纪火药的出现,十九世纪蒸气动力和化学科学的发展,均引起当时军队编制装备的改变;同样,在当今年代,油料、电力、高爆炸药、蒸气动力和化学的发展,必然会引起战争的全面改变,以致建立新的军事体制","新式武器的投入使用不能不引起条件的变化,而条件的每次变化又都会要求军事原则应用的变更"。其次,制胜的关键在于灵活应变、便宜从事:"除攻城战外,各种作战的成功秘诀不仅是作战方法,更重要的是机断行事。因此,指挥官的作战计划必须简明扼要,并具有灵活性。计划应留有充分余地,使下属指挥官能机断行事。""不能以一成不变的思想来制订计划,而必须用灵活机动的思想来制定计划,也就是说,计划必须包括若干个预备方案。"②

《淮南子》的作者主张用兵打仗要拥有"三势""二权",即"气势""地势""因势"以及"知权""事权",其核心内涵,是要根据己方高昂的士气、有利的地形和部队的实际状况,积极创造和运用有利的作战态势,并针对敌方的实际情况,灵活用兵,因敌变化,致人而不致于人,从而克敌制胜。而要做到这一点,《淮南子》的作者认为,关键在于做大做强自己,牢牢立于不败之地:"盖闻善用兵者,必先修诸己,而后求诸人。先为不可胜,而后求胜。修己于人,求胜于敌。己未能治也,而攻人之乱,是犹以火救火,以水应水也,何所能制!"同时要"先计

---

① 〔宋〕何去非:《霍去病论》,曾枣庄、刘琳主编:《全宋文》卷二五六五《何去非二》,上海辞书出版社、安徽教育出版社 2006 年版。

② 〔英〕富勒著,周德等译:《装甲战》,解放军出版社 2016 年版,第 2、113、11—12、63 页。

而后战""谋定而后动",不打无准备之仗,不打无把握之仗,牢牢立于不败之地,而不失敌之败也,"胜于易胜":"权势必形,吏卒专精,选良用才,官得其人。计定谋决,明于死生,举错得失,莫不振惊。故攻不待冲隆云梯而城拔,战不至交兵接刃而敌破,明于必胜之攻也。故兵不必胜,不苟接刃;攻不必取,不为苟发。故胜定而后战,铃县而后动。"①

　　值得注意的是,《淮南子》的有关兵学论述,在文字上亦颇有特色,可谓优雅生动,从而与兵学原则本身交相辉映,相得益彰。如《淮南子·兵略训》有言;"夫五指之更弹,不若卷手之一挃;万人之更进,不如百人之俱至也。"阐释"集中兵力""并敌一向"的哲理,可谓形象生动,比喻鲜活。《淮南子·兵略训》又言"分合为变"的道理:"兵静则固,专一则威,分决则勇,心疑则北,力分则弱。故能分人之兵,疑人之心,则锱铢有余;不能分人之兵,疑人之心,则数倍不足。"排比、对偶、联珠等各种修辞方法都用上了,琳琅满目,美不胜收。再如其言隐蔽作战企图,从而达到神出鬼没、出敌不意的用兵上乘境界:"兵贵谋之不测也,形之隐匿也。出于不意,不可以设备也。谋见则穷,形见则制。故善用兵者,上隐之天,下隐之地,中隐之人。隐之天者,无不制也。"②其文字亦可谓是行云流水,错落有致,炉火纯青,美不胜收。而在这形式美的同时,则是其兵学观念中的辩证思维精神得以淋漓尽致的展示,让人们在千载之后,仍得以分享其深邃无亘的思维理性之光,领略其永恒的魅力!

　　平允地说,秦汉兵学文化其中一个显著的特征,就是这一时期的兵学家在他们具体的军事活动中创造发明甚多,但对其丰富内涵进行理性总结与抽象提炼相对较为单薄,这突出表现为:一是对先秦至两汉的兵书战策进行了系统而全面的整理和分类;二是适应诸子学说渗透和学术兼容的社会思潮,强化了兵学文化综合融会的趋势,出现了初步的兵学与诸子思想兼容与合流的倾向;三是受"大一统"政治环境的制约,兵学理论的主题发生变换,由"争天下""取天下"逐渐地转变为"治天下""安天下"。秦汉时期的作战指导理论研究与学理阐释相对弱化,而更注重于治军理论的探讨与阐发,尤其是关注如何妥善处理

---

① 刘文典撰:《淮南鸿烈集解》卷一五《兵略训》。
② 刘文典撰:《淮南鸿烈集解》卷一五《兵略训》。

君主与将帅之间的关系问题;四是时代感强烈,立足现实,注重实用,讲求效益,成为这一时期兵学文化的显著特色,兵学多具有可操作的性能,如兵种合理配置、军事专业性操练、屯田、边防思想的阐述受到不少军事家与思想家特殊的重视和深入的讨论。① 由此可见,秦汉时期的兵学理论呈现出实践性突出而理论精致化相对滞后的显著特点。但是,这种情况只能说是相对的。秦汉时期的兵学,虽然在不少方面已不同于先秦兵学,但是,"百虑而一致,殊涂而同归","百川异源而皆归于海;百家殊业而皆务于治"②。万变不离其宗,两个时期的兵学所关注的基本核心问题,如重视将帅、灵活多变、集中兵力、以攻为主、重视精神因素及士气的振奋等等,完全可以说是旨趣一致、异曲同工的,从本质上说,都是一脉相承、互相贯通的,这种一致性与相似性,毫无疑问,是要远远胜过所谓的"差异性""特殊性"的,我们应该充分地看到秦汉兵学与先秦兵学两者之间的传承性与同一性,看到它们之间的血脉相连,从而更好地认识秦汉兵学中那些超越时空的价值,并从中汲取有益的启迪。而《淮南子》一书中的兵学思想,在一定程度上,就具有这种典范性的意义,是两汉兵学观念发展及其成就的一个缩影。

（作者系中国人民大学国学院教授,曾任中国人民大学图书馆馆长）

---

① 参见黄朴民:《两汉兵学的发展及其特色》,《光明日报》2002 年 11 月 19 日。
② 刘文典撰:《淮南鸿烈集解》卷一三《氾论训》。

秦汉宗族政策与社会控制的几个问题

——兼论商鞅变法离散宗族的历史内涵

臧知非

宗族血缘关系与地缘关系合一、国家与社会合一,是中国传统社会结构的特点,宗族关系与国家权力特别是基层行政的辩证属性,是基层社会秩序变迁的重要因素,其功能的发挥因时而异,取决于多种因素。梳理分析这一问题,是考察中国古代社会控制、基层治理的重要方面。秦汉是中国统一王朝建立和大发展时期,是历代王朝基层社会治理的奠基时期,宗族力量与国家力量经历了分与合、合与分的历史过程,直接影响着基层社会秩序与统一国家建立与分裂的历史变迁。商鞅变法的离散宗族的政策和制度规定则是认识这一历史过程的基础,准确把握商鞅变法离散宗族的历史精神和制度内涵、历史意义,不仅关乎商鞅变法基本原则的认识,也是认识秦汉社会结构变迁的需要,同时是把握秦汉以后国家权力与基层社会治理的基础。

如所周知,秦是后起之国,在周人故地、因周人之力和周人文化发展起来,其国家结构本质上是西周的翻版而带自身特色,当东方诸侯国纷纷主动变革传统、弱化族权、强化君权而加速社会转型的时候,秦国还在传统社会的泥淖中艰难跋涉。至孝公继位,"秦僻在雍州,不与中国诸侯之会盟,夷翟遇之",为"复缪公之故地,修缪公之政令",①乃任用商鞅,推行新法,彻底改变这一历史局面。商鞅变法是在总结各国变法成败的经验和教训基础上展开的,以法律手段强化国家对自然资源和社会资源及人口的控制,把宗族血缘关系彻底地从国家权力

---

① 《史记》卷五《秦本纪》,中华书局 1959 年版,第 202 页。

运作过程中剥离出去,是新法的特征,①"令民父子兄弟同室内息者为禁""民有二男以上不分异者倍其赋""令民为什伍而相牧司连坐",②从不同角度表达了离散宗族的彻底性。认识秦汉宗族与社会治理关系,必须从商鞅变法的宗族政策说起。

一、强制分户的历史内涵

商鞅曾自诩说"始秦戎翟之教,父子无别,同室而居。今我更制其教,而为其男女之别,大筑冀阙,营如鲁卫矣。"③这是对"令民父子兄弟同室内息者为禁"的直接解释,现代学者咸以为"令民父子兄弟同室内息者为禁"是移风易俗之举。这有其道理,但这仅仅是商鞅针对赵良质疑新法的辩护之词。若置之于社会结构变动的历史场域下考察,"令民父子兄弟同室内息者为禁"的历史内涵远不止此。因为"同室内息"并非"父子无别,同室而居"那么简单,其目的也不限于"为其男女之别"。其时之"室"是宗族社会的基层血缘共同体,而非变法以后的一般意义上的"家室"。赵良以关心商鞅命运的口吻批评商鞅剥夺宗室贵族权利,事事依法,轻罪重罚,"刑黥太子之师傅,残伤民以骏刑,是积怨畜祸也。教之化民也深于命,民之效上也捷于令",④不符合《诗》《书》仁义之道,上至公子公孙,下迄平民百姓,对商鞅充满着怨恨,商鞅不会有好下场,劝其主动辞官,中止新法。商鞅明白赵良的立场,遂以移风易俗为据作答,意在说明新法固然改变传统,但"为其男女之别"是《诗》《书》之教的体现,说明新法的合理性。当然,赵良谓"残伤民以骏刑,是积怨畜祸也"是不符合事实的。新法初行时民一度"不便",但"居三年,百姓便之",⑤"行之十年,秦民大悦,道不拾遗,山无盗贼,家给人足,"⑥足以说明一切。这要考察"室"的历史含义。

---

① 关于西周、春秋、战国宗族血缘关系与国家权力及其变迁,参阅田昌五、臧知非:《周秦社会结构研究》,西北大学出版社 1996 年版,第 17—60,183—213,242—287 页。
② 《史记》卷六八《商君列传》,第 2230 页。
③ 《史记》卷六八《商君列传》,第 2234 页。
④ 《史记》卷六八《商君列传》,第 2234 页。
⑤ 《史记》卷五《秦本纪》,第 203 页。
⑥ 《史记》卷六八《商君列传》,第 2231 页。

《说文》:"室,实也。从宀至声,室屋皆从至,所止也。""宫,室也。""实,富也。从宀贯。贯为货物。"室、宫同义,同时室有着财产单位的含义,有大小高低之别。在宗族奴隶社会,财富归统治宗族所有,贵族是财富支配者,财富多少和宗族等级一致,有"室"者均为统治宗族,而有"家室""宗室""公室""王室"之别。这些"室"既是经济单位,也是政治单位,国家权力按照宗族血缘关系的亲疏远近分配,是为宗族贵族政治之下的世族世官制。春秋各国,宗室贵族相互倾轧,胜者对待失败者最常用的手段就是"分其室"。"分其室""兼其室""纳其室"不仅仅是瓜分、占有这些"室"的财产,也包括其世袭的权力,是权力结构重组的过程。商鞅变法以前的秦国,"室"仍是以宗族为特征的财产单位和权力单位。"令民父子兄弟同室内息者为禁"意味着大家族分为小家庭,一"室"变多"户",原来以"室"为单位的土地人口由官府析分、登记在各"户"之下,确认其土地权属关系,均直接隶属于国家,原来的"家长""族长"失去了对土地和宗族成员的人身支配权,宗族土地所有制变为国有制,民户成为国家课役农。

"令民父子兄弟同室内息者为禁"和土地关系的变动是前贤时哲所未及的问题,需作简单说明。董仲舒谓商鞅之法"除井田,民得买卖",造成"富者田连仟伯,贫者亡立锥之地"的严重结果,[1]历代学者均视之为商鞅变法推行土地私有制的铁证。事实并非如此,董仲舒是地地道道的"过秦"之言,是实实在在的借古讽今。出土资料和研究表明,战国时代是我国古代土地国有化的法典化时代,各国都程度不同地实行国家授田制,李悝的"尽地力之教"就以每户百亩的授田制为基础,商鞅之法严格实行授田制和军功赐田制,授予普通平民百亩(大亩)田、一区宅,军功爵者依爵位高低赐田宅,其性质是土地国有制,不存在"民得买卖,富者田连仟伯,贫者亡立锥之地"问题。从土地制度层面看,商鞅变法的核心是在国家全面控制土地、人口前提下,按照编户民的身份等级统一分配,宗室贵族土地也必须按照法律分配。[2]从形式上看,一室分多户,并不等于宗族关系的消解,宗族血缘关系依然存在,原来登记在宗族主名下的土地分解在兄弟们名下而已,形象的表述就是分散登记,和土地出户没有必然联系,但是"户"

① 《汉书》卷二四上《食货志上》,中华书局 1962 年版,第 1137 页。
② 关于战国、秦朝、西汉土地制度,参阅拙著:《秦汉土地赋役制度研究》,中央编译出版社 2017 年版。

隶名官府,其土地在法律层面是由国家授予,法律上已经划归国有,各自立户的"父子兄弟"之间虽然存在着宗族血缘关系,但是,这个宗族血缘关系属于民间关系,不再具有身份等级的贵贱属性,其土地也不再是因其高贵的血统而获得。在这里,宗族关系与土地了无关系,原来的宗族贵族土地所有制,转变为国有制。

基于以上分析,我们不难理解"令民父子兄弟同室内息者为禁"远非移风易俗那么简单。商鞅此举是一次深刻的社会革命,是为了更深层次地把宗族血缘关系从国家权力分配和运作过程中剥离出去,国家力量不必再依靠宗族力量控制社会,解除了宗族血缘关系对民户的束缚。当然,编户成为国家受田民的同时,承担相应的租税徭役,民户会有诸多不便,但摆脱宗族身份限制的民户可以凭借自身努力改变社会地位,实现富且贵的梦想,空前地激发了他们的主观能动性,在法律法规范围内,通过"耕织至粟帛多者复其身"而致富,军功获爵则增加土地和"庶子",踏入"贵"的政治序列,才收到"秦民大悦"的效果。

"民有二男以上不分异者倍其赋"是"父子兄弟同室内息者为禁"的制度表述,凸显了"户"的社会控制意义。授田、征税、起役、社会等级的确定,均以"户"为基础。按户为象形字,即《说文》说的"半门曰户",出入同一门户的人口是为户口,登记在文书上是为户籍。在等级社会,居住区划分、住房大小、建筑样式,因身份而别,作为建筑组成部分的门户有大小、高低、式样之别,因而门户也就有了区别身份等级的功能。只是在宗族社会,门户所表达的社会关系涵盖于宗族关系之中,尚不作为独立的社会等级标志。当国家权力突破宗族关系束缚、渗透到社会基层之后,包括所有家庭成员的年龄、性别、体貌特征,以及土地、房屋、奴隶和其他财产,均登记在户籍簿上,作为征税起役的依据。人隶属于"户",个人的毁誉荣辱,和"户"的利害关系一体化,控制"户",就控制所有社会成员,因而"户"成为国家控制社会的基本单元,对社会各阶层的身份属性一目了然。

二、"令民为什伍而相牧司连坐"与社会控制

"令民为什伍而相牧司连坐"并非商鞅的发明,而是战国通制。《周礼·大

司徒》有"令五家为比,使之相保;五比为闾,使之相受。四闾为族,使之相葬;五族为党,使之相救;五党为州,使之相赒;五州为乡,使之相宾。"《族师》有"五家为比,十家为联;五人为伍,十人为联。"《比长》有"五家相受,相和亲,有罪奇邪,则相及"之语。《鹖冠子·王鈇》谓:"其制邑理都,使曋习者五家为伍,伍为之长,十伍为里,里置有司,……里有司退修其伍,伍长退修其家。事相斥正,居处相察,出入相司。"《管子·立政》:"十家为什,五家为伍,什伍皆有长焉。""罚有罪不独及,赏有功不专与",等等。对各书所述略加思考,就不难发现,各国基层行政编制虽然不同,但不约而同地以五家为伍、十家为什为基础,什伍之人是荣辱与共,"辅之以什,司之以伍"的目的是为实现"罚有罪不独及,赏有功不专与",是为了"居处相察,出入相司""刑罚庆赏,相及相共"的方便,只是思想家们还保留着宗族血缘关系之下的温情脉脉,强调同伍之间的相亲相爱,所谓"相保""相受""相葬""相救""相赐""相宾"就是历史余韵,乡里基层组织之"族""党"体现了宗族关系的遗存。①

　　商鞅"令民为什伍而相牧司连坐"当然不是简单的因袭旧制,而是旧瓶装新酒,重点在"相牧司连坐":"不告奸者腰斩,告奸者与斩敌首同赏,匿奸者与降敌同罚。"《索隐》云:"牧司谓相纠发也。一家有罪而九家连举发,若不纠举,则十家连坐。恐变令不行,故设重禁。"②司马迁之语是对商鞅连坐法的原则概括,制度并不一定如司马贞所言是一家违法九家连坐,所谓"不告奸者腰斩,告奸者与斩敌首同赏,匿奸者与降敌同罚"之"奸"也有其特定内容,而非一般意义上的作奸犯科。但是,同伍连坐之严厉确实空前。云梦秦律《秦律杂抄》有云"战死事不出,论其后。有(又)后察不死,夺后爵,除伍人;不死者归,以为隶臣。"③按规

---

① 关于战国什伍乡里制度,参阅拙文:《先秦什伍乡里制度试探》,《人文杂志》1994年1期;拙著:《战国秦汉行政兵制与边防》,苏州大学出版社2017年版。
② 《史记》卷六八《商君列传》,第2230页。
③ 睡虎地秦墓竹简整理小组:《睡虎地秦墓竹简》,文物出版社1978年版,第146页。整理小组注"除伍人":"除,《考工记·玉人》:'以除匿'。注:'除匿,诛恶逆也。'据此,除有惩办的意义。"笔者按:谓此处的"除"为追究、惩处的意思是正确的,但具体追究、惩处内容不明。细察上下文意,"除伍人"除了抽象的追究、惩处伍人含义之外,应该有具体的规定,这就是免除同伍者因为"战死事不出"所得的奖励。同伍之人,荣辱与共,一人"战死事不出",是死者的不屈,也是同伍的荣耀,奖励其"后"的同时,也要奖励同伍之人,以激励同伍者。发现当事人并未战死,剥夺其"后"爵位的同时,剥夺同伍者的奖励。这里的除,即免除。

定,战争中不屈战死,无论死者功劳大小均授其子以爵位。后来发现其人没有阵亡,褫夺其子爵位,剥夺同伍者的奖励,以示对同伍者失察的惩罚。未死而归者,罚为隶臣。《傅律》规定:"百姓不当老,至老时不用请,敢为酢(诈)伪者,赀二甲;典、老弗告,赀各一甲;伍人,户一盾,皆迁之。"①没到老免年龄而免老,到了老免年龄未经批准而免老,里典、田典、伍老"赀一甲"的同时伍人"户一盾",全部迁往边远苦寒之地。傅籍是乡官里吏的日常职责,核实年龄是乡官里吏的公务行为,出现错误受罚理所当然,结果伍人也要被罚,而且惩罚很重,赀"户一盾"的同时要处以迁刑,就是因为"令民为什伍而相牧司连坐"是国家行政的一般原则,"告奸"是什伍之民的基本义务,不"告奸"无论是否存在故意,都会导致户口统计不实,使国家役源流失,故而一并处罚,从而使邻里之间每时每刻都要盯紧对方,随时举报不法行为。所谓"居处相察,出入相司"之"察"与"司"的内容就是各种违法行为,充分体现了国家权力对百姓日常的控制。这些学界熟知,无须详述。我们只要明白商鞅变法以后,全面建立国家控制社会的制度体系、宗族关系的温情脉脉在国家行政中被涤荡殆尽就行了。

汉儒及后世学者对"令民为什伍而相牧司连坐"诟病有加,认为是严刑峻法的代名词,但是,历史主义地看问题,带给秦民的并非如后人理解的灾难,相反是改变命运的制度契机。变法之后,编户民固然要承担徭役赋税,但是这个徭役赋税以国家授田为基础,家家户户生产资料有保障,并可以通过军功和耕织获得爵位和奖赏,可以通过个人努力实现富而贵的梦想。只此之故,才能使"秦民大悦,道不拾遗,山无盗贼,家给人足。民勇于公战,怯于私斗,乡邑大治。"②荀子对秦的政风民情,才赞誉有加。③

三、秦朝离散宗族与社会矛盾的集中

秦朝统一,将秦国之法变成秦朝之法,原六国社会的宗族关系从行政运作中被彻底清除,国家对社会的控制固然强化,也导致了社会矛盾的空前集中。

---

① 《睡虎地秦墓竹简》,第143页。
② 《史记》卷六八《商君列传》,第2231页。
③ 参阅拙文:《"驳而霸"探微——荀子眼中的秦国政治评析》,《苏州大学学报》2002年第2期。

由于历史传统、资源环境、制度政策等因素,秦与六国之间、六国与六国之间的经济发展、社会结构存在差异,宗族关系、宗族力量对国家行政运转有明显不同。六国宗族遗存远远大于秦国,不仅宗室贵族分割君权,大家庭的存在也远远普遍于秦国,宗族豪强更是左右基层行政不可忽视的力量,身份高低、权力大小、土地分配、财富占有以及风俗习惯较多地保留着宗族血缘底蕴,国家对社会的控制远弱于秦。[①] 而天下一统,在秦始皇及其近臣心目中,是天命使然,秦制是圣制,秦法是圣法,天下万民必须严格遵行秦制秦法,统一行政、土地制度,按照二十等爵制规范社会等级和财产,等等,遂为必然,也必然会使万民大悦。但是,历史开了一个真实的玩笑,帝国没有传之万世,而是二世而亡。其原因固然复杂,其中离散宗族所导致的社会矛盾是不可忽视的因素。

战国时代东方各国的宗族对国家权力影响巨大,无论是手握重权的宗室贵族还是靠经营矿冶盐铁及长途贩运等起家的基层大姓,都有其宗族背景,广占土地,役使农民、奴隶、徒附,同时有宾客死士为之奔走,控制基层政府,拥有诸多特权。从经济和政治层面分析,这些宗族成员与宗主之间、主奴之间、主客之间存在着阶级差别,但历史地看问题,彼此又有着依存关系,是利益共同体。以贵族而论,如楚国鄂君启节铭文表明鄂君身为宗室,享有封地的同时,拥有庞大的商队,陆路可以免征五十乘车子货物的商税,每一辆的运载量相当于十匹马、十头牛的驮运量;水路免征一百五十艘船货物的商税;所贩货物除了军用品之外,无所不包。[②] 这仅仅是楚君允许的免税车船数量,实际免税数量很可能不止此数,鄂君所拥有的商队也可能超过五十乘车、一百五十艘船,可见其役使人数之多。铭文记载的仅仅是商队规模,至于其他财富当然不止于此。至于那些富甲一方的地主、矿冶业主、畜牧业主的社会势力尽管不能和鄂君这样的贵族相比,但是富甲一方、称雄一地、横行乡里者所在多有。[③]

统一之后,六国贵族、豪强大姓,无论是留在原籍,还是迁徙关中或者其他地区,绝大多数是既无军功、也无事功,和秦的爵位制度没有关系,均为什伍之

① 秦国与六国社会差异,参见拙文:《共同的历史道路,不同的发展进程——秦国社会结构与秦文化散论》,《秦文化论丛》第三辑,西北大学出版社 1994 年版;《周秦风俗的认同与冲突——秦始皇"匡饬异俗"探论》,《秦文化论丛》第十辑,三秦出版社 2003 年版。
② 铭文见徐中舒主编:《殷周金文录》,四川辞书出版社 1984 年版,第 472—473 页。
③ 参阅田昌五、臧知非:《周秦社会结构研究》,第 352—370 页。

民,都要互相监督、有罪连坐,原来的田宅、财富、权力均被剥夺。出土的云梦睡虎地秦律、龙岗秦律、里耶秦律、岳麓书院藏秦律关于授田(行田)、户籍等的规定和各种司法案件,足以说明这些。张家山汉简《二年律令》更具体说明秦朝社会等级与田宅、财富的关系,与宗族大小了无关系。这些官僚贵族、工商业主、地方豪强必然以各种方式抵制新的法律制度。而普通农民也因其故俗不经意间触犯新法而身陷囹圄。但秦始皇受五德终始说的影响,志得意满,不懂"逆取顺守"之道,把秦法推向极致,"刚毅戾深,事皆决于法,刻削毋仁恩和义,然后合五德之数。于是急法,久者不赦"。① 结果使六国社会各个阶层都把仇恨的矛头指向官府,希望回到过去,千方百计地和过去的主人保持联系,离散宗族故旧的效果也就大打折扣。如项氏叔侄避难吴中,"吴中贤士大夫皆出项梁下。每吴中有大繇役及丧,项梁常为主办,阴以兵法部勒宾客及子弟,以是知其能。"②这"宾客及子弟"是包括项氏叔侄原来追随者和依附者在内的,并成为起兵的骨干,其余各国宗室起兵复国均以其故众为基础。这从反面说明离散宗族的政治意义,值得深入分析。

四、西汉宗族关系的复兴与基层社会秩序

刘邦称帝,接受陆贾"逆取顺守"之论,以"汉政"代"秦政",为宗族势力的复活提供条件。惠帝四年春,"举民孝悌、力田者复其身。"③高后"初置孝悌力田二千石者一人"。④ "复其身"是对孝悌力田的优待,"初置孝悌力田二千石者一人"是对孝悌力田的尊崇。文帝继位,高举以孝治国大旗,"孝悌,天下之大顺也。力田,为生之本也。三老,众民之师也。廉吏,民之表也。朕甚嘉此二三大夫之行。今万家之县,云无应令,岂实人情? 是吏举贤之道未备也。其遣谒者劳赐三老、孝者帛人五匹,悌者、力田二匹,廉吏二百石以上率百石者三匹。及问民所不便安,而以户口率置三老孝悌力田常员,令各率其意以道民焉。"⑤尽管

① 《史记》卷六《秦始皇本纪》,第238页。
② 《史记》卷七《项羽本纪》,第297页。
③ 《汉书》卷二《惠帝纪》,第90页。
④ 《汉书》卷三《高后纪》,第96页。
⑤ 《汉书》卷四《文帝纪》,第124页。

文帝初衷是以此调节宗室内部矛盾,消弭诸侯王的不臣之心,但三老、孝悌、力田选自民间,与民共处,是道德楷模,以自身行为劝民行孝守法。[①] 就平民言,孝道的日常行为是孝敬父母,提倡同居共财、聚族而居,以"秦人家富子壮则出分,家贫子壮则出赘"为耻辱。[②] 国家既然如此提倡孝道,从郡县到乡里设孝悌、力田、三老成为常制,商鞅以来的"民有二男以上不分异者倍其赋"的制度自然消解废除,宗族力量迅速发展起来。

稽诸历史,史家艳称的"文景之治"与宗族势力的兴起同步。司马迁曾历数汉初著名的矿业主如蜀卓氏、程郑、宛孔氏、齐刀氏以及关中由齐地迁徙来的齐国宗室之后——"诸田"的同时,概括谓"陆地牧马二百蹄,牛蹄角千,千足羊,泽中千足彘,水居千石鱼陂,山居千章之材。安邑千树枣。燕、秦千树栗。蜀、汉、江陵千树橘。淮北、常山已南,河济之间千树楸。陈、夏千亩漆。齐、鲁千亩桑麻。渭川千亩竹。及名国万家之城,带郭千亩亩钟之田,若千亩卮茜,千畦姜韭:此其人皆与千户侯等。"[③]这些矿业主、种植业主、畜牧业主、都以其宗族力量为支持,史不绝书的"豪民""豪猾""豪奸""豪富"都是指富豪大姓。但是,就国家治理而言,宗族兴起,以其富厚,交通王侯,和贪官污吏沆瀣一气,操纵乡里,欺压良善,兼并农民,鱼肉弱小,意味着社会秩序的紊乱、国家权力的分割、国家控制社会的弱化。这与社会有序发展、中央集权的本质属性背道而驰,甚至成为诸侯王割据的依靠。故从景帝开始即以行政法律手段打击宗族大姓的不法行为,将抑制宗族势力纳入国家治理的范围之内。如"济南瞷氏宗人三百余家,豪猾,二千石莫能制,于是景帝拜都为济南守。至则诛瞷氏首恶,余皆股栗。居岁余,郡中不拾遗,旁十余郡守畏都如大府。"[④]郅都因为不再纵容瞷氏的胡作非为,严格执法,被史家列为"酷吏"。酷吏之所以"酷",一是不按照正常法律程序处理政务,有专杀之嫌;二是诛杀权豪,不避贵戚,以杀戮严猛立威,维护皇权;三是顶格量刑,绝不宽贷。汉武帝鉴于宗族大姓兼并农民形式日益严峻和

[①] 从历史背景分析,文帝以孝治国,除了古今学者分析的教化万民目的之外,从当时的历史背景分析,有着特定的历史含义,这就是希望以孝道调节宗室内部矛盾,以兄友弟恭自砺,以自身的宽厚温婉,感化诸侯王的不臣之心。这些尚无人论及,特此指出,详论留待另文。

[②] 《汉书》卷四八《贾谊传》,第2244页。

[③] 《史记》卷一二九《货殖列传》,第3272页。

[④] 《汉书》卷九○《酷吏传·郅都传》,第3647页。

地方长吏枉法行政、背公向私、维护地主大姓利益的现实,继续任用"酷吏"的同时,设立刺史,以六条问事,第一条是"强宗豪右田宅逾制,以强凌弱,以众暴寡。"其余五条均为对二千石充当豪强大姓保护伞等不法行为的惩处,如"倍公向私,旁诏守利,侵渔百姓,聚敛为奸","不恤疑狱,风厉杀人,怒则任刑,喜则淫赏,烦扰刻暴,剥截黎元,为百姓所疾,山崩石裂,祆祥讹言""违公下比,阿附豪强,通行货赂,割损正令"等。[①]

汉武帝征伐匈奴、开通西域,使帝国声威远扬的同时,也使帝国军费支出剧增。那些"田宅逾制"的强宗豪右不仅不佐公家之急,相反大发国难财,借经营盐铁矿冶之机,大肆盗铸造钱币,哄抬物价,垄断市场,兼并农民,鲸吞国有土地,要控制地方豪强、宗族大姓的恶性发展,必须铲除其经济基础。汉武帝遂通过经济制度改革,集中铸币与发行、盐铁官营、均输平准、"假民公田""屯田"等措施,强化国家干预经济力度,发挥国家调整土地关系的作用,剥夺工商业主、畜牧业主、种植业主的敛财基础;同时严格算缗告缗,使"中家以上大氐皆遇告……得民财物以亿计,奴婢以千万数,田大县数百顷,小县百余顷,宅亦如之。"[②]这些"中家以上"多是豪强大姓之家,"遇告"而"破产",那些不得不依附于豪强的农民获得自由,国家对基层社会的控制强化。

汉武帝打击宗族固然严厉,但不可能从根本上抑制其发展。因为宗族豪强是地主阶级的组成部分,他们是王朝统治的阶级基础,国家是地主阶级利益的最高代表,郡守二千石之所以"阿附豪强"就是因为他们有阶级利益的一致性。故随着时间流逝,宗族血缘关系必然成为封建统治权力的组成部分。第一,土地私有化,是难以逆转的历史趋势,是宗族发展的经济基础。第二,绝大多数官僚出身地主,即使少数官僚出身贫寒,一经为官即成为官僚地主,官僚、地主、工商业主三位一体。第三,儒家思想意识形态化,儒家伦理法律化、行政化,聚族而居、同宗共荣成为社会榜样,无论是官僚地主、豪强地主还是工商业主无不发展宗族势力,宗族血缘关系成为世家大族的社会基础、控制基层社会的工具,地方行政或者为宗族大姓作把持,或者地方政府必须借助豪强大姓实现对基层社

---

① 参阅拙文:《秦汉里制与基层社会结构》,《东岳论丛》2005 年第 6 期;完整版参阅拙著:《战国秦汉行政兵制与边防》,苏州大学出版社 2017 年版,第 48—68 页。

② 《汉书》卷二四下《食货志下》,第 1170 页。

会的控制。宗族血缘关系、宗族势力日益渗透于基层行政运作,也成为世家大姓盘剥贫弱的工具。西汉后期,政治黑暗,吏治败坏,土地兼并迅猛,农民破产流亡加剧,和宗族势力发展同步的原因就在这里。

五、东汉宗族发展与王朝解体

两汉之际的战乱,是豪强势力膨胀的助推剂。战乱之中,大大小小的地主无不聚族自保,成为武装割据的基础。刘秀的开国元勋们,绝大多数是大地主,举族追随刘秀,所率族人、宾客,实际上就是私人武装,构成了刘秀军事力量的支柱。如寇恂所将"皆宗族昆弟也。"①刘植有"宗族宾客"数千人②。耿纯率"宗族宾客"从刘秀,"老病者皆载木自随"③,又自焚家园以绝宗人反顾之心。冯勤率"老母兄弟及宗亲归"刘秀。④ 阴识"率子弟、宗族、宾客千余人往诣伯升(刘縯)"⑤。王丹"率宗族上麦二千斛"投刘秀大将军邓禹等等。⑥ 刘秀麾下如此,其余割据武装亦然。无论是割据河西、心系汉家的马融,还是割据陇西、巴蜀、齐地与刘秀为敌的隗嚣、公孙述、张步,手下都聚集着各地的宗族武装。建武三年(27 年),冯异定三辅时,曾"诛击豪杰不从令者,褒赏降附有功劳者,悉遣其渠帅诣京师,散其众归本业,威行关中"。⑦ 建武五年(29 年),耿弇平齐,张步归降,"(耿弇)勒兵入据其城,树十二郡旗鼓,令步兵各以郡人诣旗下,众尚十余万,辎重七千余辆,皆罢遣归乡里。"⑧这些"罢遣归乡里"的武装大都以宗族、乡里为纽带,他们"罢遣归乡里"之后,仍然保持着原来的血缘和地缘关系,当其利益得不到满足时,一有风吹草动,还会起兵为乱。桓谭曾语刘秀云:"臣谭伏观陛下用兵,诸所降下,既无重赏以相恩诱,或至虏掠,夺其财物,是以兵长渠率,

---

① 《后汉书》卷一六《寇恂传》,第 622 页。
② 《后汉书》卷二一《刘植传》,第 760 页。
③ 《后汉书》卷二一《耿纯传》,第 762 页。
④ 《后汉书》卷二六《冯勤传》,第 909 页。
⑤ 《后汉书》卷三二《阴识传》,第 1129 页。
⑥ 《后汉书》卷二七《王丹传》,第 931 页。
⑦ 《后汉书》卷一七《冯异传》,第 64 页。
⑧ 《后汉书》卷一九《耿弇传》,第 712 页。

各生狐疑、党辈连结,岁月不解。"①这"兵长渠率,各生狐疑、党辈连结,岁月不解"说明"罢遣归乡里"并没有起到刘秀希望的效果。建武八年(32 年),刘秀亲征隗嚣,战幕刚开,关东即乱,"颍川盗贼寇没属县,河东守守兵亦叛,京师骚动"②。刘秀只好班师,先平叛乱。这些"盗贼"即原来的割据势力。《东观书》载杜林语云:"张氏(即张步)虽皆降散,犹尚有遗脱,长吏制御无术,令得复炽……小民负县官不过身死,负兵家灭门殄世。"③就在这次叛乱事件中,投降东汉居住洛阳的张步就"将妻子逃奔临淮,与弟弘、蓝欲招其故众,乘船入海,琅邪太守陈俊追击斩之"。④ 刘秀对此是有所了解的,知道简单的"罢遣归乡里"不能消除地方割据的隐患,但在当时的条件下,"罢遣归乡里"不过是为求粗安的临时举措,要想彻底控制基层社会,必须剥夺兵长渠帅的权力基础,即将兵长渠帅控制的人口归于官府,清查兵长渠帅所占有的土地,从而严格"度田"。⑤

因为刘秀依靠宗族力量建立东汉政权,对宗族力量只能是选择性打击,严格"度田"打击的是与新生政权为敌的宗族势力,支持东汉王朝的世家大族则是优容的对象,学界认为东汉政权开国伊始即是大地主利益代表,即因于此。崔寔《四民月令》曾对东汉宗族形态、社会功能有高度概括式说明。宗族成员同宗公祖,每年按时祭祀,一年之中,六个月有祭祖活动,除了因为季节关系祭品有异之外,其程序、参加人员除了宗族成员还包括乡党宾客,除了祭祖,还有着尊敬家长、和睦族人、礼敬高年、商议族内事务以及团结乡里的目的。如正月祭祖礼毕,"乃家室尊卑,无小无大,以次列坐于先祖之前;子、妇、孙、曾,各上椒酒于其家长,称觞举寿,欣欣如也。谒贺君、师、故将、宗人、父兄、父友、友、亲、乡党耆老。"十二月"祀家事毕,乃请召宗、亲、婚姻、宾旅,讲好和礼,以笃恩纪"。这完全是例会的形式。这宗亲、宗人、乡党耆老的土地有多有少,贫富相差巨大,本来属于不同阶级,因为同祖同宗,都"以次列坐于先祖之前,子、妇、孙、曾,各

---

① 《后汉书》卷二八《桓谭传》,第 960 页。
② 《后汉书》卷一下《光武帝纪下》,第 54 页。
③ 《后汉书》卷一〇五《五行志三》注引,第 3305 页。
④ 《后汉书》卷一二《张步传》,第 500 页。
⑤ 关于刘秀"度田",学者多认为没有严格执行,因为引起武装动乱,贵族、地主反对,而不了了之。但细析史实,并非如此。关于学界对"度田"认识的分歧及其分析,参见拙文:《刘秀"度田"新探》,《苏州大学学报》1997 年第 2 期;拙著:《秦汉土地赋役制度研究》,第 172—187 页。

上椒酒于其家长,称觞举寿,欣欣如也"。① 在这里,没有了阶级的差别。当然,贫富是客观存在,"家长"表示彼此相亲的同时,也要扶贫济危,如九月,存问九族"孤、寡、老、病不能自存者,分厚彻重,以救其寒",十月"同宗有贫窭久丧不堪葬者,则纠合宗人,共兴举之。以亲疏贫富为差,正心平敛,毋或踰越;务先自竭,以率不随"。② 所谓"分厚彻重,以救其寒""以亲疏贫富为差,正心平敛,毋或踰越"是指同宗之户按照贫富和亲属关系分摊救助宗人费用,既表示同宗相恤是所有宗人的共同义务,也体现了家长的主导地位。这实际上分担了国家的救助贫弱以化解社会矛盾的义务。这是全体宗族成员的义务也是权利,同时是相互沟通的机会。这些学界论述甚多,不予举证,这里要强调的是,这并非东汉后期的新生事物,在东汉前期已然,所以《白虎通义》才对"宗族"构成、作用做出专门的定义。

如果说宗主、家长举宗族力量扶危济困、赈恤乡里,在经济层面分担了国家维持社会秩序的职能,间接地维护王朝统治,那么武装族人、维持治安则直接地体现国家的统治功能。《四民月令》谓三月"缮修门户,警设守备,以御春饥草窃之寇。"③九月要"缮五兵,习战射,以备寒冻穷厄之寇。"④这个职能更为重要,在西汉后期已经开始。哀帝时鲍宣说民有七亡:"部落鼓鸣,男女遮迣,六亡也。"晋灼注:"迣,古列字也。"师古曰:"言闻桴鼓之声以为有盗贼,皆当遮列而追捕。"⑤这些"盗贼"实即暴动之饥民,"遮列"之男女就是地主的庄民,也是地主的家兵成员。又王褒《僮约》有云:"犬吠当起,警告邻里。枨门柱户,上楼击鼓。荷盾曳矛,还落三周。"⑥说明西汉后期不仅有家兵,而且建有工事,既有候望用的高楼,又有报警用的鼓,僮仆也有执兵警戒的义务。至东汉,宗族武装普遍于西汉。出土的东汉画像石、砖和坞壁实物模型证明了《四民月令》关于田庄中军事活动的普遍性,著名的如四川成都曾家包和新都的东汉画像砖都有武库图,

---

① 石声汉:《四民月令校注》,中华书局1965年版,第1页。

② 《四民月令校注》,第65、68页。

③ 《四民月令校注》,第29页。

④ 《四民月令校注》,第65页。

⑤ 《汉书》卷七二《鲍宣传》,第3088,3089页。

⑥ [汉]王褒《僮约》,[清]严可均辑:《全上古三代秦汉三国六朝文》,《全汉文》卷四二,中华书局1958年版,第359页。

库内兵器架上有戟、矛,墙上挂弓、弩。① 广州动物园和甘肃武威雷台东汉墓都出土过坞壁模型,而以雷台出土的结构最为复杂:坞壁呈四方形,正面大门上建门楼,四角建两层角楼;正面以外的三面筑重墙,院中筑五层楼阁,正面有门窗以作瞭望和战射之用。② 在内蒙古和林格尔、甘肃嘉峪关东汉墓的壁画中都有坞壁图,并有"坞"字题记。③ 在中原地区此类资料更多,如山东滕县西户口、龙阳店,徐州青山泉、白集出土的画像石均有武库图。④ 河南陕县刘家渠汉墓一次出土了七件楼阁模型,均为三层,在第二层、第三层的四角均有武士执兵守卫,注视四周。⑤ 这些都是墓主生前拥有家兵的生动写照。东汉后期,阶级矛盾激化,宗族武装更加发达,如初平年间,"胶东人公沙卢宗强,自为营堑,不肯应发调。"⑥许褚"汉末聚少年及宗族数千家,共坚壁以御寇。"⑦李典"合宾客数千家在乘氏",追随曹操官至捕虏将军,封都亭侯,"宗族部曲三千余家居乘氏。"⑧江夏平春人李通"以侠闻于江、汝之间。与其郡人陈恭共起兵于朗陵,众多归之。时有周直者,众二千余家,与恭、通外和内违"。有"众二千余家"的周直和李通"外和内违",起码说明归附李通之"众"和周直相当。后来李通"封都亭侯,拜汝南太守。时贼张赤等五千余家聚桃山,通攻破之"。⑨ 类似史例,俯拾即是,为学界所熟知,不予赘举。族是家的扩大,族长和家长是合一的,在一个小家庭中,家庭成员要听命于家长;在一个宗族中,宗族成员就要听命于族长,为宗族主执兵作战天经地义,保护宗主,也保护自己,得利最多的当然是宗族主。

就国家统治而言,宗族势力的发展是一把双刃剑,既可以维护国家统治,也

① 王有鹏、四川省博物馆:《四川新都县发现一批画像砖》,《文物》1980 年第 2 期。陈显双、成都市文物管理处:《四川成都曾家包东汉画像砖石墓》,《文物》1981 年第 10 期。
② 广州市文物管理委员会:《广州动物园东汉建初元年墓清理简报》,《文物》1959 年第 11 期。甘肃省博物馆:《武威雷台汉墓》,《考古学报》1974 年第 2 期。
③ 内蒙古自治区博物馆文物工作队编:《和林格尔汉墓壁画》,文物出版社 1978 年版。嘉峪关市文物清理小组:《嘉峪关汉画像砖墓》,《文物》1972 年第 12 期。
④ 山东省博物馆,山东省文物考古研究所编:《山东汉画像石选集》,齐鲁书社 1982 年版。南京博物院:《徐州青山泉白集东汉画像石墓》,《考古》1981 年第 2 期。
⑤ 黄河水库考古工作队:《河南陕县刘家渠汉墓》,《考古学报》1965 年第 1 期。
⑥ 《三国志》卷一一《魏书·王修传》,中华书局 1959 年版,第 345 页。
⑦ 《三国志》卷一八《魏书·许褚传》,第 542 页。
⑧ 《三国志》卷一八《魏书·李典传》,第 533、534 页。
⑨ 《三国志》卷一八《魏书·李通传》,第 534、535 页。

可蚕食国家统治。国家机器从形式上看，是社会公正的象征，是使统治阶级和被统治阶级避免在阶级冲突中同归于尽的产物，但是，从本质上说，国家机器是统治阶级利益的最高代表。东汉也好，西汉也罢，国家权力本质上都是地主阶级利益的最高代表，只是不同历史阶段因为官僚队伍构成的变化，代表着地主阶级内部不同的利益集团。这种"利益代表"是由各个时期的官僚集团实现的，皇权是他们的统一体现。地主、官僚是由具体的人组成的，具体的人代表着具体的家庭、家族、宗族，而人的欲望、人的追求是变动的，统治阶级的贪婪更是无限的。东汉的宗族以大土地所有制为基础，是地主、官僚、工商三位一体的政治、经济、社会单元，这种结构单元以血缘亲疏、"乡党"关系为纽带，在血缘"乡党"关系之下温情脉脉，而对于其他没有利益关系的人，则是冷漠和残忍，当发生利益冲突时，则合全体之力拼争。因而作为一个阶级来说，宗族地主内部分为不同利益集团，各个集团都想方设法使本集团利益最大化，彼此之间存在冲突，和皇权之间也存在着冲突。不过和皇权之间的冲突不是直接表现为与皇权相抗衡，在大一统的皇权体制之下，任何个人、集团都无法和皇权公开抗衡，这里说的冲突是宗族力量的总体对皇权带来的危害而言。宗族主救恤九族乡党，组织家兵防止盗贼，协助官府歼灭不稳定因素，都有助于国家统治，但是在一定历史条件下，中央政府或者地方长吏不能满足这些"宗族"的利益需求、而有更大的利益诱惑出现的时候，这些"宗族"就会成为国家统治的异己力量，族人、乡党听命于宗族主。当地方长吏本身也是宗族主的时候，自然将手中掌握的国家权力变为维护宗族利益的工具，置国家、皇室、皇帝于不顾，国家势必失去对基层社会的控制，最终导致统治的崩溃。也就是说，宗族力量发展所导致的后果之一就是原来隶属于国家的农民逐步地在宗族血缘关系的隐蔽之下成为宗主的依附民，国家不能有效地把宗族力量控制在统治秩序范围之内，历史的发展将走向最高统治者愿望的反面。

（作者系苏州大学社会学院历史系教授，中国秦汉史研究会副会长）

唐朝西域胡人在长安的生活

荣新江

引言：张传玺先生是我们上大学时"中国通史·秦汉魏晋南北朝史"的授课老师，这门课给我印象深刻，让我受益良多。毕业后一直承蒙他的关照，他的《秦汉问题研究》《中国历代契约会编考释》等著作都曾赐给我学习。今届先生去世周年之际，谨撰一文，追念往哲。2022 年 2 月 27 日。

唐朝都城长安，不仅仅是当时物质文化的聚集地，而且也是精神文化的汇集之区。这里既有来自西亚波斯帝国的国王和贵族，又有投诚或勤王而来的突厥、粟特首领；既有操纵丝绸之路商贸命脉的胡人商队萨宝，也有通晓多国外语的中书省译语人。这些各色人等进入拥有 108 个坊里的偌大城市空间后，他们如何生活、交游，怎样学习、入仕，如此等等，正是本文想追述的长安故事。

向达先生早在 1933 年发表的名篇《唐代长安与西域文明》中，就依据传世史料和当时发现的碑志资料，论述了"流寓长安之西域人"，涉及于阗、龟兹、疏勒、昭武九姓诸国及波斯来长安的人士①。1978 年谢海平先生《唐代留华外国人生活考述》一书，从多个角度阐述蕃胡在唐生活情形，包括入住长安的胡人②。此外，还有很多文章涉及这一主题。本文更多地利用新出碑志、文书材料，以期从胡人的角度，来重新审视传统材料，给出新的解说。

---

① 向达：《唐代长安与西域文明》，生活·读书·新知三联书店 1957 年版，第 4—33 页。
② 谢海平：《唐代留华外国人生活考述》，台北：台湾商务印书馆 1978 年版。

一、西域胡人的入仕长安

长安胡人有一些是唐朝的宗属国派来的质子未归的,也有一些是西域国家的使者留居不归的,这些人大多数进入唐朝长安各级官府,逐渐成为唐朝的官吏。

关于质子制度,杨联陞先生有专文阐述①。我们可以举几个典型的质子入仕的例子。

李素,字文贞,波斯国人。其祖父李益初于天宝年间(742—756)"衔自君命,来通国好,承我帝泽,纳充质子,止卫中国,列在戎行",作为波斯国的质子,和其他许多质子一样,担任唐朝的侍卫官员,以"银青光禄大夫、检校左散骑常侍兼右武卫将军"的身份留居长安。其父李志任广州别驾,管理当地蕃人。李素大历中(766—779)以天文历法之特殊技能被调入长安,任职司天台,并于静恭里获赐庄宅、店铺,前后居长安共五十余年,经历了代、德、顺、宪四朝皇帝,最后以"行司天监兼晋州长史翰林待诏"的职衔,卒于元和十二年(817)。其六子全部入仕唐朝,有的任宿卫武职军将,有的继承家业为司天官员,最小的两人则成为太庙的礼仪人员②。这一家从质子顺利转为唐朝官人。

何文哲,"世为灵武人焉。……公本何国王丕之五代孙,前祖以永徽初款塞来质,附于王庭。"可知其先祖作为中亚粟特何国的王子,高宗永徽初年(650)入质长安。其父何游仙曾任行灵州大都督府长史,所以后来著籍为灵武人,曾参与平定安史叛乱。何文哲后移居长安,住城西北角的义宁坊,自德宗以来一直在长安禁军中任职,屡立功勋,"策勋进封庐江郡开国公",卒于文宗大和四年

---

① 参看 Lien-sheng Yang, "Hostages in Chinese History", *Studies in Chinese Institutional History*, Harvard University Press, 1961, pp. 43—57;张荣芳译:《国史上的人质》,载杨联陞《国史探微》,台北:联经出版公司 1983 年版,第 109—126 页。

② 以上均据《李素墓志》,吴钢主编:《全唐文补遗》第 3 辑,三秦出版社 1996 年版,179 。参看荣新江:《一个入仕唐朝的波斯景教家族》,叶奕良编:《伊朗学在中国论文集》第 2 集,北京大学出版社 1998 年版,第 82—90 页。

（830）。其长子公贲,也封"庐江郡开国公"①。

米继芬,其墓志称:"其先西域米国人也。代为君长,家不乏贤,祖讳伊□,任本国长史。父讳突骑施,远慕皇化,来于王庭。遐□(质)京师,永通国好。特承恩宠,累践班荣,历任辅国大将军、行左领军卫大将军。公承袭质子,身处禁军。孝以敬亲,忠以奉国。"知米继芬先人出自西域粟特的米国,为米国君长。其父名突骑施,可能是突厥化的粟特人,后入质唐朝,在京师历任辅国大将军,行左领军卫大将军。米继芬承袭为质子,在禁军中供职,任神策军将领。永贞元年(805)九月廿一日终于长安醴泉里私第,春秋九十二。其夫人也是米氏,应同出米国。有两个儿子:长子名国进,任右神威军散将、宁远将军,守京兆府崇仁府折冲都尉同正,仍为禁军将领;次子法名惠圆,是长安大秦寺的景教神职人员②。

这些质子由于种种原因没有回到西域的祖国,而是留在长安入仕,子子孙孙,繁衍下去。

至于西域各国出使唐朝不归者,也不在少数。《资治通鉴》卷二三二德宗贞元三年(787)七月条记:

> 初,河、陇既没于吐蕃,自天宝以来,安西、北庭奏事及西域使人在长安者,归路既绝,人马皆仰给于鸿胪,礼宾委府、县供之,于度支受直。度支不时付直,长安市肆不胜其弊。李泌知胡客留长安久者,或四十余年,皆有妻子,买田宅,举质取利,安居不欲归,命检括胡客有田宅者停其给。凡得四千人,将停其给。胡客皆诣政府诉之,泌曰:"此皆从来宰相之过,岂有外国朝贡使者留京师数十年不听归乎!今当假道回纥,或自海道各遣归国。有不愿归,当于鸿胪自陈,授以职位,给俸禄为唐臣。"于是胡客无一人愿归

---

① 见《何文哲墓志》,吴钢主编:《全唐文补遗》第1辑,三秦出版社1994年版,第282—286页。参看卢兆荫:《何文哲墓志考释——兼谈隋唐时期在中国的中亚何国人》,《考古》1986年第9期,第841—848页;李鸿宾:《论唐代宫廷内外的胡人侍卫——从何文哲墓志铭谈起》,《中央民族大学学报》1996年第6期,第39—44页。

② 《米继芬墓志》,《全唐文补遗》第3辑,第143页。参看阎文儒:《唐米继芬墓志考释》,《西北民族研究》1989年第2期,第154—160页;葛承雍:《唐代长安一个粟特家庭的景教信仰》,《历史研究》2001年第3期,第181—186页。

者,泌皆分隶神策两军,王子、使者为散兵马使或押牙,余皆为卒,禁旅益壮。鸿胪所给胡客才十余人,岁省度支钱五十万缗,市人皆喜。[①]

由此可知,安史之乱后,吐蕃占领河西、陇右,许多西域使者滞留长安,有的是路阻而无法回国,有的显然是因为长安生活优渥而不想回去。按照唐朝的制度,他们一直得到中央官府或地方州县的供给,造成唐朝额外财政支出。有些胡客在长安已经四十余年,娶妻生子,购买田宅,还做高利贷生意,谋取利益,扰乱长安市肆。于是唐朝政府在贞元三年对西域使客做了一次清点,总共括出四千人,把原由鸿胪寺供给而在长安有田宅者停其供给,让这些不打算回国的使者分别隶属于神策两军,如果是王子、正式使臣者任命为散兵马使或押牙,其余一般使人皆为卒。这四千人是被唐朝检括出来的,肯定还有一些早就脱离使者身份而成为长安居民者,说明数量不在少数。

从上述墓志、史籍可以知道,这些胡人成为长安的著籍百姓,有宅第,大多数在禁军中供职,也有的是供职技术衙门或充任外来宗教的神职人员。

二、西域胡人在长安的交游

入居长安的西域胡人,除了入仕为官、经商殖业之外,他们还有哪些生活样相,值得进一步探讨。首先,胡人好动,进入长安之后,交游是他们生活的重要组成部分,以下举两个例证。

安令节,武威姑臧人。原本当为安国人,后魏入华,祖辈仕于京洛,后为幽州宜禄人。安令节没有任官,住在西市北边的醴泉坊,应当是有钱的商人。长安四年(704)终于私第。他的墓志出自进士将仕郎荥阳郑休文手笔,其中描述安令节的事迹云:

> 开北阮之居,接南邻之第。翟门引客,不空文举之座;孙馆延才,还置当时之驿。金鞍玉怗,连骑而不以骄人;画卯乳独,陈鼎而未为矜俗。……

---

① 《资治通鉴》卷二三二,北京古籍出版社1956年版,第7492—7493页。

声高郡国,名动京师。①

这里用典故来夸耀安令节的交游,他像《世说新语·任诞》所说的阮仲容道北的诸阮一样,所居宅第广阔,接南邻之第;其门庭如《史记·汲郑列传》所说的翟公之门,宾客阗门;"文举"是孔融的字,也是来自《世说新语》的故事,说客人不乏孔融这样的人物。其出入则金鞍玉帖,连骑而行,仗义疏财,纵千乘而犹轻,颇有侠士风格。郑休文赞颂他:"于乡党而则恂恂,于富贵而不汲汲;谐大隐于朝市,笑独行于山林。"虽然是没有官品的商人,其家族富有,长安宾客愿与之交往,因此"声高郡国,名动京师"。安令节在长安居住,"处长安游侠之窟,深鄙末流;出京兆礼教之门,雅好儒业"。强调胡人出身的他渐染汉风,雅好儒业。这可以说是进入长安的粟特胡人的一个典型交游形态。他的儿子请荥阳大姓郑氏来撰写墓铭,也说明他与汉族士人有交往;而书写铭文的石抱璧,则又出自渤海,表明他交游的广泛。

唐史中的著名人物哥舒翰早年在长安的事迹,为我们提供了另一类胡人交游的情形。《旧唐书》卷一〇四《哥舒翰传》记:

> 哥舒翰,突骑施首领哥舒部落之裔也。蕃人多以部落称姓,因以为氏。祖沮,左清道率。父道元,安西副都护,世居安西。翰家富于财,倜傥任侠,好然诺,纵蒱酒。年四十,遭父丧,三年客居京师,为长安尉不礼,慨然发愤,折节仗剑之河西。……翰母尉迟氏,于阗之族也。②

《新唐书》卷一三五《哥舒翰传》大同小异:

> 哥舒翰,其先盖突骑施酋长哥舒部之裔。父道元,为安西都护将军、赤水军使,故仍世居安西。翰少补效毂(谷)府果毅,家富于财,任侠重然诺,纵蒱酒长安市,年四十余,遭父丧,不归,不为长安尉所礼,慨然发愤,游河

---

① 《全唐文补遗》第 3 辑,第 36—37 页。下引文同此。
② 《旧唐书》卷一〇四《哥舒翰传》,中华书局 1975 年版,第 3211—3213 页。

西,事节度使王倕。……翰母,于阗王女也。①

　　哥舒翰是突骑施属下哥舒部人,其祖父任清道率,是唐朝太子东宫的属官,掌内外昼夜巡警,可知是入唐的武职军将。父哥舒道元曾任唐安西节度副使,娶于阗王女,世居安西。这里的"安西"是泛称,具体应当就是安西节度副使常驻的于阗②。哥舒翰是突厥、伊朗种的混血儿,他青少年时代应当成长于西域地区,所以"倜傥任侠,好然诺,纵蒲酒",都是胡人的风貌。后来在沙州(敦煌)效谷府任折冲府的果毅都尉,遭父丧应当解官,所以客居长安三年,其离开长安时四十三岁。据《唐方镇年表》,王倕任河西节度使在开元二十九年到天宝二年(741—743)③,哥舒翰在长安的时间当在738—743年前后。哥舒翰生长在西域边地,任侠好酒,必然在长安惹是生非,所以不为负责治安的长安县尉所礼遇,于是仗剑出游河西。

　　幸运的是我们现在可以读到一条有关哥舒翰在长安交游的记录。《通幽录》(一作《幽明记》)云:

　　　　哥舒翰少时,有志气,长安交游豪侠,宅新昌坊。有爱妾曰裴六娘者,容范旷代,宅于崇仁,舒翰常悦之。④

　　这里说哥舒翰交游豪侠,与新旧《唐书》记其"任侠"相符,说明他在长安时与豪侠颇多交往。长安的豪侠是一种特殊的身份,李德裕《豪侠论》总结说:"夫侠者,盖非常之人也。虽以然诺许人,必以节义为本。义非侠不立,侠非义不成。"⑤往往仗义疏财,一诺千金。唐人传奇中有不少记载⑥。我们曾经排列过

---

①　《新唐书》卷一三五《哥舒翰传》,第4569—4571页。

②　参看荣新江:《于阗在唐朝安西四镇中的地位》,《西域研究》1992年第3期,第56—64页。

③　吴廷燮撰:《唐方镇年表》,中华书局1980年版,第1221页。

④　《太平广记》卷三五六引,张国风会校:《太平广记会校》,燕山出版社2011年版,第14册,第6017页。《通幽录》原书已佚。

⑤　傅璇琮、周建国校笺:《李德裕文集校笺》,河北教育出版社2000年版,第660页。

⑥　参看葛承雍:《唐京的恶少流氓与豪雄武侠》,史念海主编:《唐史论丛》第7辑,陕西师范大学出版社1998年版,第208—214页。

哥舒翰所住的新昌坊居民,在此之前基本上是贫民的居所,吐鲁番出土的一批当铺的记录,证明高宗时该坊以贫民居多。安史之乱后,这里才成为文人官僚争先移居之地,像白居易就购得此坊住宅,因为这里处于高坡,水质较好,而又有青龙寺和竹林等人文和自然景致,加上北面去大明宫朝参不算太远,而南面则是文人们喜欢的乐游原和曲江池①。哥舒翰在开元末、天宝初在此坊居住时,应当还较少官僚在此,可能是游侠聚会之地。而哥舒翰的爱妾裴六娘,因为与于阗相邻的疏勒国人入唐时都以"裴"为姓,所以我怀疑这位裴六娘是疏勒人,出身王室或达官贵人之家,与哥舒翰在西域时恐怕早已相识。她所居住的崇仁坊,则是京城中最为繁华的地方。《长安志》卷八崇仁坊:"北街当皇城之景风门,与尚书省选院最相近,又与东市相连。按选人京城无第宅者,多停憩此。因是工贾辐凑,遂倾两市,昼夜喧呼,灯火不绝,京中诸坊莫之与比。"②这里位在太极宫、兴庆宫、大明宫中间地带,与东市相邻,不论上朝、与官人交往还是生活,都最为便利,因此也是各地方节度使进奏院集中之地,还是科举考生最喜欢租赁的地方,因为每年尚书省选院放榜就是这个坊里的人最先看到。哥舒翰要找裴六娘恋爱,应当是去崇仁坊相会,这里有宝刹寺、资圣寺和长宁公主宅改建的景龙观可供相会、游玩。可以想见,除了游侠之外,哥舒翰也在长安度过年轻时的美好时光。

三、西域胡人的学习生活

近年发现的炽俟弘福和炽俟尕父子两人的墓志③,加上吐鲁番新出文书,给我们提供了一个西域胡人进入长安的过程以及在长安学习生活的典型例子。

炽俟(Čigil),又称职乙,是漠北铁勒、突厥系统的哥逻禄(葛逻禄)下属的一

① 参看王静:《唐代长安新昌坊的变迁——长安社会史研究之一》,荣新江主编:《唐研究》第7卷,北京大学出版社2001年版,第229—248页。
② [宋]宋敏求撰,辛德勇、郎洁点校:《长安志》卷八,三秦出版社2013年版,第275页。
③ 《炽俟弘福墓志》,吴钢主编:《全唐文补遗》第2辑,三秦出版社1995年版,第22页;周绍良、赵超主编:《唐代墓志汇编续集》开元144,上海古籍出版社2001年版,第551—552页。参看葛承雍:《西安出土西突厥三姓葛逻禄炽俟弘福墓志释证》;荣新江、李孝聪主编:《中外关系史:新史料与新问题》,科学出版社2004年版,第449—456页。《炽俟尕墓志》,西安市长安博物馆编:《长安新出墓志》,文物出版社2011年版,第188—189页。

个部落,主要活动于东、西突厥之间的金山(今新疆阿尔泰山)地区。高宗显庆二年(657)十一月,唐朝彻底击败西突厥汗国,在天山南北、葱岭东西设置羁縻州府,哥逻禄三部"以谋落部为阴山都督府,炽俟部为大漠都督府,踏实力部为玄池都督府,即用其酋长为都督"①,地点在庭州以北、金山西面的额尔齐斯河畔。

炽俟弘福祖父名步失应是显庆五年(660)后世袭的大漠州都督。志称其"统林胡而莫犯,司禁旅而蹴肃",说他既任大漠州都督,又进入京师长安在禁卫军中守职,后被授予"右骁卫大将军、天山郡开国公"。吐鲁番新出《唐龙朔二年、三年(662—663)西州都督府案卷为安稽哥逻禄部落事》记,龙朔元年(661)金山西麓的哥逻禄步失达官部落一千帐流落到庭州附近处月部的金满州辖境,唐西州派人到金满州安排哥逻禄部落返回大漠都督府居地②。炽俟步失应当就是龙朔二年(662)前后的炽俟部首领、大漠州都督。龙朔二、三年文书说哥逻禄步失达官部落的一些首领入京未回,即指炽俟步失入朝。

炽俟弘福父炽俟力,"为本郡太守",即大漠州都督。《炽俟迦墓志》也说:"祖力,云麾将军、左武卫中郎将,兼本郡太守。奉承世官,分理郡国。出则扞城御侮,入则捧日戴天。"一方面任京师禁军将领,另一方面仍兼大漠州都督。炽俟力很可能是随其父一起入朝,留在京师,但兼大漠州都督,这显然是唐朝中央控制地方游牧部落的一种手段。

炽俟弘福年轻时以武功见长,曾参加唐朝对十姓(西突厥)部落的讨伐,因功超等特授游击将军。后为河南桃林府长上果毅都尉,又除左骁卫郎将。万岁登封元年(696),进云麾将军、左威卫将军、上柱国。大概在圣历元年(698)奉诏充天兵行军副大使兼招慰三姓葛逻禄使,出使西域,在处理与突骑施乌质勒关系时受人谗言,贬为蕲州蕲川府折冲,仍为黎州和集镇副。更为不幸的是,神龙二年(706)十二月廿九日在路途中构疾,卒于剑州剑门县之旅舍,年五十三。炽俟弘福显然已经不再兼大漠州都督,而是在唐朝境内担任武职军将。

炽俟弘福诸子均入仕唐朝,除个别为折冲府官外,都在京师禁军中任职。

---

① 《新唐书》卷二一七下《葛逻禄传》,中华书局1975年版,第6143页。
② 荣新江:《新出吐鲁番文书所见唐龙朔年间哥逻禄部落破散问题》,沈卫荣主编:《西域历史语言研究集刊》第1辑,科学出版社2007年版,第12—44页。

炽俟辿万岁通天中(696—697)特受游击将军、左威卫翊府右郎将。开元中(约727年)迁左骁卫中郎。以太夫人丧去仕。开元二十五年(737)服缺,改任右武卫中郎。天宝十一载(752)四月十七日卒于义宁坊,年六十九。

《炽俟辿墓志》有一段特别的记载:

> 圣历载,诏许当下之日,成均读书。又令博士就宅教示,俾游贵国庠,
> 从师私第。

虽然炽俟辿一直担任京师十六卫的军事将领,但唐朝有意要用儒家的教育,改造这些漠北的胡人将领,这是显而易见的。有趣的是,圣历年间(698—700),朝廷不仅让他们到国学去读书,而且还派博士亲自到炽俟辿的宅第里加以辅导①。从墓志所说"效职而玄通周慎,出言而暗合诗书",似乎颇有成效。这些游牧出身的人本来以武艺见长,所以先后任左骁卫中郎、右武卫中郎,都是禁军武官,但他们也逐渐知书达礼,变成文武双全的人了。

西安出土的《康文通墓志》,又为我们补充了一个例证:

> 周故处士康君墓志铭
>
> 君讳文通,字懿,青州高密郡人也。祖和,随上柱国。父鸾,唐朝散大夫。奕叶豪门,蝉联望族。雄材硕量,地灵光陆海之城;祖德家风,天爵盛三秦之国。大夫则高名籍甚,誉重西都;柱国则英略冠时,气凌南楚。公方流有玉,圆析有珠。豫章七年,梢浮云而笼白日;天马千里,游阆阖而观玉台。修身践言,非礼不动。温厚谦让,唯义而行。于是晦迹丘园,留心坟籍。以为於陵子仲辞禄而灌园,汉阴丈人忘机而抱瓮。白珪无玷,庶几三怀之言;黄金满籝,不如一经之业。讲习诗礼,敦劝子孙。松乔之术未成,灵化之期俄远。春秋年七十九,万岁通天元年七月十日终于安邑里之私第,粤以大周神功元年岁次丁酉十月甲子朔廿二日乙酉,葬于京兆万年县

---

① 陈玮认为此时炽俟辿在洛阳,见所撰《唐炽俟辿墓志所见入唐葛逻禄人研究》,《中国边疆史地研究》2018年第2期,第64—65页。

龙首乡界之礼也。

康文通从姓氏来说,远源当出自西域康国,但其祖上早已进入中国,并著籍为青州高密人了,这从"文通"这样地道的汉名也可以看出来。他的祖、父的官位不高,且都不是职事官。至少在其祖、父时,已经迁居长安,即所谓"天爵盛三秦之国","誉重西都"。康文通本人是个"处士",没有任何官职,但他墓葬是大型斜坡前后室砖墓,墓室虽然被盗,但随葬品却十分丰富,出土有制作精美的描金彩绘三彩天王俑、武士俑、镇墓兽,体型高大,绚丽多彩①。他应当和安令节一样,从事商业而致富。墓志称颂他"晦迹丘园,留心坟籍",故此可以"修身践言,非礼不动,温厚谦让,唯义而行",而且还"讲习诗礼,敦劝子孙",俨然就是一位与中国士大夫相同的知书达礼之士。他最后以七十九岁高龄,万岁通天元年(696)卒于长安安邑坊,他所居住的地方也不是粟特商人较多聚集的坊里。

不论是被动接受,还是主动吸收,进入长安的西域胡人中,有不少逐渐走向儒家经典的学习,并以传统中国诗书礼乐规范行为,逐渐变成地地道道的中国人了。

四、西域胡人的园林经营

在北朝末期到隋朝的一些粟特胡人首领墓葬中,如580年入葬的同州萨保安伽的石棺屏风、凉州萨保史君的石椁上,都有描绘他们在世时生活场景的画面,如宴饮图、狩猎图、出行图、乐舞图等②。其中位于中间位置的最主要的画面,往往描绘主人夫妇在歇山顶的中国房屋中宴饮,而门前是小桥流水的中国式庭院,可见这些胡人首领对于中国园林式住宅的喜爱。

入唐以后粟特人的情形如何,敦煌写本 P. 3813《文明判集》第 114—126 行记载了一个已经在长安居住下来的胡商形象:

---

① 西安市文物保护考古所:《唐康文通墓发掘简报》,《文物》2004 年第 1 期,第 29—30 页,图 30。

② 陕西省考古研究所编著:《西安北周安伽墓》,文物出版社 2003 年版;西安市文物保护考古研究院编著,杨军凯著:《北周史君墓》,文物出版社 2014 年版。参看荣新江:《有关北周同州萨保安伽墓的几个问题》,张庆捷等编:《4~6 世纪的北中国与欧亚大陆》,科学出版社 2006 年版,第 126—139 页。

　　长安县人史婆陀，家兴贩，资财巨富，身有勋官骁骑尉，其园池屋宇、衣服器玩、家僮侍妾比侯王。有亲弟颉利，久已别居，家贫壁立，兄亦不分给。有邻人康莫鼻，借衣不得，告言违法式事。五服既陈，用别尊卑之叙；九章攸显，爰建上下之仪。婆陀阛阓商人，旗亭贾竖，族望卑贱，门地寒微。侮慢朝章，纵斯奢僭。遂使金玉磊砢，无惭梁、霍之家；绮縠缤纷，有逾田、窦之室。梅梁桂栋，架向浮空；绣桷雕楹，光霞烂目。歌姬舞女，纤罗袂以惊风；骑士游童，转金鞍而照日。①

　　这里的"长安县"指长安外郭城的西半边，其中的开远门、金光门到西市周边一带，正是粟特人的聚居区。这位史婆陀，名字大概音译自粟特文的 $βnt'kk$，即"槃陀"，是"仆人"的意思，其人当出自粟特史国。其弟拥有突厥语名字"颉利"，这是受突厥影响极深的粟特人常用的做法，而康国出身的邻居名"莫鼻"，名字来自粟特文 $m'xβy'rt$，意为"得自月神"②。"判集"一般是以构拟的人物来作为判案的对象，有时候也用已经发生过的真实事件中的人物。这篇判文中的人物虽然有构拟的成分，但三个人物形象代表着三种类型的长安粟特商人，同类案例在长安粟特人的聚集区中应当较多发生，所以才做成判集，供官员判案时使用。这里形象地说明了由商贩起家的史婆陀如何富有，而其弟又是如此地贫寒，最后让邻人康莫鼻看不下去，将史婆陀告上官府。由此可见长安粟特居民的不同生活状况，也说明他们集中居住的情形。判集所述长安人史婆陀，"其园池屋宇、衣服器玩、家僮侍妾比侯王"，"梅梁桂栋，架向浮空；绣桷雕楹，光霞烂目"，正是把"园池"作为其富有的首要标识。

　　我们在其他史料中也可以找到两个很好的例子。

　　杜甫有诗《陪郑广文游何将军山林十首》，郑广文即郑虔，天宝九载（750）设立广文馆，以郑虔为博士，故称"郑广文"③。一般据这个时间和杜甫此后进

---

①　刘俊文：《敦煌吐鲁番唐代法制文书考释》，中华书局 1989 年版，第 444—445 页。

②　王丁：《中古碑志、写本中的汉胡语文札记》（一），罗丰主编：《丝绸之路上的考古、宗教与历史》，文物出版社 2011 年版，第 242 页。

③　《唐会要》卷六六"广文馆"条，上海古籍出版社 1991 年版，第 1375 页。

出长安的时间,认为这组诗作于天宝十二载(753)①。山林的主人何将军,一般的杜诗注释者都说"未详何人"②,不过他们的关注点在何将军的山林本身,而不是何将军。张永禄《唐代长安辞典》指为"何昌期,天宝时名将"③。西安市地方志馆等编《西安通览》称:"唐天宝年间,名将何昌期在上塔坡建别墅,名何将军山林,为长安城南名胜。"④但何昌期是岭南阳山人,天宝十四载(755)应征入郭子仪朔方军,在平定安禄山叛乱中立功,升为千牛卫上将军,封宁国伯⑤。但杜甫的诗作于天宝十二载(753),其时何昌期还没有入郭子仪部下,也不是将军,所以说何昌期为杜诗中的"何将军"恐怕是名人效应的杜撰。

我以为"何将军"当原出粟特的何国,又称屈霜你伽、贵霜匿(Kushānika),在撒马尔罕西北约75公里处。杜甫这组诗的第三首开头说:"万里戎王子,何年别月支?"一般认为这里的戎王子是一种花草或草药,或指为"独活,一名护羌使者"⑥,与诗意从万里之外而来相符,但迄今没有人找到"戎王子"为名的这种草药。我想这里的"戎王子"是双关语,一方面是说一种异域的花草,同时也喻指人,就是从月氏之地来的胡王之子,在唐朝就是质子。"月支"即"月氏",北朝隋唐入华粟特胡人声称他们原本是随着月氏人迁徙到西域去的,如《北史·西域传》康国条说:"其王本姓温,月氏人也,旧居祁连山北昭武城,因被匈奴所破,西踰葱岭,遂有国。枝庶各分王,故康国左右诸国并以昭武为姓,示不忘本也。"⑦又云:"米国、史国、曹国、何国、小安国、那色波国、乌那曷国、穆国皆归附之。"⑧虽然这不一定是历史真相,但隋唐时入华胡人是这样看的,所以杜诗所谓

① 谢思炜校注《杜甫集校注》第4册引黄鹤注:"天宝九载秋七月置广文馆,以此诗第四首及后诗第五首考之,是官未定时游此,当在天宝十二载(753)作。"(上海古籍出版社2016年版,第1458页)陶敏、傅璇琮:《唐五代文学编年史·初盛唐卷》,辽海出版社1998年版,第887页。
② 肖滌非主编:《杜甫全集校注》,人民文学出版社2014年版,第356页。
③ 张永禄主编:《唐代长安辞典》,陕西人民出版社1990年版,第213页。
④ 西安市地方志馆、西安市档案局编:《西安通览》,陕西人民出版社1993年版,第879页。
⑤ 何昌期的材料不多,事迹见[明]黄佐著,陈宪猷疏注、点校:《广州人物传》,广东高等教育出版社1991年版,第42页;阳山县地方志编纂委员会编:《阳山县志》,中华书局2003年版,第1181页。
⑥ 《杜甫集校注》引《九家》赵注:"戎王子,说者以为花名,义固然也。"《朱子语类》卷一四〇:"此中尝有一人,在都下见一蜀人遍铺买戎王子,皆无。曰是蜀中一药,为《本草》不曾收,今遂无人蓄。方晓杜诗所言。"《太平御览》卷九九二:"《本草经》曰:独活,一名护羌使者,味苦平,生益州,久服轻身。"
⑦ 《北史》卷九七,中华书局1974年版,第3222页。
⑧ 《北史》卷九七,第3234页。

离开月氏的戎王子,应当就是粟特何国的王子了。上面提到的安菩,"夫人何氏,其先何大将军之长女,封金山郡太夫人",这就是一位入华的何将军,但因其女儿已经在长安四年(704)去世,所以应当不会是杜诗中的何将军。杜诗的何将军与此何大将军不知是否有关,但其为何国王子应当是没有问题的①。

杜甫《陪郑广文游何将军山林十首》对于这所山林别业做了详尽的描述:

之一:不识南塘路,今知第五桥。名园依绿水,野竹上青霄。
　　　谷口旧相得,濠梁同见招。平生为幽兴,未惜马蹄遥。

之二:百顷风潭上,千章夏木清。卑枝低结子,接叶暗巢莺。
　　　鲜鲫银丝脍,香芹碧涧羹。翻疑柁楼底,晚饭越中行。

之三:万里戎王子,何年别月支?异花开绝域,滋蔓匝清池。
　　　汉使徒空到,神农竟不知。露翻兼雨打,开坼日(一作渐)离披。

之四:旁舍连高竹,疏篱带晚花。碾涡深没马,藤蔓曲藏蛇。
　　　词赋工无益,山林迹未赊。尽捻书籍卖,来问尔东家。

之五:剩水沧江破,残山碣石开。绿垂风折笋,红绽雨肥梅。
　　　银甲弹筝用,金鱼换酒来。兴移无洒扫,随意坐莓苔。

之六:风磴吹阴雪,云门吼瀑泉。酒醒思卧簟,衣冷欲装绵。
　　　野老来看客,河鱼不取钱。只疑淳朴处,自有一山川。

之七:棘树寒云色,茵蔯春藕香。脆添生菜美,阴益食单凉。
　　　野鹤清晨出,山精白日藏。石林蟠水府,百里独苍苍。

之八:忆过杨柳渚,走马定昆池。醉把青荷叶,狂遗白接䍦。
　　　刺船思郢客,解水乞吴儿。坐对秦山晚,江湖兴颇随。

之九:床上书连屋,阶前树拂云。将军不好武,稚子总能文。
　　　醒酒微风入,听诗静夜分。绨衣挂萝薜,凉月白纷纷。

之十:幽意忽不惬,归期无奈何。出门流水住,回首白云多。
　　　自笑灯前舞,谁怜醉后歌。只应与朋好,风雨亦来过。②

① 关于何将军,刘永连:《浅探西域文化在唐人园林、庭院中的流痕》(杜文玉主编:《唐史论丛》第11辑,三秦出版社2009年版)第185页注释90推测何将军为中亚人,但没有论证。

② 《全唐诗》卷二二四,中华书局1960年版,第7册,第2397页。又见《杜甫全集校注》《杜甫集校注》。

关于组诗的整体脉络,谢思炜《校注》引张谦益《絸斋诗谈》卷四云:"《游何将军山林》合十首看,章法不必死相承接,却一句少不得。其一是远看。其二入门细看,并及林下供给。其三单摘一花,为其异种也。其四又转入园内之书舍。其五前状其假山池沼之森蔚,后叙其好客治具之高雅。其六酒后起立,随意登临,即一磴一泉亦堪赏心。其七前叙物产之美,后极形势之大。其八借定昆池以拟何氏之池,因及刺船解水之嬉。其九单赞助人之贤,若非地主好士,文人不能久留。此为十首之心。其十一折忽局外,身去而心犹系,便伏重过之根。此一题数首之定式也。"可见杜诗整体的构架和何将军山林的大致情况。

杜甫又有《重过何氏五首》,据文章时令景物考证,撰于天宝十三载(754)春①。诗云:

> 之一:问讯东桥竹,将军有报书。倒衣还命驾,高枕乃吾庐。
> 　　　花妥莺捎蝶,溪喧獭趁鱼。重来休沐地,真作野人居。
> 之二:山雨樽仍在,沙沉榻未移。犬迎曾宿客,鸦护落巢儿。
> 　　　云薄翠微寺,天清皇子陂。向来幽兴极,步屧过东篱。
> 之三:落日平台上,春风啜茗时。石栏斜点笔,桐叶坐题诗。
> 　　　翡翠鸣衣桁,蜻蜓立钓丝。自今幽兴熟,来往亦无期。
> 之四:颇怪朝参懒,应耽野趣长。雨抛金锁甲,苔卧绿沉枪。
> 　　　手自移蒲柳,家才足稻粱。看君用幽意,白日到羲皇。
> 之五:到此应常宿,相留可判年。蹉跎暮容色,怅望好林泉。
> 　　　何日沾微禄,归山买薄田?斯游恐不遂,把酒意茫然。②

可惜这所山林大概经过安史之乱而被毁,园林所在之地,正好是唐朝军队收复长安过程中与叛军激战的场所,因此推想在此期间受到毁坏,在中晚唐的文献中没有再见到记载。北宋张礼元祐元年(1086)游历京兆城南,在所撰《游城南记》记云:"览韩、郑郊居,至韦曲,扣尧夫门,上逍遥公读书台,寻所谓何将

---

① 《杜甫集校注》:"黄鹤注:前诗云'千重夏木清',言夏初景物,今诗云'春风啜茗时',则是春作,当是天宝十三载(754)春也。"陶敏、傅璇琮《唐五代文学编年史·初盛唐卷》,第902页。
② 《全唐诗》卷二二四,第7册,第2398页。又见《杜甫全集校注》《杜甫集校注》。

军山林,而不可见。因思唐人之居城南者,往往旧迹湮没,无所考求,岂胜遗恨哉。"说山林已不可见。张礼自注引杜诗提到的地名,说道:"今第五桥在韦曲之西,与沈家桥相近。定昆池在韦曲之北,杨柳渚今不可考。南塘,按许浑诗云'背岭枕南塘',其亦在韦曲之左右乎?"①到了元朝李好文撰《长安志图》,卷中称:"韩庄者,在韦曲之东。郑庄又在其东南,郑十八虔之居也。曰塔坡者,以有浮屠故名,在韦曲西,何将军之山林也。"②指何将军山林在塔坡。元人骆天骧《类编长安志》卷九记:"何将军山林,今谓之塔坡,少陵原乃樊川之北原,自司马村起,至此而尽,其高三百尺,在杜城之东,韦曲之西。山林久废,上有寺,浮图亦废,俗呼为塔坡。"③肖滌非《杜甫全集校注》一:"今西安市长安区东南五里,有地名双竹村,由此溯樊川东南行,过申家桥,有一地名何家营,相传即为何将军山林故址。"④已经是相传云云了。史念海、曹尔琴在注《游城南记》时,考证第五桥为永安渠桥,渠水经今甫张村西,又东北流经第五桥,桥在今西五桥村东;定昆池在今河池寨,面积数里;南塘当在今韦曲南⑤。由此可以大致推出何将军山林位置,即长安城南明德门外樊川北原,距明德门大约 30 里的韦曲西边⑥。这里是唐长安城中达官贵族园林别业集中之地,所谓"京郊之形胜也"⑦。何将军在此地置业山林,可见其有雄厚的经济实力和广泛的人脉关系。

结合杜甫两组诗的内容,李令福撰写了《唐长安城南郊何将军山林的园林要素及布局》,对于山林中的房屋建筑及器物,如书房、水磨、演武场、钓鱼台、碧筒饮;山林中的山水,如皂河、清明渠、风潭、假山、瀑泉、石林水府;山林中的动植物,如鱼、鸟、犬、蜻蜓、蝴蝶、水獭、竹林、泡桐、水芹、独活、红梅、荷花、棘树、茵陈蒿、女萝、薜荔、蒲柳、水稻;食物,如脍鲜鲫、香芹羹、茵蔯、春藕、茶;以及鼓

---

① 史念海、曹尔琴校注:《游城南记校注》,三秦出版社 2006 年版,第 111—112 页。
② [元]李好文撰,辛德勇、郎洁点校:《长安志图》,三秦出版社 2013 年版,第 56 页。
③ [元]骆天骧撰,黄永年点校:《类编长安志》卷九,三秦出版社 2006 年版,第 258 页。
④ 《杜甫全集校注》,第 356 页。
⑤ 史念海、曹尔琴校注:《游城南记校注》,第 116—119 页。
⑥ 李令福:《唐长安城南郊何将军山林的园林要素及布局》,黄留珠、贾二强主编:《长安学研究》第 4 辑,科学出版社 2019 年版,第 238 页。
⑦ [唐]宋之问:《春游宴兵部韦员外韦曲庄序》,《全唐文》卷二四一,中华书局 1983 年版,第 2437 页。参看〔日〕妹尾達彦:《唐代長安近郊的官人別莊》,唐代史研究会编:《中国都市の歴史的性格》,东京:刀水書房 1988 年版,第 125—136 页;李浩:《唐代园林别业考论》,西北大学出版社 1996 年版,第 151—196 页。

乐等,都做了分类的阐述。他从杜甫的仔细描述中,分析了何将军山林的整体布局和细部雕琢①。由此我们可以详细得知粟特胡人将军是如何按照中原园林格局,巧妙利用城南的山势、水渠,来构建自己的园林。而院内景致的经营,书房、武场的安排,都透露出主人文武双全,并借助园林接近自然的文化情调。这可以说是西域胡人在长安文化转型的一组代表性建筑。

同样的情形还可以举于阗王尉迟胜的例子。《旧唐书》卷一四四《尉迟胜传》记:

> 尉迟胜,本于阗王珪之长子。少嗣位。天宝中来朝,献名马、美玉,玄宗嘉之,妻以宗室女,授右威卫将军、毗沙府都督还国。与安西节度使高仙芝同击破萨毗、播仙,以功加银青光禄大夫、鸿胪卿,改光禄卿,皆同正。至德初,闻安禄山反,胜乃命弟曜行国事,自率兵五千赴难。国人留胜,以少女为质而后行。肃宗待之甚厚,授特进、兼殿中监。广德中,拜骠骑大将军、毗沙府都督、于阗王,令还国。胜固请留宿卫,加开府仪同三司,封武都王,实封百户。胜请以本国王授曜,诏从之。胜乃于京师修行里盛饰林亭,以待宾客,好事者多访之。②

据《册府元龟》卷九六二《外臣部·贤行门》:"尉迟胜,于阗质子也。"③可知他也曾以质子身份在长安居住,但年少的时候就回国继承王位。天宝时还曾亲自来朝献,并娶李唐宗室女为妻。安禄山叛乱后,他率五千兵到中原赴难勤王,战后却不回国,请留宿卫,但唐朝仍让他"权知本国事"④。广德二年(764),代宗遣胜还国,他干脆把本国王位让给弟弟尉迟曜⑤,仍然留在长安。他在长安修行坊里大造林亭,以待宾客。《新唐书》卷一一〇《尉迟胜传》此处称:"胜既留,

① 李令福:《唐长安城南郊何将军山林的园林要素及布局》,第239—250页。又见李令福:《唐长安城郊园林文化研究》,科学出版社2017年版,第232—246页;李令福:《西安学与中国古都学论集》,中国社会科学出版社2020年版,第156—168页。
② 《旧唐书》卷一四四《尉迟胜传》,第3924—3925页。
③ 《册府元龟》卷九六二,凤凰出版社2006年版,第11153页。
④ 《资治通鉴》卷二二一"乾元三年(760)正月"条,第7090页。
⑤ 《旧唐书》卷一四四和《新唐书》卷一一〇《尉迟胜传》均记为"广德中",《资治通鉴》卷二二三系在"广德二年",第7171页。

乃穿筑池观，厚宾客，士大夫多从之游。"①表明其林亭是人工穿筑，有池塘，有楼观，与之交游者多为京城士大夫。修行坊在长安城东南，看似比较偏远，但这里东面是乐游原，南面是曲江池，西南面晋昌坊有大慈恩寺，再南是杏园，而且这里地势高敞，水渠流畅，是十分理想的城内筑造园林的好去处。这一带文人官僚最为集中，所以也是与士大夫交游的最好地域。

《旧唐书》卷一四四《尉迟胜传》记："贞元初，曜遣使上疏，称有国以来，代嫡承嗣，兄胜既让国，请传胜子锐。上乃以锐为检校光禄卿兼毗沙府长史还。固辞，且言曰：'曜久行国事，人皆悦服，锐生于京华，不习国俗，不可遣往。'因授韶王咨议。兄弟让国，人多称之。"②所谓"兄弟让国"，显然是汉族士大夫对于尉迟胜这位胡人国王的夸奖，把他标榜为儒家道德观念的高尚人士。看来，尉迟胜在长安置园林与士大夫交游，取得了成效。他的儿子也生长在长安，到贞元十年（794），尉迟胜去世，年六十四，赠凉州都督，其子尉迟锐嗣位③。

小　结

本文利用新出碑志、文书材料，与传世文献相互发明，阐述西域胡人经过多重途径进入唐朝都城长安的情形，特别是他们进入长安之后的入仕、学习、交游和构筑园林等生活状况，由此来看西域胡人如何逐渐融入长安社会当中，他们在学习和交往中如何利用中国传统儒家的价值观念，以及他们通过园林的优雅生活，来与唐朝士大夫交游，最后彻底融入唐朝长安上流社会当中。这些典型的案例，也为我们观察长安社会在安史之乱后的逐渐转型，提供了一个观察视角，他们作为长安城中特异的一类人物，是推进长安城丰富多元的文化生活的一股强劲动力。

（作者系北京大学历史学系教授）

---

① 《新唐书》卷一一〇《尉迟胜传》，第4127—4128页。
② 《旧唐书》卷一四四《尉迟胜传》，第3924—3925页。《新唐书》卷一一〇《尉迟胜传》，第4127—4128页略同。《资治通鉴》卷二三二系在贞元元年（785）年末（第7467页）。
③ 《旧唐书》卷一四四《尉迟胜传》，第3925页。

翦伯赞先生 1955 年访日与《中國史の時代區分》一书

杨振红

　　20 世纪 50 年代初,日本学术会议决定开展同苏联和中国的学术、技术交流。1954 年 6 月,日本学术会议代表团应苏联科学院邀请,访问苏联。回国途中顺道访问中国,中国科学院负责接待,进行了热情款待。日本学术会议主席茅诚司回国后给中国科学院院长郭沫若写了一封信,这封信以《日本学术会议主席茅诚司给中国科学院郭沫若院长的信》为题刊登在《科学通报》1955 年第 10 期。日本代表团在中国期间,邀请中国科学院派代表团于次年访日。1955 年 12 月 1—25 日,以中国科学院院长郭沫若为团长的 15 人科学代表团终于成行,到日本各地的大学和研究机构进行了为期 25 天的学术考察、交流。团员中除了 4 名包括翻译在内的工作人员外,均由当时著名的学者、科学家组成,包括广州中山大学副校长冯乃超、北京大学历史系主任翦伯赞、上海复旦大学教授苏步青、铁道部铁道研究所所长茅以升、中国科学院考古研究所副所长尹达、中国科学院历史研究所第三所(今中国社会科学院近代史研究所)研究员熊复等。①

　　在经历了第二次世界大战,特别是日本侵华战争,以及 1949 年中华人民共

---

① 代表团访日情况,参见刘德有《随郭沫若战后访日》,辽宁人民出版社 1988 年版(刘德有当时为访日代表团的翻译,后任文化部副部长);〔日〕中央文化映画社制作,刘德有译:《路,在开拓——中国科学代表团访日纪录》,中国郭沫若研究会主办“'我的郭沫若观'学术讨论会”,1989 年 5 月,山东青岛,后收入《中国郭沫若研究会会议论文集》,中国郭沫若研究学会:《郭沫若研究》第 9 辑,文化艺术出版社 1991 年版,第 233—250 页;〔日〕岩佐昌暲《作为文献史料的报纸文章——记郭沫若 1955 年访日的报道》,《郭沫若学刊》2011 年第 5 期;等等。

和国建立,中日关系进入了新的历史时期,两国没有建立外交关系,交往几乎完全断绝。因此,1954—1955 年的这两次学术互访,在中日关系史上意义非凡。日本熊本学园大学岩佐昌暲评价说:"郭沫若率领代表团的访日,在日中两国还没有建立邦交关系、日本政府站在美国的立场采取对中国敌视政策的时期,有划时代的外交意义。这个代表团虽然不是日本政府正式邀请的,实际上却被视为新中国成立后第一批公事访问团。"①代表团受到日本各界的广泛关注和热烈欢迎。翦老在《回忆日本之行》中写道:"在所有我们到过的城市,甚至在前往这些城市的路途中,我们都受到日本学术界和其他各界人士的热烈欢迎。我虽然不懂日本话,但我完全能够体会日本朋友对于我们的欢迎是真诚的,因为人的表情是不必通过翻译就能懂得的。"②岩佐昌暲也记录到:"日本媒体关注他们的行程。很多报纸都匀出篇幅连日报道了代表团的活动。当时的报纸版面没有现在多。在篇幅小的情况下,日本媒体还是比较详细地报道了郭沫若代表团的活动。"③日本中央文化映画社随团拍摄了纪录片,详细记录代表团的活动。他们拍摄的郭沫若到早稻田大学演讲时的情形,可以充分反映日本社会对此次访日活动的热切关注:"早稻田大学在'公共教室'举行了特别讲演会,邀请郭先生发表题为《关于中日文化交流》的讲演,受到与会者的热烈欢迎。3000 名青年学生挤满了教室的第一层和第二层。连台上也被挤得水泄不通。有 2000 多名青年学生由于进不去会场,只好站在场外通过广播喇叭聆听郭先生的讲演。"④

12 月 7 日,日本八个学术团体在东京大冢名溪会馆联合举行学术交流会议,郭沫若致辞后,分医药和药学、工学、历史学、考古学等五个专业小组,分别展开了交流。翦老参加的是历史学小组,尹达参加考古学小组。八个学会中有六个是历史学学会,可见当时日本历史学界对交流的迫切心情和重视。本来日

---

① 〔日〕岩佐昌暲:《作为文献史料的报纸文章——记郭沫若 1955 年访日的报道》,《郭沫若学刊》2011 年第 5 期。
② 翦伯赞:《回忆日本之行》,《世界知识》1956 年第 5 期,收入《翦伯赞全集》第五卷,河北教育出版社 2007 年版,第 467 页。
③ 〔日〕岩佐昌暲:《作为文献史料的报纸文章——记郭沫若 1955 年访日的报道》,《郭沫若学刊》2011 年第 5 期。
④ 〔日〕中央文化映画社制作,刘德有译:《路,在开拓——中国科学代表团访日纪录》。

本六个历史学学会还邀请了郭沫若和熊复,但两人因有其他任务,未能参加会谈。7日,翦老与日本学者的会谈十分热烈。中央文化映画社在纪录片中是这样介绍翦老和历史学小组会谈情况的:"这一位是出席历史学小组会的翦伯赞先生。翦先生是北京大学教授。《历史学教程》①是他的名著。翦先生在回答谷川彻三先生的提问时说,中国的学者得到政府的完全的保护。他们的生老病死都由政府包了下来。这句话引起了日本学者们的注意。"②纪录片是面向大众的,因此并没有谈到小组会谈的具体情况。日本学者意犹未尽,21日,再次邀请翦老和尹达先生举行交流会议。翦老回国后,也写了两篇文章,介绍访日情况,一篇是《访日观感——谈所见到的日本学术界》,③一篇是《回忆日本之行》,④均收入到《翦伯赞全集》第五卷《历史问题论丛续编》中,其中也简单谈到会谈情况。关于这次会议的详细情况,需要参考日本学者铃木俊、西嶋定生主编的《中國史の時代區分》一书。⑤

《中國史の時代區分》一方面刊登了两天的会议速记和翦老为这次会议准备的三篇日文发言稿,另一方面刊登了日本学界关于中国历史分期方面的六篇文章,其中已故前田直典的论文是以附录形式出现的。因此,它不仅是了解这次会议情况的最全面的第一手资料,而且,是了解20世纪50年代中日两国关于中国历史分期认识的重要史料。此书请当时的东京大学校长南原繁作序,主编铃木俊作跋。由于这本书尚未译成中文,所以这里把此书的目录、南原繁的《序》和铃木俊的《跋》译成中文,介绍给中国读者。

一、《中國史の時代區分》目录

序/南原繁
第一部

---

① 应为《历史哲学教程》,不知是中央文化映画社之误还是译文之误。
② 〔日〕中央文化映画社制作,刘德有译:《路,在开拓——中国科学代表团访日纪录》。
③ 翦伯赞:《访日观感——谈所见到的日本学术界(摘要)》,北京图书馆编印:《讲演会参考资料》,1956年3月18日。
④ 翦伯赞:《回忆日本之行》,《世界知识》1956年第5期。
⑤ 〔日〕铃木俊、西嶋定生主编:《中國史の時代區分》,东京大学出版会1957年版。

关于中国的历史分期①

　　——与翦伯赞先生交流

关于中国的历史分期以及文化遗产诸问题

　　——与尹达、翦伯赞两先生交流

关于中国史的分期问题/翦伯赞

论 18 世纪上半期中国社会经济的性质

　　——兼论《红楼梦》中所反映的社会经济情况/翦伯赞

新中国的历史研究与历史教育/翦伯赞②

第二部

关于中国古代社会结构性特质的问题点

　　——从中国史的历史分期论争谈起/西嶋定生

历史分期中"古代"研究论著目录/内山倍文

中国历史学界的"资本主义萌芽"研究/田中正俊

　　（附相关研究论著目录）

日本关于明清分期研究中的商品生产评价

　　——其学术史的展望/佐伯有一

　　（附相关研究论著目录）

历史学与历史教育/高桥碵一

附篇

东亚古代的终结/前田直典

跋/铃木俊

二、南原繁《序》

前年 1955 年 12 月初,我们迎来了以中国科学院院长郭沫若先生为团长的 15 人访日学术视察团。这是因前一年夏天,我们日本学术视察团一行从苏联归

---

① 此文日文稿初刊于《東洋史研究》14 卷 4 期,1955 年 12 月。
② 此文日文稿初刊于《東洋史研究》14 卷 4 期,1955 年 12 月。

国途中，接受了中国科学院的邀请，作为对等访问而策划的。可以称之为二战结束后第一次公开的日中两国科学代表团互访。

中国与日本的关系既古老又新鲜。同为东亚民族，并且作为毗邻国家，从两千年前开始，就不能脱离中国来看待我国的文化与物质。即便是近年来两国之间发生了极为不幸命运的事件，也绝不能动摇这一点。而且，以二次大战为界，新中国从过去的内外桎梏中解放了自己，致力于伟大的建设，日本也在努力从战败的废墟中迎来新的国家社会建设。我们在自然、人文、社会等各个领域，基本上都可以发现许多新的共同问题。重新开展两国的学术文化交流，不正是迫切的事业吗？

中国访日观察团在三周多的短暂时间里，视察了以东京为首的京阪、冈山、福冈、名古屋、仙台等地的大学和研究所，同时与所到之处的我国学者和相关人士进行会面，互相交换意见。其中在东京以历史学为中心进行的两次会谈，应当是规模最大的。从我们迄今为止在"东洋史"名义下概念化的历史观，到新的"中国史"以独特的结构和巨大的比重出现在世界史的舞台上，这本身就有着重大变化和意义，其中"时代划分"就是不得不关注的基本问题。

关于中国历史从奴隶制向封建制的递进问题，以及中国资本主义的产生问题，在中国学者内部也存在对立意见，至今仍不失为世界学界的问题。应当说日本学界对此特别有发言权。此外，拥有漫长历史和文化的民族文化及其遗产，以及历史上人物的再评价，或者一般的新历史研究和历史教育问题等，不仅对中国，对我国来说也是必须认真对待的问题。

本书收入了以中国科学院哲学社会科学部常任委员、兼北京大学教授的翦伯赞先生和同院考古学研究所副所长尹达先生为中心，日本方面有六个历史学会多数学者参加，举行了两天会谈的关于时代划分问题的讨论记录，并附上翦伯赞先生关于前面提到的诸问题的三篇论文，以及与此相应的日本方面的数篇研究论文。相信这些不仅对今后中国以及日本的历史研究，而且对其他各个领域的研究都会大有裨益，同时也会以此为开端，对两国将来的学术文化交流和共同研究产生很大影响。

现在，考古学方面，我国已经决定以原田淑人先生为团长的学者团近期进行访中视察；自然科学方面，去年召开的国际电子显微镜学会已有几位中国专家参加；我国的医学界方面,已经开始出版中文版的《日本医学通讯》。此外,在广泛的人文、社会科学方面,以及在对两国都很重要的农学、治水、土木等方面,都同样有一些具体措施令人期待。

我本人不是专攻历史学的,只是曾经参加过日本访中学术视察团,并在我国迎接中国学术视察团的工作中参与过一些策划,应邀冒昧记录下上述过程,暂作本书的小序。我们期望,日中两国之间发展更广泛的学问文化交流以及通商贸易,两国之间早日恢复正常的邦交。

在这个世界历史上的危机和变化时代,日中两国共同的使命是构建亚洲真正和平和自由的基石。不让专制主义和殖民主义以任何形式再度潜入进来。这才是亚洲创建世界性精神和文化的绝对条件。

1957 年 3 月 20 日

三、铃木俊《跋》

1955 年末,以郭沫若先生为团长的中国科学院访日学术视察团来访。由于一行中,以郭先生为首,有古代史专家、北京大学教授、中国科学院哲学社会科学部常务委员翦伯赞先生,考古学家、中国科学院考古研究所副所长尹达先生,近代史学家、同院历史研究所第三所研究员熊复先生,所以大冢史学会、史学会、东方学会(东京支部)、民主主义科学者协会历史部会、历史学研究会、历史教育者协议会六个学会决定,联合于 12 月 7 日、21 日两次,在茗溪会馆(东京大冢)举办欢迎这些先生、交换意见的会议。十分繁忙的郭、熊两先生未能出席,7 日翦先生,21 日翦、尹两先生出席,日本方面有数百名与会者。在十分友好的气氛中举行这样的会议,对我们学会有重要意义。这次会议,由于最初预定只有 7 日一天,因此主办的六个学会整合了三个问题,即中国是如何对待中国历史的分期、民族文化与文化遗产的评价、亚洲各民族历史的问题。7 日由于时间的关系,只谈了历史分期问题,交换意见也主要围绕奴隶制展开。当天,关于中国史的分期问题,翦先生大体阐述如下。

在中国,1949 年以来,分期问题也成了历史学界的重大问题,出来很多意见,这次同行的郭沫若先生和我的意见就不同。古代史分期问题的重要分歧点,是如何认识西周社会,以郭先生为代表的一派学者认为西周是奴隶社会,包括我在内的另一派认为是封建社会。在汉代也有很多奴隶存在,但我认为当时的奴隶不是生产的主要承担者,只是贵族的一种装饰。对此有反对意见,认为汉代是奴隶社会,到东汉时出现封建萌芽,到三国时变成封建制。而且,在日本还有一种说法,认为比三国更晚的宋代才开始进入封建制,此前都是奴隶制社会,我反对这种说法。关于接着的中国近代史何时开始的所谓资本主义萌芽问题,也有很多说法,但共同点是认为,外国资本主义入侵以前,在中国社会内部已经存在资本主义萌芽了。进而,关于中国近代史是从鸦片战争开始,到五四运动结束,此后是现代史,对此大体上意见一致,但关于近代史本身的分期也存在各种说法,还没有形成定说。

针对翦先生发言中提到的日本学界中把直至唐代都看成是奴隶制社会的观点,西嶋定生先生做了补充说明,仁井田陞先生也阐述了自己的意见,翦先生对此做了回应。要言之,翦先生和西嶋、仁井田两先生之间主要是对奴隶制的理解存在差异,由于时间的关系,讨论未能充分深入下去。

在第二次21日的会上,首先就日方提出的关于日中文化交流方面的几点希望,尹达先生从中国的现状以及今后考虑采取的具体方法角度进行了说明。随后,古岛和雄先生又回到上次翦先生谈到的资本主义萌芽问题,提了五个问题:第一,在搞清楚封建制解体的条件,特别是地主与农民之间的具体关系方面,中国是如何开展研究的? 第二,从中国历史发展不平衡角度,地方史研究的现状是怎样的? 第三,土地改革以后,关于地主和佃户的资料搜集情况如何? 第四,应当如何把中国自身资本主义生产关系的发生、发展,与中国人对外国资本主义侵略的反抗联系起来去理解? 第五,应当如何评价整个中国近代史、现代史上内外资本主义的问题,特别是从劳动者形成的角度? 翦先生回答第一个问题说,中国对这个问题研究不多,只是在批判《红楼梦》时,展开了一些讨论。关于中国的资本主义萌芽,一致认为从明中期以降到17世纪已出现了若干萌芽。对其他几个问题也分别做了简单回答。随后,松本新八郎先生从谋求日中历史学者未来合作的角度,提了两个问题:第一是关于文化遗产和人物的再评价,第二是现在中国关于亚洲各民族历史的研究状况。翦先生就第一个问题回答说,我原则上同意只继承那些被统治阶级遗留下来的、有发展价值的东西,但我想统治阶级遗留下来的,也应该去寻找有价值的东西。对第二个提问的回答稍微有点偏离,以文化交流为中心谈了自己的看法。最后翦先生特别就民族文化、民族与文化阐述了自己的意见,力主应当保存民族特色,而且历史研究不应当只强调亚洲各民族的落后性,而必须把重点放在研究亚洲国家为什么会发展迟缓、这是否是外国资本主义侵略造成的、应当如何应对上。

以上是欢迎翦、尹两先生的会议讨论概要。实际上,翦先生和日本方面的意见存在分歧,但由于时间关系,很多问题无法进行充分讨论。而且,与其说是交换意见,不如说更多的是翦先生坦陈自己的看法。但通过这样的会谈,日中双方学者能够交换意见,在今后的学术交流、资料的交换等方面能预见到一定的光明,就是会谈的最大收获。

在两次会议上,承担繁重翻译工作的是藤堂明保先生。六个学会考虑到应当以某种方式把当时日中双方的看法传达给社会,所以安排了速记。非常荣幸的是,承蒙东京大学出版会的好意,愿意出版此次会议记录。六个学会负责人商量的结果是,以会议速记为中心,再把翦先生的相关论文以及日本方面的观点收进来,方便起见,让西嶋定生先生和我担任主编,负责出版事宜。这就是本书。由于会议讨论是速记下来的,记述或许会有失误,特别是对翦先生所论不敢说没有误传的地方,因此希望能参考翦先生的论文。翦先生的论文收了三篇:第一篇是关于历史分期的,第二篇是关于中国资本主义萌芽的〔《北京大学学报(人文科学)》1955 年第 2 期刊登的《论十八世纪上半期中国》〕,第三篇是关于历史研究、历史教育的。三篇论文的翻译有劳波多野太郎先生,此外野原四郎、西嶋定生、古岛和雄先生和历史教育者协议会的各位也尽力帮助。另一方面,收入本书的日本方面的意见中,与历史分期有关的是西嶋先生的论文,与资本主义萌芽有关的是田中正俊、佐伯有一两先生的论文,与历史研究、历史教育有关的是高桥碩一先生的论文。西嶋先生的论文,论述了中国历史分期研究的学说史,其目的并不是驳倒翦先生的说法,其他的论文也是如此。本书除收录与历史分期有关的研究论著目录外,还收入了已故前田直典先生的《东亚古代的终结》(《历史》一之四)一文。前田先生昭和十四年毕业于东大文学部东洋史学科,是一位学问家,二次大战结束后不久,很年轻就去世了,令人痛惜。前田先生这篇论文,关于中国历史分期,主张直到唐中期都是古代,在学界引起了巨大反响。这个说法是否合适本身成了一个问题，反对的学者也不少，但本文是最早将古代断到唐代的论文，而且是在战后混乱之际发表的，由于现在很难找到刊登这篇论文的杂志，所以本书也将其收录进来。

上面简要介绍了欢迎翦、尹两先生的会议情况、本书内容以及出版编辑情况。我相信本书的出版，不仅对本书讨论的中国历史分期、资本主义萌芽和历史教育等问题，而且对日中学术交流、合作，都必定会有重大意义。最后，对翦先生回国时，得到他馈赠的论文，我们未能及时发表，荏苒至今，表示深深的歉意。

1957 年 1 月

附记：

张传玺先生是引领我进入秦汉史研究领域的启蒙老师和授业恩师。我 1981 年 9 月—1985 年 7 月在北京大学历史系读本科，毕业论文就是在张先生指导下完成的。1985 年 9 月—1988 年 7 月，我忝入张先生门下，完成了三年硕士研究生学习。直至今日，我能够从事历史学研究和教学，能够享受徜徉在历史研究中的无限乐趣，首先得益于先生的谆谆教诲和提携扶掖。张先生是著名马克思主义史学家翦伯赞先生的弟子，他对翦老怀有深厚的情感，花费半生精力整理翦老著作，撰写翦老传记、年谱，以各种方式纪念翦老，传播翦老的思想和学术成就。在学期间，张先生时常跟我谈到翦老的学术成就、学术理念和趣闻轶事，谈起要给翦老作年谱、写传记、编辑全集等计划，希望我将来也能够参与这项工作。但惭愧的是，我一直未能实现先生的这一愿望。

本世纪初，我在日本访学时，在古本书屋（旧书店）看到了一本铃木俊、西嶋定生主编的《中國史の時代區分》（东京大学出版会 1957 年 5 月 30 日初版，1971 年 11 月 30 日第 3 次印刷）。书已呈黄色，但封套、纸张、装订都保存完好。当时见到这本书，如获至宝，毫不犹豫买下了。我之所以珍视这本书，出于以下几个原因。

首先，这是一本与翦老有关的书，而我是翦老的再传弟子。这本书是 1955 年中华人民共和国第一次派科学代表团访问日本时，日本历史学者与翦伯赞、尹达两位先生特别是翦老交流后，就两次交流会讨论的核心主题——中国历史分期问题专门出版的。作为力主西周封建说的代表学者之一，1955 年翦老与日本学者的交流，无论是在中国历史分期等问题的学术史上，还是在"二战"后中日历史学者的学术交流史上，都具有特殊意义。但由于当时中日两国尚未建交，中国对这次活动报道不多，特别是专门围绕翦老、专门围绕学术活动以及日本学术界反应的报道更少之又少，因此具有很高的史料价值。

其次，中国历史分期问题自 20 世纪 20 年代末中国社会史论战以来一直是历史学乃至中国社会讨论的重大问题，关系到如何认识中国历史的发展阶段和每个阶段的特质，是历史学研究者普遍关心的基本问题。

再次，本书的两位主编之一是日本著名的秦汉史乃至东亚史研究大家西嶋定生先生。我曾经认真研读过其所著《中国古代帝国的形成与结构——二十等爵制研究》一书，该书对我的学术研究产生了重要影响。

总之，这本书蕴含的几个关键词——1955 年、中日历史学者第一次学术交流、中国历史分期、翦老、西嶋定生等等，都是我极感兴趣和关心的。我想深入了解这次访问的背景，日本学者提了哪些问题，翦老是怎样回答的，双方对于这个问题的关心点、视角、主张和分歧点在哪里，会场的气氛如何。我当时就想，应当把这本书介绍给中国学者和学术界。

2021 年 2 月 27 日，张先生驾鹤西去，永远离开了我们。为了深切缅怀先生，继承先生的遗志，弥补我的遗憾，谨奉上此文。

（作者系南开大学历史学院教授）

天长西汉木牍所见《算簿》及相关问题探讨 *

朱德贵

　　秦汉赋役制度一直以来就是中外学者热衷探讨的热点问题。这是因为赋役既是"国家机器赖以存在并能运行的重要经济支柱",更是统治者"调节其阶级矛盾和内部矛盾的重要工具"。① 但由于史料缺乏,其中的很多问题至今仍困扰着学术界,如秦汉简牍中的"算簿"究竟为何意?"事算"是否意味着徭役和算赋的一致性?"复算"指的是免除人头税吗? 可喜的是,2006 年,天长市文物管理所等在《安徽天长西汉墓发掘简报》一文中披露了一份传世文献及以往出土简牍未见记载的《算簿》文书,其中的"事算""复算"等问题即刻引起了中外学术界的极大关注。

　　日本学者山田勝芳首先在 2007 年发表了一篇题为《西汉武帝时期的地域社会与女性徭役——由安徽省天长市安乐镇十九号汉墓木牍引发的思考》的文章。山田勝芳认为:"'事算'指的是徭役义务的承担者,'复算'是由于某些理由而免除了的徭役者……汉代的'算',原来是指用算筹来计算,由此也成为了簿类使用的词语,即用作评估、统计各类东西的单位。"②大量历史事实表明,山

---

* 本文系国家社会科学基金项目:新出简牍与兵役制度研究"(项目编号:21BZS005)、黑龙江省哲学社会科学基金一般项目(批准号:20ZS009)之成果。

① 钱剑夫:《秦汉赋役制度考略》,湖北人民出版社 1984 年版,第 2 页。

② 〔日〕山田勝芳:《前漢武帝代の地域社会と女性徭役:安徽省天長市安樂鎮十九号漢墓木牘から考える》,《集刊東洋學》97 号,2007 年,第 1—19 页;亦可参阅〔日〕山田勝芳著,庄小霞译:《西汉武帝时期的地域社会与女性徭役——由安徽省天长市安乐镇十九号汉墓木牍引发的思考》,《简帛研究二○○七》,广西师范大学出版社 2010 年版,第 317—318 页。

田勝芳先生的这一观点显然是符合历史事实的。

但袁延胜对"事算""复算"的观点却与山田的并不相同。他在《天长纪庄木牍〈算簿〉与汉代算赋问题》一文中又提出了新说,袁延胜说:"《算簿》中的'事算',体现了徭役承担者和算赋承担者的一致性;《算簿》中'复算'数额几乎占算赋总额的十分之一,应与汉代在不同情况下'复算'人员较多有关。"①依论者之说,天长纪庄简牍中的"事算"指的就是徭役和人头税的合称,亦即所谓"体现了徭役承担者和算赋承担者的一致性",而"复算"指的是免除人头税。在秦汉文献中之"算"有多种含义,如"数量或计数之意""人头税之意,即'算赋'"和"官府用以考核官吏的计算单位"等②。另外,"算簿"中的"复算"亦非免除人头税之意。可见,学界对天长纪庄《算簿》的研究仍旧存在两种截然不同的观点。

为了解决以上分歧,杨振红在《从出土"算""事"简看两汉三国吴时期的赋役结构——"算赋"非单一税目辨》一文中又对《算簿》问题进行了重新审视。她说:"天长简木牍的标题为'算簿',那么,牍文的性质应当十分明确,即是关于'算'的簿籍。山田勝芳将天长汉简中的'算'理解为徭役征发的单位……这里想强调的是,'算'虽然与徭役征发有一定关系,但是,不可否认的是'算'与'赋'的关系更为密切。'算'不仅是两汉时期计征徭役的单位,更是计征'赋'的单位。因此,关于'算'的簿籍——'算簿'无论如何不能排除与'赋'的关系,将其仅仅理解为与徭役征发有关的簿籍无疑是一种偏向。"③可见,杨振红认为,《算簿》中的"算"既是"徭"的征发单位,也是"赋"的计征方式。

由上可知,中外前贤时哲对天长西汉木牍中的"算簿"问题进行了较为系统的研究,且取得了较为丰硕的成果:一是对"算簿"中的"事"的理解已基本达成

---

① 袁延胜:《天长纪庄木牍〈算簿〉与汉代算赋问题》,《中国史研究》2008 年第 2 期。持相同观点的学者还有张荣强、胡平生和李恒全等,具文请参阅张荣强:《孙吴户籍结句简中的"事"》,收入所著:《汉唐籍帐制度研究》,商务印书馆 2010 年版,第 144—162 页;胡平生:《新出汉简户口簿籍研究》,《出土文献研究》第 10 辑,中华书局 2011 年版,第 249—284 页;亦可参阅胡平生:《新出汉简户口簿籍研究》,收入所著《胡平生简牍文物论稿》,中西书局 2012 年版,第 314—348 页;李恒全:《从天长纪庄木牍看汉代的徭役制度》,《社会科学》2012 年第 10 期。

② 朱德贵、庄小霞:《岳麓秦简所见"訾税"问题新证》,《中国经济史研究》2016 年第 4 期。

③ 杨振红:《出土简牍与秦汉社会(续编)》,广西师范大学出版社 2015 年版,第 163 页。

了一致的意见,即"事"指的是徭役或劳役;二是深化了汉代人头税制度的研究;三是拓展了人们对汉代"复除"和"更戍"等制度研究的视野。然而,不可否认的是,学者们对这份"算簿"的研究仍旧存在很大的分歧,如这份"算簿"中的"事算"是徭役和人头税的合称吗?"复算"是指免除人头税还是免除徭役?随着新材料的不断公布和研究的深入,学术界对诸如此类问题非但未能解决,尚有使问题进一步复杂化的趋势。因此,本文拟利用传世文献和以往出土秦汉简牍专门对"事算""复算"以及"算簿"的性质再作一系统探讨。当然,文中所论,纯属个人浅见,敬请各位同仁不吝赐教。

一、"事算"和"复算"

研究表明,秦汉时期的"簿籍为统计与会计文书,犹今格式账簿与名册,属专有文种……皆服务于经济与行政管理"[1],而天长纪庄出土的西汉简牍中的"算簿"正是这类官府行政之"专有文种"。为便于讨论,兹将这枚包含《户口簿》和《算簿》的天长西汉木牍完整地摘录如下:

1. A 面:户口簿

●户凡九千一百六十九少前

口四万九百七十少前

●东乡户千七百八十三口七千七百九十五

都乡户二千三百九十八口万八百一十九

杨池乡户千四百五十一口六千三百廿八

鞠(?)乡户八百八十口四千五

垣雍北乡户千三百七十五口六千三百五十四

垣雍东乡户千二百八十二口五千六百六十九

2. B 面:算簿

●集八月事算二万九复算二千卅五。

---

① 李均明:《秦汉简牍文书分类辑解》,文物出版社 2009 年版,第 247 页。

都乡八月事算五千卌五。

东乡八月事算三千六百八十九。

垣雍北乡八月事算三千二百八十五。

垣雍东乡八月事算二千九百卅一。

鞠(?)乡八月事算千八百九十。

杨池乡八月事算三千一百六十九。

●右八月。

●集九月事算万九千九百八十八复算二千六十五。①

由此可见,这枚木牍 B 面的《算簿》既包含了东阳县所辖六乡在八月份的"事算"的统计情况,也详细记录了当时"复算"的具体而详实的数字②。笔者以为,天长纪庄木牍中的《算簿》正是这样一份既包括服役标准又记录了免除徭役人数的有关地方官府摊派徭役的官文书。由于先秦两汉历史文献中既无"事算",亦无"复算"的任何记载,因此,《算簿》中"事算"和"复算"究竟为何意? 学界颇有争论③。那么,何为"事算"?"复算"又包含哪些内容? 兹分析如下:

(一)"事算"。上引"事算"中的"事"与"算"究竟为何意? 学界解释不尽相同。如袁延胜认为:"'事'指徭役,'算'指赋,'事算'就应指徭役算赋之意。"杨际平等却以为是官府据"算"摊派徭役之意。笔者以为,从总体上讲,"'事'指徭役"是基本正确的,但过于笼统。

此处"事算"中的"事",文献记载颇多,如《汉书·高帝纪》:"〔高帝五年(前 202)诏曰〕……故大夫以上赐爵各一级,其七大夫以上,皆令食邑,非七大夫以下,皆复其身及户,勿事。"三国时期的如淳注曰:"事谓役使也。"可见,如淳

---

① 天长市文物管理所、天长市博物馆:《安徽天长西汉墓发掘简报》,《文物》2006 年第 11 期。已公布的天长纪庄木牍共有 34 枚,计 2500 字。幸运的是,这些木牍保存较为完整,残缺者较少,"木牍的尺寸长 22.2—23.2,宽 3.6—6.9 厘米,内容较多,有户口簿、算簿、书信、木刺、药方、礼单等"。其中簿籍类木牍正反两面皆有文字,A 面为《户口簿》,B 面为《算簿》。
② 山田胜芳以为:"该墓所在地区是西汉时期临淮郡东阳县境内……(墓主谢孟)是东阳县一名有一定权力的官吏。"参见〔日〕山田胜芳著,庄小霞译:《西汉武帝时期的地域社会与女性徭役——由安徽省天长市安乐镇十九号汉墓木牍引发的思考》,第 313 页。
③ 前已论及,此不赘述。

将"事"理解为"役使",而非应劭所言之"输户赋"①。笔者以为,如淳的对"事"的解释更符合历史事实,再如《汉书·高帝纪》:"〔高祖七年(前200)十二月〕民产子,复勿事二岁。"颜师古曰:"勿事,不役使也。"②《汉书·冯奉世传附子冯参传》:"(冯参)竟宁中,以王舅出补渭陵食官令。以数病徙为寝中郎,有诏勿事。"张晏《汉书注》曰:"不与劳役,职事扰之。"③又,《汉书·宣帝纪》:"(本始三年,前71)……郡国伤旱甚者,民毋出租赋。三辅民就贱者,且毋收事,尽四年。"晋灼《汉书集注》曰:"不给官役也。"颜师古又注曰:"收谓租赋也,事谓役使也。尽本始四年而止。"④这样的例子很多,此不一一备举。质言之,天长《算簿》中的"事"确实指的是"役使"。但这种"役使"应包括两部分内容:兵役和劳役。前引《汉书·贾山传》"九十者一子不事,八十者二算不事"一语中,"一子不事"应为免除其一位儿子之兵役,前引《汉书·高帝纪》"年八十复二算,九十复甲卒"即可为证。此处"九十复甲卒"即与"九十者一子不事"相对应。此处之"复甲卒",即是指免除兵役之意,如《淮南子·览冥训》:"是故质壮轻足者,为甲卒。"高诱注曰:"甲,铠也。在车曰士,步曰卒。"⑤而"二算不事"应指免除两个人之劳役,而非兵役,否则我们将无法理解"礼高年"中关于"九十者一子不事,八十者二算不事"之政策。

至于"算",笔者以为,在不同语境下其意义亦不尽相同,如文献载:

> 《汉书·贾山传》:"(贾山呈文帝之奏疏曰)礼高年,九十者一子不事,八十者二算不事。"颜师古注曰:"一子不事,蠲其赋役。二算不事,免二口之算赋也。"⑥
>
> 《汉书·武帝纪》:"(建元元年,前140)年八十复二算,九十复甲卒。"

---

① 这与东汉应劭的解释有很大区别,应劭注曰:"不输户赋也。"[汉]班固:《汉书》卷一《高帝纪》,中华书局1962年版,第54页。

② [汉]班固:《汉书》卷一《高帝纪》,中华书局1962年版,第54页。以下版本皆同。

③ 《汉书》卷七九《冯奉世传附子冯参传》,第3306页。

④ 《汉书》卷八《宣帝纪》,第244页。

⑤ [汉]高诱注:《淮南子·览冥训》,国学整理社:《诸子集成(七)》,中华书局1954年版,第97页。

⑥ 《汉书》卷五一《贾山传》,第2335—2336页。

张晏《汉书注》曰:"二算,复二口之算也。复甲卒,不豫革车之赋也。"①

此两段史料主要涉及官府对 80 岁和 90 岁高年者的礼遇优待问题。从内容上看,两者的意思是基本相同的,但后世对之的注释则略有区别。唐代颜师古所说"(九十者)一子不事,蠲其赋役",其实包含了两层意思,即免除"一子"之"赋"和"役"。至于其所言"二算不事,免二口之算赋",笔者以为不确。这是因为"二算不事"中的"算",与其说是"算赋",毋宁说是达到傅籍年龄的成年男女口数。如前引例 3 载:"邓得二、任甲二、宋则二、野人四·凡十算遣一男一女·男野人女惠(竹简 35)。"其中"邓得二",是说户主为"邓得"的家庭有"二算",亦即 2 人达到法定服役年龄,以此类推,该类人"凡十算"。根据后文"遣一男一女"又可知,此"十算"显然是这 4 户依律达到法定服役年龄的口数,而非算赋(或曰口赋)②。

但是,"算"确实又可用于人头税的征收,如江陵凤凰山西汉简牍载:"市阳二月百一十二算,算卅五,钱三千九百廿,正偃付西乡偃、佐缠吏奉(俸)卩。受正忠(?)二百卌八。(木牍四正)"③毫无疑问,此处之"算"显然指的是达到缴纳"赋"标准的口数④。而"算卅五"实意为每位达到征税标准的人需上交 35钱,共 112 人,合计缴纳 3920 钱。所以,"算"首先针对的是人,而非"赋"。正因为如此,后世常将"算赋(或曰口赋)"称之为"人头税"。

因此,"事算"就是指官府按人头征发达到法定服役标准者的一种计数方式,在天长木牍中表示的是达到法定服役年龄之男女口数。

(二)"复算"。有学者认为,天长纪庄木牍《算簿》记载了"东阳县八月'复

---

① 《汉书》卷六《武帝纪》,第 156 页。
② "算赋"并非单指成人税,它其实应包含两种税目:儿童税和成人税。关于"算赋"定义,笔者赞同杨振红的观点,即"汉代不存在'算赋'的单独税目",它是各种人头税的总称。参见杨振红:《出土简牍与秦汉社会(续编)》,广西师范大学出版社 2015 年版,第 169—170 页。至于"口赋"的定义,高敏先生曾云,"口赋"是"口钱(儿童税)"和"算赋"的合称。参见高敏:《从江陵凤凰山 10 号汉墓出土简牍看汉代的口钱、算赋制度》,收入所著《秦汉史探讨》,中州古籍出版社 1998 年版,第 295 页。
③ 又,"市阳二月百一十二算,算八,钱八百九十六,正偃付西乡偃佐缠传送卩。(木牍四正)"参见湖北省文物考古研究所编:《江陵凤凰山西汉简牍》,中华书局 2012 年版,第 98 页。此类记载凡 26 条,其文书格式基本相同,此不一一备举。
④ 此处所言之标准其实指的是秦汉"傅籍"之标准。

算二千五'、九月'复算二千六十五'。'复算'即免除算赋之意,且'复算'的数额较大,分别占到了当月算赋额的 10% 左右。"①可见,论者显然将天长纪庄木牍《算簿》中的"复算"视为"免除算赋",而不是免除徭役。

我们知道,既然"事算"是指达到傅籍标准者徭役之口数,那么,在同一簿籍中之"复算"数就应是指符合律文规定而享受免役的成年男女之口数,而不可能同时又指"免除算赋"的数额。我们知道,文献中的"算赋(或口赋)"又常称之为"赋算",如《汉书·贡禹传》:"自禹在位,数言得失,书数十上。禹以为古民亡赋算口钱,起武帝征伐四夷,重赋于民,民产子三岁则出口钱,故民重困,至于生子辄杀,甚可悲痛。宜令儿七岁去齿乃出口钱,年二十乃算。"②值得注意的是,贡禹所言之"赋算"与"口钱(或口赋钱)"并非一回事。"赋算(成人税)"是指达到 20 岁者必须缴纳之税目,其税率为 120 钱/算③。而"口钱(儿童税)"则指凡年龄为 7 至 14 岁者,必须依律上交之赋税,"口钱"在武帝时期之税率为 23 钱/人,如东汉卫宏《汉旧仪》载:"算民,年七岁以至十四岁出口钱,人二十三。[二十钱]以食天子。其三钱者,武帝加口钱,以补车骑马通税。又令民男女年十五以上至五十六赋钱,人百二十为一筭(算),以给车马。"④可见,无论"赋算"抑或为"事算",其中之"算"针对的是人,而非物矣!再如岳麓秦简载:"繇(徭)律曰:兴繇(徭)及车牛及兴繇(徭)而不当者,及擅傅(使)人属弟子、人复复子、小敖童、弩,乡啬夫吏主者,赀(简 147/1232)各二甲,尉、尉史、士吏、丞、令、令史见及或告而弗劾,与同辠。(简 148/1257)"⑤据此可知,秦律是严禁役使"人复复子"的,而此"人复复子"指的就是"免除徭役者之子"⑥,并不包含免除人头税的内容。令人庆幸的是,长沙尚德街东汉简牍亦载有礼高年"复除"的内容,如木牍 084(2011CSCJ482②:1-1)载:

① 袁延胜:《天长纪庄木牍〈算簿〉与汉代算赋问题》,《中国史研究》2008 年第 2 期。
② 《汉书》卷七二《贡禹传》,第 3075 页。
③ 从"年二十乃算"来看,"算"用作动词,显然指的是算人,而非物。但之前征税的起止年龄为 15—56 岁,如《汉书》卷二《惠帝纪》(第 91 页):"(惠帝六年,前 189)女子年十五以上至三十不嫁,五算。"应劭注曰:"……汉律人出一算,算百二十钱,唯贾人与奴婢倍算。今使五算,罪谪之也。"关于秦汉人头税问题,笔者已有专论,此不赘述。
④ [汉]卫宏:《汉官旧仪》,[清]孙星衍等辑,周天游点校:《汉官六种》,中华书局 1990 年版,第 50 页。
⑤ 陈松长:《岳麓书院藏秦简(肆)》,上海辞书出版社 2015 年版,第 116 页。
⑥ 陈松长:《岳麓书院藏秦简(肆)》,第 166 页。

诏书:庶人不与父母居者,为仕伍,罚作官寺一年。

诏书:九十以上,为复子若孙一人。

诏书:民□产满五,毋复卒一人,□无所复得□□□。

诏书:民大父母物故,与母出居,当合訾□上从(?)所俾孙得(?)出。

诏书:故事年九十,九十有子,虽免老不得□复。①

可见,在这枚木牍中的"诏书:九十以上,为复子若孙一人"说明,年龄90以上者的家庭成员中可免除一人服劳役,而在"诏书:故事年九十,九十有子,虽免老不得□复"中则明确写明了"免老"。众所周知,在秦汉文献中"免老"针对的只能是服役者,而非人头税。

因此,上引天长纪庄木牍中的"复算"不是指免人头税,而是指依律达到免除徭役者之口数。这种依律免除徭役租赋的制度,在秦汉时期称之为"复除"制度。

所谓"复除",钱剑夫曾说:"复除就是依照法律规定或帝王临时诏令、免除人民应纳的租税和应服的徭役。"②可见,秦汉"复除"确实应包含免除租税、免除徭役或同时免除租赋及徭役等内容。其中,高敏先生针对"秦汉徭役的豁免条件和对象"等问题作过深入探讨,高先生云,"秦汉时期免除徭役的条件和对象,处在一个不断变化发展过程中",它主要包括十种情况:一是"给勤于耕织而缴纳粟帛多者赐复";二是"给'高年'者的赐复";三是"给援军、'从军'有功者赐复";四是"给居于特殊地区的居民赐复";五是"给有特殊身份者赐复";六是"为了一定的目的和实行某种政策而实行的赐复";七是"以入粟县官获得免役特权";八是"以入奴婢于官府而获得免役特权";九是"以入羊于官府而获得免役特权";十是"爵复"③。可见,高先生对秦汉"复除"制度的研究既具体又全面,为我们进一步探讨《算簿》中的"复算"问题打下了坚实的基础。然而,既然秦汉"复除"既包含免除徭役又包括免除租赋,我们势必有必要将这两者区分开来。先让我们回顾一下如下史料:

①　长沙市文物考古研究所编:《长沙尚德街东汉简牍》(下册),岳麓书社2016年版,第220页。

②　钱剑夫:《秦汉赋役制度考略》第八章"秦汉的复除制度",第241页。

③　高敏:《秦汉的徭役制度》,收入所著《秦汉史探讨》,中州古籍出版社1998年版,第138—145页。

《史记·商君列传》："僇力本业，耕织致粟帛多者复其身。"①

《史记·秦始皇本纪》："〔秦始皇三十五年（前212）〕……因徙三万家丽邑，五万家云阳，皆复不事十岁。"②

《汉书·高帝纪》："〔高祖二年（前205）二月〕……蜀汉民给军事劳苦，复勿租税二岁。关中卒从军者，复家一岁。举民年五十以上，有修行，能帅众为善，置以为三老，乡一人。择乡三老一人为县三老，与县令丞尉以事相教，复勿繇戍。以十月赐酒肉。"师古注曰："复者，除其赋役也，其下并同。"③

《汉书·高帝纪》："民产子，复勿事二岁。"颜师古注曰："勿事，不役使也。"④

《汉书·高帝纪》："〔高祖八年（前199）〕春三月，行如雒阳。令吏卒从军至平城及守城邑者皆复终身勿事。"⑤

《汉书·惠帝纪》："〔惠帝四年（前191）〕春正月，举民孝弟力田者复其身。"⑥

《汉书·冯奉世传》："（冯参）少为黄门郎给事中，宿卫十余年……以数病徙为寝中郎，有诏勿事。"张晏注曰："不与劳役，职事扰之。"⑦

《汉书·王莽传》："（太后诏曰）……其以召陵、新息二县户二万八千益封莽，复其后嗣，畴其爵邑，封功如萧相国。"⑧

以上所举之典型材料中有些明确载有"复除"的内容、对象及时间等，诸如材料中之"复不事十岁""复勿繇戍""复勿租税二岁""复勿事二岁"以及"有诏勿事"等。但若不言明"复除"之内容，则其意思又可能是指"不纳田租和其他

---

① 《史记》卷六八《商君列传》，第2230页。
② 《史记》卷六《秦始皇本纪》，第256页。
③ 《汉书》卷一《高帝纪》，第33—34页。颜师古此处所言过于笼统，这段材料中之"复勿租税"与"复勿繇戍"显然是不同的。
④ 《汉书》卷一《高帝纪》，第63—64页。
⑤ 《汉书》卷一《高帝纪》，第65页。
⑥ 《汉书》卷二《惠帝纪》，第90页。
⑦ 《汉书》卷七九《冯奉世传附子冯参传》，第3306—3307页。
⑧ 《汉书》卷九九《王莽传》，第4047页。

的租税,也不服行徭役"①,亦有可能是其中之一,如材料中之"复其身""复家一岁""举民孝弟力田者复其身"和"复其后嗣"等。再如松柏汉简载:"沙羡:使大男五百八十五人,大女九百五十九人,小男六百七十二人,小女四百卅五人。·凡口二千六百六十二,其八人复。"②胡平生据此以为,此"复"为"复除徭役人口数"。既然如此,则"复"亦可理解为仅免除徭役之意。

但颜师古在《汉书·高帝纪》中注曰:"复者,除其赋役也,其下并同。"这种"除其赋役"的解释可取吗?笔者以为事实并非如此,如《汉书·高帝纪》中之"复勿租税二岁"并无免除徭役之意,而"复勿繇戍"也无免除租税之意。因此,我们在处理和使用颜师古注解时必须正确区分"赋"与"役",否则就会有曲解文意之嫌。

可见,天长木牍《算簿》中的"复算"就是秦汉"复除"制度中的重要内容之一。在该《算簿》中,它指的只能是免除徭役,而非免除租赋。

二、《算簿》的性质

大量的历史事实表明,《算簿》中的"事算"是指达到法定服役年龄之男女口数;而该簿中的"复算"则指依律免除徭役的口数。之所以有如此之说,这是因为我们可以从江陵凤凰山西汉简牍及《九章算术》等记载中获得充分的证据。

20世纪70年代,湖北江陵凤凰山发掘出土了一批简牍,这"对于研究西汉文景时期的社会政治、经济、文化等方面的情况"具有重大的学术价值③。其中的十号墓就出土了10枚有关"算"的竹简,如其简文载:

3.邓得二、任甲二、宋则二、野人四·凡十算遣一男一女·男野人女惠

---

① 钱剑夫:《秦汉赋役制度考略》第八章"秦汉的复除制度",第245页。
② 朱江松:《罕见的松柏汉代木牍》,荆州博物馆编著、滕壬生主编:《荆州重要考古发现》,文物出版社2009年版,第209—212页。该段释文以胡平生先生的厘定为准,参见胡平生:《新出汉简户口簿籍研究》,收入所著《胡平生简牍文物论稿》,中西书局2012年版,第322—323页。
③ 湖北省文物考古研究所编:《江陵凤凰山西汉简牍》,中华书局2012年版,第11页。

（竹简 35）

4. 寄三、齐一、□一、张母三、夏幸一遣一男一女·男母邛、女□□（竹简 36）

5. □□一、姚卑（？）三、□□三、寅三·凡十算遣一男一女·男孝、女缘（？）（竹简 37）

6. 晨一、说一、不害二、黄伏（？）三、异三▬·凡十算遣一男一女·男□、女辩（竹简 38）

7. （上缺）四、张（张）伯三、翁□一、杨□二·凡十算遣一男一女·男庆、女某□（竹简 39）

8. 邸（？）期三、黑一、啤一、宋上一、恛（恥）二、除二·凡十算,遣一男一女·男邸（？）期、女方（竹简 40）

9. □涓二、□多一、毋寇三、壮（？）辰（？）四·凡十算·遣一男一女·男辰女□□（竹简 41）

10. ……二、□则一·遣一男一女　　男……（竹简 42）

11. 靳□一、□□（下缺）（竹简 43）

（上缺）是二、上官（？）□二□三□□□遣一男一女　　男……（竹简 44）

12. ……奴四·凡十　男□女□人（竹简 45）①

据此可知,上引 10 枚简文显然属于地方行政机构摊派徭役的官文□②。大体而言,这些官文书有如下几个特点:

一是每枚竹简大致以 10 算为单位,其中 1 算就是 1 位达到服□标准的成年男女。为了更好地理解江陵凤凰山十号墓竹简的内容,兹列表□下:

---

① 以上所引 10 枚竹简,请参见湖北省文物考古研究所编:《江陵凤凰山西汉简牍》,第 113—116 页。凡该文中引文仅标注简号,不一一出注,特此说明。

② 杨际平先生认为,这批简文指的是据"算"摊派徭役的官文书,参见杨际平:《凤凰山十号汉墓据"算"派役文书研究》,《历史研究》2009 年第 6 期。笔者以□杨先生的这种看法是符合历史事实的。

竹简编号	户主及算数	总算数	服役者性别及数量	服役者姓名
35	邓得二、任甲二、宋则二、野人四	10	1男1女	男野人、女惠
36	寄三、齐一、□一、张母三、夏幸一	9	1男1女	男母邛、女□□
37	□□一、姚卑(?)三、□□三、寅三	10	1男1女	男孝、女缘(?)
38	晨一、说一、不害二、黄伏(?)三、异三	10	1男1女	男□、女辩
39	(上缺)四、伥(张)伯三、翁一、杨□二	10	1男1女	男庆、女某□
40	邸(?)期三、黑一、啤一、宋上一、恒(恥)二、除二	10	1男1女	男邸(?)期、女方
41	□涓二、□多一、毋寇三、壮(?)辰(?)四	10	1男1女	男辰、女□□
42	……二、□则一	残缺	1男1女	残缺
43	靳□一、□□(下缺)	残缺	残缺	残缺
44	(上缺)是二、上官(?)□二□三	残缺	1男1女	残缺
45	奴四	10	1男1女	男□、女□人

可见,除竹简 36 及残缺简外,其余简又皆为 10 算。在其总结简后簿书登记者还需注明服役者的性别及姓名。概言之,当时一份具体的摊派徭役的文书应该包括如下四个组成部分:一是户主及其家庭成员中达到服役年龄的人口数;二是按 10 算为单位登记服役者的信息;三是详细登记从事某一劳作的男女人数;四是按性别记录从劳役者的姓名。其中,简文中之"算"其实就是指达到服役年龄标准的男女人口数①。

---

① 文献中所见"算赋"之"算"应该就是成年男女的口数,其与"赋"连用,即指"口赋"。因此,笔者以为,汉代"算赋"其实亦可称之为"口赋"。关于这一问题的具体情况,下文将详论。

秦汉时期，官府记录达到服役年龄标准的簿籍称之为"傅籍"。臧知非说："秦汉傅籍于每年八月进行，秦和汉初是十七岁始傅，景帝时改为二十岁，昭帝改为二十三岁；傅籍是成年的开始，同时标志着政治身份的改变，在承担服徭役的义务的同时，也开始享受与其身份相一致的利益，按等级获得爵位、田宅、实物以及减免刑罚的特权，是社会经济、政治结构变动的制度因素之一。"这种理解显然是正确的①。换言之，秦汉"算"人的年龄标准在不同时期是不同的，我们应具体问题具体分析。再如反映汉代社会经济情况的《九章算术·衰分》载：

> 今有北乡算八千七百五十八，西乡算七千二百三十六，南乡算八千三百五十六。凡三乡发徭三百七十八人。欲以算数多少衰出之，问各几何？
> 答曰：北乡遣一百三十五人、一万二千一百七十五分人之一万一千六百三十七；西乡遣一百一十二人、一万二千一百七十五分人之四千四；南乡遣一百二十九人、一万二千一百七十五分人之八千七百九。②

由上引史料中"北乡遣""西乡遣""南乡遣"等记载可知，"算"显然是指达到法定服役年龄的男女人数。

与此相应，天长纪庄西汉木牍中的"事算"之"算"也应是指成年男女人口

---

① 《岳麓书院藏秦简(肆)》也披露了一则完整的有关秦《傅律》的简文，可补秦史之缺漏，如其文曰："傅律曰隶臣以庶人为妻，若群司寇，隶臣妻怀子，其夫免若冗以免，已拜免，子乃产，皆如其已(简160/1256)免吏(事)之子。女子怀夫子而有皋，耐隶妾以上，狱已断而产子，子为隶臣妾，其狱未断而产子，子各(简161/1268)如其夫吏(事)子。收人怀夫子以收，已赎为庶人，后产子，子为庶人。(简162/1275)"(参见陈松长主编：《岳麓书院藏秦简(肆)》，上海辞书出版社2015年版，第121页)可见，此则秦《傅律》主要涉及"隶臣妾"及其后代的身份认同问题。其大意是说，假设"隶臣"以庶人为妻，若其妻已怀孕而产子，按秦律规定，则其子必为"隶臣妾"。但只要"隶臣"被放免或冗边以免或因拜爵而免为庶人后，其妻再产子，则"如其已免吏(事)之子"，亦即按照"隶臣"放免后的身份来对待其子。相反，女子在怀孕期间即已触犯了法律，如果已判决其为"耐隶妾以上"之罪而产子，则其子必为"隶臣妾"；但若官府尚未判决而产子，则其"子各如其夫吏(事)子"，也就是说，依据其夫的身份来对待其子。此则律文的第三层意思是说，被官府籍没的妇人怀有其夫之子，只要该妇人"已赎为庶人"后而产子，其子"为庶人"。因此，这份秦《傅律》文书所记与《二年律令》中的《傅律》显然有别，它不是针对编户齐民的，而是官府专门制定的用以规范"隶臣妾"之子嗣身份认同的法律文书。可以说，这份《傅籍》文书填补了秦史的史料空白，为我们深入探讨秦徭戍及"徒隶"制度提供了第一手资料。至于"复除"问题，下文将论及。
② [晋]刘徽注：《九章算术》，中华书局1985年版，第39页。

数。其中,"事"的含义,学界已无异议,指的是服役或从事官府的劳作①。因此,该木牍中"事算"之后的数字应与徭役摊派密切相关。

二是服役者在家庭总人口数中的比例。江陵凤凰山《一〇号墓》竹简 35 中有一户主"野人",在同墓竹简 13 中也出现了,其简文曰:

户人野,能田四人,口八人,田十五畝,+卩　貸一石五斗。(《一〇号墓》竹简 13)

学术界一般认为,此简中的户主"野"与竹简 35 中的"野人"属同一人②。如是,则户主"野"家庭总人口为 8 人,其中能田者 4 人,占总家庭人口数的 50%。至于能田者,裘锡圭和弘一两位先生皆认为,江陵凤凰山西汉简牍中的能田者几乎与"算"的数量是一致的③。换言之,能田者口数就是指前文所言达到服役年龄的成年男女人口数。

巧合的是,上引天长纪庄《算簿》中的"事算"人数也几乎占总人口数的 45%—50% 以上。结合例 1《户口簿》可知东阳县 6 个乡 8 月份"事算"占人口数中的比例情况:

编号	行政机构名称	户数	口数	事算数	事算在人口总数中的比例	备注
1	东乡	1783	7795	3689	47.3%	
2	都乡	2398	10819	5045	46.6%	
3	杨池乡	1451	6358	3169	50.1%	
4	鞠(?)乡	880	4005	1890	47.1%	
5	垣雍北乡	1375	6354	3285	51.6%	
6	垣雍东乡	1282	5669	2931	51.7%	
7	东阳县(8月份)	9169	40970	20009	48.8%	复算 2045
8	东阳县(9月份)			19988		复算 2065

---

① 张荣强先生云,"事"既含有徭役又有课役口数之意,参见张荣强:《汉唐籍帐制度研究》,商务印书馆 2010 年版,第 144—162 页。笔者非常赞同这种观点。

② 参见〔日〕永田英正著,张学锋译:《江陵凤凰山十号汉墓出土的简牍——以算钱的研究为中心》,收入所著《居延汉简研究(下)》,广西师范大学出版社 2007 年版,第 476 页。

③ 分别参见裘锡圭:《湖北江陵凤凰山十号汉墓出土简牍考释》,《文物》1974 年第 7 期;弘一:《江陵凤凰山十号汉墓简牍初探》,《文物》1974 年第 6 期。

　　由此可见，八月份"杨池乡""垣雍北乡"和"垣雍东乡"的"事算"占人口数之比例皆超过50%。平均而言，全县6个乡承担"事算"之人占48.8%。这种比例与江陵凤凰山十号墓中的竹简所记载的情况大致相仿，也就是说，至少西汉早中期，编户齐民的徭役负担是比较重的。那么，为何有如此高比例的服役人数呢？这主要是因为秦汉时期的成年妇女与男子一样，也必须服徭役。

　　三是妇女服役问题与《算簿》中"事算"的口数。正如上文所言，如此高的服役比例说明，战国秦汉时期，成年女子不仅要临时服兵役，而且还必须承担各种劳役①。如《商君书》载：

　　　　强国知十三数：竟内仓口之数，壮男、壮女之数，老弱之数，官士之数，以言说取食者之数，利民之数，马牛刍藁之数。欲强国，不知国十三数，地虽利，民虽众，国愈弱，至削。②
　　　　四境之内，丈夫、女子皆有名于上者著，死者削。③
　　　　壮男为一军，壮女为一军，男女之老弱者为一军，此之谓三军也。壮男之军，使盛食励兵陈而待敌；壮女之军，使盛食负垒陈而待令，客至而作土，以为险阻及耕格阱，发梁撤屋，给从从之，不洽而燔之，使客无得以助攻备。老弱之军，使牧牛马羊彘，草水之可食者，收而食之，以获其壮男女之食。④

　　可见，商鞅早就认识到，若要成为强国，必须了解本国"壮男、壮女之数，老弱之数"等"十三数"。因此，官府要了解这些数据，就必须要求基层官吏在登记户口时，务必将"丈夫、女子皆有名于上"，做到"生者著，死者削"。⑤ 尤其是在战争的紧要关头，更需要详细知晓成年妇女的年龄及身体状况，否则就无法组织"三军"协同防御作战。战国秦汉时期，妇女参与临时性战事和服徭役的情况也是确实存在的，如《史记·田单列传》："田单知士卒之可用，乃身操版插，与士

---

① 王子今、孙中家：《战国秦汉时期的女军》，《社会学研究》1996年第6期。
② 严万里校：《商君书·去强》，国学整理社：《诸子集成（五）》，中华书局1954年版，第10页。
③ 严万里校：《商君书·境内》，国学整理社：《诸子集成（五）》，第33页。
④ 严万里校：《商君书·兵守》，国学整理社：《诸子集成（五）》，第22页。
⑤ 俞樾说："此夺生字。当作生者著，死者削。说见《去强篇》。"参见蒋礼鸿：《商君书锥指》，中华书局1986年版，第114页。

卒分功,妻妾编于行伍之间,尽散饮食飨士。令甲卒皆伏,使老弱女子乘城,遣使约降于燕,燕军皆呼万岁。"①《史记·项羽本纪》:"于是汉王夜出女子荥阳东门被甲二千人,楚兵四面击之。"②又,《二年律令·复律》简278:"□□工事县官者复其户而各其工。大数术(率)取上手什(十)三人为复,丁女子各二人,它各一人,勿筭(算)繇赋。"可见,齐之"田单"为了麻痹燕军而"遣使约降于燕",但私下却积极备战,甚至临时将士卒之"妻妾编于行伍之间",又"使老弱女子乘城"。"田单"经过一番周密的策划,终将燕军击败,不仅保住了即墨城,而且"齐十余城皆复为齐"③。显然,妇女在这场战争中功不可没。至于刘邦"夜出女子荥阳东门"之事,学界讨论颇多。但笔者以为,这"二千"女子恐怕并非常规军,而是汉王为了自保而临时拼凑而成的。纵然如此,这些临时"被甲"之2000名女子还是为汉王脱险创造了条件。《二年律令·复律》简278则又说明,汉初从事手工业优秀者可获得"复其户"的优待。换言之,官府可以免除这些"工事县官者"家庭成员的"繇赋",亦即简文所言"勿筭(算)繇赋"④,其中就有"丁女子各二人"。

因此,战国秦汉时期,法律对达到傅籍标准的成年妇女服劳役是有明文规定的,正所谓"丁男披甲,丁女转输,苦不聊生"⑤。对此,孙闻博亦曾说:"(秦汉时期)妇女在制度上始终不服兵役,亦不服正役。然因妇女需交算赋,并非小役不与,故国家因需要会临时征发妇女从役,甚至参与军事活动。"⑥不难看出,由于秦汉时期的丁女与丁男一样,既要按律缴纳人头税,又须服国家规定的各类劳役。所以,上引天长西汉木牍"算簿"中不仅包括女性,成年男性更不能例外。这正是该"算簿"中"事算"比例较高的原因之所在。

从以上三个方面来看,上引天长纪庄西汉木牍《算簿》正如山田胜芳和杨际

---

① 《史记》卷八二《田单列传》,中华书局1959年版,第2455页。
② 《史记》卷七《项羽本纪》,第326页。《史记》卷八《高祖本纪》(第373页)也有相同记载,如:"汉军绝食,乃夜出女子东门二千余人,被甲,楚因四面击之。"又,《史记》卷五六《陈平传》(第2056页):"陈平乃夜出女子二千人荥阳城东门,楚因击之,陈平乃与汉王……"。
③ 《史记》卷八二《田单列传》,第2455页。
④ 毋庸置疑,此处之"勿筭(算)繇赋"系述宾结构,其中"筭(算)"用作动词,而其后有两个并列宾语"繇"和"赋"。因此,"算"既可用于"赋",又可与"繇"连用。
⑤ 《史记》卷一一二《平津侯主父列传》,第2958页。
⑥ 孙闻博:《秦汉军制演变史稿》,中国社会科学出版社2016年版,第316页。

平等先生所言,确实是一份官府摊派徭役的官文书①。这份由县廷掌握的官文书是"县官"分派徭役任务的依据。其中之"事算"指的是达到法定服役年龄之男女口数,而"复算"则指依律免除官府之徭役,它们显然与人头税无关。

三、结论

综合而言,安徽天长木牍中的《算簿》确实是一份反映西汉中期徭役制度的重要官文书。这份摊派徭役的官文书大致反映了如下几个历史事实:

第一,天长纪庄木牍中的《算簿》指的是既包括服役标准又记录了免除徭役人数的有关地方官府摊派徭役的官文书。其中,"算"指的是达到服役年龄的成年男女口数,与人头税的数额并无关联。从该木牍《算簿》可知,当时东阳县服役人口比例很高,6个乡平均近50%。究其原因,其与妇女服役有密切之关系。文献显示,在秦汉时期,妇女除了临时服兵役外,还需承担各种劳役。因此,《算簿》中的服役人口比例才会有如此之高。

第二,该《算簿》中"事"的确切含义为役使,正如史家所言"勿事,不役使也"以及"事谓役使也"等。因此,"事算"指的是达到法定服役年龄之男女口数。

第三,天长木牍中的"复算"应为依法免除劳役的男女人数,而非免除人头税之数额。如在天长木牍"集八月事算二万九复算二千卅五"中,"事算二万九"应为东阳县八月份应当服役者的男女口数。以此类推,"复算二千卅五"就是指东阳县免除服役之男女口数,亦非免除人头税之数②。

---

① 〔日〕山田勝芳著,庄小霞译:《西汉武帝时期的地域社会与女性徭役——由安徽省天长市安乐镇十九号汉墓木牍引发的思考》,第317—318页;杨际平:《凤凰山十号汉墓据"算"派役文书研究》,《历史研究》2009年第6期。

② 当然,徭役和人头税的征收皆以人身为准。一般而言,1算就是指1位达到免役或免除人头税条件之人。上引天长《算簿》中的"复算"后之数字只能具有一种含义,即免役之数。同时,天长纪庄汉墓还出土了与此相关的文书,诸如"免老簿""新傅簿"和"罢癃簿"(见胡平生:《新出汉简户口簿籍研究》,收入所著《胡平生简牍文物论稿》,中西书局2012年版,第322—323页)等。这表明,这批文书记录的是官府摊派徭役的情况,而非征收人头税的官文书。因此,山田勝芳在研究这份《算簿》时曾言:"'复算'是由于某些理由而免除了的徭役者。"(〔日〕山田勝芳著,庄小霞译:《西汉武帝时期的地域社会与女性徭役——由安徽省天长市安乐镇十九号汉墓木牍引发的思考》,第317页)笔者以为,山田的这种观点是非常正确的。

    概言之,我们应回到汉代时人的语境中去理解《算簿》的真实含义。天长木牍《算簿》所反映的历史事实说明,当时编户齐民的徭役负担不仅很沉重,而且服役者之比例亦甚高,甚至占家庭人口的 45%—50%。正如晁错所言:"今农夫五口之家,其服役者不下二人……农人所以流亡者也。"[①]这确实是当时小农服徭役的真实写照!

（作者系哈尔滨商业大学经济史研究所教授）

---

① 《汉书》卷二四《食货志》,第 1132 页。

两汉与乌桓关系举隅

——以汉朝内部因素为中心

于振波

由于地理环境的原因,在中国北方,自古以来存在着一个以游牧经济为主的广阔区域,这一区域生活的游牧民族与以农耕经济为主的华夏民族既相互依存又相互竞争。不论是承平时期,还是战乱时期,中原王朝经济实力、文化水平、人口数量等诸多方面都占优势,然而,在民族关系中,却未必总能占据主导地位。以往研究代表农耕经济的中原王朝与北方游牧民族的关系,比较关注两者经济生活的差异与互相补充,比较关注政治制度、文化风俗的不同与相互影响,因而对中原王朝民族政策本身的优劣得失讨论比较深入,对各少数民族的发展、演变讨论也比较充分,而对处在民族关系中的中原王朝本身,其内部因素对民族政策及民族关系走向的影响,则关注略显不足。

乌桓是中国北方古老民族之一,属于东胡的一支。从西汉开始,乌桓与中原王朝交往日益频繁。[①] 在北方游牧民族中,[②]乌桓与匈奴、鲜卑相比,相对弱小,追求自身的生存与发展,是他们的奋斗目标。[③] 在两汉时期的大部分时间

参见马长寿:《乌桓与鲜卑》,上海人民出版社 1962 年版,第 28、134—138 页;林幹:《东胡史》,内蒙古人民出版社 1989 年版,第 28—77 页;田继周:《秦汉民族史》,四川民族出版社 1996 年版,第 234—246 页。

② 关于乌桓的经济生活,马长寿先生认为乌桓人能够经营农、牧、猎三种经济活动,而以农业为主,参见马长寿:《乌桓与鲜卑》,第 117 页。林幹先生认为乌桓经济以畜牧业为主,参见林幹:《东胡史》,第13—15 页。本文采用林幹先生的观点。

③ 赵红梅认为:"乌桓对东汉朝贡之始,是出于寻求经济利益,其次是自身发展的需要。乌桓对东汉朝贡活动受到东汉、匈奴、鲜卑三者相互关系的影响和制约。"参见赵红梅《乌桓朝贡东汉王朝探微》,《社会科学辑刊》2011 年第 6 期,第 204—208 页。

里,他们往往追随、依附于强者;在某些时候,他们也曾为自身的强大与独立做出过努力。本文试图以两汉时期汉朝与乌桓关系为例,探讨中原王朝内部因素的作用和影响。

一、西汉中后期

如所周知,秦汉之际,中原混战,匈奴迅速强盛。在此后的六七十年时间里,匈奴对西汉王朝构成巨大威胁,汉朝一方面通过"和亲"的方式委曲求全,一方面充实边防加以抵御,尽量避免双方大规模的军事冲突。此时的乌桓,依附于匈奴,与汉朝尚无直接的交往。史载:

> 乌桓自为冒顿所破,众遂孤弱,常臣伏匈奴,岁输牛、马、羊皮,过时不具,辄没其妻子。及武帝遣骠骑将军霍去病击破匈奴左地,因徙乌桓于上谷、渔阳、右北平、辽西、辽东五郡塞外,为汉侦察匈奴动静。其大人岁一朝见,于是始置护乌桓校尉,秩二千石,拥节监领之,使不得与匈奴交通。[①]

汉武帝时期,汉朝经过六七十年的休养生息,实力增强。汉朝军队在卫青、霍去病的率领下,对匈奴展开一系列卓有成效的反击,改变了汉与匈奴的力量对比,大大削弱了匈奴的势力。此后,乌桓也摆脱了匈奴的控制,依附汉朝,被迁徙到上谷、渔阳、右北平、辽西、辽东五郡塞外,在汉与匈奴之间形成一道缓冲。[②]

对于西汉王朝来说,乌桓的南迁,既为汉与匈奴之间提供了一道缓冲,又给汉朝增加了一个对付匈奴的可靠同盟者,这就大大减小了来自北方边境东段的军事压力。对于乌桓来说,强大富庶的汉王朝为他们提供了安全保障,农耕经济与游牧经济也可以互补。我们看到,自武帝时乌桓南迁,直到西汉末年,除了昭帝时期而外,乌桓与汉朝之间几乎没有什么矛盾和冲突被载入史册。

---

① 《后汉书》卷九〇《乌桓鲜卑列传·乌桓》,中华书局 1965 年版,第 2981 页。
② 崔向东:《乌桓、鲜卑南迁西进与北方民族关系演变》,《内蒙古社会科学》2014 年第 4 期,第 53—57 页。

昭帝时双方的冲突,《汉书·昭帝纪》有如下记载:

> (元凤三年,前78)冬,辽东乌桓反,以中郎将范明友为度辽将军,将北边七郡郡二千骑击之。
>
> (元凤六年,前75)乌桓复犯塞,遣度辽将军范明友击之。①

似乎是因为乌桓反叛,才受到汉朝的讨伐,而《汉书·匈奴传上》的相关叙述表明,事实并非如此简单:

> (元凤三年)汉复得匈奴降者,言乌桓尝发先单于冢,匈奴怨之,方发二万骑击乌桓。大将军霍光欲发兵邀击之,以问护军都尉赵充国。充国以为:"乌桓间数犯塞,今匈奴击之,于汉便。又匈奴希寇盗,北边幸无事。蛮夷自相攻击,而发兵要之,招寇生事,非计也。"光更问中郎将范明友,明友言可击。于是拜明友为度辽将军,将二万骑出辽东。匈奴闻汉兵至,引去。初,光诫明友:"兵不空出,即后匈奴,遂击乌桓。"乌桓时新中匈奴兵,明友既后匈奴,因乘乌桓敝,击之,斩首六千余级,获三王首,还,封为平陵侯。②

乌桓与匈奴结怨,受到匈奴进攻,与汉朝并无干系。汉朝若因同盟之谊,出兵攻打匈奴,也算师出有名。然而,汉军邀击匈奴不成,"因乘乌桓敝,击之",显然是敌友不分,趁火打劫。乌桓后来的"犯塞",实出于激愤。正如吕思勉先生所言:"然则谓乌桓反而击之者诬也","明友,光婿,光欲盖生事以侯之耳","光以私意劳民,亦可谓甚矣"。③

昭宣时期,政治比较清明,社会比较稳定,加之匈奴一度衰落,才没有使汉朝当政者一时的恣意妄为酿成大的祸乱。随着宣帝即位,事态就逐渐平息了,乌桓"乃稍保塞降附"④。自宣帝即位直到王莽篡汉之前,七八十年间,乌桓再

---

① 《汉书》卷七《昭帝纪》,中华书局1962年版,第229、232页。
② 《汉书》卷九四上《匈奴传上》,第3784页。
③ 吕思勉:《秦汉史》,上海古籍出版社2005年版,第150页。
④ 《后汉书》卷九〇《乌桓鲜卑列传·乌桓》,第2981页。

无"犯塞"之举。这也间接表明,在归服汉朝以后的西汉中后期,乌桓并非麻烦制造者。

二、两汉之际

王莽在主政后及篡汉之初,周边各族与中原王朝的关系总体上是和睦的,内部社会矛盾也基本可控。王莽为追求"四夷来朝"的盛世景象,在"天无二日,土无二王""王者无外"等狂热的政治理念支配下,任人唯佞,举措失据,导致内地民怨沸腾,也激起周边各族的反叛。内忧外患之中,新朝迅速覆亡,中原陷入混乱。在此期间,匈奴再度兴起,鲜卑也南下至汉朝边境。

平帝元始二年(2),王莽"造设四条"以限制匈奴:"中国人亡入匈奴者,乌孙亡降匈奴者,西域诸国佩中国印绶降匈奴者,乌桓降匈奴者,皆不得受。"①又使"护乌桓使者告乌桓民,毋得复与匈奴皮布税"。而乌桓因抗拒向匈奴缴纳皮布税而受到匈奴的打击时,王莽政权既无力惩罚匈奴的"违禁"行为,也无力为乌桓提供保护。②

不仅如此,狂妄自大的王莽最终把乌桓也推到了自己的对立面:

> 及王莽篡位,欲击匈奴,兴十二部军,使东域将严尤领乌桓、丁令兵屯代郡,皆质其妻子于郡县。乌桓不便水土,惧久屯不休,数求谒去。莽不肯遣,遂自亡畔,还为抄盗,而诸郡尽杀其质,由是结怨于莽。匈奴因诱其豪帅以为吏,余者皆羁縻属之。③

此后,中原地区形成众多割据势力,互相混战。纷纷扰扰之间,匈奴、乌桓或受邀或主动,参与了中原角逐:

> (更始二年,24)时,更始征代郡太守赵永,而(耿)况劝永不应召,令诣

---

① 《汉书》卷九四下《匈奴传下》,第3819页。
② 《汉书》卷九四下《匈奴传下》,第3820页。
③ 《后汉书》卷九〇《乌桓鲜卑列传·乌桓》,第2981页。

于光武。光武遣永复郡。永北还，而代令张晔据城反畔，乃招迎匈奴、乌桓以为援助。光武以弇弟舒为复胡将军，使击晔，破之。永乃得复郡。①

（光武建武三年，27，吴汉）又率骠骑大将军杜茂、强弩将军陈俊等，围苏茂于广乐。刘永将周建别招聚收集得十余万人，救广乐。……旦日，建、茂出兵围汉。汉选四部精兵黄头吴河等，及乌桓突骑三千余人，齐鼓而进。建军大溃，反还奔城。②

（建武十三年，37）是时，卢芳与匈奴、乌桓连兵，寇盗尤数，缘边愁苦。③

直到光武帝扫平群雄之前，匈奴联合鲜卑、乌桓"寇抄北边"的活动，始终未减：

光武初，乌桓与匈奴连兵为寇，代郡以东尤被其害。居止近塞，朝发穹庐，暮至城郭，五郡民庶，家受其辜，至于郡县损坏，百姓流亡。④

光武初，匈奴强盛，率鲜卑与乌桓寇抄北边，杀略吏人，无有宁岁。⑤

三、东汉中期以前

两汉之际，乌桓虽追随匈奴侵扰汉境，也抓住有利时机打击匈奴，以摆脱其控制：

（建武）二十二年（46），匈奴国乱，乌桓乘弱击破之，匈奴转北徙数千里，漠南地空，帝乃以币帛赂乌桓。二十五年，辽西乌桓大人赦旦等九百二十二人率众向化，诣阙朝贡，献奴婢、牛、马及弓、虎豹貂皮。⑥

乌桓没有趁机进入漠南，走上独立道路，并不完全是光武帝"币帛"利诱的

---

① 《后汉书》卷一九《耿弇列传》，第705页。
② 《后汉书》卷一八《吴盖陈臧列传·吴汉》，第679页。
③ 《后汉书》卷二〇《铫期王霸祭遵列传·王霸》，第737页。
④ 《后汉书》卷九〇《乌桓鲜卑列传·乌桓》，第2982页。
⑤ 《后汉书》卷九〇《乌桓鲜卑列传·鲜卑》，第2985页。
⑥ 《后汉书》卷九〇《乌桓鲜卑列传·乌桓》，第2982页。

结果。乌桓的实力不及匈奴和鲜卑,"匈奴国乱"是他们侥幸取胜的重要原因,这样的胜利恐怕只是暂时的;鲜卑的南下也给他们带来巨大的压力。如前所述,归服西汉王朝,曾经给他们带来近百年的安定局面,历史的经验或许也为他们选择归服东汉王朝提供了某种程度的启示。

西汉王朝与北方游牧民族相处的经验与教训自然也为东汉王朝所借鉴。随着各割据势力被渐次戡平,东汉政权日益稳定,解决北部边患问题便提上了日程。

在争取乌桓归服的同时,也先后使南匈奴和鲜卑"保塞自守":

> 建武二十二年(46),对前来归服的乌桓首领,光武帝"封其渠帅为侯王君长者八十一人,皆居塞内,布于缘边诸郡,令招来种人,给其衣食,遂为汉侦候,助击匈奴、鲜卑"。在上谷郡宁城设护乌桓校尉加以管理。[1]

> 建武二十一年(45),鲜卑万余骑进犯辽东。时任辽东太守的祭肜以数千人的兵力给来犯者以迎头痛击,"自是后鲜卑震怖,畏肜不敢复窥塞"。随后,又"示以财利",不仅使其首领偏何"愿得归化",还使偏何及其部众成为打击匈奴的生力军。[2]

> 建武二十四年(48),东汉利用匈奴南北分裂之机,成功争取南部匈奴的归服。"匈奴薁鞬日逐王比自立为呼韩邪单于,款塞称藩,愿扞御北虏",光武帝"遂立比为南单于"。[3]

史家对东汉王朝取得的上述政绩给予高度评价:"由是乌桓、鲜卑保塞自守,北虏远遁,中国少事";[4]"时南单于及乌桓来降,边境无事,百姓新去兵革,岁仍有年,家给人足"。[5] 总之,随着南匈奴、乌桓和鲜卑的归服,汉朝北部边境趋于安定。

新建立的东汉王朝,与王莽新朝建立之初相比,其人口数量、国库收入,恐

---

① 《后汉书》卷九〇《乌桓鲜卑列传·乌桓》,第2982页。
② 《后汉书》卷二〇《铫期王霸祭遵列传·祭肜》,第744—745页。
③ 《后汉书》卷一九《耿弇列传·耿国》,第715—716页。
④ 《后汉书》卷一九《耿弇列传·耿国》,第715—716页。
⑤ 《后汉书》卷三五《张曹郑列传·张纯》,第1196页。

远远不如；而东汉王朝所面临的内外环境，要比王莽新朝建立之初复杂严峻得多，而最终的结果，却是新莽由治而乱，东汉由乱而治。究其原因，诚如吕思勉先生所言：

> 莽袭强富之资，遂谓可为所欲为，举宇宙之间，一切如吾意措置之矣。殊不知国家若民族之争斗，关涉之方面极多，初非徒计度土地人民，较量兵甲械器，遂可判胜负之数也。一意孤行，内未安而外亦终不能攘，好径行直遂者可以鉴矣。①

新莽朝廷并非没有有识之臣。例如大司马严尤就曾对王莽的匈奴政策多有劝谏，无奈王莽一意孤行，还将严尤罢官。②

东汉前期，政治较为清明，使得各种人才有施展才能的机会。有谋臣贤相深谋远虑，有雄兵良将克敌制胜，汉朝或以经济利益加以诱导，或利用矛盾分化牵制，一系列得力措施，逐渐化解了北方边患。

在此期间，乌桓不仅能"保塞自守"，还参与了汉朝主导的众多军事行动，成为维护东汉王朝稳定的重要力量：

> 明帝即位之初，"西羌寇陇右，覆军杀将"，明帝"拜(马)武捕虏将军，以中郎将王丰副，与监军使者窦固、右辅都尉陈䜣，将乌桓、黎阳营、三辅募士、凉州诸郡羌胡兵及弛刑，合四万人击之"。③
>
> 明帝永平十六年(73)，窦固、耿忠等率军征伐北匈奴，"骑都尉来苗、护乌桓校尉文穆将太原、雁门、代郡、上谷、渔阳、右北平、定襄郡兵及乌桓、鲜卑万一千骑出平城塞"。④
>
> 和帝永元元年(89)，窦宪、耿秉率军征伐北匈奴，登燕然山，刻石勒功，"南单于、东乌桓、西戎氏羌侯王君长之群，骁骑三万"，也以战功赫然在列。⑤

① 吕思勉：《秦汉史》，上海古籍出版社 2005 年版，第 191 页。
② 《汉书》卷九九下《王莽传下》，第 4155—4156 页。
③ 《后汉书》卷二二《朱景王杜马刘傅坚马列传·马武》，第 786 页。
④ 《后汉书》卷二三《窦融列传·窦固》，第 810 页。
⑤ 《后汉书》卷二三《窦融列传·窦宪》，第 815 页。

　　和帝永元六年(94)，南单于安国从弟子逢侯叛亡，"护乌桓校尉任尚率乌桓、鲜卑，大破逢侯"。①

　　和帝元兴元年(105)，"辽东貊人反，抄六县，发上谷、渔阳、右北平、辽西乌桓讨之"。②

　　安帝元初四年(117)，"鲜卑寇辽西，辽西郡兵与乌桓击破之"。③

　　安帝延光元年(122)，"虔人种羌与上郡胡反，攻谷罗城，度辽将军耿夔将诸郡兵及乌桓骑赴击破之"。④

安帝即位初年，曾一度出现乌桓、鲜卑与南匈奴并叛的局面：

　　及明、章、和三世，皆保塞无事。安帝永初三年(109)夏，渔阳乌桓与右北平胡千余寇代郡、上谷。秋，雁门乌桓率众王无何，与鲜卑大人丘伦等，及南匈奴骨都侯，合七千骑寇五原，与太守战于九原高渠谷。汉兵大败，杀郡长吏。乃遣车骑将军何熙、度辽将军梁慬等击，大破之。无何乞降，鲜卑走还塞外。是后乌桓稍复亲附，拜其大人戎朱廆为亲汉都尉。⑤

　　这次事变的原因，史书没有说明。事态很快平息，说明此时的汉朝廷仍然有能力掌控局势，并能妥善处理善后事宜。此后二十多年时间里，没有乌桓叛乱的记载。

四、东汉中后期

　　顺帝阳嘉四年(135)冬十一月，"乌桓寇云中。十一月，围度辽将军耿晔于兰池，发诸郡兵救之，乌桓退走"。⑥ 此后，直到东汉末年，乌桓叛乱、寇边的记载

① 《后汉书》卷四《孝和孝殇帝纪·和帝》，第179页。
② 《后汉书》志一一《天文中》，第3238页。
③ 《后汉书》卷五《孝安帝纪》，第226页。
④ 《后汉书》卷八七《西羌传·东号子麻奴》，第2892页。
⑤ 《后汉书》卷九〇《乌桓鲜卑列传·乌桓》，第2983页。
⑥ 《后汉书》卷六《孝顺孝冲孝质帝纪·顺帝》，第265页。

几乎史不绝书。他们或单独作乱,或与鲜卑、匈奴联合。

在此期间,仍然有大量乌桓人效忠于东汉王朝,参与镇压各地的叛乱活动:

> 顺帝永和五年(140)秋,匈奴句龙吾斯等立句龙王车纽为单于,叛汉,"东引乌桓,西收羌戎及诸胡等数万人"。汉朝"遣中郎将张耽将幽州乌桓诸郡营兵"前去平叛。[①]
>
> 桓帝延熹八年(165),"荆州兵朱盖等,征戍役久,财赏不赡,忿恚,复作乱","转攻零陵,太守陈球固守拒之。于是以(度)尚为中郎将,将幽、冀、黎阳、乌桓步骑二万六千人救球"。[②]

这固然是东汉王朝分化利用的统治策略在发挥作用,然而,乌桓叛乱活动有增无减的事实,说明这种"以夷制夷"的策略已经越来越失去往日的功效。

顺帝以后,对待乌桓,东汉虽有张耽、张奂、种暠、刘虞等贤臣良将,或武力震慑,或安抚怀柔,并取得一定成效,然而,这些成效都是局部的、暂时的,无法扭转北方边患愈演愈烈的趋势。究其原因,不一而足,根本原因还是出自东汉王朝本身。

在中国古代专制体制下,普通百姓(庶人)基本上只有纳粮当差的义务,没有什么权利可言,政治较为清明时,负担相对少一些,而政治黑暗年代,负担则有增无减。前来"归化"或"臣服"的少数民族,一旦被纳入中原王朝的"臣民"体制中来,便迟早会与原有"臣民"承担同等的赋税徭役负担,甚至更为沉重。在这一过程中,中原王朝的统治者基本不太关注彼此之间经济生活以及文化上的差异,各种"合法的"以及法外的征发与索取,最终酿成官逼民反。

桓帝延熹元年(158),拜陈龟为度辽将军。陈龟临行,上疏曰:

> ……且牧守不良,或出中官,惧逆上旨,取过目前。呼嗟之声,招致灾害,胡虏凶悍,因衰缘隙。而令仓库单于豺狼之口,功业无铢两之效,皆由

---

① 《后汉书》卷八九《南匈奴列传》,第2961—2962页。
② 《后汉书》卷三八《张法滕冯度杨列传·度尚》,第1286页。

将帅不忠,聚奸所致。前凉州刺史祝良,初除到州,多所纠罚,太守令长,贬黜将半,政未逾时,功效卓然。实应赏异,以劝功能,改任牧守,去斥奸残。又宜更选匈奴乌桓护羌中郎将校尉,简练文武,授之法令,除并、凉二州今年租更,宽赦罪隶,扫除更始。则善吏知奉公之祐,恶者觉营私之祸,胡马可不窥长城,塞下无候望之患矣。①

东汉和帝以后,外戚、宦官专权,朝政日益腐败。贪官污吏横行,为害百姓,在激化社会矛盾的同时,也给"胡虏"创造了反叛的机会;将帅贪婪无能,则使问题更加严重。解决之道自然是"去斥奸残""简练文武"。应该说,陈龟看到了问题的本质,也提出了解决之道。

"牧守不良""将帅不忠"导致乌桓叛乱的史实,从下列事例中可见一斑:

灵帝中平元年(184)十一月,"湟中义从胡北宫伯玉与先零羌叛,以金城人边章、韩遂为军帅,攻杀护羌校尉伶征、金城太守陈懿"。② 汉朝拜张温为车骑将军,讨伐边章等,"发幽州乌桓三千突骑,而牢禀逋悬,皆叛还本国"。前中山相张纯对前太山太守张举说:"今乌桓既畔,皆愿为乱,凉州贼起,朝廷不能禁。……子若与吾共率乌桓之众以起兵,庶几可定大业。"灵帝中平四年(187),张纯、张举与乌桓大人联盟反叛,众至十余万,声势颇大,张举称"天子",张纯称"弥天将军安定王"。朝廷拜刘虞为幽州牧。刘虞到任后,"罢省屯兵,务广恩信。遣使告峭王等以朝恩宽弘,开许善路。又设赏购举、纯。举、纯走出塞,余皆降散"。③

据《后汉纪》记载,在上述事件中,张纯对张举曾有如下言论:

乌桓数被征发,死亡略尽,今不堪命,皆愿作乱。国家作事如此,汉祚衰亡之征,天下反复,率监子故。若英雄起,则莫能御。吾今欲率乌桓奉子为君,何如?④

① 《后汉书》卷五一《李陈庞陈桥列传·陈龟》,第1693页。
② 《后汉书》卷八《孝灵帝纪》,第350页。
③ 《后汉书》卷七三《刘虞公孙瓒陶谦列传·刘虞》,第2353—2354页。
④ [晋]袁宏撰,周天游校注:《后汉纪校注》卷二五《灵帝纪下》"中平四年",天津古籍出版社1987年版,第707页。

　　根据张纯的言论推断,东汉征发乌桓突骑前去平定叛乱,却拖欠薪饷,这样的事情恐怕是经常发生的,不然也不会引起乌桓突骑的哗变,更不会给张纯、张举利用乌桓发动叛乱提供可乘之机。而朝廷派曾任幽州刺史且"民夷感其德化"的刘虞"罢省屯兵,务广恩信",便平息了此次事变,更加说明乌桓的反叛是汉朝用人不当、措施不力引起的。

　　东汉后期板楯蛮叛乱的事例,或许也能佐证东汉王朝对乌桓叛乱应该负有主要责任。板楯蛮勇猛善战,经常被东汉朝廷征发,参与平定各地叛乱,"至于中兴,郡守常率以征伐"。汉灵帝时,汉中上计程包对策,历数板楯蛮对汉朝的巨大贡献,进而指出其叛乱之因:

　　　　忠功如此,本无恶心。长吏乡亭,更赋至重,仆役箠楚,过于奴虏,亦有嫁妻卖子,或乃至自刭割。虽陈冤州郡,而牧守不为通理。阙庭悠远,不能自闻。含怨呼天,叩心穷谷。愁苦赋役,困罹酷刑。故邑落相聚,以致叛戾。非有谋主僭号,以图不轨。

　　程包提出的应对之道也很简单:"今但选明能牧守,自然安集,不烦征伐也。"①这与中平年间乌桓叛乱之因与应对之道是何等相似!

　　至于东汉中后期连绵不断的羌族叛乱,多与吏治腐败有关,前人多有论及,此不赘述。

　　至此,可以断定,是东汉王朝的腐败导致了愈演愈烈的内忧外患,东汉中后期的乌桓叛乱,只是这一系列内忧外患的一个组成部分而已。

结论

　　两汉时期北方游牧民族中,乌桓相对弱小,在大部分时间里,他们依附于汉王朝,并以其强悍与勇敢,积极参与汉朝的边塞防御和内地平叛。他们的叛乱,多与汉朝自身政治腐败、决策失误有直接关系。两汉与乌桓关系史为我们提供

---

① 《后汉书》卷八六《南蛮西南夷列传》,第 2843 页。

了一个具体而鲜活的实例,表明经济、文化比较先进的中原王朝,其自身的内部因素决定着民族关系的走向。

中原地区经济的富庶,文化的优越,对周边落后民族固然产生吸引力,也容易使自身滋生傲慢与偏见,不能务实地合理地对待周边民族,引发不必要的矛盾和冲突。另一方面,当中原王朝统治发生危机时,其经济的富庶足以引起周边强悍者的贪欲。

中原王朝内部政治的利弊得失,对民族政策与民族关系的影响至关重要。内部政治清明、社会和谐的中原王朝,本身实力雄厚,对周边民族有较强的吸引力,在民族关系中也更容易掌握主动权;相反,内部政治黑暗、社会矛盾尖锐的中原王朝,本身实力不断削弱,给周边尚武好战的民族提供了可乘之机,在民族关系中往往丧失主动权,被动挨打;而且,内部政治腐败的中原王朝,也很难制定出行之有效的对内、对外政策,往往在内忧外患中走向衰亡。

附记:

在北大读书期间,我是定向生,按政策毕业后应该回内蒙古工作,导师张传玺先生曾建议我做民族史研究。遗憾的是,因自己专业基础及领悟能力不足,最终未能如愿。谨以此文纪念恩师,并自我鞭策。

(作者系湖南大学岳麓书院教授)

对"普天之下 莫非王土"的再认识及其启示

雷　原

以前读《孟子》时,常常被"普天之下 莫非王土"这句话所影响,总以为中国几千年的土地都是国家所有,农户、地主、商人对土地的拥有都是在此框架下对土地的使用权罢了。孟子所说的"制民恒产"也不例外。后来发现这句话不仅影响了自己对中国土地制度历史的正确理解,而且发现某些专家、学者、教授、官员等都受这句话的影响不浅。2002 年,我有幸到了北京大学历史学系博士后流动站工作,主要目标就是要对中国古代的社会经济史进行专门研究,希望能从历史研究中找到针对乡村建设的历史经验。在研究中除了阅读岳庆平导师列出的书单外,还阅读了赵靖先生、胡寄窗先生的著作,不过对我影响最大的还是张传玺先生对于秦汉史研究的相关著作。

一、关于先生提出的历史研究方法

先生对秦汉史的研究方法大致可以总结为六点:

第一,要了解研究意义,明确研究目的。先生认为欲知秦汉史的研究意义,一定要了解秦汉史在中国整个历史中的地位。可以说秦汉时期是先秦以来中国圣贤对于人生、家国、天下思想从理论而付诸实践的历史时期,也可以说先秦人的家国天下理想是在秦汉时代完成的。以后的朝代都是以秦汉为模式而建立,只是在一些局部有所损益而已,但立朝的根本精神与框架是一脉相承的。因此,研究秦汉史其意义之伟大是可想而知的,在整个中国历史发展中秦汉史具有奠基意义。

第二,先生提出了"不要为学术而学术、为研究而研究,更不应该为了谋取个人的名利而研究"的学术研究原则。今天某些领域的研究就是为学术而学术,为研究而研究,脱离中国的实际需要,违背圣人之言,甚至将对问题的片面的静态的研究视为科学的研究方法,旨在诡辩、自圆其说,不在对真理的探索。

第三,先生提出研究秦汉史的目的在于为我们的社会主义建设服务。中国的社会主义建设是中国历史发展到一九四九年中华人民共和国成立的历史阶段所要进行的建设,而非割断中国几千年历史凭空而起的社会主义建设。更确切地说无论是中国共产党的革命历史,还是后来的社会主义建设历史都不能脱离中国几千年的历史。中国共产党领导的中国社会主义建设是从中国几千年以来的历史中演化而来的,有很多继承,尤其是精神层面的继承更是一以贯之的。诸如民本的思想,后来叫"为人民服务",现在叫"以人民为中心"。再如孔子的"民信、足食、足兵",后来称之为"备战备荒为人民"。还有历史上的"农本商末",后来演化为"农村包围城市";中国文化中的"行有不得 反求诸己"而成为我党"批评与自我批评"解决人民内部矛盾的方法;孔子之中庸思想,演变为"统一战线"原则;寓农于兵的"府兵制"成为后来的新疆建设兵团;寓兵于农的兵役制度成为民兵组织,如此等等。可以说我党无论在其革命时期还是在建设时期,都无疑是传统文化的忠实继承者,没有几千年的中国历史文化孕育不出中国共产党,没有几千年的修齐治平理想,同样酝酿不出中国社会主义制度。社会主义是一个大家庭,是中国几千年家文化自然而然演化孕育出来的。可以说中国的社会主义道路是由内因与外因相互作用而成的。在内因与外因的关系中,内因是决定因素,外因是辅助的因素。试看欧美至今没有社会主义制度,其土壤中就不曾有"仁爱孝悌""老者安之,少者怀之,朋友信之""不患寡而患不均"的文化传统。正如先生所说:"要有事业心,要提倡共产主义的献身精神。"

第四,先生讲"应当了解史料范围"。先生列举了以"四史"即《史记》《汉书》《后汉书》《三国志》作为基本资料,还有《东观汉记》《汉纪》《后汉纪》《七家后汉书》《汉官七种》《说文解字》《汉魏丛书》《全秦文》《盐铁论》以及《水经注》《资治通鉴》《通鉴纪事本末》《全汉诗》《秦会要》《西汉会要》《东汉会要》《二十五史补编》等文献资料。可以说研究历史资料不全不丰富，对于历史的研究就不全面，甚至会得出片面的结论。除了文献资料，还有考古资料，包括一般性的考古资料、秦简汉简，以及金石文字资料、封泥等。先生以上所列举的研究资料种类全备，丰富多彩，从中可以窥见先生学问之深厚、功底之扎实、研究态度之谨诚。汤用彤先生讲研究学问要"统计全局、精考事实，平情立言"。我想"统计全局与精考事实"对于先生的研究而言，应该就是指先生强调的对文献资料与考古资料全面深刻的掌握。不全面所得之结论要么牵强附会，要么偏颇片面。

第五，先生还要求了解已有的研究状况。要站在前人研究的成果上进行研究，有益于继承与发展，且少走弯路，以收事半功倍之功。

第六，也是系于研究者灵魂的问题，就是认真学习马克思主义。认真学习马克思主义就是要解决我们研究历史的立场问题，立场错了，所研究出来的成果不仅不会益于中国的社会主义建设，还会被帝国主义、反华势力、反社会主义势力所利用。孔子整理《春秋》，所用之春秋笔法，正是站在道德的角度对历史人物、事件进行评判，从而乱臣贼子惧。今天看来道德标准与人民立场是一致的。中国的道德源于家庭伦理之三伦，由三伦而推及社会成为五伦，即君礼臣忠、父慈子孝、兄友弟恭、夫义妇随与朋友有信。孔子之道德标准就是站在人民的立场上思考历史、评判历史的。孔子在与子贡的对话中所讲的"足食、足兵、民信之矣"就是告诫君王要取信于民，还有"因民之所利而利之"。孟子之"制民恒产"以及仁政与王道思想都是要获得民心。要获得民心就必须站在人民的立场上思考问题。古代的土地制度，在分配时，充分考虑了土地与人口的关系，一个家庭如果土地多人口少，就会浪费土地；一个家庭如果土地少而人口多，就会浪费劳动力，所以自秦汉之后多以"均田分力"为分配土地的原则，这里不仅考虑了人口与土地资源的整合，而且也考虑了"不患寡而患不均"的问题。可以说今天教育方面出现的某些问题，表现在教育上，根源在思想上，思想之根本在立场上。社会主义之所以为社会主义，根本在以人民为中心。可以说无论研究历史，还是从事教育，或是为官为商为兵为工，都应该站在人民的立场上看待问题。

正是先生提出研究秦汉历史的方法，坚持了为人民的学术立场，才使得先生能以超越狭隘立场的大胸襟看待历史，不为局部的属于支流的历史现象所障碍。从先生研究秦汉史以及中国土地制度演变史中,可以窥见先生能抓住本质,抓住主流,写出了《汉以前封建地主土地所有制的发生和确立》《两汉地主土地所有制的发展》《论中国古代土地私有制形成的三个阶段》《战国秦汉三国时期的国有土地问题》《从"授民授疆土"到"衣食租税"》《论中国封建社会土地所有权的法律观念》等影响深远的文章。这些文章在今天对于乡村建设与振兴仍然具有现实意义。

二、关于先生对中国土地制度史的研究在乡村振兴中的学术意义

乡村建设与振兴是中国社会能否长治久安的根本。为什么这样说呢? 首先,乡村建设是粮食安全的根本所在,民以食为天,中国是一个人口大国,如果粮食不能自给自足,必然会在很多方面出现被动。其次,乡村也是中国社会生态环境建设的主要阵地。乡村之农业、养殖业与手工业以天人合一、心物一体价值为指导,所用能源极其有限,主要依赖人力与畜力;而且人之生活所形成的剩饭剩菜与粪便等垃圾可以通过养殖、沤肥变废为宝,形成循环。再次,乡村建设也是防御战争的需要,这里所说的战争不仅指以常规武器为主要武器的战争,也包括正在发生的生化战争与核战争。乡村居住以平房为主,家家有院落,而且分散居住,既可深挖洞,又能户户彼此隔离开;而且生产与居住一体化,可以持续的防御。最后,乡村是农耕文化与家文化之所在。农耕文化以耕读生活为主,农忙时则耕,闲暇时则习兵。西汉时李广在抗击匈奴之前就是过着这种寓兵于农的生活。农村生活以小家为单位并逐步推广至家族与村里,家族有祠堂文化,村里则有乡约文化,乡约文化与祠堂文化核心都是家文化,推崇父慈子孝、礼俗相交、德业相劝、过失相规与患难相恤。乡约文化与祠堂文化所异只是在于同姓与异姓之间,一个村里同姓多,则为祠堂;异姓多而同姓少则发展乡约,文化精神都是家庭伦理。耕艺不仅可以自足,而且耕艺不同于科学化的大工业生产,它益于人身体的强健,与天地合一的辛苦劳作还能磨练人的意志。建设好乡村就保护了我们的传统文化,传统文化的复兴必然与乡村的振兴相伴而行。

先生在《汉以前封建地主土地所有制的发生与确立》一文中主要讲了西周初、中期确实是土地国家所有制为主,那时的历史用"普天之下 莫非王土"概括是对的。但是伴随周天子势力日益弱化,诸侯兼并势力日益增强,国家所有制日益变为诸侯所有制。先生还举了晋国的郤至大夫竟然与天子争地的例子。此时有人还提出了"封略之内,何非王土"的说法。到了春秋后期土地所有权进一步下降,许多权臣可以不经过国君的同意任意处理自己的封地。自战国到秦的统一,是土地私有制在全国的确立时期。土地私有权在李悝的《法经》上是肯定的。商鞅变法在秦国也开始确立了土地私有制。土地私有制到了战国后期已经成为主导地位的土地所有制形式。先生在《两汉地主土地所有制的发展》文章中指出:"两汉时期,国家统一的时期较长,社会比较稳定,经济发展迅速,封建地主土地所有制已成为主导的统治的所有制形式。构成和体现这一制度的一切必备条件和基本特征已大致具备。绝大部分田地为私人所有,称作'民田'或'私田',很少一部分属于国家,称作'官田'或'公田'。"为了说明两汉时期土地私有制,先生还专门讲了两汉土地买卖的具体情况。诸如买卖过程除了双方当事人,还有作为中人的亲友,成交后,要共立契约,契约中要载明双方姓名、田地位置、四至、大小、田价、中人姓名以及其他条款。从中可以看出两汉时期土地买卖交易已经很成熟。土地买卖交易的前提是土地私有制,没有私有制,谈何买卖交易! 先生在该文中还谈到土地的继承权,嫡长子继承已经没有以前那么严格了,庶子、女儿都有权利继承,只不过这个权利取决于家长的意愿而已。从先生的这一论述中,可以窥见中国古代的土地私有制是以家庭为单位的,家长是这一权利的代表。这一点不同于西方个人本位的私有制。先生在《论中国古代土地私有制形成的三个阶段》一文中着重论述了土地私有制形成的三个阶段,即以宅圃买卖为标志的第一阶段开始于西周中期,到春秋末年止,其间约五百年,这一时期可以称之为萌发期;第二阶段是以耕地买卖为标志的,始于战国前期,至西汉中期止,其间约四百年;第三个阶段是以山林川泽买卖为标志的,始于西汉中期,它标志着土地国有的彻底崩溃与土地私有制的深入发展。在该文中先生还提出了一个重要的观点,这个观点是围绕对商鞅变法的评价展开的,土地私有制的形成究竟是历史事实、趋势发挥的作用大呢,还是商鞅一纸法令发挥的作用大呢? 先生的意见是历史事实与趋势是前提,而历史人物只是顺应历史潮流发挥其在那个历史阶段所能做出的促进历史发展的举措而已。试看王莽新政,拟推动王田制以解决土地兼并问题,开了历史的倒车,最后惨败而终。先生在《战国秦汉三国时期的国有土地问题》一文中,主要从国有土地的来源、使用、经营方式以及不断走向私有化的过程进行论述,得出土地私有在整个历史发展中是趋势、占主导地位。先生在本文中还增加了对禄田的论述。禄田就是职分田,职分田也叫职田,是一种发放俸禄的方法。即一部分发放为钱币,一部分根据其官秩级别,分给一定的公田,由官吏自行觅佃收租。这种方式分发俸禄,其实也是导致国有土地私有化的一种形式。先生在《从"授民授疆土"到"衣食租税"》一文中主要论述了具有领主地位的封君逐渐转变为仅有"衣食租税"地位的封君,说明土地私有制的普遍性。先生在《论中国封建社会土地所有权的法律观念》一文中进一步从国家法令政策以及买卖契约的法律关系层面阐述了土地私有制自战国而至清朝的历史是普遍存在的。综上所述,先生对中国土地制度的论述是全面的也是入木三分的。从中我们完全可以得出"普天之下 莫非王土"仅限于西周中期之前。自战国之后土地私有制度就是中国社会占主导地位的土地所有制形式。虽然这一制度始终存在着土地兼并的隐患,但是仍然被历代王朝所采用。王田制或井田制虽然被历代学者所共认是一个较为理想的土地制度,但自王莽新政失败后,再也无人采纳。

（作者系西安交通大学东方管理研究院院长、教授,汤用彤书院院长）

《云南彝族那氏土司本末》一书整理出版补记

张　迎

　　1958 年至 1959 年间，父亲张传玺先生作为北京大学历史系副博士研究生，参加了中国科学院民族研究所主持的全国少数民族社会历史调查，被分配在云南组。他先后参加了傣族和彝族的社会历史调查工作。1958 年 8 月至 12 月，父亲任云南德宏傣族、景颇族自治州潞西县遮放族区傣族调查组组长，带领 14 人组成的调查组对遮放区和瑞丽、陇川两县进行了近 5 个月的社会历史调查。12 月中下旬开始，他又被调任云南楚雄彝族自治州"武定禄劝两县彝族调查组"组长，带领调查 10 人小组进入原慕连土司区，驻原那氏土署所在地万德镇旁的山村万宗铺，在武定、禄劝两县走访了数十个村子，其中包括马德坪、多支里、新衙门和路基四个那姓土舍的辖区，完成了"口头访问"的笔录工作，还做了"考古"的尝试，以解决一些口头访问中遇到的悬而未决的问题。父亲在做调查的时候注重收集史料，走到哪里，就把那里留有汉字的地方，如庙里的设施、牌匾、楹联、佛像、石刻等，一一拍照、抄录。听说哪个山上有带文字的石刻，也都去考察、拍照并抄录下来。由于当时调查小组的同志们要和当地群众"同吃、同住、同劳动"，可供调查的时间非常有限，又赶上全国"大跃进""抢收抢种""大炼钢铁"等运动，调查虽有收获，但父亲觉得，从"历史调查"的科学要求看，还是不够深不够透，掌握的史料不够丰富，常常引以为憾。

　　回到北京后，父亲就这次调查向翦伯赞先生做了汇报。又在北京大学图书馆查阅相关史籍，为调查报告补充一些史料内容。他发现，彝族社会历史现存的史料不多，依靠口头相传而保留下来的神话、传说虽有参考价值，但并不能作为可靠的史料运用。而当时在武定、禄劝两县发现并抄录的很多碑文无疑是研究这一地区彝族社会历史的极为宝贵的可靠史料。为引起史学界对这些史料的关注和保护，他写了《云南武定禄劝两县彝族的碑记、雕刻与祖筒》，发表于《文物》杂志 1960 年第 6 期。对他当年所见到的文物古迹中的一小部分做了简单介绍。

虽然于二十世纪五十年代进行的全国少数民族社会历史调查活动早已结束，但是父亲认为从历史科学研究的需要看，还有很多工作要做。在那之后的数十年间，他坚持留意收集云南彝族傣族的社会历史资料，进行研究。对于研究中一些未能解决的问题，他一直期盼着有机会再做更深入的调查。

直到 1983 年，父亲终于有机会再次到了云南，实现了自己的宿愿。他在云南省教育厅张从信副处长的安排下重访武定、禄劝两县，还到了万德公社。很可惜，当地因为修发电站和水库，对一些古迹所在地进行了爆破，有些重要的碑已经不在了。父亲在 1959 年初见到的"鳳公世系"碑已经完全没有了，"世袭脚色"碑也已被炸掉大部分。父亲手中 1959 年抄录的这些碑文，就显得弥足珍贵。虽然部分古迹已被破坏，但是那次云南之行父亲还是颇有收获的。他得以对他长期思考、研究的某些问题和资料进行了复核。在当时武定县文化馆熊摄影员的帮助下，父亲给剩下的碑尽可能多地拍了些照片，并向武定县文化馆强调了这些历史遗迹的史料价值，再次呼吁加强保护和研究。我在父亲保存的有关云南彝族历史调查的文件夹中看到了一篇文章的手稿，是他在 1983 年从云南回北京后写的，文中介绍了这些文物古迹的史料价值，以期为民族史研究者提供一些情况和意见，呼吁将这些文物古迹保护起来。我不清楚这篇文章是否发表过。

父亲当年带领的调查小组共同完成的约 14 万字的《武定县万德区万宗铺村彝族社会历史调查》于 1963 年 5 月刊印于云南省的《云南彝族社会历史调查》（彝族调查材料之一）（内部铅印本）中。1986 年 10 月收录在云南人民出版社出版的国家民委《民族问题五种丛书》之一《云南彝族社会历史调查》（《中国少数民族社会历史调查资料丛刊》）一书中。这份报告虽名为"万宗铺村"调查报告，其主要内容是讲述了远自明末，经清代、民国时期至解放初，统治着武定县的大部地区的彝族慕连土司的兴亡史。1995 年，燕京研究院《燕京学报》新 1

期又刊登了父亲写的《云南彝族慕连土司史迹补正》。

2019年，父亲在92岁高龄的时候再次根据留存的手稿，将《云南彝族慕连土司史迹补正》做了修订，并加上了禄劝毕摩张文元译的《禄劝常氏土司的家史》，还有从宋朝到明朝的凤氏世系和凤氏后裔那氏碑铭汇录等作为补充，汇为一册，在2019年12月25日交给中央民族大学黄义军教授，希望她协助整理并转交给中央民族大学出版。由于文稿中手写部分很多，打印部分也是复印件，不很清晰，黄教授在2020年2月22日联系我，希望我能把手稿录入成电子版再给出版社编辑出版。录入过程中我发现确实有很多困难，除了字迹不好认以外，已经发表过的报告和论文部分也有修改。我作为一个外行，很多信息需要反复地和父亲确认，以免由于我的理解偏差造成错误。父亲虽已是93岁高龄，却对当年的事情经过、村寨里的人名、文字的读写以及史料出处等，都记得非常清楚，对我提出的问题都能够给予明确的回答。经过5轮的校对核准，2020年5月这份整理过的录入稿终于通过黄教授送到了中央民族大学麻国庆副校长手中。中央民族大学党委书记张京泽先生获悉消息，非常重视，做了批示。中央民族大学历史文化学院苍铭教授对文稿进行了审读后，肯定文稿的重要学术价值，并建议纳入中央民族大学《民大记忆》系列丛书出版。麻国庆副校长将稿子转到中央民族大学博物馆张铭心馆长处，由张馆长安排具体编辑出版事宜。

在和张馆长联系的当天，我提出父亲希望看看他自己写的先前已发表过的《武定县万德区万宗铺村彝族社会历史调查》一文。张馆长马上找到发给了我。我打印出来带给父亲，他特别高兴，说这是他当时关于彝族社会调查的第一篇稿子，说家里原有一份存件，但是找不到了。并表示想将万宗铺村调查报告的一部分加进这部书中，这样就可以将云南民族社会历史调查的报告与后来关于土司史迹的发现内容汇总在一起。由于几篇报告完成的年代不同，内容虽有关联但又有不同。为了保证本书前后的连贯性，张铭心馆长请博物馆"中央民族大学民族博物馆口述史研究中心主任"贾仲益教授帮忙审阅。贾教授非常认真，在审阅过程中先后多次与我父亲书面沟通，提出了一些调整建议。我父亲非常高兴地接受全部建议。

2020年7月23日，中央民族大学博物馆口述史研究中心特聘研究员张龙翔先生受张铭心馆长的委派到父亲家中进行访谈，就当年全国少数民族社会历史调查和父亲聊了近 2 个小时。父亲特别高兴。把自己当年做历史调查的经历和插曲都一一讲给张老师听。张老师将语音访谈整理成文稿后,父亲还亲自做了修正。

2020 年 12 月,学苑出版社的张佳乐老师联系我,告诉我由他负责本书的编辑工作。张老师当时已经完成本书的初审,将打印的排版书样寄给了父亲。父亲马上认真做了校对,总体很满意,同时也提出了一些修改意见。张佳乐老师又与父亲书面沟通了很多次,解决了书稿编辑工作中的一些具体问题,如确定插图的位置,所汇总的几篇文章的排序,以及一些文字上的调整等,父亲对此非常感激。2 月 1 日,张老师告诉我样书将会很快寄到家中,我也把这个消息告诉了父亲,他表示非常期待。可是当天夜里,他就因为心梗住院了。收到样书后,我去医院陪住的时候,把样书带到了医院。父亲清醒的时候,我把书举起来给他看,那时他已经不能说话,手也有些肿了,拿不了书。我拿起他的手摸了摸书皮,并翻开书给他看,告诉他这是寄来的样书,从他的眼神里我看到了欣慰。护士说担心我父亲手举起来的时候会碰掉管子,要将他的手固定,我坚决不让。我告诉她们我父亲康复后还要继续写书呢,固定起来手肿了以后就不能握笔了。我可以坐在床边看护着,避免碰到管子。我多么希望父亲能够康复,像过去一样提笔在稿子上写上他的意见啊!张老师随样书还附了一份"三审意见存疑处"。我没有念给他听,因为不想让他再操心思考。我父亲的弟子岳庆平先生和我商量,回复张佳乐老师,同意他建议的全书结构和脉络安排,其它存疑处我也再次核对了原手稿,尽可能地一一解决,可以定稿发排。

在跟父亲的交流中,我理解他之所以希望将这些资料再次整理出版,主要是希望把以前已出版部分中发现的错误更正过来。我父亲他们在 1959 年调查结束返回昆明途中,由县委统战部部长雍文清同志(彝族)带着参观了土司的墓地,收录了很多有关那氏土司的新材料。父亲和组员们在他的指导下抄录了十几万字的资料,也照了相。父亲对雍文清同志的帮助非常感激。他在《云南彝族慕连土司史迹补正》中加入了这些本该编入"调查报告"的材料,但是出版后发现还有缺陷。不管是当时记录的错误还是印刷的错误,父亲在《云南彝族那氏土司本末》中都一一予以更正。同时,他还尽可能地将他这些年收集到的一手资料和史料汇集一处,在同一本书中完整准确地呈现给读者,为后人做民族历史研究提供清楚的参考资料。

　　父亲多次跟我提到"武定禄劝两县彝族调查组"的副组长李兴堂同志。他是禄劝县的在职干部,同时也是当时中央民族学院研究生班学员,他为那次调查做了大量工作。在当年发表的武定县的"调查报告"中,因为有部分内容被删除,导致李兴堂副组长的名字也被删除,我父亲一直觉得是缺憾。我在此记录下他的名字,多少弥补一下这一缺憾。同时,我也从父亲的手稿中了解到"武定禄劝两县彝族调查组"一共10人。我父亲是组长,李兴堂是副组长,其它成员有:杨万全(民院助教)、张元庆、张蓉兰、张长彩(三人均为中央民族学院中文系三年级学生)、姚真(北大历史系考古专业三年级学生)、毕景惠(云南省广播电台播音员)、杨光复(云南大学学生)和云大淮。

　　另外,书中有些数字对不上,例如农民的收入等,在表中有些项目加全和汇总不一致。父亲解释说当时的调查是边劳动边调查,调查工作都是在老乡劳作空闲的时间"业余"进行,老乡对有些情况的表述并不很准确,常出现同一个人今天和昨天说的不一样,这个人和那个人说的不一样的情况。这些数字由不同的组员调查收集,汇总的时候就已经发现有的对不上,但是也只能按调查结果记录,对于原始史料,是不能随意改动的。这一点也是需要说明的。

　　2021年12月20日,张铭心馆长联系我,告诉我书已经印好了。我请张馆长把书寄到我母亲那里,因为她一直挂念着父亲生前最后这本书的出版情况。2021年12月23日,家里收到了张铭心馆长寄来的书,是精装版,母亲非常高兴,虽然已是98岁高龄,视力也不好,但是她依然逐字逐句地把书又读了一遍。2021年的最后一天,我带着新出版的《云南彝族那氏土司本末》来到老山骨灰堂父亲的灵前,给父亲读了这本书的"编辑说明"、父亲亲自写的"后记"和我写的"整理出版补记"。我希望父亲能够看到正式出版的书的样子,希望"编辑说明"和"整理出版补记"能尽可能准确地表达出他坚持重新整理出版这本书的初心和记录下他在长达60多年里对这一研究项目持续投注心血的经过。

　　2021年本文初稿作为"补记"收录在《云南彝族那氏土司本末》书中。

　　2022年2月10日再次修改完善。

　　　　　〔作者系张传玺的幺女,苹果公司(Apple Inc.)中国区商业计划总监〕

土山屯汉简《要具簿》性质与封界条疏证*

邹水杰

2016年5月至2017年11月,青岛市文物保护考古研究所联合黄岛区博物馆,对位于黄岛区土山屯村东北岭地上的四号封土进行了发掘,清理了曾任萧令和堂邑令的西汉刘赐墓 M147,在墓主左腿部的竹笥内发现了用纺织品包裹的10枚木牍,其中6枚为"上计"性质的文书牍,2枚空白牍,2枚名谒牍。竹笥外的铜镜下还叠压1枚衣物疏。编号为 M147:25-1 的木牍两面用工整隶书分栏书写两份文书,标题前均加上圆点。① 木牍正面上栏有带加点的标题《堂邑元寿二年要具簿》(以下简称《要具簿》),在正面的上下两栏和背面的上栏,分38行记载了堂邑县的吏员数量、城池大小、户口人数、库兵数量、垦田状况、钱粮市税、赈济贫民等方面的内容,背面下栏接着抄写了《元寿二年十一月见钱及逋簿》,标题前同样加了圆点。《要具簿》的项目类别和内容,与以往出土的同类简牍有同有异,对于理解西汉末年的制度、政治与社会,有很大的史料价值。正确理解《要具簿》的性质,是解读和利用这一文献的前提;正文第一行是对县城大小和县域跨度的记载,对于理解西汉晚期至东汉郡县分境制度很有帮助。特就此两点作一疏证,以求教于方家。

---

* 本文为国家社会科学基金项目"简牍所见秦汉边陲地区郡县化研究"(批准号:20BZS027)的阶段性成果。

① 青岛市文物保护考古研究所、黄岛区博物馆:《山东青岛土山屯墓群四号封土与墓葬的发掘》,《考古学报》2019年第3期,第405—459页。

一、《堂邑元寿二年要具簿》的性质

　　理解文书标题,是对本牍文书性质认定的前提和基础。发掘报告笼统将六枚文书牍表述为"'上计'文书性质",但却将其中的《牧君移书要》(M147:25-8)解释为"'移书'性质的公文,记载州牧下行的文书概要"。① 从发掘者的表述可看出,"移书"与"上计文书"显然是有差别的。而且根据尹湾汉简,上计文书也有不同种类,因而对文书的性质认定是内容解读的前提。

　　首先要关注的是,木牍 M147:45《堂邑令刘君衣物名》为随葬衣物清单,一般情况下是在墓主死后由治丧人员抄写,是为纯粹的丧葬文书。但行政文书牍,则有可能是临时抄写的明器,也有可能是墓主刘赐生前使用的官文书副本或底稿。从图版上看,文书牍与衣物疏文字的笔迹相近。从下表所列两份文书中几个字的书写特点,可知二牍应为同一人书写,甚至名谒牍也可能出自同一人之手。这就意味着,这批"上计文书"和"名谒"可能是刘赐死后由治丧人员临时抄写的随葬文书,属于明器。

表一　三件木牍部分字形对照表

	堂	邑	令	户	口	簿	凡
衣物名	堂	邑	令	户	口	簿	凡
要具簿		邑	令	户	口	簿	凡
名谒	堂	邑	令				

　　从文书抄写格式来看,也很难说《要具簿》是实用文书。《要具簿》木牍正面首行以黑点起首表示文书的篇题。但木牍背面在抄写完《要具簿》的内容后,下栏抄写了《元寿二年十一月见钱及逋簿》,标题前有圆点,表示其本是单独的一份文书。文书中,现钱簿分 3 行、逋簿分 11 行抄写,且最后一行由于牍宽不

---

① 青岛市文物保护考古研究所、黄岛区博物馆:《山东青岛土山屯墓群四号封土与墓葬的发掘》,第 426 页。

够，比较挤地抄在第一行的标题之下，并用圆点表示总计数据。从内容来看，《见钱及逋簿》不是《要具簿》的分项统计簿，而是单独的一个统计簿，可能只是利用《要具簿》牍背的空间而抄录于此。秦汉时代的公文文书一般一事一牒或一事一牍，两件文书挤在一方牍上，应该不是正式文书的格式，说明随葬牍注重的只是文书内容的移录。荆州松柏汉墓35号木牍正面抄写有《南郡免老簿》《南郡新傅簿》，背面又有《南郡罢癃簿》，同样是不注重文书格式的抄录。① 与此不同，尹湾汉简《集簿》却像是按照正规上报文书格式抄录的副本。安徽天长纪庄汉墓《户口簿》和《筭簿》，也是以大字将标题写于牍上方，再分列抄写各项，牍下部留有大段空白，②可能也是正式文书的副本。

另外，M147:25-3名谒木牍，只在一面书写"堂邑令赐再拜谒"几个字，而尹湾汉墓出土名谒就明确记载了拜谒对象，如"君兄马足下""君兄起居""威卿足下"等，正面还记有"进师君兄"或"进长安令兒君"等，③说明这枚名谒木牍缺乏拜谒对象这一关键元素，因而不一定是实用品，有可能是冥间文书。与之形式相似的是武昌任家湾六朝墓"道士郑丑再拜"名谒，④白彬认为是墓主蜕升上天时拜谒天帝诸神所用之物。⑤ 或许这枚名刺牍也是为刘赐拜谒地下土主或仙人所准备的名谒，属于临时抄录的冥间文书。

在M147:45《堂邑令刘君衣物名》的随葬品清单中，公文文书只记有一项《堂邑户口薄（簿）一》，说明抄录登记随葬品的人是将叠放在一起、用织物包裹好的文书木牍通称为一份《户口簿》的。在已发表的汉代随葬文书中，明确记录

① 荆州博物馆：《湖北荆州纪南松柏汉墓发掘简报》，《文物》2008年第4期，图版见封二。
② 天长市文物管理所、天长市博物馆：《安徽天长西汉墓发掘简报》，《文物》2006年第11期，第11—16页。
③ 连云港市博物馆等编：《尹湾汉墓简牍》木牍一四至二三，中华书局1997年版，第25—34页。另连云港西郭宝墓两枚名谒，一为："东海大守宝再拜请□足下。西郭子笔。"一为："东海大守宝再拜谒。西郭子笔。"（连云港市博物馆：《连云港市陶湾黄石崖西汉西郭宝墓》，《东南文化》1986年第2期，第20、237页）
④ 武汉市文物管理委员会：《武昌任家湾六朝初期墓葬清理简报》，《文物参考资料》1955年第12期，第68、72页。
⑤ 白彬：《湖北武昌任家湾东吴初年"道士"郑丑墓再研究》，《江汉考古》2006年第4期，第62页。长沙尚德街东汉简牍中多有"问起居"的名刺，一般都能看到落款，如006号木牍为："□再拜，问起居。下邳食成字孝良。"（长沙市文物考古研究所编：《长沙尚德街东汉简牍》，岳麓书社2016年版，第210页）

地方户口的簿籍,有湖北江陵松柏汉墓 M1 的汉武帝时期《二年西乡户口簿》,①
安徽天长纪庄汉墓西汉中期《户口簿》,②朝鲜平壤贞柏洞古坟 M364 西汉元帝
《乐浪郡初元四年县别户口多少集簿》。③ 这些都只是单纯记录郡、县与乡的户
口,而不记录其他内容,是名符其实的"户口簿"。因此,《要具簿》《盗贼命簿》
等 6 件文书牍在《衣物疏》中笼统记为《堂邑户口簿》,④并非当时官方的通行称
谓,更有可能是办理丧事的文书抄录者临时定名。尹湾汉简《君兄缯方缇中物
疏》记录了文书类随葬品有:"《记》一卷,《六甲阴阳书》一卷,《列女传》一卷。
《恩泽诏书》,《楚相内史对》,《乌傅》,《弟子职》。"⑤但除了《记》《六甲阴阳书》
《乌傅》有对应简册,其他并未能在墓中找到;而随葬的其他 21 枚上计文书和名刺
木牍,在《衣物疏》中却没有记载。这从侧面说明当时用文书副本或文书抄录件随
葬,除了可能的礼仪因素外,看重的是官文书的权威性质,而不是那么在意是哪类
文书,也不能说明墓主生前特别重视这些文书,或许以官文书随葬真是为了镇墓
辟邪。⑥ 然正因为镇墓的性质,这些简牍必须是真实的官府文书副本,或真实官文
书的抄件,因此,文书内容不大可能来自杜撰。抄写者将《要具簿》与《见钱及逋
簿》抄录于同一牍上,看重的正是官文书权威性质体现出来的镇墓功能。

　　辨析了文书的性质之后,就可以对文书标题作简要分析。首先来看文书所
载的机构。据《汉书·地理志》记载,堂邑为县,县内"有铁官",西汉属临淮郡,
东汉改属广陵郡,县治位于今江苏省南京市六合区西北。⑦ 牍文内容并未记录
县中置有铁官,⑧后文官吏部分记有"库工七十人",兵器部分有"库兵小大廿七

---

① 朱江松:《罕见的松柏汉代木牍》,载荆州博物馆编著:《荆州重要考古发现》,文物出版社 2009 年版,
　　第 209—212 页。

② 天长市文物管理所、天长市博物馆:《安徽天长西汉墓发掘简报》,《文物》2006 年第 11 期,第 11 页。

③ 杨振红、尹在硕:《韩半岛出土简牍与韩国庆州、扶余木简释文补正》,《简帛研究二〇〇七》,广西师
　　范大学出版社 2010 年版,第 277—299 页。

④ 根据发掘简报所示,《要具簿》摆放于竹筒的最上层,因此也有可能是把《要具簿》称作《户口簿》,并
　　以之指代包括 2 枚空白牍、2 枚名刺在内的 10 枚牍。

⑤ 连云港市博物馆等编:《尹湾汉墓简牍》一三正,中华书局 1997 年版,图版第 24 页,释文第 131 页。

⑥ 张忠炜:《墓葬出土律令文献的性质及其他》,《中国人民大学学报》2015 年第 5 期,第 41—50 页。

⑦ 周振鹤编著:《汉书地理志汇释》,安徽教育出版社 2006 年版,第 259 页。《续汉书·郡国志》载堂邑县
　　属广陵郡,也记"有铁"(钱林书著:《续汉书郡国志汇释》,安徽教育出版社 2007 年版,第 177 页)。

⑧ 尹湾汉简中东海郡所属盐官与铁官为设长、丞的县级机构,与县平级,因此堂邑县的上计簿籍并不记
　　载铁官(连云港市博物馆等编:《尹湾汉墓简牍》木牍二反,第 84 页)。

万三千三百六十七",且《堂邑元寿二年库兵要完坚簿》用49行记载了种类繁多、数量庞大的兵器,预示着堂邑有较大规模的武库。史籍未记载西汉时的堂邑县行政主官是令还是长,由于墓中墨书明器"堂邑令印"(M147:17)玉印和"堂邑令赐再拜谒"(M147:25-3)名刺的出土,知西汉后期刘赐曾任堂邑令。汉代县万户以上设令,牍文记堂邑元寿二年有"户二万五千七",大大多于万户,是西汉后期的大县,故设令乃是当然。《地理志》记西汉后期临淮郡共有"户二十六万八千二百八十三",然郡内有县二十一、侯国八,堂邑应属郡内人口较多的县。① 东汉堂邑明确设县令,光武帝建武二十五年(49年),钟离意从瑕丘令迁为堂邑令。② 灵帝时费凤从故鄣"转在堂邑",并卒于堂邑令任上。③ 可见堂邑从西汉晚期至东汉晚期,虽然在地理志中排位很靠后,但应是设令的大县。④

　　除了《要具簿》,发掘者指出,编号为M147:25-6的木牍题名为《诸曹要具集簿》,内容与《堂邑元寿二年要具簿》相似,表明《要具簿》和《要具集簿》二个名称均是县内重要事项的摘要统计簿籍,性质可能相同。⑤ 以"集簿"为名的文书,在土山屯汉墓木牍出土前,1993年连云港尹湾汉墓M6出土了西汉晚期东

① 马孟龙指出《汉志》的年代断限为汉成帝元延三年(前10)九月(马孟龙:《西汉侯国地理》,上海古籍出版社2013年版,第78—107页)。汉志材料与牍文所记相差十年,数据出入不会太大,故可资比较。西汉后期多有析乡置县或列为侯国之举,考虑到临淮郡在东汉初并5县、8侯国,东汉仍然因置或划归广陵郡的共16县,平均每县16767户余,堂邑仍然算人口多的县。

② 李贤注:"堂邑故城在今博州堂邑县东北。"《集解》引洪颐煊曰:"前书地理志堂邑属临淮郡,郡国志属广陵郡。质帝纪广陵贼张婴等反攻杀堂邑长,李注'县属广陵郡。今扬州六合县也'。而此注失之。"(王先谦:《后汉书集解》卷四一《第五钟离宋寒列传》,中华书局影印本1984年版,第493页上)

③ 洪适记有"汉故堂邑令费君之碑"的篆额,且首句即载熹平六年堂邑令费君寝疾卒(《隶释》卷九《堂邑令费凤碑》,中华书局影印本1985年版,第107—108页)。然洪适录文为:"从善迁恩,三耇致道。有耻且格,牧守拴功,转左堂邑。"如果理解为从故鄣左迁堂邑,明显与语意不符。同卷《费凤别碑》记:"丹阳有越寇……命君讨之,试守故鄣长。……简在上帝心,功训而特纪。輶舆宰堂邑,基月而致道。"意谓在故鄣长任上因升任堂邑令。同书卷一一《汉故梁相费府君之碑》也记费凤是梁相费泛的长子,"由宰府至堂邑令"。由于汉碑"在"一般写作"圵",非常容易误释为"左",因此"转左堂邑"当为"转在堂邑"之误钞。然《浙江通志》作"转在堂邑",实为对洪氏录文的误刻,并非有原碑拓校核(沈翼机编撰《浙江通志》卷二六五《艺文七》叶二四,台北:京华书局影印清乾隆元年重修本1967年版,第4426页下)。

④ 《后汉书》卷六《质帝纪》载永憙元年正月:"广陵贼张婴等复反,攻杀堂邑、江都长。"应是史文省去"令",而不应理解为堂邑与江都一样设县长。

⑤ 王彦辉根据《周礼·天官冢宰》所记"宰夫"之职中的"岁会""月要",认为这个《要具簿》或许还不是上计簿的定本,而是为上计准备的底本,类似现在的"草案"。"要具"取义于"月要"的年终合计(王彦辉:《从〈堂邑元寿二年要具簿〉解析秦汉徭役制度的几个概念——事、算与事算》,《古代文明》2021年第1期,第84页)。

海郡的郡级上计文书《集簿》,"集簿"二字标题以工整的隶书大字写于正面牍首中央,就像汉碑的碑额一样,牍的正反两面用草书小字分 22 行详细记录了东海郡的基本情况。① 东海郡《集簿》所记项目与堂邑县《要具簿》基本一致,但尹湾汉简另有《吏员簿》《长吏名籍》《属吏设置簿》《兵车器集簿》等分项统计簿。而沅陵虎溪山汉墓 M1 汉文帝后元年(前 163 年)的文书简册,用 241 枚(段)短简记录了沅陵侯国的乡聚建置、吏员配备、侯国内外的道路里程、土地户口赋算、武备数量、经济林木等,为某年沅陵侯国总体情况的统计簿籍,整理者称为《计簿》,②其实也是《集簿》性质。从木牍《要具簿》和《要具集簿》的用词来看,应是摘要或汇总版本的《集簿》,③本应像尹湾汉牍那样还有分项统计簿,但除《堂邑元寿二年库兵要完坚簿》(M147:25-9)算是武器分项统计簿外,其他的《堂邑盗贼命簿》(M147:25-7)、《囚簿》(M147:25-8)、《盗贼命簿》与《君视事以来捕得他县盗贼小盗伤人簿》(M147:25-10)等三方木牍是拘捕盗贼与狱讼文书,《牧君移书要》是州牧下行文书的概要,捕盗贼牍甚至还包含有"县民疾疫及治疗情况"的内容。④ 这些文书可能与《要具簿》性质并不相同,不相关联,⑤说明刘赐墓并未像师饶墓那样将较完整的一套上计簿籍随葬入墓中,而是在抄录时混杂了几种不同的行政文书。⑥

其他汉简中也有《要具簿》的记录,出土于 A8 破城子的居延汉简 26.10 有"移计余诸员见要具簿。·谨移应书一编敢☒",⑦可能是甲渠候官的统计簿籍。可惜的是不知这一编"计余诸员见要具簿"的具体内容,只能从简文知道"要具簿"的篇题,簿籍内容应是记载统计之余的现存"诸员"之摘要,或与《诸曹要具集

① 连云港市博物馆等编:《尹湾汉墓简牍》,图版第 13 页。
② 湖南省文物考古研究所编著:《沅陵虎溪山一号汉墓(上)》,文物出版社 2020 年版,第 116—117 页。
③ 岳麓秦简伍有:"其一事而过百牒者,别之,毋过百牒而为一编,必皆散取其急辞,令约具别白,易(易)智(知)殹。"(简 112—113)意即上请文书,内容太多的话,必须要另外做一个摘要版本,使皇帝或上级能快速了解总体情况(陈松长主编:《岳麓书院藏秦简(伍)》,上海辞书出版社 2017 年版,第 105 页)。
④ 整理者指出为分三行抄写于木牍 M147:25-10 背面下栏,未有标题。
⑤ 马增荣指出木牍叠放的次序与文书内容似乎没有必然关系〔马增荣:《读山东青岛土山屯 147 号墓出土木牍札记——考古脉络、"堂邑户口薄(簿)"、"邑居"和"羣居"》,《简帛》第二十一辑,上海古籍出版社 2020 年版,第 203 页〕。
⑥ 虎溪山《计簿》对沅陵侯国所属机构与职官设置的记载有明显缺失,也非完整的统计簿籍。
⑦ 简牍整理小组编:《居延汉简(壹)》,"中研院"历史语言研究所 2014 年版,第 80 页。

簿》相类。也可知 A35 地点的大湾简 502.7"·橐他驳南驿建平元年九月驿马阅具簿"①同样是簿籍标题,相应的簿籍是记录橐他塞驳南驿在站驿马的概况。标题简"马"和"阅"之间还留有编绳的空位,应是与簿籍内容编联为一册,而且是先将标题简编于簿籍上,后写标题。由于各级官署均需要统计诸曹吏员,各类机构也须以摘要的形式上报统计数据,可以想见《要具簿》或《具簿》《集簿》是汉代统计文书中较常见的簿籍,土山屯汉墓木牍就是依照官文书内容抄录的随葬文书。

二、封界条内容疏证

　　《要具簿》正文首行为:"城一舟(周)二里百廿五步,县东西百卅五里五十步,南北九十一里八十步。"这一条其实包含了两方面的内容,前半句描述了县城的周长,后面讲的是县域东西、南北的跨度。这些数字带来的直观感受是数据特别精确,应是专门测量的结果。

　　简文中"周"写作"舟"。在此前出土的汉代简帛文献中,将"舟"写成"周",马王堆帛书中多见,如《周易·系辞》中有"枙(刳)木为周(舟),剡木而为楫",②《老子甲本·德篇》"有车周(舟)无所乘之"。③ 此简中则见到了将"周"写作"舟"的例证,说明在汉代,二者是可以互为通假的。④

　　西汉至新莽时代,一尺的标准长度基本稳定在23.1厘米,⑤一步六尺,一里三百步,可计算出堂邑县城周长合今1004.85米,这应是一个实测的数据。⑥

①　简牍整理小组编:《居延汉简(肆)》,"中研院"历史语言研究所 2017 年版,第 140 页。

②　裘锡圭主编:《长沙马王堆汉墓简帛集成》,第 3 册,中华书局 2014 年版,第 75 页。

③　裘锡圭主编:《长沙马王堆汉墓简帛集成》,第 4 册,第 5 页。

④　白于蓝在"周字声系"通假字下列了"周与舟",但在"舟字声系"下则未列"舟与周",说明他当时认为,"周"可写作"舟",但"舟"不可通假为"周"(白于蓝:《简帛古书通假字大系》,福建人民出版社 2017 年版,第 166—167 页)。

⑤　丘光明、邱隆、杨平:《中国科学技术史·度量衡卷》,科学出版社 2001 年版,第 198—204 页。越晓军:《先秦两汉度量衡制度研究》,上海交通大学出版社 2017 年版,第 129—137 页。

⑥　《西京杂记》卷一"萧相国营未央宫"条非常精确地记载萧何所建未央宫"周回二十二里九十五步五尺",精确到尺,或出自当时的实测。周天游认为未央宫周长以此记载最接近实际(葛洪撰、周天游校注:《西京杂记校注》,三秦出版社 2006 年版,第 1、3 页)。考古工作者实测未央宫东西长 2250 米,南北宽 2150 米,周长 8800 米(中国社会科学院考古研究所编著:《中国考古学·秦汉卷》,中国社会科学出版社 2010 年版,第 183 页)。如果《西京杂记》所载为实,其周长合今 9280 米,则汉代的实测误差达到 4.5%。

对照长江中下游同类型的秦汉古城址,如湖北大冶草王嘴西汉古城周长约945米,东西约228米,南北约280米,面积约5.5万平方米,①可知堂邑县城面积应在6万平方米左右。根据已发掘长江中下游城邑的分类,堂邑县城属于小型城邑。② 堂邑县有25000余户,属于设县令的大县,然县城较小,城内居民应该不多,绝大多数居民住在县城外的乡邑里聚,但《要具簿》中并未记载堂邑县置有几个乡。

出土文献中记载了城邑周长的还有郴州苏仙桥10号井出土晋简,其中有两枚分别记载了便县和晋宁县的情况:

<blockquote>
便令谈隆　治便城,周帀一里二十五步,高一丈五尺。在郡北,去郡一百廿里,北去江州一千四百八十里,去京城三千五百一十里。领员吏一百六十一人,卒十三人。　(1-1)
</blockquote>

<blockquote>
晋宁令周系　治晋宁城,周帀一里二百卌步,高一丈五尺。在郡东,去郡一百卅里,去江州一千七百卅里,去京城三千七百里。领员吏一百廿五人,卒十二人。　(1-2)③
</blockquote>

发掘报告称简牍年代在340年前后,孙继民指出桂阳郡隶属江州之后、改属湘州之前只能在晋惠帝永平元年(291)至晋怀帝永嘉元年(307)之间。④ 根据学界研究,西晋时日常用尺沿用魏时杜夔尺,约长24.2厘米,⑤故便城周长约471.9米,晋宁城周长约784.1米,两城均较堂邑城为小。由于出土县级上计文书少,故不能确定县城大小是否为上计文书中必须有的项目。⑥

---

① 湖北省文物考古研究所:《湖北省大冶市草王嘴西汉城址调查简报》,《江汉考古》2006年第3期。
② 中国社会科学院考古研究所编著:《中国考古学·秦汉卷》,第270页。徐龙国作了《长江中下游地区考古发现城址一览表》,列出90座秦汉古城址,10万平方米以下的有25座(徐龙国:《秦汉城邑考古学研究》,中国社会科学出版社2013年版,第427—437页)。
③ 湖南省文物考古研究所、郴州市文物处:《湖南郴州苏仙桥遗址发掘简报》,《湖南考古辑刊》第8辑,岳麓书社2009年版,第93—117页。
④ 孙继民:《郴州晋简所见西晋政区治所道里制度初探》,《敦煌学辑刊》2019年第1期,第133页。
⑤ 丘光明、邱隆、杨平:《中国科学技术史·度量衡卷》,第276页。
⑥ 虎溪山汉简51载:"☐步,其五里六十八步临水毋垣。"虽简前端残损,但根据当地地形,推测是县城三面环水,不用修筑城垣。这临水的三面合2173.25米,则沅陵城面积较大。

　　与县城周长同记为一条的是堂邑县界东西与南北的跨度,东西长有135里50步,南北91里80步,比一般方百里的县稍大。尹湾汉简《集簿》中也记载了东海郡"界东西五百五十一里,南北四百八十八里,如前",但包括分项统计簿在内,也没有对县界作分别记载,说明郡的上计簿只需对郡域负责,县的计簿才注明县域大小。堂邑县北部为宁镇扬山区,属黄土岗地,多丘陵平岗;东部为岗地边缘地区,多有缓岗。① 这样的地貌影响着汉代堂邑的土地开发和人口分布,丘陵岗地会成为人口稀疏区,②因此,在官方上计簿籍中能明确将经过山区的县界精确到十步以内,并非划分田地界限的需要,而是为了划出县的行政边界。

　　封界的概念首先来自国家和私有土地之疆界。西汉陆贾《新语·道基》云:"于是后稷乃列封疆,画界畛,以分土地之所宜。"③这只能是伪托之传说,真正的行政疆界划分至少要晚至春秋时代,而战国时代的兼并战争,才使得边界的概念明确起来,④但这也说明人们认为分划疆界是很早就存在的事。至于私有土地之封界,西周铜器铭文记载,贵族在转移土地的占有权或使用权的时候,通常要踏勘一次四界,实地把土地范围正式确定下来,称为"履田"或"履疆",并在田界立封,铭文中还要详细记载各方位接壤的情况。⑤ 如五祀卫鼎铭文载:"乃令参有嗣……帅履裘卫厉田四田。乃舍寓于厥邑。厥逆疆⑥眔厉田,厥东疆眔散田,厥南疆眔散田眔政父田,厥西疆眔厉田。"⑦铭文明确记载三有司带人踏勘了厉给予裘卫的四田,明确田地的北界和西界与厉田接壤,东边、南边与散和政父的田地接界。九年卫鼎铭文记载"颛履付裘卫林眘里,则乃成封四封"⑧,

① 江苏省地方志编纂委员会:《江苏省志·地理志》,江苏古籍出版社1999年版,第128—129页。
② 《要具簿》土地部分有"提封三万五千五百六顷廿七亩,其七千七百九十八顷六十六亩邑居不可狼(垦),八千一百廿四顷卌二亩奇卅二步群居不可狼(垦)",或"群居不可狼"为"群不可狼"之误,指代的是不可开垦的山陵岗地。
③ 陆贾撰、王利器校注:《新语校注》,中华书局1986年版,第12页。
④ 周振鹤:《中国行政区划通史·总论》,复旦大学出版社2009年版,第84—86页。
⑤ 裘锡圭:《西周铜器铭文中的"履"》,载《甲骨文与殷商史》第三辑,上海古籍出版社1991年版;后收入《裘锡圭学术文集》第三卷《金文及其他古文字卷》,复旦大学出版社2012年版,第27—32页。
⑥ 张传玺先生指出"逆疆"即"朔疆""北疆"(张传玺主编:《中国历代契约会编考释》,北京大学出版社1995年版,第8页注12)。
⑦ 中国社会科学院考古研究所编:《殷周金文集成释文》第二卷,第2832号,香港:中文大学中国文化研究所2001年版,第401—402页。
⑧ 《殷周金文集成释文》第二卷,第2831号,第399—400页。

说明勘定田界后,还要在四边立封树标。矢人盘(或作散氏盘)铭文"封于某地"的记录,就是封立田界的位置。① 包山楚简案卷类文书中有"【啻】苴之田",南、东、北、西各向分别与他君"岠疆"(简153),"王所舍新大歓以啻苴之田",各方向均与他人"执疆"(简154),其意可能为新大歓的食田与他人的田地"接壤"或"接疆"。② 其田地所至之疆,或也立有田界标志。四川青川郝家坪秦墓出土的秦武王二年(前309年)《命书》记:"封高四尺,大称其高……以秋八月,修封捋(埒),正疆畔。"③简文中不管是作为土堆的封,还是作为矮墙的埒,都是为"封疆画界"的田界标志。因此,睡虎地秦简律文规定:"盗徙封,赎耐。"④秦律明确规定了私自移动地界的处罚,说明在连续开发的田地上,私有土地之间早就有封埒作为疆畔的标志。

　　上述田地的勘界定封,是在私有土地紧挨着的情况下出现的。从战国至秦的国家范围来说,大部分地区由于城邑之间山川、空地的存在,在不出现争端的情况下,并没有定立界标的必要性。然里耶秦简有关于郡县接界的记载:"其旁郡县与椄(接)界者毋下二县,以□为审,即令卒史主者操图诣御史,御史案雠更并,定为舆地图。有不雠、非实者,自守以下主者。"(8-224+8-412+8-1415)⑤这种舆地图体现出郡县边界非常重要,也是政府必须掌握的信息数据。但迁陵县舆地图只能标示要塞与道路,其他大部分县界是没有必要也难有可能标示的。因为迁陵县设于湘西山地,虽然里耶简中没有迁陵县面积的数据,但简8-754+8-1007记县丞昌从县廷走错一个乡,就导致多绕道路167里,说明县域面积不小。而简8-487+8-2004记载秦始皇廿八年至卅三年在籍户口只有一百五十至一百六十余户,简8-1519记载全县垦田面积不足五十三顷,因此政府管控的只能是交通线上的几个据点,县界大部分地区是帝力所不及的荒山野岭,无

---

①　陈梦家:《西周铜器断代》,中华书局2004年版,第345—346页。鲁西奇认为铭文涉及眉、井二邑田地的疆界(鲁西奇:《封、疆、界:中国古代早期对于域界的表示》,《史学集刊》2020年第1期,第55页)。

②　陈伟等:《楚地出土战国简册(十四种)·包山2号墓简册》,经济科学出版社2009年版,第56页及注释128、135。

③　陈伟主编,高大伦、陈伟撰著:《郝家坪秦墓木牍》,《秦简牍合集:释文注释修订本(肆)》,武汉大学出版社2016年版,第227页及注释10—12。

④　《睡虎地秦墓竹简·法律答问》简64,文物出版社1990年版,图版第54页,释文第108页。

⑤　陈伟主编:《里耶秦简牍校释(第一卷)》,武汉大学出版社2012年版,第118页。

法真正标示出确定的县界。从张家山汉简《二年律令·津关令》的规定来看,当时这种边界信息主要体现为交通线或要塞上的地理标志。如简494载:"相国、御史请:缘关塞县道群盗、盗贼及亡人越关垣、离(篱)格(落)、堑、封、刊,出入塞界,吏卒追逐者得随出入服迹穷追捕。"①除开作为边塞的关墙、篱落、壕沟、土堆、树木等标志,大部分边界是比较模糊的,只是有需要才会确界,确界后才需要"案雠更并"。由于国家管理和文书行政的需要,文献中首先出现的是城邑亭聚间的交通道路里程。北京大学藏秦简中的《水陆里程简册》,记载了南郡内部各城邑亭聚之间及北至洛阳的详细道路里程。②里耶秦简中也记载了鄢、销、江陵、孱陵、索、临沅、迁陵各县城之间的道路里程,加上已残部分总计为4444里,③但文献还没有记录郡县边界具体在哪里的标识与记录。就迁陵县内来说,秦代迁陵三乡的实际控制范围其实相当有限,迁陵县境内仍有相当广阔的行政管理空白地区,从里耶秦简数据看不出三乡具有各自地域界限的迹象。④秦代迁陵县内也没必要设定乡域的界标。

下葬于文帝十二年(前168年)的马王堆3号汉墓,出土有长沙国南部的帛书地形图,地图上有诸乡里聚落等居民点的注记,但并没有标明长沙国封界。周世荣对《地形图》中"泠道"等县的调查表明,图中"泠道"的位置仅仅是示意性的。⑤另一幅所谓《驻军图》,傅举有指出文字注记"居向封""昭山封""满封""武封""留封"等,是为封界,很可能是防区边界线的标志。⑥邢义田谓《驻军图》应正名为"箭道封域图",认为沿图边缘有用红色线标出近乎方正的长方形与红线旁七个红色三角形,都是表示封界线的标示,某封可能是该处有特别树立的标识。⑦然此图所绘区域为湘南、粤北的南岭山区,无法想象汉初的时

① 彭浩、陈伟、〔日〕工藤元男主编:《二年律令与奏谳书——张家山二四七号汉墓出土法律文献释读》,上海古籍出版社2007年版,第310页及注释2。
② 辛德勇:《北京大学藏秦水陆里程简册初步研究》,《出土文献》第4辑,中西书局2013年版,第177—279页。
③ 湖南省文物考古研究所编著:《里耶发掘报告》,岳麓书社2006年版,第198—199页。
④ 王勇:《里耶秦简所见迁陵蛮夷与秦朝蛮夷政策》,《中央民族大学学报》2019年第1期,第144页。
⑤ 周世荣:《马王堆三号汉墓地形图古城邑的调查》,《湖南考古辑刊》第二辑,岳麓书社1984年版,第83页。
⑥ 傅举有:《有关马王堆古地图的几个问题》,《中国历史暨文物考古研究》,岳麓书社1999年版,第171页。
⑦ 邢义田:《论马王堆汉墓"驻军图"应正名为"箭道封域图"》,《湖南大学学报》2007年第5期,第12—19页。

代,在并非主干道路的崇山峻岭中立有县界标识,并且县界会成方正的形状。根据地图上的注记,只有南边的"封里"记有"到廷五十四里"、西南的"石里"记"到廷六十里",①但这两个里的标记均不在红线之上。且根据后文所引,郡县分域的界标名称无一用"封"表示,因此,暂时还不能确定红线及带"封"的注记文字是长沙国南部县界分域的标示。

有关沅陵侯国的简文资料中也有涉及边界者。沅陵虎溪山汉墓的墓主是第一代沅陵侯吴阳,死于文帝后元年(前 163 年),墓中出土有竹简簿籍《计簿》,记载了沅陵侯国的总体情况。竹简中有记载县廷到长安的道路里程:"廷到长安,道武关二千六百九十六里,其四百卅二里沅水。"(简 11)"廷到长安,道函浴(谷)三千二百一十九里,其四百卅二里沅水。"(简 12)②也记载了沅陵与辰春的边界为沅水上游的死谷:"上沅水与辰春界死浴(谷),死浴(谷)到廷百一十六里。"(简 13)③简文体现出在沅水这条重要的交通线上,沅陵与辰春(或为辰阳之误)有明确的县界死谷。虽然以死谷为界是因为山川形便的天然因素,④但由于封国土地与人口的计算,侯国与县邑之间产生边界,是必然之势,而以天然溪谷为边界的地理标志,也属当然。但其时正如淮南王刘安所云,即使在中原地带,郡国之间虽有溪谷险阻分界,实际上仍然存在行政管理上的空白区域。⑤

由于诸侯分封和对列侯的监管,文献记载中多有诸侯"出国界"之语。景帝四年,杨丘共侯刘偃"坐出国界,耐为司寇"。⑥ 景帝十六年,宁侯魏指"坐出国

---

① 裘锡圭主编:《长沙马王堆汉墓简帛集成(陆)》,第 115—117 页。

② 湖南省文物考古研究所、怀化市文物处、沅陵县博物馆:《沅陵虎溪山一号汉墓发掘简报》,《文物》2003 年第 1 期,第 50 页。湖南省文物考古研究所编著:《沅陵虎溪山一号汉墓(上)》,第 118 页。

③ 郭伟民:《虎溪山一号汉墓葬制及出土竹简的初步研究》,载艾兰、邢文编:《新出简帛研究》,文物出版社 2004 年版,图版三,文第 52 页。从地图上看,沅陵的上游为辰阳,里耶秦简 8-373 记:"☐一辰阳,一胸忍。廿八年九月辛丑,走起以来。"〔湖南省文物考古研究所:《里耶秦简(壹)》,文物出版社 2012 年版,第 61 页〕说明秦时即已名为辰阳,此"辰春"或为"辰阳"之误。虎溪山简还有沅陵侯国内部各乡聚与县廷之间的距离,如简 30:"廷到郪乡陆道八十七里。"简 46:"☐☐粟聚卅里,去廷百六十五里。"

④ 周振鹤:《犬牙相入还是山川形便?——行政区域划界的原则》,载《中国地方行政制度史》,上海人民出版社 2005 年版,第 228—229 页。

⑤ 《汉书》卷四五《伍被传》载淮南王刘安语:"今我令缓先要成皋之口,周被下颍川兵塞轘辕、伊阙之道,陈定发南阳兵守武关。河南太守独有雒阳耳,何足忧? 然此北尚有临晋关、河东、上党与河内、赵国界者通谷数行。"注引如淳曰:"言此北尚崄阻,其溪谷可得通行者有数处。"

⑥ 《汉书》卷一五上《王子侯表上》,中华书局 1962 年版,第 431 页。

界,有罪,国除"。① 但这种"出国界"乃是离开本侯国与他郡县、侯国交通,不是
列侯在空间上跨出侯国范围即为出国界,也不能以此得出汉初侯国明确立有分
域界标,因此很多分封皆以户数为准。

至迟到汉元帝时,文献记载郡县区界有了明确的分域界标。《汉书·匡衡
传》载:"初,衡封僮之乐安乡,乡本田堤封三千一百顷,南以闽佰为界。初元元
年,郡图误以闽佰为平陵佰。积十余岁,衡封临淮郡,遂封真平陵佰以为界,多
四百顷。至建始元年,郡乃定国界,上计簿,更定图,言丞相府。衡谓所亲吏赵
殷曰:'主簿陆赐故居奏曹,习事,晓知国界,署集曹掾。'明年治计时,衡问殷国
界事:'曹欲奈何?'殷曰:'赐以为举计,令郡实之。恐郡不肯从实,可令家丞上
书。'衡曰:'顾当得不耳,何至上书?'亦不告曹使举也,听曹为之。后赐与属明
举计曰:'案故图,乐安乡南以平陵佰为界,不(足)〔从〕故而以闽佰为界,解
何?'郡即复以四百顷付乐安国。衡遣从史之僮,收取所还田租谷千余石入衡
家。"② 元帝初元元年(前48)应是临淮郡首次确认郡内县乡、侯国封界的时间,③
当时在郡图上误将僮县乐安乡的闽陌与平陵陌搞错,匡衡受封乐安侯在建昭三
年(前36年),郡图之误已延续十余年。到成帝建始元年(前32)再次更定郡县
侯国封界的时候,郡府查出来国界标注之误,因而更定新图,上报丞相府。虽然
这两次更郡图、定侯国封界均在皇帝即位的元年,有可能是巧合,不能因此而说
皇帝即位后一定会勘定封界,但隔一段时间就会更定郡县侯国的区界图,应该
已经成为定制。④ 与前述沅陵侯国以山川形便为界不一样,乐安侯国的域界仅
仅是以田地中的阡陌为封界,因而就需要有界碑性质的刻石文字作为标记。苏
卫国指出,当时乡的界划更倾向于针对大片连续的可耕地,⑤当是实情。

---

① 《史记》卷一八《高祖功臣侯者年表》,第1116页。
② 《汉书》卷八一《匡张孔马传》,第3346页。
③ 如果初元元年之前已经勘绘过郡界图,史文就应说是承袭以前之误,因而临淮郡这次定界制图很可
能是首次。
④ 东汉汉安三年墓券《宋伯望买田记》载:"古有分境,无分民。望等不知县图界处,有行事。永和二年
四月中别界,南以丘为界,丘以东属莒,道西□水□流属东安。"(徐玉立主编:《汉碑全集》第2册,河
南美术出版社2006年版,第532页)虽然这是墓券,而非真实的契券,但显示出当时人对县图、县界
已经熟知。
⑤ 苏卫国:《秦汉乡亭制度研究——以乡亭格局的重释为中心》,黑龙江人民出版社2010年版,第
146—148页。

这种界碑很早就有发现。《金石录》载有东汉延熹四年《汉河东地界石记》，惜不记文字。[1]《汉交阯都尉胡府君夫人黄氏神诰》载："葬我夫人黄氏及陈留太守硕于此高原，洛阳东界关亭之阿。"[2]则东汉后期洛阳东界有明确地点，并建有关亭，或立有界碑，且墓地所在的山阿并不涉及田地的划界。《水经注·河水》记有《洛阳北界碑》："河水又东径洛阳县北，河之南岸有一碑，北面题云：'洛阳北界'，津水二渚分属之也。"[3]卷二一《汝水注》又记："汝水又东，与三屯谷水合，水出南山，北流，径石碣东。柱侧刊云'河南界'。又有一碣，题言'洛阳南界'。"熊会贞疏："《寰宇记》，洛阳界碑在旧临汝县西八十里。或即此，当在今伊阳县境。"郦注以碑柱无年月，不能断代，熊疏认为："后汉时定界处甚多，此二碣或亦后汉所立。"[4]汝水边上的两块界碑分别表示河南郡界和洛阳县南界，一为柱状，一为碑碣，可能是东汉河南郡府和洛阳县廷分别置立。又卷一一《滱水注》亦记代郡灵丘县西北高氏山上有石铭，题言"冀州北界"。[5]灵丘县本属并州代郡，"汉灵帝光和元年，中山相臧旻上请别属也"，则此界石很有可能是灵帝时所立。[6]说明东汉中后期郡县界碑或界石已是常见，而近百年来发现了几处汉代郡县封界摩崖与碑碣，时代均在元、成之后。

传为1931年河南洛阳出土的《成阳田界石》，是一方高约53厘米的刻石，分两行刻有"成阳田从此北"六个隶书大字。[7] 柯昌泗谓："昌泗曩于洛中得一汉石，为正方形，两面文皆曰'成阳田从此北'。字大二寸，似韩仁、孔宙碑字体。"[8]柯昌泗从字体判断是东汉界石，然《汉书·地理志》载汝南郡有成阳侯国，济阴郡有成阳县，均不在洛阳，此石之成阳或为乡里名。刻石文字的

① 赵明诚撰，金文明校证：《金石录校证》卷一，目录第八十九，中华书局2019年版，第8页。
② 邓安生：《蔡邕集编年校注》，河北教育出版社1999年版，第127页。
③ 郦道元注，杨守敬、熊会贞疏：《水经注疏》卷五，江苏古籍出版社1989年版，第384页。
④ 郦道元注，杨守敬、熊会贞疏：《水经注疏》，第1744页。
⑤ 郦道元注，杨守敬、熊会贞疏：《水经注疏》，第1045页。
⑥ 郦道元注，杨守敬、熊会贞疏：《水经注疏》，第1046页。灵丘县西汉至东汉建武十三年前属代郡，不久省并。或桓帝延熹元年灵丘复置而属中山国，灵帝末年中山国别属冀州（《中国行政区划通史·秦汉卷》，第796、851页）。明人胡谧撰《山西通志·金石记》卷二谓此铭旧在浑源州，为汉灵帝光和四年立（《石刻史料新编》第3辑第30册，台北：新文丰出版公司1986年版，第334页上）。
⑦ 马子云、施安昌：《碑帖鉴定》，广西师范大学出版社1993年版。徐玉立主编：《汉碑全集》第6册，第2235—2237页。
⑧ 叶昌炽撰、柯昌泗评，陈公柔、张明善点校：《语石·语石异同评》，中华书局1994年版，第219页。

意思即由此碑往北为成阳之田地,属于乡里田地之封界,也可以看作乡里之界碑。

1970 年代,山西省芮城县公路段在中条山二十岭修筑解州—陌南公路时,劈落一堆山石,其中有一方摩崖,后入藏芮城县博物馆。摩崖高 73 厘米,分三行刻有“汉/大阳檀道界/君位至三公”11 个有篆意的隶书字,中间的“大阳檀道界”为刻石主体,字体较大。① 汉大阳县属河东郡,檀道应是县下之里名,今名坛道,是芮城县陌南镇东部边界的一个小村子,位居芮城、平陆两县交界处。刻石之处为山崖,绝非为了划分田地的所属,只能是标识大阳县西边界。有意思的是,奉命开凿摩崖的官吏,秉持“善皆归君”的理念,在界石文字边上将当时流行的吉祥语“君位至三公”刻在边上,祝福大阳县长官。这个祝福套语,给后人判断摩崖的年代提供了一丝线索。林素清对近千种汉代铜镜铭文的研究表明,镜铭中“君宜子孙”“君宜高官”“君宜官位”“位至三公”等吉语,“显示出东汉时代以仕宦高官和宜子宜孙为社会上普遍愿望的情形”,主要流行于东汉中晚期。② 因此,虽然摩崖文字多有篆意,但时代应晚至东汉中期以后,不会早至西汉。这种在山间水边等地发现的封界摩崖或界标刻石,意味着界标并非与田地相关,而是纯粹行政分域的标志。

1990 年代中期河北省文物普查时,在武安市西北老安庄村东之山阪发现摩崖刻石“赵国易阳南界”,孙继民等人判断为两汉时期刘氏赵国的石刻,年代大约在西汉后期至东汉前期,南界的界限可能是距石刻 1.5 公里的北洺河。③ 然既已在摩崖上明确为“易阳南界”,易阳县南界应止于此,而不会再以 1.5 公里之外的他处山川为界。1998 年,在山西繁峙东南神堂乡大寨村口北 1 公里的石壁上,发现了“冀州常山南行唐北界”的摩崖石刻,左侧有两行小字:“去其廷四百八十里,北到卤城六十里。”④孙继民通过实地考察和研究,确认其地为冀州常山郡(或常山国)南行唐县的“北部边界”,“廷”指南行唐县廷。“去其廷”表示

① 景宏波:《“汉大阳檀道界”摩崖刻石考析》,《文物世界》2016 年第 1 期,第 50—51 页。
② 林素清:《两汉镜铭初探》,“中研院”《历史语言研究所集刊》第 63 本第 2 分,1993 年,第 341—343 页。
③ 孙继民、郝良真、马小青:《“赵国易阳南界”石刻的年代及价值》,《中国历史文物》2004 年第 1 期,第 6976 页。
④ 李裕民:《汉代南行唐地界碑与卤城的考察》,《考古与文物》2007 年汉唐考古增刊,第 127—129 页。

封界摩崖距离南行唐县廷的道路里程。①

以上几方摩崖或碑碣有一个共同的特点,界石均处于山阪之上,且只标出某郡、某县或某地封界止于此,并未标明此界标是哪两个郡县分境的标志,这可能意味着此界标之外,尚有行政区划的空白区域。但另外有界石却是两个郡县共同置立,明确标明是哪两个郡县的分界。《水经注·滱水》"徐水"条记北平县界有《汉幽冀二州界石文》:"徐水又径北平县县界,有汉熹平四年幽、冀二州以戊子诏书,遣冀州从事王球、幽州从事张眼,郡县分境,立石标界,具揭石文也。"熊会贞疏:"后汉时,此地东为涿郡之北新城县,属幽州,西为中山之北平县,属冀州,两县之间,是幽、冀二州分界处。"②缪荃孙谓:"此石为中山与涿争境而立也。……是此石立在北平、北新城二县分界之所,即今满城县地也。"③这个界标是两个州的从事史共同置立,明确界石是两州的州界,两州之间不存在空白区域。从界石文字看,熹平四年的立石标界是贯彻皇帝"戊子诏书"的全国性行动,且不限于州境,而是及于"郡县分境",契机也有可能是缪荃孙所谓的由于二县"争境而立"。

这种郡县分境的界标,已经发现了西汉后期、新莽时期的实物。1987年,连云港市考古人员文物普查时,在连岛镇东连岛村灯塔山羊窝头北侧朝向海边的石壁上,发现了一块东海郡与琅邪郡分界的封界刻石,称羊窝头刻石,分两石共8行文字:"东海郡朐[与]琅邪郡柜[为]界,朐北界[尽]□,因诸山。山[南]水以北柜。西直况[其]、[朐]与柜分高□(陌)[为]界,东各承无极。"④1998年,在连岛村苏马湾海边一块北面向海的石壁上又发现另一处刻石,称苏马湾刻

---

① 孙继民:《"南行唐北界"摩崖石刻考察的收获》,《邯郸学院学报》2020年第1期,第5—10页。李裕民指出"廷"为常山郡的郡廷,张弛亦认为是至郡治元氏县的距离(张弛:《汉"冀州常山南行唐北界碑"考》,荣宝斋《艺术品》2020年第5期,第72—77页)。然张弛即使按今天道路计算,至元氏的路程达219公里,相当于东汉505里,超出25里。孙继民指出相同的路段,清代路程约166公里,现代为141公里,已经拉直缩短25公里之多。穿行于山谷的汉代道路会更迂曲崎岖,界碑至南行唐县城更远是可以理解的。并且,汉代单独的"廷",一般指当地的县廷。因此,"去其廷"只能是指距离南行唐县廷的距离。

② 郦道元注,杨守敬、熊会贞疏:《水经注疏》卷一一《滱水》,第1085页。

③ 缪荃孙:《畿辅通志》卷一四二《金石五》,收入《石刻史料新编》第2辑第11册,台北:新文丰出版公司1979年版,第8307页。

④ 刘凤桂、丁义珍:《连云港市西汉界域刻石的发现》,《东南文化》1991年第1期。文字经与苏马湾刻石对勘,有所订正。

石,东与羊窝头刻石相距 2 公里,文字分 12 行:"东海郡朐与琅邪郡柜为界。因诸山以南属朐,水以北属柜。西直况其、[朐]与柜分高[陌]为界,东各承无极。始建国三年三月朔乙卯,以使者徐州牧治所书造。"①早年的发现者认为羊窝头刻石的时代为秦末至东汉光武帝建武六年,后文则推测二者是同时所刻,并认为二处刻石出自同一人之手。据上引《匡衡传》的材料推测,羊窝头刻石可能是元、成至平帝时定郡界、绘郡图所刻,②苏马湾刻石则是王莽时更定郡界所刻。③按《王莽传》,始建国四年(12 年),莽下书曰:"予以不德,袭于圣祖,为万国主。思安黎元,在于建侯,分州正域,以美风俗。"④此时虽已改置九州,但郡县名尚未更改。封界摩崖,虽曰"以使者徐州牧治所书造",但徐州牧治所在下邳,与苏马湾相距较远,且不涉及两个州域,因此真正携使者书来到现场的应该只是两个郡的郡吏。这两块刻石将分界文字刻于海边石壁上,与邻近地区的划土分民关系不大,更不会是划分田地,应只是专门"分州正域"的州郡县界石。

上述刻石表明,西汉后期至东汉定郡界、绘郡图,是应皇帝诏令在全国范围普遍实施的做法,郡县分域后还立有明确的界石或摩崖刻石为标识,但有些只是某郡县单独树立封界止于某一点的标志,还有的则是两个州郡县官吏共同订立的边界。那些单个郡县所立界石,可能并不涉及封界之争,为何也要立一界标呢?从东海郡上计文书《集簿》和堂邑县《要具簿》可知,封界刻石不止表示两个行政区划之间的边界,在行政区划存在空白区域的汉代,界石还有一个重要的功能是界定郡县自己的边界,以准确测量郡县东西、南北的道路里程,并进一步计算出界内提封田地的准确面积,以便制成上计文书向上级汇报。

正因为如此,虎溪山汉简虽然未能找到侯国边界之间的跨度距离,但有明确的土地面积:"堤封廿六万三千六百七十顷,如前。"(简 21)然而面积只精确到十顷,说明界线较模糊。尹湾汉简东海郡上计文书《集簿》中,可以精确标出

① 连云港市文管会办公室、连云港市博物馆:《连云港市连岛东海琅邪郡界域刻石调查报告》,《文物》2001 年第 8 期,第 22—30 页。

② 《汉书》卷一二《平帝纪》(第 358 页)载:"(元始四年夏,)分界郡国所属,罢置改易。"则王莽当政后,至少在平帝元始四年(4)就已在分界郡国了。

③ 李祥仁认为该石刻为琅邪郡沿海海域的划界刻石(李祥仁:《苏马湾界域刻石新探》,《中国历史博物馆馆刊》2000 年第 2 期,第 87—90 页)。然刻石明确记载"西直况其",则仍应理解为陆地封界的划分。

④ 《汉书》卷九九中《王莽传中》,第 4128 页。

界东西、南北的道路里程。由于郡图没有重新绘定,或是再次测量后无误,因此在路程后面加上"如前"二字。而在接下来的项目中,明确了田地面积为"提封五十一万二千九十二顷八十五亩",数据精确到了亩,可知郡界是界内土地计算的前提,并非一定要针对其它郡县。土山屯汉简《要具簿》更是将堂邑县东西和南北的道路里程精确到十步,就是有了明确界碑之后的结果,后文列出的土地面积"提封三万五千五百六顷廿七亩",就是包括了县界内山林川泽、邑居道路和已垦田地的数据,同样精确到亩。《汉书·地理志》也在卷后的"总论"中列出:"地东西九千三百二里,南北万三千三百六十八里,提封田一万万四千五百一十三万六千四百五顷。"[1]这个全国性的数据同样应为道路里程,而非直线跨度。马孟龙通过对行政区划的考察,得出《汉志》的年代断限为汉成帝元延三年(前 10 年)九月。[2] 尹湾汉墓 M6 的年代也在元延三年(前 10 年)左右,[3]土山屯汉墓 M147 在元寿二年(前 1 年),可知元、成时期就完成了全国性的郡县分界立标行动,并将郡县区域数据体现在各个郡县的上计簿籍中。

通过上述分析可知,土山屯汉简《要具簿》是操办刘赐丧事的人员临时抄录的丧葬文书,目的可能是镇墓,但其内容是根据堂邑县统计文书的摘要或汇总簿籍移录,并非虚构。《要具簿》首条所记县城周长、县界东西及南北跨度的精确数据,应来自于实测。县界跨度数据是西汉元、成以后全国性"郡县分境"之后的产物,记录的是跨县道路里程的实测数据。根据迄今发现的汉代界石和封界摩崖,可知西汉后期元帝以降至东汉后期,均实行了郡县分界立石或凿刻摩崖的行动,以封界为基础的测量数据体现在上计文书中,因此堂邑县的东西及南北跨度能够精确到十步,土地面积也能精确到亩。这种技术性工作的发展体现了国家控制和集权的加强。

(作者系湖南师范大学历史文化学院、出土文献与中国古代文明研究协同创新中心教授)

---

① 周振鹤编著:《汉书地理志汇释》,第 493 页。
② 马孟龙:《西汉侯国地理》,上海古籍出版社 2013 年版,第 78—107 页。
③ 连云港市博物馆等:《尹湾汉墓发掘报告》,载《尹湾汉墓简牍》,第 166 页。

唐后期地方官对外部信息的获得渠道

叶　炜

若以发生于八世纪中的"安史之乱"为界,将唐朝分为前后两期,那么前、后期地方官获得信息的渠道和数量存在明显的差别。

唐代前期,在律令体制下,中央和地方关系相对比较规范,各自的权责有章可循,除了日常的上下公文之外,传统的朝集使是中央、地方相互了解的合法渠道。此外,地方官窥伺朝廷的举动可能被视为非法。例如,高宗永徽初,李乾祐"为邢、魏等州刺史。乾祐虽强直有器干,而昵于小人,既典外郡,与令史结友,书疏往返,令伺朝廷之事。俄为友人所发,坐流爱州"①。唐代"令史",仅设置在中央的诸省、御史台和太子詹事府中,是中央机构的文书吏②。李乾祐作为地方官与令史联络"伺朝廷之事",是其企图通过中央胥吏探听中央的情报。李乾祐因此被治罪。玄宗时,安禄山为迅速、准确地了解皇帝的意志和中央的动向,做了不少努力,其方法如"常令其将刘骆谷留京师诇朝廷指趣,动静皆报之"③;又如安禄山的亲信吉温被任命为御史中丞,吉温"至西京,朝廷动静,辄报〔安〕禄山,信宿而达"④。这表现出,随着中央和地方关系的复杂化,地方了解中央信息的要求加强了。在此背景下,唐后期地方官获取信息的数量和渠道都获得了明显的拓展。

---

① 《旧唐书》卷八七《李昭德传》,中华书局 1975 年版,第 2854 页。
② 拙稿《试论隋与唐前期中央文官机构文书胥吏的组织系统》,《唐研究》第五卷,北京大学出版社 1999 年版。
③ 《资治通鉴》卷二一五《唐纪三十一》"天宝六载"条,中华书局 1956 年版,第 6876 页。
④ 《旧唐书》卷一八六下《酷吏下·吉温传》,第 4856 页。

本文的目的,是对唐后期地方官信息渠道的结构做一简单勾勒。需要说明的是,从信息内容来看,地方官所获信息,大体可分为本地信息和外部信息,外部信息主要包括中央信息和其他地区信息,本文主要关注地方官对于地区外部信息的获得。唐后期的地方政府,有藩镇(道)、州、县三级①,在县级机构,除了公开的诏书以及本道传达的信息外,基本看不到县从其它途径获得中央或其他地区消息的情况,因此在这里我们只关注藩镇和州这两级。下面,分别对唐后期藩镇(道)和州获取信息的渠道做一概述。

一、藩镇(道)长官的信息渠道

从节度使、观察使等藩镇(道)长官所获外部信息的来源看,大体可分为来自中央的消息和来自其他藩镇的消息两大类型。来自中央的消息又可根据传递者的不同再分为三小类:一是由朝廷中使直接传达到地方的;二是由地方派出的奏事官带回地方的;三是由藩镇派驻京城的进奏院发回本道的。

所谓"中使",是指由宦官担任,由朝廷派出,代表皇帝向大臣赐物、慰问、宣布诏敕或执行其他特定任务的临时性职位,其中本官官位较高者,在唐代又被称作"高品中使"或径称"高品"。皇帝派出"中使",从南北朝到隋唐都比较常见。不过,以中使频繁地充当皇帝和地方官之间重要联系人的角色,却是唐后期才更为突出的现象。他们是唐后期藩镇长官的消息来源之一。那么,中使所传递的是哪些类型的消息呢?

首先,一般公开的诏书多是由中使传达到藩镇的。宪宗"元和二年(807),〔李绛〕授翰林学士,俄知制诰。会李锜诛,宪宗将辇取其赀,绛与裴垍谏曰:'锜僭侈诛求,六州之人怨入骨髓。今元恶传首,若因取其财,恐非遏乱略、惠绥困穷者。愿赐本道,代贫民租赋。'制可。枢密使刘光琦议遣中人持赦令赐诸道,以哀馈饷,绛请付度支盐铁急递以遣,息取求之弊。光琦引故事以对,帝曰:'故事是耶,当守之。不然,当改。可循旧哉!'"②从枢密使刘光琦"引故事以对"

---

① 参周振鹤《中国地方行政制度史》第三章第二节,上海人民出版社 2005 年版,第 67—68 页。
② 《新唐书》卷一五二《李绛传》,中华书局 1975 年版,第 4836 页。

看,由中使"持赦令赐诸道",应是当时的惯例。除了宣布中央的诏命以外,一些其他藩镇发生的重大事件,也有不少是经中使转达下来的。德宗建中元年(780),福建观察使常衮表称"臣某言:中使王开谏、李重芝等至……伏闻大破凶丑,收复泾州,枭斩帅刘元等,传送阙下,余党悉降,西陲底定"①。又如淄青节度使表称"臣某言:……一昨中使李诚义衔命远降军中,蒙以淮西事宜俯赐宣示"②。

其次,颁发给藩镇官员个人的旌节、告身,以及对藩镇官员的赐物等,多由中使承担。"自〔肃宗〕至德(756—758)已来,方镇除授,必遣中使领旌节,就第宣赐"③。代宗大历八年(773)十月,以浙东观察使陈少游为淮南节度使,陈少游表称"今月二十日,中使辅怀恩送告身至,伏见恩制,特加臣银青光禄大夫、扬州大都督府长史、充淮南节度使"④;文宗大和八年(834),华州刺史崔戎被任命兖海观察使,在其谢表中称"中使王士岌至,奉宣恩旨,改授臣某官,并赐臣前件告身一通者"⑤。由中使承担赐物、宣慰藩镇将士例子甚多,仅各举一例:代宗大历八年,路嗣恭被任命为岭南节度使,王纬《代路冀公谢旌节等表》称"中使至,伏奉敕书,并赐臣冬衣一副"⑥。杨於陵《谢敕书宣慰表》:"中使冯仙鹤至,伏奉手诏,兼宣口敕,慰抚臣及将士等。"⑦

从皇帝的角度看,中使的职责是"将我密命,达于四方。去尽行人之词,还致诸臣之复"⑧。可见,中使有时还承担着将藩镇官员的表奏带回中央的职责。

---

① 常衮:《贺收泾州表》,《文苑英华》卷五六七,中华书局 1966 年版,第 2910 页。《旧唐书》卷一二《德宗纪上》,建中元年五月"潮州刺史常衮为福建观察使。泾州将刘光国杀刘文喜降,泾州平"(第 326 页)。德宗时有关泾州平叛事唯此一件。疑刘元即刘文喜。

② 陆行俭:《代淄青谏伐淮西表》,《文苑英华》卷六一六,第 3196 页。

③ 《旧唐书》卷一五八《郑馀庆传》,第 4166 页。《资治通鉴》卷二四四《唐纪六十》"文宗大和七年三月"条胡注:"唐中世已后,凡藩镇加官,率遣中使奉命,谓之官告使。"第 7884 页。

④ 刘太真:《为陈大夫谢上淮南节镇表》,《文苑英华》卷五八四,第 3022 页。时间见《旧唐书》卷一一《代宗纪》,第 303 页。

⑤ 刘学锴、余恕诚校注:《李商隐文编年校注》卷一《为安平公谢除兖海观察使表》,中华书局 2002 年版,第 41 页。

⑥ 王纬:《代路冀公谢旌节等表》,《文苑英华》卷五八八,第 3047 页。时间见《旧唐书》卷一一《代宗纪》,第 303 页。

⑦ 杨於陵:《谢敕书宣慰表》,《文苑英华》卷五九八,第 3106 页。

⑧ 周相录校注:《元稹集校注》卷五〇《授刘惠通谒者监制》,上海古籍出版社 2011 年版,第 1278 页。

检诸史料,肃宗时颜真卿《谢赠官表》便"谨因中使内谒者监张抱诚冒死陈谢以闻"①;穆宗时裴度所撰《谏请不用奸臣表》也是"谨附中使赵奉国奉表以闻"②的。敬宗时,浙西观察使李德裕"因中使还,献疏曰:……"③。一下一上,构成了皇帝与藩镇官员一次完整的信息沟通。

从藩镇官员获得中央或其他地区信息的角度看,除了公开的诏书,以及多泛泛之辞的告身和赐物宣慰外,唐后期更具实质意义的是皇帝与藩镇官员个人之间的个别联系。其载体是皇帝对官员表奏的批答,它们有时又被称为答诏、御批等等。它们中一部分是由中使送达的。武宗时李德裕《谢赐让官批答状》称"高品冯至珣至,奉宣圣旨,并赐臣批答"④。不过,皇帝对藩镇官员的答诏或批答,更多的是由藩镇派出的奏事官带回来的。奏事官带回的消息,是藩镇官员得到来自中央信息中的第二小类。

何谓奏事官?胡三省云:"诸道遣官入京师奏事者,谓之奏事官。"⑤奏事官在唐前期业已出现,武则天时期,陈子昂《为义兴公陈请终丧第二表》:"今某月日,奏事官赍臣所奏表回。伏读报诏,不胜悲惧。"⑥虽然唐前期已有奏事官,但是他们在史料中大量出现,却是唐后期的事情。因为奏事官多设置于藩镇,所以在很多场合被称为"诸道奏事官"⑦。奏事官的主要职责,从白居易所撰三份与奏事官相关的制书可见一斑:"服勤藩镇,敷奏阙庭,奉主帅之表章,达军府之情状";"详其奏报,颇尽事情";"奉州将之手疏,达军人之血诚"⑧。奏事官将藩镇长官的表奏奏上之后,皇帝对表奏的批答或手诏等,多由奏事官带回本道。

---

① 《颜鲁公集》卷三《谢赠官表》,上海古籍出版社 1992 年版,第 16 页。

② 裴度:《谏请不用奸臣表》,《文苑英华》卷六二五,第 3240 页。此文又收于《全唐文》卷五三七,题目拟作《论元稹魏宏简奸状疏》)。

③ 《旧唐书》卷一七四《李德裕传》,第 4517 页。

④ 傅璇琮、周建国校笺:《李德裕文集校笺》卷一九,中华书局 2018 年版,第 452 页。

⑤ 《资治通鉴》卷二二一《唐纪三十七》"肃宗上元元年"条,第 7093 页。

⑥ 徐鹏校点:《陈子昂集》(修订本)补遗,上海古籍出版社 2013 年版,第 278 页。

⑦ 除了上引胡注外,如《唐会要》卷二九《追赏》,德宗贞元四年九月二日敕"各省诸道奏事官,共赐一百贯"(上海古籍出版社 1991 年版,第 630 页)。《唐大诏令集》卷二《顺宗即位赦》,"诸道进奏院及奏事官,赐爵勋阶有差"(商务印书馆 1959 年版,第 10 页)。《旧唐书》卷一五下《宪宗纪下》,元和十一年十月"敕诸道奏事官,非急切不得乘驿马",第 457 页。

⑧ 分见朱金城笺校:《白居易集笺校》卷五一《义武军奏事官虞候卫绍则可检校秘书监职如故制》《深州奏事官卫推试原王友韩季重可兼监察御史充职制》,第 3026 页;同书卷五三《冀州奏事官田练可冀州司马兼殿中侍御史制》,第 3094 页。

如代宗大历八年(773),汴宋等八州节度使田神功卒,诏其弟田神玉知汴州留后[1],田神玉上表云"臣某言:奏事官潘洽回,伏奉敕书手诏,兼宣进旨,不许臣辄离所部。又以臣脚弱无力,伏奉批表,以军府政殷,藉卿镇辑,不赴上都也";又如韩翃《代人奉御批不许请罪谢恩表》"臣某言:奏事官苏翼回,伏奉圣造答表,勒臣即复章绶,速赴阙庭"[2]。其中所谓"批表""御批""答表",都是皇帝对地方官所上表奏的批答,它们由奏事官带回。德宗建中年间,常衮被任命为福州刺史、福建观察使,其谢表云"臣某言:奏事官特进试鸿胪卿臣郝诚益至,伏奉墨制优答,兼赐手诏"[3]。皇帝的批答、手诏、口敕等由奏事官带回藩镇者例子甚多,不备举。

相对于公开的诏书以及告身等,皇帝对藩镇官员表奏的批答更具实质内容,往往既包含皇帝所代表的中央意志,也传达了其他地区的情况,有些更有直接指挥的意味。与此同时,地方官也从这种实质的交流中,获得多方面信息。唐后期、特别是宪宗以后,皇帝给地方官的批答越发常见,直至唐末僖宗、昭宗时期,目前所见唐后期皇帝的大部分批答都是给节度使等封疆大吏的。更加值得注意的是,宪宗以后,在给藩镇长官的批答中,政务性批答的比例显著上升。同时,在批答中对藩镇长官直接指挥的现象也相当明显,如在武宗会昌三年(843)给幽州卢龙节度使张仲武的《赐张仲武诏》中,不仅有"经略之事,全以付卿。须及塞草未青,虏骑方困,一举便克,使无孑遗"这样的对回鹘的战略安排,而且还有"卿先发马步一万人,于大界原防戍。今缘可汗入卿掌握,已在网罗,岂得更屯精兵,守无用之地? 即宜追赴本道,同力剪除"这样的具体布置[4]。此外,诸如武宗给河东节度使李石、忠武军节度使王宰的批答,僖宗给西川节度使高骈的批答等[5],也都包含皇帝直接指挥藩镇军政事务的内容。在某种程度上,可以说批答构成了皇帝与藩镇长官之间的个别联系。而藩镇长官所获批答、特别是政务性批答的增多,显示出皇帝通过与藩镇长官之间个别联系的作用在提

① 《新唐书》卷一四四《田神玉传》,第 4703 页。《旧唐书》卷一二四《田神玉传》,第 3533 页。
② 韩翃:《为田神玉谢不许赴上都护丧表》《代人奉御批不许请罪谢恩表》,分见《文苑英华》卷五九七,第 3100 页;《文苑英华》卷六〇九,3159 页。
③ 常衮:《为福州刺史谢上表》,《文苑英华》卷五八五,第 3029 页。
④ 《李德裕文集校笺》卷六,第 119 页。
⑤ 分见《李德裕文集校笺》卷七,第 135、137 页;《旧唐书》卷一八二《高骈传》,第 4706—4710 页。

高,批答既是藩镇长官的重要消息来源,也成为皇帝直接干预地方政务的手段
之一①。

来自中央的消息中的第三小类是由藩镇派驻京城的进奏院发回本道的消
息。进奏院是代宗大历十二年(777)在诸道驻京留后的基础上建立的②。对唐
代进奏院,学界研究已多。研究表明,上都留后作为进奏院的前身可能设置于
安史之乱期间。进奏院向本镇及时报告朝廷和他镇的各种情况,传递诏令、文
牒等,是进奏院的主要职能③。与皇帝给藩镇长官的批答相比,进奏院传递的消
息大多数属于公开的信息。

安史之乱以后,藩镇长官的消息来源还出现了一种新渠道,就是从第三方,
即从其他藩镇获得的消息。

这些消息中不乏有关中央的情报。如永贞元年(805)二月"壬子,李师古发
兵屯西境以胁滑州。时告哀使未至诸道,义成牙将有自长安还得遗诏者,节度
使李元素以师古邻道,欲示无外,遣使密以遗诏示之"④。自长安得遗诏的"义
成牙将",很有可能就是义成节度使的奏事官⑤。"告哀使未至诸道",牙将已将
消息带回,可见其得到并传递消息的速度还是相当快的。义成军节度使李元素
将属下得自长安的德宗遗诏,派人送与平卢淄青节度使李师古。从李师古的角
度看,他得到的关于德宗遗诏的重要情报,正是来自其他藩镇。又如,宪宗元和
四年(809)九月"庚戌,以〔王〕承宗为成德节度使、恒冀深赵州观察使,德州刺
史薛昌朝为保信军节度、德棣二州观察使。……〔魏博节度观察等使〕田季安得
飞报,先知之。使谓承宗曰:'昌朝阴与朝廷通,故受节钺。'承宗遽遣数百骑驰
入德州,执昌朝,至真定,囚之。中使送昌朝节过魏州,季安阳为宴劳,留使者累
日,比至德州,已不及矣"⑥。魏博节度使田季安"得飞报",知道了朝廷的任命,

---

① 拙稿《唐代"批答"述论——以地方官所获"批答"为中心》,《北京大学学报》2010 年第 2 期。
② 《旧唐书》卷一一《代宗纪》,第 312 页。《唐会要》卷七八《诸使杂录上》,第 1702 页。
③ 张国刚:《唐代进奏院考略》,《文史》第 18 辑。
④ 《资治通鉴》卷二三六《唐纪五十二》"永贞元年二月"条,第 7608 页。
⑤ 以牙将至京奏事例:《资治通鉴》卷二三八《唐纪五十四》元和五年,昭义节度使卢从史"遣牙将王翊
　元入奏事",第 7673 页;《资治通鉴》卷二三九《唐纪五十五》元和十年,"王承宗遣牙将尹少卿奏事,
　为吴元济游说",第 7713 页。《资治通鉴》卷二四八《唐纪六十四》"会昌四年闰月"条胡注,"方镇遣
　牙职入奏事,因谓之奏事官",第 8003 页。
⑥ 《资治通鉴》卷二三八《唐纪五十四》"元和四年九月"条,第 7665 页。

可见某些地方节度使密切重视中央的一举一动,而且获得情报的效率颇高。魏博节度使把情况派人告知成德节度使王承宗,则显示了藩镇之间的情报共享。

藩镇也可从其他藩镇得到另外地区的重要消息。肃宗至德二载(757),广陵长史、淮南节度兼采访使高适云:"臣得河南道及诸州牒,皆言逆贼安禄山苦痛而死。"①肃宗上元二年(761),江淮都统使李峘"得〔平卢军兵马使〕田神功等状称,官军以正月二十六日过江,大破贼众,擒元恶于蒜山之下,凶残扑灭,江界无事"②。德宗贞元十四年(798),令狐楚为河东节度使李说作《贺灵武破吐蕃表》:"臣得朔方节度使李栾牒称,'十一月二十日大破吐蕃'者。"③这也是节度使通过其他节度使之牒,获得其他地区之消息。宪宗时,柳宗元《为裴中丞奏邕管黄家贼事宜状》云:"右,今月四日,邕管奏事官严训过,称押衙谭叔向等与黄家贼五千余人谋为翻动,虽已诛斩,犹未清宁。"裴中丞,是桂管观察使裴行立,他从路过的邕管奏事官严训那里得到了其他地区的消息④。又僖宗中和(881—885)年间,淮南节度使高骈分别从河中节度使王重荣之牒和武宁节度使时溥的状中获得了京城收复和黄巢被杀的重要消息⑤。

二、州刺史的信息渠道

与藩镇(道)的节度使、观察使相比,唐后期州刺史所获中央和其他地区消息的数量较少,信息渠道的结构也比较简单。从消息来源可分为两大类型,分别是来自中央的消息和来自本道的消息。

来自中央的消息方面,由中使等宣布的公开诏书,是州刺史最主要的消息

---

① 孙钦善校注:《高适集校注·贺安禄山死表》(修订本),上海古籍出版社2014年版,第349页。
② 独孤及撰,刘鹏、李桃校注:《毗陵集校注》,辽海出版社2007年版,第100页。田神功职位见《旧唐书》卷一《肃宗纪》上元二年正月"平卢军兵马使田神功生擒刘展",第260页。时独孤及为江淮都统李峘府掌书记,见《新唐书》卷一六二《独孤及传》,第4990页。
③ 尹占华、杨晓霭整理校笺:《令狐楚集》卷二《贺灵武破吐蕃表》,甘肃人民出版社1998年版,第20页。写作时间参权德舆撰,郭广伟校点《权德舆诗文集》卷三四《中书门下贺灵武大破吐蕃表》,其记时间是德宗"贞元十四年十一月二十九日",上海古籍出版社2008年版,第672页。
④ 《柳宗元集》卷三九《为裴中丞奏邕管黄家贼事宜状》,中华书局1979年版,第1015页。
⑤ 分见党银平校注:《桂苑笔耕集校注》卷六《贺收复京城状》,中华书局2007年版,第139页;同书卷一《贺杀黄巢表》,第23页。

来源。约宪宗元和四年(809),澧州刺史南承嗣状称:"伏见某月日敕,以王承宗负恩干纪,命将徂征。"①元和十二年(817),连州刺史刘禹锡表称:"伏见诏书,以唐州节度使李愬生擒逆贼吴元济献俘,文武百僚于兴安门列班称贺者。"②元和十四年(819)三月淄青节度使李师道被杀的消息,时任连州刺史的刘禹锡和忠州刺史白居易都是通过诏书得到的③。又文宗大和九年(835)十二月,同州刺史刘禹锡《贺枭斩郑注表》云:"伏奉前月二十五日诏书,示逆贼郑注已枭首讫。"④

前文说明,答诏作为皇帝对节度使、观察使等表奏的批答,是一种皇帝与藩镇官员的个别联系方式,是唐后期节度使等藩镇长官获得信息的重要渠道之一。对州刺史来说如何呢?这关系到唐后期州刺史是否有直接上奏皇帝权利的问题。

有学者认为,唐制,非节度、观察州,则刺史只有谢上一表,此后即不得上表⑤。此说是有根据的,德宗贞元八年(792),瀛州刺史刘澭"擅通表朝廷,遣兵千人防秋"⑥。既然被称为"擅通表朝廷",表明刺史可能没有通表朝廷的常规权利。又贞元十九年(803)十一月,"以李兴幹为盐州刺史,得专奏事"。胡三省注云:"今盐州得专达于朝廷。"⑦"得专奏事"是一种特殊待遇。这也意味着当时大多数刺史或许并无直接奏事之权。懿宗时,蕲州刺史萧倣在《蕲州刺史谢上兼知贡举败阙表》中表述得更为明确,"臣官为牧守,不同藩镇。谢上之后,他表无因。达天听而知在何时,备繁辞而并陈今日"⑧。需要注意的是,这种情况在唐后期并不是一成不变的。宪宗元和"十二年四月敕:自今已后,刺史如有利病可言,皆不限时节,任自上表闻奏。不须申报节度、观察使"⑨。据此敕可

---

① 《柳宗元集》卷三九《为南承嗣请从军状》,第 1018 页。四库本《柳河东集》卷三九注,此时南承嗣为澧州刺史。又参同书卷二三《送南涪州量移澧州序》。
② 瞿蜕园笺证:《刘禹锡集笺证》卷一四《贺收蔡州表》,上海古籍出版社 1989 年版,第 350 页。
③ 分见《刘禹锡集笺证》卷一四《贺平淄青表》,第 356 页;《白居易集笺校》卷六一《贺平淄青表》,第 3423 页。
④ 《刘禹锡集笺证》卷一六《贺枭斩郑注表》,第 407 页。
⑤ 参《白居易集笺校》卷六一,第 3424 页笺。
⑥ 《资治通鉴》卷二三四《唐纪五十》"贞元八年十一月"条,第 7539 页。
⑦ 《资治通鉴》卷二三六《唐纪五十二》"贞元十九年十一月"条,第 7604 页。
⑧ 陶绍清校证:《唐摭言校证》卷一四《主司失意》,中华书局 2021 年版,第 608 页。同书记懿宗"咸通四年,萧倣……责授蕲州刺史",第 605 页。
⑨ 《唐会要》卷六八《刺史上》,第 1423 页。《唐大诏令集》卷一〇五《许刺史言事敕》略同,第 537 页。

知,在元和十二年(817)以前,刺史不能越过节度使、观察使而"自上表闻奏",与以上诸例合。此后州刺史才获得了"自上表闻奏"之权。穆宗长庆三年(823),夔州刺史刘禹锡《夔州论利害表》开篇即引此敕,作为其上表的依据①。刘禹锡有多篇以刺史身份的奏文。

总体而言,唐后期州刺史直接上奏还是受到一定限制的,因此我们看到州刺史上奏的例子也比较少②。那么相应地,州刺史能够得到皇帝答诏的机会也就更少了。上引宪宗元和二年至六年白居易为宪宗所撰近七十份给地方官的答诏中,给州刺史的仅有一份,是元和二年给时任商州或虢州刺史元义方的《答元义等请上尊号表》③。总之,皇帝的答诏并不能构成唐后期州刺史的重要消息来源。

就进奏院而言,清人陈景云在研究《柳宗元集》的专著《柳集点勘》中论曰:"唐代牧守得置院上都有事报关者,唯诸道大帅及同、华二州耳,余州刺史即皆无之。"④即除了同、华二州以外,其他诸州在京师并无进奏院。此论甚是。刘禹锡《慰淄王薨表》云"臣某言:臣得进奏官杨愓状报,淄王薨,辍朝三日"。事在文宗开成四年(839),刘禹锡为同州刺史⑤。又李商隐《为汝南公贺元日御正殿受朝贺表》云"臣某言:得本州进奏院状报,称元日皇帝陛下御含元殿受朝贺者"。汝南公为周墀,事在武宗会昌二年(842),周墀时任华州刺史⑥。因此,对绝大多数州刺史来说,进奏院并不是其消息来源。

安史之乱以后,藩镇的消息来源出现了一种新渠道,就是从其他藩镇获得的消息。唐后期州刺史并无从其他藩镇获得情报之例,而本道节度使是其属州刺史的消息来源。如宪宗元和十二年(817),虢州长史元稹称"某启:伏见当道

① 《刘禹锡集笺证》卷一四《夔州论利害表》,第373页。
② 相关研究,请参阅陈志坚:《唐代州郡制度研究》第三编第一章第二节"唐后期州郡与中央的直达关系",上海古籍出版社2005年版,第138—147页。
③ 《白居易集笺校》卷五七,第3259页。
④ 《柳宗元集》卷三七《贺亲自祈雨有应表五》,第975页注引。
⑤ 《刘禹锡集笺证》卷一六《慰淄王薨表》,第413页。《旧唐书》卷一七下《文宗纪下》开成元年四月"淄王协薨",第565页。
⑥ 刘学锴、余恕诚校注:《李商隐文集编年校注》卷二《为汝南公贺元日御正殿受朝贺表》,中华书局2002年版,第619页,参校注〔一〕。

节度使牒,伏承相公生禽吴元济,归斩阙下"①。元和十四年(819),柳州刺史柳宗元表称"臣某言:即日被观察使牒,李师道以月日克就枭戮者"②。所谓"观察使牒"是指当道桂管观察使裴行立之牒③。文宗大和八年(834),苏州刺史刘禹锡表称"臣某言:臣得本道观察使报,伏承圣躬痊愈,已于紫宸殿视朝者"④。"本道观察使",当指浙江西道观察使王璠。

三、小结与假说

以上我们简单叙述了唐后期地方官获取中央和其他地区消息的情报来源。可以有以下几点结论:第一,在唐后期的藩镇与州之间,皇帝给地方官之答诏主要是针对藩镇(道)长官;除了个别州外,绝大多数州在京并无进奏院;除了来自中央的消息以外,藩镇长官还可获得来自其他藩镇的重要情报。显然,藩镇所获信息数量更多,消息来源也更为广泛,信息渠道的结构相对更为复杂。因此,从信息交流的角度看,唐后期中央与地方关系的重心是在中央与藩镇之间。第二,据前文所述,从节度使、观察使等藩镇(道)长官所获消息的来源看,大体可分为来自中央的消息和来自其他藩镇的消息两大类型。来自中央的消息又可再分为三小类:一是来自朝廷所派中使,二是来自地方派出的奏事官,三是来自藩镇派驻京城的进奏院。以安史之乱为界,唐代后期与前期相比,来自藩镇的消息是唐后期的新现象。在来自中央的消息中,进奏院制度及其前身是安史之乱以后逐步建立并固定下来的;中使和奏事官前期已有,但其作为皇帝和地方官之间的重要联系人,却也是唐后期的事情。因此,我们可以说唐后期地方官在获得中央和其他地区信息的数量和结构上,都获得了明显的扩展。第三,唐代前后期的一个显著差别,是唐后期藩镇长官给皇帝的表奏所获皇帝之答诏数量大大增多。在中央集权相对衰落的唐后期,通过这种个别联系的方式,皇帝

---

① 《元稹集校注》之《补遗》卷二《贺裴相公破淮西启》,第1445页。《旧唐书》卷一五《宪宗纪下》记元和十二年十一月斩吴元济,第461页。参元稹本传,此时他可能为虢州长史。
② 《柳宗元集》卷三八《柳州贺破东平表》,第975页。
③ 参《柳宗元集》第977页"孙曰""韩曰"。
④ 《刘禹锡集笺证》卷一六《苏州贺皇帝疾愈表》,第399页。

个人对地方的影响似乎在加大。或者说中央对地方的影响,更加依赖于皇帝与地方官之间的个别联系。

以上三点是本文的简要小结。那么,唐代前后期为什么会出现这种差别呢?

最直接的原因,是随着唐后期中央与地方之间关系的复杂化,中央与地方相互获得情报的意愿大大增加了。以上两节,都是从地方角度着眼的。现在从中央角度略作补充。首先,以中央派出的中使为例,派出中使,除了宣传诏命外,了解地方的实际情况也是重要目的。玄宗天宝十四载(755)"遣中使辅璆琳以珍果赐〔安〕禄山,潜察其变。璆琳受禄山厚赂,还,盛言禄山竭忠奉国,无有二心"①。虽然派出中使的目的没有达到,但是中央派出中使了解地方、"潜察其变"的意图在此例中表现得十分清晰。德宗贞元十年,"上已闻〔昭义节度使李〕抱真卒,乃遣中使第五守进驰传观变"②。武宗会昌年间,宰相李德裕建议"请降识事情中使宣谕〔幽州卢龙节度使张〕仲武,令早灭却残虏,兼探仲武见刘稹平后,有何言说"③。第二,地方派出的奏事官带到中央的情报,在唐后期也成为了中央决策的重要依据。典型事例如武宗会昌二年,"李德裕等奏:'河东奏事官孙俦适至,云回鹘移营近南四十里。刘沔以为此必契丹不与之同,恐为其掩袭故也。据此事势,正堪驱除。臣等问孙俦,若与幽州合势,迫逐回鹘,更须益几兵。俦言不须多益兵,唯大同兵少,得易定千人助之足矣。'上皆从之。诏河东、幽州、振武、天德各出大兵,移营稍前,以迫回鹘"④。在会昌四年平刘稹的过程中,成德奏事官高迪提供的情报,是中央决策的重要依据⑤。

又是什么促使唐后期中央和地方更加积极地致力于了解对方呢?我们打算对理解唐后期的中央地方关系提出一个尚需论证的假说,即相对于唐代前期的律令体制,安史之乱后,规范已失,地方政策因时因地的差异化明显,

① 《资治通鉴》卷二一七《唐纪三十三》"天宝十四载二月"条,第6930页。
② 《旧唐书》卷一三二《李抱真传》,第3650页。
③ 《李德裕文集校笺》卷一七《论回鹘事宜状》,第406页。
④ 《资治通鉴》卷二四六《唐纪六十二》"会昌二年九月"条,第7967页。参《李德裕文集校笺》卷一四《请发镇州马军状》,第311页。
⑤ 参《李德裕文集校笺》卷一七《论镇州奏事官高迪陈意见二事状》《第二状》,第394、396页;同卷《天井冀氏事宜状》,第403页。镇州为大都督府,任镇州大都督府长史者,多任成德军节度使。因此,镇州奏事官当为藩镇奏事官。

中央与地方关系形成了一种"谈判体制"。相对于律令体制,谈判体制的特点是:地方、特别是藩镇,与中央讨价还价内容的广度和谈判的幅度都有显著增加。正是双方谈判的要求,促进了各自获取对方情报的努力。也正是在中央集权衰落的背景下双方谈判的要求,使得皇帝个人因素对地方的影响力更加突出。

（作者系北京大学历史学系教授）

二年律令所见西汉初年的傅籍标准*

张继海

汉代男子的傅籍标准,前后有所变化。景帝二年(前155年),"男子二十而得傅",昭帝时"宽力役之政",改为"二十三始傅"①,并延续至汉末。至于秦和汉初的傅籍标准,由于史料缺乏,长期以来黯昧不明。睡虎地秦简出土后,学者对秦人的傅籍标准进行讨论,出现了十五岁而傅、十七岁而傅和以身高为标准三种不同意见。张家山汉简《二年律令》公布以后,学者对汉初的傅籍标准又有讨论,意见集中在是十五岁而傅还是十七岁而傅。高敏先生持十五岁说②,臧知非先生持十七岁说③。

客观地讲,在睡虎地秦简中,只有一条材料是直接关于傅籍标准的,那就是《编年记》中所记墓主喜的个例。喜生于秦昭王四十五年(前262年),秦王政元年(前246年)傅籍。高、臧二先生皆据此立说,却得出15岁和17岁两个不同结论。按照现在的算法,喜傅籍时是虚岁17,周岁16。高敏先生认为喜当时刚年满15周岁,进入了16岁,其实不对,原因是他将秦的岁首搞错了。我们知道

---

* 本文完成时间为2006年8月。

① 《史记》卷一一《孝景本纪》,中华书局1982年版,第439页;《盐铁论》卷三《未通》。

② 自睡虎地秦简出土以来,高敏先生发表了一系列论著,皆主十五周岁说,其最新的文章为《西汉前期的"傅年"探讨——读〈张家山汉墓竹简〉札记之六》,《新乡师范高等专科学校学报》2002年第3期。另外,丁光勋先生也主十五岁说,不过未提供更多新的证据(《秦汉时期的始傅、始役、终役的年龄研究》,《上海师范大学学报》2003年第4期)。曹旅宁先生基本认同高敏的十五周岁说,但认为按照中国传统算法,应称为十六岁(《张家山汉律研究》,中华书局2005年版,第206—208页)。

③ 臧知非:《秦汉"傅籍"制度与社会结构的变迁——以张家山汉简〈二年律令〉为中心》,《人文杂志》2005年第1期。臧先生认为,"秦朝傅籍根据身高和年龄的双重依据进行"。

秦王政二十六年统一天下后,定制以十月为岁首。此前秦国的情形如何,史无明文。周以十一月为岁首,但战国时代诸侯力政,列国所行历朔并不一致。而根据《史记·秦本纪》透露的信息,似乎至少在秦昭王时秦国已经是以十月为岁首①。喜的生日在十二月,其实是一年之中的第三个月。而秦国的制度,傅籍是在八月②,已接近岁末。准确地说,喜傅籍时的年龄是 16 周岁零 8 个月。笔者猜测,秦制将傅籍时间安排在接近岁末的八月,可能正有让大部分人已度过生日的用意,这也许可说是严酷统治下保存的一点人情味吧。但是话说回来,古人没有周岁的概念,他们计算年龄,是每过一个新年就算长一岁,因此喜傅籍时为 17 岁,官府、喜本人及其家人都是这样认为。回到历史,我们就得说喜是 17 岁而傅(本文以下凡称多少岁皆与此同,指虚岁)。喜的个例能否代表一般情况,还需要看有无法律规定上的支持。

张家山汉简《二年律令》中有《傅律》,它规定的傅籍年龄有 20、22、24 岁之别。高敏先生认为,《傅律》关于始傅的规定是对有爵者及其子缩短服役期限的优待,不能将之视为一般庶民的傅年标准;又根据《徭律》中"节(即)载粟,乃发公大夫以下子未傅年十五以上者"的规定③,认为公大夫以下子原本可以 22 岁或 20 岁始傅,现在既然在特别情况下可以令其年十五以上未傅者服役,"这岂不间接说明十五岁是一般服役者应傅籍的年龄标准吗?"这个推断于情理颇合,可惜没有法律上的直接证据。臧知非先生认为汉初"普通庶人的始傅年龄是十七岁","汉律虽然没有直接规定,但从相关条文中可以作出明确地判断"。他的根据是《二年律令》中的两条规定:《收律》云年十七以上"勿收",《具律》云"年不盈十七岁,有罪当刑者,皆完之",说明满十七岁为成年人,未满十七岁者不具备完全责任能力,故减轻刑罚,"这正从法律的层面间接地证明秦和西汉初期都是十七岁始傅,不存在十五岁始傅的制度"。

---

① 《秦本纪》记载:昭王"四十二年,安国君为太子。十月,宣太后薨,葬芷阳郦山。九月,穰侯出之陶"(第 213 页)。九月之事记在十月之后,此为最直接之证据。此下昭王四十八年、五十年记事,皆始自十月,记十月之事先于正月之事。

② 根据睡虎地秦简《仓律》的规定,秦人傅籍是在八月,见《睡虎地秦墓竹简》,文物出版社 1978 年版,第 50 页。《二年律令·户律》记载县乡案比户籍亦在八月。

③ 整理小组在"公大夫以下子"后加有顿号,高敏先生认为此顿号应去掉。笔者认为高说是。此条简文见《张家山汉墓竹简(二四七号墓)》,文物出版社 2001 年版,第 188 页。

　　以上是高、臧二先生的主要论点和论据。由于缺乏直接证据,他们也都承认其所引史料是"间接说明"或"间接地证明"了各自的观点,但都能言之成理。那么,究竟哪家观点符合历史事实呢? 平心而论,高说虽有明显推测成分,但所依据史料尚与服役和傅籍年龄密切相关,而臧说的论证则比较迂曲,所据史料为刑罚方面之规定,与傅籍年龄的规定相距较远,且依据少量史料即得出秦汉以十七岁为成年标志,又据此认为汉初普通庶人的始傅年龄是十七岁,总感觉说服力不够。欲寻求正确答案,我们仍需从《二年律令》的阅读分析入手。《二年律令》的《傅律》规定:

> 　　不更以下子年廿岁,大夫以上至五大夫子及小爵不更以下至上造年廿二岁,卿以上子及小爵大夫以上年廿四岁,皆傅之。公士、公卒及士五(伍)、司寇、隐官子,皆为士五(伍)。畴官各从其父畴,有学师者学之。[1]

　　这段律文的前半部分是对某些人傅籍年龄的规定,具体说是两部分人:一为有爵者之子,一为有小爵者本人。根据刘敏先生的研究,小爵"是未傅籍成人者占有的爵位"[2]。这个解释放在本条律文中较为合理。有小爵者应当是那些年纪轻轻尚未傅籍,但已经通过继承、赏赐等途径获得一定爵位的人。《傅律》规定了他们及有爵者之子两部分人的傅籍年龄。这其实是两个系列,我们可以称之为小爵系列和有爵者之子系列。列表如下:

傅籍年龄	有爵者之子系列	小爵系列
20	不更(四级)以下子	
22	大夫(五级)以上至五大夫(九级)子	不更(四级)以下至上造(二级)
24	卿以上(十级左庶长以上)子	大夫(五级)以上

　　通过此表,可以直观地看出两个系列的人的傅籍年龄。但是仔细研究,发现其中有一些疑问,或者说是《傅律》的规定有遗漏。例如,在 20 岁傅籍的那一档,规定的是"不更以下子",意为爵位在四级不更以下的人,其子应 20 岁傅籍。

---

[1]　《张家山汉墓竹简(二四七号墓)》,第 182 页。
[2]　刘敏:《张家山汉简"小爵"臆释》,《中国史研究》2004 年第 3 期。

但是,"不更以下"的"下"止于哪里,律文没有说。有两种可能,要么是止于一级公士,要么是包括无爵位的人。这是一个疑问。另一个疑问是,在小爵系列中,规定拥有小爵不更以下至上造(二级)者22岁傅籍,但是却没有规定拥有小爵公士(一级)的人多少岁傅籍。这不得不说是很奇怪的事。

其次我们来看此条《傅律》的后半段。"公士、公卒及士五(伍)、司寇、隐官子,皆为士五(伍)"一句,比较费解。照字面理解,似乎在讲爵位与社会身份的继承,与前后文没有关系,非常突兀,此其一。其二,就其内容说,士伍之子仍为士伍尚可理解,但要说公士、公卒、司寇、隐官之子皆为士伍,就有些不知所云了。反复推求,问题可能出在"皆为士五(伍)"一句。笔者认为,简文"皆为士五(伍)"的"士五"二字原本当作"十五",可能是竹简的抄写者将"十五"误写作"士五"(涉上文"士五"而误),而整理者又将"士五"理解为"士伍"。应该说这个可能性是存在的。此句简文的正确释读应为"皆为士(十)五","十五"是指年龄。

将文字确定为"皆为十五"后,整段律文便豁然畅通,明白易解。《傅律》先说有爵者之子和有小爵者应分别在20、22和24岁时"皆傅之",然后又说平民无爵者之子应在15岁时傅籍,"皆为十五"意思是"皆为十五傅之","傅之"二字系承上文而省。其下接着说:"畴官各从其父畴,有学师者学之。"整理小组注释:"畴,世业。《史记·历书》集解引如淳曰:'家业世世相传为畴。律:年二十三傅之畴官,各从其父学。'"《史记·项羽本纪》集解也引用如淳这段话,曰:"律年二十三傅之畴官,各从其父畴内学之。"按,如淳所引的"律"与本条《傅律》的语句何其相似!律云"年二十三傅之畴官,各从其父学"(或"各从其父畴内学之"),而本条《傅律》云"皆为十五(傅之)。畴官各从其父畴"。这愈加证明我们将"皆为十五"理解为傅籍年龄是比较合理的。畴是指"家业世世相传",但"畴官"就不太好理解,并影响到怎样断句①。不管怎样,本条律文大致可以读懂了,其内容分三层:一是社会地位较高享受一定优待的人在多少岁傅

---

① 笔者推测,"畴官"不是指管理世业的机构或官员,而是指在政府和官设部门中从事世业的人,如祝宗卜史、医巫星算等。"隐官"是指在官设的隐蔽劳动场所中劳动的人,似乎可以以此例彼。如果此推测不误,那么其标点断句当从《傅律》,如淳所引的"律"应改正为"年二十三傅之,畴官各从其父学"。

籍,二是社会地位较低的人在多少岁傅籍,三是重申了在政府和其他官设部门中从事世业的人傅籍后必须从事其父辈的职业。

"公士、公卒及士五(伍)、司寇、隐官子,皆为士(十)五"一句,还可以细加解读。推敲其意,十五岁傅籍的人,似乎包括两部分人,即"公士、公卒"和"士五(伍)、司寇、隐官子"。联系本条律文前半段讲傅籍年龄标准存在的两个系列,似乎这里也是两个系列,与前文相对应。"士五(伍)、司寇、隐官子"对应的是前文的"有爵者之子"系列,而"公士、公卒"对应的似乎是前文的"小爵"系列。先说"有爵者之子"系列。我们前面曾经发现,在 20 岁傅籍的那一档,"不更以下子"的下限不明确,不知是止于一级公士还是止于士伍。现在有了"士五(伍)、司寇、隐官子"十五而傅的规定,便可以肯定其下限是止于一级公士,所谓20 岁始傅,确实是对有爵者之子的优待。我们前面还有一个疑问,就是在"小爵"系列中,没有规定小爵低于上造(即本人为公士)的人多少岁傅籍,而这里规定十五岁傅籍的恰有公士、公卒,遥与"小爵"系列对应。这样,所有的疑问和缺漏便都解决了。唯一需要解释的是,公士、公卒既然与"小爵"系列对应,为何在公士前面不冠以"小爵"之称呢? 笔者认为,这可能与公士后面还跟着一个"公卒"有关。

"公卒"在史籍中极罕见①。在《二年律令》中,"公卒"最早出现在《户律》中,但整理小组未释。《户律》规定了按照爵位高低可以占田的限额,其中"上造二顷,公士一顷半顷,公卒、士五(伍)、庶人各一顷,司寇、隐官各五十亩"②。可以看出,公卒的地位低于公士,与士伍、庶人的待遇相同,但其排名靠前,其社会身份应比士伍、庶人略高。在《户律》规定的占宅限额方面,反映的也是这一等级次序。公卒的地位比士伍高,那算不算一级爵位呢? 从《赐律》的规定看,答案应是否定的:

　　　　赐不为吏及宦皇帝者,关内侯以上比二千石,卿比千石,……簪裹比斗

---

① 《续汉书·百官志五》刘昭注引荀绰《晋百官表注》曰:"然则公乘者,军吏之爵最高者也,虽非临战,得公卒车,故曰公乘也。"(见《后汉书》中华书局 1965 年版,第 3632 页)这里出现了"公卒",不知与《二年律令》中的"公卒"是否有关。

② 《张家山汉墓竹简(二四七号墓)》,第 176 页。

食,上造、公士比佐史。毋爵者,饭一斗、肉五斤、酒大半斗、酱少半升。司寇、徒隶,饭一斗,肉三斤,酒少半斗,盐廿分升一。[①]

　　将本条律文与前面所引的《户律》合观,可以看出这里的"毋爵者"正与《户律》中的"公卒、士五(伍)、庶人"相应。因此,公卒属于无爵者。但是,从《傅律》的一条规定看,公卒又不是普通的无爵者,其地位仅次于公士,并反映在爵位继承的系列中:

　　　　不为后而傅者,关内侯子二人为不更,它子为簪褭;卿子二人为不更,
　　它子为上造;……官大夫及大夫子为公士;不更至上造子为公卒。

　　不更至上造子"不为后而傅者"可以为公卒,显然也是享受了一种待遇。
　　秦设二十等爵制,本以赏军功。自一级公士至四级不更,皆属于"士",在原始意义上,它是指有军功而获得爵位的战士。那么没有爵位的战士当怎样称呼呢?从前文分析的等级次序来看,似乎应当是公卒和士伍。公卒、士伍与庶人虽然同属无爵平民,但前二者负有军事战斗之责,或承担战事后勤服务,带有军事或准军事性质,而公卒的地位又高于士伍。打个不恰当的比喻,如果拿我国现在的军衔制作为参照,那么秦的士伍大约相当于现在的列兵,公卒相当于现在的上等兵(士兵分两级),爵一级公士至四级不更则相当于现在的士官(士官分为六级)。当然,这只是打个比较形象的比喻,方便理解而已。
　　经过以上分析,我们对公卒有了一定了解。回到原来的问题,即在前引《傅律》的后半段中,"公士、公卒"对应的是小爵系列,却为何不注明"小爵"字样呢?原因就是,公卒是无爵者,如果律文写作"小爵公士公卒",反而容易产生误解。
　　至此,《傅律》对不同等级身份者始傅年龄的规定便一清二楚了。将前面的表格稍作订补,我们便得到下面的新表:

[①]　《张家山汉墓竹简(二四七号墓)》,第173页。

傅籍年龄	无爵、有爵者之子系列	小爵系列
15	士伍、司寇、隐官子	公士(一级)、公卒
20	不更(四级)以下至公士(一级)子	
22	大夫(五级)以上至五大夫(九级)子	不更(四级)以下至上造(二级)
24	卿以上(十级左庶长以上)子	大夫(五级)以上

《傅律》对始傅年龄的规定虽然有两个系列,但拥有小爵的人毕竟是少数,多数人的始傅年龄主要取决于其父亲的爵位①。父亲拥有高爵的可以晚傅籍,父亲无爵或只有低爵的就要早傅籍,较早地承担徭役。在这里,等级制度体现得非常鲜明。

本文在前面曾概要介绍了高敏与臧知非先生的观点。高敏根据《徭律》中"节(即)载粟,乃发公大夫以下子未傅年十五以上者"的规定,推测一般庶人的傅年当为十五岁。现在有了《傅律》的支持,大致可以说高敏先生的推测是合理的,但是他所说的"十五岁"是指满十五周岁,则不准确,正确的说法应是十五虚岁。臧知非先生的十七岁说,则似嫌证据不足。另外,曹旅宁先生据《二年律令·傅律》得出"汉初一般服役者的年龄期限当是 20 岁—66 岁",认为"这比传统史料所说至景帝二年'二十始傅'时间上要早",则似乎未对律文作详细考察,其说不足深辨②。

综上所述,《二年律令·傅律》记载汉初无爵平民之子的傅籍年龄为十五岁。汉承秦制,我们推测秦代的傅籍标准亦是如此。睡虎地秦简《编年记》反映墓主人喜十七岁傅籍,又当如何解释呢? 笔者推测喜可能是有爵者之子,属于

---

① 当此两种系列在某人身上产生不一致时,则可能采用如后世人事制度上的"就高不就低"原则。例如,某人本身为小爵公士,本应 15 岁傅籍,但其父的爵位为四级不更,则可以延至 20 岁始傅。在上表中,小爵公士须 15 岁傅籍,而高一级的小爵上造可以晚至 22 岁始傅,相差 7 岁之多,似与其他级差 2 岁或 5 岁者不侔。笔者怀疑小爵公士与小爵上造间可能存在身份上的显著差别,获得小爵公士易,而获得小爵上造难,因此在始傅年龄上有巨大差异。在《二年律令·户律》中,关于不同爵位者占田宅限额的规定与此相类。我们发现自第 18 级爵大庶长至第 10 级爵左庶长,其占田限额从 90 顷逐渐降至 74 顷,每低一级爵减少 2 顷,而其下的占田限额便骤降,第 9 级爵五大夫为 25 顷,8 级公乘为 20 顷,7 级公大夫为 9 顷。五大夫与左庶长间存在巨大级差,乃因前者为军吏,为大夫,而后者为军将,为卿(据前揭《续汉书·百官志五》),其身份显著不同也。小爵公士与小爵上造始傅年龄上的差异,似亦当作此理解。我们对小爵知之甚少,文献难征,然情理上或当如是,则可断言。
② 前揭《张家山汉律研究》,第 208 页。试问若《二年律令·傅律》已经规定一般服役者二十始傅,则景帝二年之诏何为而发? 故其说难通。

在始傅年龄上享优待者。《编年记》记载喜曾经担任过安陆御史、安陆令史、鄢令史等,似非出身于一般平民家庭。《编年记》又多记自秦昭王以来的多次战役,而后半部分则多记喜及其家人之事,似乎二者有联系,令人联想其父祖可能立有军功,享有爵位。《编年记》在秦王政十六年记道:"七月丁巳,公终。"[1]公是喜的父亲。这一年喜32岁,那么喜的父亲至少当已经50岁左右。上推至喜傅籍的秦王政元年,喜的父亲约为35—40岁。如果喜的父亲已经经历多次战争,或服役多年,那么极可能拥有一定爵位,可以庇荫他的儿子晚一些傅籍。喜十七岁傅籍,很可能就是比无爵平民之子晚了两年。

秦汉时代,十五岁是一个重要的年龄界线。人到了十五岁,其身份就不同了,各方面的权利和义务都有显著的变化。关于这一点,杨联陞[2]、高敏[3]、马怡[4]等先生都作过论述。概括起来有这样几方面:

一、称谓方面。六岁以下为未使男、未使女,七岁至十四岁为使男、使女。未使男、未使女与使男、使女统称小男、小女。十五岁及以上为大男、大女。

二、廪给方面。在军队、政府及官设机构中服役的人,根据其年龄与性别差异,分别提供相应的伙食与衣物标准,而十五岁是一个重要的界线。参居延汉简、睡虎地秦简《仓律》、张家山汉简《金布律》等。

三、赋税方面。民年十五以上至五十六出算赋,人百二十钱为一算;七岁至十四出口钱,人二十(后益为二十三)。

四、教育方面。《汉书·食货志上》:"八岁入小学,学六甲五方书计之事,始知室家长幼之节。十五入大学,学先圣礼乐,而知朝廷君臣之礼。"十五岁入大学,《白虎通·辟雍篇》《四民月令》等亦有是说,张政烺先生论之最为精辟,且以为《四民月令》所载"实汉民间通行之制"[5]。

以上四个方面事实清楚,无需再论。第五个方面是徭役。此前学者已经注

---

① 以上见《睡虎地秦墓竹简》,第3—7页。

② 杨联陞:《汉代丁中、廪给、米粟、大小石之制》,《国学季刊》7卷1期(1950年7月),第99—104页,收入《杨联陞论文集》,中国社会科学出版社1992年版。

③ 高敏:《关于秦时服役者年龄问题的探讨》,《云梦秦简初探》(增订本),河南人民出版社1981年版。

④ 马怡:《秦人傅籍标准试探》,《中国史研究》1995年第4期。

⑤ 张政烺:《张政烺文史论集》,中华书局2004年版,第218、225—226页。余嘉锡《目录学发微》卷四(巴蜀书社1991年版,第132页)对《四民月令》所述汉大学、小学之制亦有阐说。

意及此,但是语多含混,今试为辨析如下:

五、徭役方面。《盐铁论》卷三《未通》曰:"古者十五入大学(按,此可为上述教育方面之又一证),与小役,二十冠而成人,与戎。"《后汉书·班超传》班昭上书曰:"妾窃闻古者十五受兵,六十还之。"二者所云不同。《盐铁论》说十五岁开始承担徭役,二十始服兵役,班昭却说十五即服兵役。《班超传》李贤注引《周礼·地官·乡大夫》曰:"国中自七尺以及六十,野自六尺以及六十有五,皆征之。"①又引《韩诗外传》曰:"二十行役,六十免役。"李贤及贾公彦《疏》皆以为"七尺"是年二十,"六尺"为年十五。至于这里的"征"字,孙诒让明确指出是力役之征,"野六尺而征,是受役,非受兵",班昭十五受兵之说,与《周礼·乡大夫》此条无关,李贤"傅合为一,非也"②。《周礼·乡大夫》此条的意思,是野人自十五岁以上即负担徭役,不是服兵役。这样,班昭十五受兵的说法便失去了理论依据。当然,也可能是她别有所据,而后人难以逆知。十五岁以上既开始承担徭役,就有可能从事与军事行动相关的工作。《史记》中至少有两条材料涉及十五岁与战争的关系:

> 《白起列传》:(秦昭王)"发年十五以上悉诣长平,遮绝赵救及粮食"。
> 《项羽本纪》:"外黄不下。数日,已降,项王怒,悉令男子年十五已上诣城东,欲阬之。"③

在以上二事例中,年十五以上者从事的主要应该不是战斗,而是协助防守、战斗支援、为后勤保障提供服务等,应该是属于徭役的范围。

十五岁在秦汉时代还有两个方面的重要意义,是前人未曾指出的:

六、婚嫁方面。《内经素问》卷一《上古天真论》曰:"女子七岁肾气盛,齿更发长,二七而天癸至,任脉通,太冲脉盛,月事以时下,故有子。……丈夫八岁肾气实,发长齿更,二八肾气盛,天癸至,精气溢写,阴阳和,故能有子。"这是说女子十四岁、男子十六岁性发育基本成熟,可以婚育。《通典》卷五九《礼十九·男

---

① 《后汉书》卷四七《班超传》,第1585页。所引《周礼》文字从今本《周礼》改正。
② 孙诒让:《周礼正义》卷二一,中华书局1987年版,第840—841页。
③ 以上分见《史记》第2334、328页。

女婚嫁年几议》曰:"王肃据《孔子家语》《服经》等,以为男十六可以娶,女十四可以嫁,三十、二十,言其极耳。又按《家语》:'鲁哀公问于孔子曰:男子十六而精通,女子十四而化育,是则可生人矣。而礼必三十而室,女必二十而嫁,岂不晚哉? 孔子曰:夫礼言其极耳,不是过也。男二十而冠,有为人父之端,女十五许嫁,有适人之道。'……则卿士大夫之子,十五六之后,皆可嫁娶矣。"①男子十六,女子十四,二者取其中,就是十五岁,古人正是把十五岁以上视为可以婚嫁的年龄。《汉书·惠帝纪》,惠帝六年,令"女子年十五以上至三十不嫁,五算"。作为一项惩罚措施,其用意显然是鼓励人口增殖②。法令的制订必以一定的人情风俗为基础。女子年十五以上不嫁要受罚,正说明一般情况下到了十五岁就可以谈婚论嫁了。

七、立户方面。《二年律令·户律》曰:"寡夫、寡妇毋子及同居,若有子,子年未盈十四,及寡子年未盈十八,及夫妻皆癃病,及老年七十以上,毋异其子。"③"异"是分异,指另外立户。"寡子"即独子。根据律文,如有多子,则其子满十四须另外立户,如仅有独子,则可以延至满十八岁另外立户。我们注意到律文使用的是"未盈十四",而不是"未及十四"。如果是满十四岁,即实足年龄达到十四,那么其虚岁当已是十五。我们有十五岁而另外立户的证据。扬州胥浦101 号汉墓出土的《先令券书》记载:"妪言公文年十五去家,自出为姓,遂居外,未尝持一钱来归。"④券书时代为汉平帝元始五年(5 年)。根据券文,妪生有三男三女,分别为她与前后三个丈夫所生。公文为其子之一,十五岁即分户另过。虽然时代上一为西汉初,一为西汉末,但《先令券书》不啻就是《二年律令·傅律》关于多子者分户规定的最好注脚。

我们看到,在称谓、廪给、赋税、教育、徭役、婚嫁、立户七个方面,十五岁都是一个重要的标尺。这样,《傅律》规定无爵平民之子年十五必须傅籍便非常容易理解了。

---

① 杜佑:《通典》,中华书局 1988 年版,第 1675—1676 页。
② 秦末战乱,人口衰耗,汉初朝廷乃有鼓励人口生育之政策。《二年律令·傅律》规定:"民产子五人以上,男傅,女十二岁,以父为免☐者;其父大夫也,以为免老。"这是对多生育者在免老方面的优待。
③ 《张家山汉墓竹简(二四七号墓)》,第 179 页。
④ 李均明、何双全编:《散见简牍合辑》,文物出版社 1990 年版,第 105—106 页。此墓的发掘报告及初步研究见《文物》1987 年第 1 期。

　　《傅律》规定的始傅年龄有 15、20、22、24 四档,但由于在全部社会人口中无爵和低爵者占多数,因此大部分人的始傅年龄当是 15 或 20 岁。以往学者多将傅籍之年与成人联系起来。那么在秦汉时代,多少岁算是成人呢? 答案应是二十。前引《盐铁论·未通》曰:“二十冠而成人,与戎。”《礼记·曲礼》曰:“男子二十冠而字。”郑玄注:“成人矣,敬其名。”《曲礼》又曰:“人生十年曰幼,学;二十曰弱,冠。”孔颖达疏引《正义》曰:“幼者,自始生至十九时,故《檀弓》云‘幼名者,三月为名称幼’。《冠礼》云‘弃尔幼志’,是十九以前为幼。”又曰:“二十曰弱冠者,二十成人,初加冠,体犹未壮,故曰弱也。”①据此,二十加冠始为成人,十九以前为幼。参以其他文献,可知十九岁以下亦称童子,而十五岁又称成童:

　　　　《论语·先进》:“冠者五六人,童子六七人,浴乎沂。”疏引《正义》曰:“我欲得与二十以上冠者五六人、十九以下童子六七人,浴乎沂水之上。”

　　　　《礼记·内则》:“成童,舞《象》,学射御。”郑玄注:“成童,十五以上。”

　　　　《论语·为政》:“吾十有五而志于学。”疏引《正义》曰:“言成童之岁识虑方明,于是乃志于学也。”②

　　　　《释名·释长幼》:“十五曰童。(注:毕沅曰:《说文·人部》云:‘僮,未冠也。’)故礼有阳童。”③

　　十五为成童,二十始为成人,而二十以下死亡为殇④。傅籍之年与成人之年不是一回事。汉代的始傅年龄先后有过 15、20、23 岁的变化,但在观念上始终是以 20 岁为成人。前文提到的有些学者对此认识尚较模糊。

　　西汉初年十五或二十岁傅籍的制度,如果与后世的丁中制度相参照,似乎与唐代前期很接近。《日知录》卷三二“丁中”条:

　　　　唐高祖武德六年三月:人始生为黄,四岁为小,十六为中,二十一为丁,

---

① 以上见《十三经注疏》,中华书局 1980 年影印本,第 1241 页下栏、1232 页中栏。
② 以上见《十三经注疏》第 2500 页下栏、1471 页中栏、2461 页下栏。
③ 王先谦:《释名疏证补》卷三,上海古籍出版社 1984 年版,第 147 页。
④ 《盐铁论·未通》载文学曰:“十九岁已下为殇,未成人也。”《仪礼·丧服》:“年十九至十六为长殇,十五至十二为中殇,十一至八岁为下殇,不满八岁以下,皆为无服之殇。”

六十为老。玄宗天宝三载十二月癸丑,诏曰:"比者成童之岁,即挂轻徭,既冠之年,便当正役,悯其劳苦,用轸于怀。自今宜以十八已上为中男,二十三以上成丁。"①

玄宗诏称"成童之岁,即挂轻徭",指十六为中,"既冠之年,便当正役",指二十一为丁。这与《盐铁论·未通》所称十五"与小役,二十冠而成人,与戎"何其相似,只不过唐代各延后一年。当然,唐代的为中为丁是大部分人必经的人生阶段,而汉初的始傅年龄则取决于爵位,有爵者之子可以免去身为中男期间应承担的义务。此为二者之大不同。

既然十五尚为未成年人,为何秦与汉初政府令之傅籍和服役呢?秦汉之际,战事不断,力役繁兴,"男子疾耕不足于粮饷,女子纺绩不足于帷幕","丁壮从军,老弱转饷"②。征发未成年人服役,正是因为受形势所迫,不得不扩大服役者的范围。这是在大的社会环境方面。除此之外,十五而傅还涉及古人对年龄段的划分和理解。为什么定在十五岁,而不是十四或十六、十七岁呢?这里面肯定有原因。在秦汉人看来,人在成长阶段有几个年龄特别重要,就是七岁(或八岁)、十五、二十和三十,有关记载见于多种先秦两汉典籍。十五岁之重要,前文已经讨论,这里我们再特别讲一下七岁(或八岁)的问题。

七岁(或八岁)之所以重要,是因为它与儿童换牙有关。《说文》曰:"龀,毁齿也。男八月生齿,八岁而龀;女七月生齿,七岁而龀。"前引《内经素问》亦有类似记述。男女儿童到七八岁换牙本为自然现象,而古代一些法令制度的制订却以之为基础。《汉书·刑法志》曰:"昔周之法……凡有爵者,与七十者,与未龀者,皆不为奴。"颜师古注:"龀,毁齿,男子八岁,女子七岁,而毁齿矣。"《刑法志》又云《周官》有三赦之法,"一曰幼弱,二曰老眊,三曰蠢愚"。师古曰:"幼弱,谓七岁以下。"汉景帝、成帝诏令就有对八岁或七岁以下犯法者从轻处罚的规定③,而此量刑标尺的法理来源就是儿童已龀或未龀。儿童七岁出口钱,据

---

① 按,"武德六年三月",《通典·食货七》(第 155 页)作"武德七年"。
② 分见《汉书》卷六四《主父偃传》《严助传》,中华书局 1962 年版,第 2800、2783 页。
③ 《汉书·刑法志》,第 1091—1092、1105—1106 页。

《汉书·贡禹传》的记载,也与儿童换牙有关①。在户口登记中,不到七岁的儿童都另作统计。尹湾汉简《集簿》有汉成帝时东海郡的户口统计,其中一项为"六岁以下廿六万二千五百八十八"②。六岁及以下的单独统计,显然是以七岁为一条"线"。此外,古书又有七岁或八岁入小学的说法(如《汉书·食货志》和《艺文志》)。我们还发现,汉家册立太子、分皇子为王,也多选在其七、八岁时,并为之置师傅③。凡此种种,归结起来,几乎都能追本到儿童换牙这一自然生理现象上。

汉代去古未远,政事朴拙。大凡某制度之制定,其理论根据不外有三个方面:一为因循周秦之旧而损益之,二为依托经典著作,三为取法天与自然(所谓"近取诸身,远取诸物"也)。七八岁换牙、十五岁性发育基本成熟,二十冠而成人,是一个人成长阶段的三个关键标志。一些律令制度以上述三个年龄作为某些规定的分界线,实是再自然不过。

令十五岁的未成年人傅籍服役,乃秦之急政之一,本非常制。《汉书·食货志》载董仲舒曰秦之"力役三十倍于古","汉兴,循而未改"。(第1137页)至景帝二年改为二十而傅,始革此弊,并与二十成人的观念相合。昭帝时改为二十三始傅,亦必曰"三年耕有一年储,故二十三而后役之"。法令的制订也好,更改也好,其背后必有一个"说法"。

(作者系中华书局副总编辑、编审)

---

① 《汉书·贡禹传》:"宜令儿七岁去齿乃出口钱,年二十乃算。……天子下其议,令民产子七岁乃出口钱,自此始。"(第3075、3079页)按,贡禹所述口钱的始末有问题,笔者引用此节,重在"七岁去齿乃出口钱"一语。
② 连云港市博物馆等:《尹湾汉墓简牍》,中华书局1997年版,第78页。
③ 例如,汉武帝及戾太子刘据皆以七岁时立为太子,昭帝、元帝皆以八岁立为太子,汉文帝则以八岁立为代王。《后汉书》卷四八《杨终传》:"礼制,人君之子年八岁,为置少傅,教之书计,以开其明;十五置太傅,教之经典,以道其志。"(第1599—1600页)

《史》《汉》新读（四则）

王　伟

一

《史记》卷一〇六《吴王濞列传》载，景帝三年吴王刘濞起兵，发使遗诸侯书曰：

> 吴王刘濞敬问胶西王、胶东王、菑川王、济南王、赵王、楚王、淮南王、衡山王、庐江王、故长沙王子：幸教寡人！以汉有贼臣，无功天下，侵夺诸侯地，使吏劾系讯治，以僇辱之为故，不以诸侯人君礼遇刘氏骨肉，绝先帝功臣，进任奸宄，诖乱天下，欲危社稷。陛下多病志失，不能省察。欲举兵诛之，谨闻教。①

《汉书》卷三五《荆燕吴传》作：

> 吴王刘濞敬问胶西王、胶东王、菑川王、济南王、赵王、楚王、淮南王、衡山王、庐江王、故长沙王子：幸教！以汉有贼臣错，无功天下，侵夺诸侯之地，使吏劾系讯治，以侵辱之为故，不以诸侯人君礼遇刘氏骨肉，绝先帝功

---

① 《史记》，中华书局2014年版，第3422、3423页。

臣，进任奸人，诖乱天下，欲危社稷。陛下多病志逸，不能省察。欲举兵诛之，谨闻教。①

《史记》"幸教寡人！以汉有贼臣"至"谨闻教"一段应读为：

　　幸教寡人以"汉有贼臣，无功天下，侵夺诸侯地，使吏劾系讯治，以僇辱之为故，不以诸侯人君礼遇刘氏骨肉，绝先帝功臣，进任奸宄，诖乱天下，欲危社稷。陛下多病志失，不能省察。欲举兵诛之。"谨闻教。

《汉书》中的相关文句亦应改读。

　　"教以……"，是汉代覆信中引用对方来信内容的常用语。《汉书》卷六二《司马迁传》载司马迁《报任安书》云"少卿足下：曩者辱赐书，教以慎于接物，推贤进士为务，意气勤勤恳恳，若望仆不相师用，而流俗人之言"，又云"今少卿乃教以推贤进士"②，"教以"之后的"慎于接物，推贤进士为务"与"推贤进士"，都是司马迁给任安的覆信中引用的任安来信的内容。类似的"教以……"也见于汉简书信：

　　　充伏地再拜
　　　中卿足下：辱幸赐记，教以属，幸甚幸甚，充欲令故□次
　　　□□□□会□月□属道足下□用赐田草马□日□□□（34.22）③
　　　胡掾伏地白
　　　郑卿足下：毋恙，前见不云云□□从□赐记，教以至言，叩头叩头

---

① 《汉书》，中华书局1962年版，第1909、1910页。
② 《汉书》，第2725、2736页。
③ 谢桂华、李均明、朱国炤：《居延汉简释文合校》，文物出版社1987年版，第55页。《居延汉简》释文作：
　充伏地再拜
　中卿足下：辱幸赐记，教以马，幸甚幸甚，充欲急□□□□
　□□□□□□□□□□□用□用□马□□□□□
　简牍整理小组编：《居延汉简（壹）》，"中研院"历史语言研究所2014年版，第107页。

□□□□□(E. P. T48∶16)①

　　☑□□君足下：善毋恙，□☑

　　☑记，教以妇都幸言□☑(2300A)②

"幸教寡人以（幸教以）……"与"辱赐书，教以……""辱幸赐记，教以……"等，显然句式雷同。由此可以理解，"幸教寡人以（幸教以）"之后的"汉有贼臣"至"欲举兵诛之"一段，是吴王刘濞给胶西王等的覆信中引用的胶西王等来信中的内容，意在通过引用来信内容来说明其举兵缘由。在引用来信内容之后，以"谨闻教"结束引用，又构成"幸教寡人以（幸教以）……谨闻教"结构。

二

《史记》卷一二〇《汲郑列传》记：

　　是时，汉方征匈奴，招怀四夷。黯务少事，乘上间，常言与胡和亲，无起兵。上方向儒术，尊公孙弘。及事益多，吏民巧弄。上分别文法，汤等数奏决谳以幸。而黯常毁儒，面触弘等徒怀诈饰智以阿人主取容，而刀笔吏专深文巧诋，陷人于罪，使不得反其真，以胜为功。③

《汉书》卷五〇《张冯汲郑传》作：

　　是时，汉方征匈奴，招怀四夷。黯务少事，间常言与胡和亲，毋起兵。上方乡儒术，尊公孙弘，及事益多，吏民巧。上分别文法，汤等数奏决谳以幸。而黯常毁儒，面触弘等徒怀诈饰智以阿人主取容，而刀笔之吏专深文巧诋，陷人于罔，以自为功。④

---

① 张德芳主编：《居延新简集释》，甘肃文化出版社2016年版，第203页。
② 甘肃省文物考古研究所编：《敦煌汉简》，中华书局1991年版，第309页。
③ 《史记》，第3776页。
④ 《汉书》，第2319页。

《史记》相关文句应读为"及事益多,吏民巧弄上,分别文法,汤等数奏决谳以幸"。《汉书》相关文句应读为"及事益多,吏民巧上,分别文法,汤等数奏决谳以幸"。

"巧上"与"巧弄上",史籍皆有其例。《淮南子》卷八《本经训》:"及伪之生也,饰智以惊愚,设诈以巧上。"①《太平经》卷五四《使能无争讼法第八十一》:"不为欲乐相利佑,反为巧弄上下,迭相贼害,此是天下之大败也。"②《说文解字》卷五《工部》:"巧,技也",卷一二《手部》:"技,巧也。"③古人承认"技巧"在百工、技击、方技、医方等方面的用处,但强调"技巧""智巧"会被人利用来行诈伪之事,故经常"巧""诈"连言。《吕氏春秋》卷三《季春纪·论人》:"适耳目,节嗜欲,释智谋,去巧故",高诱注径释"巧故"为"伪诈"④。睡虎地秦简《语书》简2记"灋(法)律未足,民多诈巧"⑤。《岳麓书院藏秦简(伍)》简005(1024)、006(1027)亦记"虽不身相予而以它巧詶(诈)相予者,以相受予论之"⑥。故"巧上"与"巧弄上",意为以巧诈欺弄君上。

"文法"即法律,《汉书》卷八《宣帝纪》:"今或罹文法,拘执囹圄。"⑦"分别文法",是"巧上"与"巧弄上"的具体方法。《后汉书》卷二八《桓谭冯衍列传》载"又见法令决事,轻重不齐,或一事殊法,同罪异论,奸吏得因缘为市,所欲活则出生议,所欲陷则与死比,是为刑开二门也"⑧。"一事殊法""轻重不齐"使得吏民可以抽取对其有利的法律条文欺弄君上。《汉书》卷八《宣帝纪》记官吏"用法或持巧心,析律贰端,深浅不平,增辞饰非,以成其罪。"颜注:"析,分也。谓分破律条,妄生端绪,以出入人罪。"⑨《后汉书》卷四《孝和孝殇帝纪》亦记官吏"今犹不改,竞为苛暴,侵愁小民,以求虚名,委任下吏,假执行邪。是以令下

---

① 何宁撰:《淮南子集释》,中华书局1998年版,第570页。
② 王明编:《太平经合校》,中华书局1960年版,第204页。
③ [汉]许慎撰,[宋]徐铉等校定:《说文解字》,中华书局2013年版,第95、256页。
④ 许维遹撰、梁运华整理:《吕氏春秋集释》,中华书局2009年版,第74页。
⑤ 陈伟主编:《秦简牍合集:释文注释修订本(壹、贰)》,武汉大学出版社2016年版,第29页。
⑥ 陈松长主编:《岳麓书院藏秦简(伍)》,上海辞书出版社2017年版,第40页。
⑦ 《汉书》,第258页。
⑧ 《后汉书》,中华书局1965年版,第959页。
⑨ 《汉书》,第256页。

而奸生,禁至而诈起。巧法析律,饰文增辞,货行于言,罪成乎手"。① "析律贰端""巧法析律"与"分破律条",应指吏民对法律条文断章取义欺弄君上。由此推断,"分别文法"应指吏民抽取对其有利的法律条文或对法律条文断章取义以欺弄君上。《史记》卷三〇《平准书》载:"中外骚扰而相奉,百姓抏弊以巧法,财赂衰耗而不赡。"②《汉书》卷二四《食货志》颜注:"巧法,为巧诈以避法也。"③所言"百姓抏弊以巧法"与"吏民巧弄上,分别文法"语境和文义都相近。

面对"吏民巧弄上,分别文法"的情况,武帝任用张汤等法吏,通过"数奏决谳"来决定如何适用法律以破解吏民的巧诈,也就是后文所记汲黯对张汤等当面批评的"刀笔吏专深文巧诋,陷人于罪,使不得反其真,以胜为功"。

三

《汉书》卷七五《眭两夏侯京翼李传》记:

> 今朝廷忽于时月之令,诸侍中尚书近臣宜皆令通知月令之意,设群下请事;若陛下出令有谬于时者,当知争之,以顺时气。④

《史记》卷八七《李斯列传》:"吾方燕私,丞相辄来请事"⑤,"请事"意为臣下向君上请示某事,是惯常习见之事,不应作为新制予以创设。"设群下请事;若陛下出令有谬于时者",当连读为"设群下请事若陛下出令有谬于时者"。"设"是表示假设关系的连词,相当于"如果""假如"。"若"是"或"的意思,"群下请事"和"陛下出令"是并列关系。这一句的大意是:应该让诸侍中尚书近臣都通知月令之意,如果臣下所请之事或皇帝发出的诏令中有与时令不合者,诸侍中尚书近臣应当知道谏争。

---

① 《后汉书》,第186页。
② 《史记》,第1715页。
③ 《汉书》,第1158页。
④ 《汉书》,第3188页。
⑤ 《史记》,第3104页。

四

《汉书》卷八一《匡张孔马传》记：

> （匡）衡射策甲科，以不应令除为太常掌故，调补平原文学。学者多上书荐衡经明，当世少双，令为文学就官京师；后进皆欲从衡平原，衡不宜在远方。①

依点校本标点，这段文句文义可通。但"令为文学就官京师"之语语气强硬，与臣下上书语不类，如表述为"宜令为文学就官京师"或"可令为文学就官京师"之类较为合理。本文认为，相关文句可读为：

> 学者多上书荐衡经明，当世少双，令为文学就官，京师后进皆欲从衡平原，衡不宜在远方。

"令为文学就官"即指上文"调补平原文学"之事。这段话的大意是：匡衡被调补为平原郡文学，很多学者都上书推荐他是经学大师，任命他为平原郡文学去郡中就职，京师的后辈学生都想跟随他到平原郡去，不应该让他到远方任职。

（作者系文物出版社编审）

---

① 《汉书》，第 3331 页。

迁陵叛乱与秦统治下的楚地越人

王 勇

里耶秦简 12-10 载:"廿六年六月癸丑,迁陵拔讯桼蛮、衾☐(正)·鞠之:越人以城邑反,蛮、衾、害弗智☐(背)。"①此简起初公布于湖南省文物考古研究所编著的《里耶发掘报告》,对于文中的"越人",整理者注为"当时生活在此地的濮越等少数民族"②。后来有学者提出越人也可能是人名③。里耶秦简 14-831:"廿六年十一月辛丑,迁陵☐(正)·鞠之:试以城邑反,亡奔☐(背)。"④这枚简与简 12-10 内容、格式相差不大,时间也较接近,既然后者中的"试"是人名,与之对应的"越人"自然也可能是人名。另外,以"越人"为人名在当时并不罕见,里耶秦简 9-8 所载在迁陵戍守的阳陵逆都士伍就叫"越人"⑤。不过里耶秦简 9-8 中,阳陵司空最早行文洞庭尉追讨越人欠的赀钱是在秦始皇三十三年(前 214)四月,戍卒越人绝不可能秦始皇二十六年(前 221)就在迁陵发动或参与叛乱。简 14-831 中的"试"也可能就是越人的一位。因此,"越人以城邑反"中的越人是族群名的意见,并没有确切的依据可以推翻。由于《里耶秦简(贰)》中有关于迁陵在秦置县初期发生叛乱的内容,"越人以城邑反"可能与之相关,故

---

① 里耶秦简博物馆等:《里耶博物馆藏秦简》,中西书局 2016 年版,第 199 页。
② 湖南省文物考古研究所编著:《里耶发掘报告》,岳麓书社 2007 年版,第 191 页。
③ 参见武汉高校读简会:《读〈岳麓书院藏秦简(伍)〉札记》,《华中国学 2018 年·秋之卷》,华中科技大学出版社 2018 年版,第 191—202 页。
④ 里耶秦简博物馆等:《里耶博物馆藏秦简》,第 205—206 页。
⑤ 陈伟主编:《里耶秦简牍校释(第二卷)》,武汉大学出版社 2018 年版,第 16 页。本文所引里耶秦简简文中以"9-"开头的均引自此书,不另出注。

拟就此继续做些探讨,不妥之处,祈请方家指正。

一、秦迁陵置县之初的叛乱

里耶秦简 9-2287 载:

> 廿六年五月辛巳朔壬辰,酉阳齮敢告迁陵主:或诣男子它。辞曰:士五(伍),居新武陵軝上。往岁八月轂(击)反寇迁陵,属邦候显、候丞【不】智(知)名。与反寇战,丞死。它狱迁陵,论耐它为候,遣它归。复令令史畸追环(还)它更论。它毄(系)狱府,去亡。令史可以书到时定名吏(事)里、亡年日月、它坐论报赦辠(罪)云何,或(又)覆问毋有。遣识者,当腾腾。为报,勿留,敢告主。五月戊戌,酉阳守丞宜敢告迁陵丞主:未报,追。令史可为报,勿留。敢告主。坑手。

> 六月癸丑,迁陵守丞敦狐以此报酉阳曰:已以五月壬寅、戊申报曰:它等未毄(系),去亡。其等皆狱迁陵,盗戒(械)传谒迁陵。遬手。即令走起以送移旁。有前在其前狱。癸丑水下三刻,平里士五(伍)颤以来。逐半。坑手。

《史记·秦始皇本纪》:"二十五年,大兴兵,使王贲将,攻燕辽东,得燕王喜。还攻代,虏代王嘉。王翦遂定荆江南地;降越君,置会稽郡。五月,天下大酺。"[1] 周振鹤指出:"在秦汉时期,江南主要指的是今长江中游以南的地区,即今湖北南部和湖南全部。"[2] 王翦定楚江南地在秦始皇二十五年(前222)的五月之前,秦置迁陵县应该大体就在同时。里耶秦简 9-1125 载:"廿六年十月以来尽后九月往来书具此中。·廿五年二月、三月、六月、七月已事。尉史曹。"这枚签牌中最早的公务记录始于秦始皇二十五年二月,很可能这就是迁陵设县的具体时间。简 9-2287 中士伍它"往岁八月击反寇迁陵",由于此文书制作于秦始皇二

---

① 《史记》卷六《秦始皇本纪》,中华书局 2003 年标点本,第 234 页。
② 周振鹤:《释江南》,《随无涯之旅》,生活·读书·新知三联书店 1996 年版,第 324 页。

十六年，而此前一年秦方置迁陵县，这里的往岁只能是秦始皇二十五年。简文中的"邦候"为秦郡武官。出土秦汉官印有"邦候"两种，罗福颐定为"汉初印"。①但从官称未讳"邦"看，此两印应属秦印。邦与郡地位相当。里耶秦简8-461提到，秦统一后更名"骑邦尉为骑□尉""郡邦尉为郡尉""邦司马为郡司马"，②"邦候"大致也在同时更名为"郡候"。张家山汉简《二年律令·秩律》载"中候，郡候，骑千人，衞〈卫〉将军，衞〈卫〉尉候，秩各六百石，有丞者二百石"③，卫宏《汉旧仪》称边郡"置部都尉、千人、司马、候、农都尉，皆不治民，不给卫士"④，汉代郡候显然是武官。出土秦封泥有"琅邪候印""城阳候印""上郡候丞"⑤。简文中的"邦候显"应该是洞庭郡的邦候。新武陵在里耶秦简中出现频繁，是当时迁陵县所属的洞庭郡郡治所在。

简文表明，迁陵在秦设县当年就发生了叛乱。当时洞庭郡组织军队镇压，新武陵士伍它就在洞庭候显带领的平叛军中。但秦军起初作战并不顺利，洞庭候丞在平叛过程中战死，它亦因战败而获罪。它开始被处"耐为候"，并剥夺作战资格遣送回家，后又被追回拟重新论罪，于是它逃亡，在途经酉阳时被抓获。迁陵在得到酉阳的来文后，提出跟它情况相同的人都囚禁在迁陵，要求将它带上刑具送至迁陵。

里耶秦简8-439+8-519+8-537+8-1899应该也与这次出现在迁陵的叛乱有关：

> 廿五年九月己丑，将奔命校长周爰书：敦长买、什长嘉皆告曰：徒士五(伍)右里缭可，行到零阳虎溪桥亡，不智(知)外内，恐为盗贼，敢告。
>
> 缭可年可廿五岁，长可六尺八寸，赤色，多发，未产须，衣络袍一、络单

① 罗福颐：《秦汉南北朝官印征存》，文物出版社1987年版，第14—15页。
② 陈伟主编：《里耶秦简牍校释（第一卷）》，武汉大学出版社2012年版，第157页。本文所引里耶秦简简文中以"8-"开头的均引自此书，不另出注。
③ 张家山二四七号汉墓竹简整理小组编著：《张家山汉墓竹简［二四七号墓］》（释文修订本），文物出版社2006年版，第71页。
④ ［清］孙星衍等辑：《汉官六种》，中华书局2008年版，第81页。
⑤ 周晓陆、路东之：《秦封泥集》，三秦出版社2000年版，第264、300、249页。其中上郡候丞的"候"原释作"侯"，孙闻博指出"对照图版并联系秦史背景，当作'候'，为武职"。参见孙闻博：《秦汉军制演变史稿》，中国社会科学出版社2016年版，第101页。

胡衣一,操具弩二、丝弦四、矢二百、巨剑一、米一石五斗。①

奔命是应急出战的部队。《汉书·昭帝纪》"发犍为、蜀郡奔命击益州",应劭曰:"旧时郡国皆有材官骑士以赴急难,今夷反,常兵不足以讨之,故权选取精勇。闻命奔走,故谓之奔命。"②《汉书·丙吉传》"此驭史边郡人,习知边塞发奔命警备事,尝出,适见驿骑持赤白囊,边郡发奔命书驰来至",师古曰:"有命则奔赴之,言应速也。"③将奔命校长是统帅奔命出征的将领,《汉书·彭越传》:"于是越谢曰:'臣老,诸君强以为长。今期而多后,不可尽诛,诛最后者一人。'令校长斩之。"校长,师古曰:"一校之长也"。④ 简文是步卒缭可逃亡后,将奔命校长周通令各地追捕逃兵的公文。这件文书制作于秦始皇二十五年九月,又是在迁陵出土,联系到当年八月洞庭郡出军镇压迁陵叛乱失利,洞庭候丞战死。将奔命校长周带领的这支应急部队,最可能是去迁陵支援平叛的军队。步卒缭可尚未抵达前线,在途经零阳时就携带武器逃亡了。

零阳,见于《汉书·地理志》,属武陵郡,治所在今湖南慈利县东,秦代属洞庭郡。由于是途经零阳,我们无法确定将奔命校长周带领的这支军队是否就来自洞庭郡。但秦始皇二十五年迁陵的这次叛乱,其平定肯定不是单凭洞庭郡的力量。

里耶秦简 9-452 载:

　　□□年十一月甲申朔庚子,丹阳将奔命尉虞敢言之:前日□稟丹阳将奔命吏卒食迁陵,迁陵弗稟。请安稟,谒报。敢言之。
　　十一月庚子水十一刻刻下尽,士五(伍)丹阳□里向以来。彻□。襄手。

---

① 此件文书系谢坤复原,参见谢坤:《里耶秦简所见逃亡现象——从"缭可逃亡"文书的复原说起》,《古代文明》2007 年第 1 期。

② 《汉书》卷七《昭帝纪》,中华书局 2002 年标点本,第 219 页。

③ 《汉书》卷七四《丙吉传》,第 3146 页。

④ 《汉书》卷三四《彭越传》,第 1879 页。

里耶秦简 9-1114 载：

　　廿六年十一月甲申朔戊子，鄢将奔命尉沮敢告贰春乡主：移计二牒，署公段（假）于牒。食皆尽戊子，可受癬续食。病有瘳，遣从□。敢告主。十一月己丑，贰春乡后敢言之：写上，谒令仓以从吏（事）。敢言之。尚手。
　　十一月壬辰，迁陵守丞戉告仓，以律令从事。丞手。即走箄行。

　　比较两件文书的日期，可补出简 9-452 简首缺的两字也是"廿六"。鄢，见于《汉书·地理志》，属陈留郡。但《汉书·地理志》在南郡宜城下注云"故鄢，惠帝三年更名"，[①]则秦代鄢县当即汉代宜城，属南郡。里耶秦简 16-52 载："鄢到销百八十四里，销到江陵二百卅里"。丹阳，亦见于《汉书·地理志》，属丹阳郡，秦代当属会稽郡。《史记·秦始皇本纪》载：秦始皇出游时"浮江下，观籍柯，渡海渚。过丹阳，至钱唐"。[②] 秦以十月为岁首，秦始皇二十六年十一月上距洞庭候丞战死迁陵三个月，鄢将奔命尉沮、丹阳将奔命尉虞应该是从鄢、丹阳带军前来迁陵驰援的将领。
　　迁陵的这次叛乱，其主力在秦始皇二十六年十一月已大体平定。前引简 9-452 中，丹阳将奔命尉虞在十一月庚子（十七）的文书中提到迁陵不给丹阳奔命吏卒提供粮食，或许就是因为按照安排，当时来自丹阳的应急部队已经可以返家或改赴其它战场。从简 9-1114 看，迁陵给来自鄢的应急部队提供粮食的截止日期是十一月戊子（初五），丹阳奔命吏卒的返军日期大致也应是这个时候。简 9-1114 中的癬有受伤的意思。《汉书·扬雄传》"蹂尸舆廝，系累老弱"，师古曰："言已死则蹂践其尸，破伤者则舆之而行也。廝，破折也。"[③]简文的意思大体是鄢将奔命尉沮在返军前，将受伤严重的士兵名单留给迁陵贰春乡主，由迁陵继续供给粮食，直至他们病愈再遣归。
　　不过，迁陵叛乱的残余力量似乎仍延续了一段时间。里耶秦简 9-1112 载：

①　《汉书》卷二八《地理志上》，第 1566 页。
②　《史记》卷六《秦始皇本纪》，第 260 页。
③　《汉书》卷八七《扬雄传下》，第 3561—3562 页。

【廿】六年二月癸丑朔丙子,唐亭叚(假)校长壮敢言之:唐亭旁有盗可卅人,壮卒少,不足以追。亭不可空。谒遣【卒】索。敢言之。二月辛巳迁陵守丞敦狐敢告尉、告卿(乡)主,以律令从吏(事)。尉下亭鄣,署士吏谨备,贰卿(乡)上司马丞。亭手。即令走涂行。

二月辛巳不更與里戍以来。丞半。壮手。

里耶秦简 8-1114+8-1150 载:"☑传畜官。贰春乡传田官,别贰春亭、唐亭。"唐亭估计位于迁陵贰春乡较为僻远地方,是带有哨所性质的军事设施。唐亭假校长发现附近有约 30 人的群盗团伙,因人手不足以追捕,请求县廷支援。迁陵守丞让县尉与贰春乡主以律令从事,于是迁陵县尉部署亭鄣防备,而贰春乡则将此事上报给司马丞。从事情的处置经过看,司马丞似乎不归迁陵县尉管辖,即他统领的不是在迁陵服役的戍卒,迁陵县尉部署亭鄣防备与贰春乡将群盗线索上报司马丞是两条平行的举措。前引里耶秦简 8-461 提到秦统一后更名"邦司马为郡司马"。司马丞可能是洞庭司马丞。里耶古城遗址出土有"洞庭司马"残封泥。[①] 里耶秦简 9-1 至 9-12 有"以洞庭司马印行事"的记录。此外,里耶秦简 8-657 记载洞庭守礼要求县啬夫将琅邪尉治所迁至即墨的通知告知"军吏在县界中者"时,"迁陵守丞膻之敢告尉官主:以律令从事。传别【书】贰春,下卒长奢官"。"下"卒长奢官与"上"司马丞的表述,也说明司马丞不同于此后在迁陵的驻军军官,其官秩相对较高。前引简 9-1114 中鄙将奔命尉沮在返军前将受伤士兵名单留给贰春乡主,说明其带领的军队主要是在贰春乡作战,可见贰春乡是此前迁陵叛乱者力量集中的地方。洞庭司马丞在秦始皇二十六年二月仍然驻守迁陵贰春乡,其职责估计就是平定叛乱的残余力量。当时出现在唐亭旁的群盗,其实也带有些散兵游勇的性质。

迁陵的这次叛乱,彻底平定应该是在秦始皇二十六年底至秦始皇二十七年初。里耶秦简中有数条迁陵瘠舍提供稟食的记录:

廿六年七月庚戌,瘠舍守宣、佐秦出稻粟米一石一斗半斗,以贷居赀

---

① 湖南省文物考古研究所编著:《里耶发掘报告》,第 220 页。

（贷）士五（伍）胸忍阴里冉□积卅日。其廿一日，日少半斗；其九日，日少斗。令史庆监。　里耶秦简 9-502+9-1526

廿六年七月庚戌，癕舍守宣、佐秦出稻粟米二斗以贷居赀（贷）士五（伍）巫濡留利，积六日，日少半斗。令史庆监。　里耶秦简 9-1903+9-2068

廿六年七月庚戌，癕舍守宣、佐秦出稻粟米四斗少半斗以贷居赀士五（伍）胸忍脩仁齐，积十三日，日少半斗。令史庆监。　里耶秦简 9-1301+9-1935+9-1937

廿六年五月庚戌，癕舍守欧、佐秦出桼粟米四斗一升桼半升，以食癕者居赀（贷）士五（伍）胸忍宜新符，积十三日，日少半斗，积四斗少半升。令史肆监。　里耶秦简 9-2292+9-2303

杨先云指出"这里的'癕舍'很有可能是安置伤员，即破折人员的居所"，又从这四例癕舍出稟记录集中在秦始皇二十六年，推断"癕舍这一官署在秦始皇二十六年之后就被取消"。[①] 迁陵癕舍的建立可能与救治战伤吏卒的需要有关，但秦始皇二十六年十一月后迁陵的战争规模已经不大，受伤士兵此后也会陆续康复。从上列稟食记录看，秦始皇二十六年五月至七月间在迁陵癕舍养伤的可能已主要是居贷的戍卒。因此，此后取消迁陵癕舍也是顺理成章的事。

里耶秦简 9-23 载：

廿七年十一月戊申朔癸亥，洞庭叚（假）守昌谓迁陵丞：迁陵上坐反適（谪）辠（罪）当均输郡中者六十六人，今皆输迁陵。其听书从事，它如律令。·以新武陵印行事。

十二月丁酉，迁陵守丞敦狐告司空主：以律令从事。夫手。走郘即行。

司。十二月丙申旦，库佐黑以来。莫邪半。廱手。

---

① 杨先云：《秦简所见"癕"及癕舍初探》，简帛网：http://m.bsm.org.cn/？qinjian/7834.html，2018 年 5 月 16 日。

反谪罪是指因参与反叛而发配边远地区的罪行。睡虎地秦墓竹简《秦律十八种·司空》载："百姓有母及同牲（生）为隶妾，非适（谪）罪殹（也）而欲为冗边五岁，毋赏（偿）兴日，以免一人为庶人，许之。"①《汉书·陈胜传》"適戍之众，不亢于九国之师"，师古曰："適读曰谪，谓罪罚而行也。"②简文提到，迁陵将参与反叛定罪而应在郡中服役者的名单上交洞庭郡后，洞庭假守批复让这些人就在迁陵服役。迁陵县对于反叛者的审讯，在其主力被打败后就已经在进行。前引里耶秦简 14-831"廿六年十一月辛丑，迁陵☐（正）·鞠之：试以城邑反，亡奔☐（背）"，简 12-10"廿六年六月癸丑，迁陵拔讯榬蛮、佥☐（正）·鞠之：越人以城邑反，蛮、佥、害弗智☐（背）"，都是这一过程的反映。简 9-23 中秦始皇二十七年初迁陵县上报洞庭郡的，可能是战争结束后对反叛者处置情况的汇总申报。

与此相应的是对平叛吏卒的奖赏与抚恤。里耶秦简 9-705+9-1111+9-1426 载：

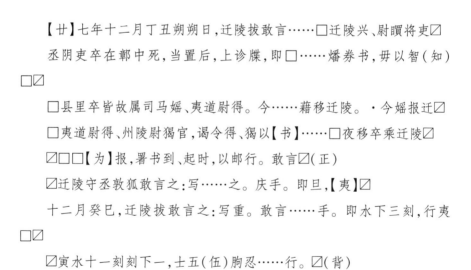

【廿】七年十二月丁丑朔朔日，迁陵拔敢言……☐迁陵兴、尉瞫将吏☐
丞阴吏卒在郫中死，当置后，上诊牒，即☐……燔券书，毋以智（知）☐☐
☐县里卒皆故属司马媱、夷道尉得。今……藉移迁陵。·今媱报迁☐
☐夷道尉得、州陵尉狷官，谒令得、狷以【书】……☐夜移卒乘迁陵☐
☐☐☐【为】报，署书到、起时，以邮行。敢言☐（正）
☐迁陵守丞敦狐敢言之：写……之。庆手。即旦，【夷】☐
十二月癸巳，迁陵拔敢言之：写重。敢言……手。即水下三刻，行夷☐☐
☐寅水十一刻刻下一，士五（伍）胸忍……行。☐（背）

这枚简由于残损，意思很难完全弄懂。简中提到的瞫是迁陵尉，他可能是在这次平叛中战死，但关于他的直接死因似乎存在争议。里耶秦简 9-602 载：

①　睡虎地秦墓竹简整理小组编：《睡虎地秦墓竹简》，文物出版社 1990 年版，第 54 页。
②　《汉书》卷三一《陈胜传》，第 1825—1826 页。

"□瞑战不死。狱豰(系)酉阳者已问讯,毋以产,吏卒死□者□□名,它各它辟(辞)。"置后是关于爵位、家长地位的继承问题。睡虎地秦墓竹简《秦律杂抄》"战死事不出,论其后",整理者注:"死事,死于战事……出,当读为屈","论其后,将因军功应得的爵授予其子"。① 从"当置后,上诊牒"看,这件文书涉及瞑或者其他在迁陵作战死亡将吏的抚恤问题,上诊牒的目的可能是了解死亡将吏的直接死因,以确定其后代能够继承的爵位。此外,里耶秦简9-32"·问之:反寇攻,离乡亭鄣(障)吏、卒各自备守,反□□□者尽死亡,各不能相智(知)。卒史□□卒史襄□□",8-1888"□□南里士伍异斩首一级",可能也与此次迁陵平叛后对将吏的论功行赏及抚恤有关。

在平定迁陵叛乱的过程中,秦政府从全国各地征调大批将士来到迁陵,必然也会输送来大量军用物资。战争结束后,这些军用物资需要重新处置。里耶秦简8-1510载:

廿七年三月丙午朔己酉,库后敢言之:兵当输内史,在贰春□□□□五石一钧七斤,度用船六丈以上者四梭(艘)。谒令司空遣吏、船徒取。敢言之。□

三月辛亥,迁陵守丞敦狐告司空主,以律令从事。……昭行。

三月己酉水下下九,佐赾以来。釦半

库是主要保存军械物质的机构,简文"兵当输内史"中的兵就是指军械。里耶秦简9-1547+9-2042+9-2149载:"二年十月己巳朔朔日,洞庭叚(假)守冣爰书:迁陵库兵已计,元年余甲三百卌九,宽廿一,扎五十,鞬【𫝆】……五十一,臂九十七,几(机)百一十七,弦千八百一,矢四万九百九十八,韐(戟)二百五十一,敦一,符一,纬二百六十三,注弦卅二,籣卅,铜四两,敝纬四斤二两·凡四万四千……齿。"由这份迁陵库"兵"的统计文书,可以了解秦代军械物质的种类。简文中的"五石一钧七斤",《校释》认为"似当指谷物"。② 从简9-1547+9-2042+

① 睡虎地秦墓竹简整理小组编:《睡虎地秦墓竹简》,第89页。
② 陈伟主编:《里耶秦简牍校释(第一卷)》,第341页。

9-2149 的记载看,秦代对军械物质的统计,铜、敝纬等是以重量计的,简文这里有残缺,含义不是很明确,但似乎更可能是对这批要调运军械物质重量的估算,目的是安排用船。这次从迁陵贰春乡运往内史的军械物质需要动用六丈以上的船四艘,数量相当可观。最大的可能就是在平定迁陵叛乱的战争结束后,重新调配剩余的军用物资。

二、洞庭、苍梧的动荡与王翦南征百越之君

由前面的叙述可知,洞庭郡迁陵县开始于秦始皇二十五年的反叛活动,规模是比较大的,其主力坚持了三四个月,余部更坚持了一年有余。在平定叛乱的过程中,洞庭候丞等秦军将领战死。这次叛乱造成的影响并不局限于洞庭郡。当时在迁陵镇压叛乱的秦军,除了洞庭郡的郡兵外,还有来自南郡鄢县、会稽丹阳等地的奔命吏卒。另外,前引简 9-705+9-1111+9-1426 中的夷道尉得、州陵尉猲应该也曾在迁陵作战。夷道、州陵均见于《汉书·地理志》,属南郡,夷道尉得、州陵尉猲带领的自然也是来自南郡的军队。

事实上,当时迁陵的叛乱很可能不是一个孤立的事件。从前引简 9-2287 它战败获罪逃亡而"其等皆狱迁陵",简 9-23"迁陵上坐反適(谪)皋(罪)当均输郡中者"看,无论是迁陵的反叛者,还是在平定迁陵叛乱过程中获罪的吏卒,其审讯都应该在迁陵。而简 9-602 载:"☐瞋战不死。狱毄(系)西阳者已问讯,毋以产,吏卒死☐者☐☐名,它各它辝(辞)。"如前所述,瞋是迁陵县尉,可能在这次平叛中战死,关于他的直接死因,这里提到问讯"狱系西阳者"。这说明当时西阳可能也有叛乱,而且迁陵、酉阳两县的叛乱与平叛活动很可能是一体的。里耶秦简 8-133 载:

> 或遝。廿六年三月甲午,迁陵司空得、尉乘☐☒
>
> 卒真薄(簿)☒
>
> 廿七年八月甲戌朔壬辰,酉阳具狱狱史启敢☐☒
>
> 启治所狱留须,敢言之·封迁陵丞☒(正)
>
> 八月癸巳,迁陵守丞陘告司空主,听书从事☒

起行司空☐

八月癸巳水下四刻走贤以来。行半。☐

这枚简由于残损,其内容也不是很清楚,但涉及迁陵、酉阳两县。《校释》指出:真簿,"指簿书原件"。①所谓卒真簿,就是统计士卒的簿书原件。这事在秦始皇二十六年三月,当时迁陵境内的叛军主力已大体平定。狱留,《校释》指出是"狱事滞留不决",又引张家山汉简《奏谳书》案例十八记云:"狱留盈卒岁,不具断。"②秦始皇二十七年八月,酉阳具狱狱史启因治狱滞留,请求迁陵方面配合,迁陵守丞让管理刑徒的司空主具体执行。这件文书所反映的有可能是迁陵与酉阳联合处理平定叛乱的善后事宜。

迁陵与酉阳是邻县,规模较大的叛乱很容易覆盖到两县。而从里耶秦简的记载看,当时洞庭郡有叛乱的可能还不止这两县。里耶秦简 9-2283 载:

> 廿七年二月丙子朔庚寅,洞庭守礼谓县啬夫、卒史嘉、叚(假)卒史谷、属尉:令曰:"传送委输,必先【行】城旦春、隶臣妾、居赀赎责(债)。急事不可留,乃兴繇(徭)。"今洞庭兵输内史及巴、南郡、苍梧,输甲兵当传者多。节(即)传之,必先悉行乘城卒、隶臣妾、城旦春、鬼薪白粲、居赀赎责(债)、司寇、隐官践更县者。田时殹(也),不欲兴黔首。嘉、谷、尉各谨案所部县卒、徒隶、居赀赎责(债)、司寇、隐官践更县者簿,有可令传甲兵县弗令传之而兴黔首,兴黔首可省少弗省而多【兴者】,辄劾移县,县亟以律令具论当坐者,言名,夬(决)泰守府,嘉、谷、尉在所县上书嘉、谷、【尉】。令人日夜端行,它如律令。

这件文书与前引简 8-1510 所载迁陵库"兵当输内史"时间接近,两者当有关联。很可能迁陵库"兵当输内史"就包含在"洞庭兵输内史及巴、南郡、苍梧"之内。如果说迁陵军械大规模调运内史是由于迁陵形势变得稳定,那么"洞庭

---

① 陈伟主编:《里耶秦简牍校释(第一卷)》,第 72 页。
② 陈伟主编:《里耶秦简牍校释(第一卷)》,第 72 页。

兵输内史及巴、南郡、苍梧"也可能表明当时洞庭郡的整个形势变得稳定。由此推断,此前洞庭郡的叛乱似乎较为广泛。内史、巴郡属完全意义上的秦地,南郡在昭襄王二十九年(前278)即被秦占领而置郡。洞庭郡初置时发生叛乱,由这些地区调运军械物质并且在叛乱平定后将剩余军械调回,比较容易理解。但苍梧郡同样是初置,估计难以大力支援洞庭郡的平叛。在洞庭郡的叛乱平定后,将军械输往苍梧,可能是由于当时苍梧的局势仍比较动荡。

　　张家山汉简《奏谳书》中有反映秦初苍梧局势动荡的材料。《奏谳书》案例十八"南郡卒史盖庐、挚田、段(假)卒史瞗复攸庫等狱簿"是由御史发起的复狱案,[①]案件起因就是苍梧郡攸县利乡发生了反叛。平叛过程中,攸县令史义战死,他带去平叛的新黔首很多担心坐罪而逃匿山中。攸县增加征发新黔首平叛,先后三次派兵才最终平息叛乱。期间攸令庫试图对前两次战败后逃亡的新黔首采用"夺爵令戍"的处罚进行安抚,但御史认为这是"篡遂纵囚",故而对他立案治罪。文书记载:"御史书以廿七年二月壬辰到南郡守府,即下,甲午到盖庐等治所。"案件中御史下书复狱在秦始皇二十七年二月,攸县的叛乱只可能发生在此前的秦始皇二十五、二十六年间。而庫在受讯时提到:"初视事,苍梧守竈、尉徒唯谓庫:利乡反,新黔首往击,去北当捕治者多,皆未得,其事甚害难,恐为败。"可见,庫上任攸令时,利乡反叛事件已经发生。复狱卒史则提到"狱留盈卒岁,不具断",称攸县对战败逃亡新黔首的审讯超过一年仍未结案。因此,攸县的叛乱与迁陵叛乱一样,其发生也应该在秦始皇二十五年置县后不久。文书又称"苍梧县反者,御史恒令南郡复","所取荆新地多群盗",可见苍梧郡下辖各县此期间的反叛相当频繁。

　　秦始皇二十五年"王翦遂定荆江南地"后,秦以原黔中郡及新取"荆江南地"为基础,分置洞庭、苍梧二郡。[②]但当年洞庭郡,也包括苍梧郡,就普遍出现

①　张家山二四七号汉墓竹简整理小组编著:《张家山汉墓竹简[二四七号墓]》(释文修订本),第103—105页。

②　陈伟推测,秦始皇二十五年是将原黔中郡一分为二,西北部称洞庭郡,东南部称苍梧郡。参见陈伟《秦苍梧、洞庭二郡刍议》,《历史研究》2003年第5期。前引周振鹤《释江南》中指出,秦汉时期的"江南"主要指长江中游以南地区,包括湖北南部和湖南全部。《史记》卷五《秦本纪》载:"(秦昭襄王)三十年,蜀守若伐楚,取巫郡,及江南为黔中郡。"第213页。秦黔中郡在今湖南西部,属当时的江南地,却不是江南全部。秦始皇二十五年(前222)所置洞庭、苍梧二郡,其地域当包括原黔中郡与新取"荆江南地"。

叛乱,洞庭郡的叛乱直到秦始皇二十七年初才最后平定,苍梧郡的叛乱延续时间更长。为何置郡之初,洞庭、苍梧就有这么多的叛乱? 里耶秦简 12-10 中"越人以城邑反"启示我们,这或许与秦灭楚后,楚地越人的反抗有关。

《史记·秦始皇本纪》载秦灭楚之战:"二十三年,秦王复召王翦,强起之,使将击荆。取陈以南至平舆,虏荆王。秦王游至郢陈。荆将项燕立昌平君为荆王,反秦于淮南。二十四年,王翦、蒙武攻荆,破荆军,昌平君死,项燕遂自杀。二十五年……王翦遂定荆江南地;降越君,置会稽郡。五月,天下大酺。"①秦将王翦在秦始皇二十三年攻破郢陈,俘虏了楚王负刍;第二年又攻破在淮南反秦的昌平君与项燕;继而在秦始皇二十五年渡江,征服了长江中游以南的楚地。同书《王翦列传》载:"王翦果代李信击荆……大破荆军。至蕲南,杀其将军项燕,荆兵遂败走。秦因乘胜略定荆地城邑。岁余,虏荆王负刍,竟平荆地为郡县。因南征百越之君。"②这里的记载与《秦始皇本纪》有所不同,虏荆王负刍在杀项燕之后,但尤其值得注意的是,提到了王翦平荆地后"因南征百越之君"。

王翦"竟平荆地为郡县"后"南征百越之君"。或认为就是《秦始皇本纪》所载"王翦遂定荆江南地"后"降越君,置会稽郡",即这里的"百越之君"是指原来在秦会稽郡地的越君。钱大昕曾驳斥此说,称《王翦传》先言'竟平荆地为郡县',而后言'南征百越之君',可验百越在会稽郡之外矣"。③ 秦会稽郡的范围,史书没有记载,但跟汉前期应大体相同。《汉书·严助传》载武帝曾赐书会稽太守严助,称"会稽东接于海,南近诸越,北枕大江",④其辖境北至长江,南接闽越王地(即秦闽中郡地)。这里虽原为吴、越之地,但战国时已落入楚人之手。《史记·越王句践世家》载:楚威王兴兵伐越,"杀王无强,尽取故吴地至浙江……而越以此散,诸族子争立,或为王,或为君,滨于江南海上,服朝于楚"。⑤ 秦会稽郡郡治在吴县,楚考烈王曾将春申君黄歇封于此。《史记·楚世家》载:"考烈王以左徒为令尹,封以吴,号春申君。"⑥同书《春申君列传》载:黄歇"请封于江东。

① 《史记》卷六《秦始皇本纪》,第 234 页。
② 《史记》卷七三《王翦列传》,第 2341 页。
③ [清]钱大昕:《潜研堂文集》卷三十五《再与谈阶平书》,商务印书馆 1935 年版,第 550 页。
④ 《汉书》卷六四《严助传》,第 2789 页。
⑤ 《史记》卷四一《越王句践世家》,第 1751 页。
⑥ 《史记》卷四〇《楚世家》,第 1735 页。

考烈王许之。春申君因城故吴墟,以自为都邑"。① 可见当地在秦人进入前主要
由楚控制,越人只是在浙江以南有较大势力。"荆江南地"只是"荆地"局部,故
而《秦始皇本纪》中王翦"降越君,置会稽郡"与"定荆江南地"可以并列,但将秦
会稽郡地排除出"荆地"却不符合事实。

　　钱大昕在上引文提出"降越君,置会稽郡"应属于"平荆地为郡县"的范畴,
至于"南征百越之君",则是指征伐岭南。杨宽赞同《王翦列传》所说"平荆地为
郡县"包括建置会稽郡在内,而认为"南征百越之君"是指攻入闽越地区。② 但
分析当时形势,这类说法仍不无疑问。秦始皇二十五年,六国中的齐国尚在,平
定岭南或闽越显然不是秦国最主要的任务。而且王翦灭楚时几乎带走秦国所
有兵马,秦王政为此心存疑虑,王翦对此也心知肚明。《史记·王翦列传》载:王
翦出征前"请美田宅园池甚众","既至关,使使还请善田者五辈",就是认为"秦
王怚而不信人",并对人说"今空秦国甲士而专委于我,我不多请田宅为子孙业
以自坚,顾令秦王坐而疑我邪"?③ 灭楚后,秦王政理应将这六十万军队收回,以
防尾大不掉,断不会让王翦继续统帅他们出楚地进攻岭南或闽越,王翦也不会
主动这么做。因此,王翦"南征百越之君"最大可能仍是灭楚之战的一部分。④
《越绝书·吴地传》载:"秦始皇并楚,百越叛去。"⑤王翦所要征讨的,估计只是
秦接管楚地后,不服从秦统治的楚地越人。

　　在秦人的意识中,楚地边界应该在南岭山脉与武夷山脉。《淮南子·人间
训》载:秦始皇"又利越之犀角、象齿、翡翠、珠玑,乃使尉屠睢发卒五十万,为五
军:一军塞镡城之岭,一军守九疑之塞,一军处番禺之都,一军守南野之界,一军
结余干之水,三年不解甲弛弩,使监禄无以转饷,又以卒凿渠而通粮道,以与越
人战"。⑥ 镡城即《汉书·地理志》中武陵郡的镡成,治所在今湖南靖州西,"镡
城之岭"即南岭中的越城岭。九疑即九疑山,位于今湖南宁远境内,属南岭中的

① 《史记》卷七八《春申君列传》,第 2394 页。
② 杨宽:《关于越国灭亡年代的再商讨》,《江汉论坛》1991 年第 5 期。
③ 《史记》卷七三《王翦列传》,第 2340 页。
④ 辛德勇认为王翦此战主要是"清除或剿服边鄙地区的越人,明确划分双方的界限"。参见辛德勇:
　《王翦南征百越战事钩沉》,《旧史舆地文录》,中华书局 2013 年版,第 79—95 页。
⑤ 李步嘉校释:《越绝书校释》,中华书局 2016 年版,第 40 页。
⑥ 何宁撰:《淮南子集释》,中华书局 2011 年版,第 1289—1290 页。

萌渚岭。番禺见于《汉书·地理志》，属南海郡。据岑仲勉对"五岭说"的考证，"处番禺之都"的秦军应该是驻守南岭中的骑田岭。① 南野即《汉书·地理志》中豫章郡的南壄，境内有南岭中的大庾岭。《史记·南越列传》"嚣死，佗即移檄告横浦、阳山、湟谿关"，《索隐》注引《南康记》云："南野县大庾岭三十里至横浦，有秦时关，其下谓为'塞上'。"② 余干即《汉书·地理志》中豫章郡的余汗，"余干之水"当即《水经注》中的余水，其上游在武夷山地。《水经注》卷三九《赣水》杨守敬疏："上饶江，源出玉山县，西入广丰县，下流至余干之西北，鄱阳之西南，入鄱阳湖，与《注》东出余汗至鄡阳注赣水合，盖即余水也。"③ 当时五路秦军驻守的就是南岭至武夷山一线。

洞庭、苍梧原本是越、蛮的居住地域，而且在秦以前，越族较蛮族更为活跃。《战国策·秦策三》载蔡泽言："吴起为楚悼……南攻扬越。"④《史记·吴起列传》亦称：吴起相楚，"南平百越"。⑤《战国策·楚策一》载苏秦说楚威王言："楚地……南有洞庭、苍梧。"⑥ 吴起"南攻扬越""南平百越"所得的就是洞庭、苍梧一带。范晔著《后汉书·南蛮列传》时将蔡泽、苏秦之言连缀成文，称"及吴起相悼王，南并蛮越，遂有洞庭、苍梧"。⑦ 洞庭与洞庭湖有关，苍梧与舜帝葬地有关，《史记·五帝本纪》载："（舜）南巡狩，崩于苍梧之野。葬于江南九疑，是为零陵。"⑧ 楚国的洞庭、苍梧不一定是郡名，但也大致相当于秦洞庭、苍梧二郡的范围。

战国时期随着楚国的征服，洞庭、苍梧有越来越多的南下楚人，但越人很可能仍居主导。湖南常德出土战国楚简有称"越涌君"，湘西慈利战国楚简有称"越邦"，⑨ 似都能反映当地越人势力的影响。里耶秦简 9-2307 载："都乡黔首毋濮人、杨人、臾人。"说明迁陵一带当有濮人、杨人、臾人活动。今里耶镇东北 2

① 岑仲勉：《评〈秦代初平南越考〉》，《中外史地考证》，中华书局 1962 年版，第 50—51 页。
② 《史记》卷一一三《南越列传》，第 2967—2968 页。
③ 李南晖，徐桂秋点校：《京都大学藏钞本水经注疏》，辽海出版社 2012 年标点本，第 1832 页。
④ 何建章注释：《战国策注释》，中华书局 2011 年版，第 205 页。
⑤ 《史记》卷六五《吴起列传》，第 2168 页。
⑥ 何建章注释：《战国策注释》，第 508 页。
⑦ 《后汉书》卷八六《南蛮列传》，中华书局 2003 年标点本，第 2831 页。
⑧ 《史记》卷一《五帝本纪》，第 44 页。
⑨ 郑曙斌、张春龙、宋少华等：《湖南出土简牍选编》，岳麓书社 2013 年版，第 12 页。

公里处的麦茶战国墓葬显示,在楚人统治下的这一地区有许多不是楚人的居民,其中"以 D 壶(豆、钵、簋)为标志"的一组随葬器物,其主人"很可能是历史上的濮人","他们与楚人的墓葬出现在同一墓地中,而且年代上也没有明显的早晚关系"。① 学界很早就有濮、越同族异名的说法。② 里耶秦简中的濮人、杨人、臾人,当时亦可统称为百越。

如果说王翦"南征百越之君",重点是清除或剿服楚地的越人势力。那么王翦"定荆江南地,降越君,置会稽郡"完成于秦始皇二十五年五月,随即"南征百越之君"。而据前引里耶秦简 9-2287,当年八月洞庭候丞在进攻迁陵反寇时战死,迁陵的反叛当开始于此前不久。从时间上来看,与王翦"南征百越之君"是相吻合的。考察洞庭郡的交通路线,"塞镡城之岭"的一路秦军进入洞庭郡后,应该会溯沅水而上,经临沅、沅陵、辰阳、沅阳,抵达洞庭郡最南端的镡城。由于秦军对沿途越人的驱逐与征服,可能洞庭郡东部、北部的越人在退至沅陵后选择溯酉水西撤,以避开秦军主力的行军路线,从而使得酉水上的迁陵、酉阳成为当时洞庭郡越人势力的集中之地与抗秦中心。秦始皇二十五年至二十七年初洞庭郡普遍出现叛乱,包括迁陵"越人以城邑反"能有这样的规模,便可以得到理解。而苍梧郡的动荡持续更长,亦可由当地越人力量更大得以解释。③

三、秦对楚地越人的整合与防范

南方地区山峦阻隔,河川纵横,森林密布,人群之间交往不便;同时动植物资源丰富,谋生比较容易。楚国统治时期,长江流域的土著民族部分与楚人融合而华夏化,另一部分则逐步退出平原地带和河谷台地,聚居于山区,脱离楚人

---

① 湖南省文物考古研究所编著:《里耶发掘报告》,第 372—373 页。

② 罗香林:《中夏系统中的百越》,重庆独立出版社 1943 年版,第 3 页;江应樑:《百越族属研究》,《江应樑民族研究文集》,民族出版社 1992 年版,第 387 页;潘世雄:《濮为越说——兼论濮、越人的地理分布》,《中南民族大学学报》1986 年增刊。

③ 前引张家山汉简《奏谳书》中苍梧攸县的叛乱也发生在此期间,而且文书中出现的苍梧"尉徒唯(睢)",辛德勇在《王翦南征百越战事钩沉》中,认为即《淮南子·人间训》中秦后来进攻南越的统帅"尉屠睢"。由徒睢统军进攻南越,除了苍梧是出兵岭南的主要方向,也可能与他长期任苍梧尉,有对付越人的实战经验有关。

控制。尤其是长江以南地区,由于入楚时间较短,非华夏人群的势力要更加强大。罗新指出:"先秦至秦汉时代,当中国北方(以中原和华北为中心)的非华夏人群如同零星的孤岛被华夏海洋所包围的时候,在中国南方却呈现相反的局面,即华夏化地区和人口有如孤岛一般点缀在非华夏的海洋中。"①楚国统治下的长江以南地区,这种现象相当明显。楚国统治者为加强对地方的控制,在地方设郡县,派遣官员进行管理。学者推测楚在长江以南曾设有黔中、洞庭、苍梧、江东郡,但能考证出的位于长江以南的楚县尚只有临沅、吴、朱方三个。②可见,虽然楚国名义上已经占据整个长江中下游,但楚国在长江以南的统治网络其实相当稀疏。因此,秦灭楚之后需应对的局面要比灭北方五国后复杂,这里不仅存在如何统治楚人的问题,也存在如何管理楚人尚未能直接控制的非华夏人群的问题。

秦对非华夏人群曾采用羁縻式的统治。《后汉书·南蛮列传》载:"及秦惠王并巴中,以巴氏为蛮夷君长,世尚秦女,其民爵比不更,有罪得以爵除。其君长岁出赋二千一十六钱,三岁一出义赋千八百钱。其民户出幏布八丈二尺,鸡羽三十鍭。"秦昭襄王时,与巴郡阆中的板楯蛮"刻石盟要","复夷人顷田不租,十妻不筭,伤人者论,杀人者得以倓钱赎死。盟曰:'秦犯夷,输黄龙一双;夷犯秦,输清酒一钟。'"③这种统治方式在秦统一后的楚地蛮夷中得到延续。里耶秦简8-998载:"幏布四丈七尺。·卅五年四月己未朔乙酉,少□□。"8-1199载"□【首】当出义赋者令皆□□。"④幏布、义赋的存在,说明秦惠王时针对巴中蛮夷的政策,在秦灭楚后也适用于武陵地区的蛮夷。岳麓秦简《亡律》简2065+0780载:"诱隶臣、隶臣从诱以亡故塞徼外蛮夷,皆黥为城旦舂;亡徼中蛮夷,黥其诱者,以为城旦舂;亡县道,耐其诱者,以为隶臣。"⑤徼指边界、边塞。秦律区分逃亡罪犯为"亡故塞徼外蛮夷""亡徼中蛮夷""亡县道"三种情形,也说明秦王朝在法律上承认境内有超出县道能够直接掌控的蛮夷聚居地区。

南方地区的非华夏人群主要是蛮族与越族。然而,秦王朝羁縻的对象,似

① 罗新:《王化与山险——中古早期南方诸蛮历史命运之概观》,《历史研究》2009年第2期。

② 周振鹤、李晓杰编著:《中国行政区划通史(总论、先秦卷)》,复旦大学出版社2009年版,第437—441页、第355—357页。

③ 《后汉书》卷八六《南蛮列传》,第2841—2842页。

④ 陈伟主编:《里耶秦简牍校释(第一卷)》,第259页、第290页。

⑤ 陈松长主编:《岳麓书院藏秦简(肆)》,上海辞书出版社2015年版,第72页。

乎并不包括楚地的越人。秦灭楚后明显加强了对越人的控制。《史记·越王句践世家》载:楚威王杀越王无强后,"越以此散,诸族子争立,或为王,或为君,滨于江南海上,服朝于楚"。① 楚吞并越国后,继续保留越君系统,使服属于楚而不绝祀。故而《史记·建元以来侯者年表》称"吴楚之君以诸侯役百越",②《后汉书·南蛮列传》亦称"及楚子称霸,朝贡百越"。③ 而秦在定楚江南地后继续进兵,降臣服于楚的越君,置会稽郡。并在齐国尚存的情况下,让王翦"南征百越之君",清除楚地的越人势力。秦有《属邦律》,见于张家山汉简的《蛮夷律》很可能也是秦代制度,另外又有道制。但这些对非华夏人群的优待,在史料中找不到适用于楚地越人的证据。《史记·东越列传》记载,秦并天下后将越王句践的后裔闽越王无诸及越东海王摇"皆废为君长,以其地为闽中郡"。④ 尽管君长是对少数民族首领的称呼,但闽中郡在武夷山之东,并非秦人意识中的楚地。且王叔岷认为这里"为犹其也,'皆废为君长'犹言'皆废其君长',即废无诸与摇为庶人也"。⑤ 道是秦汉在少数民族聚居区设置的县。《汉书·地理志》载楚地的长沙国有连道,零陵郡有营道、冷道,这三道可能在秦代已经设置。但在越人最集中的会稽郡及岭南、东南沿海,无论是《汉书·地理志》,还是记载有汉初县道的张家山汉简《秩律》,都看不到有道的设置。可见楚地的连道、营道、冷道应该是针对蛮族,而非越族。

秦对楚地蛮族与越族的区别对待,与先秦以来南方族群的华夏化进程是相契合的。一般认为古代诸蛮民族主要活动在长江中游及其周边地区,而诸越民族则主要活动于长江下游与滨海地带。但这种空间分布格局的形成,很可能是在进入秦汉以后。先秦时期,越族的活动轨迹其实覆盖了整个长江中下游地区,他们不仅在长江下游建立了吴、越这样的诸侯强国,楚国在长江中游地区扩张时也经常是与越人发生冲突。《史记·楚世家》载:周夷王时,"熊渠甚得江汉间民和,乃兴兵伐庸、杨粤(越),至于鄂"。鄂是现在的武昌,可见江汉地区原本有越人的聚居区。春秋初年,楚成王"使人献天子,天子赐胙,曰:'镇尔南方夷

① 《史记》卷四一《越王句践世家》,第1751页。
② 《史记》卷二〇《建元以来侯者年表》,第1027页。
③ 《后汉书》卷八六《南蛮列传》,第2835页。
④ 《史记》卷一一四《东越列传》,第2979页。
⑤ 王叔岷:《史记斠证》,中华书局2007年版,第3047页。

越之乱,无侵中国。'于是楚地千里"。当时楚地域还不大,尚只是"陵江汉间小国,小国皆畏之",但已经要面对越人叛乱的问题。[①] 在楚国势力扩展到洞庭湖以南地区时,面对的更主要是越人。尽管《后汉书·南蛮列传》称:"及吴起相悼王,南并蛮越,遂有洞庭、苍梧"。但前面提到范晔的这段话其实是将战国时期蔡泽、苏秦之言连缀成文,而《战国策·楚策三》中蔡泽的原话是"吴起为楚悼……南攻扬越"。范晔将"扬越"改为"蛮越",大概是由于他所叙述的后汉时期,蛮族已经是长江中游地区最为强大的非华夏势力。但从蔡泽的言论可以看出,楚人南攻洞庭、苍梧时,与之相冲突的其实主要是越人。

相反,蛮族在东汉以前并没有受到太多关注,《史记》《汉书》中不见对他们的记录,直到南朝范晔著《后汉书》方设《南蛮列传》。秦汉以前南方越族活跃而蛮族沉寂,很可能跟蛮、越两个族群的发展进程有关。蛮族与越族在南方地区的存在都相当古老,但越族的发展显然走在蛮族之前。春秋时期越族中的先进群体已经完成华夏化,并建立了华夏化的吴、越政权。《吴越春秋·句践阴谋外传》载:春秋末年越国为削弱吴国国力,逢灾年向吴人借粟,"吴王乃与越粟万石",次年越人丰收,"越王粟稔,拣择精粟而蒸还于吴,复还斗斛之数,亦使大夫种归之吴王。"[②]两国交换的粮谷一次达到万石,足见当时越族种植业之发达。而蛮族,即便是在《后汉书·南蛮列传》中,对其指称仍是采用政区加族名的方式,如长沙蛮、武陵蛮、江夏蛮等,足见当时蛮族中间仍然没有形成统一的族群和集中化的政权组织。学者指出,在山区面积广阔、河川纵横的南方地区,华夏国家的扩张并非一蹴而就,往往须从占据平原和交通干道沿线开始,然后逐渐扩散至周围的山地丘陵。[③] 越族在长江中游地区的势力虽不如长江下游,但其发展程度仍然是当地蛮族无法企及的。在楚人进入之前,很可能这里优越的农耕地带与主要交通线是由越人占据,蛮族则更集中于山区丘陵。故而在楚人的扩张过程中,首先发生冲突的是越人,僻处山谷的蛮族尚未进入楚人视野。

对于刻意追求"六合之内,皇帝之土""人迹所至,无不臣者"的秦人来说,

---

① 《史记》卷四〇《楚世家》,第 1692 页、1696—1697 页。

② 周生春:《吴越春秋辑校汇考》,上海古籍出版社 1997 年版,第 149 页。

③ 罗新:《王化与山险——中古早期南方诸蛮历史命运之概观》,《历史研究》2009 年第 2 期;胡鸿:《秦汉帝国扩张的制约因素及突破口》,《中国社会科学》2014 年第 11 期。

对非华夏人群采用间接统治未必心甘情愿,只不过确实力有未逮。秦灭楚后,为保障对楚地的统治,曾从故秦地选拔大量官吏进入楚地,称新地吏。由于需要的新地吏数量庞大,秦政府不得不降低官吏的选用标准,将一些有过失或病免的官吏派遣到新地。岳麓秦简《迁吏令甲》载:"以上及唯(虽)不盈三,一岁病不视事盈三月以上者,皆免。病有瘳,令为新地吏及戍如吏,有適(谪)过,废,免为新地吏及戍者。"①但即便如此,楚地官吏短缺的现象仍非常严重。据里耶秦简《迁陵吏志》,秦代迁陵吏员定额 103 人,其中"官啬夫十人,其二人缺","校长六人,其四人缺","官佐五十三人,其七人缺","长吏三人,其二人缺"。②当年迁陵吏员共缺 15 人,缺额达到 14.6%。郡县官吏尚且无法配齐,统治的深度自然有限。在这种情况下,秦对楚地非华夏人群的整合只能区分先后。当时楚地蛮族居处偏远、交通闭塞,也没有形成稳定的政治体,这种深山大谷中的松散人群既难以有效统治,对政权也构不成威胁。越人则建立过华夏式政权,而且由于楚、越间的长期冲突和共处,楚地越人即便没有融入华夏,也大都接受过华夏政权楚国的影响。于是,在秦的统治力量仍无法全面覆盖南方山区的情况下,相对于蛮族而言,发展程度更高的越族顺理成章成为秦帝国首先整合的对象。而迁陵越人能够占据城邑反叛,也说明随着郡邑县城在长江以南的深入,秦政府与越人的接触与冲突难以避免。

事实上,秦灭楚后,为防范界内、界外的越人相互联系,也不可能对楚地越人实行松散管理。《史记·秦始皇本纪》记载:秦始皇二十六年初并天下,"分天下以为三十六郡……地东至海暨朝鲜,西至临洮、羌中,南至北向户,北据河为塞,并阴山至辽东"。③当时秦刚吞并六国,但据秦所认定的疆域,出兵南岭以南、武夷山以东,应是其既定国策。这一带的越人数量众多,且强悍善战。秦后来进攻岭南的战争不仅持续时间长,而且相当艰苦。《淮南子·人间训》称秦军曾"三年不解甲弛弩","而越人皆入丛薄中,与禽兽处,莫肯为秦虏。相置桀骏以为将,而夜攻秦人,大破之,杀尉屠睢,伏尸流血数十万"。④这场战争直到秦

①　陈松长主编:《岳麓书院藏秦简(伍)》,上海辞书出版社 2017 年版,第 190 页。

②　里耶秦简博物馆等:《里耶秦简博物馆藏秦简》,第 163—164 页。

③　《史记》卷六《秦始皇本纪》,第 239 页。

④　何宁撰:《淮南子集释》,第 1289—1290 页。

始皇三十三年才结束。《越绝书·地传第十》记载:秦始皇三十七年东游会稽,"徙大越民置余杭伊攻□故鄣。因徙天下有罪谪吏民,置海南故大越处,以备东海外越,乃更名大越曰山阴"。① 蒙文通指出:"所谓外越者,殆指东海外之越地而言"。② 当时秦人为阻隔境内越人与海岛越人的联系,将会稽山阴的越人迁到余杭一线监视,而将其它地方的罪人迁徙至原来的越人聚居区。秦始皇三十七年,秦对百越的战争已经结束,东海外越的实力亦远不如此前秦要征服的南岭以南与武夷山以东的越族。可以想见,秦始皇三十三年前,为防止楚地越人与界外的越人势力相联系,形成对边鄙地区的威胁或对越战争的阻碍,秦对楚地越人的防范和控制只可能更加严厉。

秦灭楚后在楚地全面推行秦制,由于秦、楚文化的差异,给楚人带来很大不适。在秦末的反秦战争中,楚地的反抗最为激烈。越人的文化与秦人差距更大,秦试图改变对越人的松散管理,整合楚地越人,自然会给楚地越人带来更大的不适。因而在秦末的反秦战争中,楚地越人同样相当积极。《史记·东越列传》记载:秦朝末年,在闽越的无诸及摇率领越人起兵后入楚地,与原秦鄱阳令吴芮会合后,拥吴芮为反秦越人首领,响应反秦的诸侯。郑威指出,吴芮先祖"恐是吴国之后,吴亡后以国为氏",其家族"可能是在吴亡后仍为贵族,仕于越,因而颇得越人信任"。③ 吴国王室虽是周朝王族,但吴国人与越国人一样都是越族。《吕氏春秋·知化》载伍子胥言:"夫吴之与越也,接土邻境,壤交通属,习俗同,言语通,我得其地能处之,得其民能使之。"④《越绝书·范伯第八》载范蠡言:"吴越二邦,同气共俗,地户之位,非吴则越。"⑤吴、越两国语言相通,习俗也相同,属一族两国。吴芮在越人中威望很高,可能跟其越人身份有关。《史记·黥布列传》记载:黥布曾取吴芮之女,他起兵叛汉失败后,吴芮之孙吴回"使人给布,伪与亡,诱走越,故信而随之番阳"。⑥ 黥布相信吴回逃亡越地的诱骗,说明吴芮死后,其家族仍然是越人领袖。《汉书·地理志》有鄱阳县,属豫章郡。同

① 李步嘉校释:《越绝书校释》,第 230 页。
② 蒙文通:《越史丛考》,人民出版社 1983 年版,第 102 页。
③ 郑威:《战国至汉初的鄱君与鄱县、鄱阳县》,《中国历史地理论丛》2012 年第 4 期。
④ 许维遹撰:《吕氏春秋集释》,中华书局 2010 年版,第 628 页。
⑤ 李步嘉校释:《越绝书校释》,第 173 页。
⑥ 《史记》卷九一《黥布列传》,第 2606 页。

书《严助传》载武帝时淮南王刘安上书称："越人欲为变,必先田余干界中,积食粮,乃入伐材治船。"韦昭曰："越邑,今鄱阳县也。"① 鄱阳是越人的重要聚居地,秦用华夏化的越人吴芮为鄱阳令,可能也有安抚当地越人的意图。

吴芮领导的越人武装是秦末战争中唯一一支重要的非华夏人群武装。《汉书·吴芮传》记载："天下之初叛秦也,黥布归芮,芮妻之,因率越人举兵以应诸侯。"② 吴芮起兵很早,在接纳无诸及摇率领的越人前,其军队的主要部分应该就是楚地越人。在反秦斗争中,吴芮领导的越人武装主要是随同项梁、项羽率领的楚军主力作战,其部将梅鋗则曾协助刘邦入关作战。这支越人武装在秦末战争中发挥了不可忽视的作用。推翻秦朝后,吴芮在项羽分封十八诸侯时获封衡山王,理由就是率越人反秦。《史记·项羽本纪》载："鄱君吴芮率百越佐诸侯,又从入关,故立芮为衡山王",又"番君将梅鋗功多,故封十万户侯"。③ 后来汉高祖刘邦封吴芮为长沙王,也是同样的理由。《汉书·高帝纪》记载刘邦册封吴芮的诏书："故衡山王吴芮与子二人、兄子一人,从百粤之兵以佐诸侯,诛暴秦,有大功,诸侯立以为王。项羽侵夺之地,谓之番君。其以长沙、豫章、象郡、桂林、南海立番君芮为长沙王。"④

四、结语

灭楚后,秦在楚地的统治并不稳定,长江以南的洞庭、苍梧等地尤其动荡,反秦活动此起彼伏。对于当时楚地的反秦活动,很多学者都关注到秦、楚文化的冲突与楚人的反秦情绪在其间所起的作用。楚人对秦政的抵触自然是秦统治时期楚地动荡的主要原因,但是里耶秦简中的"越人以城邑反"提醒我们,这些楚地的反秦活动中有一部分可能不是由楚人,而是由楚地越人发动的。也就是说,秦统治时期楚地的动荡,不全然在于秦、楚两个华夏国家间的替代对楚人造成的冲击,也可能与秦帝国对楚地非华夏族群的控制有关。楚国统治时期,

① 《汉书》卷六四《严助传》,第 2781 页。
② 《汉书》卷三四《吴芮传》,第 1894 页。
③ 《史记》卷七《项羽本纪》,第 316—317 页。
④ 《汉书》卷一《高帝纪》,第 53 页。

在长江以南的统治网络相当稀疏,当地大量蛮、越族群实际上脱离政府控制。事实上,楚国长期推行"抚有蛮夷……以属诸夏"的发展路线①,不仅是长江以南,对于境内非华夏族群社会的干预都不会太强烈。相反,秦所追求的是"六合之内,皇帝之土","人迹所至,无不臣者"。秦占领楚地后,当地发展程度较高的越人不可避免会成为其整合和控制的对象。秦对越族较楚更为强硬的进逼,构成了迁陵"越人以城邑反"等楚地越人反秦活动的社会背景。而从战国秦汉之际越人的活跃,到东汉六朝转而蛮族相当活跃,则是华夏国家在长江中游地区向深险僻远之处扩张的反映。

（作者系湖南大学岳麓书院教授）

---

① 《春秋左传正义》卷三二《襄公十三年》,《十三经注疏》,中华书局 2009 年版,第 4244 页。

学习张传玺先生治学方法心得

——史学研究中的实践原则浅识

李现红

　　2021年2月27日晚上,通过我的博士生导师岳庆平老师,惊闻张传玺先生仙逝的消息。因为常听岳老师提起去看望张先生,知道先生年事已高,又多次入院治疗,虽未感觉突然,但内心还是异常伤感。在工作、读书的间隙,常常会陷入和先生接触的点滴以及对北京大学读书、生活的无尽思绪中。

　　2006年9月,我有幸考入北京大学历史系攻读博士学位,幸得恩师岳庆平老师垂爱,能够忝列门墙。岳师宽容、睿智,同门好学、友爱,令我受益颇多。更有幸聆听张先生那场将近三个小时的精彩授课,至今都感觉像是在昨天,时常从中汲取养分,帮助自己不断成长。

一、那次令人难忘的听课经历:初识史学实践研究

　　进入北京大学历史系读博士的第一个学期,有一门课叫《中国古代史研究》,邀请到历史系的多位老前辈如张传玺、田余庆、祝总斌、吴荣增等先生,每人给我们做一次讲座,实际上是每位老先生把自己最宝贵的治史经验亲授给我们。其中令我期待已久的便是张先生。因为在此之前,我便对我和张先生的学缘关系有了一点了解:在二院历史系的办公楼,一进去,迎面看到的便是翦伯赞先生的半身铜像,在我刚进入大学的第一堂历史课上,便知道翦老是新中国史学"五老"之一,张先生是翦老1956年招收的副博士研究生并留校任教,跟随翦老10年之久,岳庆平老师是张先生首届研究生之一并唯一留校任教。这样算

下来,张先生是我的师公。这样的师承关系,让我感到无比自豪! 同时也感到读书学习的压力和动力。

现在算起来,当时给我们做讲座的张先生,已是 77 岁高龄。不过在当时,看上去更像是五十多岁的老人,他身材中等,精神矍铄,走起路来丝毫不见蹒跚之态。讲座伊始,张先生向我们津津有味地讲述秦汉史的地位、特点及研究现状等,接着便开始讲他的研究方法。新中国成立后,"中国封建社会经济结构"问题是中国古代史研究的热点问题之一,学界在讨论当时的秦汉时期社会生产力问题时,对生产工具的考察,自然是绕不开的。张先生决定从问题的根源即生产工具入手,从当时已出土的两汉大铁犁中挑选了两件:一为"辽阳犁"(1955年出土于辽宁辽阳三道壕,为西汉后期遗物),一为"滕县犁"(1958 年出土于山东滕县,为东汉时期遗物)进行复制、模拟试耕和综合考察。先生的做法是:先写信向中国历史博物馆的同志了解有关对大铁犁的研究、复制和试验的情况,得到回复:大意是,他们相信出土犁头是实用之物。之后,张先生一面研究有关文献和考古资料,一面开始着手大铁犁的复制和试验工作:1980 年 1 月至 1981年 11 月,张先生三进中国历史博物馆,三进北京大学仪器厂,三进北京缝纫机制造厂,五进北京农业机械学院,为出土的西汉辽阳犁和东汉滕县大铁犁制图、制翻铸、配制犁架并用拖拉机牵引试耕。在历时 22 个月的实践考察基础上,先生对一些关键问题如两千年来铁犁宽度、两千年来犁耕牵引力和大铁犁的性能等提出了自己的见解,并写成论文发表。张先生如数家珍,娓娓道来,将近三个小时的课讲下来,丝毫看不出有疲惫感。讲课过程中,我们能明显感受到先生思维敏捷,其言语处处闪烁着智慧的光芒。张先生用他独有的山东口音,增加了授课的幽默风趣效果。在以后同学们的谈论中,只要一提到"大铁犁",自然就会想起张先生。我当时真是感觉大开眼界:历史研究还能这么做! 做史学研究,不是只要沉下心来甘坐冷板凳就够了吗? 如果从 1980 年张先生向中国历史博物馆的同志请教此问题,到论文《两汉大铁犁研究》在《北京大学学报》(哲社版 1985 年第 1 期)发表,这至少经历了 5 年时间! 再加上之前张先生思考此问题,那么对这个问题的研究时间就更长了。不过,我心里还是深有疑惑:堂堂一个北大教授,愿意付出这么多时间和精力,一次次不辞辛劳地奔走于各地,去复原、考察、试验大铁犁进而探究一些基本问题,对研究秦汉时期的社会生产力有那么重要吗？实际上，当时年少无知的我，对张先生的课，我只是听了热闹，而没有领会其治史门道。后来才逐渐明白，他是希望我们在史学研究中既要敢于怀疑既成说法，又要进行适当的实践研究，努力探寻历史事实的真相。张先生说："历史唯物主义是历史科学的指导思想，是灵魂，历史研究离开了历史唯物主义，不会成其为科学，也将难有成就。"①张先生这是在践行马克思主义史学中的重要基础之一：实践原则。张先生为历史学的学科建设和方法创新做出了重要贡献。

二、张先生的治学方法对我学术研究的影响：重新认识生活实践的意义

张先生授课结束后的一个学年，蒋非非老师带领我们研读《张家山汉简〈二年律令〉》。记得有一次课堂上遇到关于"辙"的问题，我们反复讨论，对简文还是百思不得其解，而且越讨论越感觉如深深地陷于泥淖之中。正当讨论处于焦灼状态时，一位在农村生活过的同学给我们提供了一条重要信息：在农村的乡间小路上，有两条平行的深深的车轮轧痕，那便是"辙"，我们忽然感觉茅塞顿开。"辙"对于我们认识秦汉时期甚至是中国古代作为农具的车辆的尺寸、车的舒适度、使用期限、行驶速度进而推算当时的行政效率甚至生产力发展水平等，都是必不可少的信息。我想，我的同窗和我当时的感受是一样的：体会到生活实践的重要性。

我因为聆听过先生授课，所以对生活实践对于学术研究重要性的领悟更加深刻，也进一步深深感受到张先生做那堂讲座的良苦用心，即不论什么时候都要坚持理论和实践的辩证统一，都要重视实践对理论的基础性作用。毕业后，在日常学习工作中，我时常想起那次亲沾先生教泽的经历，反复品味其独特的研究方法。张先生对具体问题不妄加评判，每每回想起先生和风细雨般的讲解，都能给人以如沐春风的感觉。我将先生当年所做《两汉大铁犁研究》一文置于案头，时常阅读，反复玩味、学习。

---

① 张怡青：《强航学海勤问津——张传玺教授的学术思想和研究方法》，《高校理论战线》2003年第7期。

今天看来，先生的这种基于实践的学术判断都是允当的。如"两千年来犁耕牵引力的考察"，我初读到这个问题的时候，曾幼稚地以为，这篇论文会给出一个确切数字。不过张先生根据当时史料，仅仅对各个历史时期用牛耕情况和犁架结构、犁铧的形体及其规格进行讨论，也没能（因为也不可能）给出具体数字，"只给人以相对的概念，不能提供绝对的数字。"①这就是根据当时史料做出的客观评判。先生对曲辕犁作用的评价也是客观的。他说，"曲辕犁的出现，是农业技术上的一大革新。"但是，如果把曲辕犁的出现同唐朝农业的大发展，同盛唐时期经济繁荣联系起来，就是与事实不符的过高估计。当时及后来，有许多人对曲辕犁的作用妄加评论，认为曲辕犁对提高当时生产力的作用有多大多大，这是不对的。张先生指出，曲辕犁确实有不少优点，"但就犁具的基本原理来说，与短直辕犁没有什么不同，耕作效率不会有显著的提高。再加制作曲辕的木料有其特殊的要求，不比制作直辕的木料容易找到……在当时的现实生活中，直辕犁的数量远远超过曲辕犁的数量。"②现在看来，文末的几点结论是科学的，是有意义的学术判断。这也印证了，实践是学术判断的坚实基础。在学术研究中，要努力做到主观与客观的统一，做出的学术论断要经得住历史长河的考验。

随着年龄的增长和阅历的增加，我对一些学术问题的认识也变得和以往不同。研究社会史，尤其需要有对生活实践的各种体验和深刻体悟。要从现实出发去发现问题，要让学术研究为生活实践服务，而不是坐在书斋中空谈，更不能大谈特谈。同时，每个人对学术问题的认识，都是一个不断变化的过程。要做到有一分史料，说一分话，这是史学研究的基本要求。张先生永远是我们学习的榜样和力量。通过张先生这种研究方法，我认识到：第一，历史问题的研究方法不是一成不变的，要勇于不断地去探寻理想的研究方法。第二，学术评判要客观，所发论断要经得住时间的考验。这条要求说起来容易，做起来难。有多少人都曾经发表臆想性的论断，后来都被淹没在历史的长河中。第三，生活实践与学术研究相辅相成，相互促进。第四，实践对学术研究作用独特，不可

① 张传玺：《两汉大铁犁研究》，《北京大学学报》1985 年第 1 期。
② 张传玺：《两汉大铁犁研究》，《北京大学学报》1985 年第 1 期。

忽视。

三、张先生的教学实践对我的深刻影响

对高校教师来说,生活实践、学术实践和教学实践三者相辅相成,相互促进。

张先生常年跟随翦老学习、工作,他继承翦老的学术传统,用实际行动出色地完成了历史教学实践工作,是我们学习的榜样与力量。2008 年是翦伯赞诞辰110 周年,我有幸参加了在北京大学举行的《翦伯赞全集》发布会,有幸得到《历史问题论丛》①《中国史论集》②等著作,非常珍贵。

博士毕业后,我成为一名大学教师。我时常学习《历史问题论丛》《中国史论集》等著,用于指导我的教学实践和学术研究,尤其是教学实践。翦老和张先生的教学方法、教学思想一直是我工作的指导。工作伊始,对于一直埋头读书写论文的我来说,对备课、教学、辅导学生有一种难以抗拒的抵触情绪,认为教学工作严重影响了我从事学术研究。直到有一天读到翦老那篇《谈谈历史研究和历史教学的结合问题》,我才渐渐明白:历史教学与历史研究的关系在很大程度上代表了历史科研成果的普及与提高的关系,历史教学与历史研究既是相辅相成又有各自不同特点。著作等身的翦老一生致力于马克思主义史学的研究与普及工作。此外,翦老提出的历史教学"三基"问题③,即历史学的基本功包括基本理论、基本知识、基本技能,也是翦老历史教学思想的核心。翦老认为,要学好历史,这三个基本问题都不可偏废。"三基"理论对历史教师的业务素质提出了很高的要求,即要把理论、史料与文章写作结合起来。

张先生一直在默默传承翦老的精神。张先生不仅是大学里面的好老师,更是深受国民爱戴的好老师。张先生为历史学的国民教育默默奉献,辛勤耕耘,做出了许多实实在在的工作。张先生长期担任教育部中学历史教材审查委员

---

① 翦伯赞:《历史问题论丛》,中华书局 2008 年版。

② 翦伯赞:《中国史论集》,中华书局 2008 年版。

③ 当时一些历史教师认为,历史学的基本功主要是讲如何读书,如何查字典,如何找资料,而对基本理论的学习并不包括在内。参见翦伯赞《关于历史教学的"三基"问题》,氏著《历史问题论丛》(合编本第一辑),中华书局 2008 年版,第 99—107 页。

会委员、全国普通高校招生统一考试学科命题委员会委员,全国各类成人高等学校统一招生考试大纲审定委员会副会长兼历史学科组组长,主持编写的中学教材《历史》(初中卷)深受广大师生好评。[①] 作为治秦汉史的名家,张先生有繁重的教学和科研任务。1981 年底,他为语文类学生撰写教学大纲、编写教材,录制广播课磁带,编写讲稿,编写古代史学习辅导资料,指导地方电大的教学工作等,工作量之大,绝非一般人可以承受。

张先生对国民教育的许多工作,都是亲力亲为,一丝不苟。这种高度负责的精神,令人不由地心生敬佩。先生从事中央电视大学教育的很多细节都深深打动了我,比如:他"连日赶写教材,春节都没有休息……每个星期录制四节,需要在五天内完成近三万字的讲稿……为了能掌握授课的速度和检查效果,张先生对录音机一遍遍地试录,然后再放给自己听,对不满意的地方多次修改,以期能收到最好的教学效果……为了按时完成录课任务,他不顾老伴的劝阻,坚持一边服药一边录制"。[②] 自 1981 年底至 1985 年,张先生顺利圆满地完成了教学任务,除了常规的教学工作,张先生还给学生回信、修改文章、代买书刊,接待访客,为电大撰写稿件等,倾注了大量的时间和心血。一位地方电大的教师钦佩地说:"张先生真是一位忠厚长者。"[③]张先生用实际行动告诉我们如何进行教学实践。

现如今,我给本科生和研究生上课,也指导自己的研究生,我尽量按照张先生的做事风格认真对待每一次授课,默默奉献,全心育人,努力做到因材施教、循循善诱,但还是感觉与张先生的差距太大了。

小结:认识史学研究中的实践精神

实践观是马克思主义哲学的基础,是科学研究的基础,实践精神就是科学精神。翦老是新中国史学的主要奠基人之一,张先生继承翦老的传统,在史学

---

① 岳庆平:《张传玺先生学术生涯及其主要成果》,《北大史学》第 21 辑《跨学科对话专号》,社会科学文献出版社 2021 年版。
② 秦越:《春风夏雨　泽被后学》,《电视大学》1986 年第 8 期。
③ 秦越:《春风夏雨　泽被后学》,《电视大学》1986 年第 8 期。

研究中,他很注重实践,并在实践的基础上做出科学判断。在教学实践中,张先生又将翦老的实践原则发扬光大,用实际行动告诉后学如何进行学术实践和教学实践,是我们的榜样与力量。

目前,我正在深入学习汉晋时期的家庭伦理与社会治理问题,要想解决这方面的许多具体问题,生活实践、学术实践和教学实践都是很重要的,我将在这条道路上继续学习。因为我深知,离开实践,对传统中国社会的许多历史文化问题的理解,都不可能真正深入。

先贤遗泽,惠在后人。张先生的治学之路,更加深了我们对他的认识和无限景仰。因为当年曾经亲身聆听过张先生的教导,我想,除了要学习先生宝贵的史学思想和丰富的历史研究成果外,更要学习他的实践精神并将这一传统发扬光大。

（作者系海南师范大学历史文化学院副教授）

东海郡阴平考略

吴国宝

一、关于阴平同名

熟谙历史,特别是两汉史的人于"阴平"二字绝不陌生,虽时过境迁,历历近两千载,现依然有多地存有阴平遗迹,甚或地名亦沿用至今。考之史籍,与"阴平"相关的有县、郡、道、国等不同等级建制的行政机构,并有很多与之相关的地名,如阴平古道、阴平镇、阴平村、阴平山等,不一而足。他们或有前后延承,或不同时期别有所设,且分布于不同地域,加之旧址多模糊不清,史籍记载多有舛误,更兼人以讹传讹,致使古今地名混淆莫清,甚或出现地名之争。

民国时期韩定山①曾撰《阴平国考》,于古阴平作了详细的考证,也指出了古阴平地名的混乱。但韩定山所撰考证的"阴平"主要是指位于甘肃文县的西汉高帝时所设隶属广汉郡的"阴平道",以及研究在此地域基础之上的地理位置及名称变迁,如"阴平郡""阴平县"以及侨置的南北阴平、阴平国,等等。其皆源自甘肃文县的阴平氐道,后扩展至四川甚或广西等地而继以"阴平"为名的。韩定山在《阴平国考》一书中专撰"阴平同名"一节,指出历来"阴平"地名之繁复,亦指出其本地《县志》将文县之阴平误以为东海郡之封侯国。此处转录,文

---

① 韩定山(1893—1965)原名瑞麟,字定山,号苏民、耕天山农,文县城关所城人。陇上诗人、学者、书法家,被誉为"陇南宿儒"。著述甚丰,有《阴平国考》《文县耆旧传》等。

字甚多,以期阅者于览阅典籍时若遇此"阴平"之名,当详察辨明为是,于此亦可知"阴平"之地名复杂之程度。据影印本将此段原文录入如下:

阴平同名

同名异地,史志中数见不鲜,读史者偶不加察,辄甲乙牵混。阴平在两汉有广汉之道,有东海之国,《县志》误以为东海之封爵,为文地之史实,其讹谬前已辨之矣。东晋以还,有南北四阴平,又有麻城之侨阴平,此纷纷者,已足使人目眩神迷。魏太平真君六年,高凉王那等讨吐谷浑慕利延于阴平白兰,此又一阴平也。齐建武二年,辅国将军桓和出西阴平,降青徐民百余家,此又一阴平也。(今广西之兴业,汉之广郁县,三国吴改为阴平县。)阴平之歧出若此,徒望其名而引其事,则阴平之为阴平,不几于随风转移之三神山乎?

按《宋书·刘粹传》:元嘉九年,司马飞龙进攻阴平,阴平太守沈法兴焚城遁走。十年,裴方明破赵道养,平涪蜀,俄而张寻破阴平,复与道养合,此益州之侨阴平也。

萧思《话传》:萧讳遣阴平太守萧坦赴黄金,此梁州之侨阴平也。

《魏书·裴叔业传》:裴衍仕萧宝卷至阴平太守,按宝卷二年,叔业死,兄子植以寿春降魏,衍之北归即在此时,则衍所守之阴平,似又在梁益两州之外,必不能遥遥数千里,远入杨孟孙之国矣!惟天监十三年,任太洪从阴平偷路入益州北境,率氐蜀数千,围通关城,此盖由杨定之国,绕逼关城,即今日由文县至阳平关之路。若依《通鉴注》自南阴平渡白水入广元,则正面应敌,不得云偷路矣。

至傅曇表所破之宁朔将军,则当在南阳平,此因张齐攻隔葭萌与傅□眼作战之地,在阴平国东南数百里。梁之宁朔将军,与张齐相犄角,势当在南阴平,不当在北阴平国也。凡此之类,史文简略,但云阴平,而就其事实,推其所在,若者为侨,若者为正,固皆有踪迹可寻。《武阶备志》为吴氏草创之作,柔辑史实,不遑详考,前述各点,因同名而混为一,犹可说也。《长志》晚出数十年,乃竟无所是正,甚至申屠刚为平阴令,吴氏误列阴平,《长志》亦沿而用之,岂当日振笔直录,虽范氏之书,亦不一覆险耶?

二、关于阴平侯国

　　东海郡在秦时称郯郡,秦灭楚后,于楚地东部置陈郡、薛郡。《元和郡县志》谓秦时分薛郡置郯郡,治所在郯县。后改称东海郡。其时辖领 12 县,分别为郯县、襄贲、兰陵、缯县、朐县、下邳、凌县、淮阴、盱眙、东阳、广陵、堂邑。其中郯县、襄贲、兰陵、缯县、朐县、下邳六县为西汉所继承。而凌县、淮阴、盱眙、东阳、广陵、堂邑六县则分置出去。这说明汉初时东海郡辖区并无"阴平"的存在。

　　"阴平"是隶属于徐州刺史部东海郡的侯国之一。按《汉书》卷二八上《地理志上》称东海郡为汉高帝所置:

　　　　东海郡,高帝置。莽曰沂平。属徐州。户三十五万八千四百一十四,口百五十五万九千三百五十七。县三十八:郯,故国,少昊后,盈姓。兰陵,莽曰兰东。襄贲,莽曰章信。下邳,葛峄山在西,古文以为峄阳。有铁官。莽曰闰俭。良成,侯国。莽曰承翰。平曲,莽曰平端。戚,朐,秦始皇立石海上以为东门阙。有铁官。开阳,故鄅国。莽曰厌虏。费,故鲁季氏邑。都尉治。莽曰顺从。利成,莽曰流泉。海曲,莽曰东海亭。兰祺,侯国。莽曰溥睦。缯,故国。禹后。莽曰缯治。南成,侯国。山乡,侯国。建乡,侯国。即丘,莽曰就信。祝其,《禹贡》羽山在南,鲧所殛。莽曰犹亭。临沂,厚丘,莽曰祝其亭。容丘,侯国。祠水东南至下邳入泗。东安,侯国。莽曰业亭。合乡,莽曰合聚。承,莽曰承治。建阳,侯国。莽曰建力。曲阳,莽曰从羊。司吾,莽曰息吾。于乡,侯国。平曲,侯国。莽曰端平。都阳,侯国。阴平,侯国。郚乡,侯国。莽曰徐亭。武阳,侯国。莽曰弘亭。新阳,侯国。莽曰博聚。建陵,侯国。莽曰付亭。昌虑,侯国。莽曰虑聚。都平,侯国。

　　又据连云港东海县温泉镇 1993 年 3 月出土的尹湾汉简记载,东海郡三十八县中,"海曲"当为"海西"之误,"祝其"当为"况其"之误,"于乡"应为"干乡"更正,已为学术界公认。

　　阴平侯国的初置,始于西汉成帝阳朔二年(前 23)正月丙午,楚孝王刘嚣第四个儿子刘回被封为阴平侯,卒谥釐,称阴平釐侯,后其长子刘诗嗣阴平侯,由于王莽篡位,侯国被免。《汉书》卷一五下《王子侯表下》载:

> 阴平釐侯回,楚孝王子。阳朔二年正月丙午封。侯诗嗣,免。

又根据尹湾汉简《定簿》记载,当时县级机构建制分为大小县共计43个,分别为大县7、小县13、侯国18、盐官3和铁官2。除去盐官3和铁官2这两类特殊的官职机构外,其数目与《汉书》所载相同。侯国在当时应该与县是同级,班固直接将侯国算在县内,可见其建制是县一级别。侯国均不设令或长,而设相一人代替令、长,秩四百石至三百石不等。阴平属于侯国,按建制属于小县,从尹湾六号墓出土的木牍上有"永始二年十一月十六日""永始四年"及"元延元年三月十六日"等明确纪年,可以确认阴平作为一个侯国在西汉中晚期到王莽时期还是一个稳定的行政机构存在。永始年号为汉成帝刘骜的第五个年号,即从公元前16年到公元前13年,共4年。元延年号为汉成帝刘骜的第六个年号,即从公元前12年到公元前9年,共4年。

按阳朔二年乃西汉汉成帝刘骜第三个年号,共计4年,公元前24年至公元前21年。尹湾汉简所描述的阴平即是刚立国不足十年的侯国。其时的阴平侯即是刘回、刘诗父子相承。

出土汉简《东海郡属县乡吏员定簿(2号)》介绍了阴平吏员的基本结构以及俸禄和人数。这对于研究阴平历史以及由此而观照的西汉官制制度及相关情况具有极其重要的史料价值。

> 阴平吏员五十四人。相一人,秩三百石。丞一人,秩二百石。尉一人,秩二百石。令史四人,狱史二人,官啬夫一人,乡啬夫三人,游徼二人,牢监一人,尉史二人,官佐四人,乡佐三人,亭长十一人,家丞一人,秩比三百石。仆行人门大夫三人,先马中庶子十四人。凡五十四人。①

---

① 连云港市博物馆:《尹湾汉墓简牍释文选》,《文物》1996年第8期,第27、30页。

《东海吏员考绩簿（5 号）》还记载了阴平官员擢升、处罚的相关考绩情况。如：

> 阴平侯家丞，山阳郡中乡石勳，故侯门大夫以功迁。
>
> 阴平相，河南郡故市张霸，故郎中以□功。
>
> 阴平丞，沛郡沛庄敞，故有秩以功迁。
>
> 阴平尉，山阳郡薄毛云，故有秩以功迁。
>
> 有劾 2 人：阴平尉毛云有劾。
>
> 未到官 6 人中有：阴平丞成功禁。[①]

尹湾汉简中关于东海郡辖阴平相关的多处信息是我们追忆古阴平，研究古阴平最早、最直接的原始资料。

三、关于阴平县

王莽篡汉，改东海郡为沂平郡，免侯国，此时阴平侯刘诗被免。

东汉时期，原侯国基础上改置阴平县，仍属东海郡。东汉永平十五年（72），析东海郡之下邳、曲阳、司吾、良成四县与临淮郡数县置下邳国。顺帝永和五年（140）东海郡领十三县：郯、兰陵、戚、朐、襄贲、昌虑、承、阴平、利城、合乡、祝其、厚丘、赣榆。郯县仍为东海郡治、徐州州治。

据《后汉书·郡国志第二十一》载：

> 东海郡（高帝置，洛阳东千五百里）十三城，户十四万八千七百八十四，口七十万六千四百一十六。郯（本国刺史治）、兰陵（有次室亭）、戚、朐（有铁。有伊卢乡）、襄贲、昌虑（有蓝乡）、承、阴平、利城、合乡、祝其（有羽山。春秋时曰祝其，夹谷地）、厚丘、赣榆（本属琅邪，建初五年复）。

与西汉时东海郡相比，其所辖范围明显发生了变化。原琅邪郡赣榆始并

---

① 分见连云港市博物馆等：《尹湾汉墓简牍》，中华书局 1997 年版，第 94、91、99 页。

入,原开阳、临沂、即丘、缯并入琅邪郡。原海西并入广陵郡,原下邳、曲阳、司吾、良成并入下邳国。原南成、费并入泰山郡。此时的阴平县尚在东海郡辖区。

曹魏时废东海郡赣榆县。太和六年(232),封文帝子曹霖为东海王,置东海国。西晋复置东海郡。太康元年(280)复置赣榆县。此时东海郡领郯、祝其、朐、襄贲、利城、赣榆、厚丘、兰陵、承、昌虑、合乡、戚,共十二县。阴平已不在辖区。

《晋书·鲁芝传》载:

> 鲁芝,字世英,扶风郿人也。世有名德,为西州豪族……五等建,封阴平伯……武帝践阼,转镇东将军,进爵为侯。

按鲁芝去世时为泰始九年(273),太康元年(280)阴平已不在辖区,或许鲁芝去世以后,阴平伯、阴平侯的爵位随之被取消。阴平这个县也随着鲁芝的逝世而不复存在。自此,隶属于东海郡下的"阴平"之名废弃不用。

四、"峄城""沭阳"之辨

关于"阴平"故城地望一般有两说,一说在今山东省枣庄市峄城区阴平镇,地处峄城区南部,即"峄城说";另一说在江苏省宿迁市沭阳县西北部的潼阳镇,即"沭阳说"。两处俱有史料可依,然真相只有一个,究竟孰是孰非,还需一一辨明。

今山东省枣庄市峄城区阴平镇,被认为是西汉古阴平的地望所在。此地处峄城区南部,东与台儿庄区泥沟镇相连,南邻古邵镇,西与薛城区周营镇毗邻,北与榴园镇接壤,东北与吴林街道相连,行政区域总面积100.02平方千米。现有阴平故城在境内。阴平故城东西长约600米,南北宽约500米。此地"阴平"之名为1949年新中国成立后,改属阴平区,称峄县四区。此时方恢复阴平之名。1958年3月,撤区为阴平乡,同年9月,成立公社。1984年建阴平镇至今。

位于江苏省宿迁市沭阳县西北部的潼阳镇,西与徐州新沂市接壤,与连云港市东海县毗邻。全镇面积 99.68 平方千米（2017 年），是沭阳县面积最大的乡镇。在 1999 年之前，此地称阴平乡，被沭阳当地人认作汉阴平故城的遗址所在地。

潼阳镇的历史沿革很早，可追溯到七千年前的新石器时代。而"阴平"之名，则至清初方才出现。清顺治十年（1653），始设阴平镇，属六乡一里。民国元年（1912），设阴平乡，属沭阳县第三区。民国二十九年（1940），属抗日民主政府潼阳县。1949 年后，设阴平区。1958 年 9 月，改为阴平人民公社。1966 年后，更名为朝阳人民公社。1981 年，复名阴平人民公社。1983 年 6 月，改为阴平乡。1999 年 12 月，阴平乡改为潼阳镇。

从地理位置上分析，潼阳镇与同属沭阳管辖的茆圩乡（汉古厚丘县遗址所在地）接壤。按西汉时东海郡的下属县、侯国分布，潼阳镇应属厚丘县管辖。

虽然潼阳镇在此之前称"阴平乡"，后人据此误认为"阴平乡"即是"阴平故城"遗址地。造成这种误解的原因，一是史籍所载有误，后人对史籍的误读出现认知的偏离；二是多年来尚未有更具说服力的材料证据出现，直到 1993 年 3 月东海县出土的尹湾汉简记载出现。

最早出现记载在沭阳的是在宋代乐史撰《太平寰宇记》卷二二《河南道二十二·海州》中：

> ……阴平城，在县西北六十里。按《汉书·地理志》称阴平县属东海郡，成帝封楚孝王子回为阴平侯，又晋武帝封鲁芝，皆此城也。下城，在县南三里。《后魏地形志》称梁武帝置僮阳郡，领下城等县，后郡县皆废，今城犹存。

《大清一统志》载：

> 阴平故城，在沭阳县西北，汉阳朔二年，封楚孝王子回为阴平侯国，属东海郡。……《寰宇记》："阴平城在县西北六十里"，《旧志》："阴平镇在县西北四十里"，即故县也。

在《一统志》中,依《寰宇记》所说,进一步造成当地民众对此认知。因《寰宇记》以及《大清一统志》为官方权威史地书籍,所以此说流传甚广,当地史志亦都据此以为事实。《太平寰宇记》书中所言,阴平城在沭阳县西北六十里,此地按记载的位置及距离所说,确指此阴平城所在地即是现在的潼阳镇。并且认为此地的阴平之名当是承继汉代所分封的阴平侯国。

学者郑威在其《西汉东海郡的辖域变迁与城邑分布》一文中列举了沭阳说以及峄县说,并表达了支持阴平在峄县的观点。

> 峄县说。《后汉书》李贤注云:"阴平,县,故城在沂州承县南。"《一统志》也提到了峄县有阴平故城,但就两个阴平故城未言孰是,其云:"阴平故城,在峄县西南三十里,汉阳朔二年封楚孝王子回为阴平侯,属东海郡,后汉因之。"王先谦在《补注》中引用这种观点,《图集》亦用之。此说之阴平侯国地望在今枣庄市峄城区西南的阴平镇。按楚王子侯国分封较晚,不可能越东海郡已辖数县、先封侯国而至其中东部腹地。又,尹湾汉墓出简牍中所载的《元延二年日记》为此说提供了最有力的证据,记载了墓主师饶自襄贲至建阳,又至阴平,又至兰陵的行程。卜庆华先生对此曾有详考,指出从相对位置看,阴平应峄县西南一带。至于沭阳阴平城的具体来历尚待考证。[①]

郑威还指出了《大清一统志》典籍记载的相互矛盾之处。《大清一统志》在海州直隶州古迹"阴平故城"条载:

> 阴平故城,在沭阳县西北,汉阳朔二年,封楚孝王子回为阴平侯国,属东海郡。

同样,在兖州府古迹"阴平故城条"又载:

---

① 郑威:《西汉东海郡的辖域变迁与城邑分布》,《历史地理》第二十五辑,第 182 页。

　　阴平故城,在峄县西南三十里,汉阳朔二年封楚孝王子回为阴平侯,属东海郡,后汉因之。

　　两者除了所属地有分歧外,其他记载几乎相同,可见两者自相矛盾,孰是孰非,无有定论。

　　郑威提到的卜庆华先生文章《秦汉时期鲁中、南和苏北地区陆路交通地理初探》,笔者没有看到,但根据从东海县温泉镇出土的尹湾六号汉墓出土竹简(1—133)中所载功曹史师饶的 7 月行程确实可以判定阴平为山东"阴平"而非沭阳"阴平"。

　　己卯,从决掾旦发,宿兰陵传舍;庚辰,宿建阳传舍;辛巳,宿建阳传舍;壬午,宿建阳传舍;甲申,宿阴平;乙酉,兰陵紫朱亭。①

　　文中记载,师饶从兰陵(今临沂)出发,宿建阳②三日,宿阴平一日,再回兰陵。可知此三地之间皆为一日路程。一日行路程,里程必然不会过远,且三地之间位置排列当近等边三角形状。

　　按今山东兰陵县距江苏沭阳潼阳镇距离近 120 公里,建阳离兰陵县仅 20余公里。以汉代的交通状况以及所乘用的交通工具,作为吏员巡查一天行程200 余里,似不太现实,纵有此种可能,实亦有悖常理。此外,江苏沭阳潼阳镇与沭阳县茆圩乡厚丘村(汉厚丘县故地)距离仅几公里,笔者家乡即距今厚丘故地以及潼阳镇皆几公里之途。按汉时行政机构设置,县与县之间行政中心不可能距离如此之近。显然,潼阳镇之阴平故城系误读。且在《太平寰宇记》所载之前,不见载于任何典籍。潼阳镇之前阴平乡的称谓或许即是得之于对此典籍的误读而设。因境内也有故城,故而附会成阴平故城。

　　造成这种误解的原因还有,在清乾隆年间,大文人袁枚③任沭阳知县,其所

①　连云港市博物馆等:《尹湾汉墓简牍》,中华书局 1997 年版,第 140 页。

②　《地名大辞典》载:"建阳县,汉侯国,故城在今峄县西。"

③　袁枚(1716—1798),字子才,号简斋,晚年自号仓山居士、随园主人、随园老人。钱塘(今浙江省杭州市)人,祖籍浙江慈溪。清朝诗人、散文家、文学批评家和美食家。曾任沭阳县令。著作有《小仓山房文集》《随园诗话》等。

作诗《沭阳离咏》中写道：

> 古有吾家宰沭阳，瓣香相隔几千霜。簿书我自烦诸葛，公礼人休格范滂。麦后篮筐忙野地，官归儿女助灯光。凭他乡校参差论，沈括还应礼此乡。

"吾家"即是指其同姓的东汉名臣袁安。著名的汉代石刻《袁安碑》①以及《后汉书·袁安传》均记载其曾任阴平长，即阴平的最高长官。按汉制，掌县级机构万户以上称"令"，万户以下称"长"。阴平因县较小，故称长官为"阴平长"。

东汉《袁安碑》载：

> 司徒公汝南女阳袁安召公，授《易》孟氏〔学〕。永平三年二月庚午，以孝廉除郎中。四〔年〕十一月庚午，除给事谒者。五年四月乙□，迁东海阴平长。

《后汉书·袁安传》载：

> 袁安字邵公，汝南汝阳人也。明帝年间，举孝廉，除阴平长，后拜楚郡太守，累迁太仆、司空、司徒。

袁枚是名动天下的文学家，他对阴平故城遗址的判断影响深远。也正因此，沭阳人都认为在沭阳辖区内的阴平（现称潼阳镇）即是两汉阴平故地。

阴平侯国隶属东海郡。"东海郡"很容易被大家误认为是现今东海县的前身。沭阳县与东海县接壤。如今的潼阳镇与东海县属地安峰相距不过几公里，

---

① 《袁安碑》，东汉名碑刻，无撰书人姓名，篆书，现藏于河南博物院。《袁安碑》残高 139 厘米，宽 73 厘米，厚 21 厘米，有穿。碑文共 10 行，主要记述袁安的生平，所记与《后汉书·袁安传》所载基本相同。袁安碑碑文为小篆体，既有秦篆基础又有隶书特点，字体舒展，苍劲有力，表现出一种凝重、端庄的气度，是难得的小篆体书法珍品，也是历代书法爱好者临摹的范本。

是故让人对潼阳镇即是古阴平县属地确信不疑,在很多史料中包括当地政府宣传都这么认为。这是造成这种误解认知的另外的重要原因。

此外,如《中国古今地名大辞典》《辞海》《沭阳县志》等多处都有刊载这种误读,客观上更传播和加剧了人们对此误读的严重性。如:

> 阴平县。晋省。故城在今江苏沭阳县西北。①
> 沭阳,县名。名胜古迹有虞姬河、永安桥、阴平故城。②

《沭阳县志》:

> 东汉废侯国,置阴平县,晋武帝时省阴平县,封鲁芝于阴平。东汉曹嵩在此屯兵遇害。袁安为阴平长时,正值荒年,袁安与民共度灾荒。

凡此种种,都是对历史误读、以讹传讹的结果。

五、结论

通过对两汉时期隶属于东海郡的阴平侯国以及在此基础沿革的阴平县的论述,得出东海郡之阴平故地为山东枣庄峄城区,而非江苏沭阳县潼阳镇的结论。

(作者系中国美术馆研究部副研究馆员)

---

① 《中国古今地名大辞典》,商务印书馆 1931 年版,第 863 页。
② 中华书局《辞海》编辑所主编:《辞海》,上海辞书出版社 2009 年版,第 1743 页。

"研究史学的眼界扩大了许多"

——记张传玺先生的历史地理研究

庄小霞

我们的师爷张传玺先生师从我国著名史学家、马列主义新史学"五名家"之一的翦伯赞先生,是著名的秦汉史专家。张先生从事史学研究数十载,在秦汉史研究领域留下了丰硕的成果,现在北大历史系网页上公开介绍的张先生的专业特长及研究方向包括:中国古代土地制度史、中国古代铁器牛耕史、中国古代契约史、中国古代交通史、云南民族史、翦伯赞史学思想研究。在张先生众多的研究成果中,其中还有一些历史地理方面的研究著作,反映了张先生对历史地理的浓厚兴趣和研究趣指。

张先生从年轻时就对历史地理抱有浓厚的兴趣。在《翦伯赞画传》中收录了一张张先生抱着一本书微笑着向郭沫若先生解说的照片,图片解说是:张传玺站在巨大的飞来石上,为郭沫若、于立群夫妇讲解灵渠的地理形势。[①] 在编撰《画传》期间,张先生曾经专门提到这张照片,解说了这张照片的由来。1963年3月张先生随从翦伯赞先生去广西南宁参加自治区史学会成立大会,会后翦伯赞和郭沫若两位先生等一行人一起游览广西的山山水水。3月28日翦伯赞先生与郭沫若先生等人从桂林乘火车到兴安县,游览参观有两千多年历史的著名水利工程灵渠,张先生也在随行之列。张先生说自己一向对历史地理感兴趣,知道要去灵渠参观,就随身带着本《兴安县志》,在游览过程中,郭沫若先生对灵渠的地理形势产生兴趣,张先生于是捧书结合实际地形为郭沫若夫妇讲解灵渠

---

① 张传玺:《翦伯赞画传》,华文出版社2021年版,第325页。

的地理形势。正是因为张先生对历史地理感兴趣,在参观灵渠时有所准备,于是留下了这张珍贵的照片。

张先生对历史地理不仅感兴趣,而且后来还参加了历史地图编制和编绘的工作,也撰写了相关方面的论著,虽然历史地理方面的研究只是他众多成果中的一小部分,仍深深凝聚了张先生在历史地理研究方面的热情和兴趣。在历史地理研究的道路上,张先生非常感谢的先生是我国著名的历史地理学大师侯仁之先生,张先生曾经谦虚地说:"我前后从侯先生学习工作 40 年,对中国历史地理学和北京史都获益良多。"①张先生回忆侯先生对他的帮助主要体现在两件事上,一是在侯先生指导下编制《中国古代史教学参考地图集》,二是参加《北京历史地图集》编绘工作。张先生回忆侯仁之先生与张先生有关的这两件事,也与张先生的历史地理研究生涯密切相关。

张先生说在侯先生指导下编制《中国古代史教学参考地图集》,这是张先生尊敬师长谦虚的说法,《中国古代史教学参考地图集》的编制最早是由张先生萌发产生并最终由其主导完成,在编制过程中张先生得到了侯先生的指教,张先生在回忆的文章中详细谈到了这件事。根据张先生的回忆,《中国古代史教学参考地图集》的编制缘起于 1970 年秋冬和 1971 年春张先生在南口机车车辆厂和十三陵的献陵搞"开门办学",当时张先生感到最大的困难是"学员们只有一本薄薄的讲义,缺少必要的参考书",于是张先生开始萌发编一本教学参考地图的想法。1972 年 7 月间张先生在北大地学楼门口偶遇侯仁之先生,二人寒暄时,张先生就顺便向侯先生讲了有关编地图的想法,并约了侯先生次日上午在张先生家详谈,此次详谈张先生向侯先生主要请教了两个问题:第一,要不要编? 编什么? 第二,怎么编? 侯先生非常支持张先生的想法,提出了好几条建议,并鼓励张先生"一定要把这本图册编好!"《地图集》最终于 1973 年春编成,最早以"校内试用"之名由北大印刷厂制版开印,初印印数五百册。出版以后,颇受欢迎,因其他兄弟院校要求采用而多次加印。1977 年秋,张先生讲授的课由"中国古代农民斗争史"改变为"中国古代史",张先生也对原来的地图集进

---

① 张传玺:《向侯仁之先生学习历史地理——恭贺侯先生寿比南山》,《中华读书报》2011 年 12 月 7 日;收入北京大学历史地理研究中心编《走进侯仁之——恭贺侯仁之先生百岁寿辰》,学苑出版社 2011 年版。

行了增补、重绘,由北大出版社公开出版。张先生回忆说,为了编好这本图册,一共向侯先生请教了三次。同时这本地图册的最终完善完成,也与侯先生有关。历史地图册不同于一般工具书,还需要有专门的地图测绘专业人士编绘地图。1979年9月,侯先生邀请张先生参加侯先生主编的《北京历史地图集》编绘工作,张先生藉此机会认识了《北京历史地图集》编委、北京市测绘处副处长董怡国,于是张先生请董怡国与其夫人中国地图出版社工程师傅马利两位地图测绘专家重绘了《中国古代史教学参考地图集》,《中国古代史教学参考地图集》最终完稿,著作署名张传玺、杨济安,《地图集》由两部分组成:其一,"地图"部分,正图62幅,附图9幅;其二,"中国古今地名对照表"部分,收录古今地名6000余组。[①] 这就是张先生编撰《中国古代史教学参考地图集》的整个经过。

张先生并非历史地理学专业出身,却耗费差不多十年之功几易其稿终于编撰完成《中国古代史教学参考地图集》,这实在是件很不容易的事。《中国古代史教学参考地图集》自作为内部资料以来就被广泛使用,张先生的编撰之功不可磨灭。通史性质的历史地图,谭其骧先生主编的《中国历史地图集》(通常简称"谭图"),是目前学界公认最权威最详尽的历史地图研究出版物,此外还有郭沫若先生主编的《中国史稿地图集》(配合《中国史稿》编制的综合性历史地图集),前述二种地图册主要是依靠集体力量编撰而成,而《中国古代史教学参考地图集》则以个人力量为主。学界中人常称颂张先生主编的三编〔《战国秦汉史论文索引》(1900—1980)、《战国秦汉史论著索引续编》(论文1981—1990;专著1900—1990)、《战国秦汉史论著索引三编》(1991—2000)〕嘉惠学林,从受益人群来看,三编更多惠及专业学人,而《中国古代史教学参考地图集》则普及率非常高,受益人群范围更广。首先,该《地图集》是张先生在北大教授中国古代史课程的参考书,为广大学子所学习使用;其次,因为张先生于1981年6月开始兼任中央广播电视大学中国通史课的主讲老师,此图册也就被中央电大采用,1982年起中央广播电视大学一直用作参考书,因为八九十年代社会上学习氛围浓厚,广播电视大学受众很广,地图册每年印数高达10万册以上,此书也就散

---

① 参见张传玺《向侯仁之先生学习历史地理——恭贺侯先生寿比南山》。

播到全国,影响甚广。①

　　张先生感念侯先生指导关怀的第二件事就是参加侯先生主编的《北京历史地图集》。张先生 1979 年 9 月开始参加《北京历史地图集》编绘工作,主要工作是承担编绘"秦"和"西汉"两幅,张先生还是《北京历史地图集》的编委。侯仁之先生邀请张先生参加《北京历史地图集》中"秦"和"西汉"两幅地图的编绘工作,首要原因应该是考虑张先生是秦汉史专业,但还有一层原因不可排除,就是张先生在编制《中国古代史教学参考地图集》中与侯先生的交流和交往,使得侯先生了解和信任张先生,才会邀请非历史地理专业出身的张先生参与《北京历史地图集》的编撰和编委工作。在编撰《北京历史地图集》过程中,张先生随同侯先生进行了多次实地调查,张先生回忆说:

　　　　为解决文献或传说中关于历史地理上的疑难问题,例如重要地名的定位、沼泽湖泊的变迁、古今河流的改道等,侯先生亲自出马,率领我们大范围地、普遍性地进行田野考察。在两三年间,考察了五十余次,行程共约五千公里。所到地区除北京外,还到过临近的天津市、河北省的部分地区,计有 35 个县区。主要交通工具是北京社会科学院提供的一辆吉普车。②

关于这段经历,张先生晚年都有清晰记忆。在我谨遵老师岳庆平教授授意,第一次去蓝旗营张先生家拜访张先生领命《翦伯赞画传》编撰事宜时,张先生曾经问我的个人情况,问我家住哪里? 我当时住在燕郊,就回禀张先生说,住在燕郊,是在通州边上属于河北的一个地方。张先生立刻脱口而出说这是属于三河地界,与北京的通州交界,并说起自己当年为了编绘《北京历史地图集》曾经多次去三河等地调查。张先生晚年仍对北京周边地理熟悉了解,应该就是得益于当年进行的多次实地调查。

　　参加编绘《北京历史地图集》,张先生收获甚多,在实地调查的基础上,张先生提出了对谭其骧主编的《中国历史地图集》第二册"秦时期"和"西汉时期"两

---

① 　参见张传玺《向侯仁之先生学习历史地理——恭贺侯先生寿比南山》。

② 　张传玺:《向侯仁之先生学习历史地理——恭贺侯先生寿比南山》。

图有关上谷郡和广阳郡郡界定位的不同意见,张先生的观点得到侯仁之先生的肯定和鼓励,相关内容最终撰写完成为《秦代北京地区的郡、县、关》,发表在《北京史研究通讯》1981 年 7、8 月合刊上。① 张先生为了把自己所分担的"秦"和"西汉"两幅地图画好,回忆说曾经反复阅读传世文献《汉书》《后汉书》《水经注》等的有关记载以及近现代学者杨守敬、谭其骧等的有关图幅。张先生将文献记载与田野考察结合,除了圆满完成编绘"秦"和"西汉"的地图任务,又撰写了两篇关于秦汉时期北京地区历史地理研究的文章,一是 1984 年在侯仁之先生主编的《环境变迁》(创刊号)上发表的《从东汉雁门太守鲜于璜籍贯说到两汉雍奴故城》,二是在《北京大学学报》1984 年第 2 期上发表的《东汉雁门太守鲜于璜碑铭考释》。②

编绘完成《北京历史地图集》后,张先生并没有停下历史地理研究的脚步,此后张先生利用汉简资料先后撰写了《悬泉置、效谷县、鱼泽障的设与废》③《应劭"汉改邮为置"说辩证》④。张先生晚年还曾为家乡的一块记载村史的碑铭进行介绍和考释,这既是张先生关心桑梓的表现,也是张先生研究兴趣所在。张传玺先生的老家是山东省日照市涛雒镇,2011 年 5 月《汈子庄村志》一书由涛雒镇汈子庄村村志编委会编纂出版,内收专记该村村史的一通古碑,张先生撰文《清道光〈汈子渔村史碑〉的发现、复制和碑名考释》认为"此碑额作'公议公称','称'即'秤',因称为《公议公称庄碑》,俗称《汈子庄碑》或《汈子村碑》。庄与村在此处通用。我认为:今天为突显此碑的特点,称之为《汈子渔村史碑》更符合实际。"⑤

我们回顾张传玺先生一生的学术追求,铭记他在秦汉史、中国古代土地制度史、中国古代铁器牛耕史、翦伯赞史学思想研究等领域做出的杰出贡献时,也不忘张先生在历史地理研究方面的杰出贡献。张先生曾经总结自己的历史地理研究,说:"40 年来,我对历史地理专业虽谈不到登堂入室,但我自感研究史

---

① 参见张传玺《向侯仁之先生学习历史地理——恭贺侯先生寿比南山》。
② 参见张传玺《向侯仁之先生学习历史地理——恭贺侯先生寿比南山》。
③ 载《国学研究》第三卷,1995 年 12 月。
④ 载《台湾简牍学会学术会议报告》,1996 年 12 月;又收入北京大学中国传统文化研究中心编:《文化的馈赠——汉学研究国际会议文集》史学卷,北京大学出版社 2000 年版。
⑤ 张传玺:《清道光〈汈子渔村史碑〉的发现、复制和碑名考释》,《日照日报》2012 年 12 月 1 日第 B4 版。

学的眼界扩大了许多。"①张先生是将历史地理作为扩大史学研究眼界的一个途径,从历史地理着手研究历史研究中的一些问题。虽然张先生谦虚地说自己对历史地理专业"谈不到登堂入室",但回顾张先生的研究生涯,除了撰写历史地理方面的文章,还曾编制《中国古代史教学参考地图集》以及参与编绘完成《北京历史地图集》,这些都是张先生在历史地理研究领域为后人留下的宝贵学术财产! 谨以张先生自己的评论作为本文的题目,记述张先生的历史地理研究,以纪念张传玺先生在历史地理研究方面所做的工作和贡献。

附:张传玺先生有关历史地理研究的论著

著作:

1.《中国古代史教学参考地图集》(合),北京大学出版社,1982 年 8 月出版、1984 年 3 月增订本

2.《北京历史地图集》(侯仁之主编,张传玺参与编写),北京出版社,1988 年 5 月

论文:

1.《释"邮亭驿置徒司空,褒中县官寺"》,《考古与文物》,1981 年第 4 期

2.《秦代北京地区的郡、县、关》,《北京史研究通讯》,1981 年 7、8 月合刊

3.《从东汉雁门太守鲜于璜籍贯说到两汉雍奴故城》,《环境变迁》,1984 年创刊号

4.《东汉雁门太守鲜于璜碑铭考释》,《北京大学学报》,1984 年第 2 期

5.《诸葛亮隐居襄阳,未去南阳(宛)》,收入《诸葛亮躬耕地望论文集》,东方出版社,1991 年 3 月

6.《悬泉置、效谷县、鱼泽障的设与废》,《国学研究》第 3 卷,1995 年 12 月

7.《应劭"汉改邮为置"说辩证》,收入《文化的馈赠——汉学研究国际会议文集》史学卷,北京大学中国传统文化研究中心,2000 年 8 月

8.《清道光〈汃口子渔村史碑〉的发现、复制和碑名考释》,《日照日报》,

---

① 张传玺:《向侯仁之先生学习历史地理——恭贺侯先生寿比南山》。

2012 年 12 月 1 日第 B4 版

　　9.《海曲盐官两千年史事八议》,《国学研究》第 34 卷,2014 年 12 月

（作者系中国社会科学院古代史研究所助理研究员）

孙吴临湘侯国军吏身份的双重性

凌文超

　　《嘉禾吏民田家莂》中记录的"军吏"甫一公布，就引起了学界的关注。随后，竹简中记录的"军吏"大量出现，还有专门的隐核军吏父兄子弟木牍文书，持续引起学界的讨论。围绕军吏身份，学者之间的意见存在较大的分歧。

　　高敏先生最先利用《田家莂》中所见的"军吏"资料，结合传世文献中的相关记载，将"军吏"与州郡县吏结合起来，探讨孙吴诸吏的状况和"吏役制"的发展情形。高敏先生认为，"军吏"之名，始见于《汉书》，系指一般将军。与此不同，《田家莂》中的"军吏"应当是从汉代的"军假吏"（军中权置吏，军队中服役的下级成员）演变而来的，其发展就应是刘宋时期的"大田武吏"。《田家莂》中的"军吏"恰是这个"军吏"演变链条中的一个环节。高敏先生还对《田家莂》中"军吏"的特征进行了总结：所有"军吏"都是官府土地的租佃者，承担赋税，是经济上的被剥削者；"军吏"所佃之田也分为二年常限田和余力田，租税率与平民、郡县吏相同；作为"军吏"，承担军役恐怕是不可避免的。因此，《田家莂》中的"军吏"已具有"既出限米，军出又从"的特征。另外，他还认为"军吏"已有区别于民籍的特殊户籍——"吏籍"。①

　　蒋福亚先生对"军吏"身份的认识是，吏不单是服役，还要和士家一样从征，如《三国志》记载的"武射吏"。《田家莂》中的军吏，应是这一现象的反映。孙

---

① 高敏：《从〈嘉禾吏民田家莂〉中的"诸吏"状况看吏役制的形成与演变——读〈嘉禾吏民田家莂〉札记》，《郑州大学学报》2001年第1期，收入其著作《长沙走马楼简牍研究》，广西师范大学出版社2008年版，第50—53页。

吴为了强化对军吏的控制,除户籍制度外,还制定了专门簿籍"军吏父兄子弟人名年纪簿"。包括军吏在内的"诸吏"或供官府各部门奔走驱使,或耕种限田,承受残酷的剥削。他们服役期超过平民,并祸及与其共居的父兄子弟,被征发为"子弟佃客",乃至空户从役。军吏实质上已是官府依附民。①

黎虎先生结合传世文献的记载,对吴简中的"军吏"身份及其渊源流变进行了一系列探讨,得出了一些不同意见。第一,早在先秦时期,有关"军吏"的记载就已经大量出现,指士卒之上的各级军官。秦汉时期"军吏"的层级有所下移,逐渐指"军将"以下士卒之上的中下级军官了。魏晋南北朝沿袭汉制。隋唐五代"军吏"仍为介于"军将"和"士卒"之间的一个群体,但较两汉魏晋南北朝时期在范畴、作用、地位上发生了某些变化。从整体上看来,由于"军吏"的成员相当宽泛,故其地位高低、境遇优劣亦相去悬殊,不可一概而论。第二,吴简中的"军吏"属于军中的下级吏员,来自于编户齐民,与其他五种身份的人(普通农民、吏、卒、复民、士)一样被编入乡里基层户籍之中,共同构成当时所谓的"吏民",其各方面的待遇、地位等于或略高于普通农民和卒,而低于士、复民和吏,印证了军吏地位高于士卒的事实。第三,"军假吏"充其量只是"军吏"中的一小部分,没有根据认为孙吴时期的军吏就是由"军假吏"演变而来的,也没有根据认为刘宋时期的"大田武吏"是由嘉禾年间的"军吏"演变而来的。"武吏"属于行政系统,而"军吏"属于军事系统,两者是不同系统的吏员。第四,走马楼吴简中地方行政系统的"吏""卒"与军事系统的"军吏"是较然有别的。"吏户"论者所指的"吏"是行政系统的"吏",因此与"军吏"有关的资料不能用来作为"吏户"论的证据。②

何立民先生在上述研究的基础上,将吴简中的"军吏"定义为:作为吏役制下的一员,军吏多租佃官田中名为二年常限田、余力田的土地,按照规定缴纳钱米布等租税;服兵役的同时(部分军吏需远赴他乡服役),还经办限米等纳入事

---

① 蒋福亚:《〈嘉禾吏民田家莂〉中的诸吏》,《文史哲》2002年第1期,第130—134页;蒋福亚:《再论走马楼吴简中的诸吏》,《史学月刊》2013年第1期,第22—41、79页。

② 黎虎:《说"军吏"——从长沙走马楼吴简谈起》,《文史哲》2005年第2期;《汉唐时期的"军吏"》,《阴山学刊》2006年第6期;《魏晋南北朝"吏户"问题再献疑——"吏"与"军吏"辨析》,《史学月刊》2007年第3期,并收入其著作《先秦汉唐史论(下)》,北京师范大学出版社2016年版,第625—648、439—461页。

务;可能有独立户籍,地位略低于普通编户齐民。不仅如此,他针对黎虎先生的观点,指出"根据吴简记录,黎氏将所涉各色人等分成如上六种,是否符合历史实际,不得而知。另外,吏与军吏是否有截然区分的必要,士与军吏是何种关系,都应再行探讨"①。沈刚认为,军吏是在军队服役的吏,具有军人身份,因此国家对其控制也十分严格。② 张荣强认为,军吏作为下层军官,身份性质与兵户类似。军吏户口簿籍的编制目的与《西凉建初籍》(郡县兵户户籍)是一样的。③

回顾以往的研究,关于吴简中"军吏"身份的理解主要存在三点分歧:其一,"军吏"的身份究竟是"吏"还是"兵",或者说"军吏"是出身于行政系统,还是军事系统? 其二,"军吏"是一种有着独立户籍的特殊身份,还是与其他吏民一起编入乡里户籍的普通编户齐民,抑或既有平民户籍又有专门簿籍? 其三,"军吏"是否缴纳限米? 其税赋相比普通平民,孰轻孰重? 下面,笔者在吴简簿书分类的基础上,对军吏的身份特征再作总结,以回应上述问题。

一、《田家莂》中的军吏

《田家莂》记录"军吏"身份的有 17 例。其中,嘉禾四年 2 例,嘉禾五年 15 例。④ 兹列 5 例如下:

　　1. ⿱⿱⿱下伍丘军吏黄元,田十町,凡廿一亩,皆二年常限。旱败不收,亩收布六寸六分。凡为布□丈四尺二寸,……四年十一月五日付库吏番有。亩收钱卅七,凡为钱七百九十五钱,四年十一月五日付库吏番有。嘉禾五

---

① 何立民:《湖南长沙走马楼三国吴简复音词研究》,复旦大学博士学位论文,2012 年,第 116—117 页。

② 沈刚:《吴简中的诸吏》,《吉林师范大学学报》2012 年第 6 期,收入其著作《长沙走马楼三国竹简研究》,社会科学文献出版社 2013 年版,第 148—149 页。

③ 张荣强:《〈西凉建初籍〉与魏晋时期的职役户籍》,《中华文史论丛》2021 年第 2 期,第 79、91 页。

④ 嘉禾四年:4.19、190;嘉禾五年:5.47、49、122、159、283、336、482、486、527、650、872、894、907、1001、1019。本文征引吴简标注卷次和整理号,例如"5.47"指嘉禾五年整理号为 47 的田家莂,壹·3202 指《竹简〔壹〕》中整理号为 3202 的竹简。各卷出版信息如下:走马楼简牍整理组编著:《长沙走马楼三国吴简·嘉禾吏民田家莂》《竹简〔壹〕》《竹简〔贰〕》《竹简〔叁〕》《竹简〔肆〕》《竹简〔伍〕》《竹简〔陆〕》《竹简〔柒〕》《竹简〔捌〕》《竹简〔玖〕》,文物出版社 1999、2003、2007、2008、2011、2018、2017、2013、2015、2019 年版。

年三月十日,田户曹史……(4.19)

2. ▧石下丘军吏米饶,田十町,凡廿四亩,皆二年常限。旱败不收,亩收布六寸六分。凡为布一丈六尺二寸四分,四年十二月十日付库吏潘有。亩收钱卅七,凡为钱一千八百九十五钱,四年十一月廿日付库吏潘有。嘉禾五年三月十日,田户经用曹史赵野、张惕、陈……(4.190)

3. ▧上和丘军吏谢盛,佃田卅一町,凡七十五亩。其卅八亩旱败不收布。定收卅七亩。其卅二亩二年常限,亩收米一斛二斗,凡为米卅八斛四斗。其五亩余力,收租米二斛。亩收布二尺。其米卅斛四斗,五年十二月十一日付库吏张曼、周栋毕。凡为布一匹三丈四尺,准入米四斛六斗,五年十二月十七日付仓吏张曼、周栋。其旱亩不收钱。其熟田亩收钱八十,凡为钱二千九百六十,五年十一月十二日付库吏番慎、番宗毕。嘉禾六年二月廿日,田户曹史张史惕、赵野校。(5.47)

4. ▧伻丘军吏黄元,佃田九町,凡十八亩六十步,皆二年常限。其五亩百五十步旱败不收布。定收十二亩百五十步,为米十五斛三斗五升,亩收布二尺。其米十五斛三斗五升,五年十月三日付仓吏张曼、周栋。为布一丈五尺,准入米九斛三升,五年十一月十日付仓吏张曼、周栋。其旱田不收钱。熟田收钱亩八十,凡为钱一千,五年十一月九日付库吏潘慎。嘉禾六年二月廿日,田户曹史张惕校。(5.336)

5. ▧刘里丘军吏刘仪,佃田廿八町,凡廿一亩,皆二年常限。其一亩旱不收。定收廿亩,为米廿四斛,亩收布二尺。其米廿四斛,五年十一月十二日付仓吏郭勋、马钦。凡为布一匹,五年十一月廿日付库吏潘慎。其旱田不收钱。其熟田收钱亩八十,凡为钱一千六百,五年十二月十日付库掾潘慎、潘宗毕。嘉禾六年二月廿日,田曹史张惕、赵野校。(5.907)

其中,简 1 与 4 中的军吏黄元,身份与姓名均相同,应为同一人。与简 5 丘名、人名对应的有"刘里丘男子刘仪":

6. ▧刘里丘男子刘仪,佃田十八町,凡□□亩,其廿七亩二年常限。其廿三亩旱,亩收布六寸六分。定收四亩,亩收米一斛二斗,为米四斛八斗。亩收布二尺。其十一亩余力田。其一亩旱,亩收布六寸六分。定收十亩,亩收米四斗五升六合,为米四斛五斗六升。亩收布二尺。其 米 九 斛三斗六升,四年十一月十八日付仓吏郑黑。凡为布一匹二尺七寸四分,准米二斛一斗八升七合,四年十一月廿日付仓吏郑黑。其旱田亩收钱卅七,其熟田亩收钱七十。凡为钱一千八百六十五钱,准米一斛一斗六升,四年十一月十日付仓吏郑黑。嘉禾五年三月十日,田户曹史张惕、赵野、陈□□。(4.485)

只是简 5 与 6 所记的身份不同,前者为"军吏",后者为"男子"(平民)。两位刘仪姓名相同,又皆居处在刘里丘,是同一人的可能性很大。刘里丘刘仪可能在嘉禾四年为平民,次年出任军吏。

《田家莂》记录的身份主要有:平民、军吏、州郡县卒、郡县吏、州吏、复民、士。比较这些身份佃田的亩收田租额,军吏与平民、州郡县卒、郡县吏相同,而与士、州吏、复民享受田租优待不同。这主要表现在,前者熟田亩收税米一斛二斗,而州吏、复民 40 亩以内亩收租米五斗八升六合左右,士佃种的熟田可能免除田租("士"田家莂中未见士之熟田收米的记录)。税米和租米是吏民缴纳的普通田租,其性质与亩收二斛的"限米"不同。因此,《田家莂》的相关记载并不能证明"军吏"需要缴纳限米。

"军吏"顾名思义,应与军事有关。但是,军吏未像"士"(军士)一样享受田租优待(如"士"田家莂有"依书不收钱布"的记载),而是与普通编户民的田租额一样,未享受任何优待。这与吴简中的"士""郡士"(简贰·283 记有"郡士租米")及其家人享受田租等的优待完全不同。这使得笔者有理由怀疑"军吏"应当与"士"的身份存在较大的差别,其本质身份应当并非"兵"。这一点将在后文申论。

二、仓米账簿中的军吏

《田家莂》中的军吏在嘉禾五年缴纳的田租是"税米"。然而,一类观点认为,军吏需要缴纳"限米"。此认识一方面受到传世文献记载"既出限米,军出又

从"的影响,①另一方面依据的是竹简原释文中军吏交纳"限米"的记录:

> 7.☐嘉禾二年限米七斛胄毕〓嘉禾二年九月廿八日东平丘军吏☐☐
> 关邸阁董基付三州仓吏谷汉受(壹·3202)

吴简中军吏交纳"限米"仅此一见,颇为可疑。更多的简例显示,军吏在嘉禾元年、二年缴纳的也是"税米",如:

> 8.入桑乡税米四斛八斗胄毕〓嘉禾元年十一月廿日军吏谢贵付三州
> 仓吏 谷☐(肆·2353)
> 9.入平乡嘉禾二年军吏陈建税米三斛五斗胄毕〓嘉禾☐(壹·4739)

简7原释文"限米"之"限",核对图版,左侧偏旁近似"禾",并非从"阝",且有修改的痕迹。现存字形"稂"与"限"有较大的差异(参简壹·1819、1882)。结合田家莂和简8、9来看,嘉禾元年、二年、五年军吏皆缴纳"税米"而非"限米",简7之"稂"字应为"税"字之误写。质言之,孙吴嘉禾年间,军吏佃田并不缴纳限米,而是缴纳税米。

表一　"限米""税米"字形表

壹·3202	壹·1819	壹·1882	壹·4739	肆·2353

值得注意的是,郡县吏在嘉禾元年、二年缴纳"租米",享有优待,经过税制后,才改缴"税米"。② 而军吏在嘉禾年间一直缴纳税米。可见,"军吏"与"郡县吏"的待遇也并非长期保持一致。

---

① 《三国志》卷四八《吴书·三嗣主传》,中华书局1982年版,第1157页。
② 参见韩树峰《论吴简所见的州郡县吏》,长沙简牍博物馆、北京吴简研讨班编:《吴简研究》第2辑,崇文书局2006年版,第46—48页。

三、户籍簿中的军吏

《田家莂》记录的平民、军吏、州郡县卒、郡县吏、州吏、复民、士,大多在户籍簿中有登记,但"复民""士"不见于户籍簿。笔者以嘉禾四年小武陵乡征赋户籍簿、嘉禾六年广成乡和都乡派役户籍簿为例,予以说明(参见表二):

表二　《田家莂》与户籍簿记录的诸身份

身份 / 簿书	平民	军吏	州郡县卒	郡县吏	州吏	复民	士
嘉禾吏民田家莂	√	√	√	√	√	√	√
嘉禾四年小武陵乡征赋户籍簿	√	√	√	√	√		
嘉禾六年广成乡派役户籍簿	√	√	√	√	√		
嘉禾六年都乡派役户籍簿	√	√	√	√	√		

在征收更口算钱的"嘉禾四年小武陵乡吏民人名妻子年纪簿"中,登记的吏民身份主要有:平民、军吏、州县卒、郡县吏、州吏,但是没有复民、士。[1] 此小武陵乡征赋户籍簿中的军吏户口简如:

10. 东阳里户人公乘翁确年卅算一　给军吏(壹·8671)
11. 高迁里户人公乘黄毛年卅四算一　给军吏(壹·10306)

在"嘉禾六年广成乡吏民人名年纪口食簿"(派役户籍簿)中,登记的吏民身份有:平民、军吏、州郡县卒、郡县吏、州吏、子弟以及其他服役者,也没有复民、士。[2] 该广成乡派役户籍簿中的军吏户口简有:

---

① 凌文超:《走马楼吴简采集简"户籍簿"复原整理与研究——兼论吴简"户籍簿"的类型与功能》,北京吴简研讨班等编:《吴简研究》第3辑,中华书局2011年版,收入其著作《走马楼吴简采集簿书整理与研究》,广西师范大学出版社2015年版,第96—153页。
② 〔日〕关尾史郎:《长沙吴简吏民簿の研究(上)—「嘉禾六(二三七)年广成乡吏民簿」の复元と分析—》,新潟大学人文学部编:《人文科学研究》第137辑,2015年,第27—98页。

12. 军吏朱谦年卅五　谦妻大女壹年廿六筭一(贰·1723)

13. 军吏谷幼(?)年廿 一 (贰·2397)

14. 军吏张勖年卅七(贰·2677)

在"嘉禾六年都乡吏民簿"(派役户籍簿)中,也没有登记复民、士,但有军吏等其他吏民身份。[1] 军吏户口简如:

15. 夫秋里户人公乘军吏龚□年廿四(捌·84)

16. 变中里户人公乘军吏宋春年卅七(柒·5702)

17. 高迁里户人公乘军吏徐就年卅三(柒·4780)

吴简户口简中均未见明确的"复民""士"的记录,而普遍记录"军吏"。据此,笔者基本可以确定,"复民""士"应当独立于乡里编户民之外,另有簿籍,其身份不同于普通编户民。"军吏"与平民、州郡县卒、郡县吏、州吏以及其他服杂役者一起编入乡里户籍,构成编户齐民意义上的"吏民"。"军吏"(吏民)与"复民""士"(部曲)的身份迥然不同,不能一概而论。

从吴简户籍簿的登记来看,"军吏"的身份并未固定在特定的民户。这主要表现在,"军吏"多由编户民以"给军吏"的形式来充任,平民的子弟可以任军吏(简18),而军吏的子弟也可以"给郡吏"(简19):

18. 大男谢习 年□十 五腹心病　习母妾年九十四死　习男弟雅年卅军吏(捌·3660)

19. 军吏李曾年卅九　曾男弟贡年廿三给郡吏　贡男弟□年廿一(捌·3650)

"军吏"及其家庭成员任吏、服役具有多样性,"军吏"一职并未完全固定在军吏

---

① 连先用:《走马楼吴简所见吏民簿的复原、整理与研究——以发掘简为中心》,吉林大学博士学位论文,2018年,第16—162页。

家户,"军吏"身份也不具有世袭性。这些情形与州郡县吏完全相同。

不过,也有迹象表明,孙吴对军吏群体比较重视。这首先表现在军吏皆为壮年男子:

　　　20. 军吏张春年十八(叁·2963)

　　　21. 汝 男弟当年十八给车吏(捌·1831)[注]"车"或为"军"之讹写。

吴简中所见的军吏最小年龄是 18 岁(简 20、21),最大年龄是 47 岁(简 14、16)。相比十二三岁的郡县吏(简壹·7638、8494、伍·6619)、六十四岁的县吏(贰·1907、陆·1066),军吏的身体条件普遍要健壮一些。

其次,"军吏"与"州吏"有时合并统计户数,如:

　　　22. ☑十二户州军吏(捌·2711)

在诸吏之中,州吏的地位最高,一直享受田租优待。将"军吏"与"州吏"相提并论,说明这两种身份应有一些共同之处。对此,笔者在下一节展开分析。

四、隐核军吏父兄子弟簿中的军吏

吴简中与"军吏"直接相关的专门簿书是"隐核军吏父兄子弟簿"。嘉禾四年八月孙吴临湘侯国安排劝农掾对诸乡分部的州、军吏父兄子弟的情况进行核实,隐核的目的是"保质"(参简贰·8930),即以州、军吏的父兄子弟为质任,加强对州、军吏的人身控制,从而保持州、军吏群体的稳定。①

隐核军吏父兄子弟木牍文书对军吏家户男性成员的情形有简要的总结:

---

① 簿书的整理和分析,请参见凌文超《走马楼吴简隐核州、军吏父兄子弟簿整理与研究——兼论孙吴吏、民分籍及在籍人口》,《中国史研究》2017 年第 2 期,收入其著作《吴简与吴制》,北京大学出版社2019 年版,第 103—137 页。释文修订亦请参见该文。

23.▤都乡劝农掾郭宋言：被书，条列军吏父兄子弟人名、年纪为簿。辄隐核乡界，军吏八人，父兄子弟合十一人。其一人被病物故，四人叛走，定见六人。其三人跰踵，二人守业，已下户民自代，一人给吏。隐核人名、年纪、死、叛相应，无有遗脱。若为他官所觉，宋自坐。嘉禾四年八月廿六日破莂。（编号不详）①

24.▤广成乡劝农掾区光言：被书，条列军吏父兄子弟状、处、人名、年纪为簿。辄料核乡界，军吏五人，父兄子弟合十七人。其四人老钝刑盲踵病，一人官限佃客，一人为獁狩（禽兽）所害杀，一人给郡吏，九人细小，一人给限佃客下户民代。隐核人名、年［纪］相应，无有遗脱。若后为他官所觉，光自坐。嘉禾四年八月廿六日破莂保据。（编号不详）②

25.▤平乡劝农掾区光言：被书，条列军吏父兄子弟状、处、人名、年纪为簿。辄隐核乡界，军吏十八人，父兄子弟合七十八人。其一十八人老钝刑盲踵病，一十四人被病物故；十一人各前后叛走；一人先给郡吏；四人随本吏在官；三人给子弟佃帅，为官限佃；五人任给吏；三人吏父，老钝；十九人细小。隐核人名、年纪、死、叛相应，无有遗脱。若后为他官所觉，光自坐。嘉禾四年八月廿六日破莂保据。③

军吏父兄子弟除非老钝、细小、疾病、叛走、物故，一般担任“给吏”（如“给郡吏”）、“给役”（如“宫限佃客”“给子弟佃帅”），或以下户民替代服役。军吏子弟“给郡吏”在户口简中也有相应的记录（简19）。这些均表明，军吏与其父兄子弟并无职业的世袭，“军吏”与“下户民”之间也存在流通性。

隐核州、军吏父兄子弟簿显示，作为这次劝农掾隐核的对象，“州吏”与“军吏”存在一些不同。例如，担任“州吏”者不仅有长沙郡当地人，也有不少外郡、敌国人氏，即所谓的“方远州吏”（贰·4458、4804），如桂阳何息（叁·219）、武

---

① 图版又见田伏隆主编：《湖南历史图典（一）》，湖南美术出版社2010年版，第153页。
② 图版及释文参见《长沙东吴简牍书法特辑（续）》，《中国书法》2014年第10期，第91页。
③ 此牍在长沙简牍博物馆展厅展示。

陵黄赞（叁·1857）、南郡赵典（叁·2952）、庐江郑晊（叁·3082）、陈留董靖（叁·1648）、南阳陈胄（叁·255）。"军吏"则不同，未见外郡籍的记录，应当皆为长沙郡当地人。

州吏群体中有不少外郡籍州吏，通过质任父兄子弟来加强对州吏的控制，这很好理解。然而，对于出身于当地的"军吏"，为何也要采取同样的方式？这应当与军吏经常外出服兵役有关，例如：

26. 督军粮都尉嘉禾元年八月八日辛丑书给……军吏二人□□（贰·7629）

27. □督军粮都尉在所复军吏□（叁·7824）

28. 草言府……军吏……诣①建业宫事　□月七日兼兵曹掾□□白（柒·3185）

29. 兵曹言下户②唐文□□□军吏不得遣□□事　嘉禾六年三月十二日书佐吕承封（柒·4515）

简 26、27 记录的是征讨武陵蛮的过程中督运军粮作为军吏等的廪直。③ 这说明军吏参与了征讨武陵蛮。简 28 是临湘侯国兵曹禀告长沙郡府，应当是派遣军吏至建业宫出差。军吏常由兵曹决定是否派遣（简 29），相关事务势必也与军事有关。正是因为军吏常外出参与军事活动，或受兵曹派遣出差，为了防止军吏叛走，所以孙吴官方以军吏父兄子弟为质任，加强对军吏人身的控制。

质言之，孙吴临湘侯国有不少从外地而来的"方远州吏"，也有不少因军事需要而外派的"军吏"，他们的工作具有流动性，容易"叛走"，因此，孙吴官方通过不定期地隐核他们作为质任的父兄子弟，来加强对州、军吏的控制。

---

① "诣"，原阙释，据图版补。
② "下户"，核对图版，疑作"大男"。
③ 参见戴卫红《长沙走马楼吴简中军粮调配问题初探》，《简帛研究二〇〇七》，广西师范大学出版社 2010 年版，第 204—224 页；戴卫红《长沙走马楼吴简中所见"直"、"禀"简及相关问题初探》，《简帛研究二〇〇八》，广西师范大学出版社 2010 年版，第 251—267 页。

五、其他簿书中的"军吏"

除了上述簿书之外,还有一些簿书按原释文有零星的"军吏"记录。例如,"都乡户品故户出钱簿"也记录了军吏:

> 30. 都乡军吏□□故户□ 品 出 钱 □☑(贰·6551正)
>
> 　　入钱毕民自送牒还县☑(贰·6551背)

"都乡户品出钱簿"记录的身份有:平民、军吏、州郡卒、郡县吏、州吏,与户籍簿记录的身份基本一致。这也再次印证了"军吏"为"吏民"即普通编户民身份之一。

按原释文,有人名简记录了"军故吏"之兄叛走的情形:

> 31. 军故吏烝□兄蓉年卌九　嘉禾四年四月十八日叛走(壹·7903)

过去笔者指出,"军故吏烝□"应改释为"县故吏烝赞"。简31属于"郡县吏兄弟叛走人名簿",①与"军吏"无关。不过,隐核军吏父兄子弟簿中的确有"军故吏"的记录:

> 32. 军故吏黄晖②☑(叁·1958)
> 33. 军 故吏☑(叁·2127)

由此看来,无论是"县故吏",还是"军故吏",孙吴临湘侯国将他们分别纳入县

---

① 凌文超:《走马楼吴简采集簿书整理与研究》第四章《郡县吏兄弟叛走人名簿与惩处叛走者》,广西师范大学出版社2015年版,第155页。
② "晖",原释作"明",今据图版改。

吏、军吏群体展开调查、核实。这应当与"故吏"继续承担相关行政事务有关。①

从隐核军吏父兄子弟木牍文书(简 23—25)记录的情形来看,军吏男性家属叛走现象严重。例如,都乡军吏父兄子弟 10 人(1 人因病去世),4 人叛走。平乡军吏父兄子弟 64 人(14 人因病去世),11 人叛走。由此看来,军吏一职,人身控制严格,又不像州吏一样在田租方面享有优待,应当有不少吏民将充任军吏视为畏途。

又如,"举私学簿"中也记录了"军吏"应选举私学。过去学界对"私学簿"进行了整理,新刊发掘简第 8 盆中,又聚集出现不少与选举私学有关的文书简,与"军吏"有关的文书简如下:

34. 其军吏应举者,□□□□ 主 者前□□ 所 举召示□文□(伍·3647)

35. ☑□郎署军吏 所 举一人,其 将 吏□ 侯 ②傍师③工民帅子弟□(伍·3740)

据简 34、35 的记录,按要求军吏应选举私学一人,与一般佐吏的资格相一致。④在"举私学簿"中,与其他具有选举资格的官吏相比,看不出"军吏"身份有什么特殊性。

此外,在长沙郡临湘侯国日常行政当中,"军吏"可能具体由兵曹负责管理(简 28、29),但是在核查军吏父兄子弟时,由乡部劝农掾具体负责。军吏办事不当或犯罪,也是由郡县机构来处理:

36. 草言府部□军吏□□匿□□郡吏李……事　七月十日……白

---

① "故吏"既是任吏资格,又可以凭借"故吏"身份继续参与行政事务。具体论述请参见李迎春《汉代的"故吏"》,《历史教学》2008 年第 18 期,第 29—33 页。

② " 侯 ",原释作" 兵 ",据图版改。

③ "师",原释作"帅",据图版改。

④ 凌文超:《走马楼吴简举私学簿整理与研究——兼论孙吴的占募》,《文史》2014 年第 2 辑,收入其著作《吴简与吴制》,第 24—27 页。

（柒・612）

简 36 即临湘侯国有关部门起草的呈报长沙郡府的处理军吏、郡吏事务的文书。从整体上看来,吴简中的"军吏"由郡县行政系统管理(临湘侯国兵曹也属于县廷诸曹之一),目前吴简中没有明确的简例可以证明他们属于军事系统。军吏不过是以"吏"的身份处理与军事有关的事务而已。

六、军吏身份的双重性

孙盛《晋阳秋》记载,孙晧投降西晋后,王濬收其图籍,图籍所记的人口分别是"吏三万二千,兵二十三万,男女口二百三十万"。[①]"吏"与"兵"的人数分别记录,表明"吏"与"兵"是两种不同的身份。

具体到走马楼吴简户籍簿登记的身份,主要有平民、军吏、州郡县卒、郡县吏、州吏以及其他服役者,被统称为"吏民"。其中的"州郡县卒"并非兵卒,而是被征调服徭役的人。那些与军队部曲有关的"复民""士"丝毫不见于户籍簿。迄今没有任何简例明确显示,"兵"登记在吴简户籍簿当中。由此可见,"军吏"的身份是"吏"而不是"兵"。

吴简记录的身份还有"军卒":

37.……互年□□　　筭一给军卒复(玖・6213)

"军卒"凡此一见。如果此"军卒"不是"军吏"的误写,而是当时确实存在的身份,那么,从"军卒"与"军吏"的构词法相同来看,两者应当具有一些共同特征。"军卒"的身份为"卒",应与州郡县卒身份具有一致性;而"军吏"的身份为"吏",与州郡县吏身份具有一致性。与"军吏"身份相仿,"军卒"应是以"卒"身份服军役的群体。

综合上述研究,针对以往认识中的分歧,本文将孙吴临湘侯国军吏的基本

---

① 《三国志》卷四八《吴书・孙晧传》注引《晋阳秋》,第 1177 页。

特征总结如下：

（1）田租方面，"军吏"并不缴纳"限米"，而是缴纳"税米"，其田租与普通平民相一致，嘉禾四年、五年也与"郡县吏"一致。

（2）"军吏"与"平民、军吏、州郡县卒、郡县吏、州吏"等"吏民"一起编入乡里户籍簿，但是，不与"复民、士"等同籍。"复民、士"不见于乡里户籍簿，其身份应为"兵"（部曲）。"军吏"在吏民户籍簿之外并无独立的户籍。吴简"隐核军吏父兄子弟簿"的存在，不意味着军吏有专门的户籍，也不意味着军吏一家属于"吏户"。该簿书编制的目的在于以军吏男性家属为质任，以加强对军吏的控制。

（3）"军吏"来自编户民，其父兄子弟也可以承担其他吏役。"军吏"身份不具有终身性和世袭性。吴简中的"军吏"归地方行政系统管理，其身份是"吏"而不是"兵"。"军吏"常以"吏"的身份服兵役。

（4）孙吴临湘侯国"军吏"具体由"兵曹"负责管理。东汉以来，"兵曹"并非县廷中的常设部门。①《续汉书·百官四》"司隶校尉"条云，司隶校尉有"从事史十二人"，本注曰："其有军事，则置兵曹从事，主兵事。"司隶校尉的"兵曹从事"只在有军事之时才设置。司隶校尉尚且如此，县廷当然也不会普遍设置兵曹。因此，在传世文献和出土文献中很少见到东汉县廷设置"兵曹"。长沙出土的东牌楼、尚德街、五一广场东汉简也均未见"兵曹"的记录。

孙吴临湘侯国设置"兵曹"，当然也与县廷需要参与军事行动有关。汉末三国以来，军事成为第一要务，地方行政机构也需要服务于这一要务，因而设置"兵曹"等部门来专门处理与军事有关的事务。《晋书·职官志》云，县设"兵曹史"。② 从吴简中的"兵曹"记录来看，魏晋之际县廷"兵曹"或有可能已成为常设部门之一。

即使县廷"兵曹"在魏晋之际成为常设部门，其性质也仍然是地方行政组织，而不是军府中军事组织。孙吴临湘侯国的"兵曹"及其管理的"军吏"，究其本质，只是地方服务军政而负责处理相关军事事务的民政部门及其职吏。这类

---

① 严耕望：《中国地方行政制度史——秦汉地方行政制度》第五章《县廷组织》（15）兵曹，仅列"《中部碑》有兵曹掾史各一人"（上海古籍出版社 2007 年版，第 232 页）。《中部碑》释文见［宋］洪适撰《隶释》卷一六《中部碑》，中华书局 1986 年版，第 170—171 页。

② 《晋书》卷二四《职官志》，中华书局 1974 年版，第 746 页。

"军吏"经常性地具体办理与军事相关的事务,导致其身份也带有军事色彩。从职事的角度而言,"军吏"与"军士"并无多大的分别。易言之,孙吴临湘侯国军吏的编制属于民政系统,但其职事与军政相关,因此,军吏身份在事实上兼具"吏""兵"两重属性。

(作者系北京师范大学历史学院教授)